न भाषाविज्ञान

ं एवं प्रयोग

[illegible]

अनुप्रयुक्त भाषाविज्ञान

सिद्धांत एवं प्रयोग

लेखक

रवीन्द्रनाथ श्रीवास्तव

प्रधान संपादक

बीना श्रीवास्तव

संपादक

सूरजभान सिंह

दिलीप सिंह

महेन्द्र

राधाकृष्ण प्रकाशन

ISBN : 978-81-7119-538-1

अनुप्रयुक्त भाषाविज्ञान : सिद्धांत एवं प्रयोग

पहला संस्करण : 2000

तीसरा संस्करण : 2015

This book is printed on **Print on Demand** Technology : 2026

मूल्य : ₹1395

प्रकाशक

राधाकृष्ण प्रकाशन प्राइवेट लिमिटेड

जी-17, जगतपुरी, दिल्ली-110 051

शाखाएँ : अशोक राजपथ, साइंस कॉलेज के सामने, पटना-800 006

पहली मंजिल, दरबारी बिल्डिंग, महात्मा गांधी मार्ग, प्रयागराज-211 001

1, अनमोल सोराबजी संतुक लेन, धोबी तलाव, मरीन लाइंस, मुम्बई-400 002

वेबसाइट : www.radhakrishnaprakashan.com

ई-मेल : info@radhakrishnaprakashan.com

ANUPRAYUKT BHASHAVIGYAN : SIDHANT EVAM PRAYOG

by Ravindranath Shrivastava

संपादकीय

भाषाविज्ञान की अधुनातन प्रवृत्तियों तथा सैद्धांतिक मान्यताओं पर प्रो. रवीन्द्रनाथ श्रीवास्तव जैसी गहरी दृष्टि विरले भारतीय भाषावैज्ञानिकों में ही दिखाई देती है। उनके सभी प्रकाशित लेख एवं पुस्तकें उनकी सूक्ष्म शोधपरक दृष्टि तथा गहन साधना के साक्षी हैं। उन्होंने सैद्धांतिक और अनुप्रयुक्त भाषाविज्ञान के विविध पक्षों पर निरंतर चिंतन और लेखन किया। यह उल्लेखनीय और सराहनीय है कि इन पक्षों पर उनका लेखन मज़बूत सैद्धांतिक पीठिका और भाषा के व्यावहारिक दृष्टांत को साथ-साथ समेटते हुए वैचारिक लेखन की एक संप्रेषणीय परंपरा कायम करता है।

इसमें तो कोई संदेह ही नहीं कि उनका चिंतन-क्षेत्र अति व्यापक था और इसमें भी कि भाषावैज्ञानिक प्रश्नों पर उनकी दृष्टि एक जागरूक शोधार्थी की दृष्टि है। उनकी इस प्रखर वैचारिकता के कई कारणों में से दो कारण प्रमुख हैं—एक तो पाश्चात्य और भारतीय भाषा-दर्शन के मूलभूत प्रकरणों को जाँचने-परखने की उनकी अतुलनीय मेधा, और दूसरे, विश्व-फलक पर उभरते समसामयिक भाषा-चिंतनों को भारतीय भाषा परिवेश में घटाकर देखने की उनकी अद्भुत क्षमता।

भारतीय भाषावैज्ञानिक चिंतन के ढाँचे को देखने से यह बहुत साफ दिखाई देता है कि पिछले बीस-पच्चीस वर्षों में भारत के भाषावैज्ञानिक मूलतः सैद्धांतिक भाषाविद् ही बने रहे हैं। इतना ही नहीं, इनमें से अधिकांश का चिंतन पाश्चात्य विचारों से आक्रांत भी रहा है। यही कारण है कि भारतीय संदर्भ में हिंदी भाषा से संबद्ध भाषावैज्ञानिक समस्याओं के वैज्ञानिक आकलन तथा सर्व-स्वीकार्य समाधानों की खोज की ओर बहुत कम भाषावैज्ञानिकों का ध्यान गया।

हिंदी भाषा, साहित्य और समीक्षा का यह सौभाग्य रहा कि इन्हें केंद्र में रखकर प्रो. श्रीवास्तव ने अपने अधुनातन भाषा-चिंतन की धुरी से इन्हें बड़ी सहजता से जोड़े रखा। कई लोगों के लिए यह एक जानकारी हो सकती है कि प्रो. श्रीवास्तव ने अपने लेखन का प्रारंभ हिंदी में सर्जनात्मक साहित्य रचकर तथा हिंदी-साहित्य समीक्षा लिखकर किया। संभवतः इसीलिए हिंदी के प्रति उनके हृदय का एक कोना सदैव कोमल भावनाओं से ओत-प्रोत रहा। हिंदी भाषा के प्रति उनके इसी लगाव ने उन्हें हिंदी भाषा-समुदाय, हिंदी भाषा-संरचना, हिंदी के सामाजिक संदर्भ; उसकी संवैधानिक स्थिति,

मातृभाषा--द्वितीय भाषा--विदेशी भाषा के रूप में हिंदी शिक्षण की समस्याओं, प्रयोजनमूलक हिंदी के मानकीकरण और आधुनिकीकरण के विवेचनों तथा उसके समस्त अनुप्रयुक्त पक्षों (यथा, अनुवाद के संदर्भ में, शैलीवैज्ञानिक विश्लेषण के धरातल पर, भाषा-नीति की दृष्टि से, आदि) पर गंभीरता से विचार करने की ओर प्रेरित किया।

प्रस्तुत पुस्तक उनके इसी लगाव से उपजे वैचारिक मंथन का परिणाम है। हम तो उनके श्रम को इस अथाह वेदना के साथ आप सुधी पाठकों के समक्ष लाने का निमित्त मात्र हैं कि काश, यह पुस्तक आदरणीय डॉक्टर साहब के जीवनकाल में प्रकाशित हो पाती।

वेदना की इस अनुभूति से संतोष का यह भाव भी आ जुड़ा है कि प्रो. श्रीवास्तव के विचार एक स्थान पर एकत्रित मिल सकेंगे। प्रो. श्रीवास्तव द्वारा आधुनिक भाषावैज्ञानिक परिप्रेक्ष्य पर हिंदी में लिखित प्रकाशित-अप्रकाशित छिटपुट आलेखों को पाँच पुस्तकों की एक शृंखला के रूप में प्रकाशित करने की योजना कार्यान्वित की जा रही है। इस शृंखला में 'हिंदी भाषा का समाजशास्त्र', 'हिंदी भाषा : संरचना के विविध आयाम', 'अनुप्रयुक्त भाषाविज्ञान : सिद्धांत एवं प्रयोग', 'भाषाविज्ञान : सैद्धांतिक चिंतन' और 'सर्जनात्मक साहित्य' पुस्तकें प्रकाशित होंगी। इसी प्रकार अंग्रेजी में भी लगभग सात पुस्तकों की एक शृंखला के प्रकाशन की योजना है।

इन सभी पुस्तकों में प्रो. श्रीवास्तव के इन विविध विषय-क्षेत्रों में उनके सार्थक दृष्टिकोण को उद्घाटित करने वाले आलेख संकलित होंगे। इस योजना के पीछे हमारा यह संकल्प है कि प्रो. श्रीवास्तव के वैचारिक-मानस की क्रमबद्ध सामग्री भाषा और भाषाविज्ञान के छात्रों, शोधकर्मियों तथा अध्येताओं को एक स्थान पर प्राप्त हो सके तथा हिंदी में और हिंदी पर उनका विवेचन यह स्पष्ट कर सके कि हिंदी के बौद्धिक-शैक्षिक-आधुनिक विकास में उनका योगदान कितना बहुमूल्य और अतुलनीय है।

हमारा पूर्ण विश्वास है कि इस पुस्तक का स्वागत उसी प्रकार होगा जैसा उनकी अन्य प्रकाशित पुस्तकों का हुआ है।

प्रस्तावना

'अनुप्रयुक्त भाषाविज्ञान' को आज आधुनिक भाषाविज्ञान का संक्रियात्मक क्षेत्र माना जाता है। भाषाविज्ञान का मूल कार्य है भाषा की आंतरिक प्रकृति पर प्रकाश डालना तथा भाषा-संबंधी तथ्यों का संकलन और विश्लेषण करना। इसके लिए भाषाविज्ञान अनेक सिद्धांतों का प्रतिपादन करता है। भाषाविज्ञान द्वारा प्रदत्त इन्हीं सिद्धांतों का अनुप्रयोग अनुप्रयुक्त भाषाविज्ञान भाषा-उपभोक्ता की आवश्यकताओं की पूर्ति के लिए करता है। इस प्रकार अनुप्रयुक्त भाषाविज्ञान के कई ऐसे क्षेत्र हमारे सामने आते हैं जो उपभोक्ता की आवश्यकताओं द्वारा नियंत्रित लक्ष्य का परिणाम होते हैं। भाषा की आंतरिक प्रकृति पर प्रकाश डालते हुए भाषावैज्ञानिक सिद्धांत हमें यह बताता है कि 'भाषा क्या है ?' जबकि अनुप्रयुक्त भाषाविज्ञान का क्षेत्र इस तथ्य पर प्रकाश डालता है कि 'भाषा से हम क्या काम ले सकते हैं ?' संभवतः इसीलिए अनुप्रयुक्त भाषाविज्ञान को उपभोक्ता-सापेक्ष भी कहा गया है।

विविध ज्ञान-क्षेत्रों में भाषावैज्ञानिक सिद्धांतों के अनुप्रयोग द्वारा भाषाविज्ञान को व्यावहारिक स्वरूप प्रदान करने वाले विद्वानों में प्रो. रवीन्द्रनाथ श्रीवास्तव अग्रणी रहे हैं। उन्होंने अनुप्रयुक्त भाषाविज्ञान के प्रमुख क्षेत्रों पर अध्ययन-चिंतन ही नहीं किया, भारतीय संदर्भ और हिंदी भाषा को केंद्र में रखकर उसकी सार्थक पीठिका भी निर्मित की। वे सैद्धांतिक भाषावैज्ञानिकों की यह बड़ी कमी मानते थे कि इनमें से अधिकांश अपने अध्ययन को भाषा-विवरण तक ही सीमित कर लेते हैं। इतना ही नहीं, सैद्धांतिक भाषाविज्ञान से जुड़े अनेक भाषाविद् तो अनुप्रयुक्त भाषाविज्ञान के क्षेत्र को सीमित एवं भाषावैज्ञानिक क्षेत्र के बाहर की चीज़ भी मान बैठते हैं। प्रो. श्रीवास्तव ने इस प्रकार की भ्रामक धारणाओं को अपने लेखन द्वारा तोड़ा और अनुप्रयुक्त भाषाविज्ञान के महत्त्व को रेखांकित करते हुए व्यापक क्षेत्र से उसकी संबद्धता को पूरी तरह तार्किकता एवं वैज्ञानिकता के साथ सामने रखने का प्रयास किया।

प्रो. श्रीवास्तव ने 'अनुप्रयुक्त भाषाविज्ञान' नामक जो पुस्तक संपादित की है (1980), उसमें इसके व्यापक क्षेत्रों पर भिन्न-भिन्न आलेख उन्होंने सम्मिलित किए। इस पुस्तक की भूमिका में उन्होंने लिखा कि "अनुप्रयुक्त भाषाविज्ञान अपने सिद्धांत और प्रणाली के आधार पर भाषा से संबंधित ज्ञान के अन्य क्षेत्रों के अध्ययन-विश्लेषण के

लिए संक्रियात्मक दक्षता का रास्ता खोलता है।'' इस दक्षता के प्रयोग के प्रति वे सदैव सचेत रहे तथा इससे उनके विचारक की संलग्नता भी निरंतर बनी रही। वे एक ऐसे जागरूक भाषावैज्ञानिक थे जिसका यह दृढ़ मत था कि भाषाविदों को ही आज भाषाविज्ञान की सर्वाधिक आवश्यकता है, क्योंकि अपने अंतस्तल की गहराइयों से वे यह मानते थे कि भाषाविद् ही अपने भाषावैज्ञानिक ज्ञान का अनुप्रयोग करते हुए भाषा-अध्ययन को प्रौढ़ तथा उपयोगी बना सकता है। समाज में भाषा का प्रयोग, भाषा का कलात्मक प्रयोग, भाषा का शिक्षण आदि कई ऐसे क्षेत्र हैं जो अनुप्रयुक्त भाषाविज्ञान के उपयोग के अभाव में उजागर हो ही नहीं सकते। यह सच भी है। यदि सामान्य स्तर पर ही देखा जाए तो आज मातृभाषा और अन्य भाषा-शिक्षक, साहित्य समीक्षक, अनुवादक, कोशकार आदि सभी को भाषावैज्ञानिक ज्ञान की आवश्यकता पड़ती है।

इसके साथ ही जो अध्येता अनुवाद, शैलीविज्ञान, कोशविज्ञान, साक्षरता-अभियान, लेखन-पद्धति के विकास, वर्तनी-शोधन, भाषा-नीति, कम्प्यूटर भाषा आदि क्षेत्रों से संबद्ध हैं, वे भी भाषावैज्ञानिक सहयोग के अभाव में अपने अपेक्षित तथ्य की प्राप्ति नहीं कर सकते। अतः अनुप्रयोग के इन क्षेत्रों की ओर भाषाविज्ञान विभागों का ध्यान अब जाना ही चाहिए, यह अपील प्रो. श्रीवास्तव ने अनेक स्थानों पर, बहुविध ढंग से की है। इसमें तो कोई संदेह ही नहीं कि मानव-व्यवहार में भाषा का स्थान सर्वोपरि है, अतः भाषा से संबद्ध ज्ञान-क्षेत्रों में भाषाविज्ञान का स्थान स्वतः निर्धारित हो जाता है। इन क्षेत्रों से जुड़कर ही भाषाविज्ञान को एक व्यापक संदर्भ मिलता है। इस धरातल पर केवल उसका संक्रियात्मक पक्ष ही विकसित नहीं होता, बल्कि उसके प्रभाव एवं अनुप्रयोग की दिशा भी विकसित होती है।

अनुप्रयुक्त भाषाविज्ञान के विषय-क्षेत्र एवं उसकी कार्यप्रणाली पर काफी समय तक भ्रामक विचारों की धुंध छाई रही। यह नवीन ज्ञान-क्षेत्रों की नियति ही बन गई है कि प्रारंभ में वे अंतर्विरोधों के घेरे में कैद हो जाते हैं। यह संतोष का विषय है कि प्रो. श्रीवास्तव ने अनुप्रयुक्त भाषाविज्ञान संबंधी अंतर्विरोधों को शांत करने के साथ अपनी तार्किक और वैज्ञानिक विवेचन-पद्धति द्वारा इसके सभी उपवर्गों को एक भ्रांतिमुक्त दिशा दी। भाषावैज्ञानिक नियमों के अनुप्रयोग के अपने अलग लक्ष्य हैं, ऐसा उनका मानना था। इन लक्ष्यों के आधार पर ही उन्होंने अनुप्रयुक्त भाषाविज्ञान के तीन संदर्भ निर्धारित किए : ज्ञान-क्षेत्र का संदर्भ, विधा-विशेष का संदर्भ तथा भाषा-शिक्षण का संदर्भ। इन संदर्भों में बाँधने से अनुप्रयुक्त भाषाविज्ञान संबंधी अंतर्विरोध निश्चित ही मिटे तथा अनुप्रयुक्त भाषाविज्ञान की ऐसी सैद्धांतिक पीठिका निर्मित हुई जो यह स्पष्ट करती है कि लक्ष्य-भेद के कारण अनुप्रयुक्त भाषाविज्ञान के भिन्न संदर्भ ही उसकी भिन्न शाखाओं का प्रणयन करते हैं। यहाँ इन तीनों संदर्भों की संक्षिप्त चर्चा भी असमीचीन न होगी।

यदि ज्ञान-क्षेत्र के संदर्भ में देखा जाए तो यहाँ भाषाविज्ञान और उसके सिद्धांतों का अनुप्रयोग ज्ञान के किसी अन्य क्षेत्र को स्पष्ट करने के लिए किया जाता है।

उदाहरणस्वरूप ज्ञान के अन्य क्षेत्रों के रूप में समाजशास्त्र और मनोविज्ञान को लिया जा सकता है। समाजशास्त्र के धरातल पर यह व्यक्त होता है कि भाषा का समाज से गहरा संबंध रहता है। संभवतः इसीलिए मनुष्य को 'सामाजिक पशु' तथा 'बातचीत करने वाला पशु' कहा गया है। मनुष्य से बँधकर समाज और भाषा दोनों एक-दूसरे के लिए संदर्भ भी बनते हैं और ज्ञान के इस विशेष क्षेत्र के लिए एक समन्वित पीठिका भी। इसी समन्वित पीठिका के कारण अनुप्रयुक्त भाषाविज्ञान की शाखा 'समाजभाषाविज्ञान' के दो संदर्भ भी हम साफ़ देख पाते हैं : एक संदर्भ, भाषा के माध्यम से समाज और व्यक्ति-समूह के सामाजिक व्यवहार का अध्ययन करता है—इसे 'भाषा का समाजशास्त्र के आधार पर' विश्लेषण कहा जा सकता है। इस दिशा में इसी शृंखला के अंतर्गत प्रो. श्रीवास्तव के अद्यतन लेखों का संकलन 'हिंदी भाषा का समाजशास्त्र' शीर्षक से प्रकाशित हुआ है। 'समाजभाषाविज्ञान' का दूसरा संदर्भ, समाजभाषाविज्ञान को 'भाषाविज्ञान' के पर्याय के रूप में देखता है। इस संदर्भ की मान्यता है कि 'भाषा' और 'समाज' की समन्वित पीठिका पर ही भाषा-संबंधी ज्ञान की सही प्रकृति निर्धारित की जा सकती है। इस स्तर पर हिंदी भाषा की सही प्रकृति को समझने के लिए प्रो. श्रीवास्तव के संपादन में केंद्रीय हिंदी संस्थान, आगरा द्वारा 'हिंदी का सामाजिक संदर्भ' (1976) पुस्तक आई थी, जिसकी प्रज्ञाशील भूमिका द्वारा प्रो. श्रीवास्तव ने समाजभाषाविज्ञान के सैद्धांतिक पक्ष को पहले-पहल उद्घाटित किया था।

इसी प्रकार की दो स्थितियाँ मनोभाषाविज्ञान के संदर्भ में भी दिखाई देती हैं। भाषावैज्ञानिक सिद्धांतों के आधार पर 'मन की संरचना' और वृत्तियों का अध्ययन इसका एक पहलू है, तो दूसरे पर वह भाषाविज्ञान का पर्याय है। इस दिशा में प्रो. श्रीवास्तव ने अपनी पुस्तक 'भाषा-शिक्षण' तथा इस संकलन के दूसरे खंड के कुछ आलेखों में अपना मत विवेचनात्मक ढंग से व्यक्त किया है।

अनुप्रयुक्त भाषाविज्ञान का दूसरा अर्थात् विधा-विशेष का संदर्भ उसे विशेष विधाओं से जोड़ता है। यह तो मानकर ही चला जा रहा है कि सिद्धांत का अनुप्रयोग होने के कारण अनुप्रयुक्त भाषाविज्ञान अपने लक्ष्य में संक्रियात्मक होता है। संक्रियात्मक रूप में भाषा से संबद्ध कुछ ऐसे क्षेत्र हैं जिनमें भाषावैज्ञानिक सिद्धांतों का अनुप्रयोग अनिवार्य हो उठता है। इन क्षेत्रों में शैलीविज्ञान, अनुवाद-विज्ञान, कोश-विज्ञान, वाक् चिकित्सा-विज्ञान आदि प्रमुख हैं। भाषावैज्ञानिक सिद्धांत एवं प्रणाली का अनुप्रयोग इन विधाओं को एक निश्चित सैद्धांतिक संदर्भ देने के साथ-साथ इनके अध्ययन-विश्लेषण के लिए एक सुनिश्चित वैज्ञानिक तकनीक का विकास भी करता है। उदाहरण के लिए शैलीविज्ञान भी सौंदर्य और सौंदर्यबोध को कलात्मक संवेग के रूप में ग्रहण करते हुए उन्हें उद्घाटित करता है। परंतु उसकी दृष्टि तथा अन्य आलोचना-दृष्टियों में सबसे बड़ा अंतर यह है कि साहित्यिक सौंदर्य को 'भाषा पर झेला गया सौंदर्य' मानता है। इस सौंदर्य और सौंदर्यबोध को पकड़ने के लिए वह जिन संक्रियात्मक उपकरणों का उपयोग करता है, वे भाषाविज्ञान के अपने विषय-क्षेत्र के भीतर विकसित उपकरण होते हैं। इन्हीं

उपकरणों को शैलीविज्ञान अपने लक्ष्य के संदर्भ में माँजता और पैना बनाता है। जो स्थिति शैलीविज्ञान की है, वही अनुवाद-विज्ञान, कोश-विज्ञान आदि अन्य विधा-क्षेत्रों में भी देखी जा सकती है। प्रस्तुत पुस्तक में शैलीविज्ञान और अनुवाद-विज्ञान पर प्रो. श्रीवास्तव के उन आलेखों को चुनकर दिया गया है जो अनुप्रयुक्त भाषाविज्ञान के विधापरक संदर्भ से संबद्ध हैं और जिन्हें उन्होंने इनके पूर्ण सैद्धांतिक तथा व्यावहारिक धरातल पर प्रस्तुत किया है।

अनुप्रयुक्त भाषाविज्ञान का तीसरा संदर्भ सर्वाधिक प्रचलित है। भाषा-शिक्षण के संदर्भ में भाषाविज्ञान की देन ने आज अपना अलग इतिहास बना लिया है। इस क्षेत्र में भाषावैज्ञानिक सिद्धांतों का अनुप्रयोग न केवल सार्थक है, बल्कि अनिवार्य भी है। मातृभाषा और अन्य भाषा-शिक्षण, अन्य भाषा के रूप में द्वितीय भाषा और विदेशी भाषा-शिक्षण, शैक्षिक व्याकरण, संप्रेषणपरक व्याकरण, शिक्षण-सामग्री, शिक्षण-प्रणाली और तकनीक आदि भाषा-शिक्षण संबंधी सभी क्षेत्रों में भाषावैज्ञानिक अंतर्दृष्टि के प्रयोग की अनिवार्य स्थिति स्वतःसिद्ध है। इस अनिवार्यता और व्यापक प्रसार के कारण ही आज कई विद्वान् अनुप्रयुक्त भाषाविज्ञान और भाषा-शिक्षण को सहधर्मी और पर्यायवाची संकल्पनाएँ भी स्वीकार करने लगे हैं। प्रो. श्रीवास्तव ने 'भाषा-शिक्षण' नामक पुस्तक (1992) हिंदी में लिखकर अनुप्रयुक्त भाषाविज्ञान के इस संदर्भ को अधुनातन चिंतन और हिंदी भाषा-शिक्षण के परिप्रेक्ष्य में उठाया। इस पुस्तक के अतिरिक्त भी इस क्षेत्र से संबंधित उनके कई लेख हिंदी की संपादित पुस्तकों या पत्र-पत्रिकाओं में प्रकाशित हुए। इस पुस्तक में उनके इस प्रकार के लेखों को खंड-ग में भाषा-शिक्षण/हिंदी-शिक्षण वर्ग के अंतर्गत रखा गया है।

प्रो. श्रीवास्तव की अपने जीवनकाल में ही यह योजना थी कि अनुप्रयुक्त भाषाविज्ञान के विविध संदर्भों पर वे स्वयं स्वतंत्र रूप से एक पुस्तक लिखें, जिसमें इस क्षेत्र की अद्यतन सामग्री और जानकारी दी जाए। परंतु उनके आकस्मिक निधन ने उनकी यह योजना कार्यान्वित न होने दी। इस दिशा में उनके चिंतन से निःसृत जो आलेख यत्र-तत्र प्रकाशित हैं या जो किसी राष्ट्रीय अथवा अंतर्राष्ट्रीय स्तर की संगोष्ठी में प्रकाशित हुए, लेकिन प्रकाशन की स्थिति तक नहीं पहुँच पाए, उन्हीं को इस पुस्तक में एक जगह एकत्रित करने का प्रयास है। एक ही स्थान पर अनुप्रयुक्त भाषाविज्ञान के प्रमुख संदर्भों पर क्रमबद्ध ढंग से उनका चिंतन उपलब्ध हो सके, यही संपादकों का लक्ष्य एवं अभीष्ट भी है।

यह उल्लेखनीय है कि प्रो. श्रीवास्तव ने अपना अनुप्रयुक्त भाषाविज्ञान संबंधी चिंतन हिंदी भाषा को केंद्र में रखकर भी किया और यह भी कि हिंदी में उन्होंने अनुप्रयुक्त भाषाविज्ञान के सभी संदर्भों पर अनेक स्तरीय लेखों के साथ कई पुस्तकें भी लिखीं या संपादित कीं। इन पुस्तकों में **शैलीविज्ञान और आलोचना की नई भूमिका, संरचनात्मक शैलीविज्ञान, भाषा-शिक्षण, हिंदी का सामाजिक संदर्भ, अनुवाद : सिद्धांत और समस्याएँ, भाषायी अस्मिता और हिंदी भाषा** आदि प्रमुख हैं। हिंदी भाषा और हिंदी

भाषाविज्ञान के क्षेत्र में कार्य करने वालों के लिए यह गौरव की बात है कि इन संदर्भों पर प्रो. श्रीवास्तव ने अंग्रेजी में शोध-लेख तो अवश्य लिखे, पर पुस्तकें नहीं लिखीं। हिंदी को उन्होंने कितना कुछ दिया, यह इसी तथ्य से प्रमाणित होता है।

प्रो. श्रीवास्तव की यह पुस्तक भी हिंदी में उनके तीन सर्वाधिक प्रिय क्षेत्रों पर उनके चिंतन का सार है : अनुवाद-विज्ञान, भाषा-शिक्षण और शैलीविज्ञान। यह तो हम जानते ही हैं और भारत के प्रतिष्ठित भाषा-चिंतक भी मानते हैं कि भारत में शैलीविज्ञान के प्रवर्तक प्रो. श्रीवास्तव ही हैं। जब उन्होंने पहली बार शैलीवैज्ञानिक आलोचना दृष्टि को सामने रखा तो कई परंपरागत आलोचकों ने इसे 'साहित्य की चीर-फाड़ का विज्ञान' कहने में भी संकोच नहीं किया था, पर जब शैलीविज्ञान पर निरंतर उनकी दो-तीन पुस्तकें आईं और अनेक लेख 'आलोचना' में छपे तो ये ही आलोचक विद्वान् शैलीवैज्ञानिक तटस्थ आलोचना पद्धति के मुरीद बन गए।

इस संकलन में शैलीविज्ञान से संबंधित उनके पंद्रह से ऊपर लेख हैं। कहने की आवश्यकता नहीं कि संकलन के सभी लेख शैलीविज्ञान की पूर्वपीठिका, उसकी सैद्धांतिक पृष्ठभूमि तथा उसके स्वरूप को वैज्ञानिक ढंग से विवेचित करने के साथ हिंदी साहित्य के विश्लेषण द्वारा शैलीविज्ञान की संक्रियात्मक प्रकृति को भी उद्घाटित करते हैं। साहित्य को 'शाब्दिक-कला' तथा कृति की अपनी एक 'स्वायत्त सत्ता' मानते हुए शैलीविज्ञान को भाषाविज्ञान तथा काव्यशास्त्र के संधिस्थल पर स्थित कर उन्होंने शैलीविज्ञान के प्रति व्याप्त अनेक भ्रांतियों का निराकरण किया तथा साहित्य और भाषा के बीच की उस दूरी को पाटने का प्रयास किया जो भाषाशास्त्र के प्रति उदासीन आलोचकों तथा साहित्य के प्रति तटस्थ भाषाशास्त्रियों के कारण बढ़ती ही जा रही थी। शैलीविज्ञान ने निश्चित ही प्रो. श्रीवास्तव के भाषाविद् को साहित्य में प्रयुक्त अकूत भाषायी सामग्री प्रदान की तथा उनके साहित्यिक मन को काव्य तथा भाषा के अंतर्निहित सौंदर्य को परखने की एक पद्धति। इसी प्रकार शैलीवैज्ञानिक आधार द्वारा उन्होंने हिंदी भाषा की जीवंत परंपरा, उसकी साहित्यिक शैलियों तथा उसके प्रयोगगत शैलीय संदर्भों का पहली बार वैज्ञानिक विवेचन प्रस्तुत किया। संकलित आलेखों से उनके इन समस्त मंतव्यों-धारणाओं का परिचय तो मिलेगा ही, भाषा-शिक्षण में साहित्य-शिक्षण की उपादेयता तथा शैलीवैज्ञानिक विश्लेषण का महत्त्व भी स्थापित होगा।

हमें यह स्वीकारना ही होगा कि अनुवाद-विज्ञान पर अभी भी हिंदी में स्तरीय तथा वैज्ञानिक सामग्री का अभाव है। प्रो. श्रीवास्तव ने इस कमी को पहचानकर ही 'अनुवाद : सिद्धांत और समस्याएँ' पुस्तक संपादित की थी। इस पुस्तक की उनकी विवेचनात्मक भूमिका अनुवाद-विज्ञान के क्षेत्र में मील का पत्थर है जिसमें उन्होंने अनुवाद के अधुनातन चिंतनों, दृष्टियों, प्रक्रियाओं, प्रकारों की आधारशिला रखी। अनुप्रयुक्त भाषाविज्ञान की एक महत्त्वपूर्ण शाखा के रूप में भाषांतरण को उन्होंने सदैव महत्त्व दिया और निरंतर इस पर लिखते भी रहे। इस प्रकार के उनके छह आलेख इस संकलन में संगृहीत हैं। ये लेख भारतीय बहुभाषिक स्थिति में अनुवाद की भूमिका को

रेखांकित करते हैं, राजभाषा हिंदी के विकास में मानकीकरण और आधुनिकीकरण की प्रक्रिया का आकलन करते हैं तथा अनुवाद से जुड़े दो महत्त्वपूर्ण क्षेत्रों, पारिभाषिक शब्दावली तथा साहित्य के अनुवाद की प्रस्तावना प्रस्तुत करते हैं। समन्वित रूप से ये आलेख भारतीय संदर्भ में अनुवाद की एक अनुकरणीय पृष्ठभूमि तैयार करते हैं।

भाषा-शिक्षण प्रो. श्रीवास्तव के ज्ञान-क्षेत्र का एक प्रबल विषय बना रहा है। इसका एक कारण तो यही था कि भाषा-शिक्षण आधुनिक भाषाविज्ञान के सभी पक्षों को अपने भीतर समेट लेता है; और दूसरा यह है कि भाषा-शिक्षण का क्षेत्र कुछ ही वर्षों में काफी परिवर्तित हुआ, जिसका प्रभाव भाषा अर्जन तथा भाषा अधिगम से जुड़ी चर्चाओं पर भी पड़ा तथा भाषा-शिक्षण की कई नई विधियाँ भी विकसित हुईं। अतः इस ओर किसी भी जागरूक और अपने दायित्वों के प्रति सचेत भाषावैज्ञानिक का ध्यान आकृष्ट होना स्वाभाविक ही था। प्रो. श्रीवास्तव ने हिंदी भाषा-शिक्षण की स्थिति को भी वैज्ञानिक धरातल पर देखा तथा साहित्य-शिक्षण और भाषा-शिक्षण दोनों को अन्य भाषा-शिक्षण की दृष्टि से भी। इसी प्रकार द्वितीय भाषा तथा विदेशी भाषा के रूप में 'हिंदी भाषा' के शिक्षण को वैज्ञानिक प्रारूप देने का भी उन्होंने प्रयास किया। भाषा-शिक्षण का केंद्रक जब 'शिक्षार्थी' बना तब भाषा-शिक्षण में संप्रेषणपरक विधि, बोधात्मक विधि, मौन विधि, परिवीक्षण विधि का जो नवीन संदर्भ जुड़ा उस पर भी उनकी गहरी दृष्टि टिकी। इसके साथ ही प्रौद्योगिकी के विकास के साथ भाषा-शिक्षण में मनुष्य और मशीन की अंतःक्रियात्मक प्रकृति को भी उन्होंने उपयोगिता की दृष्टि से परखने का प्रयत्न किया। उनकी पुस्तक 'भाषा-शिक्षण' (1992) का अद्यतन संस्करण इन सबको समेटते हुए संशोधित रूप में उनके दिवंगत होने के कुछ ही महीने पहले हमारे समक्ष आया है। इस संकलन में भाषा-शिक्षण तथा हिंदी भाषा-शिक्षण से जुड़े उन आलेखों को ही रखा गया है जो उनकी पुस्तक में नहीं हैं तथा जो भाषा-शिक्षण और हिंदी भाषा-शिक्षण के सैद्धांतिक-व्यावहारिक परिप्रेक्ष्य को सामने रखते हुए द्वितीय तथा विदेशी भाषा के रूप में हिंदी भाषा-शिक्षण के सामयिक निर्धारक तत्त्वों का परिचय देते हैं।

पाठकों को ऐसा लग सकता है कि प्रस्तुत संकलन में अनुप्रयुक्त भाषाविज्ञान के कुछ संदर्भ, यथा—मनोभाषाविज्ञान, समाजभाषाविज्ञान, कोश-विज्ञान आदि छूट गए हैं। लेकिन यदि इस संकलन के सभी आलेखों पर समन्वित दृष्टिपात किया जाए तो पता चलेगा कि ये सभी संदर्भ भी इन तीन संदर्भों में ही अंतर्भुक्त और समाहित हैं, क्योंकि बिना भाषा के सामाजिक संदर्भ के अनुवाद, शैली और शिक्षण की चर्चा सार्थक हो ही नहीं सकती। इसी प्रकार इन तीनों में और विशेषकर भाषा-शिक्षण में मनोभाषाविज्ञान के प्रश्न स्वतः ही आ जुड़ते हैं। कोश-विज्ञान से संबद्ध संदर्भ भी शैलीविज्ञान में चयन, विचलन आदि के संदर्भ में तथा अनुवाद-विज्ञान में पारिभाषिक शब्दावली के संदर्भ में उठते ही हैं, उठे हैं। अर्थात् विधा-विशेष का संदर्भ विषय-क्षेत्र से स्वतः ही जुड़ा होता है और भाषा-शिक्षण का संदर्भ तो अनुप्रयुक्त भाषाविज्ञान के सभी संदर्भों को अपने भीतर ला समेटता ही है, तभी तो उसे अनुप्रयुक्त भाषाविज्ञान की पर्यायवाची संकल्पना

मानने की स्थिति बनी है। प्रो. श्रीवास्तव इन संदर्भों की अन्योन्याश्रितता तथा इनके सह-संबंधों के प्रति अतिरिक्त सचेत थे तथा यह मानते थे कि एक-दूसरे से परस्पर आदान-प्रदान के बिना कोई भी संदर्भ अकेले न तो अपनी सैद्धांतिक पीठिका ही निर्मित कर सकता है और न ही अपना व्यावहारिक ढाँचा।

कम्प्यूटेशनल भाषाविज्ञान अपेक्षाकृत नया विषय है। पिछले लगभग दस वर्षों में प्रो. श्रीवास्तव ने इस क्षेत्र में भी कार्य किया। मूल लेख अंग्रेजी में लिखे गए थे। हिंदी पाठकों को इन लेखों से समुचित लाभ हो, इसे ध्यान में रखते हुए अनुवाद करके ये लेख प्रस्तुत संकलन में जोड़ दिए गए हैं। नए-से-नए भाषावैज्ञानिक ज्ञान को प्राप्त कर विद्यार्थियों और पाठकों तक उसे पहुँचाने की ललक प्रो. श्रीवास्तव में बराबर बनी रही। ये तीनों लेख उसी ललक की परिणति हैं।

अनुप्रयुक्त भाषाविज्ञान पर यह पुस्तक संपादित कर प्रकाशित करने के पीछे प्रमुख उद्देश्य यह है कि प्रो. श्रीवास्तव के अनुप्रयुक्त भाषाविज्ञान के उन तीन संदर्भों पर व्यक्त विचार एक स्थान पर क्रमबद्ध ढंग से मिल सकें, जिनकी उपलब्धता वैसे कठिन ही है। क्योंकि इनमें से कई लेख कालक्रम के लंबे अंतराल में प्रकाशित हुए हैं तथा कई अप्रकाशित ही रह गए हैं। हमारा यह भी उद्देश्य है कि समय के साथ प्रो. श्रीवास्तव के चिंतन में जो व्यापकता, प्रखरता और वैज्ञानिकता के नए-नए आयाम जुड़ते चले गए हैं, उनकी पहचान हो सके। प्रो. श्रीवास्तव के प्रति अपनी पूरी श्रद्धा तथा उनके विचारों के प्रति आदर का भाव रखते हुए हमारी यह हार्दिक आकांक्षा है कि इस दिशा में किए उनके कार्यों के सहारे हम उनके उन वैचारिक बिंदुओं के आगे की यात्रा करने में समर्थ हो सकें, जिस पर वे हमें छोड़ गए हैं।

–सूरजभान सिंह
–दिलीप सिंह

अनुक्रम

खंड क : भाषा-संदर्भ

- भाषाविज्ञान : सैद्धांतिक एवं अनुप्रयुक्त
- हिंदी के बहुल संदर्भ
- मानक भाषा की संकल्पना और हिंदी भाषा
- हिंदी भाषा में मानकीकरण : इलेक्ट्रॉनिक मीडिया के संदर्भ में

भाषाविज्ञान : सैद्धांतिक एवं अनुप्रयुक्त*

[1]

भाषाविज्ञान की विषय-वस्तु 'भाषा' है और अध्ययन-प्रणाली वैज्ञानिक। यही कारण है व्यापक परिभाषा के रूप में भाषाविज्ञान को भाषा के वैज्ञानिक अध्ययन के रूप में स्वीकार किया जाता है। भाषाविज्ञान की परंपरा अत्यंत प्राचीन है। इसके प्रमाण के रूप मे पाणिनि की 'अष्टाध्यायी' को देखा जा सकता है जिसे प्रसिद्ध भाषाशास्त्री ब्लूमफ़ील्ड ने मानव-मेधा का अपूर्व दीपस्तंभ कहा है। यास्क का निरुक्त सिद्धांत, शिक्षाग्रंथों एवं प्रातिशाख्यों में ध्वनि-संबंधी अवधारणाएँ, पाणिनीय व्याकरणिक परंपरा में वार्तिककार कात्यायन और महाभाष्यकार पतंजलि की भाषिक अंतर्दृष्टि, संज्ञानात्मक बोध संबंधी भर्तृहरि का भाषा-चिंतन, मीमांसकों और नैयायिकों तथा बौद्ध और जैन संप्रदायों में भाषा का तार्किक विश्लेषण आदि भारत की प्राचीन भाषावैज्ञानिक परंपरा को समृद्ध बनाते हैं।[1]

---

* सर्वप्रथम 'भाषाविज्ञान : सैद्धांतिक और अनुप्रयुक्त' (हिंदी के संदर्भ में) 1992 में प्रकाशित। यह पुस्तक डॉ. भोलानाथ तिवारी स्मृति-ग्रंथ के रूप में प्रो. श्रीवास्तव के प्रधान संपादकत्व में साहित्य सहकार, दिल्ली से प्रकाशित हुई थी।

–संपादक

1. संस्कृत भाषा-चिंतन के विकासक्रम में उपलब्ध 'पाठों' (टेक्स्ट) को निम्नलिखित रूप में देखा जाना संभव है–

(1) **पाणिनी-पूर्व पाठ** : निरुक्त, शिक्षाग्रंथ, प्रातिशाख्य

(2) **पाणिनीकृत मूल पाठ** : अष्टाध्यायी

(3) **अष्टाध्यायी विस्तारक पाठ** : शिव-सूत्र; धातुपाठ; गणपाठ, उणादि-सूत्र, फिट्-सूत्र

(4) **पाणिनी-पैराडाइम पाठ** : वार्तिक (कात्यायन), महाभाष्य (पतंजलि), टीका (काशिका) तथा अन्य व्याकरण-पाठ

(5) **पैराडाइम-परिवर्तन पाठ** : वाक्यपदीय (भर्तृहरि)

(6) **अन्य विधा-क्षेत्र से संबद्ध पाठ** : अन्य दार्शनिक विचारधारा (मीमांसा, न्याय, बौद्ध, जैन आदि) तथा काव्यशास्त्र आदि से संबद्ध पाठ।

संस्कृत के भाषा-चिंतन की परंपरा पर अभी भी सही रूप में प्रकाश नहीं पड़ सका है। परंपरा में 'वाचिक' होने के कारण उसमें विश्लेषण एवं प्रस्तुतीकरण का जो विधान मिलता है, वह आज की भाषावैज्ञानिक प्रणाली से नितांत भिन्न है। पर किंचित् भी ध्यान देने से यह स्पष्ट हो जाता है कि उसके भाषा-चिंतन की प्रणाली एक ओर, वैज्ञानिक थी और दूसरी ओर, अपने अभिविन्यास में सर्वांगीण। उसके विकास की परंपरा की प्रकृति सही अर्थ में द्वंद्वात्मक थी। वह एक ओर दर्शन और तर्कशास्त्र से टकराकर आगे बढ़ी और दूसरी ओर, काव्यशास्त्र को अपनाकर विकसित हुई। भाषिक चिंतन के उपकरण के रूप में हमें उसमें 'सूत्र', 'वृत्ति', 'भाष्य', 'टीका', 'प्रक्रिया' और 'सिद्धांत' की प्रणाली मिलती है, जिसके अपने विधान और जिसकी अपनी परंपरा देखी जा सकती है।

पालि, प्राकृत और अपभ्रंश साहित्य में इस व्याकरण परंपरा की कुछ झलक देखी जा सकती है। पालि भाषा पर 'कच्चान व्याकरण' (तथा उस पर लिखा गया भाष्य 'मुखमत्तदीपनी'), 'मोग्गल्लायन व्याकरण', 'सद्दनीति' आदि; प्राकृत भाषा से संबद्ध 'प्राकृत प्रकाश', 'प्राकृतानुशासन' आदि और अपभ्रंश पर हेमचंद्र कृत 'सिद्ध हेमशब्दानुशासन' कुछ ऐसे व्याकरण ग्रंथ हैं, जिन पर संस्कृत व्याकरण परंपरा की स्पष्ट छाप मिलती है। पर इसे मात्र छाप ही कहा जा सकता है, अन्यथा इन ग्रंथों में व्याकरण परंपरा की यह वर्द्धमान प्रकृति नहीं मिलती जो कात्यायन, पतंजलि या भर्तृहरि रचित ग्रंथों में दिखलाई पड़ती है। आधुनिक भारतीय आर्य भाषाओं के व्याकरण तक आते-आते इस परंपरा की छाप भी मिट गई मिलती है। हिंदी भाषा पर लिखे प्रारंभिक व्याकरण या तो लातिनी व्याकरण की परंपरा में लिखे व्याकरण हैं अथवा बिना किसी निश्चित 'प्रारूप' पर रचित छिट-पुट भाषिक नियमों की संहिता हैं। स्फुलिंग के रूप में इस परंपरा की झलक कुछेक ग्रंथों में देखने को मिल जाती है। इनमें किशोरीदास वाजपेयी कृत 'हिंदी शब्दानुशासन' को उदाहरण रूप में देखा जा सकता है। बाद के लिखे व्याकरण का मूलाधार आधुनिक भाषावैज्ञानिक चिंतन ही माना जा सकता है।

[2]

आधुनिक भाषाविज्ञान का प्रारंभ स्विस विद्वान् सस्यूर (1857-1913) के अध्यापन और रचनाओं से माना जाता है। उन्होंने न केवल भाषावैज्ञानिक चिंतन को आधुनिक संदर्भ दिया, बल्कि उनके विचारों ने मानविकी के अन्य क्षेत्रों को भी दूर तक प्रभावित किया। आज जिस 'संरचनावाद' और 'प्रतीक-विज्ञान' की चर्चा चल रही है, उसकी आधारभूत शिला भी सस्यूर ने रखी थी। इसी प्रकार आधुनिक भाषाविज्ञान की अधिकांश मूलभूत संकल्पनाओं का बीज भी सस्यूर की चिंतनधारा में ही मिलता है।

सस्यूर के भाषा-सिद्धांत की वैज्ञानिक उपलब्धि और परवर्ती चिंतन परंपरा में

उसकी स्वीकृति के पीछे कुछ महत्त्वपूर्ण कारण हैं— । पहला कारण तो यही है कि संस्कृत भाषा और संस्कृत व्याकरण से परिचित होने के कारण वे भाषा अध्ययन को सैद्धांतिक और वैज्ञानिक संदर्भ देना चाहते थे। दूसरा कारण यह है कि वे अपने समय में प्रचलित भाषा अध्ययन की तुलनात्मक ऐतिहासिक दृष्टि की सीमाओं से परिचित थे। तीसरा कारण यह है कि उन्होंने सबसे पहले सही ढंग से भाषा-संबंधी कुछ आधारभूत प्रश्न उठाए। उदाहरण के लिए उन्होंने पूछना चाहा कि उनकी अध्ययन-वस्तु एवं विश्लेषण-सामग्री (भाषा) की अपनी प्रकृति क्या है ? व्यक्ति जो बोलता है या लिखता है, क्या उसी का समुच्चय रूप 'भाषा' है ? यह ठीक है कि सतत परिवर्तनशील होने के कारण भाषा-भेद भाषा की अपनी नियति है। पर क्या इसके साथ यह भी सच नहीं कि अपनी गहरी व्यवस्था में भाषा की प्रकृति व्यक्तिपरक न होकर सामाजिक है, और समस्त वैकल्पिक भेदों और उपभेदों के बावजूद अपनी बनावट और बुनावट में वह विषमरूपी न होकर समरूपी है। सस्यूर के भाषा-संबंधी चिंतन की चौथी विशेषता उनकी वह समग्र दृष्टि है जो हमें भाषा की संश्लिष्ट प्रकृति को उसके द्वंद्वात्मक आधार पर समझने का संदर्भ देती है। यह वही दृष्टि है जिसके आधार पर हम भाषा के दो पक्षों—भाषा-व्यवस्था (लांग) और भाषा-व्यवहार (परोल)—को समझने में आज समर्थ हुए हैं।

सस्यूर ने भाषा के जिस रूप की कल्पना की, वह एक ओर सामाजिक वस्तु है और दूसरी ओर वैयक्तिक व्यवहार। भाषा के सामाजिक और संस्थागत पक्ष को समझने के लिए ही सस्यूर ने भाषा-व्यवस्था की संकल्पना को सामने रखा। उनके मतानुसार भाषा-व्यवस्था समूहगत अनुबंधन का परिणाम होती है। वह भाषिक प्रतीकों की उस संहिता (कोड) से संबद्ध होती है जो उसके प्रयोक्ता की निजी इच्छा या प्रतीकों के अपने माध्यम (उच्चारण या लेखन पद्धति) से नियंत्रित नहीं होती। व्यक्ति-भेद और माध्यम-विकार से मुक्त होने के कारण भाषा-व्यवस्था (लांग) अपनी प्रकृति में 'समरूपी' होती है। 'भाषा-व्यवहार' (परोल) इसी भाषा-व्यवस्था का व्यक्त रूप है। व्यक्त रूप होने के कारण इसका संबंध एक ओर व्यक्ति के क्रिया-व्यापार (कोडीकरण और विकोडीकरण) से रहता है और दूसरी तरफ़ उसके अभिव्यक्ति माध्यम (मौखिक और लिखित अभिव्यक्ति) के साथ। वैयक्तिक संबंधों से जुड़े होने के कारण यह भाषा का व्यष्टि रूप है।

भाषा के जीवंत स्वरूप के संदर्भ में सस्यूर ने 'भाषा-व्यवस्था' और 'भाषा-व्यवहार', दोनों ही पक्षों का होना अनिवार्य माना। साथ ही उन्होंने इन दोनों पक्षों की प्रकृति को 'द्वंद्वात्मक' स्वीकार किया, पर भाषावैज्ञानिक अध्ययन-वस्तु के अपने लक्ष्य के रूप में उन्होंने 'भाषा-व्यवस्था' को ही मूलतः विश्लेष्य-वस्तु के रूप में स्वीकार किया। इसी भाषा-व्यवस्था की सही प्रकृति के समझने-समझाने के लिए उन्होंने भाषावैज्ञानिक अध्ययन-प्रणाली को वस्तुनिष्ठ एवं तर्कसंगत बनाने पर बल दिया, जो उनके भाषा-चिंतन की पाँचवीं विशेषता मानी जा सकती है। प्रणालीगत अध्ययन की भूमिका के रूप में उन्होंने पारिभाषिक शब्दावली के जो सार्थक युग्म दिए, उनमें से अग्रलिखित युग्म आज भी मान्य हैं :

(1) भाषा-व्यवस्था (लांग) और भाषा-व्यवहार (परोल)
(2) संकेतार्थ और संकेतक
(3) उपादान (सब्स्टेन्स) और रूप (फ़ार्म)
(4) विन्यासक्रमी (सिंटेग्मेटिक) और सहचारक्रमी (ऐसोशिएटिव) संबंध
(5) एककालिक (सिनक्रानिक) और कालक्रमिक (डायक्रानिक) संदर्भ।

भाषा-व्यवस्था का संबंध भाषिक इकाइयों की संरचनात्मक व्यवस्था से है। इन भाषिक इकाइयों, यथा—शब्द, वाक्य आदि को भाषिक प्रतीक के रूप में देखा जाना संभव है। वैसे तो भाषिक प्रतीक संकेतार्थक (वाच्य) और संकेतक (वाचक) के अंतरंग सहसंबंध के परिणाम होते हैं, पर भाषा-व्यवस्था के संदर्भ में उनकी प्रकृति मूल्यपरक होती है। शतरंज के खेल में प्रयुक्त होने वाले मोहरे जिस प्रकार एक मूल्य के रूप में पहचाने जाते हैं (जैसे प्यादा एक घर चलता है और तिरछे काटता है, घोड़ा ढाई घर फाँदकर भी जा सकता है आदि) न कि अपनी आकृति या उपादान (लकड़ी, प्लास्टिक, काग़ज़ आदि) द्वारा, उसी प्रकार भाषिक इकाइयाँ भी अपने संकेतन-प्रकार्य (मूल्य) द्वारा पहचानी जाती हैं। मूल्यपरक (प्रकार्यजन्य) होने के कारण ही 'भाषा-व्यवस्था' को शुद्ध रूप (फ़ार्म) के रूप में ग्रहण किया जाता है। यह रूपात्मक व्यवस्था ही है जो हिंदी के लिए 'कर्ता+कर्म+क्रिया' और अंग्रेजी के लिए 'कर्ता+क्रिया+कर्म' का वाक्यात्मक विधान देती है।

सस्यूर ने यह भी बताया कि संरचनात्मक रूप भाषिक प्रतीकों के विन्यासक्रमी और सहचारक्रमी संबंधों के आधार पर बनता है। विन्यासक्रमी संबंध भाषिक प्रतीकों को एक व्यवस्थित कड़ी के रूप में देखने का आग्रह करता है। भाषा प्रतीकों का केवल जमघट नहीं, वह उनके एक निर्धारित क्रम का परिणाम भी है। किस इकाई के पहले या बाद में कौन अन्य इकाई आ सकती है, इसका आधार इकाइयों का विन्यासक्रमी संबंध होता है। इस व्यवस्था का ज्ञान ही है जिसके आधार पर हिंदी भाषा का प्रयोक्ता क-वाक्य (लड़के ने मोहन को किताब दे दी थी) को तो स्वीकार करता है, पर ख-उच्चारण (ने थी को लड़के दे मोहन दी किताब) को भाषा-सम्मत वाक्य नहीं मानता, यद्यपि दोनों में आठ-आठ समान इकाइयाँ हैं। सहचारक्रमी संबंध, भाषिक इकाइयों के बीच पाए जाने वाले उस संबंध की ओर हमारा ध्यान दिलाता है जो किसी संदर्भ या वातावरण-विशेष में स्थित होने के कारण दो भाषिक प्रतीकों में देखने को मिलता है। 'काल' और 'खाल' में 'क' और 'ख' के बीच सहचार-संबंध है क्योंकि ये आदि स्थान पर आए हैं और उन दोनों की परवर्ती ध्वनियाँ समान हैं। इसी प्रकार 'मोहन ने आम खाया' और 'सोहन ने फल तोड़ा' में 'मोहन' और 'सोहन' के बीच सहचार-संबंध है, क्योंकि वे एक ही वाक्य-संरचना के एक ही प्रकार्यात्मक खाने (स्लाट) में प्रयुक्त हुए हैं।

भाषा अध्ययन का एककालिक संदर्भ किसी स्थिति-विशेष में भाषा की संरचनात्मक व्यवस्था का काल-तटस्थ विवरण प्रस्तुत करता है। इसके विपरीत भाषा का काल-क्रमिक

अध्ययन भाषा के काल-सापेक्ष. विकास का विवरण देता है। इसे ऐतिहासिक भाषाविज्ञान के नाम से भी जाना जाता है। सस्यूर ने यद्यपि भाषा की एककालिक संरचनात्मक व्यवस्था और भाषा-परिवर्तन की ऐतिहासिक भूमिका—दोनों को पहचाना, पर भाषा-व्यवस्था (लांग) के अध्ययन के संदर्भ में उन्होंने एककालिक प्रणाली पर ही बल दिया। उनका तर्क था कि भाषावैज्ञानिक अध्ययन का लक्ष्य भाषिक प्रतीकों की संरचनात्मक व्यवस्था का अध्ययन है और भाषिक परिवर्तन हमेशा इस व्यवस्था के बाहर की चीज़ है। भाषा-परिवर्तन उनके मतानुसार न तो सहेतुक होता है और न ही व्यवस्था से प्रेरित।

सस्यूर के सिद्धांतों की चर्चा थोड़े विस्तार से इसलिए की गई, क्योंकि ये ही आधुनिक भाषाविज्ञान के भी मान्य सिद्धांत हैं। इस संदर्भ के अभाव में बीसवीं शताब्दी में प्रचलित भाषावैज्ञानिक अवधारणाओं को हम न तो समझ सकते हैं और न ही उनका सही मूल्यांकन कर सकते हैं।

[3]

आधुनिक भाषाविज्ञान भाषा को ध्वनि-प्रतीकों की संरचनात्मक व्यवस्था के रूप में देखता है। इस संश्लिष्ट व्यवस्था को विभिन्न उप-व्यवस्थाओं के समुच्चय के रूप में देखा जाना संभव है। इन उप-व्यवस्थाओं का संबंध भाषा के स्तर से है जिनकी संख्या कम-से-कम पाँच मानी जाती है। इन्हीं के आधार पर भाषा-अध्ययन के पाँच विषय-क्षेत्र भी निर्धारित किए जाते हैं--(1) स्वन-विज्ञान, (2) स्वनिम-विज्ञान, (3) रूप-विज्ञान, (4) वाक्यविज्ञान और (5) अर्थविज्ञान। इन उप-व्यवस्थाओं को दो उपवर्गों में विभाजित किया जाता है--केंद्रीय और परिधीय। केंद्रीय उपवर्ग की संरचनात्मक उप-व्यवस्था का सीधा संबंध भाषिक संसार और उसकी रूपात्मक प्रकृति से रहता है, अतः इसके अध्ययन क्षेत्र को सूक्ष्म (केंद्रीय) भाषाविज्ञान (माइक्रोलिंग्विस्टिक्स) के रूप में भी जाना जाता है। इसके विपरीत स्वन-विज्ञान और अर्थविज्ञान परिधीय उपवर्ग में आते हैं क्योंकि उनकी संरचनात्मक व्यवस्था का संबंध एक ओर भाषेतर संसार से रहता है और दूसरी ओर केंद्रीय उपव्यवस्था के साथ। स्वन-विज्ञान को पूर्वापेक्षी भाषाविज्ञान (प्रिलिंग्विस्टिक्स) और अर्थविज्ञान को इतरविषयी भाषाविज्ञान (मेटालिंग्विस्टिक्स) के रूप में संरचनात्मक भाषाविज्ञान देखता है।

इधर भाषा की इन सभी उप-व्यवस्थाओं को उसके बहु-आयामी प्रयोजन के संदर्भ में देखने का आग्रह भी बढ़ा है, जिसके फलस्वरूप प्रोक्ति विश्लेषण, समाज भाषावैज्ञानिक अध्ययन और प्रयोक्ता-सापेक्ष भाषेतर अर्थ-संप्रेषण को भी भाषाविज्ञान के अंतर्गत स्वीकार किया गया है। इस अंतर्विद्यावर्तनी दृष्टि पर आधारित भाषा अध्ययन को वृहत् भाषाविज्ञान (मैक्रोलिंग्विस्टिक्स) कहा जाता है।

भाषाविज्ञान एक विकासमान शास्त्र है। आज इसके कई संप्रदाय प्रचलित मिलते

हैं, यथा—मैथेसियस, याकोब्सन, त्रुबेत्सकोय द्वारा विकसित 'प्राग संप्रदाय'; येल्मस्लाव का 'कोपेनहेगन संप्रदाय'; एक ओर ब्लूमफ़ील्ड, हॉकेट और दूसरी ओर सपीर, वोर्फ़ का अमरीकी संरचनात्मक भाषाविज्ञान; फ़र्थ का स्वनगुणिक (प्रोसोडिक) और हैलिडे का 'व्यवस्थापरक व्याकरण' संप्रदाय; पाइक कां 'बंधिमविज्ञान' संप्रदाय, सिडनी लैंब का 'स्तरपरक व्याकरण' संप्रदाय; चॉम्स्की का 'रूपांतरण-प्रजनक व्याकरण' संप्रदाय आदि।

[4]

भाषावैज्ञानिकों के लिए भाषा उनकी 'साध्य-वस्तु' भी है और 'साधन-वस्तु' भी। साध्य-वस्तु के रूप में भाषा उनकी विश्लेष्य सामग्री है, जबकि साधन-वस्तु के रूप में वह विश्लेषण उपकरण। भाषावैज्ञानिकों के ऊपर भाषा दुहरा दबाव डालती है। भाषावैज्ञानिक भाषा के सहारे भाषा का अध्ययन करता है। जिस वस्तु का वह अध्ययन-विश्लेषण करता है, उसे वस्तु-भाषा (आब्जेक्ट लैंग्वेज) कहा जाता है, और जिसके माध्यम से वह वस्तु-भाषा का अध्ययन-विश्लेषण करता है, उसे 'निरूपक भाषा'(मेटालैंग्वेज)।

सैद्धांतिक भाषाविज्ञान के केंद्र में निरूपक भाषा होती है। उसका मूलभूत उद्देश्य वस्तु-भाषा से संबंधित सिद्धांतों का प्रतिपादन और उन सिद्धांतों के आधार पर विश्लेषण-विधि (मेथड) और प्रणाली तंत्र का विकास करना है। सैद्धांतिक भाषाविज्ञान यह जानना चाहता है कि वस्तु रूप में भाषा है क्या ? भाषा की आंतरिक प्रकृति पर प्रकाश डालने के लिए निरूपक भाषा की स्थापना और विकास तथा वस्तु-भाषा के अध्ययन-विश्लेषण के लिए तर्कसंगत एवं निर्भ्रांत प्रणाली तंत्र का विकास सैद्धांतिक भाषाविज्ञान के प्रमुख विषय-क्षेत्र हैं।

सैद्धांतिक भाषाविज्ञान अपनी खोज की दिशा में संभाव्य भाषा की संभाव्य संरचना के उद्घाटन की ओर प्रवृत्त होता है। उसके द्वारा विकसित संकल्पनाएँ एवं पारिभाषिक शब्दावली भले ही वस्तु-भाषा से लिए गये हों, पर अपनी अर्थवत्ता में वे सदा निरूपक भाषा के मुखापेक्षी होती हैं। यही कारण है कि व्याकरणिक कोटियों के रूप में लिंग, वचन, पुरुष, काल, वृत्ति, पक्ष का वास्तविक अर्थ न तो भौतिक या जैविक व्यापार होता है और न ही किसी भाषा-विशेष का तथ्य। ये कोटियाँ सभी भाषाओं के निरूपण के लिए प्रयुक्त हो सकती हैं।

सैद्धांतिक भाषाविज्ञान की धुरी शब्दों पर नहीं, अपितु 'पारिभाषिक शब्दों' (टर्म) पर आधारित होती है। पारिभाषिक शब्द वस्तु-भाषा से भी लिये जा सकते हैं, यथा—पद, कारक, कर्ता, कर्म, क्रिया, संधि आदि और सिद्धांत निरूपण के लिए नए रूप में गढ़े भी जा सकते हैं। 'अष्टाध्यायी' में प्रयुक्त 'सुप्', 'तिङ्', 'लुक्', 'लुप्', 'लट्', 'लोट' आदि ऐसे ही पारिभाषिक शब्द हैं। वस्तु-भाषा से लिये गए पारिभाषिक शब्द की अर्थवत्ता सिद्धांत के भीतर रहकर ही समझी जा सकती है। यथा—'पद' की

संकल्पना का आधार 'सुप्' और 'तिङ्' है अर्थात् यह एक ऐसी इकाई है जिसके अंत में या तो नामिक प्रत्यय 'सुप्', का योग हो अथवा धातु-प्रत्यय 'तिङ्' का।

यह ध्यान देने की बात है कि सैद्धांतिक भाषाविज्ञान के लिए भाषा-विशेष से ली गई सामग्री दृष्टांत मात्र होती है। वस्तुतः वह विश्व में पाई जाने वाली जितनी भी भाषाएँ हैं और मानव-भाषा के रूप में जितने भी और उसके रूप हैं, उनके पीछे समान रूप से काम करने वाले नियमों की खोज का रास्ता खोलता है। इन्हीं नियमों के आधार पर वह भाषाओं की सार्वभौम (यूनिवर्सल) प्रकृति पर प्रकाश डालता है। इससे भी आगे बढ़कर यह भी कहा जा सकता है कि वह केवल उन्हीं भाषाओं की प्रकृति का पता नहीं लगाता जो आज व्यवहार में हैं, बल्कि अपने अध्ययन क्षेत्र के भीतर उन सभी भाषाओं को भी समेटता है जो पहले कभी थीं और जिनकी भविष्य में होने की संभावना है। आधुनिक भाषाविज्ञान के प्रसिद्ध चिंतक चॉम्स्की के मत में भाषाविज्ञान अपने सैद्धांतिक लक्ष्य में उस सार्वभौम व्याकरण की खोज है जो प्रत्येक व्यक्ति को मानव होने के नाते जन्म से ही सहजात रूप में उपलब्ध है। उनके अनुसार, मानव और भाषा सहन्यस्त संकल्पनाएँ हैं अर्थात् बिना मानव के भाषा संभव नहीं और बिना भाषा के मानवजाति नहीं। उनका दूसरा तर्क यह भी है कि प्रत्येक मनुष्य भाषा सीखने की क्षमता लेकर पैदा होता है। अतः वह कोई-न-कोई भाषा आगे चलकर सीखता ही है। विभिन्न भाषाएँ वस्तुतः सार्वभौम व्याकरण के विभिन्न प्रतिफलित रूप हैं।

सिद्धांत मनुष्य-निर्मित होते हैं। यह मनुष्य ही है जो 'वस्तुओं' को समझने और नियंत्रित करने के लिए सिद्धांतों का प्रतिपादन और तथ्यों की खोज करता है। जब वह अपने तथ्यों को सामने लाता है, तब वह उसके द्वारा अपने ही बनाए सिद्धांतों को सिद्ध या असिद्ध करता है। अतः सिद्धांत मनुष्य की उस अंतर्दृष्टि पर निर्भर होता है जिसके सहारे वह 'वस्तु' की प्रकृति को समझना चाहता है। सैद्धांतिक भाषाविज्ञान भी भाषा की आंतरिक प्रकृति को समझने के लिए जिन सिद्धांतों का प्रतिपादन करता है, वह भाषावैज्ञानिकों के अपने दृष्टिकोण से मुक्त नहीं।

विद्वानों का अपना दृष्टिकोण भाषावैज्ञानिक सिद्धांत को किस प्रकार प्रभावित कर सकता है, उसे कुछेक उदाहरणों द्वारा समझा जा सकता है। आज सभी विद्वान् भाषा की आंतरिक प्रकृति को समझने के लिए 'संरचनात्मक व्यवस्था' की बात समान रूप से उठाते हैं। पर इस 'संरचना' का मूलाधार किसे बनाया जाए अथवा उसको कहाँ 'स्थित' माना जाए, इस पर वे एकमत नहीं हैं। ब्लूमफ़ील्ड का व्यवहारवादी संप्रदाय यह मानता है कि संरचना का केंद्रक (लोकस) 'वस्तु-भाषा' है। चॉम्स्की का संज्ञानात्मक संप्रदाय यह स्वीकार करता है कि इसका केंद्रक मानव-मन की भाषायी चेतना है। इन दोनों मतों से भिन्न फ़र्थ और येल्मस्लाव की मान्यता है। उनके अनुसार, संरचना का केंद्रक वह वैज्ञानिक तर्कप्रणाली है जिसके सहारे भाषाविद् वस्तु-भाषा का अध्ययन करता है। हर सिद्धांत अपने को व्यवहारगम्य बनाने के लिए अपना प्रारूप (मॉडल) खड़ा करता है, इसीलिए इन तीन भिन्न अंतर्दृष्टियों के आधार पर सैद्धांतिक भाषाविज्ञान के

आज तीन भिन्न प्रारूप भी प्रचलित देखे जा सकते हैं।

सैद्धांतिक भाषाविज्ञान के अपने दो निश्चित संदर्भ हैं—शुद्ध सिद्धांत और भाषा विवरण। शुद्ध सिद्धांत के रूप में वह निरूपक भाषा को अपने केंद्र में रखता है। इस दिशा में यह प्रयत्न किया जाता है कि निरूपक भाषा अपनी प्रकृति में 'व्यवस्थित' (सिस्टेमेटिक), सर्वांगीण (एक्ज़ास्टिव) और निर्भ्रांत हो। भाषा-विवरण का संबंध सिद्धांत प्रेरित प्रारूप पर आधारित भाषा-विशेष के विवरण (डिस्क्रिप्शन) से रहता है। यद्यपि शुद्ध सिद्धांत और भाषा-विवरण की अपनी अलग भूमिकाएँ हैं, पर सैद्धांतिक भाषाविज्ञान के संदर्भ में दोनों एक-दूसरे के पूरक माने जा सकते हैं।

[5]

अनुप्रयुक्त भाषाविज्ञान का मुख्य लक्ष्य भाषावैज्ञानिक सिद्धांतों एवं प्रणाली का अनुप्रयोग है। इस अनुप्रयोग द्वारा उन भाषायी समस्याओं का पता लगाया जाता है (और साथ में उनका समाधान भी ढूँढ़ा जाता है) जो भाषा से इतर विषय क्षेत्रों के अनुभव से संबद्ध होते हैं। व्यवहार और प्रयोग की दृष्टि से इसके दो रूप हैं—सीमित और व्यापक। सीमित रूप में अनुप्रयुक्त भाषाविज्ञान को भाषा-शिक्षण का पर्याय माना जाता है। व्यापक रूप में इसकी सीमा का विस्तार करते हुए उसमें शैलीविज्ञान, कोश-विज्ञान, भाषा-नियोजन, वाक्-चिकित्सा-विज्ञान आदि को भी अध्ययन का अपना विषय बनाता है।

सुविधा के लिए भाषावैज्ञानिक सिद्धांतों के अनुप्रयोग के तीन संदर्भ निर्धारित किया जाना संभव है—(1) ज्ञान क्षेत्र का संदर्भ, (2) विद्याविशेष का संदर्भ और (3) भाषा-शिक्षण का संदर्भ।

भाषाविज्ञान का अनुप्रयोग ज्ञान के किसी अन्य क्षेत्र को स्पष्ट करने के लिए स्वीकार किया जा सकता है। उदाहरण के लिए भाषा और समाज के बीच गहरा संबंध पाया जाता है। भाषा और समाज के संबंधों का अध्ययन जब हम भाषा की अपनी प्रकृति और उसके अपने प्रयोजन को समझने के लिए करते हैं, तब वह समाजभाषाविज्ञान कहलाता है। इसके विपरीत जब हम भाषा और समाज के अंतर्संबंधों को समाज की प्रकृति और उसके प्रकार्य को समझने के लिए अपनाते हैं, तब वह भाषा का समाजशास्त्र बन जाता है। इस दूसरे क्षेत्र का संबंध अनुप्रयुक्त भाषाविज्ञान से है। इसी प्रकार जब हम भाषाविज्ञान का सहारा लेकर संज्ञानात्मक बोध और मन की अन्य वृत्तियों का अध्ययन करते हैं, तो इस अध्ययन को भी अनुप्रयुक्त मनोभाषाविज्ञान के क्षेत्र में रख सकते हैं।

विद्याविशेष के संदर्भ में अनुप्रयुक्त भाषाविज्ञान के अंतर्गत शैलीविज्ञान, अनुवाद-विज्ञान, कोश-विज्ञान, भाषा-नियोजन, वाक्चिकित्सा-विज्ञान आदि आते हैं।

भाषाविज्ञान का प्रयोग इन विभिन्न विषयों को समझने के लिए एक निश्चित प्रणाली प्रदान करता है। यह बात नहीं कि इन विषय-क्षेत्रों के अध्ययन की अन्य दिशाएँ नहीं, पर अनुप्रयुक्त भाषाविज्ञान इनके लिए जो आधार देता है, वह न केवल अपनी प्रकृति में भाषावादी है, अपितु अपने व्यवहार में वस्तुवादी और प्रणाली में वैज्ञानिक है।

अनुप्रयुक्त भाषाविज्ञान का तीसरा संदर्भ भाषा-शिक्षण का है। इस क्षेत्र में भाषाविज्ञान की देन ने तो अपना अलग इतिहास बना दिया है। चाहे बात मातृभाषा शिक्षण की हो अथवा अन्य भाषा-शिक्षण की, भाषावैज्ञानिक अंतर्दृष्टि सर्वत्र आवश्यक मानी जाती है। शैक्षिक व्याकरण, शिक्षण-सामग्री निर्माण, भाषा-शिक्षण प्रणाली और तकनीक आदि सभी क्षेत्रों में भाषावैज्ञानिक सिद्धांत एवं प्रणाली के अनुप्रयोग को हम अनिवार्य पाते हैं।

हिंदी के बहुल संदर्भ*

सामाजिक संस्था और साहित्यिक परंपरा के संदर्भ में हिंदी का एक व्यापक अर्थ है। इसके भीतर एक तरफ कबीर, सूर, तुलसी आदि मध्यकालीन कवियों की रचनाएँ आती हैं तो दूसरी ओर आधुनिक काल के हरिऔध, प्रसाद, निराला, अज्ञेय आदि कवियों की कृतियाँ। मध्यकाल की रचनाएँ ब्रज, अवधी आदि बोलियों के संस्कारित पक्ष को उभारती हैं; जबकि आधुनिक काल की रचनाएँ खड़ीबोली के। इससे यह तथ्य स्पष्ट हो जाता है कि सामाजिक संस्था एवं साहित्यिक परंपरा के संदर्भ में हिंदी का फैलाव उसकी बोलियों से लेकर खड़ीबोली के मानक रूप तक है।

ऐतिहासिक कारणों से संपर्क भाषा के रूप में खड़ीबोली में हिंदी की कई जनपदीय बोलियाँ हैं, यथा—ब्रज, अवधी, बघेली, भोजपुरी, मैथिली आदि। विभिन्न बोली-क्षेत्र में रहने वाले व्यक्तियों की पहली भाषा उनकी अपनी बोली होती है। ये व्यक्ति अपने अनुभव एवं चेतना की आँख सबसे पहले अपनी इसी मातृबोली में खोलते हैं। हिंदी विभिन्न बोलियों के बीच संपर्क का काम करती है। यह भी ध्यान देने योग्य है कि प्रारंभिक शिक्षा का माध्यम विभिन्न बोलियाँ न होकर संपर्क भाषा के रूप में यही हिंदी है। बोल-चाल के रूप में बोलियाँ भले ही अपना महत्त्व रखती हों, पर शिक्षा के माध्यम के रूप में खड़ी बोली का ही प्रयोग होता है। औपचारिक संदर्भों में प्रयुक्त होने वाली भाषा का आधार भी यही संपर्क भाषा है।

हिंदी का तीसरा महत्त्वपूर्ण संदर्भ अखिल भारतीय है। प्रयोग के इस संदर्भ के हिंदी के दो स्तर हैं—लोक व्यवहार का स्तर और संविधान एवं प्रशासन का स्तर। लोक व्यवहार के स्तर पर हिंदी का व्यवहार कश्मीर से कन्याकुमारी और कोहिमा से कच्छ तक जनसाधारण की संपर्क भाषा के रूप में देखा जा सकता है। इसका प्रयोग विशेषकर तीर्थस्थलों, रेलवे प्लेटफार्मों, अंतर्राज्यीय बस अड्डों, प्रमुख व्यापारिक एवं औद्योगिक केंद्रों आदि में दिखाई देता है। भारतीय संविधान के अनुसार, हिंदी संघ की प्रमुख राजभाषा है। राजभाषा होने के कारण हिंदी प्रशासनिक प्रयोजनों की भाषा बन गई है। कार्यालयी भाषा के रूप में हिंदी का प्रयोग दिनोदिन बढ़ता जा रहा है।

अपने सीमित संदर्भ में हिंदी खड़ीबोली का पर्याय है। आधुनिक काल में हिंदी

---

* अप्रकाशित।

के गद्य साहित्य का अभिव्यक्ति का माध्यम खड़ीबोली रहा है। जन-प्रयोग से अपनी शक्ति ग्रहण करते हुए हिंदी के लेखकों ने न केवल हिंदी के इस रूप को निखारा, बल्कि एक ओर उसको मानक बनाया तो दूसरी ओर उसको जीवंत भी।

मौखिक एवं लिखित भाषा

गद्य का मूलाधार भाषा का बोल-चाल का रूप होता है। पर यह भी ध्यान देने की बात है कि बोल-चाल के रूप में प्रयुक्त भाषा अपनी प्रकृति में अधूरी, टूटी-फूटी और वक्ता, श्रोता के स्थान और समय से बँधी होती है। मौखिक होने के कारण इसमें सुर-लहरियों एवं अनुतान की प्रधानता रहती है। प्रत्यक्ष संभाषण होने के कारण वार्तालाप में अर्थ संप्रेषण का काम मुद्राओं से भी लिया जाता है, पर लिखित होने के कारण गद्य में सुर, अनुतान, आंगिक मुद्राओं आदि माध्यमों से संप्रेषित अर्थ की अभिव्यक्ति भाषा के भीतर ही रहकर व्यक्त करनी पड़ती है। बलाघात, अनुतान आदि का स्थान विराम चिह्न ले लेते हैं और आंगिक मुद्राओं का भाषा की विशिष्ट अभिव्यक्तियाँ। विराम चिह्नों के सही प्रयोग न करने पर अर्थ-संप्रेषण में कई प्रकार की कठिनाइयाँ आ जाती हैं। उदाहरण के लिए, तीन शब्दों से बने इस वाक्य को देखें—जाओ मत बैठो। अल्पविराम के अभाव में यह वाक्य अपने में स्पष्ट नहीं है। विराम चिह्न का प्रयोग करते हुए इसे दो अभिव्यक्त रूप दिए जा सकते हैं—जाओ, मत बैठो या जाओ मत, बैठो। विराम चिह्न वक्ता के मनोभावों को व्यक्त करने का सशक्त माध्यम है। हम एक ही कथन को कभी सामान्य और कभी प्रश्न अथवा विस्मयादि भाव से व्यक्त कर सकते हैं। उदाहरण के लिए :

शीला चली गई।
शीला चली गई !
शीला चली गई ?

गद्य-लेखन में इन विराम चिह्नों से व्यक्त मनोभावों का विस्तार करते हुए ऐसे प्रयोग भी किए जा सकते हैं :

उसने कहा कि शीला चली गई।
उसने पूछा कि शीला चली गई ?
उसको आश्चर्य हुआ कि शीला चली गई !

मौखिक भाषा अपने संदर्भ में उच्चारण (वक्ता) और श्रवण (श्रोता) के कार्य-व्यापार से संबद्ध होती है, जबकि लिखित भाषा लेखन (लेखक) और पठन (पाठक) के क्रिया-व्यापार से जुड़ी होती है। भाषा एक है, पर उसके माध्यम (उच्चारण और लेखन अर्थात् श्रवणात्मक एवं चाक्षुष) का दबाव उसकी अभिव्यक्ति एवं बोध-प्रक्रिया को भी बहुत दूर तक प्रभावित करता है। भाषा एक होकर भी इन दो संदर्भों में दो विभिन्न रूप ग्रहण कर लेती है। यह तथ्य हिंदी के लिए भी उतना ही सार्थक है जितना कि अन्य भाषाओं के लिए। हिंदी जैसी बोली जाती है ठीक उसी प्रकार लिखी नहीं जाती। हम

बोलते हैं—जन्ता, उस्ने, कर्ता, पर हिंदी की वर्तनी के नियम के अनुसार लिखते हैं—जनता, उसने, करता (काम)। इस संदर्भ में पठन के दो निश्चित पक्ष उभरते हैं। पहले पक्ष का संबंध लिखित भाषा के मौखिक भाषा में रूपांतरण से है अर्थात् जो लिखा गया है उसको उच्चारित करना और दूसरे पक्ष का संबंध लिखित भाषा में निहित अर्थ की संप्राप्ति से है। इसकी प्रक्रिया मौन भाव से भी चल सकती है।

हिंदी एक जीवंत भाषा है। एक ओर मातृभाषा के रूप में प्रयोग करने वालों का उसका एक विशाल जन-समुदाय है और दूसरी ओर विभिन्न संदर्भों में हिंदी में विविध रूप ग्रहण करने की क्षमता भी है। जैसे भाषा-वैविध्य के अनेक कारण हो सकते हैं। हम क्षेत्रीय आधार पर उच्चारण-भेद भी देख सकते हैं (यथा—पैसा-पइसा) और लेखन तथा वर्तनी के स्तर पर अक्षर-प्रयोग में विविधता भी आई है। यथा—***अ-ग्र, झ-झ, ण-रा,*** अंत-अन्त, चिह्न-चिह्न, शब्द-स्तर पर 'मोजा' और 'जुराब' तथा वाक्य-स्तर पर 'उसको किताबें खरीदनी हैं' और 'उसको किताबें खरीदना है'—भी ऐसे ही उदाहरण हैं। भाषा-वैविध्य सामाजिक स्तर-भेद के संदर्भ में भी देखा जा सकता है। मौखिक भाषा के कुछ संदर्भों में अगर 'मुझे या मुझको जाना है' बोला जाता है तो 'मेरे को जाना है' भी कहते हैं।

भाषा-वैविध्य भाषा के जीवंत व्यावहारिक प्रयोगों की नियति है, पर जब भाषा की यह विविधता संप्रेषणीयता और बोधगम्यता के लिए रुकावट बन जाती है तब भाषा के मानक रूप की आवश्यकता अनुभव की जाने लगती है। मानक भाषा 'अनेकता में एकता' के प्रसंग को उठाकर भाषा को बोधगम्य और संप्रेषणीय बनाती है। वहाँ भाषा को क्षेत्रीय सीमाओं से मुक्त करते हुए अंतर्क्षेत्रीय स्वरूप के अनुकूल बनाती है और अर्थ के धरातल पर बोध को निर्धारित करते हुए भाषा को संकल्पनात्मकता के गुण से युक्त करती है। शिष्ट व्यक्तियों के औपचारिक संदर्भों में प्रयुक्त भाषा को आदर्श मानते हुए अनेक विकल्पों में से किसी एक विकल्प का चयन करते हुए मानक भाषा व्यवहार का एक आदर्श रूप का ढाँचा खड़ा करती है जिसका लक्ष्य होता है—बोधगम्यता, स्पष्टता और सामाजिक प्रतिष्ठा।

शिक्षा के संदर्भ में मानक भाषा को मुख्यतः प्रश्रय दिया जाता है और उसके आधार पर मानक प्रयोगों को शुद्ध और मानक-च्युत को अशुद्ध माना जाता है। यही कारण है कि वर्तनी स्तर पर 'उसने' और वाक्य स्तर पर 'मुझको जाना है' को शुद्ध माना जाता है; जबकि 'उस्ने' और 'मेरे को जाना है' अशुद्ध।

जैसा कि ऊपर संकेत किया जा चुका है, मानक भाषा अंतर्क्षेत्रीय संदर्भों में बोधगम्यता और वैचारिक संदर्भों में संकल्पनात्मक प्रवृत्ति का परिणाम होती है। लेकिन समय, स्थान, भाषा, प्रयोक्ता की अपनी निजी आवश्यकता, विषय-वस्तु की अपनी अपेक्षा आदि भाषा को ठोस और विशिष्ट बनाने की माँग करती है। मानक भाषा विविधता में एकता के लक्ष्य से प्रेरित रहती है, पर भाषा-व्यवहार की ये अपेक्षाएँ उसे विविध बनाने की ओर प्रवृत्त करती हैं। भाषा की इस प्रक्रिया को उसका लौकिकीकरण

कहा जाता है। इस लौकिकीकरण की प्रक्रिया में हम कभी क्षेत्रीय बोलियों का सहारा लेते हैं और कभी हिंदी भाषा की अपनी सामाजिक शैलियों का। हिंदी इस परिप्रेक्ष्य में अत्यंत सक्षम भाषा है। एक ही वस्तु के लिए हम शैली-भेद के अनुरूप कई शब्द व्यवहार में पाते हैं, यथा—चिट्ठी, पत्र, खत, पाती, लेटर। देशकाल, पात्र, प्रयोग, परिस्थिति के अनुसार, शब्द-विशेष का सही चुनाव सही भाषा-शैली का परिचायक है। प्रयोग के इस संदर्भ को न जानने से शैलीगत त्रुटि-दोष देखा जा सकता है।

प्रयोग के धरातल पर भाषा का अपना संस्कार होता है। लोक-प्रचलित व्यवहार में उसकी एक मर्यादा होती है। विभिन्न शैलियों का इस संस्कार एवं लोकमर्यादा से सीधा संबंध रहता है। हम हिंदी की उच्च शैली में 'दंत-चिकित्सक' और 'दंत-चिकित्सा' का प्रयोग करते हैं, पर व्यावहारिक शैली में 'दाँत का डॉक्टर' और 'दाँतों का इलाज'। 'दंत का चिकित्सक' और 'दंत की चिकित्सा' उसी प्रकार अमान्य प्रयोग है जिस प्रकार 'दाँत डाक्टर' और 'दाँत इलाज'। इसी प्रकार हिंदी में 'जलपान करना' और 'खाना खाना' सही प्रयोग हैं, लेकिन 'जलपान खाना' और 'खाना करना' अमान्य प्रयोग।

हिंदी एक विकासमान भाषा है। इस दृष्टि से वह ज्ञान-विज्ञान के उन सभी क्षेत्रों में अब प्रयुक्त होने लगी है जिनमें अभी तक अंग्रेजी भाषा का बोलबाला रहा है। वह प्रशासनिक, व्यावसायिक एवं औद्योगिक क्षेत्रों में भी प्रयुक्त होने लगी है जो आधुनिक अर्थ-व्यवस्था तथा तकनीकी तंत्रों के परिणाम से विकसित हुए हैं। हिंदी ने अनेक प्रक्रियाओं और युक्तियों से अपने को आधुनिक बनाया है। उदाहरण के लिए, उसने पूर्व प्रचलित शाब्दिक अभिव्यक्तियों में आधुनिक जीवन से संबद्ध एक नया अर्थ भरा है। जैसे बिजली/विद्युत् को ही लें। पहले यह मात्र दामिनी का पर्याय था। जिसका व्यवहार क्षेत्र प्रकृति था, पर आज विज्ञान एवं तकनीक के नए संदर्भ में अंग्रेजी के एलेक्ट्रिसिटी का पर्याय बन गया है। इसी प्रकार 'आकाशवाणी' और 'दूरदर्शन' ऐसे शब्द हैं जिनमें नए अर्थों का विस्तार हुआ है। 'दूरदर्शन' शब्द को ही देखें तो दो तत्त्वों से बना है—दूर तथा दर्शन। पहले भी 'दूर' शब्द निर्माण का एक सक्रिय अंग रहा है जिसके आधार पर पहले से ही निर्मित शब्द मिलते हैं, यथा—दूरदर्शी, दूरदृष्टि, दूरगामी, दूरद्रष्टा आदि।

शब्द-निर्माण की इसी प्रक्रिया का सहारा लेते हुए हिंदी ने अपने को आधुनिक बनाते हुए ऐसे शब्दों का भी निर्माण किया है—दूरबीन (टैलिस्कोप), दूरभाष (टेलीफोन), दूरमुद्रण (टेलीप्रिंटर) आदि। इस नए संदर्भ में दूर अंग्रेजी के टेली का पर्याय बन गया है।

भाषा-विकास की दिशा में इन सभी शैलियों का अपना योगदान है। ज्ञान-विज्ञान के आधुनिक क्षेत्रों में कुछ ऐसे उपकरण एवं संकल्पनाएँ सामने आईं कि हिंदी को अपने नए शब्द गढ़ने पड़े। शब्द-निर्माण की यह प्रक्रिया तीन धाराओं में प्रचलित देखी जा सकती है—पहली लोकवादी धारा है जो लोक प्रचलित शब्दों से ही नए शब्द बनाने की पक्षपाती है। जैसे—'टेलीप्रिंटर' के लिए 'तारलेखी', 'मेटरनिटी होम' के लिए 'जच्चाघर'

आदि। दूसरी धारा राष्ट्रीयतावादी (पुनरुत्थानवादी) है जो शब्द-निर्माण के लिए संस्कृत के उपसर्गों एवं प्रत्ययों और समास-विधि पर बल देती है। यथा–'टेलीप्रिंटर' के लिए 'दूरमुद्रक' और 'मेटरनिटी होम' के लिए प्रसूतिगृह आदि। तीसरी धारा को अंतर्राष्ट्रीयतावादी कहा जा सकता है। जिसकी मान्यता है कि वैज्ञानिक संकल्पनाओं के लिए प्रयुक्त अंग्रेजी के शब्दों को हिंदी में ले लिया जाए। हिंदी की अभिव्यक्ति संपदा में इन तीनों स्रोतों से आए पारिभाषिक शब्द मिलते हैं।

स्पष्ट है कि हिंदी एक जीवंत मानक भाषा है जो एक तरफ भाषा की लचीली स्थिरता से संयुक्त है और दूसरी तरफ समर्थ लेखक भाषा के विविध प्रयोग-क्षेत्रों के अनुरूप भाषा-शैली का प्रयोग करता है। सामान्य भाषा के भीतर रहकर वह एक तरफ साहित्य के क्षेत्र में काव्य-भाषा का सृजन करता है तो दूसरी तरफ विज्ञान के क्षेत्र में तर्क-भाषा का निर्माण करता है। काव्य-भाषा में लक्षणा और व्यंजना जैसी शब्द-शक्तियों का सर्जनात्मक प्रयोग मिलता है जबकि तर्क-भाषा में अभिधाशक्ति का विषयानुसार निर्धारित अर्थ की स्थापना। दोनों ही प्रक्रियाएँ सामान्य भाषा को अपना आधार बनाती हैं, पर जहाँ काव्य-भाषा में अर्थव्यंजना साहित्यिक परंपरा और लोक-संस्कार की गोद में उत्पन्न होती है, वहाँ तर्क-भाषा में अर्थ की निष्पत्ति का आधार विधा विशेष की वैचारिक मान्यता से नियंत्रित होता है। यही कारण है कि तर्क-भाषा में एक ही शब्द जो विभिन्न विधा क्षेत्रों में विभिन्न अर्थ ग्रहण करता है। उदाहरण के लिए, धातु शब्द का व्याकरणशास्त्र में एक अर्थ है, रसायन में दूसरा और आयुर्विज्ञान में तीसरा। साहित्यिक भाषा में किसी शब्द का काव्यार्थ के धरातल पर कोई निश्चित अर्थ नहीं होता। उस रचना-विशेष के अपने संदर्भ में वह अपना अलग ही अर्थ-मूल्य पाता है।

अच्छी हिंदी के कई निर्धारक तत्त्व हैं। लेखक की दृष्टि से इसमें एक ओर भावव्यंजकता अपेक्षित है तो पाठक की दृष्टि से बोधगम्यता; तो वर्तनी और व्याकरण की दृष्टि से इसे एक ओर शुद्ध होना चाहिए तो दूसरी ओर प्रयोग और शैली की दृष्टि से संदर्भोचित। इसी प्रकार कथ्य की दृष्टि से इसका तर्कसंगत होना आवश्यक है, तो पाठ की दृष्टि से व्यवस्थित।

मानक भाषा की संकल्पना और हिंदी भाषा*

व्यवहार के स्तर पर भाषा के अनेक रूप दिखाई देते हैं, यथा—मानक भाषा, क्लासिकल भाषा, कृत्रिम भाषा, बोलचाल की भाषा, बोली आदि। इन भाषाओं की प्रकृति को निम्नलिखित चार लक्षणों के आधार पर समझा जा सकता है—(1) मानकीकरण, (2) स्वायत्तता, (3) ऐतिहासिक और (4) जीवंतता।

मानकीकरण एक प्रक्रिया है जो भाषा-रूप के स्तर पर 'विभिन्नता में एकता' लाने का प्रयास करती है। भाषा-प्रयोग के स्तर पर हम पाते हैं कि उसके प्रयोक्ता एक ही चीज के लिए अनेक विकल्पों का प्रयोग करते हैं, जैसे—एक ही ध्वनि के लिए दो लिपि चिह्न (अ, अ्र; झ, भ,); एक ही शब्द के लिए दो या दो से अधिक वर्तनी रूप (अन्त, अंत; उससे, उस से; महान, महान्; जाये, जाए, जाय; दुहराना, दोहराना; बहिन बहन); शब्द के एक ही प्रकार्य के लिए दो शब्द-रूप (करिये, कीजिए; कराना, करवाना; दिलाना, दिलवाना; मुझे, मुझको; उन्हें, उनको); वाक्य प्रयोग के दो प्रकार (मुझे किताबें खरीदनी हैं, मुझे किताबें खरीदना है; आप जायें, आप जाइये) आदि। यह विभिन्नता अनुपात में और भी बढ़ जाती है जब हम भाषा-प्रयोग को भौगोलिक एवं क्षेत्रीय आधार देते हैं। एक क्षेत्र में जब 'मोज़ा' का प्रयोग होता है तो दूसरे में 'जुराब'; एक स्थान पर 'लौकी' और 'नेनुआ' बोला जाता है तो दूसरे स्थान पर उसी वस्तु के लिए 'घीया' और 'तोरी'। मानकीकरण एक ही प्रकार्य के लिए व्यवहार में पाए जाने वाले विभिन्न भाषा-रूपों में से एक को स्वीकार करता है और इस तरह वह भाषा को मानकीकृत रूप देता है। भाषा का यह मानकीकृत रूप उसके स्वीकृत प्रयोग का प्रतिमान बनता है। यह प्रतिमान ही भाषा-प्रयोगों को मान्य और अमान्य वर्गों में विभाजित करता है।

भाषा का यह मान्य रूप सामाज में एकता के आधार पर, बोधगम्यता और मान्यता के आधार पर प्रतिष्ठा स्थापित करता है। लिखित भाषा से अपने को संबद्ध कर मानक भाषा प्रयोग में स्थिरता भी लाती है, पर इस ओर भी ध्यान देना आवश्यक है कि मानकीकरण की प्रक्रिया अगर एक ओर भाषा-रूप के स्तर पर विभिन्नता में एकता लाती है और लिखित रूप से जुड़कर उसमें स्थिरता का कारण बनती है तो दूसरी ओर

---

* सर्वप्रथम 'हिंदी का शैक्षिक व्याकरण', (सं. श्रीवास्तव, मिश्र, तिवारी), 1980 में प्रकाशित। प्रकाशक : नेशनल पब्लिशिंग हाउस, दिल्ली।—**संपादक**

भाषा प्रयोजन के स्तर पर वह भाषा-वैविध्य को भी महत्त्व देती है। वह यह प्रयत्न करती है कि भाषा अपने व्यवहार के विविध संदर्भों को खोले और उन क्षेत्रों में भी अपना विस्तार पाए जिनमें अभी तक भाषा का अपना प्रयोग न होता रहा हो। सामाजिक और वैज्ञानिक विकास के ऐसे अनेक अछूते प्रसंग आज उभर रहे हैं जो पहले दिखाई नहीं देते थे। ऐसे नित नूतन प्रसंगों से जुड़कर मानक भाषा अपने प्रयोजन में विविधता लाती है। अतः अब यह माना जाने लगा है कि मानक भाषा में एक 'लचीली स्थिरता' होनी चाहिए।

स्थिरता के इस लचीलेपन का एक दूसरा आधार है—बोलचाल की भाषा-शैली। बोलचाल की सामान्य भाषा भी अपना मानक रूप निर्धारित करती है। बोलचाल की भाषा-शैली पर आधारित व्यावहारिक मानक की विशेषता यह है कि वह क्षेत्रीय बोलियों के प्रभाव से सर्वथा मुक्त नहीं हो पाती। इसके विपरीत लिखित साहित्य की अर्जित परंपरा पर आधारित साहित्यिक मानक की कोशिश यह होती है कि भाषा स्थानीय और क्षेत्रीय प्रयोगों से जहाँ तक हो मुक्त रहे। यही कारण है कि अपने आदर्श रूप में साहित्यिक मानक, बोली-तटस्थ होता है। व्यावहारिक मानक और साहित्यिक मानक की टकराहट भी 'लचीली स्थिरता' का एक प्रमुख कारण बनती जा रही है। मानक भाषा को जब साहित्यकार माध्यम के रूप में अभिव्यक्ति का आधार बनाता है तब वह एक ओर भाषा के व्यावहारिक मानक रूप और साहित्यिक मानक रूप से द्वंद्व को झेलता है तब दूसरी ओर वह रूपगत एकता और प्रयोगगत विविधता के बीच एक सर्जनात्मक संतुलन बनाए रखने की कोशिश भी करता है।

स्वायत्तता से तात्पर्य है भाषा का अपनी व्यवस्था में विशिष्ट और स्वतंत्र होना। स्वायत्तता भाषा अपने अस्तित्व के लिए किसी अन्य भाषिक व्यवस्था पर आधारित नहीं होती। भाषा और बोली के अंतर को इस गुण के आधार पर देखा जा सकता है। मानक भाषा अपने प्रयोग में भौगोलिक क्षेत्र का अतिक्रमण करती है। बोलियों का आधार सामान्यतः क्षेत्रीय प्रयोग होता है। व्याकरण के संदर्भ में बोलियाँ अपने में स्वनिष्ठ हो सकती हैं, लेकिन अपने सामाजिक अस्तित्व के लिए हमेशा वे भाषा की मुखापेक्षी बनी रहती हैं। उनके प्रयोक्ता अपने क्षेत्र के व्यक्तियों के साथ ही विचार-विनिमय कर सकते हैं। मानक भाषा एक ऐसा आरोपित रूप होता है जिसके सहारे एक बोली के प्रयोक्ता दूसरी बोली के प्रयोक्ता के साथ विचार-विनिमय करने में समर्थ हो पाते हैं। भाषा का यह आरोपित रूप अपने प्रयोजन में न केवल अंतर्क्षेत्रीय बनता है, वरन् अपने विकास में स्वायत्त भी होता है। इसके आविर्भाव के मूल में भले ही बोली-विशेष का हाथ क्यों न रहा हो, पर एक बार भाषा के रूप में प्रतिष्ठित हो जाने के बाद अपनी प्रकृति और विकास के संदर्भ में वह इस बोली के प्रभाव से मुक्त होकर स्वायत्त बन जाती है। उदाहरण के लिए, मानक भाषा के रूप में मान्य हिंदी के जन्म के मूल में खड़ीबोली का आधार क्यों न हो, पर आज वह अपनी भाषिक व्यवस्था और प्रकार्य के संदर्भ में स्वतंत्र और स्वायत्त है।

ऐतिहासिकता समय के धरातल पर भाषा के सहज और स्वाभाविक विकास की ओर संकेत देती है। भाषा को हम सामाजिक परंपरा से अर्जित संस्कार के रूप में देख सकते हैं। एक पीढ़ी से दूसरी पीढ़ी के व्यक्ति भाषा को जिस परंपरा के रूप में अर्जित करते आए हैं, उसके मूल में स्वयं समाज और उसके जातीय संस्कार होते हैं। इसलिए हम उसके विकास के संदर्भ में किसी व्यक्ति का नाम नहीं लेते। पर कुछ भाषा-रूप ऐसे भी हैं जिनके आविर्भाव के मूल में व्यक्ति होते हैं और कुछ भाषा-रूप ऐसे हैं जिनके जन्म की कहानी नई है और विकास की यात्रा असामान्य तथा असहज। उदाहरण के लिए, 'एस्पिरेंतो' या 'लौग्लन' को लें। इन भाषा-रूपों के आविर्भाव के मूल में व्यक्ति-विशेष और उसकी अनुसंधान शक्ति का हाथ है। मानक भाषा आरोपित भाषा-रूप भले ही हो पर अपनी प्रकृति में वह परंपरा अर्जित और विकास में सहज और स्वाभाविक होती है।

भाषा के संदर्भ में **जीवंतता** का लक्षण उस प्राणशक्ति की ओर संकेत करता है जो उसके विकास के मूल में काम करती है। भाषा तभी जीवंत मानी जा सकती है जब उसके प्रयोक्ता हों और प्रयोग के रूप में उसको मातृभाषा के रूप में ग्रहण करते हों। मातृभाषा के रूप में अपनाने वाले प्रयोक्ताओं का भाषिक समुदाय ही किसी भाषा को जीवित रख सकता है। जिस भाषा का मातृभाषी समुदाय नहीं होता, वह भाषा भी जीवंत नहीं होती और जो भाषा जीवंत नहीं रह जाती उसकी भाषिक व्यवस्था के विकास की सहज यात्रा भी समाप्त हो जाती है। क्लासिकल भाषाएँ विकास के ठहराव की उदाहरण हैं, जिसका मूल कारण है उनके मातृभाषी समुदाय का न होना। इसके विपरीत मानक भाषा जीवंत होती है क्योंकि उसके मातृभाषियों का एक समुदाय होता है।

मानकीकरण, स्वायत्तता, ऐतिहासिकता और जीवंतता के चार लक्षणों के आधार पर विद्वानों ने भाषा-रूपों को समझने और परिभाषित करने का प्रयत्न किया है। **बोली** में ऐतिहासिकता और जीवंतता के लक्षण तो निहित रहते हैं, पर मानकीकरण और स्वायत्तता का उसमें अभाव बना रहता है। इसके विपरीत **कृत्रिम भाषा** मानकीकरण और स्वायत्तता के गुण से तो युक्त होती है, पर उसमें ऐतिहासिकता और जीवंतता नहीं होती। इस प्रकार **क्लासिकल भाषा** में जीवंतता को छोड़कर अन्य तीनों गुण निहित होते हैं और सामान्य **बोलचाल की भाषा** में मानकीकरण के लक्षण को छोड़कर अन्य तीनों गुण सिद्ध मिलते हैं। **मानक भाषा** ही वह भाषा-रूप है, जिसमें चारों लक्षण एकसाथ सिद्ध मिलते हैं।

विभिन्न भाषा-रूपों के चार लक्षणों के आधार पर वर्गीकरण से यह तथ्य भी स्पष्ट हो जाता है कि किसी भाषा के मानक रूप और उस भाषा के मानकीकृत रूप में स्पष्ट अंतर होता है। मानकीकृत रूप का संबंध मात्र मानकीकरण के लक्षण और उस लक्षण के परिणाम से रहता है और इसीलिए उन जनपदीय बोलियों का भी मानकीकरण संभव है जिनकी अपनी एक लिखित परंपरा है, जिनमें अपना जातीय इतिहास और अर्जित संस्कार है। उदाहरण के लिए, ब्रज या अवधी भाषा का भी मानकीकरण संभव है, और

एक सीमा तक उनका मानकीकरण हुआ भी है, पर ये बोलियाँ मानकीकृत होकर भी मानक भाषा का दर्जा नहीं पा सकी हैं क्योंकि उनमें 'स्वायत्तता' के लक्षण का अभाव बना हुआ है।

माध्यम भाषा के रूप में शिक्षा मानक भाषा को अपनाती और उसका विकास करती चलती है। इसके लिए यह आवश्यक है कि उसके चारों लक्षणों पर वह समान रूप से ध्यान दे। शिक्षा से संबद्ध सभी व्यक्तियों के लिए यह देखना ज़रूरी है कि अपने चक्र में शिक्षा 'ऐतिहासिकता' और 'जीवंतता' के लक्षणों की उपेक्षा कर माध्यम भाषा को 'कृत्रिम' न बना दे और न ही वह 'मानकीकरण' और 'स्वायत्तता' के लक्षणों की समस्या से विमुख होकर उसे असंप्रेषणीय और ग्रामीण रूप ही दे दे।

इस बात का संकेत दिया जा चुका है कि मानकीकरण की प्रक्रिया के आधार पर भाषा अनेक विकल्पों में से किसी एक का चुनाव करती है। इस चुनाव का एक आधार शिक्षित व्यक्तियों का शिष्ट भाषा-प्रयोग होता है। मान्य और प्रचलित होकर ये शिष्ट प्रयोग ही मानक के रूप में स्वीकृत होते हैं। इस मानक रूप के संदर्भ में अन्य भाषा-प्रयोग 'अशिष्ट', 'अमानक' अथवा 'मानकच्युत' की संज्ञा पाते हैं। शिक्षातंत्र के भीतर से गुजरने पर जो दृष्टि उभरती है वह इन मानकच्युत प्रयोगों की त्रुटियाँ ही मानती है।

यहाँ एक-दो बातों की ओर ध्यान देना आवश्यक है। भारत और भारतीय भाषा समाज अपनी प्रकृति में बहुभाषी और बहुस्तरीय है। फलस्वरूप, मानकीकरण की दिशा यहाँ फ्रेंच, पुर्तगीज़ आदि की तरह एकोन्मुखी न होकर बहुमुखी और बहु-आयामी है। यहाँ द्विभाषिकता की स्थिति केवल बोली और भाषा एवं जनपदीय भाषा और विदेशी भाषा (अंग्रेजी) के भीतर ही नहीं दिखाई देती, बल्कि साहित्यिक और सांस्कृतिक धाराओं से जुड़ी विभिन्न शैलियों के संदर्भ में भी देखी जा सकती है। हिंदी के संदर्भ में यह कहा जा सकता है कि मानक हिंदी की संकल्पना आज एक ओर हिंदुस्तानी और संस्कृतनिष्ठ हिंदी तथा दूसरी ओर हिंदी और उर्दू की साहित्यिक धारा के तनाव के बीच से अपना रूप-निर्धारण करने का प्रयत्न कर रही है। ये सभी धाराएँ अपने अस्तित्व के आधार पर आपस में एक प्रतिस्पर्धी मानक रूप को सामने लाने का प्रयत्न कर रही हैं। इस कोशिश में आज मानक भाषा की संकल्पना बहुमुखी और बहु-आयामी दिखाई देती है। आज यह कहने में कठिनाई होती है कि पुस्तक और किताब, अनशन और भूख-हड़ताल, दीमक और सफ़ेद चींटी, पत्र और चिट्ठी, लेखनी और कलम, टाइपिस्ट और टंकक के बीच में कौन सा प्रयोग मानक है और कौन सा मानकच्युत या किसे शिष्ट प्रयोग कहा जाए और किसे अशिष्ट। एक दूसरे तथ्य की ओर भी ध्यान देना आवश्यक है। आज के भाषा-अध्येता यह मानते हैं कि मातृभाषी अपने भाषा-प्रयोग में ग़लती नहीं किया करते। उनके अनुसार, यही कारण है कि किसी प्रयोग को अगर कभी ग़लत कहा गया तो यह भी देखने में आया है कि कालांतर में इनमें से कुछ ग़लत प्रयोग ही शुद्ध प्रयोग का दर्जा पा जाते हैं और जिन्हें कभी सही का दर्जा मिला हो वे

बाद में चलकर ग़लत मान लिए जाते हैं। उदाहरण के लिए, पहले 'होएगा' और 'हूजिए' ज्यादा सही माना जाता था, लेकिन आज का सही और शिष्ट प्रयोग है 'होगा' और 'होइए'। वह इस तथ्य की ओर संकेत देता है कि शिष्ट भाषा प्रयोगों के लिए लिखे गए व्याकरण परिवर्तनशील हैं क्योंकि शिष्ट कहे जाने वाले प्रयोग स्वयं में परिवर्तनशील होते हैं।

पर इन दोनों तथ्यों के साथ यह तथ्य भी महत्त्वपूर्ण है कि हमारी शिक्षा-माध्यम के रूप में मानकीकृत भाषा-रूप को ही अपनाने के लिए बाध्य है। इस बाध्यता का मुख्य आधार है—संप्रेषणीयता, सार्वजनीनता, बोधगम्यता और बौद्धिकता के आयाम जो विभिन्नता में एकता के लक्ष्य को अपना साध्य मानते हैं। यह शिक्षातंत्र ही विकल्पों में से किसी एक का चुनाव कर उसे मान्य और स्वीकार्य बनाता है और अपनी शैक्षिक दृष्टि के आधार पर उसे सही का दर्जा देता है और अमान्य और अस्वीकार्य के ग़लत प्रयोग बतलाता है।

प्रायः सभी प्रकार की अशुद्धियों को हम ग़लत की संज्ञा दे देते हैं, पर शैक्षिक दृष्टि से अशुद्धि और अशुद्धि में भेद करना आवश्यक है। अशुद्धि-शोधन के संदर्भ में इस भेद का महत्त्व काफ़ी बढ़ जाता है क्योंकि उनकी प्रकृति में ही मूलभूत अंतर होता है। अशुद्ध प्रयोग के निम्नलिखित पाँच प्रकार देखे जा सकते हैं :

1. **व्यवहार-सापेक्ष अशुद्धि :** व्यवहार-सापेक्ष अशुद्धियों का संबंध उन नियमों के व्यवहार में लाने के समय की गई असावधानी से रहता है जिन्हें प्रयोक्ता जानता है। ऐसी अशुद्धियों के लिए प्रायः व्यक्ति यह कहता है, "भाई, जुबान ही तो फिसल गई।" ऐसे दोषों के प्रति उसका प्रयोक्ता बोलने के साथ ही या तो सजग हो जाता है या किसी के बताने पर अपनी ग़लती शीघ्र ही स्वीकार कर लेता है।

2. **अक्षमता-सापेक्ष अशुद्धियाँ :** प्रायः यह देखा गया है कि नियमों की जानकारी के रूप में अमूर्त व्याकरण की क्षमता और उस क्षमता को व्यक्त करने वाले वास्तविक भाषा-व्यवहार में अंतर होता है। हिंदी के कुछ सामान्य शिक्षित व्यक्ति यह जानते हैं कि कहाँ 'ण' का प्रयोग किया जाए और कहाँ 'न' का अथवा कहाँ 'श' का प्रयोग होता है और कहाँ 'स' का। लेखन में इस अंतर को वे सही ढंग से व्यक्त करते हैं, पर उच्चारण के धरातल पर वे इन्हें एक जैसा ही बोलते पाए जाते हैं।

3. **अज्ञान-सापेक्ष अशुद्धियाँ :** अशुद्धियों का एक संदर्भ भाषा के नियमों की सही जानकारी का अभाव होता है। अन्विति का नियम न जानने के कारण कुछ लोग ऐसा वाक्य बोलते हैं—'मोहन ने सोहन से किताब को खरीद ली।' 'ने' प्रयोग के नियम को न जानने के कारण कुछ विद्यार्थी ऐसा बोलते हैं—'उसने रोया', 'उसने बोला', 'वह कहा'।

4. **व्याघात-सापेक्ष अशुद्धियाँ :** कुछ अशुद्धियों का आधार दो भाषाओं अथवा बोली और भाषा का व्याघात होता है। उदाहरण के लिए, 'मुझे पइसा चाहिए' आप वहाँ जावें' आदि।

5. अस्वीकार्यता-सापेक्ष अशुद्धियाँ : एक ही वक्ता के भाषा-व्यवहार में कभी-कभी विकल्पवत् दो रूप मिलते हैं! पर यह कहा जाना संभव है कि मानक भाषा उनमें से किसे अस्वीकार्य मानती है और किसे स्वीकार्य। अस्वीकार्य प्रयोग ही इस संदर्भ में अशुद्ध प्रयोग माने जाते हैं, यथा—'मुझको/मेरे को; आप खाइए/आप खाओ; मुझे किताबें खरीदनी/खरीदना है' आदि भाषा प्रयोगों में पहला प्रयोग स्वीकार्य होने के कारण शुद्ध माना जाता है जबकि दूसरा विकल्प मानकच्युत होने के कारण अशुद्ध।

अशुद्धियों की प्रकृति पर ध्यान देने से यह स्पष्ट हो जाता है कि उनके शोधन के लिए यह ज़रूरी है कि उसके प्रयोक्ता यह जानें कि कौन से भाषा प्रयोग व्याकरण की दृष्टि से सुगठित और लोकव्यवहार की दृष्टि से स्वीकार्य हैं। भाषा-विशेष की संरचनात्मक विशिष्टताओं की जानकारी इस दृष्टि से महत्त्वपूर्ण है। भाषिक संरचना का ज्ञान उस विधान पर प्रकाश डालता है जिसके अज्ञान या लापरवाही के कारण भाषा-प्रयोग अशुद्ध हो जाते हैं। साहित्य के शिक्षकों को इस बात पर ध्यान देने की ज़रूरत है कि संरचनात्मक विधान, नियमों की रूढ़िगत व्यवस्था नहीं होती। यही कारण है कि उन्हें एक ओर संरचना-रहित वाक्य और संरचना-सापेक्ष वाक्य में अंतर रखना पड़ता है और दूसरी ओर विधान के सामान्य और सर्जनात्मक प्रयोग में भेद करना पड़ता है, यथा—'इस फूल की क़ीमत मोहन ने चुकाई है' (सामान्य प्रयोग) और 'एक फूल की क़ीमत हज़ारों सिसकियों ने चुकाई है' (सर्जनात्मक प्रयोग), फूल सिसकी हज़ार एक चुकाई की ने हुआ है' (अव्याकरणिक प्रयोग)।

मानक भाषा के रूप में हिंदी शिक्षण को अगर प्रामाणिक, व्यावहारिक और सार्थक बनाना है तो यह ज़रूरी हो जाता है कि हम मानक भाषा की सही प्रकृति, मानकीकरण की वास्तविक प्रक्रिया, भाषा का संरचनात्मक विधान और अशुद्धियों के विविध संदर्भ की उचित जानकारी रखते हुए न केवल पाठ-सामग्री का निर्माण करें, बल्कि कक्षा-अध्यापन को भी उस ओर मोड़ें।

हिंदी भाषा में मानकीकरण : इलेक्ट्रॉनिक मीडिया के संदर्भ में*

इस विषय का सीधा संबंध इलेक्ट्रॉनिक माध्यमों अर्थात् दूरदर्शन और आकाशवाणी के हिंदी समाचार बुलेटिनों की वाक्य संरचना, भाषायी बनावट, उसकी संप्रेषणीयता, बोधगम्यता, ग्राह्यता और उसके मानकीकरण से है। परंतु यहाँ मैंने इसके साथ एक-दो बातें और जोड़ दी हैं। ये हैं—इन माध्यमों के कारण भाषा में आने वाले कुछ परिवर्तन और उनका स्वरूप।

हम जानते हैं कि जब रेडियो द्वारा भाषा का प्रयोग किया जाता है तो समाचारवाचक परदे के पीछे होता है। उसका आंगिक पक्ष दर्शक के सामने नहीं आता। भारतीय परंपरा के अनुसार चीजें आंगिक और वाचिक दृष्टियों से प्रक्षेपित होती हैं। टेलीविजन में इनकी उपस्थिति अनिवार्य रूप से होती है। लेकिन हम समाचार बुलेटिन में आंगिक पक्ष की पूर्णतया उपेक्षा कर देते हैं अर्थात् आंगिक पक्ष के साथ भाषा में कितना परिवर्तन होना चाहिए इसका हम ध्यान नहीं रखते। यदि किसी समाचार बुलेटिन को टेलीविजन का समाचारवाचक पढ़ रहा हो और आप उसे रेडियो पर सुनें तो रेडियो की भाषा, उच्चारण और अनुतान तथा पूरी सामग्री एक जैसी लगती है। इस संदर्भ में मैकलून ने 'हॉट चैनल' और 'कूल चैनल' की एक बहुत महत्त्वपूर्ण बात कही है। उसने कहा कि जब हम आमने-सामने बोलते हैं तो हमारी पाँचों इंद्रियाँ काम करती हैं। हम देखते भी हैं, सुनते भी हैं यद्यपि स्पर्श नहीं करते तब भी तीन-चार इंद्रियाँ साथ-साथ कार्य करती हैं। अगर बोलने में सूचना की कमी रह जाती है, तो हम उसे हाव-भाव से पूरा कर लेते हैं। आप ध्यान दें कि टेलीविजन की भाषा की बनावट में वह क्या चीज है जिसे आप सूचना या उद्धृष्टता (रिडन्डॅन्सी) के रूप में देनां चाहते हैं और दे रहे हैं। बी.बी.सी. और वायस ऑफ अमेरिका के समाचार देखिए और उनकी तुलना अपने समाचार बुलेटिन से कीजिए और अनुसंधान कीजिए कि इन देशों में जब टेलीविजन पर समाचार पढ़े जाते हैं तो कायिक अभिव्यक्ति से भाषिक अभिव्यक्ति को क्या संपुष्टि मिलती है। क्या उससे समाचारों का संवर्धन होता है ? यह शोध का विषय है।

---

* सर्वप्रथम भारतीय जनसंचार संस्थान, नई दिल्ली की पत्रिका 'हिंदी समाचार बुलेटिन : भाषा के कुछ आयाम' (1993) में प्रकाशित। संस्थान में दिए गए भाषण की टेपांकित सामग्री का लेखांकन।

—संपादक

सन् 1957 में सोवियत संघ ने स्पुतनिक नाम का एक उपग्रह छोड़ा था। उस समय लोगों की पहली प्रतिक्रिया यह थी कि इसे अंतरिक्ष की खोज के लिए प्रक्षेपित किया गया है। लेकिन इस अवसर पर मिलर का कथन था कि स्पुतनिक का सबसे अधिक महत्त्व इलेक्ट्रॉनिक मीडिया के क्षेत्र में सूचना क्रांति के रूप में है। यह महत्त्व इसलिए और भी अधिक है कि इसने दुनिया को बाहर से भीतर की तरफ मोड़ दिया है और मैकलून के शब्दों में, इसने दुनिया को भूमंडलीय गाँव (ग्लोबल विलेज) बना दिया है। स्पुतनिक से यह माध्यम किस तरह से जुड़ा है इसे आप मुझसे ज्यादा जानते हैं। उपग्रह के माध्यम से सूचना क्रांति आई है। आज हम शब्दों और सूचनाओं का उत्पादन उसी प्रकार कर रहे हैं जिस प्रकार हम थोक में मशीनों और कारों का उत्पादन करते हैं। इसके परिणाम को समझने के लिए आप कुछ दिन पूर्व का 'न्यूजवीक' देखिए। उसमें बताया गया है कि जर्मनी में एक ऐसा संगठन बनाया गया है जो रेडियो-टेलीविजन को चौबीस में से बीस घंटे बंद रखने का आंदोलन करेगा, क्योंकि हमारे पास इतने शब्द आ गए हैं और इतनी सूचनाएँ एकत्र हो गई हैं कि सोचने की हमारी क्षमता ही समाप्त हो गई है। ये जो थोक में सूचनाएँ आ रही हैं, ये हमें एक और बात का संकेत दे रही हैं। हम क्या सूचनाएँ दे रहे हैं ? इन सूचनाओं के माध्यम अर्थात् भाषा की महत्ता कितनी है ?

भाषा का अध्यापक होने के नाते हम जानते हैं कि हमारी भाषा को दूरदर्शन और आकाशवाणी सबसे अधिक प्रभावित कर रहे हैं। पहले यह कार्य फ़िल्मों ने किया था। इन माध्यमों से भाषा का मानकीकरण भी हो रहा है। आज स्थिति यह है कि जिन शब्दों को हम अशुद्ध कहते हैं यदि वही शब्द दूरदर्शन के द्वारा दस दिन तक बोल दिए जाएँ तो हम उन्हें ही शुद्ध मानने लगते हैं। अगर आप मानकीकरण के एक प्रामाणिक स्रोत हैं तो यह भी जरूरी है कि हम देखें कि प्रामाणिकता लाने के लिए आप मानकीकरण की किस प्रक्रिया को अपना रहे हैं। इस प्रयोजन के लिए हमने दो-तीन दिन के समाचार बुलटिनों का अध्ययन किया है। मेरा अभिप्राय यह नहीं कि उनमें कमियाँ हैं, यह भी नहीं कि उसकी सीमाएँ भाषा की सीमाएँ बन गई हैं, बल्कि यदि आप उसमें 75 प्रतिशत सृजनात्मकता ले आएँ तो उसके लिए हम आपको साधुवाद देंगे। शेष 25 प्रतिशत ऐसा है जो भाषा की सीमा बन रहा है।

आकाशवाणी द्वारा जिसे मौखिक अभिव्यक्ति दी जाती है और दूरदर्शन द्वारा जिसे दृश्य अभिव्यक्ति दी जाती है वह अभिव्यक्ति कोई वाचिक परंपरा की नहीं है। प्रसिद्ध समाजशास्त्री कौम ने इसे गौण उच्चारण (सेकेंडरी आर्टिक्युलेशन) कहा है। यह दूसरे चरण की मौखिकता है, जो तकनीकी विकास और लिखित सामग्री के प्रभाव से मुक्त नहीं हो सकती। इसमें तर्कजन्य लिखित अभिव्यक्ति की शक्ति और इसकी सीमाएँ समाहित हो जाती हैं। इस शक्ति और सीमाओं का जो मेल आपके उच्चारण में है, उसका विश्लेषण कभी नहीं किया गया। जो बातचीत आमने-सामने की जाती है, उसमें सुधार व्यवस्था (रिपेयर मैकेनिज्म) होती है। परंतु आपकी मौखिकता में यह व्यवस्था

नहीं है। आपका श्रोता उसी सीमा तक सक्रिय है कि वह उसे सृजनात्मक ढंग से ग्रहण कर रहा है। वह उस रूप में सक्रिय नहीं कि जो बात उसे समझ में नहीं आई उसे आकर समझ ले। इसलिए आप स्वयं ही उन सूचनाओं के स्रोत हैं और स्वयं ही सुधारक भी। इसकी दुतरफा व्यवस्था नहीं है। इसीलिए श्रोता वर्ग अनुसंधान (आडिएंस रिसर्च) की बात की जाती है। इलेक्ट्रॉनिक मीडिया के क्षेत्र में इसके अनुसंधान का बहुत महत्त्व है। मनुजजी के समय आकाशवाणी से श्रोता अनुसंधान की एक छोटी सी योजना आरंभ की गई थी और यह देखने का प्रयास किया था कि वाचिक और लिखित शब्द में वस्तुतः क्या भेद है। उस भेद के अनुसार हमने एक परंपरा बनाई थी कि आकाशवाणी के लिए हमें किस-किस तरह के शब्दों को लेना है और किन शब्दों को हटा देना है।

हम दो शब्दों का प्रयोग करते हैं : मानक भाषा और मानकीकरण की प्रक्रिया। मानक भाषा का मतलब है वह भाषा जो प्रयोगकर्ता की दृष्टि से प्रतिष्ठाजन्य हो या प्रतिष्ठाजन्य बने, अंतर्क्षेत्रीय स्थिति में वह संप्रेषणीय बने, केवल अपनी स्थानीय जगह के लिए संप्रेषणीय न हो अर्थात् मानक भाषा में अंतर्क्षेत्रीय संप्रेषणीयता हो, उसमें स्थिरता हो, लेकिन यह स्थिरता लचीली हो। लचीली स्थिरता का मतलब है कि एक ही शब्द अर्थ प्रयोग की दृष्टि से भिन्न-भिन्न हो जाता है और ये अर्थ स्थितिजन्य रूप से अलग हो जाते हैं।

पिछले तीन दिन के समाचार बुलेटिनों में मुझे अंग्रेजी के कुछ शब्द मिले। मैंने उसके हिंदी शब्दों का मिलान किया और पाया कि इनमें लचीली स्थिरता किस प्रकार रखी गई है। 'होम मिनिस्टर', 'होम आर्ट', 'होम डिपार्टमेंट'—इन तीन शब्दों के लिए आपने 'गृह' शब्द का प्रयोग किया है तथा इनके लिए क्रमशः 'गृहमंत्री', 'गृहकला' और 'गृह विभाग' शब्द दिए हैं; जबकि 'होम कंजप्शन' के लिए आपने 'निजी खपत' कहा और 'होम गुड्स' और 'होम मार्केट' के लिए आपने 'देशी माल' और 'देशी बाजार' शब्दों का प्रयोग किया। क्या आप 'होम' को स्थिर करेंगे ? स्थिर तो परिस्थितियाँ और संदर्भ करते हैं। मान लीजिए, आपने कहा 'मुझे (मुझको) जाना है', 'मैंने जाना है'। लेकिन 'मेरे को जाना है', 'मैंने जाना है', चाहे बोला भी जाता हो, अमानक है, क्योंकि यह हिंदी व्याकरण के अनुरूप नहीं है। व्याकरण की बात भी ऐसी है कि भारतेंदु काल का व्याकरण एक है, द्विवेदी काल का दूसरा और आज का हमारा तीसरा। आप जो बना देंगे व्याकरण सम्मत हो जाएगा, क्योंकि व्याकरण भाषा के पीछे चलता है। यहाँ आपने माना कि 'मुझे/मुझको जाना है' ज्यादा मानक है उसी को शुद्ध मान लेते हैं।

इसी तरह शब्दों में भी आपको इतने विकल्प मिलते हैं, जैसे—'लेटर', 'पत्र', 'ख़त', 'चिट्ठी', 'पाती'। ये सब शैलीगत रूप से भिन्न-भिन्न हैं। आप इन्हें उपन्यासकार को दे दीजिए। वह 'लेटर', 'पत्र', 'ख़त', 'चिट्ठी', 'पाती' पाँचों का प्रयोग करता है और बहुत सार्थक ढंग से करता है। फणीश्वरनाथ रेणु के 'मैला आँचल' उपन्यास में इन पाँचों शब्दों का प्रयोग हुआ है। यदि हिंदी का इतना समर्थ उपन्यासकार इन पाँचों शब्दों का प्रयोग करता है तो क्या इन्हें प्रामाणिक मान लिया जाए और क्या ये आपके बुलेटिन

के लायक हो जाएँगे ? नहीं, आप स्वयं निर्धारित करेंगे। अब यहाँ मानकीकरण का प्रश्न आ गया। मानक भाषा का नहीं। मानक भाषा तो वह भाषा है जो प्रयोगकर्ताओं की दृष्टि से प्रतिष्ठाजन्य हो, जिसमें बौद्धिकता हो, जिसमें अंतर्क्षेत्रीय संप्रेषणीयता हो और जहाँ कहीं वह बोली जाए तो वह शिक्षित वर्ग की भाषा लगे।

मीडिया के बारे में कहा जाता है कि हमें जन-जन तक पहुँचना है। क्या जन-जन तक पहुँचने के लिए आप गाँव की बोली को मानक भाषा बना देंगे ? दूरदर्शन कभी भी गाँव की भाषा का प्रयोग नहीं करता, क्योंकि अगर दूरदर्शन एक गाँव की भाषा का इस्तेमाल करेगा, तो दूसरे गाँव वाला कहेगा कि आप हमारी भाषा क्यों नहीं इस्तेमाल करते और तीसरे गाँव वाला कहेगा कि आप हमारी भाषा क्यों नहीं बोलते। कारण यह कि हर गाँव की अलग-अलग भाषा है। अगर बुलेटिन राष्ट्रीय या क्षेत्रीय हो तो इसके लिए अंतर्क्षेत्रीय होना आवश्यक है क्योंकि मानक भाषा में अंतर्क्षेत्रीयता के गुण का होना आवश्यक है। मात्र स्थानीय आवश्यकताओं को पूरा करने के लिए स्थानिक नहीं बन सकते। यह मानक भाषा की प्रकृति के विरुद्ध है, क्योंकि अंतर्क्षेत्रीयता और बौद्धिकता मानकीकरण के दो अनिवार्य गुण हैं। यह ठीक है कि हमें निर्धारित तत्त्वों का पालन करते हुए भाषा को जीवंत बनाना है। लेकिन इसका मतलब यह नहीं कि उसे स्थानिक बना दिया जाए।

'लेटर', 'पत्र', 'चिट्ठी', 'ख़त' और 'पाती'—इन पाँचों में से आप चुनाव कैसे करेंगे ? आपका पहला उत्तर होगा कि हम संदर्भ के अनुसार चुनाव करेंगे। अगर संदर्भ के अनुसार चुनाव करते हैं तो भी आप पाँचों को तो नहीं चुन लेंगे। 'पाती' तो हटा ही देंगे और 'लेटर' भी हम क्यों देंगे क्योंकि 'लेटर' का संदर्भ बहुत सीमित है। अब आपके पास बचे 'पत्र', 'चिट्ठी' और 'ख़त'। फिर कह सकते हैं कि उर्दू की खबरों में हम 'ख़त' को ले जाएँगे, यहाँ उसे क्यों लाएँ ? बचे 'पत्र' और 'चिट्ठी'। ये तो आपके संदर्भ के साथ चल जाएँगे। ये दोनों मानक हैं। इसे लचीली स्थिरता कहते हैं। आप संदर्भ के उपयुक्त रूप को लें और उस संदर्भ की उपयुक्तता को जाँचते हुए शब्दों की पहचान करें तो आप लचीली स्थिरता ले आएँगे।

अब हम मानकीकरण की प्रक्रिया पर आते हैं। भाषा-नियोजन के चार पक्ष हैं—पहला पक्ष नीति निर्णय का है, जिसके निदेशक आप नहीं, दूरदर्शन वाले नहीं, संसद हो सकती है, आपकी समिति हो सकती है। नीति-निर्णय का अंतिम लक्ष्य वैधानीकरण है, जो कानून से, संसद से आता है। आपके पास एक निश्चित निदेश होना चाहिए कि आप किस नीति का अनुसरण करेंगे।

नीतिगत निर्धारण शैलीगत निर्धारण है। जब आपके पास दो से अधिक विकल्प होते हैं तो उनमें से एक विकल्प को चुनना ही नीति निर्धारण है। मान लीजिए, आपके पास हिंदी, उर्दू, हिंदुस्तानी शैली के विकल्प हैं। हम जानते हैं कि जब संविधान के अनुच्छेद 351 का निर्माण हो रहा था तो दो-तीन दिन तक केवल यही बहस चली कि भारत की राजभाषा या राष्ट्रभाषा का नाम हिंदी रखा जाए या हिंदुस्तानी। हिंदी को

स्वीकार किया गया। यह नीति-निर्णय का विषय था। आप जो मास्टर कापी बनाते हैं वह अंग्रेजी में क्यों बनाते हैं ? आप पहले अंग्रेजी में मास्टर कापी बनाते हैं और फिर उसका हिंदीकरण करते हैं। हिंदीकरण करने वाले को उसका स्रोत ही नहीं पता होता। यह नीति का प्रश्न है।

हमारे भाषा-नियोजन में दूसरी बात है—भाषा की स्थिरता की। इसको हम मानकीकरण कहते हैं। यह मानकीकरण सभी स्तरों पर होता है। ध्वनि, उच्चारण के स्तर पर और लिपि के स्तर पर, वर्तनी के स्तर पर और पदबंध तथा वाक्य के स्तर पर।

तीसरी बात है—भाषा-विस्तार की जिससे आपका बहुत गहरा संबंध है। इसका अंतिम चरण भाषा का आधुनिकीकरण है। भाषा-विस्तार का मतलब है कि जिन क्षेत्रों में अभी तक हिंदी का प्रयोग हो रहा है, उसकी शैली निर्धारित है और उसके लिए शब्द तथा अभिव्यक्तियाँ हैं। कुछ ऐसे नए-नए क्षेत्र उभरते हैं, जिनमें अभी तक हिंदी का प्रयोग नहीं हो रहा है, उन क्षेत्रों में हिंदी के प्रयोग के लिए आपको नई अभिव्यक्तियाँ चाहिए। आपको कहने की रीति/शैली चाहिए। कभी-कभी कोई शब्द नहीं मिलता तो आप दो शब्दों को मिलाकर एक पदबंध बना लेते हैं, एक नई अभिव्यक्ति पैदा कर लेते हैं। इस प्रकार आधुनिकीकरण एक तो समाज द्वारा होता है, एक वैज्ञानिक तकनीकी शब्दावली आयोग करता है और तीसरे आप करते हैं।

आधुनिकीकरण का एक सशक्त माध्यम अनुवाद भी है। इसलिए कहते हैं कि अंग्रेजी भाषा किसी हद तक ज्यादा समुन्नत भाषा है क्योंकि उसमें कई तरह की अभिव्यक्तियाँ कई स्थानों से आती हैं। ऐसा ऐतिहासिक दबाव के कारण हुआ। ब्रिटिश काल में जगत्परक संस्कृति अर्थात् विधि, अर्थतंत्र, विज्ञान प्रौद्योगिकी के लिए अंग्रेजी का प्रयोग करने पर जोर दिया गया और अभिव्यक्तिपरक संस्कृति यानी नीति, धर्म, साहित्य, इतिहास के लिए अपनी प्रादेशिक भाषाओं के प्रयोग की अनुमति दी गई। इसका परिणाम यह हुआ कि स्वतंत्रता के बाद हमने अपनी भाषाओं पर ध्यान दिया तो पाया कि अभिव्यक्तिपरक संस्कृति से संबंधित जितने भी विषय हैं उनके लिए हिंदी समर्थ है, उनके लिए हमें नई शब्दावली की आवश्यकता नहीं, उनके लिए कोई नई अभिव्यक्ति नहीं चाहिए। लेकिन जगत्परक संस्कृति के विज्ञान और प्रौद्योगिकी, विधि, अर्थतंत्र और प्रशासन के क्षेत्र में अंग्रेजी चल रही थी। इनके लिए हिंदी की अभिव्यक्ति नहीं थी। नतीजा यह हुआ कि इनके लिए आयोग से कहा गया कि आप शब्द गढ़िए, अभिव्यक्तियाँ दीजिए। इससे एक दूरी बनी रह गई। राजनीति के क्षेत्र में नई-नई अभिव्यक्तियाँ आ गईं। आपको नई-नई अभिव्यक्तियों की आवश्यकता पड़ती है। हम देखते हैं कि आपने कैसे इन अभिव्यक्तियों का सृजनात्मक ढंग से उपयोग किया है। लेकिन कहीं-कहीं ये बाधक भी बन गईं। आज भाषा का आधुनिकीकरण आकाशवाणी और दूरदर्शन के माध्यम से तेजी से हो रहा है। भाषा के इस आधुनिकीकरण को यदि हमने ठीक ढंग से नहीं पकड़ा तो हिंदी में जो बिखराव की स्थिति आएगी, वह विस्फोटक हो सकती है। विस्फोटक इसलिए नहीं कि इससे हिंदी भाषा को कोई खतरा होगा, बल्कि

इसलिए कि इससे समाज और आपके बीच की संवादिता टूट जाएगी। आप श्रोता वर्ग पर अनुसंधान कीजिए और देखिए कि समाचारों में कितनी संप्रेषणीयता है।

मैंने एक अवतरण पर अनुसंधान किया है और आपको उदाहरण भी यहाँ दे रहा हूँ। हमने एक पैसेज की संप्रेषणीयता और तुलनीयता की जाँच की। यह यूनेस्को की परियोजना थी। मैंने देखा उसमें 23 प्रतिशत संप्रेषणीयता थी। हमने सोचा कि इसकी भाषा को सरल करके इसकी संप्रेषणीयता और बोधगम्यता को बढ़ाने का प्रयास किया जाए। हमने इसे ठीक करने के लिए दो साहित्यकारों को दिया। उसी अवतरण को हिंदी के दो अध्यापकों और दो शोध छात्रों को दे दिया। फिर एक-एक महीने के अंतराल के बाद उसी श्रोता वर्ग के पास भेजा गया जिसे वे अब तक भूल चुके होंगे। साहित्यकारों ने जो सरल किया उससे उसकी संप्रेषणीयता 23 प्रतिशत से घटकर 21 प्रतिशत रह गई और अध्यापकों ने सरल किया तो वह घटकर 18 प्रतिशत हो गई और शोध छात्रों द्वारा सुधार के बाद यह 23 से बढ़कर 40 प्रतिशत हो गई। लेकिन हमें 60 प्रतिशत संप्रेषणीयता चाहिए थी। यदि संप्रेषणीयता 60 प्रतिशत नहीं होती तो उस पाठ को ठीक नहीं कहा जा सकता। इसलिए उसे बदलना ही होगा। आदर्श संप्रेषणीयता 80 प्रतिशत होती है। शत-प्रतिशत तो कभी मिल ही नहीं सकती। मुझे 60 प्रतिशत लाने में भी परेशानी हुई। इसका क्या कारण है कि साहित्यकार इसे ठीक कर रहे हैं और सरल बना रहे हैं फिर भी संप्रेषणीयता कम हो रही है। इधर हिंदी अध्यापक उसका व्याकरण ठीक कर रहा है फिर भी संप्रेषणीयता ठीक नहीं हो रही। बाद में जब विश्लेषण किया तो मालूम हुआ कि सरलीकरण का मतलब यह लिया गया कि जो बड़े वाक्य हैं उन्हें छोटा कर दिया जाए। वाक्यों को छोटा करने में उन्होंने 'बल्कि', 'ताकि' जैसे तर्कपरक शब्दों को निकाल दिया।

यहाँ एक बात ध्यान रखनी होगी। इसके लिए आपको प्रशिक्षित होना चाहिए। प्रशिक्षण दस दिन का होता है। उसके बाद अभ्यास बनाए रखने की जरूरत होती है। आप बार-बार सोचकर नहीं लिखेंगे, क्योंकि आपके पास इतना समय कहाँ है ? एक बार मन इन सब प्रश्नों के लिए प्रशिक्षित हो जाए तो लिखते समय वह अज्ञात रूप से उन्हें लिखता चलता है। लेकिन इसके लिए सजगता आवश्यक है। सुगठित पाठ में ऐसे कौन से गुण होते हैं जो संप्रेषणीयता और बोधगम्यता को बढ़ाते हैं ? कठिन शब्दों से भाषा कठिन नहीं हो जाती। सवाल यह है कि एक भाषा तर्कजन्य स्थिति से भी चलती है। वाक्य-विन्यास का संबंध शब्दों या शब्द रूपों से नहीं है। संबंध यह है कि शब्द एक-दूसरे से कैसे जुड़े हैं। एक चीज जो बाद में कही गई है उसमें कोई संबंध (लिंकेज) है या नहीं। अच्छा समाचार बुलेटिन वही है जिसे सुनने में श्रोता को मेंटल एक्सरसाइज नहीं करनी पड़ती। दूरदर्शन से प्रसारित इस वाक्य को देखिए :

"इस हेलीकाप्टर में दो इंजन हैं तथा एयरफ्रेम रॉटर प्रणाली और फ्लाइट कंट्रोल की अत्याधुनिक प्रौद्योगिकी को समाहित किया गया है।"

इस हेलीकाप्टर में दो इंजन हैं। वाक्य में 'इसमें' लिंकेज के छूट जाने से यह पूरा

वाक्य एक प्रश्नचिह्न बनकर सामने आ जाता है। फिर समाहित किया गया है। हेलीकाप्टर के अंदर किसी चीज को समाहित करना जिस शैली की ओर ले जाता है, उस पर ही प्रश्नचिह्न लग जाता है।

इसी प्रकार इस समाचार को देखिए :

''अजमेर जिले के एक स्कूल में इस अभियान में बहुत ही उत्साहजनक परिणाम हुए हैं। जिलावाड़ा में जहाँ परदे का व्यापक चलन है, लड़कियों की संख्या मात्र तीन से बढ़कर चालीस हो गई है। राज्य के मुख्यमंत्री श्री भैरोसिंह शेखावत ने बताया कि राज्य में बाल-विवाह को रोकने के लिए विशेष उपाय किए जा रहे हैं। उन्होंने कहा कि लड़कियों को शिक्षा न मिलने का यह एक प्रमुख कारण है।''

अभियान में परिणाम नहीं होते, अभियान से परिणाम निकलते हैं। इससे तो भ्रम पैदा होता है। पहले तो अभियान 'में' और फिर 'हुए' दोनों ही भ्रम पैदा करते हैं। आगे चलकर हम यह बताते हैं कि बाल-विवाह को रोकने के लिए विशेष उपाय किए जा रहे हैं और लड़कियों को शिक्षा न मिलने का यह एक प्रमुख कारण है। व्याकरण की दृष्टि से अर्थ निकलता है कि बाल-विवाह को रोकने का कारण है—लड़कियों को शिक्षा न मिलना। जबकि हम अर्थ निकालते हैं कि बाल-विवाह खुद में लड़कियों को शिक्षा न मिलने का कारण है। हमारी एक्सपेक्टेशन रुक जाती है कि उन्होंने कहा कि लड़कियों को शिक्षा न मिलने का यह प्रमुख कारण है। इसका मतलब क्या निकलेगा या क्या निकलना चाहिए ? बाल-विवाह। सीधे-सीधे कहना चाहिए बाल-विवाह एक प्रमुख कारण है। व्याकरण एक तरफ ले जाता है जबकि लॉजिक की आकांक्षा उसके विपरीत है।

लिंकेज ठीक न होना किस प्रकार कम्युनिकेशन गैप पैदा कर सकता है, उसका एक उदाहरण यह समाचार है :

''...यहं प्रस्ताव विदेश राज्यमंत्री श्री सिद्दीकी खान कांजू ने पेश किया। भारत ने पाकिस्तान की राष्ट्रीय असेंबली द्वारा राम जन्मभूमि बाबरी मसजिद के बारे में पारित प्रस्ताव को अस्वीकार कर दिया है और इसे आंतरिक मामलों में खुल्लमखुल्ला हस्तक्षेप और अनावश्यक बताया है।''

पहला वाक्य अपने आप में सही है। लेकिन इसका संबंध अगले वाक्य से है जिसमें कहा गया है कि भारत ने पाकिस्तान की राष्ट्रीय असेंबली द्वारा पारित प्रस्ताव को अस्वीकार कर दिया है। इससे पहले वाक्य में पेश किए की बात कही गई है। अगर इस वाक्य में 'पेश किया था' नहीं लगता तो पेश किया पहले वाक्य से जुड़ जाएगा। इसी प्रकार 'इसे आंतरिक मामलों में खुल्लमखुल्ला हस्तक्षेप और अनावश्यक बताया है' के स्थान पर 'इसे भारत के आंतरिक मामलों में खुल्लमखुल्ला हस्तक्षेप और अनावश्यक बताया है' होना चाहिए।

एक समाचार में बताया गया है, ''जनता दल नेतृत्व का कहना है...'' यह प्रयोग गलत है। जहाँ अंग्रेजी में भाववाचक संज्ञा बोलती है वहाँ हिंदी में नहीं बोलती। इसी

प्रकार एक समाचार में बताया गया है, "...उपलब्ध कराए गए दस्तावेजों की प्रतिक्रिया।" इसका क्या मतलब है ? प्रतिक्रिया मेरी हो सकती है, लेकिन दस्तावेजों की नहीं।

जरा इस समाचार को देखिए :

"श्री कुरियन ने बताया कि प्रत्येक क्षेत्र में कमियों को ढूँढ़ लिया गया है।"

ढूँढ़ लिया का अर्थ कुछ और होता है। जैसे—मैंने कलम ढूँढ़ लिया है। जो वस्तु साकार हो, वह ढूँढ़ी जा सकती है, लेकिन निराकार को कैसे ढूँढ़ेंगे ? उनका तो पता ही लगाया जा सकता है।

जितना भी अनुवाद हो रहा है वह अंग्रेजी से हिंदी में हो रहा है। अनुवाद में अशुद्धियों की इस प्रवृत्ति से बचना होगा। पहले अंग्रेजी पढ़ लीजिए और सोचने के बाद हिंदी में बताइए।

अंग्रेजी के इस वाक्य को देखिए :

"He also said that agricultural productivity has reached a plateau."

अंग्रेजी के सभी कोशों में 'प्लेटू' का अर्थ दिया गया है—पठार। लेकिन वेब्स्टर में इसका दूसरा अर्थ है :

to reach at a culmination where no further activity is possible.

आपने इसका बड़ा सटीक और सुंदर अनुवाद किया है, "कृषि उत्पादन ऐसे बिंदु पर पहुँच गया है जहाँ उसमें और वृद्धि करना मुश्किल है।" इसमें 'प्लेटू' शब्द बिलकुल नहीं। यह एकदम बोधगम्य है।

जब भाषा का आधुनिकीकरण होता है, तब शब्द गढ़े जाते हैं। लेकिन अनुवाद पारदर्शी होना चाहिए। आपने 'येलो जर्नलिज्म' का अनुवाद 'पीत पत्रकारिता' कर दिया। किंतु आप उस व्यक्ति को अपना लक्ष्य मानिए जिसे 'पीत पत्रकारिता' का अर्थ भी पता नहीं। हम 'व्हाइट पेपर' का अनुवाद 'श्वेत पत्र' कर देते हैं। हमें इन शब्दों की आधारभूत अवधारणा स्पष्ट होनी चाहिए। जब 'स्टरलाइजेशन' को 'नसबंदी' कहते हैं तो उसका अर्थ एकदम स्पष्ट हो जाता है।

हम एक साथ तीन तरह से शब्द गढ़ रहे हैं—एक है अंतर्राष्ट्रीय शब्दावली, जो शब्द अंग्रेजी का है उसे देवनागरी में लिख दो। हम 'टेलीप्रिंटर' का अनुवाद न कर उसे वैसा ही लिख दें। दूसरा मत है कि हिंदी की अपनी शक्ति इतनी है कि नया शब्द बनाया जा सकता है। 'टेलीग्राम' को 'तार' कहते हैं। अतः 'टेलीप्रिंटर' के लिए 'तार लेखी' होना चाहिए। तीसरा मत यह है कि आप 'तार' क्यों लेते हैं ? 'दूर' लो जैसे 'दूरदर्शन', 'दूरसंचार' आदि। इसी प्रकार 'टेलीप्रिंटर' के 'दूरमुद्रक'। अब हमारे पास तीन शब्द हो गए : 'टेलीप्रिंटर', 'दूरमुद्रक' और 'तार लेखी'। इस प्रकार तीन शब्द हैं : 'मेटरनिटी होम', 'प्रसूतिगृह', 'जच्चाघर'। आप तीनों चलने दीजिए। लेकिन कहाँ किसका प्रयोग किया जाए, यह निर्धारित कीजिए। 'शतरंज के खिलाड़ी' में प्रेमचंद ने हिंदी, उर्दू और हिंदुस्तानी का प्रयोग किया है। बातचीत में हिंदुस्तानी का, प्रकृति वर्णन में हिंदी का और वाजिदअली शाह के दरबार में उर्दू का। पाठक को कहीं खटक नहीं होती। हम

भाषा को बाँध नहीं सकते। लेकिन मानकीकरण अवश्य कीजिए।

भाषाविद् होने के नाते मुझे यह कहने में कोई संकोच नहीं कि आज आकाशवाणी और दूरदर्शन द्वारा भी भाषा का मानकीकरण हो रहा है। इलेक्ट्रॉनिक मीडिया के शब्द और मुहावरे पाठ्यपुस्तकों में स्थान पा रहे हैं। मानकीकरण दो प्रकार से होता है—एक, विशेषज्ञों द्वारा दिए गए पारिभाषिक शब्दों से और दूसरा, जनसाधारण द्वारा प्रयोग में लाए जाने वाले शब्दों से। 'परिवार नियोजन' शब्द गलत है, परंतु चलन में आ गया है। हम इसे नहीं बदल सकते। 'बँधुआ मजदूर' के स्थान पर 'बंधित श्रमिक' नहीं लिख सकते। 'घुसपैठिए' को 'अतिक्रामी' नहीं कह सकते।

समाचार बुलेटिनों की हिंदी के संदर्भ में हमें शब्द और वाक्य दोनों स्तरों पर नीति संबंधी निर्णय करने होंगे, समाचारों में कौन से शब्द रखे जाएँ और वाक्य रचना कैसी हो ? हिंदी की अपनी संवेदनशीलता है। उसके अनुसार, बुलेटिनों के लिए पर्यायवाची कोश बनाया जाना चाहिए। उसमें शब्दों के सूक्ष्म भेद दिए जाएँ और क्रियाओं के पर्याय हों तथा प्रयोग भी दर्शाए जाएँ।

वाक्य का ढाँचा कैसा हो ? उसकी अन्विति कैसे करें ? अगर क्रियाविशेषण बनाएँ और विशेषण पदबंध बनाएँ तो उसे कब पहले और कब बाद में लगाएँ। क्या हम ऐसा कहें कि वह प्रधानमंत्री, जो कल हमारे देश में आए थे, उन्होंने यह कहा, या जो प्रधानमंत्री कल आए थे, उन्होंने यह कहा। इसमें मतभेद हैं। अंग्रेजी में कहते हैं, ''द प्राइम मिनिस्टर, हू विजिटेड अवर कंट्री।'' अंग्रेजी के प्रभाव में हम भी कहते हैं—प्रधानमंत्री, जो कल आया था। लेकिन हिंदी की प्रकृति है—जो प्रधानमंत्री कल आए थे।

जिस प्रकार किसी विश्वविद्यालय से प्रकाशित पुस्तक पर उसकी मोहर होती है, उसी प्रकार आकाशवाणी और दूरदर्शन की भाषा के भी आधार सूत्र होने चाहिए, उसकी छाप होनी चाहिए। भारतीय जन संचार संस्थान यदि आकाशवाणी और दूरदर्शन के सहयोग से इस कार्य को पूरा कर सके तो यह एक बहुत बड़ी उपलब्धि होगी।

खंड ख : अनुवाद

- भारतीय बहुभाषिकता की प्रकृति : संप्रेषण और अनुवाद की समस्या
- भाषा का आधुनिकीकरण और अनुवाद
- अनुवाद प्रक्रिया
- अनुवाद के संदर्भ में पारिभाषिक शब्दावली की समस्याएँ
- प्रतीक सिद्धांत और अनुवाद

भारतीय बहुभाषिकता की प्रकृति : संप्रेषण और अनुवाद की समस्या*

भारत प्राचीन काल से बहुभाषी और बहुसांस्कृतिक देश रहा है। इस देश में आर्य और द्रविड़ भाषा परिवार के अतिरिक्त आस्ट्रिक और तिबतो-बर्मन कुल की भी कई भाषाएँ बोली जाती हैं। बहुभाषिकता की स्थिति में इन विभिन्न भाषा कुलों के बीच आदान-प्रदान होने के कारण भाषा अवमिश्रण की स्थिति प्राचीन काल से ही चली आ रही है जिसके परिणामस्वरूप आर्य भाषा कुल की भाषाओं में द्रविड़ भाषा कुल के लक्षण और द्रविड़ भाषा कुल की भाषाओं में आर्य भाषा कुल की भाषाओं के लक्षण स्पष्ट दिखाई देते हैं। आस्ट्रिक एवं तिबतो-वर्मी भाषाओं के एक ही साथ प्रयोग से इनके भी लक्षण एक साथ घुले-मिले दिखाई देते हैं। जनसंख्या के हिसाब से आर्य और द्रविड़ कुल के बोलने वाले पूरी आबादी के 98 प्रतिशत हैं (तालिका-1)। आज भारत का कोई भी भारतीय प्रदेश ऐसा नहीं जो पूर्णतः एकभाषी हो, एक भी ऐसी प्रमुख आधुनिक भारतीय भाषा नहीं जिसके बोलने वाले कम-से-कम तीन संपर्क भाषाओं का प्रयोग न करते हों (तालिका-2) और न ही कोई ऐसा भाषायी समुदाय है जिसके भाषायी कोश में कम-से-कम तीन भिन्न भाषिक कोड न हों। यहाँ की हर प्रमुख प्रादेशिक भाषा अपने स्वयं के भू-भाग के बाहर बोली जाती हैं और यहाँ की हर विश्वजनीन (कास्मोपालिटन) नगरी बहुभाषी और बहुसांस्कृतिक है (तालिका-3)। पाँच हजार, पाँच सौ लाख की जनसंख्या, 1652 मातृभाषाएँ और 67 शैक्षिक भाषाओं वाला यह देश निश्चित रूप से ही भाषावैज्ञानिकों और शिक्षाविदों के लिए ही नहीं, बल्कि शिक्षा नीति बनाने वाले राजनीतिज्ञों के लिए भी एक चुनौती भरा रहा है।

बहुभाषिकता, एकभापी पाश्चात्य समाज के व्यक्तियों के लिए भले ही अप्राकृतिक और विसंगतिपूर्ण हो, लेकिन एशिया, अफ्रीका और लेटिन अमेरिका के जैसे बहुभाषी देशों के लिए वह सहज और सामान्य भाषिक व्यवस्था रही है। अब तो विद्वान यह भी मानने लगे हैं कि 'बहुभाषिकता की स्थिति हर भाषा समाज में हर स्तर पर देखी जा सकती है' (हॉगेन : 1972, हाइम्स : 1967, फिशमैन : 1972, गृलीन लेविस : 1972, गम्पर्ज़ : 1971)। विभिन्न सामाजिक संदर्भ, सांस्कृतिक परिवेश और विषय भेद के

---

* सर्वप्रथम 'पूर्णकुंभ', जनवरी, 1980 में प्रकाशित। दक्षिण भारत हिंदी प्रचार सभा हैदराबाद की पत्रिका।—**संपादक**

आधार पर हर भाषा की समरूप (होमोजीनियस) व्यवस्था भी विषमरूपी (हैट्रोजीनियस) होने के लिए बाध्य है। भाषा की इस विषमरूपी प्रकृति को समझने के लिए ही विद्वानों ने कभी 'रजिस्टर', 'शैली', 'डायग्लोसिया' कभी 'उपकोड' आदि संकल्पनाओं को अपने भाषा सिद्धांत में स्थान दिया है। अगर भाषा अपने प्रयोजन में समाज सापेक्ष है तो भाषा के अध्ययन अनुसंधान की सही दिशा तभी मिल सकती है जब हम उसको समाज की व्यवस्था से जोड़कर देखें। यह कहा जा सकता है कि जिस प्रकार व्यक्ति विभिन्न सामाजिक संदर्भों में विभिन्न पर्यायवाची शब्दों का चयन करता है और जिस प्रकार वार्तालाप में शैली भेद को पहचानता है उसी तरह अपने भाषायी व्यवहार में वह विभिन्न भाषाओं को विकल्प रूप से अपना सकता है। वस्तुतः सामाजिक बहुभाषिकता का आधार भी यही है।

भारतीय समाज की यह विशेषता रही है कि वह प्रयोजनसिद्ध भाषा भेद और भाषा व्यवहार को सहज भाव से मान्यता देता आया है। उदाहरण के लिए, पारिवारिक और आत्मीयता के भाव को व्यक्त करने के लिए वह अपनी बोली को चुनता है, क्षेत्रीय व्यवहार के लिए जनपदीय भाषा को माध्यम बनाता है और अंतर्क्षेत्रीय व्यवहार क्षेत्रों के लिए वह किसी एक तीसरी ही भाषा को स्वीकार करता है (श्रीवास्तव : 1975)। इन विभिन्न स्तरों पर प्रयोग में आने वाली विभिन्न बोलियों एवं भाषाओं को भारतीय समाज अपनी भाषायी संप्रेषण व्यवस्था में भाषा-परिवर्तन (लैंग्वेज चेंज) और भाषा मिश्रण (लैंग्वेज मिक्सिग) के आधार पर व्यावहारिक बनाता है। भारतीय भाषा समाज अपनी इसी प्रयोजनसिद्ध व्यवहार दक्षता के आधार पर संप्रेषण की समस्या का समाधान करता है। यही कारण है कि बंबई में बसे—मिर्च-मसाले का व्यापार करने वाला गुजराती वर्ग एक साथ पाँच या छह भाषाओं को व्यवहार में लाते हुए भी भाषा-ज्ञान के बोध से संत्रस्त नहीं होता। वह अपने परिवार में गुजराती बोलता है, नौकरों और सब्जी बाजार में मराठी का प्रयोग करता है, दूध वाले के साथ और लोकल ट्रेन में प्लेटफार्म पर हिंदी का व्यवहार करता है और अपने व्यापार क्षेत्र में वह कच्छी और कोंकणी को माध्यम बनाता है क्योंकि वही उस क्षेत्र की प्रयुक्त व्यापारियों की माध्यम भाषाएँ हैं और अगर वह व्यापारी शिक्षित हुआ तो अपने औपचारिक व्यवहार में वह अंग्रेजी भाषा का भी प्रयोग करता पाया जाता है। ऐसे व्यापारी पाँच या छह भाषाओं के व्याकरण में न तो (ज्ञात अथवा अज्ञात मन के स्तर पर) प्रवीण होते हैं और न उनके भाषायी नियमों की जानकारी ही रखते हैं जिसे भाषिक क्षमता कहा जाता है। पर इन सभी भाषाओं में प्रयोजनसिद्ध संप्रेषण दक्षता वे सहज भाव से रखते हैं।

बहुभाषिकता भारतीय समाज की सहज संप्रेषण व्यवस्था में कभी भी बाधक नहीं रही है। उसने संप्रेषण की समस्या को एक ओर 'वर्नाक्युलर' और दूसरी ओर 'लिंग्वा-फ्रेंका' के सहारे समाधान किया है। इस संदर्भ में यह भी कहा जा सकता है कि भारत की हर प्रमुख भाषा संपर्क (लिंक) भाषा है जो अपनी विभिन्न क्षेत्रीय बोलियों के बीच एक कड़ी का काम करती है।

राष्ट्रीय संदर्भ में संपर्क भाषा कभी राजभाषा के रूप में अपना प्रयोजन सिद्ध करती है तो कभी राष्ट्रभाषा के संदर्भ में। राजभाषा का संबंध राष्ट्रीयता (नेशनलिज़्म) से रहता है; वह राष्ट्र को राजनीतिक और आर्थिक दृष्टि से एकसूत्रता में बाँधने के काम में आने वाली प्रशासनिक प्रयोजनों की भाषा होती है। राष्ट्रभाषा का संबंध राष्ट्रवादिता (नेशनलिज़्म) से रहता है; उसके पीछे जातीय प्रामाणिकता और 'ग्रेट ट्रेडिशन' की शक्ति काम करती है। यह राष्ट्रभाषा ही है जो भाषा और व्यक्तियों के बीच सामाजिक अस्मिता का कारण बनती है। प्रत्येक देश राष्ट्रीयता और राष्ट्रवादिता के द्वंद्व का समाधान अपने ढंग से करता है। उदाहरण के लिए, घाना और गैंबिया ने राष्ट्रीयता की प्रकृति से प्रेरित होकर उस भाषा को देश की 'लिंग्वा-फ्रेंका' का स्तर दिया जो स्वतंत्रता से पहले उसके विदेशी शासकों की भाषा थी। दूसरी ओर इज़राइल, थाइलैंड, सोमालिया, इथोपिया आदि देशों ने राष्ट्रवादिता से अनुप्राणित होकर अपने देश की 'लिंग्वा-फ्रेंका' को राष्ट्रभाषा का दर्जा दिया। इनके विपरीत भारत, श्रीलंका, मलेशिया जैसे देशों के सामने भाषा की समस्या जटिल थी क्योंकि यहाँ परंपरा अर्जित कई समुन्नत भाषाएँ राष्ट्रभाषा की दावेदार थीं। इन देशों ने अपना एक दूसरा ही रास्ता अपनाया। भारत ने प्रशासनिक प्रयोजनों की भाषा के रूप में हिंदी और अंग्रेजी को संघ की राजभाषा स्वीकार किया और संविधान की अष्टम सूची में दी गई प्रादेशिक भाषाओं को राष्ट्रभाषा का दर्जा दिया।

भाषा अपने प्रयोक्ताओं की संप्रेषण संबंधी किसी भी माँग की न तो अवमानना करती है और न उसकी आकांक्षाओं को धोखा ही देती है। वह हर परिस्थिति का सफलता के साथ सामना करने में सक्षम है। इसीलिए भाषाविद् यह मानते हैं कि अपनी आंतरिक प्रकृति में कोई भाषा न तो 'अक्षम' या 'अपूर्ण' होती है और न ही अपने व्यवहार में 'अविकसित' या 'असांस्कृतिक'। 'अक्षम' या 'अविकसित' होते हैं—प्रयोक्ता। भाषा को उसका उचित दाय और प्रयोग के सामयिक संदर्भ दीजिए और भाषा सामाजिक अपेक्षाओं के अनुरूप हमेशा निखरकर ऊपर उठ जाएगी। विकास की अपनी शक्ति का स्रोत भाषा प्रयोक्ता के प्रयोजन और प्रयोग के भीतर अंतर्निहित होता है। अतः जो व्यक्ति हिंदी या अन्य भारतीय भाषाओं को अंग्रेजी की तुलना में 'अविकसित' या 'अक्षम' कहते हैं वे वस्तुतः इन भाषाओं के प्रयोक्ता के सामाजिक दायित्व और भाषा संबंधी अस्मिता पर ही अँगुली उठाते हैं।

इस प्रसंग में भारतीय भाषाओं के आधुनिकीकरण का एक दूसरा संदर्भ हमारे सामने आता है। यह हमारे इतिहास की विडंबना रही है कि अंग्रेजी शासन के बाद धीरे-धीरे अंग्रेजी भाषा हमारे सामाजिक जीवन में प्रगतिपरक संस्कृति की संवाहक बनती चली गई है। यह विदेशी भाषा बाद में चलकर केवल हमारे वैज्ञानिक और तकनीकी ज्ञान की ही माध्यम भाषा नहीं बनी, वरन् प्रशासन तथा अन्य अनेक प्रतिष्ठापरक व्यावसायिक क्षेत्रों की भी प्रतिष्ठित भाषा के रूप में प्रतिष्ठित हुई। शिक्षा तंत्र का ऐसा रूप सामने आया जिसमें मातृभाषाओं को या तो अशैक्षिक भाषा के रूप में अपदस्थ कर दिया गया या शैक्षिक स्तर दिया तो उन्हें केवल मानविकी के क्षेत्र में बाँधकर रख

दिया गया। शिक्षा में 'विज्ञान और तकनीक' के लिए 'अंग्रेजी भाषा' और 'मानविकी' के लिए 'क्षेत्रीय भाषाएँ' और प्रतिष्ठित व्यावसायिक क्षेत्रों में अंग्रेजी और घरेलू उद्योग-धंधे के लिए मातृभाषाओं की योजना ने न केवल अंग्रेजी भाषा को प्रगतिपरक संस्कृति की संवाहक भाषा और हमारी क्षेत्रीय भाषाओं को अभिव्यक्तिपरक संस्कृति की सूचक भाषा के रूप में उभारा, अपितु हर शिक्षित वर्ग को एक नए ढंग की द्विभाषिक स्थिति अपनाने को भी विवश किया।

यह भी हमारे इतिहास का विद्रूप व्यंग्य ही रहा है कि उसके विभिन्न चरणों में उच्च शिक्षा तथा प्रशासनिक प्रयोजनों की भाषा कभी 'संस्कृत' और कभी 'फारसी' के रूप में एक रही है, पर लोक-व्यवहार की दूसरी। कभी 'संस्कृत' और कभी 'फारसी' के रूप में भाषा ने ऊपर से जन-सामान्य को दबाया है। जिन्होंने भी इस दबाव को महसूस किया उन्होंने उसका विरोध भी किया। मध्ययुग की हमारी जातीय संस्कृति के संरक्षक भक्त कवियों ने संस्कृत भाषा के 'कुमाच' के स्थान पर 'भाखा' की 'कामरी' को अपनाने का साहस दिखलाया क्योंकि 'कामरी' उनकी दृष्टि में समाज के लिए अधिक प्रयोजनवती थी, उसके अपनाने से उनका मन प्रवुद्ध होता था। इसी प्रकार 'फारसी' के स्थान पर कवियों ने 'हिंदुई' और 'उर्दू' में काव्य-सृजन किया। इनमें से कई द्विभाषिक ही नहीं, वहुभाषिक भी थे। तुलसी अवधी और ब्रज भाषा के अतिरिक्त संस्कृत के भी पंडित थे। उन्होंने नाना पुराण-निगमों का अध्ययन किया था, पर लोक-संपर्क के लिए जो भाषा-माध्यम चुना, वह लोक प्रचलित भाषा थी। यही कारण था कि विभिन्न भाषायी पृष्ठभूमि में पले इस युग के चिंतकों ने अपने तत्त्वचिंतन के लिए तो संस्कृत भाषा को चुना, पर प्रसार अभिव्यक्ति के लिए ब्रज भाषा को अपनाया। उदाहरण के लिए, रामानुजाचार्य, माधवाचार्य, निंवकाचार्य और बल्लभाचार्य के जीवनवृत (मातृभाषा), कृतित्व (संस्कृत) और पुनर्जागरण में योगदान (ब्रज भाषा) वहुभाषिकता के बहुआयामी पक्ष को ही उभारता है।

प्रगतिपरक संस्कृति के लिए अंग्रेजी और अभिव्यक्तिपरक संस्कृति के लिए हिंदी या क्षेत्रीय भाषाओं की इस द्विभाषी विभाजन की घातक योजना का विरोध आधुनिक युग में महात्मा गाँधी ने भी किया। वे यह मानते थे कि अंतर्राष्ट्रीय संपर्क-सूत्रों तथा समाज के आधुनिकीकरण के लिए अंग्रेजी भाषा हमारे लिए अनिवार्य हो गई है, पर उसके साथ वे यह भी स्वीकार करते थे कि अंग्रेजी भाषा के प्रति हमारे अतिरिक्त व्यामोह ने न केवल अपनी मातृभाषा के प्रति हमारे दृष्टिकोण को हीनता-ग्रंथि से भर दिया है, वरन् लाखों व्यक्तियों को आज के वैज्ञानिक ज्ञान और तकनीकी उपलब्धियों से काटकर अज्ञान के अंधकूप में ला धकेला है। स्वतंत्रता की लड़ाई के दौरान ही यह महसूस कर लिया गया था कि जनता की लड़ाई जनता की ही भाषा में संभव है, और शीघ्र ही यह भी अनुभव कर लिया गया कि स्वतंत्र भारत की प्रजातांत्रिक व्यवस्था में हम केवल एक अत्यंत सीमित वर्ग के व्यक्तियों की उस भाषा के सहारे अपना काम नहीं चला सकते जो आम आदमी के लिए सामाजिक सीढ़ी पर चढ़ने में एक जबर्दस्त बाधा है। इसीलिए भारतीय संविधान में हिंदी तथा अन्य क्षेत्रीय भाषाओं की उन्नति

और संवर्धन का प्रावधान रखा गया। इसी का परिणाम था कि राजभाषा आयोग का गठन किया गया और राजभाषा अधिनियम बनाए गए। भाषा विकास के इस पूरे आयाम को 'भाषाओं का वैधानीकरण' कहा जा सकता है।

भाषाओं के वैधानीकरण का संदर्भ है—भारतीय भाषाओं को वैधानिक रूप से वह पद देना और दिलाना जिसके सहारे वे प्रशासनिक प्रयोजनों की सिद्ध भाषा बन सकें और उन सभी मान्य क्षेत्रों में अपना व्यवहार-प्रसार पा सकें जिनमें ऐतिहासिक कारणों से हमारे जीवन में अंग्रेजी आसीन हो चुकी है। जैसा पहले संकेत दिया जा चुका है, ये वही व्यवहार-क्षेत्र हैं जिनका संबंध प्रगतिपरक संस्कृति से है। अतः 'आधुनिकीकरण' का यह एक नया संदर्भ हमारी राष्ट्रीय भावना से जुड़कर सामने आया। हमारी अपनी भाषाएँ इस रूप से आधुनिकीकृत हों—अर्थात् इस रूप में अपनी जातीय कोष-संपदा, तकनीकी शब्दावली, भाषिक अभिव्यक्ति आदि स्तरों पर समृद्ध हों कि वे प्रगतिपरक संस्कृति से संबद्ध उन सभी व्यवहार-क्षेत्रों के लिए समर्थ संप्रेषण माध्यम बन सकें जिनमें अब तक अंग्रेजी भाषा का प्रयोग होता रहा है या हो रहा है।

भाषाओं के वैधानीकरण ने भाषाओं के जिस आधुनिकीकृत रूप की संकल्पना को अपना लक्ष्य रखा उसने भाषा-नियोजन की माँग की। भाषा-नियोजन ने केंद्र में राजभाषा विभाग का निर्माण किया, वैज्ञानिक तथा तकनीकी शब्दावली आयोग का गठन किया, केंद्रीय हिंदी निदेशालय की स्थापना की और केंद्रीय अनुवाद ब्यूरो को जन्म दिया। पहले शब्दावली निर्माण के स्तर पर सुनियोजित ढंग से अनुवाद की प्रक्रिया को अपनाया गया। स्नातक और स्नातकोत्तर स्तर पर अंग्रेजी के वजन पर हिंदी में शब्दों के गढ़ने का काम एक वृहद् आयोजन के रूप में आरंभ हुआ। इस आयोजन ने समाज को आधुनिक बनाने की और उससे संबद्ध कर भाषा को प्रयोजनवती बनाने की अपेक्षा शब्द-स्तर पर भाषा को अंग्रेजी के समतुल्य ला बैठाने का प्रयास किया। अंग्रेजी के साथ हमारी द्विभाषिक स्थिति ने अंग्रेजी भाषा को आधुनिकीकृत भाषा का 'आदर्श रूप' माना और उस 'आदर्श रूप' की छाया को पकड़ने के प्रयत्न को भाषा-नियोजन में भाषाओं का आधुनिकीकरण मान लिया गया।

आधुनिकीकरण और अनुवाद की आवश्यकता के नाम पर कुछ ही वर्षों में जितने पारिभाषिक शब्द हिंदी में गढ़े गए; उसके प्रयोक्ता उनको सँभाल पाने की स्थिति में नहीं दीखते। प्रगतिपरक संस्कृति के उन विभिन्न संदर्भों में हिंदी भाषा के 'प्रगामी प्रयोग' की तैयारी की भूमिका बनाई जाने लगी जिनमें अब तक केवल अंग्रेजी भाषा का हमारे जीवन में स्थान था। व्यक्ति या समाज को आधुनिक बनाने का सरकार ने जो संकल्प किया, उसने एक तरफ अंग्रेजी के शब्द 'कपैसिटर' के लिए 'धारित्र' 'कैलकुलेटर' के लिए 'परिकलित्र' और दूसरी तरफ 'फोकस' तथा 'डिवलेप' के लिए 'डिवलेप' तथा 'फोकस' आदि शब्द दिए। पर भाषा के शब्दकोश अपनी सीमा-मुक्त होते हैं, वह व्याकरण की तरह व्यवस्था में बंद नहीं होते। हम अपनी शब्द-शक्ति और शब्द-संपदा का विकास और प्रसार जीवनपर्यंत करते रहते हैं। प्रयोग में आकर हर नया शब्द हमारे

लिए निजी हो जाता है, संभवतः यही कारण है कि विदेशी आगत शब्द भी बाद में चलकर विदेशी नहीं रह जाते। शब्द तो हमें सीखना ही सीखना है। जैसे अपने अनुभव में आने वाली नई-नई वस्तुओं एवं विचारों को पहचानना-समझना पड़ता है वैसे ही उनको मन में पकड़ने-बाँधने के लिए उनको नाम देने और बिंब रूप में उन्हें ग्रहण करने के लिए हम बाध्य हैं।

वस्तुओं के नाम या संकेतग्रह का प्रश्न एक होता है और शब्द से शब्द बनाने की प्रक्रिया दूसरी। इन बातों में अंतर कर लेना जरूरी है। एक का प्रसंग 'शब्दकोश' से होता है और दूसरे का व्याकरण से। इसी प्रकार शब्द और शब्द-प्रकार्य में भेद रहता है जो शब्दों को कोशीय शब्द और 'व्याकरणिक शब्द' में विभाजित करता है। कोशीय शब्द से भाषा नहीं बदलती, पर शब्द निर्माण की प्रक्रिया या व्याकरणिक शब्दों को उसकी प्रकृति के विरोध में ले जाइए, भाषा बदल जाती है। आप लाखों कोशीय शब्द भाषा के भीतर समेट लीजिए, भाषा वही रहेगी, पर भाषा के नियमों और व्याकरणिक शब्दों में पाँच-छह स्तरों पर केवल परिवर्तन ला दीजिए वह पढ़ने वालों के लिए असंप्रेषणीय बन जाएगी। हिंदी में 'लेख' शब्द से निर्मित 'लेखन' और 'लिखित' शब्द को शब्द-निर्माण के निश्चित नियम के आधार पर बने पाते हैं। अब अंग्रेजी के अनुरूप न केवल 'विलोप', 'विलोपन' और 'विलोपित' पाते हैं, पर अनूदित पुस्तकों में—'डिवलैप', 'डिवेलपन' और 'डिवेलपित'; 'फोकस', 'फोकसन', 'फोकसित'; 'वेल्ड', 'वेल्डन', 'वेल्डित' आदि शब्द प्रयोग भी पाते हैं। अंग्रेजी के शाब्दिक अनुवाद की कोशिश में हमने 'हियर इन आफ्टर', 'हियर टू फार', 'हियर बाई' के लिए क्रमशः 'एतस्मिन् पश्चात्', 'अधुनापर्यंत', 'एतद्द्वारा' आदि व्याकरणिक शब्द भी बना डाले हैं। व्याकरणिक शब्दों को इस प्रकार गढ़ने और निस्संकोच भाव से प्रयोग करने के पीछे का रहस्य अब छिपा नहीं रहा। हम ऐसी द्विभाषिक स्थिति में जीना चाहते हैं जिसमें सोचें तो 'अंग्रेजी' में, पर लिखने की बाध्यता स्वीकार करें 'हिंदी' में; हम अपनी अस्मिता तो बनाए रखें विदेशी संस्कृति के साथ, पर रोटी के लिए आएँ अपनी भाषा के पास।

भाषा ऐसे दुराव को स्वीकार नहीं करती। उसकी अभिव्यक्ति (वाक्) और कथ्य (अर्थ) का एकीकरण शिव-पार्वती की भाँति प्रतिबद्ध होता है। वह तो इस प्रकार सिद्ध रहता है जैसे जल और वीचि जिन्हें 'कहियत भिन्न न भिन्न' की स्थिति से हम जानते आए हैं। जब हम सोचेंगे अंग्रेजी में और लिखेंगे अपनी भाषा में तब भाषा की जो संकर शैली उत्पन्न होगी वह भाषा की प्रकृति पर एक विद्रूप व्यंग्य के रूप में ही उभरेगी। इसी प्रकार अनुवाद को वैज्ञानिक प्रक्रिया के साथ-साथ सृजनात्मक विधा भी कहा गया है, उसे 'पुनः सृजन' की प्रक्रिया से जाना-पहचाना गया है और परिभाषा के रूप में एक भाषा की (स्रोत भाषा) पाठ सामग्री में अंतर्निहित कथ्य का समतुल्यता के सिद्धांत के आधार पर दूसरी भाषा (लक्ष्य भाषा) में संगठनात्मक रूपांतरण कहा गया है। पर अनुवाद की इस पूरी प्रक्रिया में हमने अर्थ कथ्य की समतुल्यता' को भाषिक इकाइयों की समतुल्यता मान ली है और 'संगठनात्मक रूपांतरण' को हमने 'यांत्रिक स्थानांतरण'

समझ लिया है। हम भूल गए हैं कि अनुवाद की परिशुद्धता को अनूदित पाठ की बोधगम्यता और संप्रेषणीयता से काटकर नहीं देखा जा सकता।

वास्तविकता तो यह है कि हम एक तरफ भाषा की अगाध शक्ति को झुठला रहे हैं और दूसरी तरफ, भाषा की जातीय संवेदना से विरत होते जा रहे हैं। हमारा पूरा जीवन आधुनिकता और परंपरा के तनाव को सह नहीं पा रहा है। हम भीतर से आगे बढ़ने के बजाय भाषायी संसार की परिधि पर चक्कर लगाना चाहते हैं। हमने अपनी चेतना को प्रगतिपरक (आधुनिकता) और अभिव्यक्तिपरक (परंपरा) संस्कृतियों के दो कठघरों में इस तरह बाँध रखा है कि वे हमसे दो भिन्न भाषाओं की अपेक्षा रखने लगी हैं। हम इनकी दूरी को अनुवाद के कृत्रिम सेतु से दूर करना चाहते हैं, पर 'अनुवाद' तो मात्र सेतु है, उसके सहारे आगे बढ़कर हमें प्रगतिपरक संस्कृति के विषयों पर अपनी भाषा में मौलिक चिंतन करना होगा, विधि संबंधी अधिनियमों का मूल प्रारूपण करना होगा। जब तक यह प्रक्रिया शुरू नहीं होती, अनूदित सामग्री न केवल दुर्बोध और असंप्रेषणीय बनी रहेगी, बल्कि भाषा का अपना जातीय संस्कार भी नहीं बन पाएगा। और जब तक भाषा का हमारा जातीय संस्कार नहीं बनता, हम 'ए लाइन इन रिप्लाई विल बी एप्रीशिएटेड' के लिए 'उत्तर देकर अनुगृहीत करें' या 'उत्तर की प्रतीक्षा रहेगी' आदि के स्थान पर लिखते जाएँगे—'प्रत्युत्तर में एक पंक्ति सराहनीय होगी' अथवा 'उत्तर में एक पंक्ति आशंसनित होगी' और 'आई कैन नाट परसीव द डिफरेंस' के लिए 'मुझे अंतर नजर नहीं आता' के स्थान पर 'मैं विभेद प्रत्यक्षीकृत नहीं कर सकता' जैसा अनुवाद करते रहेंगे।

यहाँ इस बात पर बल देने की जरूरत है कि मौलिक साहित्य और अनूदित साहित्य के विषय और ज्ञान क्षेत्र भले ही दो हों, पर उनकी 'भाषा' एक होती है। जिन विषयों पर मौलिक साहित्य लिखा गया है या लिखा जा रहा है उन पर 'अन्य भाषा' में लिखित पाठ-सामग्री का अनुवाद सरल होता है क्योंकि उस विषय या व्यवहार क्षेत्र की एक निर्धारित शैली अनुवादक को पहले से ही उपलब्ध रहती है। इसके विपरीत जिस विषय या व्यवहार क्षेत्र में मौलिक साहित्य न हो वहाँ अनुवादक को एक नई रजिस्ट्रीकृत शैली का निर्माण करना पड़ता है। यह निर्माण सृजनात्मक प्रक्रिया की अपेक्षा रखता है, भाषा की प्रकृति की पहचान की माँग करता है और साथ ही भाषा विकास की स्वाभाविक दिशा की जानकारी माँगता है। जब तक अनुवादक में भाषा की प्रकृति और उसमें अंतर्निहित जातीय आचरण और संस्कार को पहचानने और अनुभव करने की शक्ति न हो, वह सृजनात्मक अनुवाद नहीं कर सकता। इस स्थिति में वह स्रोत भाषा की प्रवृत्ति और संस्कार का अंधानुकरण करते हुए 'शाब्दिक अनुवाद' की ओर प्रवृत्त होता है—जो उसके लिए सुविधाजनक है। शाब्दिक अनुवाद हमारे भाषायी संस्कार पर कैसा विद्रूप व्यंग्य बनता जा रहा है—यह बताने की जरूरत नहीं। अतः अनुवाद की सार्थकता को अगर सिद्ध करना है तो अनूदित पाठ सामग्री के विषयों पर मौलिक सृजनात्मक सामग्री भी पैदा करनी होगी।

Table 1

(Data based on 1961 Census)

Family	No. of speakers	Percentage
Indo-Aryan	321,720,700	73.30
Dravidian	107,410,820	24.47
Austro-Asiatic	6,192,425	1.05
Tibeto-Burman	3,183,801	0.73

Table 2

Major Languages Profile

(Census of India 1961)

Based on Khubchandani (1972) and Apte (1970)

Major Languages	Native (MT) Speakers (in millions)	Native (MT) ratio/1000 to total population	Contact Speaker (in thousand)	Contact ratio/1000 among non-native population	Native +contact ratio/ 1000 (3+5)	Name of first three contact languages	Number of Speakers (of 7) (in thousands).
1	2	3	4	5	6	7	8
Hindi (H)	12.2	294	9,363	30	324	English	3,315
						Urdu	783
						Punjabi	415
Telugu (Tg)	37.7	66	3,279	6	94	Tamil	2,326
						Kannada	1,036
						English	555
Bengali (B)	33.9	77	1,907	5	82	English	1.563
						Hindi	615
						Assamese	557
Marathi (Mr)	33.3	76	2,724	7	83	Hindi	2,018
						English	528
						Kannada	474

1	2	3	4	5	6	7	8
Tamil (Tm)	30.6	70	3,659	9	79	English	1,262
						Telugu	583
						Kannada	285
Urdu (U)	23.4	53	2,006	5	58	Telugu	1,036
						Hindi	1,021
						Kannada	831
Gujarati (G)	20.3	46	558	1	47	Hindi	774
						English	424
						Marathi	146
Kannada (Kn)	70.4	40	3,551	9	49	Telugu	775
						Tamil	563
						Marathi	460
Malayalm (Ml)	17.0	39	213	0.5	39	English	762
						Tamil	163
						Hindi	61
Oriya (Or)	15.7	35	1,075	3	38	Hindi	252
						English	209
						Telugu	245
Panjabi (P)	11.0	25	465	1	26	Hindi	726
						English	407
						Urdu	235

1	2	3	4	5	6	7	8
Assamese (A)	6.8	14	1,649	4	20	Bengali	236
						English	158
						Hindi	150
Kashmiri (Ksh)	2.0	5	25	0.1	5	Urdu	158
						Hindi	15
						English	6
Sanskrit (Sk)	2.5 (thousand)	--	149	0.5	--	--	--
English (E)	224 (thousand)	--	10,915	2.5	25	--	--
INDIA	439.2	--	42,536	97	--	--	--

Table 3
Statistical Profile of South Indians in Delhi
(Based on 1971 Census)

	Male (1)	Female (2)	1+2	% of total
Tamils	19,822	17,521	37343	0.92
Malayalees	11,637	8,144	19781	0.49
Telugus	5,215	4,341	9556	0.23
Kannadigas	2,192	1,733	3925	0.01
Total :	38,866	31,739	70605	1.65
Total population of Delhi :		4,065,658		

संदर्भ-ग्रंथ-सूची

Fishman, Joshua A. 1972, **The Sociology of language.** Rowley Mass : Newbury House.

Glyn Lewis, E. 1972. **Multilingualism in The Soviet Union.** Mouton : The Hague.

Gumperz, J.J. 1969. Communication in multilingual societies. **In Cognitive Anthropology,** ed. by S. Tyler. 435-49. New York : Holt, Rinehart and Winston.

—and R. Wilson. 1971. Convergence and Creolization : a case from the Indo Aryan/Dravidian border in India. In Pidginization and Creolization. ed. by D. Hymes. 151-67. Cambridge University Press.

Haugen, E. 1972. The Stigmata of bilingualism. **In Ecology of Language,** ed. by Anwar S. Dil, 307-24. California : Stanford University Pres.

Hymes, D. 1967. Models of the interaction of language and social setting. **J. of sov. Iss.** 23.2., 8-28.

Srivastava, R.N. 1975. **बहुभाषिकता और हिंदी भाषा-शिक्षण,** विश्व हिंदी-दर्शन, 45-48 नागपुर।

—1977. Societal bilingualism and problems of langulages teaching in India. UNESCO : Paris.

भाषा का आधुनिकीकरण और अनुवाद*

एशिया की भाषाओं के आधुनिकीकरण की समस्या पर विचार करते हुए मलेशिया के एक प्रसिद्ध भाषाविद् अलिसजहबाना ने पाश्चात्य देशों में प्रचलित आधुनिकीकरण की संकल्पनाओं का विरोध करते हुए यह स्पष्ट शब्दों में कहा कि 'पश्चिमीकरण' या 'औद्योगीकरण' आदि की धारणा से यूरोप की संस्कृति की प्रभुता की गंध आती है। यह गंध हीनता-ग्रंथि से हमें आक्रांत करती है। इस हीन और पराजित मनोवृत्ति के साथ कोई भी देश सांस्कृतिक विकास के पथ पर सहजभाव से नहीं चल सकता। उनकी यह मान्यता रही है कि मूलतः हमें दो प्रकार की संस्कृति देखने को मिलती है—अभिव्यक्तिपरक (एक्सप्रेसिव) संस्कृति और प्रगतिपरक (प्रोग्रेसिव) संस्कृति। अभिव्यक्तिपरक संस्कृति उसे कहा जा सकता है जिसमें धार्मिक और सौंदर्य-चेतना प्रमुख वृत्ति के रूप में काम करती है। इसके विपरीत प्रगतिपरक संस्कृति में ज्ञान का सैद्धांतिक पक्ष अधिक प्रधान रहता है और जीवन तथा जगत् को समझने-पकड़ने के लिए आर्थिक वृत्ति प्रमुख रूप से काम करती है। इस दृष्टि से आधुनिकीकरण आज के प्रसंग में अभिव्यक्तिपरक संस्कृति का प्रगतिपरक संस्कृति में रूपांतरण की विधि है। दूसरे शब्दों में कहें तो यह धार्मिक एवं सौंदर्य-चेतना वृत्ति का ज्ञानात्मक एवं आर्थिक वृत्ति में ढालने की सामाजिक-सांस्कृतिक प्रक्रिया है।

अपने विकास की स्वाभाविक प्रक्रिया में अभिव्यक्तिपरक संस्कृति से संबद्ध भाषा किस प्रकार प्रगतिपरक संस्कृति के मूल्य-बोध और जीवनदृष्टि को अपनाती चलती है—इसे 'आकाशवाणी' और 'दूरदर्शन' ऐसे शब्दों के प्रयोग के संदर्भ में देखा जा सकता है। 'आकाशवाणी' शब्द अपने पूर्ववर्ती संदर्भ में जो अर्थ संकेतित करता था आज उससे भिन्न अर्थ का वह बोध कराता है। इसे अब हम 'रेडियो स्टेशन' के संकेतग्रह के रूप में भी जानते हैं। इसी प्रकार 'दूरदर्शन' टी.वी. के लिए प्रयुक्त हिंदी का शब्द है। पर ध्यान दें तो यह शब्द दो तत्त्वों से बना है—दूर+दर्शन। हिंदी शब्द-निर्माण की एक सक्रिय परंपरा रही है जिसके आधार पर पहले से हमें कई सामाजिक शब्द निर्मित मिलते हैं, यथा—दूरगामी, दूरदर्शी, दूरद्रष्टा आदि। पहले से बने इन शब्दों में 'दूर' के संकेतग्रह

---

* सर्वप्रथम 'अनुवाद : विविध आयाम' (सं. चतुर्वेदी एवं गोस्वामी) में 1988 में प्रकाशित। प्रकाशक : केंद्रीय हिंदी संस्थान, आगरा—**संपादक**

का आधार अभिव्यक्तिपरक संस्कृति है क्योंकि उसके अर्थपरक अभिलक्षण व्यक्ति के आभ्यंतर गुण और शक्ति से संबद्ध हैं। पर आज हमें ऐसे शब्द प्रयोग भी देखने को मिलते हैं—दूरबीन—दूरयंत्र (टेलीस्कोप), दूरभाष (टेलीफ़ोन), दूरमुद्रक (टेलीप्रिंटर), दूरसंचार (टेलीकम्युनिकेशन), दूरचित्र (टेलीफ़ोटो) आदि। इन शब्दों का संकेतग्रह प्रगतिपरक संस्कृति के उपादानों से जुड़ा हुआ है। इस संदर्भ में 'दूर' अंग्रेजी के 'टेली' का हिंदी पर्याय भी माना जा सकता है।

भाषा विकास की यह स्वाभाविक प्रक्रिया है कि विभिन्न सामाजिक एवं सांस्कृतिक संदर्भों की माँग के अनुसार वह अपनी सामग्री—विशेषकर शाब्दिक पक्ष की पुनर्व्याख्या भी करती चलती है। प्रयोग के नए संदर्भ शब्दों में नित नूतन अर्थ भरते चलते हैं। उदाहरण के लिए 'बिजली/विद्युत्' शब्दों को ही लें। पहले यह मात्र 'दामिनी' का पर्याय था, जिसका व्यवहार-क्षेत्र 'प्रकृति' था। पर आज विज्ञान और तकनीक के नए संदर्भ से जुड़कर यह अंग्रेजी के 'इलेक्ट्रिसिटी' के पर्याय के रूप में अपना अर्थविस्तार कर चुका है। पर आधुनिकीकरण किसी एक या दो शब्दों के आधार पर नहीं होता। अगर भाषा के आधुनिकीकरण का संबंध सामाजिक चिंतन के आधुनिकीकरण से है तो वह एक प्रक्रिया से संबद्ध होगा और आज निश्चय ही वह एक 'विचार तंत्र' की अपेक्षा रखेगा। 'बिजली/विद्युत्' की संकल्पना, विचार तंत्र में उन सभी यंत्र और यांत्रिक उपलब्धियों की संकल्पना को भी सामने लाएगी जिसका प्रयोग समाज करता है या जिसके प्रयोग की संभावना है। अतः हम 'बिजली' के साथ 'बिजली घर' (पावर प्लांट), 'बिजली बत्ती' (इलेक्ट्रिक बटन) और 'विद्युत्' के साथ 'विद्युतीकरण', 'विद्युत् उत्पादक यंत्र', 'विद्युत् भार' ऐसी संकल्पनाएँ भी भाषा में प्रयुक्त पाते हैं।

भारतीय भाषाओं के आधुनिकीकरण का एक दूसरा संदर्भ है। यह हमारे इतिहास की विडंबना रही है कि अंग्रेजी शासन के बाद धीरे-धीरे अंग्रेजी भाषा हमारे सामाजिक जीवन में प्रगतिपरक संस्कृति की संवाहक बनती चली गई । द्विभाषिकता की स्थिति में यह विदेशी भाषा बाद में चलकर द्वितीय भाषा के रूप में हमारे वैज्ञानिक और तकनीकी ज्ञान की ही केवल माध्यम भाषा नहीं बनी, वरन् प्रशासन तथा अन्य प्रतिष्ठापरक व्यावसायिक क्षेत्रों की भी प्रतिष्ठित भाषा के रूप में प्रतिष्ठित हुई। शिक्षा में 'विज्ञान और तकनीक' के लिए अंग्रेजी भाषा और 'मानविकी' तथा घरेलू कार्य व्यापार के लिए प्रादेशिक भाषाओं की योजना ने एक नए ढंग की द्विभाषिकता को जन्म दिया। इस द्विभाषिक स्थिति ने अंग्रेजी भाषा को जो पद-प्रतिष्ठा दी और अंग्रेजीदाँ-व्यक्तियों को जिस रूप में प्रभुतासंपन्न बनाया, उसका विरोध स्वतंत्रता की लड़ाई के समय ही शुरू हो गया था। शीघ्र ही यह अनुभव कर लिया गया था कि स्वतंत्र भारत की लोकतांत्रिक व्यवस्था में हम केवल एक अत्यंत सीमित वर्ग के व्यक्तियों की उस भाषा के सहारे अपना काम नहीं चला सकते जो आम व्यक्तियों को सामाजिक सीढ़ी पर ऊपर चढ़ने में एक जबर्दस्त बाधा है। इसीलिए भारतीय संविधान में हिंदी तथा अन्य क्षेत्रीय भाषाओं की उन्नति और संवर्धन का प्रावधान रखा गया। इसी का परिणाम था कि

राजभाषा आयोग का गठन किया गया और राजभाषा अधिनियम बनाए गए। भाषा-विकास के इस पूरे आयाम को 'भाषाओं का वैधानीकरण' कहा जा सकता है।

भाषाओं के वैधानीकरण का संदर्भ है—भारतीय भाषा को वैधानिक रूप से वह पद देना और दिलाना, जिसके सहारे वे प्रशासनिक प्रयोजनों की सिद्ध भाषा बन सके और उन सभी मान्य क्षेत्रों में अपना व्यवहार-प्रसार पा सकें, जिनमं ऐतिहासिक कारणों से हमारे जीवन में अंग्रेजी आसीन हो चुकी है। भाषाओं के वैधानीकरण ने भाषाओं के जिस आधुनिकीकृत रूप की संकल्पना को अपना लक्ष्य बनाया उसका आदर्श रूप अंग्रेजी ही मानी गई। अंग्रेजी के साथ हमारी द्विभाषिक स्थिति ने अंग्रेजी भाषा को आधुनिकीकृत भाषा का मानक रूप माना। और इस मानक रूप की छाया को पकड़ने के अनुवादकीय प्रयत्न की भाषाओं का आधुनिकीकरण मान लिया।

आधुनिकीकरण और अनुवाद की आवश्यकता के नाम पर कुछ ही वर्षों में जितने पारिभाषिक शब्द हिंदी में गढ़े गए वे अपने आश्चर्य की वस्तु हैं। वास्तविकता तो यह है कि इस पूरी अनुवादकीय प्रक्रिया में हम एक तरफ अपनी भाषा की अगाध शक्ति को झुठला रहे हैं और दूसरी तरफ भाषा की जातीय संवेदना से भी विरक्त होते जा रहे हैं। इसका मूल कारण अनुवाद की सही प्रकृति और लक्ष्य को न समझ पाना है। जब हम सोचेंगे अंग्रेजी में और लिखेंगे अपनी भाषा में तब भाषा की जो संकर शैली उत्पन्न होगी वह भाषा की प्रकृति पर एक विद्रूप व्यंग्य के रूप में ही उभरेगी। अनुवाद को वैज्ञानिक प्रक्रिया के साथ-साथ सर्जनात्मक विधा भी कहा जाता है, उसे पुनः सृजन की प्रक्रिया से जाना-पहचाना जाता है। परिभाषा के रूप में एक भाषा (स्रोत भाषा) की पाठ सामग्री में अंतर्निहित तथ्य का समतुल्यता के सिद्धांत के आधार पर दूसरी भाषा (लक्ष्य भाषा) में संगठनात्मक रूपांतरण अथवा सर्जनात्मक पुनर्गठन को ही अनुवाद कहा जाता है। पर हमने अनुवाद की पूरी प्रक्रिया में कथ्य की समतुल्यता को भाषिक इकाइयों की समतुल्यता मान लिया है और 'संगठनात्मक रूपांतरण' को हमने 'यांत्रिक स्थानांतरण' समझ लिया है। हम भूल गए हैं कि अनुवाद की परिशुद्धता को अनूदित पाठ की बोधगम्यता और संप्रेषणीयता से काटकर नहीं देखा जा सकता।

यह अवश्य है कि हमें अपनी चेतना के स्तर पर प्रगतिपरक (आधुनिकता) और अभिव्यक्तिपरक (परंपरा) संस्कृतियों के बीच संबंध स्थापन करना है, पर हमने सामाजिक जीवन में इन दोनों संस्कृतियों को ऐसे दो कठघरों में बाँध रखा है कि वे दो भिन्न भाषाओं की हमसे अपेक्षा रखने लगी हैं। हम इनकी दूरी को अनुवाद के कृत्रिम सेतु से दूर करना चाहते हैं। परंतु अनुवाद तो मात्र सेतु है, उसके सहारे आगे बढ़कर हमें प्रगतिपरक संस्कृति के विषयों पर अपनी भाषा में मौलिक चिंतन करना होगा, विधि संबंधी अधिनियमों का मूल प्रारूपण करना होगा। जब तक मौलिक चिंतन की यह प्रक्रिया शुरू नहीं होती, अनूदित सामग्री न केवल दुर्बोध और असंप्रेषणीय बनी रहेगी, बल्कि भाषा का अपना जातीय संस्कार भी नहीं उभर सकेगा और जब तक भाषा का अपना जातीय संस्कार नहीं उभरता तब तक हम 'ए लाइन इन रिप्लाई विल बी

एप्रीशियेटेड' के लिए 'उत्तर देकर अनुग्रहीत करें' या 'उत्तर की प्रतीक्षा रहेगी' आदि के स्थान पर लिखते जाएँगे—'प्रत्युत्तर में एक पंक्ति सराहनीय होगी' या 'उत्तर में एक पंक्ति आशंसनित होगी' और 'आई कैन नॉट परसीव द डिफरेंस' के लिए 'मुझे अंतर नज़र नहीं आता' के स्थान पर हम अनुवाद करते रहेंगे—'मैं विभेद प्रत्यक्षीकृत नहीं कर सकता'। यहाँ इस बात पर बल देने की जरूरत है कि मौलिक साहित्य और अनूदित साहित्य के विषय और ज्ञान-क्षेत्र भले ही अलग-अलग और भिन्न हों, लेकिन उनकी 'भाषा' एक होती है। जिन विषयों पर मौलिक साहित्य लिखा गया है या लिखा जा रहा है, उन पर अन्य भाषा में लिखित पाठ सामग्री का पाठ सरल होता है क्योंकि उस विषय या व्यवहार-क्षेत्र की एक निर्धारित शैली अनुवादक को पहले से ही उपलब्ध रहती है। इसके विपरीत जिस विषय या व्यवहार-क्षेत्र में मौलिक साहित्य न हो वहाँ अनुवादक की एक नई प्रयुक्तिपरक शैली का निर्माण करना पड़ता है। यह निर्माण सर्जनात्मक प्रक्रिया की अपेक्षा रखता है, भाषा की प्रकृति की पहचान की माँग करता है और साथ ही भाषा की स्वाभाविक दिशा की जानकारी माँगता है। जब तक अनुवादक में भाषा की प्रकृति और उसमें अंतर्निहित जातीय आचरण और संस्करण को पहचानने और अनुभव करने की शक्ति न हो वह सर्जनात्मक अनुवाद नहीं कर सकता। इस स्थिति में वह स्रोत भाषा की प्रकृति और संस्कार का अंधानुकरण करते हुए 'शाब्दिक अनुवाद' की ओर प्रवृत्त होता है जो उसके लिए सुविधाजनक है। अनुवाद आधुनिकीकरण प्रक्रिया का एक महत्त्वपूर्ण साधन है, पर अनुवाद के सहारे भाषा का आधुनिकीकरण करने के समय अत्यंत सावधानी की आवश्यकता है।

ऊपर की विवेचना के आधार पर यह कहा जा सकता है कि भाषाओं का आधुनिकीकरण भाषा विकास का एक विशेष लक्ष्यगामी पक्ष है। भाषा विकास का संबंध किसी भी प्रयुक्ति (रजिस्टर) और किसी भी प्रोक्ति (डिस्कोर्स) के क्षेत्र में भाषा के प्रयोग-विस्तार और अभिव्यक्ति प्रसार के साथ रहता है। नई भूमिकाओं से जुड़ने के कारण यह अभिव्यक्ति शैली के नए-नए आयाम खोलती है। यह अभिव्यक्तिपरक संस्कृति और प्रगतिपरक संस्कृति के दोनों ही क्षेत्रों में भाषा प्रयोग को साधती है। अतः अगर बाइबिल या कुरान जैसे धार्मिक ग्रंथों के सफल अनुवाद के लिए हिंदी भाषा को नई भाषिक अभिव्यक्तियों से समृद्ध करने की आवश्यकता पड़ती है तब भी यह भाषा विकास का एक उदाहरण माना जा सकता है और अगर आइंस्टीन के सापेक्षतावाद के सिद्धांत अथवा वैज्ञानिक और तकनीकी ज्ञान के किसी अन्य पक्ष के निरूपण के लिए हिंदी भाषा को विकसित करने की ज़रूरत पड़ती है तब उसे भी भाषा विकास का ही एक उदाहरण स्वीकार किया जा सकता है।

आधुनिकीकरण, लक्ष्यगामी भाषा विकास की वह प्रवृत्ति है, जिसका संबंध प्रगतिपरक संस्कृति के साथ किसी-न-किसी रूप में जुड़ा रहता है। इसके दो स्पष्ट पक्ष देखे जा सकते हैं—परिमाणात्मक और गुणात्मक। आधुनिकीकरण का परिमाणात्मक पक्ष ज्ञान-विज्ञान के सैद्धांतिक और व्यावहारिक पक्ष को दृढ़ से दृढ़तर करने के लिए भाषा को संबंधित

करता है। इसके विपरीत आधुनिकीकरण का गुणात्मक पक्ष अभिव्यक्तिपरक संस्कृति को प्रगतिपरक संस्कृति में रूपांतरित करने की दृष्टि से किए गए भाषा-प्रयोग से संबद्ध होता है। कहने की आवश्यकता नहीं कि इन दोनों पक्षों के साथ अनुवाद का गहरा संबंध है। आधुनिकीकरण का संबंध एक तरफ़ थिसॉरस, द्विभाषिक कोश, तकनीकी शब्द-निर्माण आदि के माध्यम से है तो दूसरी तरफ़ नए-नए स्थित संदर्भों में भूमिका अनुकूल भाषा-प्रयोगों के साथ इन सभी क्षेत्र में अनुवाद के महत्त्वपूर्ण योग से इनकार नहीं किया जा सकता।

उनके नौ टाइप या प्रकार निर्धारित किए जा सकते हैं।

भाषिक उत्संस्करण के माध्यम से हिंदीभाषी समुदाय को प्रगतिशील संस्कृति की ओर अग्रसर कराने में जिन प्रक्रियाओं का प्रमुख हाथ रहा है, उनका विस्तृत और उदाहरण सहित विवरण आगे दिया जा रहा है, लेकिन इससे पूर्व इन संदर्भों में प्रयुक्त होने वाले कुछ विशिष्ट शब्दों को स्पष्ट कर देना आवश्यक है :

सामग्री : नई वस्तुओं, भावों आदि की अभिव्यक्ति के लिए ग्राहक भाषा या तो अपने भाषा-साधनों का प्रयोग करती है या दात्री भाषा से सामग्री उधार लेती है। इस प्रकार 'सामग्री' शब्द का अभिप्राय किसी भी भाषा के ध्वनिक, शाब्दिक अथवा अन्य भाषिक साधनों से है।

भाषिक ढाँचा (भा. ढाँचा) : ग्राहक भाषा में नए विचारों की पुनःप्रस्तुति का आधार या तो देशी भाषा का ढाँचा होता है या फिर दात्री भाषा का ढाँचा होता है। लेकिन आगत निर्माण (लोन क्रिएशन) या भाषा ढाँचा सामान्यतः ग्राहक भाषा से लिया जाता है, दूसरी ओर यदि आगत अनुवाद (लोन ट्रांसलेशन) या आगत शब्दों (बारोइंग) हो तो दात्री भाषा का ढाँचा लिया जाता है।

प्रक्रिया : नई संकल्पनाओं और विचारों को अपनाने और व्यक्त करने के लिए और नई संस्कृति की विशेषताओं को ग्रहण करने के लिए ग्राहक भाषा में अनेकानेक, भिन्न प्रक्रियाओं का जन्म और विकास होता है। उदाहरण के लिए, भाषा में पहले से ही विद्यमान अभिव्यक्ति के संदर्भ (प्रयोग की परिधि) का विस्तार या संकुचन (आगत परिवृत्ति), सामान्य अर्थी संकेतों के आधार पर नई संकल्पनाओं की पुनः प्रस्तुति (आगत छाया), दात्री भाषा के शब्दों से मेल खाते हुए शब्दों का निर्माण (आगत निर्माण), दात्री भाषा से ग्राहक भाषा में शाब्दिक अनुवाद (आगत अनुवाद), वस्तुओं को अपनाने के साथ ही शब्द को भी तद्रूप या परिवर्तित उच्चारण के साथ अपनाना (आदत शब्द-यथावत् अथवा अनुकूलित)।

शब्दावली निर्माण/निर्धारण के नौ टाइप

टाइप–1 : ग्राहक भाषा में पहले से ही विद्यमान कुछ शब्द और अभिव्यक्तियाँ दात्री भाषा से प्रभावित होती हैं। फलस्वरूप शब्दों के कुछ नए

संदर्भों में प्रयोग से उनके अर्थ-क्षेत्र का विस्तार हो जाता है।

सामग्री : ग्राहक भाषा + मौजूदा/विद्यमान अभिव्यक्ति

भा. ढाँचा : देशी

प्रक्रिया : प्रायोगिक संदर्भ का विस्तार

मॉडल	अभिव्यक्ति विस्तार	विद्यमान अभिव्यक्ति
1. इलेक्ट्रिसिटी	बिजली, विद्युत्	तड़ित
2. आल इंडिया रेडियो	आकाशवाणी	देववाणी
3. क्रास्ड (चेक)	रेखांकित	किसी शब्द के नीचे रेखा खींचना
4. रिलीज़ (आव अ बुक)	विमोचन	मुक्त करना
5. ओथ (टु एन आफ़िस)	शपथ	सौगंध, कसम खाना
6. स्टार (फ़िल्म)	(सि) तारा	तारा (आकाश का)

टाइप–2 : यह प्रक्रिया पिछली प्रक्रिया के ठीक विपरीत है। सामग्री का सूत्र तो ग्राहक भाषा ही है, किंतु विस्तार की बजाय यहाँ अर्थ-क्षेत्र का संकुचन होता है। शब्द या अभिव्यक्ति जो पहले अधिक संदर्भों में प्रयुक्त होती थी, उसके संदर्भों को सीमित कर दिया जाता है।

सामग्री : ग्राहक भाषा + विद्यमान अभिव्यक्ति

भा. ढाँचा : देशी

प्रक्रिया : प्रायोगिक संदर्भ का संकुचन

मॉडल	अभिव्यक्ति-संकुचन	विद्यमान अभिव्यक्ति
1. पार्लियामेंट	संसद	परिषद्, न्यायालय, धार्मिक संस्था
2. मिनिस्टर	मंत्री	विभाग का मुख्याध्यक्ष, निजी सलाहकार, मंत्री
3. सेक्रेटरी	सचिव	सलाहकार, सहचर, सचिव
4. सेन्सस	जनगणना	जन-लोग, जनता+गणना, गिनती
5. पेटिशन	याचिका	'याचक' का स्त्रीलिंग रूप भिखारिन, प्रार्थी
6. कमिश्नर	आयुक्त	नियुक्त, जुड़ा हुआ

टाइप–3 : इस प्रक्रिया में दात्री भाषा की नई संकल्पनाओं को अभिव्यक्ति देने के लिए उससे प्रभावित होकर ग्राहक भाषा नई अभिव्यक्तियों

का निर्माण करती है।

सामग्री : ग्राहक भाषा—अनुपस्थित अभिव्यक्ति
भा. ढाँचा : देशी
प्रक्रिया : निर्माण

मॉडल	सर्जित अभिव्यक्ति
1. रेक्विज़िशन	अभियाचना
2. टेंडर	निविदा
3. लिटरेसी	साक्षरता
4. गज़ेट	राजपत्र
5. फ़ैकेल्टी	संकाय
6. नेपोटिज़्म	भाई-भतीजावाद
7. स्टैंडर्ड	मानक
8. स्टेरलाइज़ेशन	नसबंदी

टाइप–4 : इस प्रक्रिया में दात्री भाषा के शब्द या अभिव्यक्ति के अर्थ और भाव के आधार पर ग्राहक भाषा में नई संकल्पना की पुनः प्रस्तुति होती है।

सामग्री : ग्राहक भाषा + अनुपस्थित अभिव्यक्ति
भा. ढाँचा : देशी
प्रक्रिया : पुनः प्रस्तुति

मॉडल	पुनः प्रस्तुत अभिव्यक्ति
1. टग-आफ वार	रस्साकशी
2. आडिटोरियम	सभाकक्ष
3. डेथ एनिवर्सरी	पुण्य-तिथि
4. एयर होस्टेस	विमान परिचारिका
5. नान-एलाइन (मेंट)	गुट-निरपेक्ष (ता)
6. प्रोलिटेरियट	सर्वहारा
7. कॉमा	अल्पविराम

टाइप–5 : इस प्रकार की प्रक्रिया में ग्राहक भाषा दात्री की अभिव्यक्ति के एक-एक अंग का शब्दशः अनुवाद करके दात्री भाषा की अभिव्यक्ति के समानांतर नई अभिव्यक्ति रचना करती है।

सामग्री : ग्राहक भाषा
भा. ढाँचा : विदेशी
प्रक्रिया : शब्दशः अनुवाद

	मॉडल	अनूदित अभिव्यक्ति
1.	सोशल वेलफ़ेयर	समाज कल्याण
2.	अंडर साइंड	अधोहस्ताक्षरी
3.	पीस कान्फ़रेंस	शांति सम्मेलन
4.	सिक्योरिटी काउंसिल	सुरक्षा परिषद्/मंडल
5.	लेंडस्लाइड	भूस्खलन
6.	व्हाइट पेपर	श्वेत पत्र
7.	सोलर एनर्जी	सौर ऊर्जा
8.	एयर-पल्यूशन	वायु प्रदूषण
9.	रेड टैपिज़्म	लाल फ़ीताशाही
10.	गोल्डन जुबिली	स्वर्ण जयंती

टाइप–6 : इस प्रक्रिया में दात्री भाषा के संयुक्त शब्द के एक हिस्से की पुनः प्रस्तुति और दूसरे हिस्से की अनुवाद करके ग्राहक भाषा में एक नए शब्द की रचना की जाती है।
सामग्री : ग्राहक भाषा
भा. ढाँचा : विदेशी
प्रक्रिया : संकरण

मॉडल	मिश्र अभिव्यक्ति
1. रिवाइज़्ड बजट	संशोधित बजट
2. क्लाथ मिल	कपड़ा मिल
3. शेयर होल्डर	शेयर धारक
4. पुलिस कमीशन	पुलिस आयोग
5. रजिस्टर्ड	रजिस्ट्रीकृत
6. इंटेलिजेंस पर्सनेल	इंटेलिजेंस वाला
7. बजट सेशन	बजट सत्र
8. आर्कीफ़ोनीम	आर्कीस्वनिम

टाइप–7 : इस प्रक्रिया के अंतर्गत दात्री भाषा से संबद्ध वस्तु, प्रथा या

व्यवहार को अपनाने के साथ ही उसकी अभिव्यक्ति को भी ग्राहक भाषा ग्रहण कर लेती है। यह प्रक्रिया बिना किसी प्रत्यक्ष ध्वनिक (उच्चारण संबंध) परिवर्तन के होती है।

सामग्री : दात्री भाषा
भा. ढाँचा : विदेशी
प्रक्रिया : यथावत् स्वनीय रूपांतर

मॉडल	ग्रहीत अभिव्यक्ति
1. नोटिस	नोटिस
2. रिस्ट वाच	रिस्ट वाच
3. स्केटिंग	स्केटिंग
4. लाइसेंस	लाइसेंस
5. कम्प्यूटर	कम्प्यूटर
6. बोनस	बोनस

टाइप–8 : यह प्रक्रिया भी पिछली प्रक्रिया की तरह शब्दों को, बिना किसी अनुवाद के दात्री भाषा से ग्रहण करती है। अंतर केवल इतना ही है कि इस प्रक्रिया में ग्राहक भाषा के ध्वनि-भंडार और लोगों की क्षमता के अनुसार शब्दों के उच्चारण में प्रत्यक्ष परिवर्तन होता है।

सामग्री : दात्री भाषा
भा. ढाँचा : विदेशी
प्रक्रिया : प्रत्यक्ष ध्वनीय रूपांतर

मॉडल	रूपांतरित अभिव्यक्ति
1. एकेडेमी	अकादमी
2. टेकनीक	तकनीक
3. ट्रेजेडी	त्रासदी
4. इंटेरिम	अंतरिम
5. ऐबलिंश	अवलांश
6. कामेडी	कामदी

टाइप–9 : कई बार किसी वस्तु या संकल्पना के लिए ग्राहक भाषा में अभिव्यक्ति के होते हुए भी, ग्राहक भाषा दात्री भाषा में विद्यमान अभिव्यक्ति के समानांतर एक नई अनूदित अभिव्यक्ति गढ़ लेती

है। इस प्रकार ग्राहक भाषा में कुछ वस्तुओं के लिए दो-दो अभिव्यक्तियों का प्रयोग होने लगता है। भाषा में द्वित्तक होने की स्थिति तब उत्पन्न होती है, जब दोनों शब्दों का एक ही सूत्र की दो अलग शैलियों (लोकगत तथा पांडित्यपूर्ण) से उद्‌भव हुआ हो।

सामग्री : ग्राहक भाषा
भा. ढाँचा : देशी-विदेशी
प्रक्रिया : द्वित्तक

मॉडल	द्वित्तक	
1. हंगर स्ट्राइक	अनशन	भूख हड़ताल
2. रेज़िग्नेशन	इस्तीफा	त्याग पत्र
3. हॉस्पिटल	अस्पताल	चिकित्सालय
4. मेटर्निटी	ज़च्चाघर	प्रसूतिगृह
5. सिनेमा	सिनेमा	चलचित्र
6. अंडरग्राउंड	अज्ञातवास	भूमिगत

अनुवाद प्रक्रिया*

अनुवाद या अनूदित कृति पर विचार करने की दो दृष्टियाँ हैं—पाठपरक दृष्टि और प्रक्रियापरक दृष्टि। पाठपरक दृष्टि के केंद्र में मूलरचना और अनूदित कृति के बीच पाए जानेवाले संबंधों की प्रकृति रहती है। इसके आधार पर हम यह देखना चाहते हैं कि अपने संदेश, बनावट और बुनावट में अनूदित कृति, मूलरचना के कितने निकट या समतुल्य है। इस संदर्भ में जो भी चर्चा संभव है, उसका आधार और सीमा पाठ के रूप में मूलरचना और अनूदित कृति ही बनती है। इस दृष्टि के आधार पर हम ऐसे प्रश्नों का उत्तर पा सकते हैं—अनुवाद क्या है ? अनुवाद कैसा बन पड़ा है ? अनूदित पाठ, मूलरचना के कितने निकट या कितनी दूर है ? मूलरचना के संदेश को किस सीमा तक अनूदित कृति संप्रेषित करने में समर्थ है ? या फिर अपनी संरचनात्मक बनावट या शैलीगत बुनावट में अनुवाद मूलरचना के शिल्पविधान के कितने अनुरूप है ?

स्पष्ट है, पाठपरक दृष्टि अनुवाद या अनूदित कृति को पहले एक बनी-बनाई वस्तु के रूप में स्वीकार करती है, और फिर उस पर चर्चा करती है। इस दृष्टि से अनुवाद पर बात करने वालों की आँख के आगे से वे सभी प्रसंग ओझल रहते हैं जिसका सामना अनुवाद करते समय एक अनुवादक को करना पड़ता है। हमें यह नहीं भूलना चाहिए कि अनुवाद भाषा व्यापार की एक सर्जनात्मक प्रक्रिया भी है। यह प्रक्रिया मूलरचना पर अनुवादक की भावात्मक प्रतिक्रिया से प्रारंभ होकर अनूदित पाठ के रचना-विधान तक फैली होती है। यह कहा जा सकता है कि अनुवाद भाषा व्यापार की एक संश्लिष्ट प्रक्रिया भी है और इस प्रक्रिया का परिणाम भी। अनुवाद पर विचार करने वाली प्रक्रियापरक दृष्टि अनूदित कृति (पाठ) को मात्र मूल रचना में निहित संदेश और उसकी बनावट तथा बुनावट के संदर्भ के आधार पर नहीं देखना चाहती, बल्कि अनुवाद को उन प्रसंगों के परिप्रेक्ष्य में भी देखना चाहती है जिसका सामना अनुवादक को मूलरचना को समझने, इसके अर्थ को दूसरी भाषा में बाँधने तथा अनूदित कृति के रूप में एक सममूल्य पाठ के रचने के दौरान करना पड़ता है।

प्रक्रियापरक दृष्टि अनुवाद (अनूदित कृति) को मूलरचना के सममूल्य एक स्वायत्त

---

* सर्वप्रथम 'अनुवाद चिंतन के सैद्धांतिक आयाम' (सं. गार्गी गुप्त एवं सिंहल), 1991 में प्रकाशित। प्रकाशक : भारतीय अनुवाद परिषद्।—**संपादक**

पाठ के रूप में भी देखती है और उसे उस प्रक्रिया के परिणाम के रूप में भी ग्रहण करती है जो दो पाठों (मूल और अनूदित) को सममूल्य एवं समतुल्य बनाती है। दूसरी तरफ वह अनूदित पाठ की अपनी विशिष्टता और सीमा के कारणों पर प्रकाश डालती हैं। इस दृष्टि के आधार पर हम ऐसे प्रश्नों का भी उत्तर पा सकते हैं—अनुवाद मूल रचना से भिन्न है तो क्यों ? इस तरह मूलरचना और अनूदित पाठ की भिन्नता का यह केवल आधार ही नहीं प्रस्तुत करती, वरन् उसकी व्याख्या भी करती है। वह उन प्रसंगों का निर्धारण भी करती है जो मूलपाठ और अनूदित पाठ/कृति में अंतर का आधार पैदा करता है। वह उन भिन्न भूमिकाओं के संदर्भ में अनूदित कृति को देखती है जिसका निर्वाह अनुवाद करते समय एक अनुवादक को करना पड़ता है। यही कारण है कि अनुवाद प्रक्रिया दो दृष्टियों से अत्यंत महत्त्वपूर्ण और प्रासंगिक हो जाती है। एक तरफ अनुवाद प्रशिक्षण में इसका महत्त्व सहज-सिद्ध है, क्योंकि वह अनुवादक को उसकी विभिन्न भूमिकाओं के प्रति सजग और समर्थ बनाने में सहायक होती है। दूसरी तरफ इसका उपयोग मशीनी अनुवाद में सार्थक ढंग से किया जाना संभव है क्योंकि वह अनुवाद व्यापार के विभिन्न चरणों की ओर न केवल संकेत देती है, बल्कि उन चरणों पर पाए जाने वाले विकल्पों को भी निर्धारित करने में सहायक होती है।

अनुवाद का व्यापार क्षेत्र

किसी कही हुई बात को फिर से कहना अनुवाद है। दूसरे शब्दों में, किसी एक भाषा में पहले से ही रचित कृति (पाठ) के संदेश को किसी दूसरी भाषा में सममूल्य रचना (पाठ) के रूप में व्यक्त करना अनुवाद है। स्पष्ट है कि अनुवाद दो भाषाओं के संप्रेषण व्यापार की अपेक्षा रखता है। पहली भाषा का संबंध मूलरचना से है, जिसे अनुवाद की तकनीकी शब्दावली में **स्रोत भाषा** कहा जाता है। दूसरी भाषा का संबंध उस भाषा से है जिसमें अनुवाद किया जाना है। इसे **लक्ष्य भाषा** की संज्ञा दी जाती है।

दो भाषाओं के संप्रेषण से संबद्ध होने के कारण अनुवाद-व्यापार में हमें दो प्रकार के पाठों का सामना करना पड़ता है। पहला पाठ, स्रोत भाषा में रचित कृति के रूप में अनुवादक को पहले से ही उपलब्ध होता है। इस मूल कृति का रचयिता (लेखक) कोई अन्य होता है और लेखन के समय इसका पाठक समुदाय भी कोई दूसरा होता है। अनुवादक का मूलकृति के रचयिता से परिचय हो भी सकता है और नहीं भी। अनुवादक सबसे पहले पाठक के रूप में इस मूलरचना से टकराता है। उसका पहला दायित्व पाठक के रूप में मूलकृति में अंतर्निहित संदेश को समझना होता है।

अनुवाद संदेश का भाषांतर होता है। स्रोत भाषा के पाठ में अंतर्निहित संदेश को समझने का काम तो उस भाषा का सामान्य पाठक भी करता है। पर अनुवादक को द्विभाषिक की भूमिका का निर्वाह भी करना पड़ता है। उसे इस संदेश को लक्ष्य भाषा में बाँधना पड़ता है। यहाँ ध्यान देने की आवश्यकता है कि अपने अस्तित्व के एक

धरातल पर संदेश भाषा–तटस्थ होती है तो एक दूसरे धरातल पर वह भाषा–विशिष्ट। उदाहरण के लिए, अंग्रेजी की अभिव्यक्ति (Good Morning) को ही लें। अपने अस्तित्व के एक धरातल पर यह भाषा–तटस्थ है, क्योंकि हम कह सकते हैं कि इसके संदेश का संबंध 'अभिवादन' व्यवस्था से है। जब दो व्यक्ति आपस में मिलते हैं तब अपनी बात या आचरण का प्रारंभ अभिवादन के साथ शुरू करते हैं। प्रत्येक समाज की अपनी एक अभिवादन व्यवस्था होती है, जिसे वह अपने आचरण की किसी विशिष्ट मुद्रा या भाषा की विशिष्ट अभिव्यक्ति द्वारा व्यक्त करता है। Good Morning को अभिवादन की अभिव्यक्ति समझना संदेश के प्रयोजन या प्रकार्य को समझना है, जो भाषा से बँधकर भी भाषा की विशिष्ट अभिव्यक्ति से मुक्त है।

अंग्रेजी भाषा में Good Morning को अभिवादन की अभिव्यक्ति के रूप में ग्रहण तो किया जाता है, पर प्रयोग के संदर्भ में इसका व्यवहार प्रातःकाल ही संभव है। इस भाषा में यह अभिव्यक्ति समय–सापेक्ष है, इसलिए वहाँ Good Morning के साथ-साथ Good after-noon, Good evening, Good night का प्रयोग संभव है। यह अंग्रेजी भाषा या समाज का अपना वैशिष्ट्य है। हिंदी भाषा या समाज के संस्कार में अभिवादन व्यवस्था का संबंध समय के साथ नहीं होता। अतः इन सभी संदर्भों में उसका समानांतर प्रयोग 'नमस्ते' ही होगा। सुबह, दोपहर, शाम या रात में किए जाने वाले अभिवादन में सर्वदा 'नमस्ते' का प्रयोग ही संभव है।

हिंदी भाषा या उसके समाज की अभिवादन व्यवस्था की अपनी विशिष्टता भी है। इसमें अभिव्यक्तियाँ समय के संदर्भ में नहीं बदलतीं, पर वे सामाजिक स्तर भेद के साथ अपने प्रयोग में अवश्य बदल जाती हैं। हम बराबरवालों को 'नमस्ते' या 'राम-राम' कहते हैं तो बड़ों के अभिवादन के लिए 'प्रणाम' या 'पाँव लागे' का व्यवहार करते हैं। इस दूसरी स्थिति में बड़ा, छोटों को अभिवादन के संदर्भ में आशीर्वाद देते हुए 'खुश रहो' या 'चिरंजीव भव' कहता है। ये तथ्य इस बात की ओर संकेत देते हैं कि प्रत्येक भाषा और उसके समाज की अभिव्यक्ति रूढ़ियाँ संदेश को विशिष्ट बनाती हैं। संदेश के भाषांतरण के समय अनुवादक को उस द्विभाषिक की क्षमता का परिचय देना पड़ता है जो स्रोत भाषा और लक्ष्य भाषा को न केवल अभिव्यक्ति रूढ़ियों एवं शैली संस्कार की भिन्नता का उसे पता बताए, बल्कि यह भी सूचित करें कि अभिव्यक्ति शैली की भिन्नता के बावजूद किस प्रकार भाषांतरित संदेश समाज स्थिति में समान प्रकार्य संपादित करते हैं।

अनुवादक लक्ष्य भाषा में पाठ का रचयिता (लेखक) भी होता है। वह न केवल मूलकृति के संदेश को समझता है और उसे भाषांतरित करता है, बल्कि लक्ष्य भाषा में पाठ के रूप में उसे प्रस्तुत भी करता है। लेखक के रूप में अनुवादक को कई प्रकार के दबाव का सामना करना पड़ता है। उसे एक तरफ मूलकृति में निहित संदेश को लक्ष्य भाषा की अभिव्यक्ति रूढ़ियों के माध्यम से व्यक्त करना पड़ता है, दूसरी तरफ उसे अनूदित पाठ का इस प्रकार निर्माण करना पड़ता है जिससे वह (अनूदित पाठ) मूल पाठ

के सममूल्य बन सके और साथ ही उसके अपने पाठकों के लिए बोधगम्य और संप्रेक्ष्य हो सके। हर अनुवाद का अपना पाठक-वर्ग होता है, अतः लेखक के रूप में-अनुवादक को पाठ के संदेश के प्रति ईमानदारी के साथ-साथ अपने पाठक को भी अनुवाद के प्रति आश्वस्त करते चलना पड़ता है।

अनुवाद के इस व्यापार को निम्नलिखित आरेख द्वारा दिखलाना संभव है :

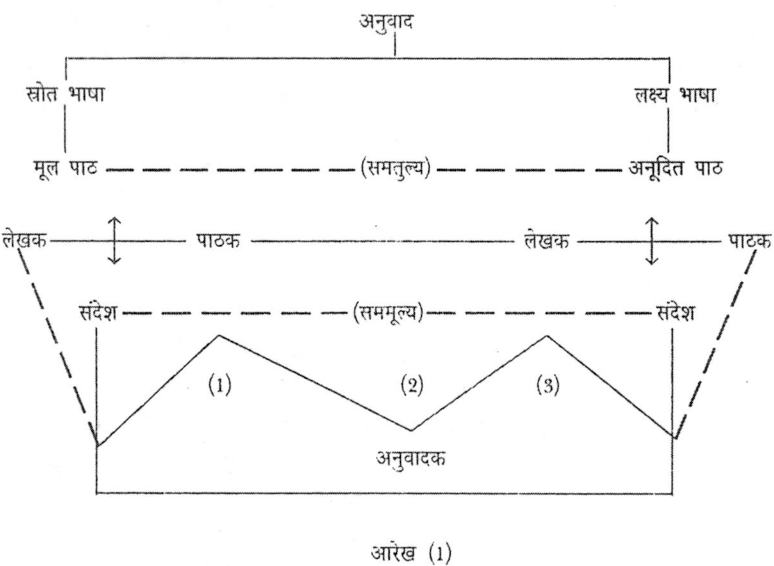

आरेख (1)

ऊपर के आरेख (1) से स्पष्ट है दो भाषाओं के संप्रेषण व्यापार के संदर्भ में अनुवादक को तीन प्रकार की विशिष्ट भूमिकाओं का निर्वाह करना पड़ता है—1. मूलपाठ के पाठक की भूमिका, 2. (मूलपाठ के) संदेश को (अनूदित पाठ) में भाषांतरित करनेवाले द्विभाषिक की भूमिका और 3. अनूदित पाठ के रचयिता की भूमिका।

अनुवाद प्रक्रिया : दो प्रारूप

अनुवाद प्रक्रिया पर जिन विद्वानों ने गंभीरतापूर्वक विचार किया है उनमें नाइडा (1964-1969) और न्यूयार्क (1975-1981) के विचार अधिक चर्चित हैं। यहाँ संक्षेप में इन दोनों विद्वानों द्वारा प्रस्तावित प्रारूप पर प्रकाश डालना अनुचित न होगा।

नाइडा अनुवाद को एक वैज्ञानिक तकनीक के रूप में स्वीकार करते हैं। उनके अनुसार अनुवाद, भाषाविज्ञान का एक अनुप्रयुक्त पक्ष है, अतः अनुवाद प्रक्रिया के विभिन्न सोपानों को समझने और उसके विश्लेषण के लिए भाषावैज्ञानिक तकनीक का

प्रयोग आवश्यक है। उनके अनुसार अनुवाद प्रक्रिया के तीन सोपान हैं—1. विश्लेषण, 2. अंतरण, और 3. पुनर्गठन। एक कुशल और अनुभवी अनुवादक इन तीन विभिन्न सोपानों को एक छलांग में पार कर लेता है। पर अनुवाद के प्रशिक्षार्थी को इन तीनों सोपानों से क्रमशः गुजरना पड़ता है। इन सोपानों को नाइडा ने आरेख द्वारा इस प्रकार व्यक्त किया है।

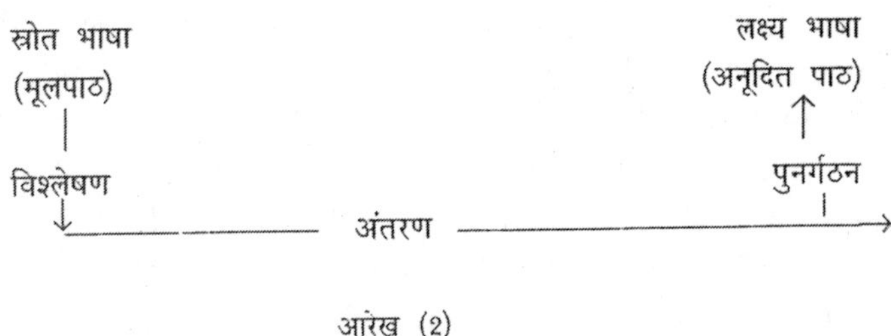

आरेख (2)

आरेख (2) द्वारा स्पष्ट है कि इन तीनों सोपानों में एक निश्चित क्रम है। स्रोत भाषा में पहले से ही रचित मूलपाठ के संदेश को ग्रहण करने के लिए अनुवादक सबसे पहले पाठ का **विश्लेषण** करता है। पाठ भाषाबद्ध होता है और संदेश भाषिक संरचना के माध्यम से संप्रेषित किया जाता है, इसलिए नाइडा के अनुसार मूलपाठ के विश्लेषण के लिए भाषा-सिद्धांत तथा उसमें अपनाई जाने वाली विश्लेषण तकनीक का उपयोग आवश्यक हो जाता है। नाइडा का यह भी मत है कि हर भाषिक संरचना के दो स्तर होते हैं—आभ्यंतर तथा बाह्य। आभ्यंतर स्तर का संबंध भाषा के सार्वभौम पक्ष से जुड़ा होता है। अतः इस स्तर पर स्थित संदेश स्रोत भाषा और लक्ष्य भाषा के लिए समान रूप होता है। इसके विपरीत बाह्य स्तर की संरचना का संबंध भाषा-विशेष की विशिष्ट व्याकरणिक व्यवस्था के साथ रहता है, जिसके फलस्वरूप गहरे स्तर पर स्थित समान संदेश को अभिव्यक्त करने के लिए दो भाषाएँ (स्रोत भाषा और लक्ष्य भाषा) दो भिन्न-भिन्न अभिव्यक्ति प्रणालियों का प्रयोग करती हैं। नाइडा के अनुसार अनुवाद गहन स्तर पर स्थित समानधर्मी संदेश के फलस्वरूप ही संभव हो पाता है। अतः अनुवादक के लिए आवश्यक है कि वह बाह्य स्तर पर स्थित भाषिक संरचना का विश्लेषण करते हुए उसके गहन स्तर पर स्थित संदेश का पता लगाए और उस धरातल पर पाठ का अर्थबोध करे।

उदाहरण के लिए अंग्रेजी का एक वाक्य लें—

Mohan frightens Sheela. गहरे स्तर पर इसकी दो व्याकरणिक संरचनाएँ संभव हैं। एक में मोहन, कर्ता के रूप में सक्रिय प्राणी (एजेंट) के रूप में कार्य करता है और दूसरे में वह करण के रूप में मात्र क्रिया के साधन के रूप में प्रयुक्त होगा। इसी के अनुसार क्रिया के दो अर्थ भी संभव हो पाते हैं।

हिंदी में इसके दो समानार्थी संदेश संभव हैं–1. मोहन शीला को डराता है, और 2. शीला मोहन से डरती है। विश्लेषण के उपरांत प्राप्त इन दोनों संदेशों के बाद ही अनुवादक पाठ के संदर्भ के अनुसार उनमें से किसी एक या दोनों संदेशों को अनूदित पाठ में संप्रेषित करने का निर्णय लेता है।

विश्लेषण से प्राप्त अर्थबोध का लक्ष्य भाषा में **अंतरण** अनुवाद प्रक्रिया का दूसरा सोपान है। प्रत्येक भाषा मूल संदेश को अपने ढंग से भाषिक इकाइयों में बाँधती है। अतः संदेश को एक भाषा से दूसरी भाषा में अंतरित करने का मतलब ही है अभिव्यक्ति के धरातल पर उसका पुनर्विन्यास करना। नाइडा के अनुसार पुनर्विन्यास की यह प्रक्रिया कुछ-कुछ उसी प्रकार ही है जिस प्रकार कुछ विभिन्न आकार के बक्सों के सामान को उससे भिन्न आकार के दूसरे बक्सों में दुबारा सुव्यवस्थित ढंग से सजाया जाता। पुनर्विन्यास की यह प्रक्रिया कभी मात्र ध्वनि/लिपि स्तर तक सीमित होती है जैसे अंग्रेजी के शब्दों 'एकेडमी', 'टेकनीक', 'इंटरीम', 'कामेडी' क्रमशः अकादमी, तकनीक, अंतरिम और कामदी के रूप में हिंदी अभिव्यक्ति और कभी नवीन अभिव्यक्ति के रूप में भाषा के सभी स्तरों पर हिंदी की लोकोक्ति 'नाच ना आवे आँगन टेढ़ा' के अंग्रेजी अनुवाद A bad carpenter quarrels with his tools. में न तो नाच का प्रसंग है और न ही आँगन और उसके टेढ़े होने का। पर संदेश के धरातल पर ये दोनों अभिव्यक्तियाँ सममूल्य हैं।

पुनर्गठन अनुवाद प्रक्रिया का तीसरा सोपान है। ध्यान देने की बात है कि प्रत्येक भाषा की अपनी अभिव्यक्ति प्रणाली और कथन रीति होती है। लक्ष्य भाषा में अनूदित पाठ का निर्माण अगर मूलरचना के संदेश को यथा रूप में रखने के प्रयास से जुड़ा होता है, तो उसके साथ लक्ष्य भाषा की उस अभिव्यक्ति संस्कार के साथ भी संबद्ध रहता है जो अनूदित पाठ को सहज, स्वाभाविक और बोधगम्य बनाता है। अनूदित पाठ के रचयिता के रूप में अनुवादक कई प्रकार की छूट ले सकता है, यथा पद्य में लिखी मूलकृति का वह गद्यानुवाद कर सकता है (पर मूलकृति की काव्यात्मकता का बिना ह्रास किए हुए) सात-आठ वाक्यों में फैले रचना के संदेश को चार-पाँच वाक्यों अथवा दस-ग्यारह वाक्यों में वह बाँध या फैला सकता है (पर मूल संदेश में बिना कुछ जोड़े या घटाए), व्याकरणिक संरचना में भी वह परिवर्तन ला सकता है, यथा मूल अभिव्यक्ति के कर्मवाच्य में व्यक्त उक्ति को अनूदित पाठ में वह कर्तृवाच्य में बदल सकता है (बशर्ते यह बदलाव लक्ष्य भाषा की प्रकृति की माँग का परिणाम हो) आदि।

बाइबिल का अनुवादक होने के कारण नाइडा की दृष्टि मूलतः एक विशिष्ट प्रकार के पाठ के अनुवाद तक सीमित थी। उनके अनुवाद संबंधी उदाहरण भी प्राचीन पाठ, उसमें निहित गूढ़ार्थ की पकड़, विकसित तथा अविकसित भाषाओं में संदेश के संप्रेषण की समस्या आदि से जुड़े थे। अनुवाद प्रक्रिया पर न्यूमार्क द्वारा प्रस्तावित प्रारूप नाइडा के समान कुछ चरणों की अपेक्षा रखता है, पर अपने चिंतन में वे अधिक व्यापक हैं। इसे आगे आरेख से दिखाया जाना संभव है।

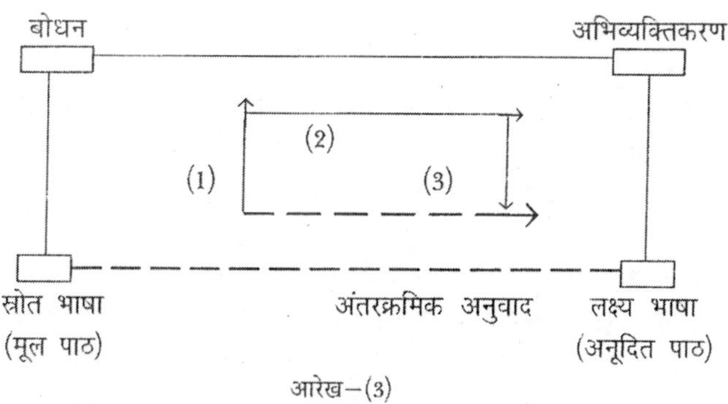

आरेख–(3)

न्यूमार्क और नाइडा द्वारा प्रस्तावित आरेख की तुलना से स्पष्ट होता है कि अनुवाद प्रक्रिया संबंधी संकल्पना में अगर उनमें समानता है, तो एक सीमा तक उनमें विभिन्नता भी है। न्यूमार्क अनुवाद प्रक्रिया की दो दिशाएँ स्वीकार करते हैं और इसीलिए मूलपाठ और अनूदित पाठ के सह-संबंध को दो स्तरों पर स्थापित करते हैं। पहला संबंध दो पाठों के अंतरक्रमिक अनुवाद पर आधारित है, जिसे उन्होंने खंडित रेखा के माध्यम से जोड़ा है। अंतरक्रमिक अनुवाद, शब्द-प्रति-शब्द अनुवाद होता है। अतः कई संदर्भों में न केवल अपनी प्रकृति में अपारदर्शी होता है, बल्कि भ्रामिक भी होता है। खंडित रेखा से जोड़ने का मतलब ही है कि यह अनुवाद की सही प्रक्रिया नहीं है, भले ही कुछ अनुवादक इस रास्ते को अपनाने की ओर प्रवृत्त क्यों न हों और कुछ के लिए यह मार्ग सहज और सीधा क्यों न लगे।

अनुवाद का दूसरा रास्ता मूलपाठ के अर्थबोधन और लक्ष्य भाषा में उच्च अर्थ के अभिव्यक्तिकरण का है। न्यूमार्क द्वारा संकेतित बोधन की प्रक्रिया, नाइडा द्वारा प्रस्तावित विश्लेषण की प्रक्रिया से अधिक व्यापक संकल्पना है, क्योंकि इसमें विश्लेषण से प्राप्त अर्थ के साथ-साथ अनुवादक द्वारा मूलपाठ की व्याख्या का अंश भी सम्मिलित है। कई भाषिक पाठ या उक्तियाँ अनुवादक की व्याख्या की अपेक्षा रखती हैं, अन्यथा अर्थ पारदर्शी नहीं बन पाता। सुरेशकुमार (1986) ने कुछ उदाहरण देकर न्यूमार्क के प्रारूप को समझाने का प्रयत्न किया है। उदाहरण के लिए हम ऐसे ही कुछ उदाहरण द्वारा इस प्रारूप को यहाँ स्पष्ट करना चाहेंगे। किसी ट्रक पर अंकित 'पब्लिक केरियर' का अनुवाद क्या हो ? अंतरक्रमिक अनुवाद के अनुसार 'पब्लिक' के लिए 'लोक/जन' और 'केरियर' के लिए 'वाहन' मानते हुए एक अनुवाद 'लोकवाहन/जनवाहन' संभव है। पर यह अनुवाद पारदर्शी अनुवाद नहीं माना जा सकता और न ही पूर्ण रूप से बोधगम्य। बोधन के धरातल पर 'पब्लिक केरियर' का एक अर्थ यह भी है कि उक्त वाहन किसी की निजी संपत्ति इस रूप में नहीं है कि सामान्य व्यक्ति इसका उपयोग कर सके। इसका जनसाधारण के लिए उपयोग संभव है, बशर्ते कि व्यक्ति इसका उचित

भाड़ा दे। अतः अर्थ के धरातल पर इसका अन्वय संभव है :

A carrier which can be hired by public.

अतः पारदर्शी अनुवाद के रूप में ट्रक के संदर्भ में 'भाड़े का ट्रक' भी संभव है।

बोधन, व्याख्या सापेक्ष होता है और यह व्याख्या स्रोत भाषा में अन्वय के रूप में संभव है। उदाहरण के लिए अंग्रेजी का एक वाक्य लें : Judgement has been reserved.

अंतरक्रमिक अनुवाद के रूप में हिंदी में कहा जा सकता है :

निर्णय आरक्षित/सुरक्षित कर लिया गया है। यह अनुवाद बोधन के धरातल पर न केवल अपारदर्शी है, बल्कि अर्थ संप्रेषण में भ्रामक भी है। 'निर्णय का आरक्षण/सुरक्षा' अपने आशय को स्पष्ट नहीं कर पाता। अतः यह अर्थ बोधन के धरातल पर स्रोत भाषा में ही अन्वय की अपेक्षा रखती है : यथा

Judgement will not be announced immediately/Judgement will be announced later.

बोधन के बाद का चरण है स्रोत भाषा में संदेश के अभिव्यक्तिकरण का, जो पुनर्गठन और पुनःसर्जना की भी अपेक्षा रखता है। ध्यान देने की बात है कि प्रत्येक भाषा की अपनी बनावट और बुनावट होती है, उसकी अपनी शैली और संस्कार होता है, अपना मिजाज और तेवर होता है। लक्ष्य भाषा में अनूदित पाठ के अभिव्यक्तिकरण के चरण संदेश को यथासंभव सुरक्षित रखते हुए एक भाषा के रचना विधान एवं संस्कार से दूसरी भाषा के रचना-संसार एवं शैली-संस्कार की यात्रा से संबद्ध होता है। अंग्रेजी के वाक्य : I have two books. का अनुवाद होगा 'मेरे पास दो पुस्तकें हैं', पर I have two daughters. का अनुवाद 'मेरे पास दो लड़कियाँ हैं' गलत माना जाएगा। हिंदी के अनुकूल भाषा व्यवहार के अनुरूप अनुवाद होगा : 'मेरे दो लड़कियाँ हैं।' यह भाषा संस्कार ही है जिसके अनुसार A line in reply will be appreciated. का अनुवाद 'उत्तर में लिखी एक पंक्ति प्रशंसित की जाएगी' गलत माना जाएगा; जबकि 'उत्तर की प्रतीक्षा रहेगी' अनुवाद सही माना जाएगा। इसी प्रकार I wonder if this is true. का अनुवाद 'मुझे इसकी सच्चाई में संदेह है' अधिक उपयुक्त माना जाएगा। इस चरण पर Judgment has been reserved. का हिंदी में अभिव्यक्तिकरण होगा : 'निर्णय अभी नहीं सुनाया जाएगा।'

अनुवाद प्रक्रिया के अंतिम चरण का संबंध पाठ-निर्माण से है। इस चरण पर अनुवादक न केवल लक्ष्य भाषा के अनुरूप संदेश को भाषिक अभिव्यक्ति का जामा पहनाता है, बल्कि मूलभाषा के पाठ की प्रकृति को ध्यान में रखते हुए सहपाठ का निर्माण करता है। उदाहरण के लिए अंग्रेजी का No Admission. या No Smoking. का बोधन के धरातल पर अन्वय होगा Admission is not allowed. या Smoking is not allowed. और अभिव्यक्तिकरण के चरण पर हिंदी में कथन होगा—'अंदर आना मना है', 'सिगरेट-बीड़ी पीना मना है'। पर यह संभव है कि पाठ-निर्माण के चौथे चरण

में हम अनुवाद करें 'प्रवेश निषिद्ध'। इसी प्रकार Judgment has been reserved. का अभिव्यक्तिकरण के चरण पर हिंदी रूपांतरण 'निर्णय अभी नहीं सुनाया जाएगा' स्वीकार हो सकता है। पर पाठ-निर्माण के चरण पर इसका अनुवाद 'निर्णय बाद में सुनाया जाएगा' अधिक सार्थक माना जाएगा।

अनुवाद प्रक्रिया के इन विभिन्न चरणों पर पाई जाने वाली अंग्रेजी-हिंदी की दो अभिव्यक्तियों के उदाहरण नीचे दिए जा रहे हैं :

1. स्रोत (मूल) भाषा पाठ :

(क) No Smoking.

(ख) Judgement has been reserved.

1.क. अंतरक्रमिक अनुवाद

* (क) नहीं धुआँ करना/नहीं धूम्रपान

* (ख) निर्णय रख लिया सुरक्षित

2. बोधन :

* (क) Smoking is not allowed here.

* (ख) Judgement will not be announced immediately.

3. अभिव्यक्तिकरण :

(क) बीड़ी-सिगरेट पीना मना है।

(ख) निर्णय अभी नहीं सुनाया जाएगा।

4. पाठ-निर्माण :

(क) धूम्रपान निषेध

(ख) निर्णय बाद में सुनाया जाएगा।

अनुवाद प्रक्रिया : भूमिका—समस्या प्रारूप

श्रीवास्तव और गोस्वामी (1985) ने एक तरफ अनुवाद को प्रतीक सिद्धांत के साथ जोड़कर देखने का प्रयत्न किया है और दूसरी तरफ अनुवाद प्रक्रिया को दो भाषाओं के बीच संप्रेषण व्यापार के संदर्भ में देखने की कोशिश की है। उनके अनुसार **संदेश (कथ्य) का प्रतीकांतर अनुवाद है।**

पाठ को भाषिक प्रतीक के रूप में देखा जाना संभव है। प्रत्येक प्रतीक अपने संकेतन व्यापार में संकेतक (वाचक, अभिव्यक्ति) और संकेतित (वाच्य, कथ्य) की समन्वित इकाई होता है। अनुवादक का कार्य प्रतीकांतरण के समय संकेतित के मर्म (संदेश) को यथासंभव अक्षुण्ण बनाए रखना होता है। यह तभी संभव है जब दो पाठों (मूल और अनूदित) की अभिव्यक्ति पद्धति (संकेतक) और कथ्य व्याख्या (संकेतार्थ) को समतुल्य और सममूल्य बनाए रखें। इस तथ्य को निम्नलिखित आरेख द्वारा प्रस्तुत किया गया है।

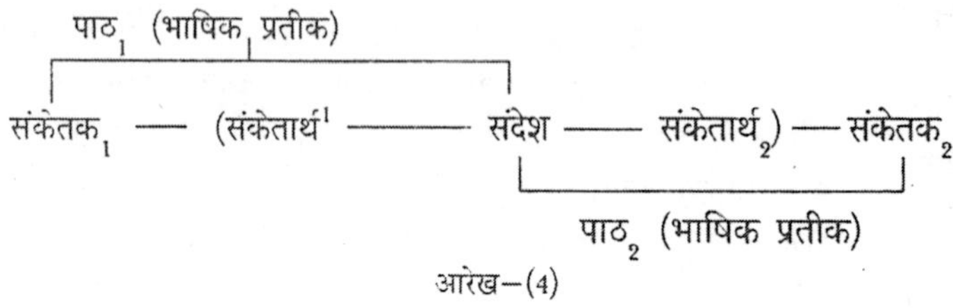

आरेख–(4)

यहाँ ध्यान देने की बात है कि संदेश, संकेतित कथ्य का मर्म होता है जो भाषिक प्रतीक के संदर्भ में अभिव्यक्ति और कथ्य के समन्वयन से बँधकर सामने उभरता तो अवश्य है, पर उसके दायरे में बँधा नहीं होता। उदाहरण के लिए (मंदिर में) जल चढ़ाने की उक्ति और उसके दूसरी भाषा में प्रतीकांतरण की समस्या को ही लें। प्रेमचंद की कहानी 'कफ़न' में प्रयुक्त हिंदी की उक्ति अंग्रेजी की चार भाषांतरित अभिव्यक्तियों में उपलब्ध है : (क) to offer oblations, (ख) to offer incense water, (ग) to offer holy water, और (घ) to offer prayers. अनुवाद (क) और (घ) में पानी का उल्लेख नहीं है और दो (ख) और (ग) में पानी का उल्लेख तो है, पर उसे विशिष्ट जल के रूप में अनूदित किया गया है। इसका कारण स्पष्ट है। (मंदिर में) जल चढ़ाने के संदेश के मर्म (संकेतन) का संबंध 'पूजा' से है जो चारों अंग्रेजी के अनुवाद के मूल में है और जो मूल और अनूदित पाठ को सममूल्य बनाता है।

जैसा कि आरेख (1) में बतलाया गया है। अनुवाद प्रक्रिया का संबंध दो भाषाओं के बीच के संप्रेषण व्यापार से संबद्ध है। इस संप्रेषण व्यापार में अनुवादक को तीन निश्चित भूमिकाओं का निर्वाह करना पड़ता है। साथ ही भाषांतरण, अर्थव्यापार से संबद्ध रहता है। अतः अनुवादक को अर्थव्यवस्था की तीन प्रक्रियाओं और उसके समरूपों से जूझना पड़ता है। अनुवाद प्रक्रिया के भूमिका-समस्या प्रारूप के अनुसार उसके तीन प्रसंग सामने आते हैं :

1 **अनुवादक की भूमिका**	2 **प्रक्रिया**	3 **समस्या**
1. (मूलपाठ का) पाठक	बोधन	अर्थग्रहण की समस्या
2. द्विभाषिक	अंतरण	अर्थांतरण की समस्या
3. (अनूदित पाठ का) रचयिता	सर्जन	अर्थ-संप्रेषण की समस्या

पाठक की भूमिका के रूप में अनुवादक को मूलपाठ के **अर्थग्रहण की समस्या** का

समाधान दो स्तरों पर करना पड़ता है। पहले स्तर पर संबंध स्रोत भाषा की अपनी बनावट और बुनावट से है और दूसरे स्तर का पाठ के विषय तत्त्व से। भाषा स्तर से संबंधित कई उदाहरण पहले भी दिए जा चुके हैं। यहाँ इतना कहना पर्याप्त होगा कि मूलपाठ का 'संदेश' भाषिक अभिव्यक्तियों के उस जाल के भीतर छिपा होता है जो कभी संकेतार्थ का सहारा लेता है और कभी संरचनार्थ, प्रयोगार्थ, अथवा संपृक्तार्थ का। अतः 'संदेश' को पकड़ने के लिए अन्वयांतर हो जाता है, यथा

(क) (किसी की) आँख लगना—निद्रा
(ख) (किसी से) आँख लगना—प्यार होना
(ग) (किसी पर) आँख लगना—लालसा

भाषा सामाजिक संस्कार का बोध भी कराती है। अतः कुछ अभिव्यक्तियाँ अपने बोधन के लिए उस संस्कार को भी अर्थग्रहण के दायरे में ले आती हैं। इनकी उपेक्षा करने से संदेश का मर्म ठीक पकड़ में नहीं आ पाता और अनुवाद भ्रामक हो जाता है। उदाहरण के लिए 'कफन' में 'गंगा नहाना' का प्रसंग है, जिसके चार अनुवाद उपलब्ध हैं :

1. to go to the Ganges
2. to bath in the Ganges to wash away the sins
3. to swim in the Ganges to wash away the sins
4. to wash their sins in the Ganges

स्पष्ट है (1) अनुवाद में पाप धोने का भाव व्यक्त नहीं होता और (3) में नहाने के भाव को 'तैरने' के भाव से अतिरंजित कर दिया गया है।

जहाँ तक विषयवस्तु से संबंधित बोधन और अर्थग्रहण की समस्या का सवाल है। अनुवादक से यह अपेक्षा की जाती है कि पाठ-संबंधी विषय की उसे एक सीमा तक जानकारी हो। उसे पाठ-संबंधी विषय का विशेषज्ञ नहीं माना जाता, पर एक सामान्य पाठक के रूप में कथ्य को समझने की क्षमता उससे हमेशा अपेक्षित रहती है, अन्यथा अनुवाद सटीक नहीं बन पाता। उदाहरण के लिए अंग्रेजी का ही एक शब्द लें जो इस प्रकार है—Reaction—इसके तीन विभिन्न विषय क्षेत्रों में अर्थ के आधार पर तीन अनुवाद संभव हैं क्योंकि वे अलग-अलग प्रक्रियाओं से जुड़े हैं—यथा प्रतिक्रिया (भौतिकी), अभिक्रिया (रसायनशास्त्र) और अनुक्रिया (मनोविज्ञान)।

पाठक के रूप में अनुवादक को यह हमेशा याद रखने की आवश्यकता होती है कि शब्दार्थ, पाठ-सापेक्ष होता है। विषय और प्रसंग के अनुसार शब्दों के अर्थ बदल जाया करते हैं। उदाहरण के लिए अंग्रेजी के शब्द treatment को ही लें। तीन विभिन्न प्रसंगों में इसके तीन अंर्थ संभव हैं : यथा,

1. Treatment of cancer — कैंसर का **इलाज**

2. Treatment of the subject matter — विषयवस्तु का **प्रतिपादन**
3. Treatment of servant — नौकर के साथ **व्यवहार**

द्विभाषिक की भूमिका में **अर्थांतरण की समस्या** का समाधान अनुवादक को कई स्तरों पर करना पड़ता है। कभी वह मूल भाषा की शाब्दिक इकाई को आगत शब्द के रूप में अपनाता है, कभी उसका भाषांतरित पर्याय ढूँढ़ता है, और कभी उसकी व्याख्या करते हुए अन्वय प्रस्तुत करता है। उदाहरण के लिए 'कफन' कहानी में आए 'चमार' शब्द को हम चार अनूदित रूपों में पाते हैं।

1. Chamar;
2. Cobbler;
3. Tanner;
4. untouchable leather worker

इसी तरह 'रायता' शब्द के चार अनूदित रूप देखने को मिलते हैं :

1. rayta
2. curd
3. curd with spices
4. vegetables salads spiced and pickled in curd

अर्थांतरण की समस्या का संबंध अर्थ के पुनर्विन्यास की प्रक्रिया से जुड़ा होता है। इस पुनर्विन्यास के निम्नलिखित प्रकार देखे जा सकते हैं।

(क) पूर्ण पुनर्विन्यास : अर्थांतरण के लिए इसमें संपूर्ण अभिव्यक्ति को ही बदलना पड़ता है। अतः संदेश को छोड़कर मूलपाठ और अनूदित पाठ में कोई समान-तत्त्व नहीं दिखाई पड़ता। उदाहरण के लिए अंग्रेजी के मुहावरे "by tooth and nail" का हिंदी अनुवाद होगा "जी-जान से"।

(ख) विश्लेषणात्मक पुनर्विन्यास : इस प्रकार के अंतरण में मूल अभिव्यक्ति के किसी एक इकाई के द्वारा अर्थ को अनूदित पाठ में कई भाषिक इकाइयों द्वारा प्रेषित किया जाता है, यथा 'देवरानी' शब्द का अंग्रेजी अनुवाद होगा

wife of younger brother of husband

(ग) संश्लेषणात्मक पुनर्विन्यास : इस प्रकार के अंतरण में मूल भाषा की कई शाब्दिक इकाइयों की अनूदित भाषा में एक संश्लिष्ट इकाई के रूप में अभिव्यक्ति की जाती है यथा अंग्रेजी की अभिव्यक्ति father-in-law के लिए 'ससुर' शब्द।

(घ) संरचनात्मक पुनर्विन्यास : इस प्रकार के अंतरण में मूल भाषा के एक व्याकरणिक प्रकार्य को व्यंजित करने के लिए अनूदित भाषा में किसी अन्य अभिव्यक्ति पद्धति का सहारा लिया जाता है। अंग्रेजी के उपपद 'a' और 'the' के अंतरण के लिए हिंदी में विभिन्न शब्दक्रम का प्रयोग होता है : यथा,

1. There is **a** snake in the room.
2. There is **the** snake in the room.

का हिंदी में क्रमशः अनुवाद होगा :

क. कमरे में साँप है।

ख. साँप कमरे में है।

अंतरण करते समय दो सिद्धांतों का निर्वाह आवश्यक होता है। पहले का संबंध मूलपाठ के अर्थ के सममूल्य अर्थ से है जिसे अनुवादक अनूदित पाठ में 'न घटाकर, न बढ़ाकर' (no less, no gain) सिद्धांत के आधार पर प्रस्तुत करता है। दूसरा सिद्धांत (समतुल्यता) का है जिसके आधार पर अनुवादक अनूदित पाठ को शैली एवं अभिव्यक्ति के धरातल पर मूलपाठ के समतुल्य भाषिक उपादान के माध्यम से निर्मित करता है।

अनूदित पाठ के रचयिता के रूप में अनुवाद को **अर्थ संप्रेषण** की समस्या का सामना करना पड़ता है। अनुवादक पाठ का मूल रचयिता नहीं है, उसके सामने 'प्रारूप' के रूप में पहले से ही एक पाठ (मूलपाठ) होता है जिसके समानांतर अनूदित भाषा में एक 'सहपाठ' का उसे निर्माण करना पड़ता है। मूलपाठ के संदेश और फिर उसकी अभिव्यक्ति से संबंधित शैलीगत गठन के दबाव के साथ उसको अनूदित पाठ का निर्माण करना पड़ता है। दूसरी तरफ वह अपने पाठ का रचयिता होने के कारण अपने पाठक वर्ग की भी उपेक्षा नहीं कर सकता। अतः उसे अपने देश और काल के अनुरूप अनूदित पाठ को बोधगम्य और संप्रेष्य भी बनाना पड़ता है। यही कारण है कि 'चैत का महीना' का अनुवाद वह कभी 'month of April' और कभी 'late spring season' के रूप में करता है।

सममूल्य संदेश को बोधगम्य रूप से संप्रेषित करने के लिए अनूदित भाषा की प्रकृति का ज्ञान अनुवादक के लिए आवश्यक होता है। यह भाषा की अपनी शैलीगत विशिष्टता का ही परिणाम है कि अंग्रेजी भाषा के कर्मवाच्य में अभिव्यक्त संदेश को हिंदी में कर्तृवाच्य के रूप में संप्रेषित किया जाता है। यथा : 'Signed by X in the presence of Y and Z.' का हिंदी अनुवाद होगा 'ख और ग की उपस्थिति में क ने हस्ताक्षर किए।' इसी प्रकार : 'The meeting was chaired by Secretary.' का अनुवाद होगा 'बैठक की अध्यक्षता सचिव ने की।'

ऊपर के विवेचन से यह स्पष्ट है कि अनुवाद प्रक्रिया का संदर्भ अनुवादक को किस प्रकार मूल कृति के अर्थग्रहण की समस्या (बोधन), स्रोत भाषा में व्यक्त संदेश के लक्ष्य भाषा में अर्थांतरण की समस्या (अंतरण) और अनूदित पाठ के रूप में अर्थ संप्रेषण की समस्या (सर्जन) के प्रति सजग और उसके उचित समाधान के लिए सक्षम बनाता है।

संदर्भ ग्रंथ सूची

Newmark, P. 1976. The theory and craft of translation. **Language Teaching and Linguistics.** Abstracts 9,1, 5-26.

– 1981. **Approaches to Translation.** Oxford: Pergamon Press.

Nida, E.A. 1964 **Toward a science of Translation** Leiden: E.J. Brill.

– 1969 Science of Translation. **Language** 45-483-98.

कुमार, सुरेश 1986 **अनुवाद सिद्धांत की रूपरेखा,** दिल्ली : वाणी प्रकाशन

श्रीवास्तव, रवींद्रनाथ और गोस्वामी कृष्ण कुमार 1985 **अनुवाद : सिद्धांत और समस्याएँ,** दिल्ली : आलेख प्रकाशन

अनुवाद के संदर्भ में पारिभाषिक शब्दावली की समस्याएँ*

[1]

हिंदी, बंगाली, तमिल, तेलुगु आदि आधुनिक भारतीय भाषाओं में पारिभाषिक शब्दावली निर्माण का सीधा संबंध एक ओर 'अनुवाद प्रक्रिया' के साथ है और दूसरी ओर 'भाषा विस्तार' की प्रक्रिया से। 'भाषा विस्तार' को भाषा के आधुनिकीकरण के नाम से भी जाना जाता है। भाषा विस्तार का प्रमुख लक्ष्य होता है—विश्व की अन्य विकसित भाषाओं के अनुरूप भाषा का विकास और संवर्द्धन। इस प्रक्रिया के सहारे पारिभाषिक शब्दावली और नवविकसित प्रयुक्तियों के क्षेत्र में भाषा को विकसित करना संभव है। इसके फलस्वरूप भाषा निम्नलिखित दो लक्ष्यों को साधने में समर्थ हो सकती है—(1) ज्ञान-विज्ञान के क्षेत्र में संवाद के आधुनिक पक्षों की वह समर्थ संवाहिका बन सकती है, और (2) विश्व की अन्य समुन्नत भाषाओं में रचित साहित्य का इसमें अनुवाद सहज रूप में संभव हो सकता है। इस दृष्टि से भाषा विस्तार का प्रमुखतम लक्ष्य है—अंतर-अनुवाद्य भाषा के संदर्भ में विश्व भाषायी समुदाय के एक प्रभावी सदस्य के रूप में भाषा को सक्षम बनाना।

भाषा विस्तार अर्थात् भाषाओं के आधुनिकीकरण के दो प्रमुख क्षेत्र हैं—(1) पारिभाषिक शब्दावली का विस्तार, और (2) नई भाषिक प्रयुक्तियों का विकास। भारत जैसे बहु-भाषी देश में इन दोनों क्षेत्रों को दिशा और गति देने का सर्वाधिक महत्त्वपूर्ण साधन है—अनुवाद। ध्यान देने की बात है कि आधुनिकीकरण का अर्थ ही है आधुनिक चिंतन के संदर्भ में शब्द-संपदा का विस्तार। जब भी भाषा को नई सामाजिक परिस्थितियों का सामना करना पड़ता है अथवा ज्ञान-विज्ञान के क्षेत्र में नए चिंतन को व्यक्त करने की उसे आवश्यकता पड़ती है, उस पर नई भाषा-प्रयुक्ति के विकास का दबाव पड़ता है। ये नई भाषा-प्रयुक्तियाँ एक ओर नए पारिभाषिक शब्दों की अपेक्षा रखती हैं और दूसरी तरफ नई भाषा-शैली को विकसित करने के लिए दबाव डालती हैं। पारिभाषिक शब्दावली के क्षेत्र में भाषा विस्तार की यह प्रक्रिया अत्यंत जटिल है।

---

* अप्रकाशित

पर भारतवर्ष में जहाँ अंग्रेजी भाषा एक आधुनिक और विकसित भाषा के रूप में बौद्धिक दृष्टि से प्रचलित है, वह भारतीय भाषाओं के विकास और विस्तार के लिए स्रोत भाषा का कार्य करने में भी सक्षम है। भारतीय भाषाओं के साथ उसकी द्विभाषिकता की स्थिति हमें अनुवाद का रास्ता अपनाने की सुविधा प्रदान करती है। अनुवाद के माध्यम से स्रोत भाषा के रूप में अंग्रेजी की पारिभाषिक शब्दावली के समतुल्य हम भारतीय भाषाओं में भी शब्दों का निर्माण कर रहे हैं।

इस तथ्य पर ध्यान देना आवश्यक है कि अनुवाद के सहारे पारिभाषिक शब्द-निर्माण की यह प्रक्रिया न तो एकोन्मुखी है और न ही समरूपी। उदाहरण के लिए अंग्रेजी के शब्द electricity को ही लें। हिंदी में 'बिजली' और 'विद्युत्' शब्द पहले से ही प्रचलित थे, पर उनका प्रयोग आकाश में बादलों के बीच चमकने वाली 'दामिनी' के पर्याय के रूप में मान्य था। पर आधुनिक समाज में उनके प्रयोग का एक नया संदर्भ भी जुड़ा। अब हम बिजली के बल्ब और पंखे का प्रयोग करते हैं, बिजलीघर और विद्युतीकरण ऐसे साधनों का भी उपयोग करते हैं। स्पष्ट है, 'बिजली' और 'विद्युत्' शब्दों में 'अर्थ-विस्तार' आया है।

कभी-कभी अंग्रेजी भाषा के साथ संपर्क की स्थिति ने शब्दों में अर्थ-भेद को सुनिर्धारित करने की ओर भी हमें प्रवृत्त किया है। हम अंग्रेजी के Velocity और Speed जैसे गति से संबंधित अर्थ को न केवल समानधर्मी मानकर एक ही शब्द द्वारा हिंदी में व्यक्त कर देते थे—यथा द्रुतगति, तेज़ी, शीघ्रता, वेग आदि। पर अंग्रेजी में velocity पारिभाषिक शब्द के रूप में जिस अर्थ का द्योतन करता है, वह है—'किसी विशेष दिशा में एक वस्तु की स्थिति में परिवर्तन की गति।' इसके विपरीत speed से वहाँ तात्पर्य है—किसी दिशा में अपने मार्ग के अनुकूल स्थिति में परिवर्तन की गति। ये दोनों शब्द गति संबंधी दो भिन्न संकल्पनाओं की ओर संकेत देते हैं, अतः उनमें अर्थ-भेद करने की आवश्यकता है। पारिभाषिक शब्दावली के रूप में इसलिए velocity के लिए 'वेग' और speed के लिए 'चाल' शब्द निर्धारित किए गए। 'वेग' और 'चाल' हिंदी के सामान्य शब्द थे, पर पारिभाषिक शब्दावली के रूप में इनके अर्थों को अंग्रेजी पारिभाषिक शब्दों के समतुल्य स्थिर कर दिया गया।

अर्थ विस्तार और अर्थ संकोच के अतिरिक्त भाषा विस्तार में अनुवाद की अन्य प्रक्रियाएँ भी देखी जा सकती हैं। इन प्रक्रियाओं एवं उनसे संबद्ध समस्याओं पर बाद में चर्चा की जाएगी। यहाँ केवल इतना संकेत कर देना अभीष्ट होगा कि पारिभाषिक शब्दावली निर्माण में अनुवाद के सहारे एक ओर अंग्रेजी के रचना-विधान को प्रारूप (मॉडल) के रूप में भी ग्रहण करना संभव है, और दूसरी ओर अंग्रेजी के शब्दों को 'आगत' शब्द के रूप में स्वीकार करना भी। उदाहरण के लिए अंग्रेजी शब्दों के वजन पर हिंदी में नए शब्दों का नए सिरे से हम निर्माण कर सकते हैं : manipulation (mani+pula+tion), हिंदी में इसका समतुल्य शब्द बनाया गया है—प्रहस्तन (प्र+हस्त+न)। इसी प्रकार अंग्रेजी के asynchronic शब्द को लें, जिसके चार सार्थक खंड संभव

हैं—a+syn+chron+ic। इसका समतुल्य हिंदी शब्द है—असमकालिक (अ+सम+काल+इक) हिंदी के समतुल्य शब्द में भी चार सार्थक खंड देखे जा सकते हैं।

हिंदी में अंग्रेजी से लिए आगत शब्दों का एक विशिष्ट वर्ग है, जिसका मात्र देवनागरीकरण कर दिया जाता है। उदाहरण के लिए हम निम्नलिखित कुछ शब्दों पर दृष्टि डाल सकते हैं—केबल (cable), कैलोरी (calory), मीटर (meter), इंच (inch), आयन (ion) आदि।

इसमें संदेह नहीं कि भारतीय भाषाओं के विस्तार अर्थात् आधुनिकीकरण की प्रक्रिया में अंग्रेजी भाषा की प्रमुख भूमिका रही है। आधुनिक संदर्भ में हिंदी में पारिभाषिक शब्दावली निर्माण की प्रक्रिया के मूल में है—अंग्रेजी-हिंदी की द्विभाषिकता की स्थिति और इन भाषाओं के बीच अनुवाद प्रक्रिया।

इस तथ्य पर विशेष बल देने की आवश्यकता है कि अंग्रेजी भाषा ज्ञान-विज्ञान के कई क्षेत्रों में हिंदी पारिभाषिक शब्दावली निर्माण के लिए स्रोत भाषा का काम कर रही है, पर इसके साथ यह भी सत्य है कि इस क्षेत्र में उसकी अभावग्रस्त एवं दयनीय स्थिति का कारण भी वही है। पारिभाषिक शब्दों की प्रकृतिं और अनुवाद में उससे संबद्ध समस्याओं पर चर्चा करने के पहले इस विरोधी स्थिति पर प्रकाश डालना आवश्यक है।

[2]

विद्वानों ने संस्कृति के दो स्पष्ट पक्षों की ओर संकेत दिया है—अभिव्यक्तिपरक और प्रगतिपरक। अभिव्यक्तिपरक संस्कृति के मूल में धार्मिक और सौंदर्य चेतना मूल वृत्ति के रूप में काम करती है। इससे अनुप्राणित विषय क्षेत्र हैं—धर्म, मूल्य चेतना, साहित्य, इतिहासबोध, प्रकृति आदि। इसके विपरीत प्रगतिपरक संस्कृति के मूल में ज्ञान का सैद्धांतिक पक्ष अधिक प्रधान रहता है। इसके पीछे आर्थिक वृत्ति प्रधान रूप से कार्य करती है। इसके प्रमुख विषय-क्षेत्र हैं—विज्ञान, तकनीकी ज्ञान, विधि, अर्थविज्ञान, वाणिज्य आदि।

भारतीय समाज की यह विडंबना रही है कि अंग्रेजी शासन के बाद शिक्षा के क्षेत्र में अंग्रेजी भाषा प्रगतिपरक संस्कृति की संवाहक भाषा बनती चली गई। प्रारंभ में उसका प्रयोग विदेशी भाषा के रूप में सीमित था, पर आगे चलकर न केवल वह प्रशासनिक प्रयोजनों की भाषा बनी, बल्कि ज्ञान-विज्ञान, तकनीकी विकास, वाणिज्य प्रसार आदि सभी प्रगतिशीलपरक संस्कृति के क्षेत्रों में प्रतिष्ठित हो गई। शिक्षा के जिस रूप ने आधुनिक भारत में अपनी नींव डाली, उसमें अभिव्यक्तिपरक संस्कृति से संबद्ध विषयों के लिए मातृभाषाओं को माध्यम-भाषा के रूप में निर्धारित किया गया, जबकि प्रगतिपरक संस्कृति से जुड़े जितने भी विषय-क्षेत्र थे, उनके लिए अंग्रेजी भाषा को अनिवार्य बनाया

गया। शिक्षा में 'मानविकी' के लिए मातृभाषा अथवा क्षेत्रीय भाषाएँ और 'विज्ञान' एवं 'तकनीकी' ज्ञान के लिए अंग्रेजी भाषा। इसी प्रकार घरेलू उद्योग-धंधे के लिए जनपदीय भाषाएँ और प्रतिष्ठित औद्योगिक विकास के लिए अंग्रेजी भाषा को मान्यता मिली। अर्थात् अभिव्यक्तिपरक संस्कृति की माध्यम-भाषा मातृभाषा निर्धारित की गई जबकि प्रगतिपरक संस्कृति की संवाहिका भाषा के रूप में अंग्रेजी को बढ़ावा दिया गया।

अभिव्यक्तिपरक संस्कृति के लिए हिंदी या जनपदीय भाषाएँ और प्रगतिपरक संस्कृति के लिए अंग्रेजी के इस द्विभाषी विभाजन की नीति का कालांतर में भारतीय भाषाओं पर घातक प्रभाव पड़ा। हिंदी या अन्य जनपदीय भाषाओं का प्रगतिपरक संस्कृति से संबद्ध विषयों में न तो उपयुक्त भाषा-प्रयुक्ति का विकास हो सका और न ही उस क्षेत्र में पारिभाषिक एवं तकनीकी शब्दावली का उचित रूप से निर्माण ही संभव हो पाया। इसीलिए स्वतंत्रता के बाद भारत सरकार ने इन क्षेत्रों में हिंदी भाषा की शब्द संपदा के विकास पर विशेष बल दिया। भाषा विकास को ध्यान में रखकर ही राजभाषा आयोग का गठन किया गया; वैज्ञानिक तथा तकनीकी शब्दावली आयोग की स्थापना की गई तथा केंद्रीय हिंदी निदेशालय और केंद्रीय अनुवाद ब्यूरो को जन्म दिया गया। पहले पारिभाषिक शब्दावली निर्माण के स्तर पर सुनियोजित ढंग से अनुवाद की प्रक्रिया को अपनाया गया। बाद में स्नातक और स्नातकोत्तर स्तर पर शिक्षा के क्षेत्र में अंग्रेजी के वजन पर हिंदी में शब्दों के निर्माण तथा प्रयुक्तियों के विकास का काम एक वृहत् आयोजन के रूप में प्रारंभ हुआ।

इस संदर्भ में यह ध्यान देना आवश्यक है कि भाषा-विस्तार के क्षेत्र में पारिभाषिक शब्दों के विकास के दो मार्ग संभव हैं : (1) सहज शब्द-निर्माण प्रक्रिया, एवं (2) नियोजित शब्द-निर्माण प्रक्रिया। सहज शब्द-निर्माण प्रक्रिया भाषा-विस्तार की वह सामान्य प्रक्रिया है जिससे भाषा समाज के सामान्य प्रयोक्ताओं के भाषा प्रयोग के आधार पर समाज के साथ-साथ स्वयं आधुनिकीकृत होती चलती है। इसके लिए किसी आयोग या विशेषज्ञ समिति के गठन की आवश्यकता नहीं होती। उदाहरण के लिए हम पहले देख चुके हैं कि हिंदी भाषा में 'बिजली' शब्द के अर्थ का विस्तार अंग्रेजी के electricity की संकल्पना तक हो गया। इसी प्रकार 'काला' शब्द के प्रयोग पर ध्यान दें। अभिव्यक्तिपरक संस्कृति के शब्द के रूप में 'काला' शब्द के साथ कल्मष का भाव जुड़ा रहा है। 'काला नाग', 'काली जुबान', 'काला चोर' आदि भाषिक अभिव्यक्तियों में 'काला' शब्द अभिव्यक्तिपरक संस्कृति के अर्थ को व्यंजित करता है। पर इसके समानांतर 'काला' शब्द से संबंधित कुछ अन्य भाषिक प्रयोग भी देखे जा सकते हैं जैसे--'काला धन', 'काला बाजार', 'काला कानून', 'काला धंधा' आदि। ये सभी भाषिक अभिव्यक्तियाँ प्रगतिपरक संस्कृति की अर्थव्यवस्था और सामाजिक संस्कार की ओर इंगित करती हैं, यह कहना भी अनुचित न होगा कि ये अभिव्यक्तियाँ मूलतः अंग्रेजी में प्रचलित अभिव्यक्तियों black money, black market, black law, black deels के शाब्दिक अनुवाद हैं। पर ये भाषा विकास की अपनी सहज प्रक्रिया के दौरान प्रयुक्त

हिंदी की भाषिक अभिव्यक्तियाँ हैं जिनमें 'काला' शब्द के अर्थ का विस्तार दिखाई पड़ता है।

नियोजित शब्द-निर्माण प्रक्रिया भाषा नियोजन से संवद्ध होती है। भाषा नियोजन का कार्यान्वयन सरकार या किसी अन्य प्रभुतासंपन्न संस्था की भाषा नीति के अंतर्गत होता है। यह भाषा नीति एक ओर भाषाओं की पद-मर्यादा एवं समाज में उनकी पद-प्रतिष्ठा का निर्धारण करती है और दूसरी ओर भाषाओं की शब्द-संपदा में विस्तार तथा उनके भाषिक प्रयोगों के मानक रूप का निर्धारण करती है। भाषा नीति के कार्यान्वयन के लिए सरकार या संस्थाएँ आयोग या विशेषज्ञ समितियों का गठन करती हैं। उदाहरण के लिए भारत सरकार के वैज्ञानिक तथा तकनीकी शब्दावली के स्थायी आयोग द्वारा स्वीकृत वैज्ञानिक तथा तकनीकी शब्दावली के निर्माण संबंधी सिद्धांतों में एक सिद्धांत यह भी है कि अंतर्राष्ट्रीय शब्दों को यथासंभव उनके प्रचलित अंग्रेजी रूप में ही अपनाया जाए। हिंदी की प्रकृति के अनुसार मात्र उनका लिप्यंतरण किया जाए। अंतर्राष्ट्रीय शब्दावली के अंतर्गत आयोग द्वारा निम्नलिखित उदाहरण संकेतित हैं—

(क) तत्त्वों (elements) और यौगिकों (compounds) के नाम, जैसे हाइड्रोजन, कार्बन-डाइ-ऑक्साइड आदि।

(ख) तोल और माप की इकाइयाँ और भौतिक परिमाण की इकाइयाँ, जैसे डाइन (dyne), कैलोरी (calory), एंपियर (ampere) आदि।

(ग) ऐसे शब्द जो व्यक्तियों के नाम पर बनाए गए हैं जैसे फ़ारेनहाइट के नाम पर फ़ारेनहाइट तापक्रम, वोल्टा के नाम पर वोल्टामीटर आदि।

(घ) वनस्पतिविज्ञान, प्राणिविज्ञान, भूविज्ञान आदि की द्विपदी (bionomical) नामावली (nomenclature)

(ङ) स्थिरांक (constants) जैसे TT, g आदि

(च) ऐसे अन्य शब्द जिनका आमतौर पर सारे संसार में व्यवहार हो रहा है जैसे रेडियो, पेट्रोल, रेडार, इलेक्ट्रॉन, प्रोटान, न्यूट्रॉन आदि।

इसमें संदेह नहीं कि नियोजित शब्द-निर्माण प्रक्रिया के अंतर्गत जिन पारिभाषिक शब्दों का जन्म होता है, उनमें से कई प्रयोग सिद्ध नहीं होते। यही कारण है कि प्रयोग के समय वे कृत्रिम जान पड़ते हैं। उदाहरण के लिए यह देखा जा सकता है कि पारिभाषिक शब्द न तो अकेले आते हैं और न ही अनुवाद के स्तर पर उनका वैयक्तिक रूप में भाषांतर किया जाता है, अतः पर्याय और विलोम के अर्थ-संदर्भ के साथ उनका अनुवाद करना पड़ता है। उदाहरण के लिए अंग्रेजी के निम्नलिखित शब्दों पर ध्यान दें—right, authority, prerogative, privilege. इन सभी शब्दों के मूल में 'अधिकार' का भाव है, पर पारिभाषिक शब्द के रूप में इनमें अर्थ की सूक्ष्मता भी है। नियोजित शब्द-निर्माण प्रकिया द्वारा इस अर्थ-भेद को व्यंजित करने के लिए निम्नलिखित शब्दों को स्वीकृति मिली है—अधिकार (right), प्राधिकार (authority), परमाधिकार (prerogative), और विशेषाधिकार (privilege)।

[3]

शब्द और पारिभाषिक शब्द के भेद पर ध्यान देना आवश्यक है। शब्द का अर्थ भाषिक प्रयोग द्वारा निर्धारित होता है। वह अपने अर्थ में विशिष्ट बनता भी है तब भी उसके अर्थ की विशिष्टता का आधार भाषिक या भाषेतर संदर्भ होते हैं। इन संदर्भों में भेद आने से अर्थ भेद संभव है। उदाहरण के लिए 'चलना' शब्द के नीचे दिए गए वाक्य-प्रयोगों में उसके अर्थ पर ध्यान दीजिए—(1) शीला धीरे-धीरे चल रही है। (2) उसकी दुकान तेजी से चल रही है। (3) खोटा सिक्का चल गया। (4) हवा चल रही है। (5) कार पेट्रोल से चलती है। (6) इस बात की हवा ऐसी चली कि... (7) शीला की शादी की बात चल रही है। (8) ऐसे अवसर पर उसकी बुद्धि चलती ही नहीं। (9) वह पढ़ाई में अच्छी चल रही है। (10) यहाँ पर यह शब्द चल जाएगा। (11) सिनेमा अभी चल रहा है।

इसी प्रकार अंग्रेजी के शब्द run पर ध्यान दें। संदर्भगत प्रयोग के आधार पर इसको अनेकार्थी बताया जाना संभव है। हिंदी में ऐसे शब्द प्रयोगों के लिए विभिन्न भाषिक अभिव्यक्तियों की आवश्यकता होती है। ध्यान दें कि सामान्य शब्द के रूप में run शब्द का प्रयोग संज्ञा और क्रिया दोनों ही रूपों में संभव है, यथा :

(1) I will go for a short **run** across the fields. (संज्ञा)

(2) He **runs** fast. (क्रिया)

क्रिया के रूप में run शब्द अनेकार्थी है और इसलिए इसके हिंदी अनुवाद में विशेष सावधानी की अपेक्षा रहती है। इसके कुछ उदाहरण नीचे दिए जा रहे हैं :

(1) The boy is **running** fast. (दौड़ना)

(2) The bus is **running** regularly. (चलना)

(3) The machine is **running.** (चलना, चालू रहना)

(4) The tap is **running.** (बहते रहना)

(5) He is **running** his buisiness well. (व्यापार संचालित करना)

(6) The rumour is **running** across the city. (फैलना)

(7) **Run** your eyes over the page. (तेजी से वस्तु के ऊपर दृष्टि डालना)

पारिभाषिक शब्द का प्रथम गुण है—नियतार्थता। पारिभाषिक शब्दों में अर्थ की सीमा को बाँधकर नियत-निश्चित कर दिया जाता है। यह कार्य ज्ञान-विज्ञान के सिद्धांतों के आधार पर किया जाता है। यही कारण है कि पारिभाषिक शब्द अपने दो स्वामियों के अधीन अपना रूप एवं प्रकार्य ग्रहण करता है। सामान्य शब्दों की तरह वह भी पहले भाषिक संस्मरण के अधीन होता है, इसीलिए प्रत्येक पारिभाषिक शब्द, भाषा-विशेष (हिंदी, अंग्रेजी, रूसी आदि) के होकर ही स्वीकृत होते हैं। पर अर्थ-निर्धारण के क्षेत्र में उसके अर्थ की सीमा शास्त्र द्वारा नियंत्रित और सीमित होती है। उदाहरण के लिए 'स्वर' शब्द को ही लें। सामान्य शब्द के अर्थ में इसके कई अर्थ संभव हैं, पर

भाषाविज्ञान (ध्वनिविज्ञान) में Vowel के समानार्थी पारिभाषिक शब्द के रूप में 'वह स्वर है जो मुखविवर से प्रश्वसित वायु के मार्ग में उच्चारण-अवयवों द्वारा बिना किसी प्रकार की रुकावट के उच्चारित होता है।'

स्पष्ट है, शाब्दिक संकेत (Verbal sign) के संदर्भ में सामान्य शब्दों में कथ्य पक्ष (वाच्य) और अभिव्यक्ति पक्ष (वाचक) के संबंधों की प्रकृति सापेक्षतया लचीली होती है। हम हिंदी के 'चलना' और अंग्रेजी के 'run' शब्दों के आधार पर यह देख चुके हैं कि इन संबंधों की लचीली प्रकृति के आधार पर इन शब्दों के एक से अधिक अर्थ संभव हैं, और इसीलिए उनके अर्थ को नियत-निश्चित की संज्ञा नहीं दी जा सकती। शब्द-शक्तियों के संदर्भ में यह भी कहा जा सकता है कि सामान्य शब्द 'अभिधा' के अतिरिक्त 'लक्षणा' और 'व्यंजना' के माध्यम से भी अपने अर्थ को प्रक्षेपित करते हैं। इसके विपरीत पारिभाषिक शब्द में कथ्य और अभिव्यक्ति पक्षों के संबंध में स्थिरता रहती है, और उसका अर्थ अभिधा में ही सामान्यतः ग्रहण किया जाता है।

जैसा ऊपर संकेत दिया गया है, पारिभाषिक शब्द वे होते हैं जिनके अर्थ की सीमा को शास्त्रीय सिद्धांत के आधार पर बाँध दिया गया हो। इसीलिए इस क्षेत्र में दो पारिभाषिक शब्दों के अर्थ परस्पर व्याप्ति की स्थिति में नहीं होते अर्थात् उनके अर्थ-वृत्त एक-दूसरे को काटते नहीं। साथ ही इस क्षेत्र में अनेकार्थता या संदिग्धता से बचने का प्रयास किया जाता है।

यहाँ ध्यान देना आवश्यक है कि मितव्ययिता भाषा का एक आंतरिक गुण है। इस गुण के आधार पर हम भाषा में एक शब्द के प्रयोगधर्मी कई अर्थ पाते हैं। यह संभव है कि पारिभाषिक शब्दावली के क्षेत्र में भी अभिव्यक्ति (वाचक) स्तर पर स्वीकृत एक शब्द के बहुत प्रयोग मिलें, पर यहाँ ध्यान देना आवश्यक है कि यह अर्थ-बहुलता शास्त्र नियंत्रित होती है, न कि संदर्भ या प्रयोग-सापेक्ष। उदाहरण के लिए हिंदी में प्रयुक्त 'पद' शब्द को ही लें। समाजशास्त्र, भाषाशास्त्र, छंदशास्त्र आदि में इसके अर्थ भिन्न-भिन्न हैं, और प्रत्येक शास्त्र में इसके अर्थ नियत-निश्चित हैं। यही कारण है कि ऐसे शब्द अनुवाद के संदर्भ में विशेष समस्या के साथ सामने आते हैं।

'नियतार्थता' की यह अपेक्षा रहती है कि एक अर्थ को व्यक्त करने के लिए एक पारिभाषिक शब्द हो, पर जब किसी भाषा में मितव्ययिता के सिद्धांत से प्रेरित होकर एक ही शाब्दिक अभिव्यक्ति एक से अधिक शास्त्रों में प्रयुक्त हो, तब उस स्थिति में उसका अनुवाद क्या किया जाए ? क्या उसे अनेकार्थी शब्द मानकर अनुवाद के स्तर पर एक शब्द द्वारा उसके विभिन्न अर्थों को व्यक्त किया जाए, अथवा प्रत्येक शास्त्र के लिए अलग-अलग पारिभाषिक शब्दों का निर्माण किया जाए ? पारिभाषिक शब्दों की अपनी प्रकृति की माँग तो यही है कि प्रमुख अर्थ को व्यक्त करने वाला केवल एक शब्द हो। उदाहरण के लिए अंग्रेजी के reaction शब्द को ही लें। भौतिकशास्त्र, रसायनशास्त्र और मनोविज्ञान के क्षेत्र में प्रयुक्त अंग्रेजी का यह शब्द भिन्न-भिन्न अर्थों की ओर संकेत देता है। हिंदी में इसीलिए इसके लिए तीन पारिभाषिक शब्दों का निर्माण

किया गया—प्रतिक्रिया (भौतिकशास्त्र), अभिक्रिया (रसायनशास्त्र) और अनुक्रिया (मनोविज्ञान)।

इस बात पर बल देने की आवश्यकता है कि पारिभाषिक शब्दों की मूल प्रवृत्ति अर्थों के शास्त्र-सम्मत निर्धारण और उसके सूक्ष्मीकरण की ओर होती है। अर्थ के सूक्ष्मीकरण की यह प्रवृत्ति जीवन के अनुभवगत संसार की ओर न ले जाकर उसे शास्त्रीय सिद्धांतों के तर्कजगत् की ओर उन्मुख करती है। इसीलिए पारिभाषिक शब्दों की अर्थ-सूक्ष्मता का आधार शास्त्र-विशेष द्वारा निर्धारित तर्कजगत् होता है। अनुवादक को इसीलिए पारिभाषिक शब्दों के निर्माण में इस अर्थ-विशेष की सूक्ष्मता की ओर ध्यान देना आवश्यक होता है।

उदाहरण के लिए अंग्रेजी के भौतिकशास्त्र के पारिभाषिक शब्द gravity को ही लें। सामान्य भाषा की बुनावट के आधार पर इसे दो सार्थक इकाइयों से बना शब्द कहा जा सकता है—(1) grave और (2) + ity. अंग्रेजी में grave के दो संदर्भ हैं—(क) संज्ञा के रूप में इसका अर्थ है—समाधि, कब्र और (ख) विशेषण के रूप में इसका अर्थ है—गंभीर, महत्त्वपूर्ण, संगीन। + ity प्रत्यय लगाकर विशेषण संबंधी शब्द को हम भाववाचक संज्ञा में बदल सकते हैं। उस दृष्टि से gravity शब्द का सामान्य अर्थ हुआ—गंभीरता, धीरता, गुरुत्व। पर पारिभाषिक शब्द के रूप में पहले इसे शास्त्र-विशेष (भौतिकशास्त्र) के रूप में ग्रहण करना होगा, और अनुवादक को इस शास्त्र में निर्धारित अर्थ की पहचान करनी होगी—यथा, 'दो वस्तुओं के बीच का भौतिक आकर्षण, विशेषकर भार के कारण वस्तु का पृथ्वी के केंद्र की ओर खींचा जाना।' इस शास्त्र-सम्मत अर्थ-निर्धारण के बाद ही अनुवाद के रूप में 'गुरुत्व' या 'गुरुत्वाकर्षण' जैसे पारिभाषिक शब्दों का निर्माण संभव माना जाएगा।

पारिभाषिक शब्दों में अर्थ का सूक्ष्मीकरण उसमें परस्पर एकांतिकता (mutual exclusiveness) का गुण भी लाता है। यह एकांतिकता अर्थ के धरातल पर समान-जैसे दीखने वाले शब्दों में अर्थ-भेद की पहचान कराते हैं और अनुवादक को बाध्य करते हैं कि प्रत्येक अर्थ-भेद से संबद्ध पारिभाषिक शब्द के लिए अलग शब्द निर्मित करे। उदाहरण के लिए revolution, mutiny और rebellion शब्द को ही लें। अर्थ-भेद के आधार पर इसके लिए क्रमशः क्रांति, सैन्य (विद्रोह) और विद्रोह का प्रयोग किया जाता है।

[4]

पारिभाषिक शब्द को कई दृष्टियों से वर्गीकृत किया जा सकता है। इन विभिन्न वर्गों में अनुवाद की भिन्न-भिन्न समस्याएँ भी दिखलाई पड़ती हैं। अतः संक्षेप में पारिभाषिक शब्दों के आधार और उनसे उत्पन्न प्रकार पर चर्चा करना उचित होगा।

प्रयोग-संदर्भ के आधार पर पारिभाषिक शब्दों को दो वर्गों में विभाजित करना संभव है—पूर्ण पारिभाषिक और अर्ध पारिभाषिक। पूर्ण पारिभाषिक शब्द अपने प्रयोग-क्षेत्र में न केवल शास्त्र-सम्मत होते हैं, बल्कि पूरी तरह तकनीकी अर्थ में ही प्रयुक्त होते हैं। उदाहरण के लिए स्वन (phone), स्वनिम (phoneme), अणु (molecule), परमाणु (atom), प्रजाति (genus), अनु-प्रजाति (sub-genus) आदि। इसके विपरीत अर्धपारिभाषिक शब्द पारिभाषिक होते हुए भी प्रयोग के धरातल पर सामान्य होते हैं—यथा, प्रजातंत्र (democracy), अधीक्षक (superintendent), निरीक्षक (inspector), लाभांश (dividend) आदि।

संकेतन व्यापार के आधार पर पारिभाषिक शब्दों के दो भेद संभव हैं—(1) नामावली (nomenclature), और (2) संकल्पनात्मक शब्द। नामावली वस्तुतः वनस्पति-विज्ञान, प्राणि-विज्ञान आदि ज्ञान क्षेत्रों में नामकरण के रूपात्मक विधान का परिणाम होता है। भौतिकशास्त्र में आवर्तन-सारणी (Periodic Table) भी इसका एक उदाहरण माना जा सकता है जिसमें आधारभूत धातुओं की नामावली है। वैज्ञानिक तथा तकनीकी शब्दावली आयोग के अनुसार इनका अनुवाद के स्थान पर मात्र लिप्यंतरण करना चाहिए यथा—हीलियम, लिथियम, बेरिअम, ऑक्सीजन आदि। डॉ. रघुवीर के अनुसार ऐसे पारिभाषिक शब्द संस्कृत और पालि आदि भाषाओं में प्रयुक्त मिलते हैं। अतः परंपरा और संस्कारवश ऐसे शब्दों को पारिभाषिक शब्दों के रूप में समतुल्यता के सिद्धांत के आधार पर ले लेना चाहिए यथा, यानाति (Helium), लघ्वातु (Lithium), विडूर (Berium), जारक (Oxygen) आदि। संकल्पनात्मक पारिभाषिक शब्द विद्या-विशेष (Disipline) में प्रतिपादित सिद्धांतों में प्रयुक्त होने वाले आधारभूत शब्द होते हैं, और इसी कारण इनका अर्थ, परिभाषा द्वारा सीमित और निर्धारित होता है। परिभाषा से परिचित हुए बिना इनके सही अर्थ का ज्ञान संभव नहीं—यथा, गुरुत्वाकर्षण (gravity), अनुक्रिया (reaction), रक्त-स्राव (haemorrhage), रूपिम (morpheme), द्विस्वर (diphthong) आदि।

विद्या-विशेष (discipline) के आधार पर भी पारिभाषिक शब्दावली का वर्गीकरण आवश्यक है—यथा भाषाविज्ञान, प्राणि-विज्ञान, रसायनशास्त्र, भौतिकशास्त्र आदि। अनुवादक के लिए इसकी आवश्यकता पड़ती है क्योंकि वाचक के धरातल पर एक जैसा शब्द वाच्य के धरातल पर अनेकार्थी हो सकता है। उदाहरण के लिए हम अंग्रेजी के reaction शब्द को देख चुके हैं जो भौतिकशास्त्र में 'प्रतिक्रिया', रसायनशास्त्र में 'अभिक्रिया' और मनोविज्ञान में 'अनुक्रिया' के रूप में अनूदित हुआ। इसी प्रकार 'धातु' शब्द भौतिकशास्त्र में एक संकल्पना (metal) की ओर संकेतित करता है और व्याकरणशास्त्र में दूसरी संकल्पना (root) की ओर।

अर्थ-संप्रेषण की दृष्टि से भी पारिभाषिक शब्दों के दो वर्ग संभव हैं—(क) पारदर्शी (transparent), और (ख) अपारदर्शी (opaque)। पारदर्शी शब्दों के अर्थ अनूदित शब्द द्वारा स्वतः स्पष्ट हो जाते हैं, वस्तुतः ऐसे शब्द सर्जनात्मक अनुवाद के परिणाम

होते हैं। यथा, नसबंदी (sterilization), साक्षरता (literacy), स्तनधारी (mammal), अस्थिरोग-विज्ञान (orthopaedics)। अपारदर्शी पारिभाषिक शब्द वे होते हैं जिनका अर्थ अनूदित शब्द द्वारा स्वतः स्पष्ट नहीं होता। इसके लिए आवश्यक है कि स्रोत भाषा में प्रयुक्त पारिभाषिक शब्द के अर्थ की पहले से जानकारी हो। यथा श्वेत-पत्र (white paper), पीत पत्रकारिता (yellow journalism), वोल्टमीटर, एंपियर आदि। ऐसे शब्द या तो व्यक्तियों के नाम पर बने पारिभाषिक शब्द होते हैं अथवा जिनका शब्दानुवाद कर दिया गया होता है।

[5]

पहले संकेत दिया जा चुका है कि पारिभाषिक शब्दावली निर्माण में अनुवाद की एक महत्त्वपूर्ण भूमिका है। प्रगतिपरक संस्कृति से संबद्ध विषयों की पारिभाषिक शब्दावली का हिंदी में जो अभाव रहा है, उसका एक ऐतिहासिक संदर्भ है। इस संदर्भ की पहले चर्चा की जा चुकी है। इस अभाव की क्षतिपूर्ति के लिए नियोजित ढंग से पारिभाषिक शब्दावली का निर्माण-कार्य भी किया गया है। इस निर्माण-कार्य में अंग्रेजी स्रोत भाषा का कार्य कर रही है। इधर अंग्रेजी की पारिभाषिक शब्दावली का समतुल्यता के सिद्धांत के आधार पर लक्ष्य भाषा हिंदी में निर्माण किया गया है। नीचे उन युक्तियों की संक्षेप में सोदाहरण चर्चा की गई है जिनका पारिभाषिक शब्दावली निर्माण के क्षेत्र में अनुवाद के माध्यम से उपयोग दिखलाई पड़ता है।

(1) **अर्थ विस्तार :** इस युक्ति द्वारा लक्ष्य भाषा में पहले से ही प्रचलित शब्दों एवं भाषिक अभिव्यक्तियों में स्रोत भाषा द्वारा निर्धारित कुछ भिन्न संकल्पनात्मक अर्थ को व्यक्त किया जाता है। फलस्वरूप उन्हीं शब्दों के कुछ नए संदर्भों में प्रयोग से उन शब्दों के अर्थ क्षेत्र का विस्तार हो जाता है।

स्रोत भाषा	अर्थ विस्तार	पूर्व प्रचलित अर्थ
electricity	बिजली, विद्युत्	तड़ित, दामिनी
All India Radio	आकाशवाणी	देववाणी
Open (Vowel)	विवृत (स्वर)	खुला

(2) **अर्थ संकोच :** यह पिछली युक्ति से ठीक विपरीत होती है। यहाँ अर्थ विस्तार के स्थान पर अर्थ का संकोच होता है। प्रयोग संदर्भ सीमित होकर प्रमुखतः पारिभाषिक अर्थ में ही प्रयुक्त होते हैं। अर्थ विस्तार से निर्मित शब्दावली के संदर्भ में यह कहा जा सकता है कि आज भी इन शब्दों के दोनों संदर्भों में प्रयोग समान रूप से संभव

हैं, यथा 'बिजली' का प्रयोग हम electricity के रूप में भी कर सकते हैं और आकाश में चमकने वाली तड़ित/दामिनी के अर्थ में भी। पर अर्थ संकोच द्वारा निर्मित शब्द प्रायः नियत-निश्चित संदर्भ में ही प्रचलित रहते हैं।

स्रोत भाषा	अर्थ संकोच	पूर्व प्रचलित अर्थ
Parliament	संसद	परिषद्, न्यायालय, धार्मिक संस्था
Secretary	सचिव	सलाहकार, सहचर
Census	जनगणना	जन-लोग या उनकी गिनती
Petition	याचिका	'याचक' का स्त्रीलिंग रूप, भिखारिन

(3) **सर्जनात्मक अभिव्यक्ति :** इस युक्ति के द्वारा स्रोत भाषा के पारिभाषिक शब्दों का पहले अर्थ-निर्धारण किया जाता है और फिर लक्ष्य भाषा में निर्धारित अर्थ को सर्जनात्मक स्तर पर भाषिक अभिव्यक्ति द्वारा व्यक्त किया जाता है।

स्रोत भाषा	लक्ष्य भाषा
Literacy	साक्षरता
Gazette	राजपत्र
Sterilization	नसबंदी
Proletariat	सर्वहारा
Television	दूरदर्शन

(4) **शाब्दिक अनुवाद :** इस युक्ति द्वारा स्रोत भाषा के पारिभाषिक शब्दों की भाषिक अभिव्यक्ति के एक-एक अंग का शब्दशः अनुवाद करके लक्ष्य भाषा में एक नई अभिव्यक्ति पैदा की जाती है। इस युक्ति के द्वारा निर्मित पारिभाषिक शब्द अर्थ के स्तर पर प्रायः अपारदर्शी होते हैं

स्रोत भाषा	लक्ष्य भाषा
White Paper	श्वेत पत्र
Yellow Journalism	पीत पत्रकारिता
Red-Tapism	लालफीताशाही
Undersigned	अधोहस्ताक्षरी

(5) **आगत शब्द :** इस युक्ति द्वारा स्रोत भाषा के पारिभाषिक शब्दों को यथावत्

स्वीकार कर मात्र लिप्यंतरण कर दिया जाता है। वैज्ञानिक तथा तकनीकी शब्दावली आयोग द्वारा ऐसे तकनीकी विषय क्षेत्रों की ओर पहले संकेत दिया जा चुका है, जिनको अंग्रेजी शब्द के रूप में हिंदी में स्वीकार करना उचित है। ऐसे आगत शब्दों को उनके लिप्यंतरित रूप में स्वीकार करने का विधान है।

स्रोत भाषा	लक्ष्य भाषा
Electron	इलेक्ट्रॉन
Proton	प्रोटॉन
Ampere	एंपियर
Calorie	कैलॉरी

(6) **शब्द संकरण :** इस युक्ति द्वारा स्रोत भाषा की पारिभाषिक शब्दावली के एक अंश को तो आगत रूप में ग्रहण कर लिया जाता है, पर एक-दूसरे अंश का लक्ष्य भाषा में अनुवाद कर संकर शब्द के रूप में शब्द-निर्माण किया जाता है।

स्रोत भाषा	लक्ष्य भाषा
Archi-phoneme	आर्की-स्वनिम
Ionization	आयनीकरण
Voltage	वोल्टता
Ringstand	वलयस्टैंड

[6]

यह ठीक है कि अनुवाद के माध्यम से हिंदी में पारिभाषिक शब्दावली में वृद्धि हो रही है। पर यह ध्यान देने की बात है कि भारतीय भाषाएँ अपने शब्द प्रयोग में एकश्मिक नहीं हैं। हिंदी की शब्द-संपदा पर किंचित भी ध्यान देने से स्पष्ट हो जाता है कि उसमें, एक ही अर्थ को व्यक्त करने के लिए तत्सम, तद्भव और आगत शब्दों का प्रयोग संभव है, हम इसीलिए letter जैसे शब्द के लिए कभी 'पत्र' और कभी 'चिट्ठी' या 'लेटर' शब्द का प्रयोग करते हैं। पारिभाषिक शब्द निर्माण की भाषा-शैली एवं अर्थ-संप्रेषण संबंधी कौन सी दिशा मान्य हो, इस पर विद्वान् एकमत नहीं। इन प्रश्नों को लेकर जो विचार सामने उभरकर आए हैं, उन्हें तीन संप्रदायों की मान्यता के आधार पर समझा जा सकता है।

[1] पुनरुत्थानवादी संप्रदाय : इस संप्रदाय के प्रमुख समर्थक डॉ. रघुवीर हैं। इन्होंने

पारिभाषिक शब्दावली निर्माण में न केवल अंग्रेजी के आगत शब्दों को नकारा, बल्कि उनके लिए संस्कृत के धातु, प्रत्यय और उपसर्गों को प्रमुखता दी। अगर इनके प्रयोगों से भाषा जटिल भी हो जाती है, तब भी इनके उपयोग की सार्थकता बनी रहती है। पहले तो पारिभाषिक शब्द किसी भी भाषा में सरल नहीं होते। उनके मत में पारिभाषिक शब्दावली को निर्भ्रांत, सार्थक, पारदर्शी और अंतर्राष्ट्रीय क्षेत्र में प्रयुक्त भाषिक संकल्पना के समतुल्य होना चाहिए। पारिभाषिक शब्दावली निर्माण में अनुवाद सिद्धांत विषयक उनकी कुछेक मान्यताएँ नीचे दी जा रही हैं :

(1) अंग्रेजी के सरल शब्दों का अनुवाद भी यथासंभव सरल शब्दों में होना चाहिए, संयुक्त या समस्त पद द्वारा नहीं। इसी आधार पर उन्होंने Oxygen के समतुल्य 'जारक' शब्द को 'प्राण-वायु' की तुलना में उपयुक्त माना।

(2) सार्थक उपसर्गों और प्रत्ययों का अनुवाद भी ज्ञान-विशेष के क्षेत्र में समतुल्य उपसर्गों और प्रत्ययों के रूप में होना चाहिए, यथा,

peri-meter में peri- के लिए 'परि... (परि-माप)
sub-genus में sub- के लिए 'अनु'...(अनु-प्रजाति)
con-dense में con- के लिए 'सं'...(सं-घनन)
ab-rade में ab- के लिए 'अप'...(अप-घर्षण)

इसी प्रकार समानार्थी प्रत्ययों को देखा जा सकता है : + ate = + ईय, + ed = + इत, + ic = इक, + ide = एय, + ion = अन, +in = + इ, और + on = आ। अंग्रेजी के phosph के समतुल्य अगर 'भास्व' मानें तब इन प्रत्ययों से निर्मित पारिभाषिक शब्द होंगे

phosphate	=	भास्वीय	phosphin	=	भास्वि
phosphated	=	भास्वीयित	phosphinic	=	भास्वियिक
phosphatic	=	भास्वीयिक	phosphonic	=	भास्वायिक
phosphatide	=	भास्वीयेय			
phosphation	=	भास्वीयन			
phosphide	=	भास्वेय			

(3) अगर अंग्रेजी में एक से अधिक व्युत्पन्न पारिभाषिक शब्द हैं, तब हिंदी में भी समतुल्य व्युत्पन्न शब्द निर्मित होने चाहिए, यथा,

law	=	विधि	legislature	=	विधायी
lawful	=	विधिवत्	legislator	=	विधायक
legal	=	वैध	legislable	=	विधेय
legislation	=	विधान	lawless	=	विधिहीन
illegal	=	अवैध	lawlessness	=	विधिहीनता

इस संप्रदाय के समर्थकों का यह मत है कि संस्कृत के धातु, उपसर्ग और प्रत्यय के आधार पर बने पारिभाषिक शब्द न केवल अर्थ की दृष्टि से पारदर्शी होते हैं, बल्कि

अखिल भारतीय संदर्भ में प्रयुक्त होने की क्षमता भी रखते हैं। अंग्रेजी के 'इलेक्शन' के दो अनुवाद संभव हैं–लोकप्रचलित 'चुनाव' और संस्कृत आधारित 'निर्वाचन'। हिंदी में 'चुनाव' को स्वीकार करने पर एक कठिनाई आएगी। इसके समतुल्य शब्द अलग-अलग भाषाओं में अलग-अलग होंगे। भारत की अधिकांश भाषाओं की आकर-भाषा संस्कृत होने के कारण 'निर्वाचन' प्रायः सभी भाषाओं में मिल जाएगा। इसके अपनाने से एक लाभ और होगा। 'चुनाव' शब्द के आधार पर अन्य व्युत्पादक शब्द नहीं बनेंगे, जबकि 'निर्वाचन' से बहुत से शब्द व्युत्पन्न हो सकते हैं जैसे 'निर्वाचक', 'निर्वाचित' आदि।

[2] **लोकवादी संप्रदाय :** इस संप्रदाय के विद्वानों का मुख्य बल भाषा की सरलता पर रहा है। उनके अनुसार हिंदुस्तानी शब्दों और हिंदी-उर्दू के अपने उपसर्गों और प्रत्ययों के आधार पर पारिभाषिक शब्दों का निर्माण करना अधिक सार्थक प्रयत्न होगा। इस संप्रदाय के समर्थकों में मुख्यतः दो संस्थाएँ रही हैं–उस्मानिया विश्वविद्यालय (हैदराबाद) और हिंदुस्तानी कल्चर सोसाइटी (इलाहाबाद)। ये दोनों संस्थाएँ तत्सम, तद्भव और देशज शब्दों के मिश्रण पर आग्रह रखती थी, इसीलिए इनके द्वारा निर्मित पारिभाषिक शब्दावली में आधार शब्द अगर 'तत्सम' भी हो, तब भी प्रत्यय और उपसर्ग हिंदुस्तानी होना आवश्यक है। उस्मानिया विश्वविद्यालय द्वारा निर्मित कुछ पारिभाषिक शब्दों के उदाहरण नीचे दिए जा रहे हैं।

Reaction	–	पलटकारी	reclaimable	–	वापस ले लिया
Acceleration	–	चाल चढ़ाव	Stabilize	–	स्थिरियाना
Centralize	–	केंद्रियाना	Particularize	–	खासियाना

हिंदुस्तानी कल्चर सोसाइटी के प्रमुख स्वर पं. सुंदरलाल रहे हैं। वे न केवल भारत की मिली-जुली संस्कृति के पक्षधर थे, अपितु हिंदी भाषा को एक ओर हिंदुस्तानी की मूल प्रवृत्ति से संचालित मानते थे और दूसरी ओर हिंदी-उर्दू के प्रचलित शब्द-निर्माण विधान को स्वीकार करने के पक्ष में थे। उन्होंने अपनी मिश्र-शैली में भारतीय संविधान का अनुवाद भी किया।

उनके द्वारा निर्मित पारिभाषिक शब्दावली के कुछ उदाहरण नीचे दिए जा रहे हैं :

Emergency	–	अचानकी	Communication		आवाजाबी
Governmental	–	शासनिया	Commerce	–	तिजारत
Education	–	तालीम	Pedagogy	–	तालीम-विद्या

[3] **अंतर्राष्ट्रीयतावादी संप्रदाय :** इस संप्रदाय के अनुयायी भारतवर्ष में व्याप्त अंग्रेजी-भारतीय भाषाओं के बीच की द्विभाषिकता की स्थिति को आधार बनाते हैं। उनके मत में हिंदी भाषायी समाज की संप्रेषण व्यवस्था अंग्रेजी-हिंदी के सामाजिक द्विभाषिकता के लक्षण से मुक्त नहीं कही जा सकती। इसके समर्थक यह चाहते हैं कि प्रगतिपरक संस्कृति के क्षेत्र में प्रयुक्त होने वाली अंतर्राष्ट्रीय शब्दावली को यथावत् स्वीकार कर लिया जाए। इस युक्ति को अपनाने से न केवल अनुवादक के लिए रास्ता सहज हो जाएगा, बल्कि पारिभाषिक शब्दावली को स्वयंमेव अखिल भारतीय परिप्रेक्ष्य

के साथ-साथ अंतर्राष्ट्रीय संदर्भ भी मिल जाएगा। इसके पक्ष में एक और तर्क यह दिया जाता है कि पारिभाषिक शब्दावली एक मुक्त व्यवस्था है, उसमें निरंतर वृद्धि होती रहती है। अनुवादक का दायित्व मात्र ऐसे आगत शब्दों को लिप्यंतरित करने तक सीमित है। वैसे भी अपनी स्वाभाविक प्रक्रिया में अंग्रेजी के शब्द हिंदी में द्विभाषिक प्रयोग के आधार पर आत्मसात् होते जा रहे हैं यथा ट्रेन, बस, रेडियो, टिकट आदि। अगर 'इलेक्ट्रॉन', 'प्रोटॉन', 'मैटर', 'टेलीप्रिंटर आदि शब्दों को भी स्वीकार कर लिया जाए, तब भी हिंदी भाषा की बोधगम्यता और संप्रेषणीयता में कोई कमी नहीं आएगी। आखिर इसके प्रयोक्ता मूलतः द्विभाषिक शिक्षित वर्ग ही तो है।

[7]

स्पष्ट है विभिन्न संप्रदायों की अपनी नीतियों के फलस्वरूप हिंदी में एक ही संकल्पना के लिए तीन-तीन पारिभाषिक शब्द निर्मित होने लगे, यथा—teleprinter के लिए 'दूरमुद्रण' (पुनरुत्थानवादी), 'तारलेखी' (लोकवादी) और 'टेलीप्रिंटर (अंतर्राष्ट्रीयतावादी)। उचित नीति-निर्धारण के अभाव में यह स्थिति अनुवाद के क्षेत्र में भ्रामकता का एक बहुत बड़ा कारण पैदा कर रही है। अनुवादक किस नीति को अपनाए और किस संप्रदाय द्वारा निर्मित शब्दावली का चयन करे ? अनुवाद के संदर्भ में पारिभाषिक शब्दावली की प्रमुख समस्या भाषा-नीति निर्धारण की है।

नीति-निर्धारण से संबद्ध समस्या पारिभाषिक शब्दावली के मानकीकरण की भी है। मानकीकरण भाषायी व्यवस्था को स्थिर बनाता है। इस प्रक्रिया द्वारा 'विभिन्नता में एकता' लाने का प्रयत्न किया जाता है। हम पहले संकेत दे चुके हैं कि पारिभाषिक शब्दावली के क्षेत्र की पहली आवश्यकता यह है कि एक संकल्पना के लिए एक पारिभाषिक शब्द हो और एक पारिभाषिक शब्द असंदिग्ध रूप से एक विद्या-विशेष के क्षेत्र में एक अर्थ को संकेतित करे। पर हिंदी में विभिन्न संप्रदायों द्वारा एक संकल्पना के लिए न केवल भिन्न-भिन्न पारिभाषिक शब्दावली का निर्माण हो रहा है, अपितु एक संप्रदाय के भीतर भी एक से अधिक उसके विकल्प दिखलाई पड़ रहे हैं। उदाहरण के लिए Director शब्द के लिए हिंदी प्रदेश के अंतर्गत ही निम्नलिखित अनुवाद-रूप व्यवहृत मिलते हैं—'निदेशक', निर्देशक', 'संचालक', 'प्रबंधक'।

इसमें संदेह नहीं कि कोई भी भाषा देर तक पूर्ण पर्यायों के बोझ को वहन नहीं कर पाती। या तो उनके बीच वह सूक्ष्म अर्थ-भेद पैदा कर लेती है अथवा उसके प्रयोग को शैलीबद्ध कर नियंत्रित कर लेती है। हिंदी एक बहुशैली प्रधान भाषा है। इसमें संस्कृतनिष्ठ हिंदी, फारसी-अरबी मिश्रित उर्दू विभिन्न बोलियों से ग्रहीत आंचलिक शब्द और अंग्रेजी की द्विभाषिकता से उत्पन्न विदेशी आगत अभिव्यक्तियाँ साथ-साथ प्रयुक्त मिलती हैं यथा, 'पत्र', 'चिट्ठी', 'ख़त', 'पाती', 'लेटर'। ऐसे शब्दों का भाषा प्रयुक्तियों

(register) के आधार पर सार्थक प्रयोग हिंदी के सर्जनात्मक कथा-साहित्य में मिल जाता है। आवश्यकता है—विभिन्न स्रोतों से पारिभाषिक शब्दावली के नाम पर निर्मित भाषिक अभिव्यक्तियों को शैलीबद्ध करने की। अंग्रेजी में भी औपचारिक संदर्भ में हम तकनीकी शब्द Sodium chloride का प्रयोग करते हैं, पर औपचारिक संदर्भ में उसके समानार्थी सामान्य शब्द salt का। हिंदी में भी तकनीकी, अर्ध-तकनीकी और ग़ैरतकनीकी साहित्य एक ही विषय से संबद्ध होकर लिखे जा रहे हैं। आवश्यकता है—एक ही संकल्पना को व्यक्त करने वाला तथाकथित विभिन्न पारिभाषिक शब्दावली को शैलीबद्ध करने की।

विभिन्न प्रयत्नों के उपरांत भी हम अभी भी पारिभाषिक शब्दावली के क्षेत्र में उचित पर्याय नहीं दे पाए हैं। पर्यायों का चयन अनुवादक से भाषा-शैली और शब्द-संस्कार के प्रति सजगता की अपेक्षा रखता है। हम जानते हैं कि किस समय हमें 'कमल' शब्द का उचित प्रयोग करना है और कब 'पंकज' या 'नीरज' का। अनुभवी अनुवादकों का कहना है कि 'attitude' शब्द के लिए सर्वत्र 'अभिवृत्ति' शब्द प्रयुक्त नहीं हो सकता, कई संदर्भों में उसके लिए 'रवैया' या 'रुख' अधिक सटीक बैठता है। पर इन पर्यायों के चयन के समय अनुवादक को यह ध्यान रखना आवश्यक है कि जिस संकल्पना का वह पर्याय दे रहा है, वह किस प्रकार के 'पाठ' से लिया गया है, तथा 'पाठ' की प्रकृति को देखते हुए उसे यह निश्चित करना है कि उसका प्रयोग तकनीकी (पारिभाषिक), अर्ध-तकनीकी (अर्ध-पारिभाषिक) या सामान्य शब्द के किस रूप में हुआ है।

ध्यान देने की बात है कि किसी भी भाषा की शब्द-संपदा किसी सीमित दायरे में बँधी नहीं होती। उसमें सतत् वृद्धि होती रहती है। यही स्थिति पारिभाषिक शब्दावली की भी है। ज्ञान-विज्ञान के बढ़ते चरण उसके कोश का संवर्द्धन करते चलते हैं। इसलिए प्रायः अनुवादक को नए-नए पारिभाषिक शब्दों का सामना करना पड़ता है जिसका शब्दकोश में कोई हिंदी पर्याय नहीं मिलता। शब्द-निर्माण उसकी नियति है। पर भाषा की अपनी कोशीय व्यवस्था भी होती है। प्रत्येक भाषा अभिरचना के आधार पर नई-नई भाषिक अभिव्यक्तियों की छूट भी देती है। उसी के सहारे अनुवादक को अपना रास्ता बनाना पड़ता है। एक विद्वान् के सामने ऐसे ही पारिभाषिक शब्द-निर्माण की समस्या आई। आम बोलचाल से epidemic शब्द के लिए उसे 'महामारी' पर्याय मिला। इसी को उसने पारिभाषिक शब्द के रूप में ग्रहण किया। पर इसके साथ ही दो और अंग्रेजी के शब्द थे—pandemic और endemic. शब्द कभी अकेले नहीं आते, और जब वे विद्या-विशेष से जुड़ते हैं, तब वे एक परिवार के सदस्य के रूप में सामने आते हैं। एक परिवार से संबद्ध सदस्यों के अर्थ एक-दूसरे से टकराकर अपनी सीमा का निर्धारण करते हैं।

अनुवाद प्रक्रिया के संदर्भ में कहा जा सकता है कि अनुवादक को तीन प्रकार की भूमिकाओं का निर्वाह करना पड़ता है, और इन तीनों भूमिकाओं से संबद्ध समस्याओं से उसे जूझना भी पड़ता है। ये भूमिकाएँ निम्नलिखित हैं :

(1) मूल पाठ के पाठक की भूमिका अर्थात् अर्थ-ग्रहण की समस्या

(2) द्विभाषिक की भूमिका अर्थात् अर्थांतरण की समस्या

(3) लक्ष्य भाषा में रचयिता की भूमिका अर्थात् अर्थ-संप्रेषण की भूमिका

पाठक के रूप में अनुवादक को पहले epidemic, pandemic और endemic के अर्थग्रहण की समस्या का समाधान करना पड़ता है। इनके अर्थ को पहले निर्धारित किया गया :

(क) किसी समुदाय में रोग-विशेष के असामान्य रूप से फैलने को epidemic (महामारी) कहते हैं।

(ख) जब महामारी संसार के कई भागों में या देशों में एक साथ फैली हो तो उसे pandemic कहते हैं।

(ग) जब कोई बीमारी किसी छोटे क्षेत्र या समुदाय में छिटपुट रूप में लगातार मौजूद रहती है तो उसे endemic कहते हैं।

द्विभाषिक के रूप में अनुवादक को स्रोत भाषा के शब्दों में अर्थ को लक्ष्य भाषा में अंतरित (transfer) करना पड़ता है। संकल्पना के धरातल पर अगर 'महामारी' को केंद्र में स्वीकार कर लें, तब pandemic को 'बड़े पैमाने पर महामारी' और endemic को 'छोटे पैमाने पर महामारी' के रूप में समझा जा सकता है।

रचयिता के रूप में अनुवादक को पारिभाषिक शब्दावली की अपनी अर्हताओं एवं आवश्यकताओं के अनुरूप इस प्रकार शब्द-निर्माण करना पड़ता है कि वे शब्द हिंदी की अपनी प्रकृति के अनुरूप हों, संक्षिप्त एवं पारदर्शी हों, तथा विद्या-विशेष की शब्दावली अभिरचना के समरूप हों। अगर epidemic के लिए 'महामारी' शब्द स्वीकृत था तब उक्त विद्वान् ने pandemic के लिए 'विश्वमारी' और endemic के लिए 'लघुमारी' का प्रयोग किया।

पारिभाषिक शब्दावली के संबंध में इस तथ्य की ओर संकेत दिया जा चुका है कि एक संकल्पना के लिए एक शाब्दिक अभिव्यक्ति होनी चाहिए। इससे अर्थ-संप्रेषण निर्भ्रांत ढंग से संयत हो पाता है। पर अभी भी हिंदी में अंग्रेजी की दो-दो संकल्पनाओं के एक ही अनूदित पर्याय मिलते हैं। उदाहरण के लिए 'endorsement' और 'pagination' के लिए 'पृष्ठांकन', तथा 'cadre' और 'category' के लिए 'संवर्ग'। इनमें भेद की आवश्यकता अभी बनी हुई है।

संदर्भ ग्रंथ सूची

Commission for Scientific and Technical Terminology, 1973. **Comprehensive Glossary of Technical Terms.** Delhi : Govt. of India

Kothari D.S. 1961. **The Problem of Scientific and Technical Terminology in Indian languages.** Faridabad : Govt. of India.

Newmark, P. 1981. **Approaches to Translation.** Oxford : Pergaman Press.

Nida. E.A. 1964. **Toward a Science of Translation.** Leiden : E.J. Brill.

Raghuvira and Lokesh Charndera, 1981. **A comprehensive English-Hindi Dictionary of Governmental and Educational Words and Pharses.** Delhi : International Academy of Indian cultures.

भाटिया, कैलाशचंद्र : 1985 **अनुवाद कला : सिद्धांत और प्रयोग** दिल्ली : तक्षशिला प्रकाशन

श्रीवास्तव, रवींद्रनाथ एवं कृष्णकुमार गोस्वामी, 1985, **अनुवाद : सिद्धांत और समस्याएँ** दिल्ली : आलेख प्रकाशन

तिवारी, भोलानाथ एवं महेंद्र चतुर्वेदी, 1978, **पारिभाषिक शब्दावली : कुछ समस्याएँ** दिल्ली : शब्दकार

प्रतीक सिद्धांत और अनुवाद*

[1]

अनुवाद की व्यापक परिभाषा के संदर्भ में कहा जा सकता है कि मूलभाषा के पाठ का प्रतीकांतरण अनुवाद है। प्रतीक सिद्धांत के संदर्भ में यह भी कहा जा सकता है कि मूलभाषा का पाठ अपनी प्रकृति में प्रतीकबद्ध होता है। प्रतीकबद्ध होने के कारण उसमें कथ्य और अभिव्यक्ति का अंतरंग समन्वयन होता है। अनुवाद मूलभाषा के इस प्रतीकबद्ध पाठ के कथ्य/संदेश का अनूदित भाषा में अंतरण है। वस्तुतः अंतरण पाठ के संदेश का किया जाता है, स्वयं पाठ का नहीं। मूलपाठ के संदेश को यथातथ्य अक्षुण्ण बनाए रखकर अनूदित भाषा में पाठ की पुनःसर्जना होती है। मूलपाठ के समतुल्य एक नए पाठ का अनूदित भाषा में निर्माण या सर्जन ही अनुवाद है। इस व्यापार को निम्नलिखित आरेख द्वारा स्पष्ट किया जा सकता है :

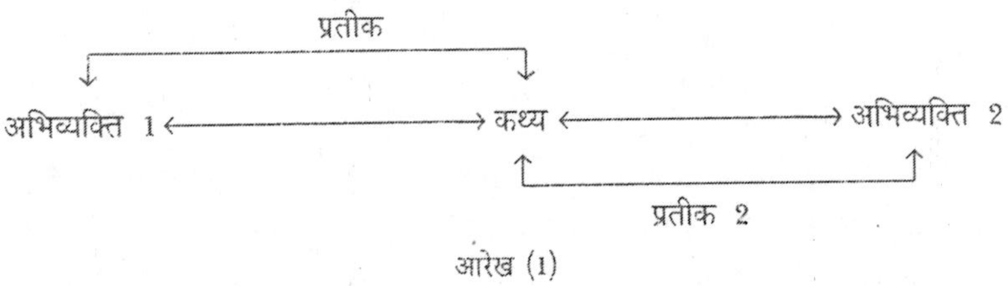

आरेख (1)

ऊपर दिए गए आरेख में अनुवाद का व्यापार अत्यंत सहज और स्पष्ट है। पर अनुवाद की यह बहुत ही सरलीकृत व्याख्या है। यह ध्यान देने की बात है कि दो भाषाओं की प्रतीक व्यवस्था किसी कथ्य या संदेश को समान भाव से अभिव्यक्त नहीं करती। प्रत्येक भाषा न केवल अपनी बनावट (स्ट्रक्चर) और बुनावट (टेक्सचर) में विशिष्ट होती है, वरन अपने प्रयोक्ताओं के अनुभव-संसार को भी विशिष्ट ढंग से

---

* सर्वप्रथम 'अनुवाद विज्ञान : सिद्धांत एवं अनुप्रयोग' (सं. नगेंद्र), 1993 में प्रकाशित। प्रकाशक : हिंदी माध्यम कार्यान्वयन निदेशालय, दिल्ली विश्वविद्यालय। ई. ए./6 मॉडल टाउन, दिल्ली-9

–संपादक

नियंत्रित और रंजित करती है। यही कारण है कि भाषिक प्रतीक जिस वस्तु की ओर संकेतित करता है, वह मात्र भौतिक वस्तु नहीं होती, अपितु वह उस वस्तु के प्रति उस भाषायी समाज के व्यक्तियों का भाव-बोध भी होता है। पाठ को जब हम प्रतीकबद्ध मानकर चलते हैं, तब हम इस भाव-बोध की उपेक्षा नहीं कर सकते क्योंकि पाठ के संदेश का निर्माण इस भाव-बोध के आधार पर होता है। अनुवाद-व्यापार में प्रतीक द्वारा संकेतित 'वस्तु' और उसके द्वारा अभिव्यंजित 'वस्तुजन्य भाव-बोध' का अंतर समझना आवश्यक है, क्योंकि अनुवाद में अंतरण मात्र संकेतित वस्तु का नहीं किया जाता, बल्कि उसके अंतरण के साथ 'वस्तुजन्य भाव-बोध' का पुनःसर्जन भी किया जाता है।

उदाहरण के लिए, प्रेमचंद की कहानी 'कफ़न' की कुछ भाषायी अभिव्यक्तियों को ही लें, जिसका अंग्रेजी में अनुवाद गुरुदयाल मलिक (गम), डेविड रुबिन (डर) और नंदिनी नोपनी तथा पी. लाल (नप) ने किया है।

मूल		अनुवाद I (गम)	अनुवाद II (डर)	अनुवाद III (नप)
1. गंगा नहाना	:	to go to Ganges	to swim in the Ganges to wash away the sins	to wash their sins in the Ganga
2. (मंदिर में) जल चढ़ाना	:	to offer oblations	to offer holy water	to offer prayer
3. मेरी औरत	:	Your mother	my woman	my wife
4. बेटे की जवान बीवी	:	young daughter in-law	the son's young wife	the son's young wife

हिंदी भाषायी समाज के लिए गंगा केवल एक नदी ही नहीं है जिसमें व्यक्ति सामान्यतः नहाने या तैरने के लिए जाया करता है। वह तो भागीरथी है जिसे सगर के पुत्रों के उद्धार के लिए स्वर्गलोक से धरती पर उतारा गया था, और जिसमें स्नान कर व्यक्ति अपने पापों को धो डालता है। प्रसंग के अनुसार बात गंगा में नहाने की नहीं है, बल्कि गंगा में नहाकर पाप धोने की है। इस भाव-बोध का कोई भी उल्लेख अनुवाद I (गम) में नहीं है। अनुवाद III (नप) में गंगा नहाने का उल्लेख नहीं है, पर उस भाव-बोध की ओर संकेत है जिसके अनुसार व्यक्ति अपना पाप धो डालता है। पाप धोने का उल्लेख अनुवाद II (डर) में भी है, पर उसमें नहाने को मनोरंजन से जोड़ते हुए तैरने के अतिरिक्त अर्थ के साथ व्यक्त किया गया है जो संगत नहीं। इसी प्रकार मंदिर में जल चढ़ाना पूजा के संस्कार को व्यक्त करता है। अनुवाद I (गम) और II (नप) में इस भाव-संस्कार को व्यक्त तो किया गया है, पर इस पूजा-संस्कार से जल चढ़ाने की विधि को अनुवाद द्वारा अंतरित नहीं किया गया। अनुवाद II (डर) में इस

विधि की व्यंजना जल के साथ 'पवित्र' विशेषण के योग से की गई है।

मूल अभिव्यक्ति (3) और (4) के अनुवाद पर विचार करने से पहले यह जान लेना आवश्यक है कि यहाँ एक बाप, अपने बेटे को संबोधित कर अपनी बात कह रहा है। अतः मूल अभिव्यक्ति (3) मेरी औरत (जब मरी थी) का एक अनुवादक (गम) ने अंतरण 'तुम्हारी माँ' के रूप में किया है, और उसी ने 'बेटे की जवान बहू' (मूल अभिव्यक्ति 4) का अनुवाद करते समय उसको 'जवान बहू' के रूप में अपने पाठकों के सामने रखा है।

ऊपर के उदाहरण इस तथ्य की ओर संकेत करते हैं कि अनुवाद भाषिक प्रतीकों द्वारा संकेतित वस्तु का नहीं किया जाता, बल्कि उसके संकेतार्थ (कथ्य या संदेश) का होता है।

[2]

प्रतीक-सिद्धांत की मूलभूत इकाई 'प्रतीक' है। प्रसिद्ध प्रतीकशास्त्री पीयर्स के अनुसार 'प्रतीक वह वस्तु है जो किसी के लिए किसी अन्य वस्तु के स्थान पर प्रयुक्त होती है।' उदाहरण के लिए 'शिवलिंग' वैसे तो पत्थर का एक टुकड़ा है, पर एक विशेष समाज के लिए वह भगवान् शिव का प्रतीक है। इसी प्रकार मंदिर में जल चढ़ाना मात्र किसी मूर्तिविशेष पर पानी गिराना नहीं। जिस प्रकार देवता की मूर्ति पर फूल चढ़ाकर व्यक्ति अपनी श्रद्धा और भक्तिभाव को व्यक्त करता है, उसी प्रकार वह जल चढ़ाकर। अतः जल चढ़ाना, भक्ति और पूजा का प्रतीक है। जब हम 'गंगा' शब्द पर विचार करते हैं, तो उसे भी प्रतीकवत् पाते हैं। पहली बात तो यह है कि उच्चरित या लिखित रूप में शब्द 'गंगा' स्वयं भौतिक गंगा नहीं। वह तो भौतिक गंगा के लिए प्रयुक्त प्रतीकजन्य भाषिक वस्तु है जिसे भाषा के बोलने-लिखने वाले वास्तविक गंगा के स्थान पर प्रयुक्त करते हैं। दूसरी बात यह है कि भाषिक प्रतीक के रूप में प्रयुक्त 'गंगा' शब्द मात्र भौतिक गंगा को संकेतित बल्कि उसको लेकर किसी भाषायी समाज के उस संपूर्ण भावबोध को व्यंजित करता है जिसे उस भाषा के इतिहास, सामाजिक संस्कार और सांस्कृतिक चेतना ने जन्म दिया है। यही कारण है कि 'गंगा नहाना', 'पाप धोने' के संकेतार्थ को भी संप्रेषित करने में समर्थ है।

प्रतीक की इस अवधारणा को उसके त्रिवर्गीय संकेतन संबंधों के आधार पर समझा जा सकता है। संकेतन व्यापार में तीन इकाइयों का संयोग होता है : संकेतित वस्तु (referent), संकेतार्थ या संकेतग्रह (reference) और संकेतन प्रतीक (sign)। संकेतित वस्तु बाह्यजगत् में स्थित इकाई है, जैसे वास्तविक 'गंगा' नदी या 'कमल' का फूल। संकेतार्थ मन में स्थित उस इकाई की संकल्पना है जिसे किसी भाषायी समाज का सदस्य होने के नाते व्यक्ति उस वस्तु को लेकर अपने भाव-बोध का निर्माण करता है। वस्तुतः

यह भाव-बोध उस भाषायी समाज का सदस्य होने के कारण उसे समाज से रिक्थ में मिलता है, अतः उसकी प्रकृति बोधात्मक होकर भी सामाजिक होती है। संकेतन प्रतीक इस संकेतार्थ को अभिव्यक्ति देने वाली इकाई है। इन तीनों इकाइयों के संबंधों को निम्नलिखित आरेख द्वारा समझा-समझाया जा सकता है :

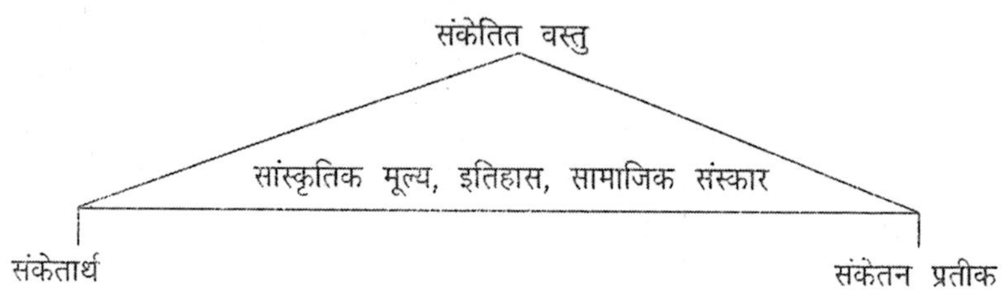

यहाँ कुछ तथ्यों पर ध्यान देना आवश्यक है। पहली बात तो यह है कि प्रतीक का सीधा संबंध संकेतित वस्तु से नहीं होता, यदि संकेतित वस्तु को इंगित करना है तो हमें संकेतार्थ के रास्ते से गुज़रना पड़ता है। यह इस बात की ओर भी हमारा ध्यान आकर्षित करता है कि भाषिक प्रतीक की मूल प्रकृति बोधात्मक होती है। दूसरी बात यह है कि संकेतार्थ, भौतिक वस्तुओं की मात्र अमूर्त और वर्गीय संकल्पना नहीं है। वह सामाजिक यथार्थ है जिसे बोध के धरातल पर संकेतित वस्तु को लेकर समाज व्यक्ति को रिक्थ के रूप में देता है, और जिसके निर्माण में इतिहास, सामाजिक चेतना और सांस्कृतिक मूल्य का भी योग रहता है। यही कारण है कि 'गंगा' मात्र नदी न होकर पाप-विनाशिनी स्रोतस्विनी बन जाती है। अनुवादक के लिए यह आवश्यक है कि भाषिक प्रतीक का अंतरण करते समय अपनी दृष्टि को केवल संकेतित वस्तु पर ही केंद्रित कर सीमित न करे, बल्कि संकेतार्थ को उसी संपूर्णता में पहले ग्रहण कर फिर उसका अंतरण करे।

यह तथ्य भी कम महत्त्वपूर्ण नहीं है कि अर्थ न तो एकांगी होता है और न तो प्रतीक के संदर्भ में एकपक्षी। पाठ को अगर हम भाषिक प्रतीक मानें, तो अर्थ के तीन पक्ष स्पष्ट रूप से दीखते हैं, जिनके अध्ययन के लिए तीन विशिष्ट अध्ययन-क्षेत्रों की भी संकल्पना की जा सकती है :

पक्ष 1	:	व्याकरणिक (syntactic)	:	प्रतीक+प्रतीक
पक्ष 2	:	शब्दार्थी (semantic)	:	प्रतीक+वस्तु
पक्ष 3	:	संकेत प्रयोगार्थी (pragmatics)	:	प्रतीक+प्रयोग

प्रतीक और प्रतीक के संबंधों के आधार पर जो अर्थ ध्वनित होता है, उसे व्याकरणिक अर्थ कहा जा सकता है। उदाहरण के लिए, नीचे दिए दो वाक्यों पर ध्यान दें :

(1) मोहन ने दरवाज़ा नहीं खोला।

(2) मोहन से दरवाज़ा नहीं खोला गया।

दोनों वाक्यों में संकेतार्थ जन्य (कोशीय) तीन भाषिक प्रतीक (शब्द) हैं : मोहन, दरवाज़ा और खोलना। पर इन तीनों प्रतीकों के संबंध के आधार पर यह कहा जा सकता है कि वाक्य (1) कर्तृवाच्य में है और वाक्य (2) कर्मवाच्य में। कर्तृवाच्य में होने के कारण जहाँ पहले वाक्य में मोहन के कर्तृत्व पक्ष पर बल है, वहीं दूसरे वाक्य में कर्म के रूप में प्रयुक्त दरवाज़ा पर। इसके अतिरिक्त दूसरे वाक्य में मोहन द्वारा दरवाज़ा खोलने संबंधी अशक्यता का भाव भी व्यंजित हो रहा है। पहला वाक्य कर्तृवाच्य में है, अतः उसमें कर्ता की विविक्षा भी सम्मिलित है। यह संभावना हो सकती है कि मोहन ने दरवाज़ा **जान-बूझकर** नहीं खोला। ऐसे अर्थ की संभावना दूसरे वाक्य में नहीं मिलती। व्याकरणिक अर्थ को हम शब्दकोश में नहीं ढूँढ़ सकते।

शब्दार्थी पक्ष का संबंध शब्दकोश से रहता है। यह मूलतः भाषिक प्रतीक और संकेतित वस्तु के संबंधों को अपना आधार बनाता है। यथा, 'गंगा' शब्द का शब्दार्थी पक्ष होगा 'एक नदी जिसका नाम गंगा है।' संकेत प्रयोगार्थी पक्ष प्रतीक और प्रयोक्ता के संबंधों को अपना आधार बनाता है। वस्तुतः यह अर्थ का वह भाषेतर पक्ष है जो इतिहास, सामाजिक बोध, सांस्कृतिक मूल्य से जुड़कर प्रयोग को सार्थकता देता है। यह वह पक्ष है जो गंगा नदी के 'पवित्र' और 'पावन' अर्थ की व्यंजना को संकेतित करता है और 'जल' चढ़ाने की पूजा की वृत्ति को व्यंजित करता है।

भाषिक प्रतीक अपनी अर्थवत्ता में स्तरीकृत हो सकता है, अर्थात् एक स्तर के (भाषिक) प्रतीक से दूसरे स्तर के (भाषिक) प्रतीक का सृजन संभव है। मिथ और साहित्य में स्थिति देखी जा सकती है। जैसा पहले संकेत दिया जा चुका है किसी भी प्रतीक के दो पक्ष होते हैं—संकेतक (अभिव्यक्ति पक्ष) और संकेतार्थ (कथ्य पक्ष)। अपने संरचनात्मक विधान के आधार पर ही संकेत और संकेतार्थ सस्यूर के मतानुसार भाषिक प्रतीक को जन्म दे सकते हैं। संकेत और संकेतार्थ की साहचर्य समष्टि को प्रतीक की संज्ञा दी जाती है। प्रसिद्ध विद्वान् रोलां बार्थ ने इस साहचर्य समष्टि को कुछेक उदाहरणों से स्पष्ट किया है। मान लीजिए कोई व्यक्ति अपनी प्रेयसी को एक गुलाब का फूल उपहार में भेंट करता है। इस व्यापार में गुलाब का फूल संकेतक है और भेंटकर्ता की भाव-वृत्ति संकेतार्थ। यहाँ प्रतीक के रूप में 'गुलाब के फूल' को संकेतक के रूप में जो 'गुलाब का फूल' है, उससे भिन्न समझना चाहिए। संकेतक के रूप में तो वह अन्य फूलों की तरह एक फूल है, वनस्पतिशास्त्र की एक इकाई है, जबकि प्रतीक (अर्थात् साहचर्य समष्टि की इकाई) के रूप में वह उस भाव-वृत्ति (प्रेम) का संकेतक है जिससे प्रेरित होकर व्यक्ति उसे भेंट के रूप में अपनी प्रेयसी को देता है। इस प्रक्रिया को आगे दिए गए आरेख द्वारा समझा जा सकता है।

भाषा	संकेतक	संकेतार्थ		पहला चरण
	2 प्रतीक			
मिथ/साहित्य	संकेतक		संकेतार्थ	दूसरा चरण
	3 प्रतीक			

आरेख (३)

रोलां बार्थ के अनुसार प्रतीक-प्रक्रिया के दो चरण स्पष्ट दिखलाई पड़ते हैं। पहले चरण में 'गुलाब का फूल' मात्र एक फूल है जिसकी अभिव्यक्ति का संबंध उसके रूप-आकार, स्पर्श-गंध आदि द्वारा व्यक्त होता है और कथ्य पक्ष वनस्पतिशास्त्र के उस संकेतार्थ से संबद्ध होता है जो उसे कमल या अन्य फूलों से विशिष्ट बनाता है। संकेतन व्यापार के पहले चरण पर इसका संकेत और संकेतार्थ अपने समष्टि साहचर्य के आधार पर एक नए प्रतीक (प्रतीक 2) को जन्म देता है। इस नए प्रतीक (प्रतीक 2) का संकेतार्थ खाली रहता है या कहा जाए कि उसे खाली करना पड़ता है। उसके भीतर से वनस्पतिशास्त्र संबंधी अर्थ से उसे मुक्त करना पड़ता है। जिस अनुपात में इस अर्थ से मुक्त किया जाएगा, उसी अनुपात में प्रतीकन व्यापार के दूसरे चरण से संबद्ध अर्थ से उसे भरा जाना या पूरित करना संभव हो पाएगा। दूसरे चरण में 'गुलाब के फूल' में भेंटकर्ता की भाव-वृत्ति को संकेतार्थ के रूप में व्यंजित करने की क्षमता उत्पन्न की जाती है। इस प्रकार प्रतीकन व्यापार का दूसरा चरण गुलाब के फूल को मात्र फूल नहीं रहने देता है, अपितु उसे भेंटकर्ता की प्रेमवृत्ति का प्रतीक भी बना देता है। दूसरा उदाहरण 'शिवलिंग' का लें। प्रतीकन व्यापार के पहले चरण में मात्र वह पत्थर का एक टुकड़ा है, पर प्रतीकन व्यापार के दूसरे चरण से गुज़रने के बाद यह पत्थर का टुकड़ा व्यक्ति के लिए पूजा की वस्तु बन जाता है।

जो स्थिति मिथ के संबंध में 'गुलाब के फूल' या 'शिवलिंग' की प्रतीक के संदर्भ में देखी जा सकती है, वही साहित्य के संदर्भ में शाब्दिक प्रतीक की भी देखी जा सकती है। साहित्य के भीतर शाब्दिक प्रतीक को भी कम-से-कम दो स्तरों पर प्रतीकन प्रक्रिया से गुज़रना पड़ता है।

उदाहरण के लिए, इस काव्य-उक्ति को लें : ''एक फूल की क़ीमत लाखों सिसकियों से चुकाई है।'' इस उक्ति में प्रतीक-विधान के पहले चरण में हम 'फूल' के रूप में समष्टि साहचर्य के साथ जिस भाषिक प्रतीक को देखते हैं, उसमें एक ओर संकेतक के रूप में अभिव्यक्तिपरक फ्+ऊ+ल्+अ इकाइयों की योजना है और दूसरी ओर उसका संकेतार्थ, जो उसे वनस्पति जगत् की एक ऐसी इकाई बताता है, जो पेड़,

पत्ते, फल आदि से भिन्न व्यतिरेकी अर्थ के रूप में सामने लाता है। पर प्रतीक व्यवस्था के दूसरे चरण पर लाने के लिए पहले चरण के प्रतीक के इस अर्थ का अपवहन करना पड़ता है और उस मात्र प्रतीक को दूसरे चरण के प्रतीक को संकेतक बनाना पड़ता है। इसलिए इस उक्ति में जो साहित्यिकता है उसके संदर्भ में 'फूल' जिस संकेतन व्यापार का अंग बनता है, उसमें वह वनस्पति जगत् की इकाई न होकर जीवन का कोई भी कोमल, काम्य और प्रेमपरक पक्ष बन जाता है। इसी प्रकार 'सिसकियाँ' हमारा जैविक आचरण न रहकर जीवन में झेलने वाले 'दुख, पीड़ा और विसंगति की अर्थसंवाहक बन जाती हैं। प्रतीक के इस दूसरे चरण पर जाकर प्रतीक, प्रतीक न रहकर प्रतीकन व्यापार बन जाता है।

दूसरे शब्दों में यह कहा जा सकता है कि पहले स्तर पर सिद्ध प्रतीक, भाषा के उस व्यावहारिक पक्ष को सामने लाता है जिसे हम अभिधेयार्थ या वाच्यार्थ कहते हैं, जबकि साहित्य के क्षेत्र में सिद्ध प्रतीक भाषा के उस पक्ष को सामने लाता है, जो हमारी चेतना से जुड़ा होता है और जिसे हम व्यंग्यार्थ या संपृक्तार्थ कहते हैं।

[3]

कविता के अनुवादक के लिए यह आवश्यक है कि वह काव्य में प्रयुक्त भाषिक अभिव्यक्तियों के वाच्यार्थ और संपृक्तार्थ के अंतर को समझे। कविता का मर्म (मूल) संपृक्तार्थ में निहित होता है क्योंकि वह दूसरे प्रतीकन व्यापार की परिणति होती है। जो अनुवादक कविता के भीतर चल रहे प्रतीकन व्यापार के पहले स्तर पर ही सीमित रह जाता है, उसे उस अनाड़ी भौंरे की तरह ही माना जा सकता है, जिसका संकेत प्रसिद्ध कवि ज़ाग्निड हरबर्ट ने अपनी कविता (कविता का अनुवाद) में किया है :

कविता का अनुवाद

□ *ज़ाग्निड हरबर्ट*

एक अनाड़ी भौंरे की तरह
वह जाकर बैठ जाता है फूल पर
कोमल डंठल झुक जाता है
नीचे की ओर
पँखुड़ियों के बीच जो कि होती हैं
शब्दकोश के पत्रों की तरह
वह बना लेता है अपना रास्ता
और पहुँचने की कोशिश करता है वहाँ

जहाँ छिपी रहती है गंध और मिठास
और हालाँकि वह खा गया है ठंड
और उसने खो दी है अपनी स्वाद की चेतना
लेकिन फिर भी वह उस दुराचार से
तब तक बाज़ नहीं आता
जब तक उसका सिर
पीले पुष्परज से टकरा नहीं जाता

और वहाँ ख़त्म होता है सारा खेल
क्योंकि असल में कोई पहुँच ही नहीं सकता
एक ही फूल की पँखुड़ियों से
उसकी जड़ों के पास तक
इसलिए भौंरा निकल आता है बाहर
दर्प के साथ गुंजार करता हुआ
मानो घोषित करता हुआ
कि वह फूल के अंदर से आ रहा है
और वे जो उस पर विश्वास नहीं करते
वह उन्हें दिखाता है अपनी नाक
जिस पर लगा होता है
पराग का पीला धब्बा।

--अनु. केदारनाथ सिंह

कवि हरबर्ट ने ऊपर की कविता में कविता के अनुवाद को नकारा नहीं है, बल्कि इसमें उस अनुभवहीन अनुवादक की ओर अत्यंत प्रभावी ढंग से इंगित किया है जो उसके अर्थ को प्रतीकन व्यापार के पहले चरण पर ही बाँधना चाहता है। कविता अपनी मूल प्रकृति में संपृक्तार्थ से जुड़ी होती है, वह गंध और मिठास की अपनी दुनिया में स्थित होती है। वहाँ तक पहुँचने का रास्ता स्वाद की चेतना का रास्ता है। कविता के अनुभव-संसार में संवेदना के रास्ते से ही पहुँचा जा सकता है। पर सामान्यतः पाया जाता है कि अनुवादक कविता के मर्म को शब्दों में गुंफित उसके लालित्य में ढूँढ़ता है। वह उस अनाड़ी भौंरे की तरह है जो फूल की अर्थवत्ता को पँखुड़ियों की तह में स्थित पुष्परज में ढूँढ़ता है। कविता के मूलभाव को पकड़ने के लिए उसकी जड़ तक पहुँचना आवश्यक है, पर उसकी जड़ तक पहुँचने का रास्ता पँखुड़ियों (बाह्य रूप) का नहीं होता। यह तो वैसे ही हुआ जैसे कोई प्रेयसी को दिए गुलाब के फूल के सौंदर्य पर मुग्ध होकर उस फूल को ही निहारता रह जाए और प्रेमी की उस भाववृत्ति की ओर ध्यान ही न दे जिसका वह प्रतीक है, या फिर शिवलिंग के रूप में स्थापित पत्थर के

रूप-आकार में ही दृष्टि उलझकर रह जाने के कारण उस भक्ति-भाव या श्रद्धा-बोध को ही न देख पाए, जिसके कारण पत्थर, पत्थर न रहकर शिवलिंग बन जाता है।

[4]

अनुवाद के लिए यह आवश्यक है कि अनूदित पाठ, मूलपाठ का सहपाठ (co-text) बनकर आए। न तो मूलपाठ की दूसरी भाषा में की गई व्याख्या को सही अर्थ में अनुवाद कहा जा सकता है और न ही किसी रचना से प्रभावित होकर दूसरी भाषा में एक नई रचना की सृष्टि को ही अनुवाद माना जा सकता है। सहपाठ की संकल्पना के मूलाधार में समतुल्यता का सिद्धांत रहता है। प्रत्येक भाषा अपने में विशिष्ट होती है, अतः न तो संरचना के धरातल पर और न ही कथ्य के धरातल पर वे एक-दूसरे की पूर्ण समरूपी (identical) हो सकती हैं। पर एक भाषा में कहे हुए किसी भी संदेश को दूसरी भाषा द्वारा व्यक्त करना संभव है। अतः प्रयोजन और प्रकार्य की दृष्टि से मूलपाठ और अनूदित पाठ को समतुल्य (equivalent) बनाना संभव है। समतुल्यता का यह सिद्धांत अनुवादक को अभिव्यक्ति संबंधी कई प्रकार की छूट भी देता है। अनुवादक को यह छूट रहती है कि मूलपाठ के शब्दक्रम को बदले, पाँच-छह पंक्तियों में कहे गए संदेश को तीन-चार या छह-सात पंक्तियों में व्यक्त करे, कविता के छांदिक (metrical) अनुवाद के स्थान पर उसका गद्यानुवाद या मुक्त छंदपरक अनुवाद प्रस्तुत करे, पर समतुल्यता का सिद्धांत उसे इस बात की छूट नहीं देता कि मूल संदेश को वह जान-बूझकर घटाए या बढ़ाए या फिर कविता का गद्यानुवाद करते हुए उसकी 'काव्यात्मकता' का ह्रास करे। प्रकार्य के धरातल पर 'सहपाठ' बनने की अनिवार्य शर्त यह है कि अपेक्षित परिस्थिति में अनूदित पाठ वही प्रकार्य करे जो मूलपाठ अपनी भाषा में अपने पाठकों के लिए करता है।

कविता एक संभावना है जो सहृदय की चेतना में जाकर अपना ठोस आकार लेती है। कविता के अनुवादक के लिए यह आवश्यक है कि वह पहले सहृदय हो। सहृदय के रूप में ही वह कविता में निहित संपृक्तार्थ (व्यंग्यार्थ) को पकड़ता है। पाठ में आबद्ध भाषिक प्रतीक अपनी बनावट और बुनावट के आधार पर उसे संभावित अर्थ की ओर संकेत देते हैं। कविता एक संभावना है, अतः अनुवादक के व्यक्तित्व, युगीन चेतना, भिन्न साहित्यिक संस्कार आदि के कारण उसका विभिन्न सार्थक अनुवाद संभव है। किसी काव्य-कृति का भिन्न-भिन्न अनुवाद होना एक बात है और अनुवाद का त्रुटिपूर्ण होना नितांत दूसरी बात।

साहित्य अकादमी के तत्त्वावधान में इधर अनुवाद पर आयोजित होने वाली राष्ट्रीय और क्षेत्रीय स्तर की कुछ कार्यशालाओं का निदेशक के रूप में आयोजन करने का मुझे अवसर मिला। सितंबर 1987 में श्रीनगर में साहित्यिक अनुवाद पर आयोजित कार्यशाला

में सहयोगी के रूप में केदारनाथ सिंह, परमानंद श्रीवास्तव, सोमदत्त भाग ले रहे थे, और प्रतिभागी के रूप में अरुण कमल जैसे नवोदित कवि भी सम्मिलित थे। विशेष व्याख्यान के लिए विद्यानिवास मिश्र जैसे विद्वान् भी पधारे हुए थे। कार्यशाला को प्रभावी और प्रयोजनपरक बनाने की दृष्टि से मैंने पुर्तगाली कवि अलबर्टो की एक छोटी सी कविता 'Core' का अनुवाद करने को दिया। मूल कविता और उसके भिन्न अनुवाद नीचे दिए जा रहे हैं :

Core

I Write My name on time
And on the World :
All belongs to me as a flower
Belongs to its perfume asleep
That stays vibrating in the air
After the sombre shedding.

(1) **मैं अपना नाम लिखता हूँ**

मैं अपना नाम लिखता हूँ
समय पर
और तमाम सारी दुनिया पर
और...और सबकुछ मुझसे
वैसे ही संबंधित है,
जैसे फूल
अपनी सुवासित तंद्रा से
जो हवा में काँपती ठहरती है
यों ही झर जाने तक...।

–परमानंद श्रीवास्तव

(2) **सत**

मैंने लिख दिया है नाम
अपना काल पर, संसार पर
और यह सब मेरा है अब
जैसे फूल की है सुगंध सुप्त अंदर
जो टिकी रह जाती है, झड़ने के बाद भी
हवा में थरथराती

–अरुण कमल

(3) मर्म

मैं अपना नाम टाँक देता हूँ
समय और दुनिया पर
सबकुछ जुड़ा है मुझसे
जैसे एक फूल जुड़ा रहता है
अपनी उनींदी सुगंध से
जो झरने के बाद भी
हवा में टँकी रह जाती है।

—केदारनाथ सिंह

(4) **कवि-मर्म**

मैं लिखता हूँ अपना नाम
देश और काल पर
सब मेरे हो जाते हैं
जैसे फूल हो जाता है झरने के बाद
उस स्वप्निल सुगंध का
हवा में जो बजती रहती है।

—विद्यानिवास मिश्र

अनुवाद की दृष्टि से इन चार कविताओं का मूल्यांकन एक अलग ही लेख की अपेक्षा रखता है। पर अनुवाद कहाँ कविता की संभावना और मूलपाठ की बनावट-बुनावट की संगत योजना के साथ विशिष्ट बनकर भिन्न हो जाता है और कहाँ असंगत व्याख्या के कारण दोषपूर्ण, इसकी ओर संक्षेप में संकेत देना संभव है। इसके लिए मैं अनुवाद (1) परमानंद श्रीवास्तव की ओर ध्यान आकर्षित करना चाहूँगा। शीर्षक पर ध्यान दें। जहाँ मूल कविता में दिए गए शीर्षक 'Core' का दूसरे अनुवादक (2) ने सत, तीसरे (3) ने 'मर्म' और चौथे (4) ने 'कवि-मर्म' अनुवाद प्रस्तुत किया है, पहले अनुवादक ने कविता की पहली पंक्ति को ही शीर्षक बना दिया है। अंग्रेजी के 'Core' शब्द के कई शाब्दिक अर्थ हैं : सार, सत्व, मर्म, गहराई आदि। यह कविता कवि-कर्म के उस व्यापार से संबंधित है जो कवि की मृत्यु (फूल के झड़ जाने) के बाद भी उसके नाम को हवा (वातावरण) में जीवित रखने में सक्षम है। इस कवि-कर्म के व्यापार के सत, मर्म को उजागर करने का परिणाम ही यह कविता है। 'मैं अपना नाम लिखता हूँ' शीर्षक न तो मूल कविता के शीर्षक का समतुल्य शीर्षक है और न ही कविता के भाव-बोध के समतुल्य विचार का सार है। सामान्यतः फूल और सुगंध के संबंधों के बारे में यह माना जाता है कि फूल वह वस्तु है जिसका गुण उसमें अंतर्निहित (सुप्त) सुगंध है।

अतः फूल और सुगंध के संबंध के विषय में आम धारणा है कि सुगंध फूल की होती है। पर कविता में फूल को सुगंध का बताया गया है। यह उलट-फेर निश्चित ही किसी ख़ास प्रक्रिया का परिणाम होगा। यह वैसे ही है जैसे कविता का 'मैं' और 'मैं का नाम'। कविता के बाहर कवि का नाम, कवि का होता है। पर जिस प्रकार कवि कविता का निर्माण करता है उसी प्रकार कविता भी कवि के काव्य-व्यक्तित्व का। अतः काव्य-सृजन कर कवि (मैं) अपने नाम (काव्य-व्यक्तित्व) का हो जाता है। काव्य-संदेश यह भी व्यंजित करता है कि जिस प्रकार फूल के झड़ने के साथ उसके अंदर की सुप्त सुगंध मिट नहीं जाती, वरन वातावरण में थरथराती और लहराती रहती है, उसी प्रकार कवि की जैविक काया की मृत्यु के उपरांत भी उसका नाम वातावरण में गूँजता रहता है, क्योंकि उसने एक विशिष्ट प्रक्रिया का सहारा लिया है, उसने अपने नाम को अपने जैविक 'मैं' (कवि–मैं) से हटाकर 'काव्य–मैं' से जोड़ डाला है। काव्य–मैं से जोड़कर ही उसने अपना नाम 'काल और संसार पर' लिखा है।

परमानंद श्रीवास्तव के अनुवाद में पहले तो जिन दो वस्तुओं में संबंध की अभिव्यंजना हुई है, वे ही ग़लत जान पड़ती हैं। उनके अनुवाद में फूल का संबंध तंद्रा से जोड़ा गया है जो सुवासित है, जबकि संबंध फूल और उसके भीतर सुप्त सुगंध के साथ होना चाहिए। दूसरे और तीसरे अनुवाद में इस संबंध की प्रकृति पर सीधा संकेत नहीं जो मिश्रजी के अनुवाद (4) में मिलता है। सभी अन्य अनुवादकों ने सुगंध के फूल के झरने के बाद भी हवा में थरथराने, टँके रह जाने या बजने की ओर संकेत दिया है, जो मूल कविता के संदेश के समतुल्य है। पर अनुवाद (1) में सुगंध के कँपने-ठहरने की बात कही गई है और उसकी अवधि को 'यों ही झर जाने तक' व्यंजित किया गया है, जो मूल कविता के प्रतीक-संदेश के विरोध में है।

[5]

प्रारंभ में अनुवाद को मूलभाषा के पाठ के प्रतीकांतरण के रूप में परिभाषित किया गया था। यह अनुवाद का न केवल व्यापक संदर्भ है, बल्कि उसे प्रतीक व्यवस्था के परिप्रेक्ष्य में देखने के आग्रह का भी परिणाम है। रोमन याकोब्सन ने इसी प्रतीक व्यवस्था के संदर्भ में अनुवाद-प्रक्रिया की ओर संकेत करते हुए उसके तीन प्रकार बताए हैं :

(1) **अंतःभाषिक अनुवाद अर्थात् अन्वयांतर :** इस प्रकार के अनुवाद में मूलपाठ के संदेश को उसी भाषा में अंतरित किया जाता है जिसमें मूलपाठ की रचना की गई रहती है। अंतर होता है तो उस प्रतीक-व्यवस्था में। दूसरे शब्दों में एक ही भाषा के भीतर रहकर मूलपाठ के संदेश को अनूदित पाठ के रूप में शैली-भेद के साथ पुनःसर्जित किया जाता है। उदाहरण के लिए, शेक्सपियर के पदबद्ध नाटकों को जिस रूप में चार्ल्स लैंब ने गद्य के माध्यम से कहानी शैली में प्रस्तुत किया, उसमें मूलपाठ और अनूदित पाठ

की भाषा अंग्रेजी ही है। इसी प्रकार प्रेमचंद ने अपने आरंभिक उपन्यासों का लेखन उर्दू शैली में किया और बाद में अन्वयांतर हिंदी शैली में किया।

(2) **अंतरभाषिक अनुवाद अर्थात् भाषांतर :** इस प्रकार के अनुवाद में मूलपाठ के संदेश का अंतरण दूसरी भाषा की प्रतीक व्यवस्था के माध्यम से किया जाता है। वास्तव में प्रचलित अर्थ में अनुवाद को मूलपाठ के संदेश के भाषांतरण प्रक्रिया के रूप में देखा जाता है। इस प्रकार के अनुवाद में अनुवादक को द्विभाषिक होना आवश्यक है।

(3) **अंतरप्रतीकात्मक अनुवाद अर्थात् प्रतीकांतर :** इस प्रकार के अनुवाद में मूलपाठ की प्रतीक व्यवस्था भाषिक होती है, पर अनूदित पाठ भाषेतर पाठ प्रतीकों से निर्मित होता है। इसके अनुसार किसी कहानी या उपन्यास का फ़िल्म के दृश्यबिंबों द्वारा प्रतीकांतर किया जा सकता है। उदाहरण के लिए, 'तीसरी कसम', 'सारा आकाश', 'गोदान' आदि कथा-साहित्य का फिल्मांकन। अनुवाद का यह प्रकार इस तथ्य की ओर भी संकेत देता है कि कोई भी प्रतीक जिस कथ्य और अभिव्यक्ति की समन्वित इकाई के रूप में सिद्ध रहता है, उसकी वास्तविक अर्थवत्ता उसके संकेतन व्यापार (signification) में होती है। यह संकेतन व्यापार प्रतीक को एक 'मूल्य' के रूप में देखता है, जिसे भिन्न प्रकार की उपादान-सामग्री द्वारा व्यक्त करना संभव है। यह उस स्थिति की ओर भी संकेत देता है जो मूलपाठ के संदेश को मौखिक भाषा, लिखित भाषा या फिर गूँगे-बहरों की संकेत-भाषा को समान भाव से ग्रहण करती है।

खंड ग : भाषा-शिक्षण

- भाषाविज्ञान और भाषा-शिक्षण
- मातृभाषा-शिक्षण
- बहुभाषिकता : हिंदी भाषा समाज और हिंदी-शिक्षण
- हिंदी व्यवहार एवं शिक्षण का सामाजिक संदर्भ
- विदेशी भाषा के रूप में हिंदी शिक्षण के कुछ निर्धारक तत्त्व
- कम्प्यूटर साधित भाषा-शिक्षण
- भाषिक संरचना और अशुद्धि-शोधन : तात्पर्य-बोध

भाषाविज्ञान और भाषा-शिक्षण*

पिछली शताब्दी तक बहु-भाषी होना व्यक्ति की सांस्कृतिक संपन्नता का द्योतक था, अतः द्वितीय भाषा (secondary language) के रूप में भाषा का अध्ययन-अध्यापन एक सीमित वर्ग के कुछेक व्यक्तियों तक ही संकुचित था। पर आज की स्थिति सर्वथा भिन्न है। द्वितीय भाषा के रूप में भाषा की जानकारी आज सांस्कृतिक संपन्नता का द्योतक नहीं रह गई है वरन् अब वह एक व्यावहारिक आवश्यकता भी बन गई है। आज हम एक-दो प्रमुख भाषाओं की जानकारी केवल इसलिए नहीं करना चाहते कि उस ज्ञान के फलस्वरूप उस भाषा में रचित उच्च साहित्य का रसास्वादन कर सकें, अपितु इसलिए भी करना चाहते हैं कि अन्य भाषा-भाषी व्यक्तियों के जीवन को व्यापक स्तर पर समझें, उनके साथ हम वृहत्तर स्तर पर जीवनगत उपलब्धियों का आदान-प्रदान कर सकें। लक्ष्य का यह परिवर्तन हमें ऐसी भाषाओं को भी सीखने के लिए अब उत्साहित कर रहा है जिसे आज तक हमने उपेक्षा की दृष्टि से देखा था। इनमें कुछ ऐसी भी भाषाएँ संभव हैं (और वास्तविक रूप में ऐसी हैं भी) जिनका व्याकरण की दृष्टि से अब तक किंचित्मात्र भी अध्ययन नहीं हुआ है। वस्तुतः ऐसी ही अब तक ही उपेक्षित एवं अविश्लेषित भाषाओं के अध्ययन की आवश्यकता ने अमेरिका में प्रयुक्त होने वाली भाषाविज्ञान की नई विवरणात्मक प्रणाली (descriptive method) को निश्चित वैज्ञानिक आधार प्रदान किया है।

सांस्कृतिक एवं साहित्यिक उपलब्धि से हटकर जब भाषा-शिक्षण, जन-सामान्य की सामाजिक आवश्यकता के स्तर पर उतरा तब परंपरा से चली आती उसकी प्रणाली में भी आधारभूत परिवर्तन का होना अनिवार्य हो उठा। वस्तुतः यह परिवर्तन भाषा-शिक्षण के क्षेत्र में एक नूतन क्रांति के रूप में अवतरित हुआ। और इसमें संदेह नहीं कि इसमें व्यापक योगदान रहा है—भाषाविज्ञान का। भाषाविज्ञान ने स्वयं पिछले तीन-चार दशकों में जितनी प्रगति की है, अन्य ज्ञान के क्षेत्र में काम करने वालों के लिए वह स्पर्धा का विषय है।

---

* सर्वप्रथम 'नया शिक्षक' (1966-67) में प्रकाशित। प्रकाशक : शिक्षा-विभाग, बीकानेर, राजस्थान।

—संपादक

भाषाविज्ञान : भाषा अध्ययन की एक नूतन प्रणाली

भाषाविज्ञान, भाषा के क्षेत्र में परंपरागत मान्य व्याकरण-निर्देशन की रीति से न केवल भिन्न विश्लेषण-पद्धति को अपनाता है वरन् भाषा को देखने-समझने के लिए एक नए दृष्टिकोण को भी स्वीकार करता है। उदाहरण के लिए भाषा की रूप-प्रकृति को वह व्याकरणाचार्यों द्वारा निर्देशित नियमों के आधार पर समझने का प्रयत्न नहीं करता और न यह मानता है कि 'वाक्यों के सही प्रयोगों' को पूर्व-निर्देशित नियमों के आधार पर जाँचा-परखा जा सकता है। भाषा के जीवंत पक्ष को ध्यान में रखने के कारण, भाषा के व्यावहारिक रूप का सर्वप्रथम वह सही विवरण प्रस्तुत करता है, तदुपरांत विवरण द्वारा स्वयं-निर्देशित संघटनात्मक प्रकृति (structural nature) के आधार पर उसकी रूप-प्रकृति की ओर संकेत देता है।

भाषा की संघटनात्मक प्रकृति को स्वयं केंद्र में स्वीकार करने के फलस्वरूप भाषा-वैज्ञानिक 'अर्थ' अथवा 'भाव' के आधार पर उसके 'तत्वों' का अध्ययन-विश्लेषण नहीं करता। वह तो भाषा द्वारा स्वयं निर्देशित संघटनात्मक प्रकृति का पता लगाता है, तदुपरांत उसके आधार पर 'व्याकरणात्मक श्रेणियों' (grammatical categories) को स्थिर करता है। परंपरागत व्याकरण, अर्थ-तत्त्व पर आधारित होने के कारण 'भावपरक' (subjective) होता है, पर स्वयं भाषा-संघटन को अपने विश्लेषण का आधार बनाने के फलस्वरूप भाषा-वैज्ञानिक अध्ययन 'वस्तुवादी' (objective) है।

भाषा को सही रूप में समझने के लिए जिस सामग्री को भाषा-वैज्ञानिक अपना आधार बनाता है वह उच्च साहित्यिक कृतियों की भाषा नहीं होती। अब तक उच्च साहित्यिक कृतियों में प्रयुक्त होने वाली भाषा के रूप को ही भाषा का 'शुद्ध-रूप' स्वीकार किया जाता रहा है। पर भाषा की परिभाषा—"भाषा यादृच्छिक ध्वनि-प्रतीकों की अभिव्यक्ति पद्धति है जिसके माध्यम से एक समुदाय के व्यक्ति आपस में विचार-विनिमय एवं भाव-संप्रेषण करते हैं"—इस तथ्य की ओर संकेत देती है कि भाषा का बोलचाल का उच्चरित रूप मुख्य है और साहित्यिक तथा लिखित रूप गौण। भाषा-वैज्ञानिक यह मानता है कि भाषा, मानवीय व्यवहार है, वह सामान्य व्यक्तियों के दैनिक जीवन में प्रयुक्त होने वाले प्रभाव-संचार (communication) प्रक्रिया का माध्यम है। अतः सामग्री-आधार के रूप में वह शिष्ट व्यक्तियों के दैनिक जीवन में प्रयोग में आने वाले सामान्य वार्तालाप को अपने विश्लेषण का आधार बनाता है।

भाषाविज्ञान की तीसरी प्रमुख मान्यता है--प्रत्येक भाषा का अपना विशेष संघटनात्मक स्वरूप होता है जिसका अध्ययन 'पैटर्न' के आधार पर करना संभव है। भाषा में 'पैटर्न' की खोज वह मूलतः दो स्तरों पर करता है— अभिव्यक्ति (expression) और कथ्य (content)। अभिव्यक्ति के स्तर पर वह ध्वनियों के लघुतम इकाइयों के 'पैटर्न' का पता लगाता है। इसको वह दो खंडों में संपन्न करता है—खंड ध्वनिग्राम (segmental phonemes) और खंडेतर ध्वनिग्राम (supra-segmental phonemes)। खंड ध्वनिग्राम

का अध्ययन पृथक् इकाई के रूप में होता है और इसके अंतर्गत स्वर एवं व्यंजनों के 'पैटर्न' का पता लगाया जाता है। खंडेतर ध्वनिग्राम के अंतर्गत वे ध्वनिग्राम आते हैं जो स्वतंत्र रूप में उच्चरित नहीं हो सकते और खंड ध्वनिग्राम पर फैले रहते हैं। इसके अंतर्गत बलाघात, सुर-लहर, विवृति आदि के 'पैटर्न' का अध्ययन किया जाता है।

कथ्य का विश्लेषण अर्थ के आधार पर न कर संघटनात्मक भाषाविज्ञान संप्रदाय, व्याकरणात्मक श्रेणियों की कार्य-सिद्धि के आधार पर संपन्न करता है; वह कथ्य को व्याकरण के संदर्भ में देखता है, पर व्याकरण का अर्थ उसकी दृष्टि में परंपरागत मान्यता से भिन्न है। वह उसे तीन स्पष्ट स्तरों पर ग्रहण करता है और वे हैं—संधि (morphophonemics), पद-विज्ञान (morphology), और वाक्य-विज्ञान (syntax)। वाक्य-विज्ञान के अंतर्गत वह एक पद का दूसरे पदों से बाह्य-संबंधों का विश्लेषण करता है, पद-विज्ञान के संदर्भ में कथ्य की अल्पमत इकाई के रूप में पदग्राम का अध्ययन-विश्लेषण करता है और संधि-प्रकरण के अंतर्गत सहपदों (allomorph) के ध्वनिग्रामीय अभिव्यक्ति के अंतर का अध्ययन संपन्न करता है। व्याकरण के इन्हीं तीनों अंगों के आधार पर वह कथ्य के 'पैटर्न' की खोज करता है।

यह देखने के लिए कि भाषाविज्ञान की प्रणाली, भाषा-विशेष के अध्ययन-अध्यापन के क्षेत्र में किन नए प्रतिमानों को स्थापित करने में सफल सिद्ध हुई है, यह आवश्यक है कि पहले संक्षेप में हम यह देखें कि भाषा-शिक्षण के पूर्व रूप क्या थे ?

व्याकरण-अनुवाद पद्धति

19वीं शताब्दी के अंत तक भाषा-शिक्षण की पद्धति व्याकरण के नियमों एवं शब्दकोष में दिए अर्थ को याद करने तक सीमित थी। छात्रों के लिए आवश्यक था कि अध्यापकों द्वारा निर्देशित शब्द-भेद, धातु-रूप, काल-प्रक्रिया आदि नियमों को याद करें और भाषा के व्यावहारिक ज्ञान को प्राप्त करने के लिए द्विभाषी शब्दकोषों की सहायता से अनुवाद करने का प्रयत्न करें। इस पद्धति की पहली सीमा थी कि छात्र न तो भाषा के जीवंत तत्त्वों से परिचित हो पाते थे और न उनका व्यावहारिक ज्ञान ही प्राप्त करने में समर्थ सिद्ध होते थे। उनका ज्ञान, भाषा के केवल सैद्धांतिक पक्ष तक ही सीमित रहता था, अतः वर्षों के अध्ययन के पश्चात् भी जब वे मातृभाषा-भाषी (native speaker) के संपर्क में आते थे, उनके साथ विचार-विनमय के लिए अर्जित भाषा का समुचित उपयोग नहीं कर पाते थे। इसकी दूसरी सीमा यह थी कि नियमों को स्मृति-अंकित मात्र करने की रीति, छात्रों के भीतर भाषा के प्रति स्वभावतः अरुचि उत्पन्न कर देती थी।

आज व्याकरण-अनुवाद पद्धति की सीमाएँ अधिक स्पष्ट हो उठी हैं। अनुवाद ही अगर हमारा लक्ष्य हो जाए तो भाषा-अध्ययन के अन्य अंगों की अवहेलना होगी ही। आज हम भली-भाँति जानते हैं कि व्याकरण के नियमों का ज्ञान एवं अनुवाद की योग्यता को किसी प्रकार हम उस भाषा में बोलने, पढ़ने और लिखने की सक्षमता के स्तर पर

नहीं रख सकते और यही कारण है कि हमारा भाषा-शिक्षण उस काल मे एकांगी एवं अधूरा रह जाता था।

जहाँ तक व्याकरण का प्रश्न है कि परंपरा-मान्य निर्देश उसको वैज्ञानिक आधार नहीं प्रदान करता। उदाहरण के लिए हम शब्द भेद वर्गीकरण (classification of parts of speech) को ही लें। संज्ञा की सामान्य परिभाषा है—"संज्ञा वह शब्द-भेद है जो किसी व्यक्ति, स्थान अथवा वस्तु के नाम का निर्देश करता है।" 'पीला', रंग का 'नाम' है फिर भी 'पीला गुलाब' में वह विशेषण के रूप में कार्य-सिद्धि करता है। विशेषण की अगर परिभाषा लें तो वह शब्द-भेद का वह अंग माना जाता है जो "संज्ञा अथवा सर्वनाम की विशेषता वतलाता है।" कठिनाई इस बात की उठती है कि संज्ञा और विशेषण-विभाजन का आधार समानांतर नहीं। "संज्ञा नाम है" की परिभाषा के अनुसार, शब्दों का वर्गीकरण शाब्दिक अर्थ (lexical meaning) के आधार पर संपन्न करने की रीति है और "विशेषण संज्ञा अथवा सर्वनाम की विशेषता का द्योतक होता है", अतः शब्दों का विभाजन कार्य-सिद्धि को दृष्टि में रखकर करने की प्रथा रही है। लेकिन वैज्ञानिक प्रणाली शब्द-भेदों के समस्त वर्गीकरण को एक निश्चित मानदंड के आधार पर करने की प्रतिपक्षी है, अतः भापा-वैज्ञानिक द्वारा वर्गीकृत व्याकरणात्मक श्रेणियाँ वस्तुतः परंपरागत मान्य शब्द-भेद वर्गीकरण का रूपांतर मात्र नहीं।

अव तक की मान्य परिभाषा जो भी हो इसमें संदेह नहीं कि संज्ञा को हम उसके शाब्दिक अर्थ के अभाव में भी पहचानने में समर्थ हैं। "क्वास और बैर्भूत भारतीयों की रुचि के प्रतिकूल हैं।" इस वाक्य को पढ़कर कोई भी हिंदी-भाषी वता देगा कि 'क्वास' और 'वैर्भूत' संज्ञा हैं यद्यपि अधिकांश व्यक्ति इसके अर्थ से अवगत नहीं रहते। आखिर, यह विशेषण वह किस आधार पर संपन्न करता है ? वस्तुतः वाक्य में प्रयुक्त इन शब्दों का वितरण एवं अन्य शब्दों के साथ इनके संबंध, इस तथ्य का संकेत दे देते हैं कि वे संज्ञा हैं। अर्थात् स्वयं भाषा की रचना-संघटना शब्द-भेदों के नियोजन एवं कार्यसिद्धि को सुनिश्चित आधार प्रदान करती है। भाषाविज्ञान, भाषा का अध्ययन एवं शब्द-भेदों का वर्गीकरण इसी आधार पर करता है।

मौखिक वार्तालाप पद्धति

व्याकरण-अनुवाद पद्धति की अव्यावहारिकता के विरोध में भाषा शिक्षण-क्षेत्र में एक नूतन प्रणाली का आविर्भाव हुआ। इस प्रणाली ने अनुवाद की आवश्यकता को निरर्थक बताया और व्याकरणिक नियमों को स्मृति-अंकित करने की प्रवृत्ति को अव्यावहारिक एवं असंगत माना। इसके समर्थकों का कथन है कि द्वितीय भाषा को भी उसी प्रकार सीखना चाहिए जैसे बच्चा अपनी मातृभाषा को सीखता है। इसके लिए आवश्यक है कि हम सीखे जाने वाली भाषा के मातृभाषा-भाषियों के सीधे संपर्क में आएँ और उस भाषा को अर्थजन्य परिस्थिति के संदर्भ से ग्रहण करने का प्रयास करें। यस्पर्सन, पामर आदि

भाषाविदों के प्रयत्नों के फलस्वरूप इस पद्धति का प्रसार यूरोप में व्यापक स्तर पर हुआ और आज भी कई भाषा-शिक्षक इस प्रणाली के अनुमोदक हैं।

इसमें संदेह नहीं कि मौखिक-वार्तालाप पद्धति अपनी पूर्ववर्ती व्याकरण-अनुवाद पद्धति की तुलना में सापेक्षतया अधिक सहज एवं प्रभावकारी है। वह सीखने वालों को बोलने और भाषा को समझने की कहीं अधिक योग्यता प्रदान करने में सफल है। साथ ही, सामूहिक रूप में वह भाषा-ज्ञान कराने में सक्षम है जबकि व्याकरण-अनुवाद पद्धति केवल कुछेक मेधावी छात्रों को ही संपन्न बनाने में समर्थ थी।

लेकिन इस पद्धति की अपनी कुछ सीमाएँ हैं। इसके समर्थक इस तथ्य को भूल जाते हैं कि द्वितीय भाषा, मातृभाषा का स्थान कभी भी ग्रहण नहीं कर सकती। अतः उसके सीखने की पद्धति को मातृभाषा-अध्ययन पद्धति से भिन्न करना ही होगा। पहला तथ्य तो यह है कि मातृभाषा सीखने की सामाजिक आवश्यकता के रूप में जो प्रेरणात्मक प्रवृत्तियाँ काम करती हैं उनका द्वितीय भाषा अध्ययन में सर्वथा अभाव होता है। दूसरा तथ्य यह है कि मातृभाषा सीखने के समय बालक का मस्तिष्क tabula rasa के समान रहता है, अतः वह उसे बिना अंतराय प्रक्रिया के ग्रहण करता है। पर बाद में चलकर मातृभाषा की स्वरूप-संघटना व्यक्ति के मस्तिष्क को कुछ इस प्रकार प्रभावित कर देती है कि दूसरी सीखी जाने वाली भाषा की स्वरूप-संघटना को भी व्यक्ति अपनी मातृभाषा की संघटना के ही आधार पर समझने की ओर प्रवृत्त हो उठता है। अतः द्वितीय भाषा को उस संदर्भ में देख ही नहीं पाता जिस संदर्भ में उस भाषा को मातृभाषा-भाषी देखने में स्वभावतः सक्षम होता है।

मातृभाषा की अपनी संघटनात्मक विशेषताएँ किस सीमा तक द्वितीय भाषा के रूप-गठन को प्रभावित करती हैं इसको हिंदी की ध्वनियों द्वारा प्रत्यक्षीकरण (perception) के स्तर पर समझा जा सकता है। भारतीय ही नहीं वरन् भाषा के विदेशी प्राध्यापक भी यह देखकर आश्चर्य में पड़ जाते हैं कि क्यों स्वतंत्र रूप में बोले गए अंग्रेजी के शब्द tick, thick हिंदी भाषा-भाषी को thick और sick के रूप में सुनाई पड़ते हैं और अंग्रेजी के /t, e, d, o/ ध्वनिग्राम (tie, thigh, die, thy) क्रमशः भारतीयों की बोली में /t, th, d, d/ ध्यवनिग्राम (ट, थ, ड, द) के रूप में बदल जाते हैं।[1] अगर भाषा-शिक्षक, भाषाविज्ञान का आधार लेकर हिंदी की ध्वनियों के 'पैटर्न' के आधार पर इस समस्या को समझने-समझाने का प्रयत्न करे और 'पैटर्न' अभ्यास के माध्यम से इन त्रुटियों का परिहार करना चाहे तो समस्या का बहुत सरल ढंग से समाधान मिल जाएगा।[2]

---

1. Norman Dension 'Phonetics & Phonemics in Foreign Language Teaching' Proceedings of IVth Int. Congress of Phon. Science, Hague, 1962, p. 571-76.
2. देखिए लेनिनग्राद विश्वविद्यालय के भाषाविज्ञान में पढ़ा गया लेखक का शोध-पत्र Phonemic Pattern & Phonic Interference" (रूसी में) लेनिनग्राद, 1964।

भाषावैज्ञानिक पद्धति

भाषावैज्ञानिक पद्धति वस्तुतः भाषा के इस 'पैटर्न' को ही अपना आधार बनाकर भाषा-शिक्षण पद्धति का नूतन रूप स्थापित करती है। एक ओर द्वितीय भाषा के 'पैटर्न' को अभिव्यक्ति और कथ्य के विविध स्तरों पर समझने-समझाने का प्रयत्न करती है और दूसरी ओर मातृभाषा में पाए जाने वाले 'पैटर्न' का पता लगाती है। तदुपरांत इनके तुलनात्मक (contrastive) अध्ययन के आधार पर यह ज्ञात करने का प्रयत्न करती है कि भाषा की कौन सी संघटनात्मक विशेषताएँ, मातृभाषा की विशेषताओं से साम्य रखती हैं (अतः उनके 'पैटर्न' अभ्यास की आवश्यकता कम रहती है) और कौन सी संघटनात्मक विशेषताएँ मातृभाषा की प्रवृत्तियों के अनुकूल न होने के कारण अंतराय प्रक्रिया (interference process) के फलस्वरूप अपना स्वरूप बदल लेती हैं (अतः उनके पैटर्न अभ्यास की आवश्यकता सबसे अधिक होती है।)

यह पद्धति इधर-उधर से लिये गए एकाध वाक्यों के आधार पर भाषा के अध्ययन की ओर प्रवृत्त नहीं होती वरन्, 'पैटर्न' के अनुरूप मूलवाक्यों का चयन करती है और उसके आधार पर मिश्रित एवं संयुक्त वाक्यों को समझने और समझाने की ओर अग्रसित होती है। वह वार्तालाप पद्धति की उपयोगिता को स्वीकार करती है, अतः सीखी जाने वाली भाषा के सीधे संपर्क में आने की आवश्यकता से इनकार नहीं करती। इसके साथ ही वह वार्तालाप में प्रयुक्त होने वाले वाक्यों के वैज्ञानिक क्रम और भाषा के रचना-गठन के वैज्ञानिक विश्लेषण को भी अपने ध्यान में रखती है और भाषा-शिक्षण पद्धति में तुलनात्मक भाषाविज्ञान की सहायता लेकर उसे मनोविज्ञान-पुष्ट भी बनाती है।

सामान्य रूप से भाषा-शिक्षण के क्षेत्र में आज जिन प्रमुख मान्यताओं को प्रधानता दी जा रही है उसका संबंध भाषाविज्ञान से है। उदाहरण के लिए आज भाषा का सजग अध्यापक निम्न तथ्यों एवं पद्धतियों पर बल देता है—

(1) भाषा-व्यवहार को अनुवाद-सक्षमता के स्तर पर नहीं, अपितु समाज में प्रभाव-संचार के समर्थ माध्यम के रूप में स्वीकार करना चाहिए।

(2) भाषा-अध्ययन की सामग्री के चयन का आधार उच्च साहित्य की भाषा नहीं, वरन् शिष्ट व्यक्तियों के दैनिक जीवन में प्रयुक्त होने वाली सामान्य बोलचाल की भाषा होना चाहिए।

(3) स्मृति-अंकन के लिए भाषा की संघटनात्मक विशेषताओं को उद्घाटित करने वाले मूल-वाक्यों का चयन और उनका अभ्यास करना चाहिए।

(4) पैटर्न-अभ्यास के लिए कुछ अभ्यास का आयोजन करना चाहिए जो 'पैटर्न' के रूप में आदत का स्वरूप ग्रहण कर लें।

(5) औच्चारणिक-श्रौतिक अभ्यास के लिए प्रयोगशाला की सामग्री (laboratory materials) का संकलन करना चाहिए जो कक्षा के बाहर छात्रों के अभ्यास की सामग्री

का काम दें।

अंत में इस तथ्य पर बल दे देना आवश्यक है कि भाषाविज्ञान, स्वयं में भाषा-शिक्षण का कोई सिद्धांत अथवा पद्धति-विशेष नहीं। छात्र अगर इसका उपयोग कर पाते हैं तो भाषाविज्ञान के सिद्धांत को जानकर नहीं, वरन् उस भाषा-शिक्षक के निर्देशों को ग्रहण कर, जो भाषाविज्ञान द्वारा निर्देशित सिद्धांतों को अपनाकर अपनी शिक्षण-पद्धति को और भी वैज्ञानिक बना लेता है।

मातृभाषा-शिक्षण*

मातृभाषा शिक्षण पर विचार करने से पहले मातृभाषा के बारे में जानना असमीचीन न होगा। मातृभाषा वास्तव में एक सामाजिक यथार्थ है जो व्यक्ति को अपने भाषायी समाज के व्यापक सामाजिक संदर्भों से जोड़ती है और उसकी सामाजिक अस्मिता का निर्धारण करती है। इसी के आधार पर व्यक्ति अपने समाज और संस्कृति के भीतर रहता है और इसी से बौद्धिक विकास के साथ-साथ उसकी संवेदनाओं और अनुभूतियों की अभिव्यक्ति होती है। इसलिए उसकी बौद्धिक चेतना में वृद्धि करने के लिए मातृभाषा के पढ़ने और लिखने के कौशल सिखाए जाते हैं जिससे वह साक्षर होकर अपने जीवन के दैनंदिन कार्यों को सुचारु रूप से कर सकें। इस प्रकार यह सर्वमान्य सिद्धांत है कि बालक के बौद्धिक एवं भावात्मक विकास में मातृभाषा जितनी उपयोगी एवं सफल सिद्ध होती है उतनी अन्य कोई भाषा नहीं। शैशवास्था में ही बालक श्रवण, ग्रहण और अनुकरण की अनवरत प्रक्रिया द्वारा मातृभाषा को आत्मसात् कर लेता है और उसका उससे तादात्म्य स्थापित हो जाता है कि वह उसके सोचने-विचारने और अनुभव करने का सार्थक साधन बन जाती है।

प्रश्न उठता है कि मातृभाषा से अभिप्राय क्या है ? कुछ विद्वान् इसे प्रथम भाषा या स्वभाषा के साथ जोड़ते हैं। प्रथम भाषा वह भाषा है जिसे व्यक्ति बाल्यकाल में अनायास ही सीखता है और कोई भी यह नहीं बता सकता कि उसने इसे कैसे सीखा जब कि बाद में सीखी गई किसी अन्य भाषा के सीखने की प्रक्रिया को हम प्रायः याद रखते हैं। अतः प्रथम भाषा को यह नाम इसीलिए दिया गया है कि यह पहले सीखी जाती है और इसका प्रयोग व्यक्ति विभिन्न संदर्भों एवं स्थितियों में सहज भाव से स्वतंत्रतापूर्वक कर सकता है। इसके प्रयोग में उसे कोई कठिनाई होती है और अपने निजी जीवन में वह इसका नियमित रूप से व्यवहार करता है। (क्रिस्टोफ़र्सन 1973 : 32) यदि प्रथम भाषा का आधार क्रमिक प्राथमिकता मान लिया जाए तब मातृभाषा को उसका स्थान लेना होगा, किंतु मातृभाषा को 'पालना की भाषा' और 'समाजीकरण की भाषा' के रूप में परिभाषित किया गया। इसका व्यवहार परिवार में माता-पिता या

* सर्वप्रथम 'अनुप्रयुक्त भाषाविज्ञान (सं. श्रीवास्तव, तिवारी, गोस्वामी), 1980 में प्रकाशित। प्रकाशक : आलेख प्रकाशन, दिल्ली।

—संपादक

परिवार के अन्य घनिष्ठ सदस्यों के साथ होता है और इससे वह अपनी सामाजिक अस्मिता स्थापित करता है। लेकिन परिवार में सीखी हुई भाषा का प्रयोग दैनिक व्यवहार में नहीं होता और यह भी आवश्यक नहीं कि जो भाषा माता-पिता बोलते हैं, उससे बालक पूर्णतया परिचित हो। यह भी हो सकता है कि बालक ने एक साथ दो भाषाएँ सीखी हों तो यह बताना संभव न होगा कि कौन सी प्रथम भाषा है और कौन सी दूसरी। इसके अतिरिक्त, यदि किसी की माता की भाषा और हो तथा पिता की भाषा और तो यह परिभाषा देना भी कठिन होगा कि बालक की कौन-सी मातृभाषा होगी।

इसी प्रकार स्वभाषा (नेटिव लैंग्वेज) आरंभिक माध्यम की भाँति प्रयोग में आती है। यह व्यक्ति की अपने क्षेत्र में बोली जाने वाली 'अपनी भाषा' के संदर्भ में व्यवहृत होती है, किंतु यह नाम भ्रम उत्पन्न करता है क्योंकि यह जन्म से संबंधित है। वास्तव में कोई भी व्यक्ति भाषा लेकर उत्पन्न नहीं होता। इसलिए इन तीनों नामों को एक साथ जोड़ना संभव नहीं है।

कुछ भाषावैज्ञानियों ने मातृभाषा या प्रथम भाषा के भावात्मक तथा परिस्थितिजन्य लक्षणों को अलग करने का प्रयास किया है। उन्होंने निष्पक्ष दृष्टि से विचार करते हुए भाषा$_1$ और भाषा$_2$ की संकल्पना रखी है। भाषा$_1$ से तात्पर्य है प्रारंभिक भाषा अर्थात् बोलने वालों के दिन-प्रतिदिन के व्यवहार की भाषा को भाषा$_1$ कहा गया है और यह आवश्यक नहीं कि वह प्रथम भाषा से मिलती-जुलती हो। हैलिडे, मेकिंतोश तथा स्ट्रीवेंस (1964) को भाषा$_1$ और भाषा$_2$ के अंतर को समझने में कठिनाई हो रही है क्योंकि इसके लिए कोई निश्चित आधार नहीं मिलता। लेकिन कोई भी व्यक्ति आसानी से कह सकता है कि स्कूल जाने से पहले बच्चा माता-पिता, नर्स आदि अन्य व्यक्तियों से, जो उसकी देखभाल करते हैं तथा अन्य बच्चों से वह जो भाषा सीखता है, वह भाषा$_1$ है। यह भी संभावना हो सकती है कि व्यक्ति सवर्गीय बहु-भाषिक स्थिति में एक से अधिक भाषाओं को भाषा$_1$ के रूप में अर्जित करे। इस संदर्भ में भाषा की परिभाषा करने में कठिनाई होगी।

हिंदी भाषा के संदर्भ में मातृभाषा का प्रश्न क्षेत्रीय बोली के स्तर पर उठ सकता है। ब्रज, अवधी, भोजपुरी आदि क्षेत्रीय बोलियों को बोलने वाले लोगों के लिए ये बोलियाँ मातृभाषा के रूप में होंगी और सामान्य व्यवहार की भाषा के रूप में हिंदी उनके लिए 'सह मातृभाषा' के रूप में होगी (श्रीवास्तव 1977) क्योंकि बोली से हिंदी में जो भाषायी परिवर्तन होगा, वह उस प्रकार का होगा जिस प्रकार एक भाषा-भाषी अनौपचारिक शैली से औपचारिक शैली में बात करने लगता है। इसी प्रसंग में एक अन्य समस्या उठती है कि हिंदीभाषी क्षेत्र में उर्दू को क्या स्थान दिया जाए ? क्या इसे हिंदीभाषी क्षेत्र में प्रथम भाषा माना जाए या भाषा का विस्तारण कहा जाए। वास्तव में हिंदीभाषी क्षेत्र में उर्दू भाषा का विस्तारण ही होगी क्योंकि हिंदी और उर्दू के बीच जो भेद दिखाई देता है वह संरचनात्मक दृष्टि से न होकर शैक्षिक एवं सामाजिक आयामों के आधार पर है (गोस्वामी 1975)। कारण यह है कि बच्चा घर में माता-पिता के साथ बोली को मातृभाषा के रूप में प्रयुक्त करता है और जब वह स्कूल जाता है तो वह बोली के स्थान पर भाषा को अपनाता है।

यहीं आकर उसकी साहित्यिक परंपरा और सामाजिक अस्मिता की बात उठती है जहाँ वह हिंदी या उर्दू को मातृभाषा के रूप में अपनाता है। यह वास्तव में बोली के संदर्भ में 'सह मातृभाषा' की भूमिका निभाती है। इसी भूमिका में उर्दू हिंदी का विस्तारण ही होगी। इस प्रकार मातृभाषा की संकल्पना सांस्थानिक यथार्थता है जिसमें भाषा-भाषी समुदाय का व्यक्ति अपनी सामाजिक अस्मिता की खोज करता है।

शिक्षा के क्षेत्र में मातृभाषा को दो कार्य करने होते हैं—एक ओर वह स्वयं अपना साम्य बनती है और दूसरी ओर वह अन्य विषयों के लिए माध्यम भी (श्रीवास्तव 1979)। विद्यालयों में भूगोल, इतिहास, विज्ञान आदि जो विषय पढ़ाए जाते हैं वे माध्यम भाषा के साथ जुड़े होते हैं। अतः विषय को समझने के लिए पहले विषय को व्यक्त करने वाली माध्यम भाषा को जानना ज़रूरी है। वास्तव में भाषा विभिन्न स्थितियों एवं संदर्भों में विभिन्न भूमिकाएँ निभाती है। यह अपने आप में समरूपी होते हुए भी प्रयोग में विषमरूपी हो जाती है। इसीलिए विज्ञान से संबद्ध विषय की भाषा शैली अलग होगी, समाजशास्त्र से संबद्ध भाषा भिन्न होगी तथा मानविकी और साहित्य की भाषा का अलग रूप दिखाई देगा। इस भाषा-भेद की संकल्पना को प्रारूप देने के लिए प्रयुक्ति (रजिस्टर) की संकल्पना रखी गई। विभिन्न प्रयोगगत संदर्भों में व्यवहृत भाषा को ही प्रयुक्ति कहते हैं। इसमें विषय एवं प्रयोजन के अनुसार भाषा के विभिन्न भेद मिलते हैं। अतः शिक्षा नियोजन करते समय मातृभाषा शिक्षण को बहुआयामी बनाने की ज़रूरत होगी तभी शिक्षण का उद्देश्य यथार्थपरक एवं सार्थक हो सकेगा।

वास्तव में शिक्षा की सफलता भाषा पर आधारित है। अपनी भाषा के आधार पर ही बालक संकल्पना का निर्माण करता है और उसी के द्वारा अपने भावों एवं विचारों का संप्रेषण करता है। इस तरह भाषा बालक के जीवन से जुड़ी होती है और जब तक बालक भाषा के विभिन्न प्रयोगों एवं रूपों पर अधिकार नहीं कर पाता तब तक न तो उसके व्यक्तित्व का पूर्ण विकास हो पाता है और न ही वह विषय-वस्तु को ग्रहण कर पाता है। यदि किसी बालक का जन्म निम्न वर्ग में होता है और उसी में उसका पालन-पोषण होता है तो उसे सामाजिक एवं सांस्कृतिक धरातल पर ऐसा वातावरण नहीं मिल पाता जिससे उसकी भाषा समृद्ध एवं विकसित हो सके। अतः इस सीमित वातावरण के कारण उसकी अविकसित भाषा का प्रभाव उसकी शिक्षा पर पड़ेगा। इस दृष्टि से बर्नस्टीन (1971) ने 'सीमित कोड' और 'विस्तृत कोड' की संकल्पना रखी और अपने सर्वेक्षण के आधार पर उन्होंने ये निष्कर्ष निकाला कि निम्नवर्ग के बच्चे सीमित कोड का प्रयोग अधिक करते हैं जबकि मध्यवर्ग के बच्चे विस्तृत कोड का। सीमित कोड में वक्ता की भाषा सामान्य रूप में सरल होती है और वह स्थूल वस्तुओं तक सीमित रहती है जबकि विस्तृत कोड में भाषा हर दृष्टि से अधिक सूक्ष्म, लचीली और सार्थक होती है। इसमें जटिल एवं दुरूह अभिव्यक्तियों को स्पष्ट करने का सामर्थ्य है। अतः शिक्षा के क्षेत्र में बालक की भाषायी क्षमता और प्रयोगदक्षता महत्त्वपूर्ण कार्य करती है।

शिक्षा का अभिप्राय बालक को साक्षर बनाना है और इस साक्षरता कार्य में

मातृभाषा शिक्षण की सबसे अधिक आवश्यकता रहती है। दूसरे शब्दों में, मातृभाषा शिक्षण का उद्देश्य बालक को लिखने और पढ़ने का कौशल प्रदान करना है, ताकि वह समाज में उपयोगी वन सके। इसमें संदेह नहीं कि स्कूल आने से पहले बालक में भाषिक क्षमता होती है और उसे प्रारंभिक स्तर के सांस्कृतिक पहलुओं की जानकारी भी होती है, किंतु उसे भाषा के औपचारिक रूप की क्षमता अर्जित करनी होती है जिससे वह समाज में उसको व्यवहार में ला सके। इसके अतिरिक्त स्थान, काल और अनुभव क्षेत्र में वैविध्य होने के कारण भाषा में विभिन्नता का होना स्वाभाविक है, लेकिन शिक्षा के द्वारा उसे स्थिर बनाने की आवश्यकता रहती है। यदि एक ओर भाषा के मौखिक पक्ष की अपेक्षा लिखित पक्ष अधिक स्थिर होता है तो दूसरी ओर भाषा का विस्तृत कोड सीमित कोड की अपेक्षा अधिक सूक्ष्म और जातिपरक होने के कारण अधिक सुसंगत और सार्थक होता है। अतः यहाँ भाषा के मानकीकरण की आवश्यकता रहती है। इससे भाषा में एकरूपता आती है जिससे लिखित पक्ष तो सुदृढ़ बनता ही है, विस्तृत कोड और अधिक व्यापक हो जाता है।

औपचारिक शिक्षा की आंतरिक व्यवस्था ऐसी होती है जिससे बालक की भाषिक क्षमता और व्यावहारिक दक्षता का विकास होता है। यह भाषिक क्षमता एवं व्यावहारिक दक्षता उसकी अपनी उस भाषिक क्षमता एवं व्यावहारिक दक्षता से भिन्न होती है जो उसने स्कूल से अलग होकर या अनौपचारिक रूप से सीखी है। यदि यह शिक्षा विषयप्रधान होती है तो यह भिन्नता स्पष्ट रूप से दिखाई देती है। इससे बालक की भाषिक क्षमता पहले से अलग-सी होने लगती है क्योंकि यह निर्देशात्मक एवं नियमबद्ध हो जाती है। ऐसे संदर्भों में परंपरागत व्याकरण ऐसे कई जीवंत प्रयोगों को अमानक या अशुद्ध कहकर नकार देता है जो बालक ने अनौपचारिक एवं मौखिक संदर्भों में बोले और समझे हैं। लेकिन भाषा का मानक रूप भाषा के लिखित पक्ष के संदर्भ में निर्धारित किया जाता है जब कि भाषा का मौखिक पक्ष भी उतना ही महत्त्वपूर्ण एवं यथार्थपरक है जितना भाषा का लिखित प्रयोग। इस स्थिति में बालक के व्यक्तित्व-निर्माण में बाधा पड़ने की संभावना रहती है। अतः मातृभाषा-शिक्षण में भाषा के उस पक्ष की ओर ध्यान देने की ज़रूरत है जो भाषा के जीवंत प्रयोग को नकारे नहीं।

इस दृष्टि से मातृभाषा को तीन पक्षों में विभाजित किया जा सकता है : (1) निर्देशात्मक, (2) विवरणात्मक और (3) सर्जनात्मक।

निर्देशात्मक दृष्टि से मानक और अमानक प्रयोग के आधार पर भाषा को शुद्धता एवं अशुद्धता की दृष्टि से देखा जाता है। इसमें बालक की भाषिक क्षमता को उसकी आंतरिक आवश्यकताओं के अनुसार न देखकर भाषेतर विषयों की तर्कपरक व्याख्या के लिए नियोजित तथा व्यवस्थित करने की अपेक्षा रहती है। इसमें भाषा को स्थायित्व देने की बात आती है और उसे नियमों में बाँधकर समरूपी बनाने का प्रयास किया जाता है। इसके अतिरिक्त बहु-भाषिकता के संदर्भ में कई भाषाओं के दबाव पड़ने से मातृभाषा का रूप अलग-सा होने लगता है तो उसे रोकने के लिए व्याकरण का

निर्देशात्मक पक्ष सहायक होता है। लेकिन निर्देशात्मक व्याकरण से भाषा की स्वाभाविकता पर आघात अवश्य पहुँचता है। इसके अतिरिक्त भाषा के लिखित प्रयोगों पर अत्यधिक ध्यान देने के कारण उसके मौखिक पक्ष की उपेक्षा होती है जिससे भाषा की शक्ति का ह्रास होता है और बालक की सर्जनात्मक शक्ति का भी विकास नहीं हो पाता।

विवरणात्मक दृष्टि से भाषा को भाषा और उसके प्रयोगों के संदर्भ में देखा जाता है। इसमें यह देखने का प्रयास किया जाता है कि विभिन्न परिस्थितियों में भाषा किस प्रकार कार्य करती है, न कि यह देखा जाता है कि भाषा का कौन सा रूप शुद्ध एवं अशुद्ध है। इस व्याकरण में यह भी माना जाता है कि जीभ या लेखनी के फिसल जाने, हिचक या अज्ञान के कारण या अन्य मानसिक एवं शारीरिक विकारों के कारण भाषा में जो अशुद्धियाँ होती हैं, उन्हें यदि न माना जाए तो मातृभाषा-भाषी के प्रयोग में कोई त्रुटि नहीं होती। अतः मातृभाषा शिक्षण का प्रयोजन भाषा को कौशल रूप में पढ़ाना है जिससे व्यक्ति उचित संदर्भ, प्रसंग एवं स्थिति में भाषा का चयन सही रूप में कर सके। इसका लक्ष्य मूल्यपरक अध्ययन नहीं है, वरन् विवरणात्मक अध्ययन है। वास्तव में हर भाषा में व्यवहार और प्रयोजनसिद्धि के आधार पर भेद पाया जाना स्वाभाविक है। हिंदी का एक रूप बोलचाल के स्तर पर मिलता है तो दूसरा लिखित स्तर पर। व्यवहार क्षेत्र के संदर्भ में तकनीकी हिंदी, कार्यालयीन हिंदी, साहित्यिक हिंदी आदि कई भाषारूप मिलते हैं। इस दृष्टि से हिंदी की व्याकरणिक व्यवस्था अपने आपमें एक है, किंतु प्रयोगगत संदर्भों में उसमें विभिन्न रूप पाए जाते हैं। इन प्रयोगगत संदर्भों के अनुसार भाषारूपों के प्रति बालकों को सजग एवं सचेत बनाने तथा उसे तत्संबंधी कौशलों की जानकारी दिलाने का उद्देश्य इस व्याकरण का होता है। वास्तव में वर्णनात्मक व्याकरण से भाषा के व्यावहारिक पक्ष की जानकारी तो मिल जाती है, लेकिन इसके सर्जनात्मक पक्ष की प्रायः उपेक्षा हो जाती है और बालक की जिज्ञासा एवं कल्पनाशक्ति को भी आघात पहुँचता है।

सर्जनात्मकता की दृष्टि से बालक के व्यक्तित्व का विकास सामाजिक एवं भावात्मक स्तर पर होता है। मातृभाषा का मुख्य उद्देश्य तो बालक के वास्तविक अनुभव को भाषा के माध्यम से प्रभावित करते हुए उसका समाजीकरण करना है। लेकिन यह समाजीकरण केवल भाषा के माध्यम से उसके बौद्धिक विकास को करने से नहीं होता। अतः इसका उद्देश्य बालक की आवश्यकता, उसकी रुचि एवं लक्ष्य से जुड़ा हुआ होना चाहिए। इससे बालक का मानसिक विकास तो होगा ही, उसके व्यक्तित्व का भी निर्माण होगा। इसलिए यह ज़रूरी है कि मातृभाषा शिक्षण में जहाँ औपचारिक शिक्षा पर बल दिया जाए वहाँ उसमें भाषा-प्रयोग के सामाजिक, सांस्कृतिक और वैयक्तिक पक्षों को भी ध्यान में रखा जाए। भारत में विशेषकर हिंदी-भाषी प्रदेशों में मातृभाषा के रूप में जो हिंदी शिक्षण कराया जा रहा है वह इन उद्देश्यों की पूर्ति नहीं कर पा रहा। यही कारण है कि हिंदी शिक्षण से लक्ष्यहीन कौशल का विकास हो रहा है, न कि बालक का मानसिक विकास। लेखन कौशल या संरचना के विस्तार से या शब्दों के ज्ञान से बालक समाज

में उपयोगी नहीं हो पाएगा जब तक इसकी समाज में उपयोगिता नहीं होगी।

इस प्रकार मातृभाषा शिक्षण में विद्यार्थी और उसके अनुभव-जगत् को केंद्रबिंदु बनाया जाए जिससे उसे विभिन्न परिस्थितियों एवं प्रयुक्तियों के अनुरूप भाषाशैली का ज्ञान हो सके। इससे विभिन्न कौशलों का विकास तो होगा ही, साथ में भाषा की शक्ति का भी उसे परिचय मिलेगा। मातृभाषा के स्कूली एवं औपचारिक शिक्षण मिलने के साथ-साथ अनौपचारिक स्तर पर वैयक्तिक एवं सामाजिक संदर्भों के बारे में जानने से बालक के व्यक्तित्व का निर्माण होगा और उसमें विभिन्न प्रयोजनों के लिए अभिव्यक्ति की शक्ति पैदा होगी। इस दृष्टि को सामने रखते हुए मातृभाषा के मानकीकरण, अवभाषीकरण और आधुनिकीकरण की प्रक्रिया पर ध्यान देना होगा जो भाषा को जीवंत बनाए रहते हैं। केवल यही नहीं, मातृभाषा शिक्षण में साहित्य को समझने और अनुभव करने की क्षमता पैदा करनी होगी। सूर, तुलसी, प्रसाद, निराला और शुक्ल के साहित्य को भाषिक दृष्टि से समझने पर एक अंतर्दृष्टि पैदा होगी जिससे साहित्य का रसास्वादन होगा। इसके अतिरिक्त भाषा के सर्जनात्मक प्रयोग का परिचय मिलेगा तथा भाषा की संपूर्ण संभावनाओं की जानकारी होगी। इस प्रकार मातृभाषा शिक्षण का उद्देश्य व्यापक एवं लक्ष्यपूर्ण होने से ही उसकी सार्थकता है जो बालक को साक्षर बनाने के साथ-साथ उसे समाज का महत्त्वपूर्ण अंग भी बना सके।

संदर्भ-ग्रंथ-सूची

Allen, J. P. B. and S. Pitcorder (eds.) 1975. Readings for Applied Linguistics. London : O.U.P.

Bernstein, B. 1971. Language and Roles. *In* Ruxley and Ingram (eds).

Christophersen, Paul. 1973. Second Language Learning. Penguin.

Goswami, K. Kumar. 1975. Concept of First and Second Language with Special Reference to Urdu in Hindi and non-Hindi Speaking areas. Paper read in All India Urdu Conference at Patiala Under CIIL in April.

Halliday M. A. K., A. McIntosh and P. Strevens, 1964. The Linguistic Science and Language Teaching. London : Longman.

Halliday, M. A. K. 1973. Explorations in the Functions of Language. London : Edward Arnold.

Lado, R. 1957. Linguistics Across Culture. Ann Arbor : University of Michigan Press.

Machey, W. F. 1965. Language Teaching Analysis. London : Longman.

Pitcorder, S. 1973. Introducing Applied Linguistics. Penguin.

Ruxley R. and E. Ingram (eds.). 1971. Language Acquisiton : Model & Methods. London : Academic Press.

Srivastava, R. N. 1977. Societal Billingualism and Problems in organizing Language Teaching in India. Paper read in the Meeting of Experts on Language Teaching at Paris Under UNESCO in December.

रवींद्रनाथ श्रीवास्तव, सं. 1975, प्रयोजनमूलक हिंदी, आगरा : केंद्रीय हिंदी संस्थान।

—1979 भाषाशिक्षण, नई दिल्ली : मैकमिलन।

बहुभाषिकता, हिंदी भाषा समाज और हिंदी-शिक्षण*

भारतवर्ष एक बहुभाषी देश है। 1961 की जनगणना के आधार पर यह कहा जा सकता है कि इस देश में 1019 मातृभाषाएँ हैं जिनको 200 वर्गीकृत भाषाओं में बाँटा जा सकता है। यह तथ्य कम महत्त्वपूर्ण नहीं है कि साक्षर व्यक्तियों की संख्या अनुपात में कम होने तथा भाषा शिक्षण की किसी निश्चित योजनाबद्ध अध्ययन-अध्यापन के अभाव के बावजूद भी बहुभाषिकता देश की संचार-व्यवस्था की एक प्रमुख शर्त है। भारतवर्ष में बहुभाषिकता किसी समस्या के रूप में नहीं रही। यहाँ की संचार व्यवस्था समाज की अपनी आवश्यकताओं के अनुरूप जिस प्रकृति में ढलती गई उसमें बहुभाषिक स्थिति एक सहज और प्राकृतिक लक्षण के रूप में उभरी। यही कारण है कि न केवल भारतवर्ष एक देश के रूप में बहुभाषी देश है, वरन् हर भाषावार प्रदेश भी एक बहुभाषी प्रदेश है।

उदाहरण के लिए बिहार प्रदेश को ही लें। उसके कोड मैट्रिक्स को नीचे दी गई तालिका के आधार पर देखा जा सकता है।

कुल जनसंख्या 5,64,41,502

हिंदी (पश्चिमी और पूर्वी)	:	2,05,80,643	पंजाबी	:	72,191
			राजस्थानी	:	61,618
बिहारी	:	1,64,42,087	भूमिज	:	38,457
उर्दू	:	41,49,245	तेलुगु	:	37,222
संथाली	:	14,59,235	नेपाली	:	29,747
बंगाली	:	12,20,800	मुडायामुंडा	:	20,301
मुंडारी	:	4,74,482	गुजराती	:	20,068
हो	:	4,45,068	तमिल	:	16,177
उड़िया	:	3,02,969	अंग्रेजी	:	8,387
खरिया	:	96,016	मलयालम	:	7,559
मात्तो	:	88,632	मराठी	:	5,074

* सर्वप्रथम 'हिंदी का सामाजिक संदर्भ' (सं. श्रीवास्तव, सहाय), 1976 में प्रकाशित। प्रकाशक : केंद्रीय हिंदी संस्थान, आगरा।–संपादक

सिंधी	:	4,089	ट्रविडन	:	1,931
कोरवा	:	3,768	बिरजिया	:	1,506
असमिया	:	2,241	गढ़वाली	:	1,057

इसके अतिरिक्त जिन भाषाओं को बोलने-समझने वाले सौ से ऊपर और हजार से नीचे हैं उनकी संख्या आठ है—कोरकू (867), कोंकणी (816), कन्नड (674), गोंडी (451), कश्मीरी (186), संस्कृत (129) और भीली (125)।

बिहार की भाषायी स्थिति भारतवर्ष के अन्य प्रांतों में पाई जाने वाली भाषायी स्थिति से अलग-अलग या अनूठी हो—ऐसी बात नहीं। यह स्थिति अन्य प्रांतों में भी है कि प्रायः विभिन्न भाषा-परिवारों की बोलियाँ एक ही समाज में न केवल अगल-बगल प्रयोग में आती हों; वरन् एक भाषा-परिवार की बोली को भी सहज रूप में अपनाते देखे जाएँ। इस दृष्टि से बहुभाषिकता की प्रकृति के बारे में कुछ सामान्य अभिलक्षण देखे जा सकते हैं।

पहला तथ्य तो यही है कि बहुभाषिकता की यह प्रकृति **समुदायपरक** है न कि **व्यक्तिपरक**। व्यक्तिपरक बहुभाषिकता, एक भाषाभाषी समुदाय में देखी जाती है जहाँ अन्य व्यक्ति अपने ज्ञान या अन्य वैयक्तिक आवश्यकताओं के कारण अन्य भाषा को स्वीकार करता और उसके प्रयोग को सीखता है। उदाहरण के लिए कोई अमरीकी या रूसी अपने देश में जब हिंदी या अन्य कोई भारतीय भाषा सीखने की ओर प्रवृत्त होता है तब उसकी यह आवश्यकता उसके समाज की संचार व्यवस्था का उपांग बनकर सिद्ध नहीं होती। इसके विपरीत समुदायपरक बहुभापिकता, एक बहुभाषी देश के समाज की व्यापक संचार व्यवस्था का एक उपांग बनकर सिद्ध रहती है। पारिवारिक व्यवहार, संप्रेषणीयता, दैनिक आचरण आदि के संदर्भ में जब समाज एक से अधिक भाषाओं के प्रयोग को सहज और स्वाभाविक स्तर पर स्वीकार करने लगे तब समुदायपरक बहुभाषिकता की स्थिति उभरती है। इस दृष्टि से देखें तो जिसे हम हिंदी प्रदेश कहते हैं, वह भी एक समुदायपरक बहुभाषी प्रदेश के रूप में ही सामने आता है।

बिहार के संथाली समाज को ही लें। अपने जीवन के पारिवारिक संदर्भ में वे संथाली को प्रयोग करते हैं, पर अपने वैयक्तिक और पारिवारिक जीवन के दायरे से बाहर आकर वे स्थानीय बोलियों का उपयोग करते देखे जाते हैं और जीवन के एक दूसरे आयाम पर वे क्षेत्रीय बोलियों (भोजपुरी, मैथिली और मगही) को भी अपनाते देखे जा सकते हैं, प्रारंभिक शिक्षा के लिए उनमें से अधिकांश अखिल भारतीय हिंदी के परिनिष्ठित रूप को ग्रहण करते हैं क्योंकि हिंदी प्रदेश की यह विशेषता रही है कि वह स्थानीय बोली के घेरे से बाहर निकलकर हिंदी को माध्यम भाषा के रूप में स्वीकार कर शिक्षा ग्रहण करने की ओर प्रवृत्त होती है। इसे पूरे समाज में साक्षरता का सवाल बोली के स्थान पर क्षेत्रीय भाषा या हिंदी के सीखने की प्रक्रिया से जुड़ा है। आगे जब उच्च शिक्षा की बात उठती है तब यही हिंदी, अंग्रेजी भाषा के सीखने और अपनाने

की समस्या से जुड़ जाती है।

परिवार, स्थानीय समुदाय, क्षेत्रीय जन व्यवहार, साक्षरता और सामान्य तथा उच्च शिक्षा इन विभिन्न संदर्भों में जब हम भारतीय किसी भाषा-भाषी समुदाय के कोड मैट्रिक्स को देखते हैं तो उसे बहुभाषा की एक जटिल प्रक्रिया से बँधा पाते हैं। पर उसकी यह जटिलता भाषाविदों के लिए भले ही समस्या के रूप में आती हो और भाषाविद् भारत की इस आंतरिक संचार व्यवस्था के संदर्भ में भले ही उसे 'भाषायी पागलपना' कहते हों, पर स्वयं समाज उसे सहज और सामान्य रूप से ग्रहण करता आ रहा है। समाज के स्तर पर संप्रेषणीयता में न तो कभी कोई गतिरोध ही आया और न ही उसकी संचार व्यवस्था में ही कोई रुकावट आई। इसका कारण कोड-परिवर्तन (कोड स्विचिंग) की सहज स्वीकृति रही है।

यहाँ यह तथ्य भी कम महत्त्वपूर्ण नहीं रहा है कि जिस प्रकार एक गाँव की बोली अपने सीमावर्ती दूसरे गाँव की बोली से भिन्न होकर भी एक-दूसरे के जन समुदाय के लिए बोधगम्य रही है और जिस प्रकार अगल-बगल के गाँव आपसी व्यवहार के लिए एक क्षेत्रीय सामान्य उस बोली का निर्वाह एवं प्रयोग करते रहे हैं जो दोनों के लिए मान्य एवं सुबोध हो उसी प्रकार सामाजिक स्तर-भेद की भी एक ऐसी क्रमिक सीढ़ी को हम पाते हैं जहाँ पर स्तर अपने सीमावर्ती स्तर की भाषा अथवा शैली से परिचित रहता है। इसमें संदेह नहीं कि ये सभी भाषाएँ एवं शैली-भेद समाज-संदर्भित हैं, सभी की अपनी इयत्ता एक विशिष्ट सामाजिक आवश्यकता की पूर्ति के साधन हैं और उन सभी की सत्ता समाज की पूरी संप्रेषण व्यवस्था की एक अनिवार्य उपांग बनकर सिद्ध है। संक्षेप में इसे हम नीचे दिए गए रेखा-चित्र में समझ सकते हैं।

पारिवारिक	:	(परिवार में प्रयुक्त भाषा/बोली)
स्थानीय	:	(स्थानीय गाँव में प्रयुक्त बोली)
क्षेत्रीय	:	(क्षेत्रीय स्तर की बोली/भाषा)
साक्षरता का स्तर	:	(माध्यम भाषा 1)
सामान्य शिक्षा का स्तर	:	(माध्यम भाषा 2)
उच्च शिक्षा का स्तर	:	(माध्यम भाषा 3)

इसके संदर्भ में यह तथ्य भी कम महत्त्वपूर्ण नहीं कि संपूर्ण भारतवर्ष में परिवार के जीवन मूल्य और भाषारूप, समाज के वृहत्तर संदर्भ के सामाजिक मूल्य और भाषा-प्रयोग से भिन्न रहे हैं। इन दोनों के बीच की विभाजक रेखा निश्चित और सुदृढ़ रही है और ये दोनों आपस में नितांत भिन्न होने की स्थिति में भी एक-दूसरे की कभी विरोधी या प्रतिद्वंद्वी नहीं रहीं। भारतवर्ष की सामाजिक बनावट की यह प्रकृति ही रही है कि वह पारिवारिक मूल्यों का निर्वाह स्थानीय सामाजिक मूल्यों से टकराए बिना करती रही है। यह यहाँ की व्यवस्था का स्वीकृत तथ्य है कि अगर कोई व्यक्ति या समुदाय या वर्ग

अपना भाषा-क्षेत्र छोड़कर अन्य भाषा-क्षेत्र में जाकर बसा है तो उसे अपनी भाषा छोड़ने की आवश्यकता कभी भी सामाजिक दबाव के रूप में नहीं महसूस करनी पड़ी। यह स्थिति अमेरिका से काफ़ी भिन्न है। वहाँ अगर किसी अन्य देश का भाषा-भाषी जाता है तो एक या दो पीढ़ी के बाद वह अपनी भाषा को छोड़कर वहाँ की भाषा (अंग्रेजी) को अपना लेता है। अतः भाषा-निर्वाह वहाँ एक समस्या के रूप में सामने आता है। पर हिंदुस्तान के भीतर एक क्षेत्र की भाषा बोलने वाला जब दूसरे क्षेत्र में जाता है तब उसका अपना एक पाँव हमेशा अपनी धरती पर बँधा होता है। संयुक्त परिवार और कुल का सदस्य होने के नाते जीवन के एक दायरे में उसे उस परिवार या कुल से संबंध बनाए रखना पड़ता है जिसका वह मूलतः सदस्य है। परिणाम यह है कि हर भाषा-क्षेत्र में ऐसे कई सामुदायिक वर्ग मिल जाते हैं जो अपने सामाजिक व्यवहार क्षेत्र में स्थानीय और क्षेत्रीय बोलियों का प्रयोग करते हैं, पर अपने पारिवारिक आचरण के लिए उस क्षेत्र के बाहर की भाषा का सहज भाव से निर्वाह कर लेते हैं। अतः बहु-भाषिकता के संदर्भ में यह भाषा-निर्वाह भारत में किसी समस्या के रूप में सामने नहीं आता।

बहुभाषिकता के संदर्भ में यह तथ्य ध्यान देने योग्य है कि हर भाषा समाज के हर प्रकार के दायित्व को नहीं निभाती। अगर बहु-भाषिकता की प्रकृति व्यक्तिपरक न होकर समुदायपरक है तब विभिन्न भाषाओं का प्रयोग अपने एक निश्चित सामाजिक संदर्भ की अपेक्षा रखेगा। उसी संदर्भ में उस भाषा का प्रयोग सहज और सामान्य माना जाएगा। जिस प्रकार किसी एक भाषा के भीतर कई शैलियाँ होती हैं और हर शैली एक विशेष सामाजिक-सांस्कृतिक संदर्भ की माँग करती है, उसी प्रकार अगर हम भाषा की सीमा का विस्तार कर अपनी दृष्टि भाषायी समाज तक ले जाएँ और उसे विवेच्य सामग्री के लिए इकाई मान लें तब हम पाते हैं कि भाषा-समाज के बीच स्थिर संबंधों के साथ निर्वाह करने वाली भाषाएँ भी शैलीवत् ही सिद्ध रहती हैं। भाषा प्रयोग के इन स्थिर संबंधों की प्रकृति पर ध्यान देने से स्पष्ट हो जाता है कि जिस प्रकार वाक्य-स्तर पर पर्यायवाची शब्दों की सत्ता और महत्त्व है और जिस प्रकार बहुभाषी समाज के संदर्भ में उस भाषा-भेद की प्रकृति और उनके प्रयोजन का महत्त्व है जो उस भाषायी समाज की कोड-मैट्रिक्स है।

बहुभाषा समाज की कोड मैट्रिक्स उन सभी प्रयोजनबद्ध भाषाओं एवं शैलियों के समूह को कहेंगे जिसे वह समाज अपने प्रभाव संचार के लिए अपनाने के लिए विवश है। शैली-भेद की जहाँ तक बात है, हर भाषा में उसकी सत्ता असंदिग्ध रूप से देखी जाती है। पर ऐसी स्थिति भी देखी जा सकती है कि एक भाषा, दो या दो से अधिक ऐसी शैलियों का प्रयोग करता हो जो न केवल सामाजिक संदर्भों द्वारा नियंत्रित हों, अपितु जिन का भाषा के परिप्रेक्ष्य में प्रयोजन सिद्ध सापेक्षतया स्थिर हो। प्रसिद्ध भाषावैज्ञानिक फ़रगुसन ने ऐसी स्थिति को 'डायग्लोसिया' नाम दिया है। उनके अनुसार 'डायग्लोसिया' एक ही भाषा की दो शैलियों के व्यवहार की वह स्थिर स्थिति होती है जिसमें भाषा की एक आधारभूत शैली के अतिरिक्त उससे भिन्न आरोपित एक और

भाषा-शैली भी प्रयुक्त होती है। आधारभूत शैली का मानक रूप संभव है। आरोपित शैली का व्याकरण अतिरिक्त नियमों द्वारा न केवल सापेक्षतया जटिल होता है, वरन् उसके प्रयोग को समाज मे अधिक सम्मानजन्य माना जाता है। वस्तुतः लिखित साहित्य में इसी का प्रयोग अधिक होता है और औपचारिक अवसरों पर इसी भाषा-शैली को लोग व्यवहार में लाते हैं, इसलिए भाषा का यह शैली रूप किसी-न-किसी औपचारिक संदर्भ में सीखा जाता है।

भारतीय समाज न केवल बहुभाषी समाज है, बल्कि स्तरीकृत होने के कारण उसकी भाषाओं में शैली भेद सामाजिक प्रयोजनों के साथ संबद्ध होकर सामने आते हैं। इन भाषाओं में 'डायग्लोसिया' की स्थिति स्पष्ट देखने को मिलती है। बंगाली भाषा में 'चलित' और 'साधुभाषा', तेलुगु में 'व्यावहारिक' और 'ग्रंथिका' शैली अथवा तमिल में 'पेचू' और 'सेन तमिल' की दो स्पष्ट शैलियाँ हैं। 'चलित', 'व्यावहारिक' और 'पेचू' आदि शैलियाँ वस्तुतः इन भाषाओं की आधारभूत शैलियाँ हैं जिन्हें सामान्य व्यक्ति सहज रूप में सीख लेता है। इनके विपरीत 'साधुभाषा', 'ग्रंथिका शैली' अथवा 'सेन तमिल' इन भाषाओं की वह शैली है जिसे अधिक सामाजिक प्रतिष्ठा मिली है और जिसके न जानने से व्यक्ति सुसंस्कृत नहीं माना जाता अथवा उस भाषा का उसका ज्ञान अधूरा या अपूर्ण समझा जाता है।

हिंदी की स्थिति इन भाषाओं से जटिल इस अर्थ में है कि इसमें आधारभूत शैली के अतिरिक्त एक नहीं, अपितु दो आरोपित शैलियाँ हैं। आधारभूत शैली को प्रायः सामान्य हिंदी या हिंदुस्तानी की संज्ञा दी जाती है और आरोपित शैलियों को संस्कृतनिष्ठ (या उच्च हिंदी) और फ़ारसी-अरबीनिष्ठ (या उर्दू) शैलियाँ कहा जाता है। हिंदी और उर्दू के बीच गहरी खाई का काम करने वाले दो प्रमुख तत्त्व रहे हैं—लिपि और साहित्यिक परंपरा। हिंदी, नागरी लिपि की मुखापेक्षी है और उर्दू फ़ारसी लिपि की; हिंदी की परंपरा भारतवर्ष की उस जातीय संस्कृति की संवाहक रही है जो संस्कृत भाषा से अबाध गति से चली आ रही है जबकि उर्दू मुड़-मुड़कर फ़ारसी काव्यधारा से भी काव्य-रूढ़ियाँ आत्मसात् करती रही है। पर लिपि भाषा नहीं और लिपि भेद को भाषा भेद का आधार नहीं बनाया जा सकता। दूसरी बात यह भी स्पष्ट हो जानी चाहिए कि इन दोनों आरोपित साहित्यिक शैलियों का मूलाधार एक ही है—हिंदुस्तानी, जो न केवल दोनों ही लिपियों में लिखी जा सकती है, बल्कि लिखी जाने पर नागरी को देखकर जिस पाठ को एक वर्ग 'हिंदी' से जोड़ता है तो फ़ारसी लिपि में पाकर उसी पाठ को दूसरा वर्ग 'उर्दू' मान बैठता है।

स्पष्ट है कि जिसे हम हिंदी भाषा-समाज कहते हैं उसका भाषायी कोश (वर्बल रेपर्त्वा) दो या दो से अधिक बोलियों, हिंदुस्तानी, हिंदी की दो आरोपित शैलियों तथा उच्चवर्ग में अंग्रेजी भाषाओं से संक्रमित है और जो आपस में इस प्रकार ग्रंथित हैं कि उनमें कोड-परिवर्तन सहज और स्वाभाविक प्रक्रिया के रूप में देखने में आता है। बोली, शैली और भाषा भेद के ये अंतरसंबंध विभिन्न सामाजिक स्तरों पर भिन्न रूप में

प्रतिफलित होते हैं, पर सामाजिक प्रक्रिया के संदर्भ में जिनको सामान्यीकृत नियमों से बाँधना संभव है। यह देखा जा सकता है कि जिन सामाजिक दबावों और औपचारिक परिस्थितियों के संदर्भ में उच्चवर्ग के सदस्य हिंदी और अंग्रेजी के बीच भाषा-परिवर्तन करते हैं, उन्हीं परिस्थितियों में बहुत कुछ आधारभूत शैली हिंदुस्तानी, और आरोपित शैलियों—उच्च हिंदी अथवा उर्दू में भी परिवर्तन देखा जा सकता है और उसी प्रकार समाज के एक तीसरे स्तर पर उन्हीं संदर्भों में बोलियों और हिंदुस्तानी के बीच कोड-परिवर्तन संभव है।

हिंदी को उसके सही संदर्भ में समझने के लिए अत्यावश्यक है कि हम उसके समाज के भाषायी कोश (वर्बल रेपत्वा), कोड मैट्रिक्स, कोड परिवर्तन (कोड स्टाइल स्विचिंग) को उस समाज में पाई जाने वाली बहुभाषिकता की सही प्रकृति के परिप्रेक्ष्य में देखें।

मातृभाषा का सवाल और उसकी समस्या एकभाषी देश में जिस रूप में दिखाई देती है वहाँ बहुभाषी समाज में उसी रूप में नहीं प्रतिफलित होती। बहुभाषी देश में विभिन्न सामाजिक आवश्यकताओं एवं विभिन्न प्रयोजनों के निर्वाह के लिए भिन्न-भिन्न भाषाएँ काम में आने के कारण आपस में स्थिर संबंधों का निर्माण करती चलती हैं। जब तक इन संबंधों की प्रकृति का हम सही आकलन न कर लें, हम उस समाज की संप्रेषण व्यवस्था और भाषा संबंधी उनकी जातीय चेतना का भी पता नहीं लगा सकते। भारतवर्ष ऐसे देश में जहाँ बहुभाषिकता इतिहास-समर्थित रही है और जहाँ भाषा-सहिष्णुता सामाजिक संस्कृति का निर्वाहक तत्त्व रहा है वहाँ आज भाषा वैमनस्य की भावना का तीव्र उद्रेक निश्चय ही भाषा नियोजन की किसी गहरी भूल का परिणाम कहा जा सकता है। भाषा नियोजन के लिए यह आवश्यक है कि पहले हम देखें कि अन्य भाषा के रूप में कोई भाषा किन प्रयोजनों को साधती है और इस दृष्टि से आज की भाषायी स्थिति में हिंदी किन प्रयोजनों को लेकर प्रदेश अथवा भारत संघ की स्वीकृत भाषा बन सकती है।

अन्य भाषाओं के रूप में निम्नलिखित चार प्रयोजन देख सकते हैं—

(1) **सहायक भाषा** (Auxiliary language) : जब अन्य भाषा सामाजिक संप्रेषण के लिए काम में न लाई जाए और उसे केवल ज्ञान के माध्यम के रूप में ही स्वीकार किया जाए तब ऐसी भाषा को सहायक भाषा की संज्ञा दी जा सकती है। इस दृष्टि से क्लासिक भाषाओं का ज्ञान प्राप्त किया जा सकता है।

विभिन्न विदेशी विश्वविद्यालयों में हिंदी की पढ़ाई भारतवर्ष के समाज, संस्कृति और साहित्य आदि की जानकारी के लिए उपकरण के रूप में की जाती है, पर ऐसे प्रशिक्षण से उस तरह के द्विभाषी निकलते हैं जो ज्ञान के धरातल पर तो हिंदी को सीख लेते हैं, पर समाज के वास्तविक संदर्भों में इनका व्यावहारिक उपयोग नहीं कर पाते। इस सहायक भाषा को कभी-कभी पुस्तकालयी भाषा का रूप भी कहा जाता है।

(2) **संपूरक भाषा** (Supplementary language) : जब अन्य भाषा व्यवहार में तो प्रयुक्त हो, लेकिन जिन आवश्यकताओं के लिए अपनाई जाती है वह अपनी प्रकृति

में अस्थायी तथा अपने प्रयोग में अत्यंत सीमित हो (यथा—पर्यटकों के उपयोग तक सीमित भाषा), तब इसे संपूरक भाषा की संज्ञा दी जा सकती है। इस दृष्टि से पढ़ाई जाने वाली भाषा आंशिक क्षमता के रूप में उन द्विभाषियों को पैदा करती है जिसकी प्रकृति भाषिक क्षमता के संदर्भ में अस्थिर रहती है।

भाषा का सहायक एवं संपूरक प्रयोजन व्यक्तिपरक और व्यक्तिसाधक है, न कि समाजपूरक और समाजसाधक। ये दोनों प्रयोजन किसी भाषा समाज की संप्रेषण व्यवस्था की आवश्यकता पर आधारित नहीं होते। अतः ऐसी भाषाओं का ज्ञान संस्था के रूप में किसी भाषा-समुदाय की आंतरिक आवश्यकताओं का परिणाम नहीं होता। इसके विपरीत नीचे दिए दो और प्रयोजनों के लिए भाषा समाज की अपनी आंतरिक व्यवस्था और संप्रेषण की सामाजिक आवश्यकताओं से बाधित होती है।

(3) **परिपूरक भाषा** (Complementary language) : अन्य भाषा के रूप में प्रयोग में आने वाली भाषा पहली या मातृभाषा के परिपूरक प्रयोजन में सिद्ध तब मानी जा सकती है जब वही भाषा (न कि कोई अन्य भाषा) निर्धारित भाषा समाज के सीमित परंतु निर्दिष्ट सामाजिक संदर्भों में स्वभावतः प्रयुक्त की जाती है। इस दृष्टि से अगर हम अंग्रेजी के प्रयोग पर ध्यान दें तो स्पष्ट हो जाता है कि वह भारतीय भाषा समाज के लिए परिपूरक प्रयोजनवत सिद्ध है। हम अपने समाज के विशिष्ट संदर्भ में ही अंग्रेजी का प्रयोग करते हैं और जिन सीमित संदर्भों में इसका व्यवहार सहज रूप में होता है उसमें अन्य किसी विदेशी भाषा—रूसी, फ्रेंच, जर्मन आदि का व्यवहार नहीं होता। वस्तुतः अंग्रेजी इसी संदर्भ में एक अक्षेत्रीय, लेकिन अखिल भारतीय स्तर पर व्यवहार में लाई जाने वाली संपर्क भाषा के रूप में विकसित हुई।

संपर्क भाषा के रूप में सिद्ध प्रयोजन भाषा परिपूरक संदर्भ को सामने उभारती है। इसी संदर्भ में कोई भाषा लिंग्वा-फ्रांका भी बनती है। यही उस विशिष्ट रजिस्टर को सामने उभारती है जिसे कभी हम अखिल भारतीय स्तर पर संघ की राजभाषा कह लेते हैं और कभी ज्ञान के स्तर पर पारिभाषिक शब्दावली से युक्त तकनीकी भाषा के नाम से संबोधित करते हैं। परिपूरक भाषा के रूप में अन्य भाषा शिक्षण उस स्थिर प्रकृति के द्विभाषी पैदा करता है जिसका ज्ञान अन्य भाषा के संदर्भ में आंशिक रहता है।

अहिंदी क्षेत्रों में हिंदी शिक्षण का सही दृष्टिकोण परिपूरक प्रयोजनों को लेकर होना चाहिए। उन क्षेत्रों की अपनी मातृभाषा तो है ही इसलिए हिंदी की शिक्षा उन संदर्भों में करना अनुचित होगा जिनके लिए पहले से ही मातृभाषा का प्रयोग होता रहा है। ऐसा न करने पर हिंदी अनावश्यक रूप से अन्य भारतीय भाषाओं की प्रतिद्वंद्विता में उलझ जाएगी।

बहुभाषी समाज में प्रायः यह देखा जाता है कि समाज की पूरी संप्रेषण व्यवस्था के भीतर जब एक भाषा कुछ निश्चित क्षेत्रों में अपने दायित्व का निर्वाह करती है तो दूसरी भाषा कुछ अन्य निश्चित क्षेत्रों में। सीमित सामाजिक क्षेत्रों में प्रयुक्त होने के कारण यह कहा जाने लगता है कि वह भाषा अधूरी और अक्षम है क्योंकि उसका वह

रूप खुलकर नहीं आता जो उन क्षेत्रों में प्रयोग में आने पर होता है जिनमें कोई दूसरी भाषा प्रयोग में आती है। लेकिन एक भाषा-वैज्ञानिक दृष्टि के आधार पर यह कहा जा सकता है कि कोई भी भाषा स्वयं में अधूरी अथवा अविकसित नहीं होती, केवल उसका प्रयोग क्षेत्र और व्यवहार सीमित या विस्तृत होता है। सभी भाषाएँ अपनी मूल रचना और प्रकृति में उन संभावनाओं से युक्त रहती हैं जो किसी भी विकसित भाषा के लिए मान्य स्वरूपगत विशेषताओं को लिये होती है। हिंदी पर यह आक्षेप लगाया जाता है कि वह अंग्रेजी भाषा की तुलना में अधूरी अथवा अविकसित है। यह कथन भ्रांत दृष्टि का परिणाम है क्योंकि अंग्रेजी उन विशिष्ट सामाजिक संदर्भों में प्रयोग में लाई जाती रही है जिनमें हिंदी का प्रयोग नहीं होता था। साम्राज्यवाद एवं अंतर्राष्ट्रीय दबाव के फलस्वरूप हिंदी को अवसर ही नहीं मिला कि वह अपने भाषा समाज के वृहत्तर आयाम पर प्रयुक्त हो। अब जबकि अंग्रेजी का बल घटता जा रहा है और शिक्षा का आधार व्यापक होकर जन समाज के निचले स्तर तक बढ़ता जा रहा है, यहाँ की अपनी भाषाएँ वह रास्ते स्वयं बनाती जा रही हैं जिन पर आधारित होकर वे समृद्ध और बहु-प्रयोजनीय होती जा रही हैं। हिंदी शिक्षण को इस दृष्टि से भी अपने को सम-सामयिक माँग के अनुरूप सम्यक् बनाना जरूरी है।

(4) **समतुल्य भाषा** (Equative language) : जब अन्य भाषा उन सभी सामाजिक संदर्भों में प्रयुक्त होने लगे जिनमें मातृभाषा प्रयोग में लाई जाती है तब उसे समतुल्य भाषा प्रयोजन की संज्ञा दी जा सकती है। ऐसी स्थिति में द्विभाषी धीरे-धीरे अंततोगत्वा एकभाषी बन जाता है, क्योंकि उसके लिए मातृभाषा एक अर्थहीन भाषा बन जाती है। यह स्थिति अमेरिका जैसे देशों में प्रायः देखने को मिलती है जहाँ दूसरे भाषा समाज (यथा—रूसी, फ्रेंच, जर्मन आदि) के व्यक्ति जब वहाँ जाकर बस जाते हैं तब एक या दो पीढ़ी के बाद वे अपनी मातृभाषा को पहले आनुषंगिक और बाद में अर्थहीन देखकर उसे छोड़ते जाते हैं और अंत में वहाँ की भाषा को ही अपनी पहली भाषा के रूप में स्वीकार कर लेते हैं। भारतवर्ष में भाषा परिवर्तन की यह स्थिति देखने को नहीं मिलती क्योंकि एक भाषा क्षेत्र से जब व्यक्ति दूसरे भाषा क्षेत्र में जाता है तब भी उसका एक पाँव अपनी स्थानीय मातृभूमि की व्यवस्था में जमा रहता है जिसके फलस्वरूप वह अपने कुल, जाति एवं परिवार से संबंधित दायित्वों के निर्वाह के लिए अपनी मातृभाषा का प्रयोग करने के लिए सदा बाध्य रहता है। इस तरह अन्य भाषा क्षेत्र के साथ-साथ अपनी मातृभाषा का भी वह निर्वाह करता है।

एक दूसरी स्थिति भी देखने को मिल सकती है। कभी-कभी विस्थापित परिवार अपनी जमीन से उखड़कर बोली के धरातल पर मान्य संप्रेषण व्यवस्था को छोड़ता हुआ पाया जा सकता है। हिंदी भाषा क्षेत्र के भीतर अनेक बोलियों के उपक्षेत्र हैं। इन बोली-उपक्षेत्रों से उखड़कर परिवार दूसरे बोली क्षेत्र के शहरी जीवन में जब प्रवेश करता है तो एक या दो पीढ़ी के बाद वह हिंदी भाषा को अपने उन जीवन संदर्भों में भी प्रयोग करता पाया जाता है जिनमें कभी वह अपनी बोली का प्रयोग करता था। ऐसी

स्थिति में एक-दो पीढ़ी के बाद हिंदी भाषा उसकी पहली भाषा बन जाती है।

भारतीय समाज भाषा वैविध्य को बिना मिटाए हुए भाषा की एकता पर बल देता रहा है। भाषा सहिष्णुता उसकी जातीय एवं सांस्कृतिक चेतना की आंतरिक शक्ति के रूप में स्थित रही है। जिस सामाजिक संस्कृति की बात हिंदी के माध्यम से संविधान में उठाई गई है, वह न तो भाषा परिवर्तन और भाषा-लोप पर आधारित है, बल्कि विभिन्न भाषाओं की परिपूरक प्रयोजनों पर आधारित सामाजिक संप्रेषण व्यवस्था से जुड़ी हुई है। आपसी भाषायी सहयोग उस बहुभाषी समाज का निर्माण करता है, जो अपनी प्रकृति में समानाधिकरणिक न होकर सामासिक होता है। हिंदी भाषा शिक्षण का सही संदर्भ यही है कि हम पहले भारतीय समाज की बहुभाषिकता की प्रकृति को ठीक से समझें और तदनुरूप विभिन्न भाषा प्रयोजनों के संदर्भ में हिंदी के अन्य भाषाओं के साथ संबंधों की सही जानकारी रखते हुए भाषा-शिक्षण को सार्थक बनाएँ।

हिंदी व्यवहार एवं शिक्षण का सामाजिक संदर्भ*

भाषा शिक्षण—विशेषकर मातृभाषा शिक्षण पर बात प्रारंभ करने के पहले यह आवश्यक है कि हम भाषा और मातृभाषा की सही प्रकृति के बारे में जान लें। मातृभाषा को दो ढंग से परिभाषित किया जाता है। पहला संदर्भ उसे 'पालने या झूले की भाषा' के रूप में स्वीकार करता है। अर्थात् किसी व्यक्ति की मातृभाषा वह भाषा है जिसे व्यक्ति अपने बचपन में अनायास सीखता है। जिस तरह अपनी माँ की गोद में रहते-रहते व्यक्ति चलना-फिरना सीख लेता है, उसी तरह वह अपने परिवार में आत्मीय जनों के बीच बोली जाने वाली भाषा को भी सहज ढंग से सीख लेता है। मातृभाषा का दूसरा संदर्भ उसे 'समाजीकरण की भाषा' के रूप में परिभाषित करता है। मातृभाषा के माध्यम से व्यक्ति अपने परिवार, अपने इर्द-गिर्द के वातावरण, अपने चारों ओर फैले हुए समाज से जुड़ता है। वह इसके सहारे अपनी सामाजिक अस्मिता स्थापित करता है, अपना बौद्धिक विकास करता है, और अपने समाज की संस्कृति को पहचानता है।

कुछ भाषायी समाजों में मातृभाषा के ये दोनों संदर्भ—'पालने की भाषा' और 'समाजीकरण की भाषा' एक ही भाषा के सहारे निभा लिये जाते हैं। जो बचपन में अनायास सीखी गई भाषा है, वही उसके लिए समाज से जुड़ने और शिक्षा पाने का माध्यम होती है। अगर कोई उसमें अंतर होता भी है तो उसे शैली-भेद कह सकते हैं। एक शैली बोलचाल की व्यावहारिक भाषा और दूसरी शैली शिक्षा माध्यम की मानक भाषा। ऐसी स्थिति बहुधा एक भाषा-भाषी देश में देखी जा सकती है। पर हमारा देश बहुभाषा-भाषी देश है। यहाँ पर हम प्रायः देखते है कि 'पालने की भाषा', का काम हमारी बोलियाँ करती हैं और 'समाजीकरण की भाषा' मानक हिंदी है। हम अपनी आँखें खोलते हैं—ब्रज, अवधी, भोजपुरी, मगही आदि क्षेत्रीय बोलियों में, पर शिक्षा पाने के लिए व्यवहार में लाते हैं 'मानक हिंदी' को। अतः हमारे भाषा व्यवहार के संदर्भ में मातृभाषा के दो संदर्भ हैं—'पालने की भाषा' के रूप में हिंदी की क्षेत्रीय बोलियाँ और 'समाजीकरण और शिक्षा माध्यम' की भाषा के रूप से 'मानक हिंदी'। एक विशेष स्थिति में मातृभाषा के ये दो संदर्भ हमारे यहाँ भी एक हो जाते हैं। अपने क्षेत्र से उखड़े हुए कुछ परिवार जब शहरों में आकर बस जाते हैं तब एक-दो पीढ़ियों के बाद उसके सदस्य केवल हिंदी

* सर्वप्रथम 'संस्कृति' - 1972, वर्ष 25, अंक 3 : 15 : 17 में प्रकाशित।—**संपादक**

के सहारे अपना काम चलाने लगते हैं। उनका संबंध बोलियों से छूट जाता है। और इस तरह 'पालने की भाषा' और 'समाजीकरण तथा शिक्षा माध्यम' की भाषा उनके लिए एक बन जाती है। पर ऐसी स्थिति एक तो केवल बड़े शहरों में देखने को मिलती है, दूसरे, यह स्थिति विस्थापित परिवारों में पाई जाती है। अन्यथा अधिकांश लोगों के लिए 'पालने की भाषा' के रूप में उनकी बोलियों और समाजीकरण तथा शिक्षा माध्यम के रूप में 'मानक हिंदी' का द्वैत बना रहता है।

मातृभाषा के संदर्भ में हिंदी शिक्षण पर बात करते समय क्षेत्रीय बोलियों और मानक हिंदी के इस द्वैत को भुलाया नहीं जाना चाहिए। यह बात ठीक है कि शिक्षा माध्यम के लिए जिस भाषा को हम स्वीकार करते हैं वह मानक भाषा होती है। इसलिए हम अपने परिवार में स्वजन संबंधियों से भले ही अपनी-अपनी बोलियों में बात क्यों न करते हों, पर जब एक बार स्कूल या कॉलेज में पढ़ने के लिए आ जाते हैं, तब वहाँ मानक हिंदी में ही पढ़ने-लिखने के लिए बाध्य हो जाते हैं। हमारा अध्यापन कार्य हिंदी में चलता है। हमारी पाठ्यपुस्तकें हिंदी में लिखी रहती हैं, हमारी परीक्षाएँ हिंदी माध्यम से चलती हैं और शिक्षा के ये सब संदर्भ मानक हिंदी की अपेक्षा रखते हैं, न कि बोलियों के। पर सिद्धांत में कोई बात कहना एक बात है और व्यवहार में उसे अभ्यास में लाना उससे नितांत दूसरी बात। हम शिक्षा माध्यम के लिए भले ही क्षेत्रीय बोलियों के स्थान पर मानक हिंदी को क्यों न अपना लें, पर उन बोलियों के स्थान पर मानक हिंदी को सर्वथा मुक्त नहीं कर सकते। इसीलिए बोली भेद के आधार पर हिंदी प्रदेश में ही हिंदी बोलते समय भाषा भेद देखने को मिलता है।

क्षेत्रीय शैली के रूप में भाषा-भेद के कुछ उदाहरण अगर हम अपने सामने रखें, तो बात कुछ स्पष्ट हो जाएगी। कुछ ध्वनियों के ही उच्चारण की बात लें। एक क्षेत्र में हम 'ऐ', 'औ' ध्वनियों को मूल स्वर के रूप में बोलते हैं—जैसे 'पैसा', 'औरत', तो दूसरे क्षेत्र में उन्हीं ध्वनियों के संध्यक्षर के रूप में, जैसा 'पइसा', 'अउसत'। एक जगह पर संख्यावाचक शब्दों में 'इ' का प्रयोग करते हैं—यथा, 'इक्कीस', 'इकसठ', 'इक्कासी' तो दूसरी जगह पर 'ए' का जैसे—'एक्कीस, एकसठ, एक्कासी'। छत्तीसगढ़ में लोग 'घास, चावल, हाथ, हाथी' ऐसे शब्दों को अनुनासिकता के साथ बोलते हैं—घांस, चांवल, हांथ, हांथी। अवधीभाषी 'क्ष' के बदले 'छ' बोलते पाए जाते हैं। उनके उच्चारण में 'क्षण' 'छन' बन जाता है और 'क्षमा' बन जाता है 'छिमा'। मारवाड़ी और हड़ौती के मातृभाषी 'न' के स्थान पर कई जगह 'ण' बोलते-लिखते देखे जा सकते हैं, अतः 'ननद', 'मन' को वे 'नणद' और 'मण' जैसे रूप दे देते हैं।

भाषा-भेद, भाषा के जीवंत होने का लक्षण है। पर जिस भाषा को शिक्षा और संस्कार का माध्यम बनना पड़ता है, उसमें कुछ-न-कुछ स्थिरता तो आनी चाहिए। शिक्षा की माध्यम-भाषा में स्थिरता लाने के संदर्भ को 'मानकीकरण' कहते हैं। भाषा का मानकीकरण एक प्रक्रिया है—जो भाषा व्यवहार के स्तर पर 'विभिन्नता में एकता' लाने का प्रयत्न करती है। मानकीकरण एक ही प्रयोजन के लिए विभिन्न जगहों पर विभिन्न

ढंग से प्रयोग में आने वाले भाषा रूपों में से एक को 'स्वीकार' करता है और इस तरह वह भाषा को मानकीकृत बनाता है। उदाहरण के लिए वह संकेत देता है कि 'पैसा' और 'पइसा' में 'पैसा' का उच्चारण मानक है, या 'घास' और 'घांस' में 'घास' बोलना मानक है। जो प्रयोग 'मानक' मान लिया जाता है उसे समाज संस्कारजन्य मान लेता है और शिक्षा के संदर्भ में उसे ही मान्य या उचित स्वीकार करता है। मानकच्युत प्रयोग, अमानक या शिक्षा की दृष्टि से अशुद्ध प्रयोग भी कहे जाते हैं। हमारी शिक्षा दृष्टि मानकच्युत प्रयोगों को 'त्रुटियाँ' मानते हैं।

प्रायः सभी प्रकार की अशुद्धियों को हम 'त्रुटियों' की संज्ञा दे देते हैं, पर भाषा शिक्षण की दृष्टि से अशुद्धि और अशुद्धि में भेद करना बहुत आवश्यक है। अशुद्धि शोधन के संदर्भ में इस भेद का महत्त्व बहुत बढ़ जाता है। अशुद्धि प्रयोग के तीन निश्चित संदर्भ तो देखे ही जा सकते हैं :

(1) **व्यवहार-सापेक्ष अशुद्धि :** इस प्रकार की अशुद्धियों का संबंध व्यक्ति की असावधानी के कारण होता है। ऐसी अशुद्धियों के लिए प्रायः व्यक्ति यह कहता है—"भाई जुबान ही तो है, फिसल गई।" ऐसी अशुद्धियों के प्रति बोलते समय ही या तो व्यक्ति सजग हो जाता है अथवा किसी के बताने पर अपनी गलती जल्दी ही मान लेता है।

(2) **व्याघात-सापेक्ष अशुद्धि :** ऐसी अशुद्धियों का आधार क्षेत्रीय बोली और मानक भाषा का द्वैत है। उदाहरण के लिए अगर भोजपुरी बोली बोलने वाला व्यक्ति 'पैसा' की जगह स्वभाववश 'पइसा' बोलता है या छत्तीसगढ़ का व्यक्ति 'घास' के स्थान पर आदतन 'घांस' बोलता है, तो इसे भाषा व्याघात का उदाहरण समझना चाहिए। भाषा व्याघात का अर्थ है किसी एक भाषा या बोली के लक्षण का दूसरी भाषा पर स्वभाववश या आदतन आरोपण।

(3) **अस्वीकार्यतासापेक्ष अशुद्धि :** ऐसी अशुद्धियों का संबंध भाषा के मानक/अमानक प्रयोगों से रहता है। भाषा-भेद भाषा की अपनी नियति है, अतः एक ही अभिव्यक्ति के विकल्पतः दो रूप मिल सकते हैं। मानक भाषा उन विकल्पों में से एक को स्वीकार करती है और दूसरे को अस्वीकार। अस्वीकृत रूप से इस संदर्भ में अशुद्ध प्रयोग माने जाते हैं। उदाहरण के लिए, व्यवहार में एक समय सुनते हैं—'मुझको जाना है' और दूसरे समय पाते हैं—'मेरे को जाना है'। इसी प्रकार 'आप खाइए' भी प्रयोग देखने में मिलता है और 'आप खाओ' भी। मानक भाषा इनमें से 'मुझको जाना है' और 'आप खाइए' जैसे प्रयोगों को स्वीकार कर 'शुद्ध प्रयोग' का दर्जा देती है जबकि, 'मेरे को जाना है' या 'आप खाओ' को अमानक बताकर उसे अशुद्ध बताती है।

मानकीकरण और अशुद्धि शोधन के अलावा मातृभाषा शिक्षण के कुछ अन्य महत्त्वपूर्ण संदर्भ भी हैं, पर इनका संबंध भाषा के आधुनिकीकरण की समस्या से जुड़ा हुआ है। अतः यह आवश्यक है कि पहले हम यह जान लें कि आधुनिकीकरण और विशेषकर भाषा के आधुनिकीकरण से हमारा क्या तात्पर्य है। किसी भाषा के आधुनिकीकरण

का संबंध उसके विकास के लक्ष्यगामी पक्ष के साथ जुड़ा होता है। समाज के विकास के साथ-साथ भाषा को भी विकसित होना पड़ता है। इस विकास के दौरान भाषा को नए-नए दायित्वों का निर्वाह करना पड़ता है, उसे नई-नई भूमिकाओं से जुड़ने के कारण अभिव्यक्ति शैली के नए-नए आयाम खोलने पड़ते हैं, ज्ञान-विज्ञान में होने वाली प्रगति के साथ-साथ उसे नए-नए तकनीकी शब्दों का निर्माण करना पड़ता है। यह भाषा विकास की सहज प्रक्रिया है। इसीलिए समाज में उभरने वाले नए-नए संदर्भ भाषा में भी नए-नए अर्थ भरते चलते हैं। उदाहरण के लिए 'बिजली' या 'विद्युत्' शब्द को ही लें। पहले यह बादलों के बीच कौंधकर चमकने वाली 'दामिनी' का पर्याय था, जिसका व्यवहार क्षेत्र 'प्रकृति' था। पर आज विज्ञान और तकनीक के नए संदर्भ में यह अंग्रेजी के 'इलेक्ट्रिसिटी' के पर्याय के रूप में अपना अर्थ विस्तार कर चुका है। इसी प्रकार 'आकाशवाणी' और 'दूरदर्शन' ऐसे शब्दों पर ध्यान दें। 'आकाशवाणी' शब्द अपने पूर्ववर्ती संदर्भ में जो अर्थ संकेतित करता था आज उससे भिन्न अर्थ का वह बोध कराता है। इसे हम अब 'रेडियो स्टेशन' के अर्थ के रूप में भी जानते हैं। इसी प्रकार 'दूरदर्शन' आज 'टेलीविज़न' के लिए प्रयुक्त हिंदी का शब्द है। ध्यान दें तो यह शब्द, दो तत्त्वों से बना है—दूर+दर्शन। 'दूर' शब्द-निर्माण का पहले से ही एक सक्रिय सदस्य रहा है जिसके आधार पर हमें कई सामाजिक अर्थ वाले शब्द निर्मित मिलते हैं—जैसे, दूरगामी, दूरदर्शी, दूरदृष्टि, दूरद्रष्टा आदि, पर आधुनिकीकरण की प्रक्रिया ने आज हमें टेलीस्कोप के लिए 'दूरबीन' या 'दूरयंत्र', टेलीफोन के लिए 'दूरभाष', टेलीप्रिंटर के लिए 'दूरमुद्रक', टेलीकम्युनिकेशन के लिए 'दूरसंचार', टेलीफोटो के लिए 'दूरचित्र' ऐसे शब्दों से भी भाषा को समृद्ध बनाया है।

संक्षेप में हम कह सकते हैं कि हिंदी भाषा के आधुनिकीकरण से तात्पर्य है—बदलते हुए संदर्भ में नई-नई भूमिकाओं के निर्वाह के लिए हिंदी का प्रयोगजन्य विकास। नई भूमिकाओं से जुड़ने के कारण आधुनिकीकरण की यह प्रक्रिया एक तरफ प्रयुक्ति और प्रोक्ति के नए-नए आयाम खोलती है और दूसरी तरफ ज्ञान-विज्ञान की संकल्पना को सटीक ढंग से व्यक्त करने के लिए तकनीकी शब्दों का निर्माण करती है। भाषा शिक्षण का संबंध आज आधुनिकीकरण के इन तीनों पक्षों—प्रयुक्ति, प्रोक्ति और तकनीकी शब्द के साथ जुड़ गया है। इसलिए इन पर संक्षेप में चर्चा कर लेनी चाहिए।

प्रयुक्ति, विषय अथवा प्रयोजन से परिभाषित भाषारूप है। उदाहरण के लिए जब हम प्रयोग करते हैं—(1) आपको सूचित किया जाता है, (2) यह निर्णय लिया गया है, (3) मुझे पावती भेजने का आदेश प्राप्त हुआ है, तब वे वाक्य मिलकर कार्यालय में प्रयुक्त भाषा का आभास देते हैं। इसी प्रकार ऐसी क्रिया रूपों का जब प्रयोग देखते हैं—आगे बढ़, तेज़ चल, दाएँ घूम, तब हम उसे स्वतः किसी सैनिक प्रशिक्षण के क्षेत्र में प्रयुक्त भाषा मान लेते हैं। यह ध्यान देने की बात है कि अपने संदर्भ से हटकर प्रयुक्ति की भाषा हास्यास्पद हो जाती है। उदाहरण के लिए कार्यालय की प्रयुक्ति में 'मुझे यह सूचित करने का आदेश हुआ है' एक सामान्य अभिव्यक्ति है, किंतु अगर

घर में इस प्रकार की भाषा का प्रयोग हो, तो वह अटपटी लगेगी। यह तथ्य भी महत्त्वपूर्ण है कि प्रयुक्ति, विषय-वस्तु और ज्ञान क्षेत्र की सारी बारीकियों और जटिलताओं की अभिव्यक्ति होती है जिसका भाषा-शिक्षण में विशेष ध्यान रखना पड़ता है। उदाहरण के लिए कार्यालयी भाषा प्रयुक्ति के संदर्भ में आदेश, अनुदेश, समादेश, निदेश आदि पर्यायवाची संकल्पनाएँ नहीं हैं, भले ही इन सभी का संबंध 'आज्ञा' के अर्थ से कहीं क्यों न जुड़ा हो। ये सभी शब्द कार्यालय तंत्र के एक निश्चित संदर्भ से बँधे होने के कारण अपने प्रयोग में निश्चित और निर्धारित होते हैं।

भाषा शिक्षण की अब दूसरी संकल्पना 'प्रोक्ति' को लें। प्रोक्ति वस्तुतः वाक्य से ऊपर की भाषिक इकाई है। जिस प्रकार वाक्य, शब्द नहीं, बल्कि 'शब्दों की कड़ी' है उसी प्रकार प्रोक्ति वाक्य नहीं; अपितु 'वाक्यों की कड़ी' है। समानांतर तुलना के आधार पर यह भी कहा जा सकता है कि जिस प्रकार शब्दों की हर कड़ी वाक्य का दर्जा नहीं पाती, उसी प्रकार वाक्यों की हर कड़ी प्रोक्ति नहीं कहला सकती, और जिस प्रकार शब्दों को कड़ी के रूप में बाँधकर वाक्य बनाने का एक नियम होता है, जिसे 'व्याकरण' के नाम से जाना जाता है, उसी प्रकार वाक्यों को कड़ी के रूप में जोड़कर 'प्रोक्ति' बनाने के भी कुछ नियम होते हैं, जिसकी जानकारी सही भाषा प्रयोग के लिए आवश्यक है। दूसरा महत्त्वपूर्ण तथ्य यह भी है कि प्रोक्ति का मूलाधार संलाप और संवादिता है और वह वक्ता या लेखक की अपनी कथन-दृष्टि से जुड़ी रहती है। अतः एक तरफ इसके आधार पर एकालापं और संलाप और अप्रत्यक्ष और प्रत्यक्ष कथन में भेद करना संभव है और दूसरी तरफ—शैली और अन्य पुरुष शैली में।

भाषा-शिक्षण का तीसरा संदर्भ भाषा की शब्द-संपदा और तकनीकी शब्दावली से है। शब्द, भाषा की सार्थक लघुतम और स्वतंत्र इकाई है। शब्द को इस प्रकार परिभाषित करते समय हमने उसके तीन लक्षणों को तीन विशेषणों से जोड़ा है—सार्थक, लघुतम और स्वतंत्र। इन संकल्पनाओं को कुछ उदाहरणों से समझ लेना चाहिए। अब हम कहते हैं कि शब्द, भाषा की स्वतंत्र पर सार्थक इकाई है तब 'लड़का' और 'लड़कपन' या 'दूध' और 'दूधवाला' सभी शब्द ठहरते हैं क्योंकि इनका सार्थक ढंग से पद के रूप में प्रयोग संभव है। पर 'लड़कपन' का 'पन' या 'दूधवाला' का 'वाला' अंश अपने में सार्थक क्यों न हो, पर उसे शब्द का दर्जा नहीं दिया जा सकता क्योंकि उसका स्वतंत्र रूप से प्रयोग करना संभव नहीं। भाषा शिक्षण के संदर्भ में यह तथ्य भी कम महत्त्वपूर्ण नहीं है कि हम एक शब्द से दूसरा शब्द बना सकते हैं। शब्द-निर्माण के संदर्भ में संरचना के आधार पर हम तीन संयोगों की सहायता लेते हैं (1) उपसर्ग जैसे 'अहित' में 'अ', 'अपशब्द' में 'अप', 'प्रतिस्पर्धा में 'प्रति' आदि (2) प्रत्यय (जैसे 'गीतकार' में 'कार', 'सुंदरता' में 'ता', 'पाठक' में 'क' आदि) और समास जैसे देश और भक्ति के योग से देशभक्ति, घोड़ा और सवार के संयोग से घुड़सवार आदि)।

तकनीकी शब्द भी शब्द ही हैं, पर विज्ञान या शास्त्रों से संबद्ध होने के कारण वे अपने विषय-क्षेत्र के ज्ञान से परिभाषित होते हैं। अतः सामान्य शब्द अपने अर्थ के

लिए जब केवल प्रयोग की अपेक्षा रखते हैं, वहाँ तकनीकी या पारिभाषिक शब्द, अपने विपय-क्षेत्र के सैद्धांतिक ज्ञान की भी माँग करते हैं। इसीलिए ज्ञान-विज्ञान के अलग-अलग संदर्भ में ऊपर से एक दीखनेवाला शब्द अलग-अलग अर्थ देता है। उदाहरण के लिए 'धातु' शब्द को ही लें—व्याकरणशास्त्र में इसका एक अर्थ है, रसायनशास्त्र में दूसरा है, तथा आयुर्वेदशास्त्र में इसका एक तीसरा अर्थ है। आज जब भाषा प्रयोग के नए-नए संदर्भ खुल रहे हैं, ज्ञान-विज्ञान के क्षेत्र में नई-नई संकल्पनाएँ तेजी से विकसित हो रही हैं, यह आवश्यक हो गया है कि हम शब्दों के साथ जुड़ने वाले नए-नए अर्थों को भी जानें और उनका सही संदर्भों में सही ढंग से प्रयोग करें।

विदेशी भाषा के रूप में हिंदी शिक्षण के कुछ निर्धारक तत्त्व*

[1]

'विदेशों में हिंदी' और 'विदेशी भाषा के रूप में हिंदी' ये दोनों दो भिन्न संकल्पनाएँ हैं। एक का संबंध हिंदी के समाजशास्त्रीय पक्ष से है और दूसरे का संबंध हिंदी के शैक्षिक पक्ष से। हिंदी का समाजशास्त्रीय पक्ष यह संकेत देता है कि राष्ट्रीय संदर्भों से इतर उसका एक अंतर्राष्ट्रीय संदर्भ भी है। हिंदी बड़े पैमाने पर फीजी, त्रिनिदाद, मारीशस, सूरीनाम, नेपाल, भूटान, गुआना आदि देशों में प्रयोजनी भाषा के रूप में प्रयुक्त हो रही है। साथ ही बर्मा, लंका, कंपूचिया आदि देशों में हिंदी सामाजिक और सांस्कृतिक अंतःशक्ति के रूप में विद्यमान है तथा सोवियत संघ, अमरीका तथा यूरोप के अनेक देशों में हिंदी के प्रति गहरी शैक्षिक अभिरुचि है। स्पष्ट है कि हिंदी का समाजशास्त्रीय पक्ष एक ओर, उसे राष्ट्रीय और अंतर्राष्ट्रीय संदर्भ प्रदान करता है तो दूसरी ओर, अंतर्राष्ट्रीय संदर्भ के विभिन्न प्रयोजनपरक उपसंदर्भ भी प्रस्तुत करता है।

विदेशी भाषा के रूप में हिंदी का संदर्भ शैक्षिक होता है। इसे पहले मातृभाषेतर दूसरी भाषा के शिक्षण के रूप में स्वीकार किया जा सकता है। वस्तुतः मातृभाषा शिक्षण से भिन्न किसी भी भाषा शिक्षण के अन्य भाषा शिक्षण के अंतर्गत माना जाता है। अन्य भाषा शिक्षण का संबंध एक निश्चित प्रकार के प्रयोजन की सिद्धि से जुड़ा होता है। उसके द्वारा शिक्षार्थी को अनिवार्यतः द्विभाषिक बनाया जाता है। मातृभाषा की क्षमता सामान्य रूप से सभी व्यक्तियों में पाई जाती है, पर उससे भिन्न किसी दूसरी भाषा में क्षमता और दक्षता व्यक्ति अपनी वैयक्तिक और सामाजिक आवश्यकताओं के कारण प्राप्त करता है। अन्य भाषा के संदर्भ में अब यह देखने का प्रयास किया जाने लगा है कि कौन सी आवश्यकता किस प्रकार के द्विभाषिक शिक्षार्थी पैदा करती है और द्विभाषिक शिक्षार्थी की प्रकृति के अनुसार किस प्रकार के भाषा शिक्षण की विधि सबसे अधिक उपयुक्त होगी। विदेशी भाषा के रूप में हिंदी शिक्षण का प्रश्न एक तरफ हिंदी

---

* सर्वप्रथम 'हिंदी शिक्षण : अंतर्राष्ट्रीय परिप्रेक्ष्य, 1988 में प्रकाशित। प्रकाशक : केंद्रीय हिंदी संस्थान, आगरा। —**संपादक**

के माध्यम से शिक्षार्थी को द्विभाषिक बनाने से है और दूसरी तरफ शिक्षार्थी की वैयक्तिक और सामाजिक आवश्यकताओं की प्रकृति के अनुसार उसके लिए सही भाषा शिक्षण विधि के निर्धारण करने से है।

विदेशी भाषा के रूप में हिंदी शिक्षण के कुछ निर्धारक तत्त्वों पर विचार करने से पहले यह आवश्यक है कि हम संक्षेप में हिंदी के समाजशास्त्रीय और शैक्षिक संदर्भ पर विचार कर लें।

[2]

हिंदी के समाजशास्त्रीय संदर्भ पर विचार करते समय उसके दो स्पष्ट पक्ष दिखलाई पड़ते हैं। पहला पक्ष उसके राष्ट्रीय परिप्रेक्ष्य को उभारता है। यह परिप्रेक्ष्य अपनी भौगोलिक राजनीतिक सीमा में भारतवर्ष की भाषायी संप्रेषण व्यवस्था में हिंदी के स्थान और उसके प्रयोजन के प्रश्न से जुड़ा है। इसके विपरीत दूसरे परिप्रेक्ष्य का संबंध भारतवर्ष से इतर देशों में हिंदी के प्रयोजन से संबद्ध है। भाषा व्यवहार की दृष्टि से भारत में हिंदी के दो स्पष्ट संदर्भ दिखाई देते हैं–(1) जनपदीय संदर्भ, और (2) अखिल भारतीय संदर्भ। अपने जनपदीय संदर्भ में हिंदी भाषा मातृभाषा के रूप में व्यवहृत मिलती है। अपने इस संदर्भ में हिंदी अपने क्षेत्र की बोलियों यथा–ब्रज, बुंदेली, अवधी, भोजपुरी आदि के बीच संपर्क भाषा के रूप में काम करती है। हिंदी जनपद में रहने वालों के लिए अगर ये क्षेत्रीय बोलियाँ उनकी 'प्रथम मातृभाषा' हैं तब खड़ीबोली के रूप में हिंदी उनके लिए सहयोजित मातृभाषा है। सहयोजित मातृभाषा के रूप में हिंदी का संबंध व्यक्ति के सामाजिक संस्कार और सांस्कृतिक चेतना से जुड़ा होता है। इस दृष्टि से हिंदी जनपद में रहने वाला व्यक्ति अपनी क्षेत्रीय बोलियों के कठघरे से ऊपर उठकर हिंदी भाषा को एक जातीय संपदा के रूप में देखता है क्योंकि हिंदी का अपना एक जनपदीय इतिहास और सांस्कृतिक चेतना है, उसकी अपनी एक साहित्यिक धारा है जो ब्रज, अवधी, मैथिली आदि बोलियों के भीतर एक अंतःसलिला की भाँति प्रवाहित है और जो हिंदी जनपद को एक निश्चित इकाई के रूप में बाँधती है।

अपने अखिल भारतीय संदर्भ में हिंदी एक अक्षेत्रीय भाषा है। यह ध्यान देने की बात है कि हमारी आजादी की लड़ाई में अखिल भारतीय स्तर के नेताओं ने जनसंपर्क की इस भाषा को नया अर्थ और नया संस्कार प्रदान किया। गुजरात शिक्षा सम्मेलन के सभापति पद से बोलते हुए राष्ट्रपिता महात्मा गांधी ने सन् 1917 में राष्ट्रभाषा के रूप में हिंदी की चर्चा करते हुए इस बात पर भी विचार किया था कि कौन सी भाषा देश की राष्ट्रभाषा बनने योग्य है। उनके अनुसार राष्ट्रभाषा वही भाषा हो सकती है जो सरकारी कर्मचारियों के लिए सहज और सुगम हो, जो सांस्कृतिक, आर्थिक और राजनीतिक क्षेत्र में माध्यम भाषा बनने की शक्ति रखती हो, जिसके बोलने वाले

बहुसंख्यक हों और पूरे देश के लिए सहज रूप में जो उपलब्ध हो। महात्मा गांधी के अनुसार बहुभाषा-भाषी भारत में हिंदी ही वह भाषा है जो अखिल भारतीय संदर्भ में राष्ट्रभाषा के लिए निर्धारित आवश्यकताओं को पूरा करती है।

इस बात पर बल देने की आवश्यकता है कि अखिल भारतीय संदर्भों में प्रयुक्त होने वाली हिंदी के दो निश्चित भाषा रूप उभरकर हमारे सामने आए हैं। पहला, जनभाषा के रूप में हिंदी, जो अहिंदी क्षेत्रों में रेलवे प्लेटफार्म, अंतर्राज्यीय बस अड्डे, सांस्कृतिक स्थल जैसे प्रमुख मंदिर या अन्य तीर्थस्थल और ऐतिहासिक दर्शनीय स्थानों में प्रयुक्त होती देखी जा सकती है। दूसरा, राजभाषा के रूप में हिंदी, जिसके लिए भारतीय संविधान के अनुच्छेद 343 के अंतर्गत प्रावधान है कि 'संघ की राजभाषा हिंदी और लिपि देवनागरी होगी।'

संप्रति स्थिति यह है कि अखिल भारतीय संदर्भों में प्रयुक्त होने वाली जनभाषा हिंदी एवं राजभाषा हिंदी के बीच एक गहरी खाई आती जा रही है। इन दो भाषा रूपों के संस्कार में वही भेद दिखलाई देता है जो संभ्रांत एवं सामान्य अथवा प्रभुतासंपन्न वर्ग और शोषित सामाजिक वर्ग की भाषा के बीच देखा जाता है।

जनपदीय और राष्ट्रीय संदर्भ के अतिरिक्त हिंदी व्यवहार का एक तीसरा संदर्भ भी है जिसे हम उसका अंतर्राष्ट्रीय संदर्भ कह सकते है। अंतर्राष्ट्रीय भाषा के रूप में हिंदी के कई रंग और कई पक्ष हैं। मारीशस, फीजी, त्रिनिदाद, गुआना आदि देशों में हिंदी का व्यापक प्रयोग है। इन देशों के हिंदीप्रेमी इस भाषा को केवल भाषा के रूप में व्यवहार में नहीं लाते, अपितु उसे वे अपनी संस्कृति का एक अंग भी समझते हैं। हिंदी को वे अपने ऐतिहासिक संबंधों की सांस्कृतिक कड़ी और अपनी भावात्मक एकता का मूल आधार मानते हैं। अंतर्राष्ट्रीय संदर्भ में हिंदी 'विश्वभाषा' का अपना रूप ग्रहण करती है, पर विश्वभाषा के प्रयोजन एवं रूप के परिप्रेक्ष्य में एक-दो बातों पर ध्यान देना आवश्यक है।

विश्व के दृश्य-फलक पर हम अंग्रेजी, फ्रेंच, स्पेनिश, पुर्तगाली आदि भाषाओं को भी विश्वभाषा के रूप में व्यवहृत पाते हैं। पर विश्वभाषा बनने की इनकी प्रक्रिया विश्वभाषा हिंदी से भिन्न है। ये भाषाएँ साम्राज्यवाद की उस नींव के आधार पर फैलीं जो प्रभुता और शक्ति की रक्तरंजित प्रवृत्ति से सींचा गया था। इसके विपरीत विश्वभाषा हिंदी का आधार रहा है उसके प्रति श्रमजीवियों की श्रद्धा और आत्मीयता। और जैसाकि मारीशस के हिंदी प्रचारिणी सभा के अध्यक्ष श्री जयनारायण राम का कहना है—हिंदी, उपनिषद्, रामायण, गीता की बेटी बनकर आई। यह उनके धर्म एवं संस्कृति का अंग बनकर अभी भी जीवित है।

दूसरा तथ्य इस ओर संकेत देता है कि भारतीय प्रवासियों के साथ मारीशस, फीजी, त्रिनिदाद ऐसे देशों में हिंदी एक ओर सामाजिक-सांस्कृतिक प्रतीक-चिह्न बनकर गई तो दूसरी तरफ उनके आपसी व्यवहार का संपर्क-साधन बनकर भी उभरी। यह कम महत्त्वपूर्ण तथ्य नहीं है कि इन विभिन्न देशों में जनसमुदाय की लगभग आधी संख्या

प्रवासी भारतीयों की है, यथा मारीशस (64 प्रतिशत), गुआना (55 प्रतिशत), फीजी (50 प्रतिशत), सूरीनाम (40 प्रतिशत), त्रिनिदाद (36 प्रतिशत)। यद्यपि लोकगीतों और अनौपचारिक संदर्भों में हिंदी की बोली 'भोजपुरी' का प्रयोग होता है, पर जनसंपर्क तथा सामाजिक-सांस्कृतिक अनुष्ठानों की भाषा मानक हिंदी ही है। इस मानक हिंदी में ही इन विभिन्न देशों में समाचार पत्रों का प्रकाशन भी हुआ। मारीशस में सबसे पहले मार्च 1909 में 'हिंदुस्तानी' और 'मारीशस आर्य पत्रिका' का प्रकाशन प्रारंभ हुआ। इन साप्ताहिक समाचार पत्रों के अतिरिक्त कई और भी पत्र निकलने प्रारंभ हुए जिनमें 'आभा', 'दर्पण', 'रणभेरी' आदि साहित्यिक पत्र-पत्रिकाओं का विशेष स्थान है। फीजी में सन् 1923 में 'फीजी समाचार' ऐसा साप्ताहिक पत्र प्रकाशित हुआ। 'भारत पुत्र', 'बुद्धि', 'बुद्धिवाणी', 'जागृति', 'जय फीजी', 'सनातन संदेश' आदि पत्रिकाओं का हिंदी के प्रचार-प्रसार में विशेष स्थान रहा है। इसी प्रकार सूरीनाम में 'आर्य दिवाकर', 'सरस्वती', 'धर्मप्रकाश', 'वैदिक संदेश', 'प्रेम संदेश'; गुआना में 'आर्य ज्योति', 'ज्ञानदा' और त्रिनिदाद-टुबैगो में 'कोहेनूर', 'ज्योति' आदि पत्र-पत्रिकाओं का वहाँ हिंदी के विकास में विशेष योगदान रहा है। पर इस संदर्भ में यह बात हम भारतीय प्रायः भुला दिया करते हैं कि भारतीय प्रवासी भाइयों की हम से भिन्न अपनी राष्ट्रीयता है, उनका अपना संप्रेषण-तंत्र है, जिसके बीच 'हिंदी' को जीना और विकसित होना है। हमें पता होना चाहिए कि जन-व्यवहार के लिए हिंदी से भिन्न इनकी अपनी एक दूसरी स्थानीय भाषा (क्रियोल) है और दूसरी तरफ कार्यालयी प्रयोजनों के लिए इससे भिन्न राजभाषा है। उदाहरण के लिए मारीशस में फ्रेंच आधारित क्रियोल (जनभाषा) और फ्रेंच तथा अंग्रेजी (राजभाषा) का व्यवहार होता है; सूरीनाम में डच आधारित क्रियोल (जनभाषा) और डच (राजभाषा) और गुआना एवं त्रिनिदाद में अंग्रेजी आधारित क्रियोल (जनभाषा) और अंग्रेजी (राजभाषा) का। संप्रेषण तंत्र की एक कड़ी के रूप में हिंदी को इस जनभाषा और राजभाषा के दुहरे प्रभाव के साथ अपना निर्वाह करना है, अतः इसकी अपनी एक सीमित, लेकिन विशिष्ट भूमिका है।

तीसरा तथ्य इस ओर संकेत देता है कि हिंदी के रंजक एवं सर्जनात्मक साहित्य का एक नया आयाम उसके अंतर्राष्ट्रीय पक्ष के साथ जुड़ता जा रहा है। इन देशों में हिंदी के माध्यम से कविता संग्रह, उपन्यास-कहानी, आलोचनात्मक ग्रंथ, ज्ञानात्मक साहित्य का सर्जन काफी संख्या में हो रहा है। इस विपुल साहित्य में हम पाते हैं—इन देशों की माटी की गंध, वहाँ की अपनी लोकोक्तियों का निखार, वहाँ की जिंदगी का रस। भाषा की व्याकरणिक संरचना की प्रकृति उसी हिंदी की है जिसे भारतवर्ष में उसके प्रयोक्ता व्यवहार में लाते हैं, पर उसकी बुनावट (टेक्सचर) में है इन विभिन्न देशों की सामाजिक एवं सांस्कृतिक चेतना की छाप। यह बात दूसरी है कि हिंदी साहित्य के इतिहास लेखन एवं समीक्षात्मक आकलन में हमने इस साहित्य के बारे में अभी तक न तो चर्चा की है और न उनके वैशिष्ट्य का आकलन। पर आज हम इस बात की अवमानना नहीं कर सकते कि विश्वभाषा के रूप में हिंदी का अब अपनी सीमा में उस

विपुल बहुरंगी साहित्य को भी समेटना चाहिए जो इन देशों में समर्थ साहित्यकारों द्वारा रचा जा रहा है।

अंतर्राष्ट्रीय संदर्भ में हिंदी के दो और प्रयोजनपरक पक्ष हैं। बंगलादेश, श्रीलंका, ब्रह्मदेश, इंडोनेशिया, मलेशिया, कंबोडिया आदि देशों के लिए हिंदी सामाजिक-सांस्कृतिक प्रेरणा प्रदान करती है। इसके अतिरिक्त अमरीका, इंग्लैंड, सोवियत संघ, फ्रांस, जापान, चेकोस्लोवाकिया आदि देशों में 'विदेशी' भाषा के रूप में इस भाषा के अध्ययन-अध्यापन का कार्य हो रहा है। हिंदी व्याकरण, हिंदी शिक्षण सामग्री आदि क्षेत्रों में विदेशी भाषा के रूप में हिंदी को इन देशों के विद्वान् बहुत पहले से समृद्ध करते आए हैं। गत कुछ वर्षों में जर्मन-हिंदी, रूसी-हिंदी, हिंदी-चेक, नेपाली-हिंदी, हिंदी-नेपाली, हिंदी-डच, डच-हिंदी आदि शब्दकोशों का प्रकाशन भी हुआ है। अब तो कुछ देशों में विदेशियों द्वारा हिंदी की त्रैमासिक एवं मासिक पत्रिकाएँ भी प्रकाशित होनी शुरू हो गई हैं।

[3]

जैसा पहले संकेत दिया जा चुका है, शैक्षिक दृष्टि से भाषा को मातृभाषा और अन्य भाषा के रूप में देखना संभव है। प्रयोक्ताओं की वैयक्तिक और सामाजिक आवश्यकताओं के संदर्भ में अन्य भाषा को मूलतः दो वर्गों में विभाजित किया जा सकता है—द्वितीय भाषा और विदेशी भाषा। विदेशी भाषा हिंदी पर विचार करने के पहले इन दोनों के अंतर को भी यहाँ स्पष्ट कर लेना असमीचीन न होगा।

(1) भाषायी कोश की एक इकाई होने के नाते द्वितीय भाषा व्यक्ति की मातृभाषा के समानांतर काम करती है, जबकि विदेशी भाषा, व्यक्ति के भाषायी कोश के बाहर होने के कारण मातृभाषा के समानांतर नहीं रखी जा सकती। इस दृष्टि से देखें तो भारत में अंग्रेजी, 'द्वितीय भाषा' के रूप में व्यवहृत होती है क्योंकि यहाँ के शिक्षित वर्ग के भाषायी कोश का वह एक घटक है; जबकि रूसी, चीनी या जर्मन भाषा, विदेशी भाषा हैं। यह संभव है कि इतिहास के परिप्रेक्ष्य में कोई भाषा पहले विदेशी भाषा के रूप में प्रयुक्त हो, पर समय के साथ वह सामाजिक आवश्यकता बनकर द्वितीय भाषा का दरजा पा ले (जैसा कि हम भारत तथा कुछ अन्य देशों में अंग्रेजी की स्थिति पाते हैं)। इसके साथ यह भी संभव है कि इतिहास की दृष्टि से कोई भाषा एक भाषायी समुदाय के लिए पहले मातृभाषा के रूप में सिद्ध हो, पर सामाजिक दबाव के फलस्वरूप उसका इस प्रकार विस्थापन हो जाए कि वह मात्र द्वितीय या विदेशी भाषा बनकर रह जाए। (यह स्थिति हम कुछ प्रवासी भारतीयों के भाषा व्यवहार में देख सकते हैं जिनकी मातृभाषा अब स्थानीय क्रियोल बनती जा रही है।)

(2) विदेशी भाषा व्यक्ति की स्वभाषा नहीं होती, भले ही व्यक्ति उस भाषा के व्यवहार में पूरी तरह दक्ष ही क्यों न हो। द्वितीय भाषा, व्यक्ति के अपने संप्रेषण तंत्र

की भाषा होती है। यद्यपि महत्त्व की दृष्टि से न तो वह पहली होती है और न ही भाषा अधिगम की दृष्टि से वह सबसे पहले सीखी जाती है।

(3) विदेशी भाषा किसी अन्य राष्ट्र या समाज की संस्कृति और उसके सामाजिक मूल्यों को ध्वनित एवं व्यंजित करती है और इसी दृष्टि से वह सीखी भी जाती है। हम फ्रेंच या रूसी भाषा और साहित्य का अध्ययन फ्रेंच और रूसी समाज एवं उनकी संस्कृति से अवगत होने के लिए करते हैं, न कि अपने समाज या संस्कृति को समझने के लिए। द्वितीय भाषा व्यक्ति के अपने सामाजिक मूल्य एवं अपनी संस्कृति की अभिव्यक्ति का विकल्पवत दूसरा माध्यम होती है। हम अंग्रेजी को जब द्वितीय भाषा के रूप में सीखते हैं तो मात्र अमरीका और इंग्लैंड के सांस्कृतिक मूल्यों को समझने के लिए नहीं सीखते। उसके सीखने का महत्त्वपूर्ण कारण यह है कि उसके सीखे बिना भारतीय समाज के व्यक्ति को वह सामाजिक पद-प्रतिष्ठा नहीं मिलती, जो एक शिक्षित व्यक्ति को मिलनी चाहिए। दूसरा, संप्रेषण व्यवहार के कुछ ऐसे संदर्भ हैं--यथा, उच्च तकनीकी शिक्षा, सर्वोच्च न्यायालय आदि, जिनमें मात्र अंग्रेजी भाषा का ही प्रयोग होता है।

(4) विदेशी भाषा को व्यक्ति अपनी स्वेच्छा से सीखता है। उसके सीखने के लिए उसके सामने कोई गहरा सामाजिक दबाव नहीं होता। जबकि द्वितीय भाषा सीखने के पीछे सामाजिक दबाव एक अभिप्रेरक शक्ति के रूप में काम करता है। यही कारण है कि प्रयोक्ता के मानस पटल पर विदेशी भाषा की तुलना में द्वितीय भाषा सापेक्षतया अधिक गहरा प्रभाव डालती है।

(5) विदेशी भाषा के मानक मूल्य और स्वरूप का निर्धारण उस देश के प्रयोक्ता करते हैं जिस देश की वह मातृभाषा होती है। जब हम भारतवर्ष में रूसी या जर्मन भाषा की शिक्षा देते हैं तब कौन सा रूप उस भाषा का मानक या अमानक है, इसका निर्णय रूसी या फ्रेंच बोलने वाले शिक्षित मातृभाषियों के हाथ में होता है। इसी प्रकार जब रूसी या जर्मन व्यक्तियों को हिंदी पढ़ाई जाती है, तो हिंदी के शुद्ध और अशुद्ध प्रयोग के मूल्यांकन का आधार भारत में प्रचलित हिंदी बनती है। इसके विपरीत द्वितीय भाषा के रूप में व्यवहृत भाषा के मानक स्वरूप के निर्धारण में अन्य भाषा-भाषी व्यक्तियों का भी हाथ होता है। (यही कारण है कि आज हम 'इंडियन इंगलिश', 'वेस्ट इंडीज़ इंगलिश', आदि अंग्रेजी के अनेक स्वीकृत भाषा रूप प्रयुक्त होते पाते हैं।)

(6) अन्य भाषा शिक्षण अनिवार्यतः शिक्षार्थी को द्विभाषिक बनाता है। सामाजिक प्रयोजन की दृष्टि से विदेशी भाषा, अपनी प्रकृति में मातृभाषा के लिए सहायक (आक्ज़िलरी) या संपूरक (सप्लिमेंटरी) होती है, अतः वह आंशिक (पार्शल), अस्थिर (अनस्टेबुल) और एक सीमा तक निष्क्रिय (पैसिव) द्विभाषिकों को जन्म देती है। द्वितीय भाषा अपने प्रयोजन में मातृभाषा की परिपूरक (कांप्लिमेंटरी) होती है, अतः वह जिन द्विभाषिकों की अपेक्षा रखती है, वे अपनी प्रकृति में आंशिक होकर भी 'स्थिर और सक्रिय' होते हैं।

अन्य भाषा के रूप में विदेशों में हिंदी को हमें द्वितीय भाषा के रूप में भी पढ़ाने

की आवश्यकता है और विदेशी भाषा के रूप में भी। किस देश या भाषायी समाज में उसे द्वितीय भाषा के रूप में पढ़ाया जाए और किसमें विदेशी भाषा के रूप में—इसका निर्णय इस तथ्य के आधार पर करना होगा कि उस देश या भाषायी समाज के संप्रेषण तंत्र में हिंदी की क्या भूमिका या प्रयोजन है।

[4]

अन्य भाषा के रूप में विदेशों में चल रहे हिंदी शिक्षण कार्यक्रम के तीन संक्रियात्मक (ऑपरेशनल) क्षेत्र सामने उभरकर आते हैं, जिसकी ओर हमें ध्यान देना आवश्यक है। ये तीन क्षेत्र हैं—(1) उद्‌देश्य का निर्धारण, (2) भाषा शिक्षण के प्रणालीतंत्र का निर्माण, और (3) शैक्षिक उद्‌देश्य तथा उसके प्रणाली-तंत्र के संबंधों का मूल्यांकन।

जहाँ तक विदेशों में **हिंदी शिक्षण के उद्‌देश्य** का सवाल है, इसका निर्धारक तत्त्व उन व्यक्तियों या उन भाषायी समाजों की संप्रेषणजन्य आवश्यकता होती है जिनको हिंदी पढ़ाई जानी है। इसके लिए आवश्यक है कि हम पहले यह देखें कि उसके पूरे संप्रेषण-तंत्र और भाषायी व्यवहार में हिंदी का क्या स्थान या प्रयोजन है। उदाहरण के लिए गुआना, त्रिनिदाद, फीजी, मारीशस, सूरीनाम आदि देशों में हिंदी शिक्षण का उद्‌देश्य वही नहीं होगा जो अमरीका, रूस या जर्मनी ऐसे देशों में। पहले वर्ग के देशों में न केवल भारतीय मूल के प्रवासी बसते हैं जिनके लिए हिंदी उनकी सामाजिक अस्मिता का एक सशक्त उपकरण है, बल्कि उनके भाषायी व्यवहार में भी हिंदी का प्रयोग परिपूरक प्रयोजन के साथ देखा जा सकता है। ये प्रवासी भारतीय अपने घरेलू जीवन और लोकगीतों में भोजपुरी का प्रयोग करते हैं, पर विवाह, मुंडन-जैसे अन्य धार्मिक एवं सांस्कृतिक व्यवहार क्षेत्रों में 'मानक हिंदी' का। ये सभी प्रवासी भारतीय राजभाषा के रूप में अंग्रेजी (गुआना, त्रिनिदाद, फीजी, मारीशस), फ्रेंच (मारीशस) या डच (सूरीनाम) का प्रयोग करते हैं, पर अंतर्जातीय भाषा व्यवहार के सामान्य एवं कामचलाऊ क्षेत्रों में स्थानीय 'क्रियोल' का। शिक्षा के क्षेत्र में कुछ स्कूलों में 'मानक हिंदी' के अध्ययन-अध्यापन की भी व्यवस्था है, अतः कुछेक विशेष संदर्भों में माध्यम भाषा के रूप में भी हिंदी को विकसित करने और उसे प्रोत्साहित करने का प्रयत्न चल रहा है। पर जैसा कि आधुनिक कुछ शोधकार्यों से पता चल रहा है, हिंदी के प्रयोग क्षेत्र का प्रसार होने के बजाय उसका संकोच हो रहा है। हिंदी का व्यवहार क्षेत्र बढ़ने की अपेक्षा क्रमशः सिकुड़ ही रहा है। पर जो बात स्पष्ट है, वह यही है कि इन देशों की भाषायी संप्रेषण व्यवस्था में हिंदी की अपनी एक सार्थक भूमिका है, जिसे हम उस व्यवस्था में प्रयुक्त अन्य भाषाओं की भूमिका के संदर्भ में ही समझ सकते हैं। इन देशों में हिंदी शिक्षण के उद्‌देश्य के निर्धारण का एक आधारभूत तत्त्व हिंदी की प्रकार्यात्मक भूमिका ही है। यही भूमिका हिंदी को द्वितीय भाषा शिक्षण के रूप में परिभाषित करने का काम भी करती है।

दूसरे वर्ग अर्थात् अमरीका, रूस, जर्मनी आदि देशों में हिंदी की स्थिति और भूमिका दूसरी है। इन देशों के समाज की संप्रेषण व्यवस्था में हिंदी का कोई सामाजिक संदर्भ नहीं है। व्यक्ति हिंदी को अपनी निजी रुचि और आवश्यकता के फलस्वरूप सीखता है। शिक्षार्थी के लिए हिंदी अध्ययन की यह वैयक्तिक भूमिका ही हिंदी को विदेशी भाषा शिक्षण के रूप में निर्धारित करती है।

विदेशी भाषा के रूप में व्यक्ति हिंदी को व्यावहारिक प्रयोजनों के लिए भी सीख सकता है और हिंदी भाषायी समाज की सांस्कृतिक चेतना और साहित्यिक धारा से परिचित होने के लिए भी उसे पढ़ सकता है। पर्यटक अथवा राजनयिकों के सीमित व्यवहार क्षेत्रों के लिए सीखी जाने वाली हिंदी का लक्ष्य व्यावहारिक माना जाएगा; जबकि हिंदी साहित्य की संपदा, हिंदी समाज की जातीय चेतना आदि के लिए ह्रिंदी भाषा शिक्षण का रूप व्यावहारिक हिंदी से भिन्न होगा।

भाषा शिक्षण के **प्रणाली तंत्र** का संबंध उस ढाँचे या तंत्र के साथ होता है जो भाषा-वैज्ञानिक सिद्धांत को शैक्षिक सिद्धांत और तकनीक से जोड़ता है। यह वस्तुतः भाषा शिक्षण को व्यवस्थित करने का संक्रियात्मक साधन है। इसका संबंध एक तरफ लक्ष्य भाषा के स्वरूप से जुड़ा होता है तो दूसरी तरफ शिक्षार्थी की मातृभाषा के साथ उसकी तुलना के प्रश्न से संबद्ध होता है। यह एक ओर लक्ष्य भाषा को 'विशेष प्रयोजनों की भाषा' (लैंगुएज फार स्पेशल पर्पज़) की संकल्पना को जन्म देता है तो दूसरी ओर, उसके प्रभावी शिक्षण के लिए उपयुक्त शिक्षण विधि और प्रणाली के विकास पर ध्यान देता है। विदेशी भाषा के रूप में हिंदी शिक्षण की जब भी बात करनी होगी, तब यह प्रश्न उठेगा कि लक्ष्य भाषा के रूप में हिंदी के किस मानक रूप को पढ़ाया जाए। इसके लिए हमें ऐसे प्रश्नों का पहले समाधान करना होगा—जीवंत मानक हिंदी का स्वरूप क्या है ? हिंदी भाषा की आधारभूत संरचना क्या है ? हिंदी भाषा की अपनी सामाजिक शैलियाँ कौन-कौन सी हैं ? विशेष प्रयुक्ति क्षेत्र (मौखिक-लिखित, औपचारिक-अनौपचारिक, बोलचाल, साहित्य और विज्ञान ऐसे विषय-क्षेत्र) में हिंदी की प्रवृति क्या है ?

ध्यान देने की बात है कि आज से दो दशक पूर्व अन्य भाषा शिक्षण के लिए लक्ष्य भाषा की संरचना और उसके कोश को ही केंद्र में रखा जाता था। इसका लक्ष्य होता था—(हिंदी) भाषा की संरचना के उन आधारभूत तत्त्वों को पढ़ाना जिसके आधार पर शिक्षार्थी उस (हिंदी) भाषा को ठीक से बोल और लिख सके जिसका प्रयोग सामान्यतः बोलने और लिखने के समय मातृभाषा के रूप में शिक्षित हिंदीभाषी समुदाय करता है। पर अब विदेशी भाषा शिक्षण के लिए इसे संकुचित दृष्टि का ही परिणाम माना जाने लगा है। अब विदेशी भाषा शिक्षण के केंद्र में 'भाषा की संरचना' न होकर 'शिक्षार्थी की भाषिक आवश्यकता' है और लक्ष्य भाषा के रूप में सामान्य भाषा की सामान्य संभावना न होकर विशेष प्रयोजनों के लिए सिद्ध भाषा है। इसके लिए यह आवश्यक है कि पहले हम शिक्षार्थी की लक्ष्य भाषा संबंधी उसकी आवश्यकता का अध्ययन और विश्लेषण (नीड एनालाइसिस) करें। शिक्षार्थी की आवश्यकता का विश्लेषण एक तरफ

भाषा शिक्षण की योजना के सामान्य पैरामीटर पर ध्यान केंद्रित करता है (यथा, शिक्षार्थी कौन से हैं, भाषा सीखने का उनका उद्‌देश्य क्या है, उस भाषा से उनकी वैयक्तिक और सामाजिक अपेक्षाएँ क्या-क्या हैं, उस भाषा के ज्ञान का क्या स्तर है, शिक्षक की लक्ष्य भाषा में अपनी क्या योग्यता है, शिक्षण के उपकरण और पढ़ाने के समय और धन की दृष्टि से क्या सुविधाएँ हैं)। दूसरी तरफ उसका ध्यान पाठ्यचर्या और पाठ्यक्रम के साथ-साथ भाषा शिक्षण सिद्धांत पर होने के कारण शिक्षण-सामग्री के लिए चयन, अनुस्तरण और प्रस्तुतीकरण के प्रश्नों के साथ भी उसे जुड़ना पड़ता है।

विदेशी भाषा के रूप में हिंदी पर अगर इस दृष्टि से विचार करें तो यह प्रक्रिया एक ओर संभाव्य हिंदी को विशेष प्रयोजनों की भाषा में रूपांतरित करती है तो दूसरी ओर हिंदी के सामान्य व्याकरण को अनुप्रयुक्त शैक्षिक व्याकरण में परिवर्तित करती है। इस प्रक्रिया को नीचे दिए गए आरेख द्वारा समझा जा सकता है।

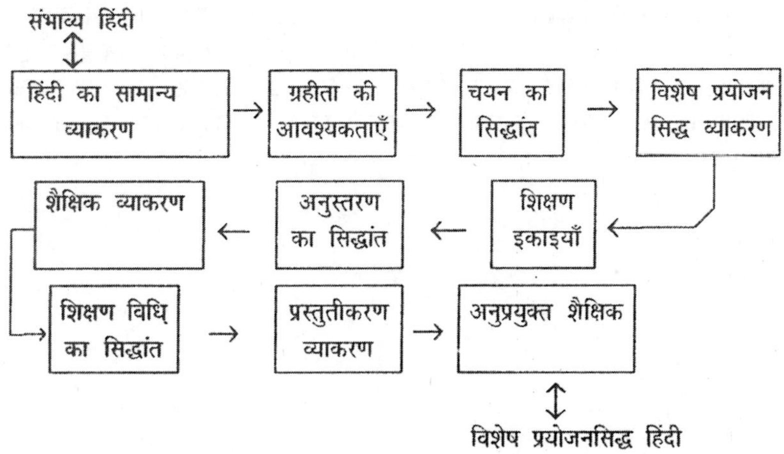

विदेशी भाषा की शिक्षण योजना के मूल्यांकन का प्रश्न अत्यंत महत्त्वपूर्ण है। ध्यान देने की बात है कि यह मूल्यांकन उद्‌देश्य बाधित होता है। मूल्यांकन संस्थागत और प्रशासनिक भी हो सकता है तथा शैक्षिक और भाषिक उपलब्धिपरक भी। वस्तुतः मूल्यांकन वह नियमित शैक्षिक प्रक्रिया है जो शिक्षार्थी की भाषिक क्षमता को उसके निरीक्षणीय भाषा व्यवहार के सहारे इसलिए पता लगाती है जिससे शिक्षण प्रक्रिया को अधिक प्रभावी बनाया जा सके। मूल्यांकन को आधार रूप में हम त्रिवृत्तात्मक पाते हैं जिसे आगे दिए गए त्रिभुज के रूप में देखा जा सकता है।

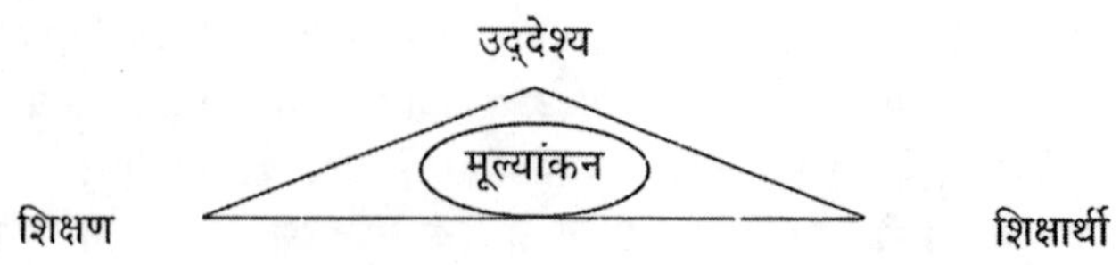

विदेशी भाषा के रूप में हिंदी शिक्षण को दोनों ही दृष्टियों—संकलनपरक (सम्मेटिव) और रचनापरक (फ़ार्मेटिव) से देखने की आवश्यकता है। मूल्यांकन की संकलनपरक दृष्टि यह बताएगी कि भाषा शिक्षण योजना अपने लक्ष्य की प्राप्ति में कितनी प्रभावी रही है और कितनी नहीं। मूल्यांकन की रचनापरक दृष्टि से यह पता चलेगा कि विदेशी भाषा शिक्षण के निर्धारित उद्देश्य की प्राप्ति में चल रही शिक्षण योजना में क्या परिवर्तन या सुधार अपेक्षित है। अभी तक विदेशी भाषा के रूप में हिंदी शिक्षण योजना का न तो संकलनपरक और न ही रचनापरक दृष्टि से मूल्यांकन का प्रयास हुआ है। आवश्यकता इस बात की है कि विदेशी भाषा के रूप में हिंदी शिक्षण के पहले उद्देश्य को हम निर्धारित करें, फिर उस उद्देश्य के संदर्भ में सामाजिक परिवेश का ध्यान रखते हुए शिक्षण के प्रभावी प्रणालीतंत्र का विकास करें और यह देखने के लिए कि शिक्षण योजना कितनी कारगर है, हम संकलनपरक और रचनापरक दृष्टियों से उस योजना का मूल्यांकन करें।

कम्प्यूटर साधित भाषा-शिक्षण*

भाषा प्रयोगशाला में कम्प्यूटर एक नई उपलब्धि है। वैसे तो इस यंत्र का मशीनी अनुवाद, कृत्रिम वाक् संश्लेषण, पाठ विश्लेषण, कोशनिर्माण विज्ञान आदि कई क्षेत्रों में सार्थक उपयोग हो रहा है, पर भाषा-शिक्षण में इधर तेज़ी से इसका उपयोग बढ़ा है। नई भाषा सीखने के उत्सुक छात्र इसकी सहायता से प्रभावी रूप में और कम समय में इसके माध्यम से भाषा सीख सकते हैं क्योंकि इसके माध्यम से उसे तत्काल सूचनाओं की प्रति- प्राप्ति (फ़ीडबैक) होती है, त्रुटियों की विस्तृत जानकारी संभव है, उनकी भाषा दक्षता संबंधी सूचना उपलब्ध हो सकती है और इन सब सूचनाओं के आधार पर छात्र-विशेष की आवश्यकतानुसार पाठ-निर्देश और पाठ-अभ्यास मिल सकते हैं।

कम्प्यूटर व्यवस्थापन : दो प्रकार

कम्प्यूटर को दो ढंग से व्यवस्थापित (इंस्टाल) किया जा सकता है :

(1) **स्टार अथवा केंद्रीय व्यवस्थापन :** इसमें मुख्य फ्रेम का एक शक्तिशाली कम्प्यूटर होता है जिसके साथ कई सौ 'टर्मिनल' जुड़े होते हैं। ये टर्मिनल केंद्रीय कम्प्यूटर से काफ़ी दूर भी हो सकते हैं। एक केंद्रीय व्यवस्था कई स्कूली टर्मिनल को नियंत्रित कर सकती है। मूल्य के रूप में यह काफ़ी महँगी व्यवस्था है।

(2) **विशिष्ट माइक्रो कम्प्यूटरों का व्यवस्थापन :** इसमें एक स्कूली कक्षा में कई माइक्रो कम्प्यूटर स्थापित किए जा सकते हैं जिसको विभिन्न छात्र अलग-अलग स्तर पर प्रयोग कर सकते हैं। प्रत्येक मशीन दूसरे से अलग होती है। यह अत्यंत सुविधापूर्ण व्यवस्था है, पर इसकी कई सीमाएँ हैं, जैसे (1) पाठ के रूप में कई डिस्क को तैयार करना (जिससे एक साथ कई छात्र उसको प्रयोग में ला सकें); (2) डिस्क के रख-रखाव पर आने वाला व्यय, और (3) डिस्क पुस्तकालय की योजना आदि।

कम्प्यूटर व्यवस्था की अर्हताएँ

भाषा प्रयोगशाला के लिए जिस प्रकार के कम्प्यूटर की आवश्यकता होती है, उसकी

---

* सर्वप्रथम 'भाषा-शिक्षण' (1992, द्वितीय संस्करण) लेखक : रवीन्द्रनाथ श्रीवास्तव में 'तकनीकी उपकरण और भाषा प्रयोगशाला' खंड में प्रकाशित। प्रकाशक : वाणी प्रकाशन, दिल्ली।—**संपादक**

निम्नलिखित अर्हताएँ मुख्य हैं :

(1) **समृद्ध कंप्यूटर स्मृतिकोश (मैमोरी) :** अच्छे भाषिक पाठ के लिए एक समृद्ध स्मृतिकोश की आवश्यकता होती है। प्रतिप्राप्ति के कई स्तर, त्रुटि विश्लेषण में अच्छे ढंग से समर्थ और व्याकरणिक विवरण के एक अच्छे विधान के साथ बीस वाक्यों वाले अभ्यास के लिए हमें 30 लाख सूचना-अंश (बिट्स ऑव इनफ़ार्मेशन) चाहिए (कंप्यूटर की तकनीकी शब्दावली में कहें तो इसके लिए 375 किलोबाइट की अपेक्षा रहती है।)।

(2) **गति की तीव्रता :** कंप्यूटर साधित भाषा-पाठ के लिए यह आवश्यक है कि छात्रों से लिये गए प्रत्युत्तर की स्वीकृति, उचित प्रतिप्राप्ति, नए प्रश्नों के चुनाव आदि में कंप्यूटर अधिक क्षण न लगाए। कंप्यूटर के काम करने की गति (स्पीड) का संबंध उसकी संसाधन-शक्ति के साथ होता है। यह इस बात पर निर्भर करता है कि कंप्यूटर के आंतरिक स्मृतिकोश की क्षमता कितनी है और भाषा पाठ स्मृतिकोश की कितनी क्षमता की अपेक्षा रखता है।

(3) **कंप्यूटर भाषा की सक्षमता :** कंप्यूटर भाषा वह भाषा होती है जिसके सहारे प्रोग्रामर मशीन से बात करता है। इस भाषा को इतना सक्षम होना चाहिए कि वह छात्रों के प्रत्युत्तर का भाषिक विश्लेषण कर सके, यथा वह शब्द से उसके उपसर्ग और प्रत्यय निकाल सके, सही शब्द-क्रम की पहचान कर सके, कोशीय त्रुटियों को वर्तनी की अशुद्धियों से अलग कर सके आदि।

(4) **सहज कुंजीपटल :** टाइपराइटर की भाँति इसके कुंजीपटल में अक्षरों और मात्राओं की एक सही, वैज्ञानिक और प्रभावी व्यवस्था होनी चाहिए और अंकों में 0 से 9 तक की सुविधा। प्रकार्यात्मक कुंजी (जो संपादन में प्रयुक्त होती है या प्रतिप्राप्ति के लिए उपयोग में लाई जाती है) की अपनी अलग और स्पष्ट उप-व्यवस्था अपेक्षित है।

(5) **दिग्दर्शन फलक की सुविधा :** बाह्य उपकरणों को सक्रिय करने की कंप्यूटर में ऐसी क्षमता होनी चाहिए जिससे स्लाइड का चुनाव हो सके, टेपरेकार्डर और वीडियो टेप का संचालन संभव हो सके।

पाठ सामग्री व्यवस्था

कंप्यूटर क्रमादेशन (प्रोग्राम) के सुचारु रूप से संचालन के लिए तीन प्रकार की सामग्री की आवश्यकता होती है : (1) यंत्र सामग्री (हार्डवेअर)—कंप्यूटर का भौतिक यंत्र, (2) प्रक्रिया सामग्री (साफ्टवेअर)—समादेश (कमांड) की वह व्यवस्था जिसे कंप्यूटर विशेष समझ सके, तथा (3) पाठ सामग्री (कोर्सवेअर)—निर्दिष्ट पाठों की वह व्यवस्था जिसका प्रयोग कंप्यूटर विशेष में संभव हो।

एक प्रभावी कंप्यूटर के लिए यह आवश्यक है कि उसकी यंत्र सामग्री शक्तिसंपन्न हो, उसकी प्रक्रिया सामग्री उन सभी समादेशों को पूरा करने की क्षमता रखती हो जिसकी

आवश्यकता पाठ प्रस्तुतिकरण में होती है और पाठ सामग्री की प्रकृति में ऐसी व्यवस्था हो कि निर्देशों और पाठ योजना के क्रमिक संचालन के साथ छात्रों की त्रुटियों का सही विश्लेषण और समाधान संभव हो सके।

इस बात पर बल देने की आवश्यकता है कि कम्प्यूटर साधित भाषा-शिक्षण अध्ययन में छात्रों की सहायता देने के लिए है। वह मात्र एक साधन है, साध्य नहीं। दूसरा तथ्य यह भी है कि किसी भी कम्प्यूटर समादेश में अभी इतनी क्षमता नहीं है कि वह छात्रों के सर्जनात्मक भाषिक प्रयोग या काव्यात्मक लिखित अभिव्यक्तियों का विश्लेषण कर सके, छात्रों की मौखिक अभिव्यक्ति का सही आकलन करने में समर्थ हो या मुक्त ढंग से मौखिक वार्तालाप कर सके। पर इन सीमाओं के उपरांत भी कम्प्यूटर भाषा-शिक्षण के लिए कई रूपों में एक उपयोगी यंत्र सिद्ध हो रहा है।

भाषिक संरचना और अशुद्धि-शोधन : तात्पर्य-बोध*

(क) भाषा और भाषिक संरचना

भाषा अध्ययन के दो संदर्भ हैं—प्रयोजनपरक और संरचनापरक। प्रयोजनपरक संदर्भ के विषय में कहा जा सकता है कि भाषा, संप्रेषण का एक अन्यतम उदाहरण है। भाषा के सहारे व्यक्ति न केवल अपने विचार को व्यक्त करता है, बल्कि उसे दूसरे तक संप्रेषित भी करता है। संप्रेषण-व्यापार के संदर्भ में यह देखा जा सकता है कि इसके एक छोर पर वक्ता (लेखक) होता है जो संदेश भेजता है और दूसरे छोर पर श्रोता (पाठक) रहता है, जो इस संदेश को ग्रहण करता है। वक्ता और श्रोता के संदेश की पृष्ठभूमि में भाषा रहती है। इसी भाषा के सहारे वक्ता अपने अव्यक्त संदेश को व्यक्त करता है और भाषा में इसी अभिव्यक्ति संदेश को सुनकर श्रोता अर्थ के रूप में ग्रहण करता है। अगर अभिव्यक्ति का माध्यम लेखन और लिपि व्यवस्था है तो व्यक्ति उसे पढ़कर अर्थ ग्रहण करता है। अतः भाषा का प्रयोजनपरक संदर्भ संप्रेषण की आवश्यकता पर बल देते हुए यह संकेत देना चाहता है कि भाषा संप्रेषण व्यवहार का एक समर्थ साधन है। इस संदर्भ में यह भी कहा जा सकता है कि भाषा के इस संप्रेषण व्यापार के सहारे ही व्यक्ति अपने भाषायी समुदाय के अन्य सदस्यों के साथ संबंध स्थापित करता है, उनके साथ विचार-विनिमय करता है और एक-दूसरे का सहयोग प्राप्त करता है।

संरचनात्मक संदर्भ का संबंध भाषा की प्रकृति से रहता है। यह संदर्भ इस पक्ष पर प्रकाश डालता है कि भाषा क्या है, न कि भाषा क्या करती है। यह बात ध्यान देने की है कि भाषा-शिक्षण के संदर्भ में हम जिस भाषा की बात करते हैं, वह वस्तुतः 'मानव-भाषा' का एक प्रकार है, जैसे हिंदी, गुजराती, तमिल, तेलुगु, अंग्रेजी, फ्रेंच आदि। संप्रेषण व्यवस्था के व्यापक संदर्भ में हम कभी-कभी 'भाषा' शब्द का प्रयोग अन्य संदर्भों में भी करते हैं। हम कभी 'पशु-पक्षियों' के संप्रेषण को भी 'भाषा' मान लेते हैं और आँखों से व्यक्त होने वाले सूचना-व्यापार को भी 'आँखों की भाषा' की संज्ञा दे बैठते हैं। वस्तुतः इन संदर्भों में हम भाषा का लाक्षणिक अर्थों में प्रयोग करते हैं, अन्यथा मानव-भाषा अपनी प्रकृति में गुणात्मक स्तर पर इनसे भिन्न एक वस्तु है। यह

---

* सर्वप्रथम 'हिंदी का शैक्षिक व्याकरण' (सं. श्रीवास्तव, मिश्र, तिवारी), 1980 में प्रकाशित। प्रकाशक : नेशनल पब्लिशिंग हाउस, दिल्ली। —संपादक

मानव-भाषा ही है जिसके सहारे न केवल हम बोलते हैं, वरन् 'बातचीत' करते हैं, और यह मानव-भाषा की अपनी प्रकृति का ही परिणाम है कि हम उसके सहारे एक ओर विगत घटनाओं पर विचार कर सकते हैं और दूसरी ओर भविष्य की संभावित घटनाओं की कल्पना भी।

1. भाषा का संरचनात्मक संदर्भ

ऊपर संकेत दिया जा चुका है कि भाषा का संरचनात्मक संदर्भ यह वताता है कि भाषा 'क्या' है। इस संदर्भ में यह कहा जा सकता है कि 'भाषा, सार्थक प्रतीकों की एक व्यवस्थित कड़ी है।' यह परिभाषा भाषा की सार्थक इकाइयों को भी परिभाषित करने में समर्थ है। उदाहरण के लिए, अगर हम उसकी महत्त्वपूर्ण इकाई 'वाक्य' की प्रकृति पर प्रकाश डालना चाहें, तो कह सकते हैं कि 'वाक्य, अनुशासित शब्दों की एक व्यवस्थित कड़ी है।'

हम चाहे 'भाषा' की बात करें या वाक्य, उपवाक्य, पदबंध, पद आदि, उसकी सार्थक इकाइयों की, वे सभी संरचनात्मक नियमों में बँधकर ही व्यक्त होते हैं। उदाहरण के लिए, भाषा की एक महत्त्वपूर्ण इकाई के रूप में वाक्य के निम्नलिखित लक्षण देखे जा सकते हैं।

(I) वाक्य में प्रयुक्त शब्द अनुशासित होते हैं : वाक्य अपने से छोटी इकाइयों के संयोग से बनता है। अगर हम वाक्य से छोटी इकाई के रूप में 'शब्द' को स्वीकार कर लें, तो वाक्य शब्दों के संयोग से निर्मित माना जा सकता है, पर वाक्य में प्रयुक्त शब्द, मात्र शब्द नहीं होता। वह तो 'अनुशासित शब्द' है। अनुशासित कहने का यहाँ अर्थ है—संरचना के नियमों के अनुसार अपना रूप ग्रहण करना। उदाहरण के लिए, नीचे दिए गए दो प्रकार के शब्द-संयोग पर ध्यान दें—

1. (क) लड़का बात कहा।
   (ख) लड़के ने बात कही।

(क) के शब्द-संयोग के आधार पर निर्मित वाक्य को हम हिंदी का वाक्य नहीं कह सकते क्योंकि यहाँ हमें शब्दों का अनुशासित रूप नहीं दिखाई देता। पर अगर हम 'लड़का' और 'कहा' के स्थान पर उनके सही शब्द-रूप जैसे 'लड़के ने', 'कही' के साथ व्यक्त करें, तो यह हिंदी भाषा का स्वीकृत वाक्य बन जाता है, जैसे हम ऊपर दिए (ख) उदाहरण में देखते हैं—'लड़के ने बात कही'।

(II) वाक्य में शब्द एक व्यवस्थित कड़ी के रूप में प्रयुक्त होते हैं : यह ध्यान देने की बात है कि वाक्य न तो शब्दों का जमघट होता है और न शब्दों की मात्र कड़ी। यही कारण है कि वाक्य, शब्दों की कड़ी तो होता है, पर शब्दों की हर कड़ी वाक्य का दर्जा नहीं पाती। उदाहरण के लिए, नीचे दी गई दो शब्द-शृंखलाओं को ही लें।

2. (क) रहा पीट है को मोहन सोहन।

(ख) मोहन सोहन को पीट रहा है।

ऊपर के दोनों वाक्यों में शब्दों की न केवल संख्या समान है, किंतु शब्द भी एक जैसे हैं, पर हिंदी भाषा केवल (ख) वाक्य की शब्द-शृंखला की व्यवस्था को स्वीकार करती है। हिंदी भाषा की व्यवस्था के संदर्भ में यह कहा जा सकता है कि शब्दों की कड़ी के रूप में वाक्य (क) की व्यवस्था अस्वीकार्य है।

वस्तुतः भाषा और उसकी सभी सार्थक इकाइयाँ—यथा वाक्य, पदबंध, शब्द आदि, व्यवस्था-सापेक्ष होती हैं। हर व्यवस्था कुछ नियमों की अपेक्षा रखती है। जब ये नियम टूटते हैं, तब भाषा के प्रयोग 'अशुद्ध' और 'अमान्य' हो जाते हैं। ये व्यवस्थापरक नियम ही भाषिक संरचना का निर्माण करते हैं। इस कथ्य को ठीक ढंग से समझने के लिए यह ज़रूरी है कि हम जानें कि संरचना स्वयं में क्या है।

यह कहा जा सकता है कि किसी वस्तु या इकाई की संरचना उस वस्तु या इकाई के भीतर पाए जाने वाले 'संबंधों की व्यवस्था' है। उदाहरण के लिए, अगर हम ऊपर दिए 2 (क) और 2 (ख) वाक्यों पर ध्यान दें तो स्पष्ट हो जाता है कि 2 (क) अर्थात् 'रहा पीट है को मोहन सोहन' में संबंधों की व्यवस्था नहीं है। अगर हम इस वाक्य से यह जानना चाहें कि मोहन और सोहन संज्ञा शब्दों में क्या संबंध हैं, पीटने क्रिया के साथ मोहन और सोहन का क्या संबंध है, या कौन, किसे पीट रहा है, तो हमें इसका उत्तर नहीं मिल पाता। इसके विपरीत अगर इन्हीं प्रश्नों के संदर्भ में 2 (ख) वाक्य (मोहन सोहन को पीट रहा है) को देखें, तो उसका उत्तर मिल जाता है। इसका कारण यही है कि इस वाक्य में 'संबंधों की व्यवस्था' है, जिसके आधार पर हम सहज ही जान लेते हैं कि मोहन और सोहन में कौन 'पीटनेवाला' है और कौन 'पिटनेवाला'।

भाषिक संरचना की प्रकृति को ठीक से समझने के लिए नीचे दिए गए दो वाक्यों पर ध्यान दें—

3. (क) मोहन कल आएगा।

(ख) सोहन आम खाएगा।

दोनों ही वाक्यों में तीन-तीन शब्द हैं और दोनों ही व्याकरण की दृष्टि से शुद्ध हैं, पर अमूर्त व्याकरणिक रूप में वाक्य (3 क) जहाँ (संज्ञा+क्रियाविशेषण+क्रिया) के क्रम का निर्वाह कर रहा है वहाँ वाक्य (3 ख) में शब्दक्रम है (संज्ञा+संज्ञा+क्रिया)। यहाँ यह पूछा जा सकता है कि इन दोनों वाक्यों में प्रयुक्त होने वाले संज्ञा या क्रिया शब्दों के प्रकार्य क्या एक ही हैं, या वाक्य (4) में प्रयुक्त दो संज्ञा या क्रिया शब्दों के प्रकार्य क्या एक समान हैं ? इन दोनों वाक्यों की भाषिक संरचना पर थोड़ा और गहराई से विचार करने पर स्पष्ट हो जाता है कि इन दोनों वाक्यों की संरचना में अंतर है क्योंकि अपने अमूर्त और प्रकार्यात्मक स्तर पर इनकी प्रकृति निम्नलिखित है :

4. (क) कर्ता+क्रियाविशेषण+अकर्मक क्रिया

(ख) कर्ता+कर्म+सकर्मक क्रिया

भाषिक संरचना अपने प्रकार्य के आधार पर शब्द संबंधों का एक नया आयाम

खोलती है। यह आयाम किसी एक वाक्य में प्रयुक्त और व्यक्त शब्दों के साथ अप्रयुक्त और अव्यक्त उन शब्दों के संबंध का संदर्भ है जो भाषा की संभाव्य इकाई हैं, भले ही उनका उस वाक्य में प्रयोग न हुआ हो। उदाहरण के लिए, अगर वाक्य (3) की संरचना को लें, तो 'मोहन' के स्थान पर हम 'सोहन, लड़का, वह' आदि किसी भी शब्द का प्रयोग कर सकते हैं। इसी प्रकार 'कल' और 'आएगा' कि स्थान पर क्रमशः 'आज, परसों, अभी' और 'सोएगा, जाएगा, दौड़ेगा' शब्द का। पर वाक्य (3) में 'मोहन' के स्थान पर अगर भाववाची संज्ञा शब्द 'सौंदर्य, विश्वास, क्या' का प्रयोग करेंगे तो यह अशुद्ध हो जाएगा। इसी प्रकार वाक्य (4) में 'खाएगा' क्रिया शब्द के स्थान पर 'लाएगा, धोएगा, काटेगा' का प्रयोग तो संभव है, पर अगर उनके स्थान पर हम 'आएगा, सोएगा, जाएगा' से किसी एक का भी प्रयोग करें तो वाक्य अशुद्ध हो जाएगा।

ऊपर की विवेचना के संदर्भ में हम कह सकते हैं कि **व्यवस्थापरक नियमों और व्याकरणिक प्रकार्य के आधार पर भाषिक इकाइयों के भीतर पाए जाने वाले संबंधों की व्यवस्था उस इकाई की संरचना है।** यह इकाई भाषा के किसी भी स्तर पर देखी जा सकती है, यथा—प्रोक्ति, वाक्य, पदबंध, शब्द आदि।

यहाँ कुछेक तथ्यों पर ध्यान देना आवश्यक है। पहला, संबंधों की व्याख्या, भाषा-सापेक्ष होती है। दूसरा, हर व्यवस्था कुछेक नियमों की अपेक्षा रखती है। तीसरा, व्यवस्थापरक नियमों की प्रकृति सर्जनात्मक होती है।

भाषा सापेक्ष कहने का अर्थ केवल इतना है कि हर भाषा अपने ढंग से शब्दों को कड़ी के रूप में पिरोती है। हिंदी में अगर हम कर्ता+कर्म+क्रिया के क्रम का निर्वाह करते हुए बोलते हैं—'लड़का किताब पढ़ रहा है' तो अंग्रेजी में एक दूसरे क्रम का ही निर्वाह करते हैं—कर्ता+क्रिया+कर्म। इसी के साथ यह भी कहा जा सकता है कि कहीं अगर व्यवस्था है तो उसके पीछे नियम भी अवश्य होंगे। ऊपर के उदाहरण से यह स्पष्ट है कि शब्द-क्रम का नियम हिंदी में कर्म को क्रिया से पहले रखने का है; जबकि अंग्रेजी में उसे क्रिया के बाद रखा जाता है।

संरचना पर आधारित ये व्यवस्थापरक नियम ही हमारे भाषा-ज्ञान के मूल आधार बनते हैं। भाषा-ज्ञान से हमारा तात्पर्य शुद्ध वाक्यों का सूचीपत्र नहीं होता। किसी ऐसे सूचीपत्र का ज्ञान संभव भी नहीं जो भाषा के हर संभव शुद्ध वाक्य को अपने भीतर समेटता हो क्योंकि किसी भी भाषा के संभाव्य वाक्य संख्यातीत होते हैं और किसी भी भाषा के सबसे लंबे वाक्य का बोला या लिखा जाना असंभव है। यह हमारी भाषा की सर्जनात्मक शक्ति का प्रमाण है कि हम भाषिक संरचना के आधार पर नए-नए वाक्यों की रचना करने में समर्थ हैं। इस बात पर बल देने की आवश्यकता है कि संरचनात्मक नियमों की सर्जनात्मकता और नए-नए वाक्य रचने को हमारी क्षमता ही भाषा को एक खुला आयाम देती है।

2. संरचना और संरचनात्मक नियमों की प्रकृति

ऊपर की विवेचना के परिप्रेक्ष्य में संरचना की प्रकृति पर प्रकाश डालते हुए उसके निम्नलिखित लक्षणों की ओर संकेत किया जा सकता है :

1. किसी भाषिक इकाई की संरचना उस इकाई के भीतर स्थित 'संबंधों की व्यवस्था' है : उदाहरण के लिए, अगर हम वाक्य (इकाई) के स्तर पर दो वाक्यों को लें—(क) मोहन कल आएगा, और (ख) मोहन आम खाएगा, तो हम देखते हैं कि इन दोनों वाक्यों में तीन-तीन शब्द हैं, पर इन शब्दों के आपसी संबंधों की व्यवस्था के संदर्भ में ये दो भिन्न-भिन्न संरचनाओं के उदाहरण हैं।

2. संरचना का संबंध इकाई के रूप (आकृति) के साथ रहता है, न कि उसकी अभिव्यक्ति के माध्यम के साथ : भाषा अपनी व्यवस्था में रूप है। इस रूप को भाषा व्यवहार के संदर्भ में अभिव्यक्ति देने की आवश्यकता पड़ती है। भाषा के संदर्भ में अभिव्यक्त रूप, 'ध्वनि' का माध्यम चुनता है या फिर 'लिपि' का, पर किसी वाक्य को हम चाहे ध्वनि के सहारे बोलकर व्यक्त करें, चाहे लिपि के सहारे लिखकर, 'रूप' के धरातल पर वाक्य वही रहता है। संरचना का संबंध 'रूप' से रहता है, अतः अभिव्यक्ति माध्यम के भेद से उसकी संरचना नहीं बदलती।

3. संरचना बोधात्मक यथार्थ है, न कि अभिव्यक्तिपरक तथ्य : संरचना अपनी प्रकृति में अमूर्त और संकल्पनात्मक होती है। उदाहरण के लिए, अगर इकाई के रूप में हम यह वाक्य लें—'मोहन आम खाएगा', तो इसका संरचनात्मक रूप होगा—कर्ता+कर्म+सकर्मक क्रिया। इस संरचना के बोधात्मक यथार्थ के संदर्भ में 'मोहन आम खाएगा' कथन मात्र अभिव्यक्तिपरक तथ्य समझा जाएगा, क्योंकि ऐसे अन्य कई वाक्य संभव हैं, यथा—सोहन फल खाएगा, शीला चिट्ठी लिखेगी, राकेश लकड़ी काटेगा, राधा खाना बनाएगी आदि। यह ध्यान देने की बात है कि संरचना के बोधात्मक यथार्थ के धरातल पर ये सभी वाक्य 'समान' हैं जबकि अभिव्यक्तिपरक तथ्य के रूप में ये वाक्य भिन्न-भिन्न माने जाएँगे।

4. संरचनात्मक इकाई का आधार उसके अंगों के बीच पाए जाने वाले संबंधों का प्रकार्य होता है : संरचना, संबंधों की व्यवस्था होती है, पर ये संबंध भाषिक इकाइयों के प्रकार्य पर आधारित होते हैं। उदाहरण के लिए, इन वाक्यों को ही लें—(क) मोहन घर आएगा, और (ख) पत्र घर आएगा। इन दो वाक्यों की संरचना भिन्न है क्योंकि 'मोहन' (संज्ञा) जिस प्रकार्य की ओर संकेत दे रहा है उससे भिन्न प्रकार्य की ओर 'पत्र' (संज्ञा)। पहले वाक्य में संज्ञा (मोहन) सजीव कर्ता है जो क्रिया (आने का काम) का संपादन स्वयं करने वाला है। जबकि दूसरे वाक्य में संज्ञा (पत्र) निर्जीव है, अतः आने की क्रिया का संपादन वह करने वाला स्वयं नहीं है। यह संरचनात्मक प्रकृति का ही अंतर है कि (क) संरचना के विस्तार के रूप में हम कह सकते हैं—'मोहन जानबूझकर घर नहीं आया', पर (ख) के संदर्भ में हम नहीं कह सकते—'पत्र जानबूझकर घर नहीं आया'।

5. संरचना संबंधी नियम अपनी संख्या में सीमित और प्रकृति में सर्जनात्मक होते हैं : यह तथ्य महत्त्वपूर्ण है कि भाषा अपने प्रयोगगत संदर्भ में अगाध और सीमायुक्त होती है। उसके वाक्य संख्यातीत होते हैं। हम रोज़ नए-नए वाक्यों का प्रयोग करते हैं। यह संभव नहीं कि जितने वाक्य हम बोलें, उतने ही नियमों को भी याद रखें। वस्तुतः संरचनात्मक नियम अपनी संख्या में सीमित होते हैं, पर उनकी प्रकृति सर्जनात्मक होती है। इन सीमित, पर सर्जनात्मक नियमों के आधार पर ही हम संख्यातीत वाक्यों को व्यवहार में लाने में समर्थ हो पाते हैं।

(ख) अशुद्धि

भाषिक व्यवस्था से च्युत भाषा-प्रयोग को 'अशुद्ध' कहा जाता है : 'अशुद्धि' के संदर्भ में भाषिक व्यवस्था के दो निश्चित आयाम हैं : (1) भाषिक संरचना का आयाम, और (2) मानक भाषा का आयाम। भाषिक संरचना की दृष्टि से अशुद्धि तब देखने को मिलती है जब व्याकरणिक मान्य विधान को तोड़कर भाषा को बोला या लिखा जाता है। भाषा-प्रयोग के विभिन्न स्तरों पर ऐसे अशुद्ध प्रयोग देखने को मिल सकते हैं, यथा—

वर्तनी स्तर : जन्ता (जनता), पँक्तियाँ (पंक्तियाँ), प्रायह (प्रायः)

शब्दरूप स्तर : बच्चा ने बताया (बच्चे ने बताया), लड़का से कहो (लड़के से कहो), वह लड़की को बुलाओ (उस लड़की को बुलाओ)।

अन्विति स्तर : कैसा किताब (कैसी किताब), मोहन के माँ (मोहन की माँ), यह बात मानना होगा (यह बात माननी होगी)।

मानकीकरण, स्वायत्तता, ऐतिहासिकता और जीवंतता के चार लक्षणों के आधार पर हिंदी एक मानक भाषा ठहरती है। माध्यम भाषा के रूप में शिक्षा, मानक भाषा के मानकीकृत रूप को अपनाती और उसका विकास करती है। भाषा का मानकीकृत रूप, मानकीकरण की प्रक्रिया का परिणाम होता है। मानकीकरण की प्रक्रिया के आधार पर मानक भाषा अनेक विकल्पों में से किसी एक का चुनाव करती है। इस चुनाव का एक आधार शिक्षित व्यक्तियों का शिष्ट-भाषा प्रयोग होता है। ये शिष्ट भाषा-प्रयोग ही मान्य होकर भाषा-प्रयोग के प्रतिमान बनते हैं। मानक भाषा के इस प्रतिमान के संदर्भ में विकल्पवत अन्य प्रयोग 'मानकच्युत' कहलाते हैं। मानकच्युत, हर भाषा-प्रयोग शिक्षा की दृष्टि से 'अशुद्ध' कहा जाता है।

मानकच्युत अशुद्धियाँ व्यवहार में भाषा के हर स्तर पर देखी जा सकती हैं, यथा :

वर्तनी स्तर : आंख (आँख), उस्ने (उसने), जोग (योग)।

शब्दरूप स्तर : मेरे को (मुझको, मुझे), हमारे को (हमको, हमें)।

वाक्य स्तर : आप जाओ (आप जाइए, आप जाएँ), मुझे किताबें खरीदना है (मुझे किताबें खरीदनी हैं)।

इस संदर्भ में यह कहा जा सकता है कि किसी भाषा का मानकीकृत रूप या तो एकोन्मुख प्रतिमान को लेकर चल सकता है अथवा बहुमुखी प्रतिमान को। हिंदी भाषा

के भीतर प्रतिमान स्थापना की तीन प्रमुख प्रवृत्तियाँ काम कर रही हैं—लोकवादी, राष्ट्रीयतावादी और अंतर्राष्ट्रीयतावादी। लोकवादी प्रवृत्ति, जनभाषा में प्रचलित तद्भव प्रयोगों को अपना आधार बनाती है, अतः वह 'जच्चाघर', 'तारलेखी' आदि शब्दों को प्रोत्साहित करती है। राष्ट्रीयतावादी प्रवृति, तद्भव और तत्सम शब्दों में विकल्प की स्थिति में तत्सम रूप को अपना प्रतिमान मानती है, इसलिए वह 'प्रसूतिगृह', और 'तारमुद्रक' जैसे शब्द-प्रयोगों को मानक रूप स्वीकार करती है। अंतर्राष्ट्रीयतावादी प्रवृत्ति अंग्रेजी के शब्दों को अपनाने की ओर प्रवृत्त रहती है, अतः उसके अनुसार 'टेलीप्रिंटर', 'टेलीफोन', आदि शब्द प्रयोग मानकच्युत नहीं माने जा सकते।

किसी भाषा-प्रयोग को मानकच्युत कहकर 'अशुद्ध' बतलाने के पहले यह आवश्यक है कि हम पहले ये देख लें कि वह प्रयोग, शैली-भेद का परिणाम तो नहीं। क्योंकि अनेक बोलियों और भाषा शैली के अनेक रूपों को अपने साथ लेकर चलने वाली हिंदी भाषा के व्यावहारिक प्रतिमान एक नहीं, बल्कि अनेक हैं।

(ग) अशुद्धि-शोधन

अशुद्धि-शोधन का क्षेत्र अशुद्धियों के उपचार और निराकरण का क्षेत्र है। ऊपर संकेत दिया जा चुका है कि सामान्यतः अशुद्धियों के दो मोटे वर्ग बनाए जा सकते हैं। एक वर्ग का संबंध भाषिक संरचना और उसके व्यवस्थापरक नियमों के साथ है और दूसरे वर्ग का संबंध भाषा के मानक रूप और उसके व्यवस्थापरक नियमों के साथ। इनके निराकरण के लिए यह आवश्यक है कि उनके प्रयोक्ता यह जानें कि कौन से भाषा प्रयोग संरचना की दृष्टि से सुगठित और लोक व्यवहार की दृष्टि से मान्य हैं।

यहाँ इस तथ्य पर ध्यान देने की भी ज़रूरत है कि भाषा का सार्थक, प्रभावी और शुद्ध रूप में सीखना और उसका सर्जनात्मक प्रयोग करना एक बात है और उस भाषा के बारे में जानना उससे भिन्न बात है। भाषा के बारे में जानना, उसके व्याकरण और नियमों की जानकारी तक सीमित रहता है। बहुत हुआ तो ऐसा ज्ञान यह बतलाने में समर्थ हो सकता है कि उस भाषा का कौन सा प्रयोग 'शुद्ध' है और कौन सा 'अशुद्ध'। परंतु ऐसी जानकारी से भाषा-प्रयोग की दक्षता नहीं आ सकती। किसी भाषा को सार्थक ढंग से सीखने का अर्थ है—उस भाषा में प्रयोग की दक्षता पाना, प्रभावी ढंग से अपनी बात कहना, नियमों का सर्जनात्मक प्रयोग करना और साथ ही शिष्ट और मान्य प्रयोगों तथा अमान्य और अशुद्ध प्रयोगों के बीच अंतर रखना।

स्पष्ट है, यहाँ बल 'प्रयोगों' पर है—नियमों पर नहीं। नियम, मात्र हेतु हैं। यह बात भी महत्त्वपूर्ण है कि शिष्ट और मान्य प्रयोगों के पीछे व्यवस्थापरक नियम होते हैं, और उनकी जानकारी भी आवश्यक है। अच्छा तो यह होगा कि इन नियमों की जानकारी, प्रयोक्ता प्रयोगों के विविध संदर्भों के बीच स्वयं निकाले और उसके बाद उन निकाले गए नियमों के आधार पर नए वाक्यों की रचना करे। इससे न केवल नियमों की सार्थकता सिद्ध होगी, वरन् प्रयोक्ता उनको आत्मसात् करने में भी सफल होंगे।

प्रायः यह देखने में आता है कि छात्र नियमों की जो जानकारी रखते हैं वह या तो अपने में अपूर्ण होती है या ग़लत। अशुद्धियों का एक वर्ग संरचनात्मक नियमों की सही जानकारी के अभाव से संबद्ध रहता है। उदाहरण के लिए, वे यह नहीं जानते कि किस क्रिया और किस क्रिया-रूप के साथ 'ने' का प्रयोग करना चाहिए और कहाँ उसका प्रयोग नहीं करना चाहिए। अतः वे बोलते हैं–'उसने बोला', 'वह कहा', 'इसने बोलता है'। ऐसी स्थिति में उनके लिए संरचना संबंधी नियमों की जानकारी आवश्यक हो जाती है। इन नियमों के संदर्भ में ही ऐसी अशुद्धियों का शोधन संभव है।

अशुद्धियों के दूसरे वर्ग का संबंध इस जानकारी के अभाव से है कि शिष्ट भाषा, किस विकल्प को स्वीकार्य और मान्य प्रयोग मानती है। इसी जानकारी के अभाव के कारण छात्र 'मैंने किया' या 'मुझको' के स्थान पर 'मैंने करा' या 'मेरे को' का प्रयोग करते हैं। ऐसी अशुद्धियों का शोधन, भाषा-संस्कार की दृष्टि से महत्त्वपूर्ण है। इसके लिए यह आवश्यक है कि छात्रों को सचेत करें कि संस्कारजन्य भाषा-प्रयोग की दृष्टि से कौन से प्रयोग उचित और स्वीकार्य हैं और कौन से अमान्य और अस्वीकार्य।

खंड घ : शैलीविज्ञान

- ☐ भाषावैज्ञानिक दृष्टि और आलोचना की नई भूमिका
- ☐ आलोचना का भाषावादी दृष्टिकोण
- ☐ शैलीविज्ञान : कुछ आधारभूत मान्यताएँ
- ☐ शाब्दिक सौंदर्य, काव्य-वस्तु, और शैलीविज्ञान
- ☐ काव्यभाषा और शैलीविज्ञान
- ☐ शैलीविज्ञान और काव्य-विश्लेषण
- ☐ काव्य-संसार और शैलीविज्ञान
- ☐ शैलीविज्ञान और काव्य-शिक्षण
- ☐ संसर्गगत काव्य-संसार
- ☐ शैली : अग्रगामिता (फ़ोरग्राउंडिंग)
- ☐ 'अनागत' : शैली का काव्य-स्तर
- ☐ काव्य-विश्लेषण और 'जीवन-मर्म'

भाषावैज्ञानिक दृष्टिकोण और आलोचना की नई भूमिका*

भाषा के काव्य-फलन के प्रति बधिर भाषावैज्ञानिक और भाषावैज्ञानिक समस्याओं से उदासीन एवं भाषावैज्ञानिक प्रणालियों से अपरिचित साहित्यशास्त्री, दोनों ही समान रूप से अपने समय से बहुत पीछे हैं।

–रोमन याकोब्सन : भाषाविज्ञान और काव्यशास्त्र

[1]

आज के आलोचना साहित्य को देखने-पढ़ने के बाद इसमें संदेह नहीं रह जाता कि साहित्य का अध्ययन करने वाले मर्मज्ञ समीक्षक और भाषा का वैज्ञानिक विश्लेषण करने वाले विद्वान् भाषावैज्ञानिक, एक-दूसरे के दायित्व क्षेत्र से बहुत दूर जा छिटके हैं। साहित्यिक आलोचक और भाषावैज्ञानिक के बीच संवाद की कोई स्थिति ही नहीं दिखलाई पड़ती। हिंदी भाषा और साहित्य के संदर्भ में तो इनके बीच इतनी गहरी खाई आ चुकी है कि अगर कोई साहित्य का क्षेत्र अपना लेता है तो भाषाविज्ञान का सामान्य ज्ञान भी उसे अनावश्यक बोझ प्रतीत होता है और अगर कोई अपने कार्य-क्षेत्र के रूप में भाषाविज्ञान को स्वीकार कर बैठता है तो बोलचाल की भाषा से असंबद्ध होने के कारण साहित्य को अपनी सीमा में अपनाने से ही इनकार कर बैठता है। हिंदी में एक ओर साहित्य के ऐसे आलोचक हैं जिन्होंने साहित्य-सिद्धांत पर बहुत कुछ लिखा है, पर अपनी आलोचना एवं विवेचना में भाषावैज्ञानिक उपलब्धियों का कुछ भी न तो उपयोग किया और न उसके आधार पर आलोचना को वैज्ञानिक बनाने का प्रयास किया तो दूसरी ओर ऐसे भाषाविद् हैं जिन्होंने भाषा की रूप-प्रकृति को समझने-समझाने का तो प्रयत्न किया, पर उस ज्ञान का उपयोग साहित्यिक रचनाओं के अध्ययन-विश्लेषण के निमित्त नहीं किया। एक ही 'अनुशासन' के भीतर से 'दो संस्कृतियों' के बीच की बढ़ती खाई की समस्या का प्रश्न अगर विचारणीय है तब भाषा और साहित्य के अध्ययन-क्षेत्र के दुराव का प्रश्न आज सबसे अधिक हमारा ध्यान आकर्षित करता है।

---

* सर्वप्रथम 'शैली-विज्ञान और आलोचना की नई भूमिका', लेखक : रवीन्द्रनाथ श्रीवास्तव, 1972 में प्रकाशित। प्रकाशक : केंद्रीय हिंदी संस्थान, आगरा।–**संपादक**

इस दुराव का कारण हिंदी के विद्वानों का अपना प्रमाद और अज्ञानता ही है। साहित्यकार यह भूल जाता है कि साहित्य के संदर्भ में वह जिन आंतरिक मूल्यों एवं रसानुभूति की चर्चा उठाता है उसकी अभिव्यक्ति का माध्यम एकमात्र भाषा का विशिष्ट प्रयोग ही है। इसमें संदेह नहीं कि अगर साहित्य से भाषा का आधर हटा दीजिए तो रचना का पूरा प्रासाद ही भरभराकर नीचे आ गिरेगा। मौखिक साहित्य में यह स्थिति अत्यंत स्पष्ट है। लिखित साहित्य में टाइपोग्राफ़ी का प्रयोग प्रभावोत्पादकता के लिए किया जाता है, पर संपूर्ण रचना को ध्यान में रखने पर भाषा की अपनी शैली की तुलना में उसका महत्त्व नहीं के बराबर प्रतीत होता है। इसी प्रकार भाषावैज्ञानिकों के हाथ से यह बात छूट जाती है कि उनका कार्यक्षेत्र किसी भाषा के बोलचाल रूप के अध्ययन-विश्लेषण तक ही सीमित नहीं होता। भाषा का प्रत्येक रूप और उसकी प्रत्येक शैली उनके अध्ययन की तथ्य-सामग्री हो सकती है और साहित्यिक भाषा, किसी भाषा की एक विशिष्ट बोली (डायलेक्ट) के अतिरिक्त और कुछ नहीं। अगर साहित्यिक भाषा, बोलचाल की भाषा की ही एक शैली-विशेष है और भाषाविज्ञान का क्षेत्र भाषा के प्रत्येक रूप के अध्ययन को अपने भीतर समेटता है तो इसमें संदेह नहीं कि साहित्य का अध्ययन भी भाषावैज्ञानिक दृष्टि से करना संभव है। यह बात दूसरी है कि इस दिशा में महत्त्वपूर्ण कार्य होना अभी बाक़ी है।

दृष्टि, कार्य-प्रणाली और पारिभाषिक शब्द-प्रयोगों में विभिन्नता होते हुए भी साहित्यिक आलोचना और भाषा-वैज्ञानिक अध्ययन में कुछ स्तरों पर समानता और लक्ष्य में एकरूपता देखी जा सकती है। उदाहरण के लिए, अगर हम तुलसी साहित्य की आलोचना अथवा उनके साहित्य के भाषा-वैज्ञानिक अध्ययन की ओर प्रवृत्त होते हैं तो दोनों ही स्थितियों में पहले हमारी दृष्टि उनकी रचनाओं की पाठसामग्री पर पड़ती है। पर दोनों ही स्थितियों में 'पाठसामग्री' का विवेचन, अध्ययन का अंतिम लक्ष्य नहीं बनता। आलोचक और भाषावैज्ञानिक, दोनों ही 'पाठसामग्री' के भीतर निहित 'पैटर्न' और 'संघटना' (स्ट्रक्चर) को ढूँढ़ने का प्रयास करते हैं, दोनों ही 'संघटना' का निर्माण करने वाले अंगों में विभिन्न स्तरों पर पाए जाने वाले अंतःसंबंधों का पता लगाने की कोशिश करते हैं। साहित्यिक और भाषा-वैज्ञानिक पैटर्न का योग साहित्यिक कृति में कुछ इस प्रकार रहता है कि दोनों एक-दूसरे के समरूप न होकर भी एक-दूसरे के संरचना के पूरक के रूप में सिद्ध रहते हैं। एक-दूसरे के पूरक (कांप्लिमेंटेशन) की स्थिति ने आज के विद्वानों को यह भली-भाँति बता दिया है कि एक के अभाव में दूसरे का उचित ज्ञान संभव ही नहीं।

खेद की बात है कि साहित्यशास्त्र के अंतर्गत शैली के संदर्भ में अगर भाषा-शैली का विवेचन हुआ भी, तो उसे मात्र साहित्यिक भाषा की शैली तक ही सीमित रखा गया। साहित्यिक भाषा और उसकी शैली पर ही केवल अपना ध्यान केंद्रित करने वाले आलोचकों ने साहित्यिक भाषा को एक स्वतंत्र इकाई के रूप में मान्यता दी। वे भूल गए कि साहित्यिक भाषा, बोलचाल की सामान्य जीवंत भाषा का ही एक विशेष रूप

है, अतः उसको समझने के लिए आवश्यक है कि उसे बोलचाल की भाषा के संदर्भ में देखा जाए। उदाहरण के लिए, हम कविता की ही भाषा को लें। निश्चय ही कविता में प्रयुक्त भाषा का वाक्य-गठन सामान्य भाषा में प्रयुक्त वाक्य-गठन के 'स्ट्रक्चर' से भिन्न होता है। अगर व्याकरण की दृष्टि से देखें तो कई स्तरों पर काव्य-भाषा, उस भाषा के सामान्य नियमों का अतिक्रमण करती पाई जाती है। इस दृष्टि से यह कहा जा सकता है कि काव्य-भाषा का अपना वाक्य-गठन होता है, उसकी भाषा का अपना स्ट्रक्चर होता है, पर इस वाक्य-गठन और काव्य-भाषा के अन्य स्तरों पर पाए जाने वाले 'स्ट्रक्चर' को क्या हम एक 'नई' भाषा का रूप-विधान मान लें ? काव्य-भाषा के रूप-विधान को सामान्य भाषा के 'नार्म' से हटी शैली के रूप में देखना क्या उचित नहीं होगा ? क्या काव्य-भाषा का 'पैटर्न', सामान्य भाषा के 'पैटर्न' की ही एक विशेष स्थिति में, विशेष प्रभाव के लिए प्रयुक्त 'उपश्रेणी' नहीं है ?

अगर यह सही है कि साहित्यिक भाषा का 'पैटर्न' वस्तुतः एक विशेष लक्ष्यसिद्धि के लिए प्रयुक्त सामान्य भाषा के 'नार्म' की ही एक 'उपश्रेणी' है तब इसमें संदेह करने का कोई कारण नहीं कि भाषा के स्तर पर साहित्यिक शैली का विवेचन मात्र साहित्य तक सीमित नहीं किया जा सकता, उसे सामान्य भाषा के 'पैटर्न' के संदर्भ में ही देखना होगा। भाषाविज्ञान का प्रमुख क्षेत्र ही भाषा के 'पैटर्न' की खोज है। अब तो यह भी कहा जा सकता है कि आज का भाषा-वैज्ञानिक केवल सामान्य भाषा के ही 'पैटर्न' की खोज नहीं करता, वरन् भाषा की उन सभी शैलियों के 'पैटर्न' की खोज को अपना विषय बनाता है जो उस भाषा से किसी-न-किसी रूप में संबद्ध है। अतः भाषाविज्ञान ने शैली-विज्ञान की जिस शाखा को अपना अध्ययन-क्षेत्र स्वीकार किया है वह वस्तुतः भाषा की समस्त संभावनाओं एवं अभिव्यक्ति के सभी रूपों को अपने भीतर समाहित करती है। यह बात दूसरी है कि इस क्षेत्र के भीतर आज प्रमुख स्थान साहित्यिक भाषा के शैली-विधान को दिया जा रहा है, पर महत्त्वपूर्ण तथ्य यह है कि उसका क्षेत्र अब मात्र साहित्यिक भाषा की शैली तक ही सीमित नहीं रह गया है, वह अभिव्यक्ति के स्तर पर भाषा की समस्त संभावना और क्षमता के अध्ययन तक अपना विस्तार पा चुका है।

सच तो यह है कि किसी साहित्यिक कृति के संदर्भ में उसके वस्तु एवं अभिव्यक्ति पक्ष के अंतःसंबंधों को सही रूप में न समझने के फलस्वरूप ही भाषा की महत्ता का हम ठीक से आकलन नहीं कर पाए हैं, दूसरी बात यह है कि हमारी आलोचनात्मक दृष्टि का सीधा और गहरा संबंध इस तथ्य से भी है कि हम साहित्य को किस रूप में स्वीकार करते हैं। साहित्य के प्रति व्यक्ति का दृष्टिकोण, निश्चय ही उसकी आलोचनात्मक पद्धति को प्रभावित करता है। अतः आवश्यक है कि आलोचनात्मक दृष्टि की विवेचना के पूर्व हम यह देखें कि मोटे तौर पर साहित्य के प्रति आलोचकों की अपनी धारणा क्या रही है। इस धारणा का सीधा संबंध साहित्य की रूप-गठन-संबंधी मान्यता से है और इसी रूप-गठन का मुख्य आधार है साहित्य का अभिव्यक्ति पक्ष, जिसका साँचा

भाषा के आधार पर निर्मित होता है।

उदाहरण के लिए, आलोचकों का एक समुदाय साहित्य का संबंध सीधे लोक-जीवन के अनुभवों के साथ जोड़ता है। इनकी मान्यता है कि 'काव्य-दृष्टि कहीं तो 1. नरक्षेत्र के भीतर रहती है, 2. कहीं मनुष्येतर बाह्य सृष्टि के, और 3. कहीं समस्त चराचर के।' (शुक्ल : 8) अर्थात् साहित्य और कुछ नहीं, जीवन एवं प्रकृति की वास्तविकता पर घनीभूत के उद्घाटन का माध्यम है। इस मान्यता के अनुसार साहित्य की लक्ष्य-सिद्धि स्वयं साहित्य के भीतर निहित नहीं रहती। साहित्य तो मात्र एक माध्यम है एक विशेष लक्ष्यसिद्धि का, भले ही वह सिद्धि 'हृदय-प्रसार' हो, 'लोक-हृदय में हृदय के लीन होने की दशा' हो अथवा 'अनुभवों के प्रति संतुलित वृत्ति का निर्माण' हो। आलोचकों का दूसरा समुदाय साहित्य को प्रतीकों के आपसी आत्यंतिक संबंधों के आधार पर गठित सौंदर्यशास्त्रीय संघटना की अपने में ही पूर्ण एक स्वतंत्र इकाई के रूप में अपनाता है। 'काव्य में विषय से अधिक टेकनीक पर ध्यान देने की आवश्यकता को जब अनुभव किया गया' तो वस्तुतः इस दिशा में प्रयोगकर्ता कवि को तमाम उसकी उद्घोषणाओं के बावजूद मात्र 'राही अथवा राहों के अन्वेषी' मान लेना उनकी साहित्यिक प्रक्रिया की सही भूमिका से इनकार करना होगा। वस्तुतः वे इसके द्वारा कृति में अपना नया अर्थ भरने का प्रयत्न कर रहे थे। कहाँ तक अपनी लक्ष्यपूर्ति में वे सफल हो सके, यह बात दूसरी है। नया आलोचक वस्तुतः 'अपने नए अर्थ' को साहित्य के दायरे के भीतर ही पाना चाहता था। वह साहित्य को मात्र माध्यम नहीं मानता था, साहित्यिक कृति उसके लिए साहित्य के बाहर स्थित लक्ष्यसिद्धि का कोई उपकरण—भले ही वह कितना ही विशिष्ट क्यों न हो—नहीं रहा। इन नए आलोचकों के अनुसार साहित्य की सिद्धि आत्यंतिक मूल्यों (टर्मिनल वैल्यूज़) की अलग, विशिष्ट और अपने में पूर्ण संसार की सृष्टि है। वास्तविक संसार और आत्यंतिक मूल्यों के सहारे निर्मित संसार दो भिन्न इकाइयाँ हैं। पहले संसार का अनुभवबोध हमें भाषा के सामान्य प्रयोग द्वारा होता है, जबकि आत्यंतिक मूल्यों के सहारे निर्मित संसार, पूरा-का-पूरा साहित्यिक कृतियों के दायरे में बँधे होने के कारण भाषा की एक विशिष्ट (साहित्यिक) शैली के माध्यम द्वारा ही जाना-पहचाना जा सकता है।

साहित्य-संबंधी इन दो आलोचनात्मक दृष्टियों के आधार पर कविता की भाषा की कार्यसिद्धि पर भी प्रकाश डाला जा सकता है। जो आलोचक, कविता की लक्ष्यसिद्धि को स्वयं कविता के बाहर मानते हैं उनके लिए कविता की भाषा खिड़की के उस पारदर्शी शीशे के समान है जिसके सहारे वे बाह्य जीवन को देखते, समझते और उसका अनुभव करते हैं। पर जो कविता की लक्ष्यसिद्धि को स्वयं कविता के भीतर ही स्थित मानते हैं उनके लिए कविता की भाषा विभिन्न कोणों से काटे गए दर्पण के उस 'सेट' के समान है जिसमें बाह्य जीवन की प्रतिच्छवि एक गुणात्मक भेद के साथ अनंत रूप से प्रतिबिंबित होती रहती है, पर अंततः प्रतिच्छवि होने के कारण, उसके यथार्थ की सत्ता उसी दर्पण में बँधी होती है।

साहित्य-संबंधी इन दो मान्यताओं में सामंजस्य स्थापित करने वाला आलोचकों का एक तीसरा समुदाय भी है जो साहित्य की भाषा को एक साथ 'दर्पण का सेट' और 'खिड़की का पारदर्शी शीशा' दोनों ही स्वीकार करता है। साहित्यकार, शैली निर्माण की दृष्टि से तो शब्दों का नियोजन विभिन्न कोणों से काटे गए दर्पण की एक विशेष व्यवस्था एवं क्रम के रूप में करता है, पर सृजनात्मक प्रक्रिया के संपन्न होते-होते दर्पण का यह सेट साहित्यिक रचना और बाह्य जीवन के संदर्भ में अंततः खिड़की के पारदर्शी शीशे में बदल जाता है। इस तीसरे मत के समर्थक हैं—मुरे क्रेयगर (1964 : 3), जिनकी धारणा है कि साहित्य की भाषा को, 'खिड़की का पारदर्शी शीशा' और 'दर्पण का सेट' मानने वाली पद्धतियाँ क्रमशः पूर्व-नव्य-समीक्षा (प्रिन्यू क्रिटिसिज़्म) और 'नव्य-समीक्षा' की आलोचना-प्रणाली से संबद्ध हैं, जबकि उनकी पद्धति अत्याधुनिक है और वह 'नव्य-समीक्षा' से आगे की प्रणाली का विकास करती है।

ध्यान देने की बात है कि क्रेयगर प्रभृति विद्वान् आलोचक यह भूल जाते हैं कि कोई वस्तु 'क्या है' और वह कौन सा 'कार्य' संपादित करती है, आपस में संबद्ध होते हुए भी दो विभिन्न क्षेत्रों के प्रश्न हैं। 'क्या है'—प्रश्न, वस्तु की अपनी बनावट और संरचना के उत्तर की अपेक्षा रखता है जबकि 'कार्य-संपादन' उस वस्तु की कार्य-क्षमता (पोटेंशियलिटी) पर आधारित होता है। यह ठीक है कि वस्तु की कार्यक्षमता की सीमा वस्तु की संरचना से सीधे संबंधित है, पर वस्तु अपने में एक स्वतंत्र इकाई होती है, जबकि वस्तु का उपयोग करने वाला, उस वस्तु से भिन्न दूसरी इकाई होता है जो उन तमाम संभावनाओं का पता लगाने के लिए स्वतंत्र है जो वस्तु अपनी विशेष संरचना के कारण उसे प्रदान करती है। इसी संभावना के आधार पर वह उसकी कार्यक्षमता का पता लगाता है और अपनी आवश्यकता के अनुसार किसी विशेष दिशा में उनका उपयोग करती है। (ध्यान दें, मैंने वस्तु के उपयोग की बात न उठाकर उसकी कार्यक्षमता की चर्चा उठाई है।) उदाहरण के लिए 'अणु' (एटम) क्या है ? इस प्रश्न का संबंध अणु की संरचना से है। अणु की संरचना का ज्ञान उसकी कार्यक्षमता का पता तो देता है, पर किसी विशेष दिशा में उसका प्रयोग—अणुबम जैसे घातक शस्त्र भी बने हैं और शांतिदूत के रूप में उसके सहारे इलेक्ट्रॉनिक यंत्र भी—किसी अन्य के माध्यम से होता है। जिस प्रकार विज्ञान का अपना क्षेत्र, 'अणु' की संरचना और उसकी कार्यक्षमता तक ही सीमित है अर्थात् वह अपने क्षेत्र में रखकर केवल इसी प्रश्न के उत्तर को देना उचित समझता है कि वस्तु क्या है, ठीक उसी प्रकार साहित्य की आलोचना का अपना क्षेत्र भी वस्तुतः कृति की संरचना एवं कार्यक्षमता को लेकर है, न कि वह वस्तु क्या करती है अथवा उस वस्तु का उपयोग क्या है।

इस दृष्टि से देखें तो स्पष्ट हो जाता है कि जो आलोचक साहित्य अथवा उसकी भाषा को 'पारदर्शी शीशे' के समान मानते हैं, जिसके माध्यम से हम बाह्य जीवन और जगत् को और भी गहराई से देखने में सफल होते हैं, वस्तुतः 'वस्तु (साहित्य) क्या है' के प्रश्न के उत्तर न देने के कारण वे साहित्य के अपने क्षेत्र से बाहर चले जाते हैं और

उनकी आलोचना भी साहित्येतर हो उठती है। और यही कारण है कि आलोचना के आगे सामाजिक, मनोवैज्ञानिक, दार्शनिक आदि विश्लेषण लगाने की उन्हें आवश्यकता प्रतीत होती है। यहाँ पर ध्यान देने की आवश्यकता है कि 'रस' को लेकर साहित्य की जो आलोचना की जाती है वह भी साहित्येतर आलोचना है क्योंकि वह भी कृति की संरचना अथवा कार्यक्षमता के विवेचन को अपना आधार नहीं बनाती, वरन् कृति के 'उपयोग' को अपनी दृष्टि में रखकर साहित्य का मूल्यांकन करती है। और जो आलोचक, साहित्य और भाषा को एक साथ 'पारदर्शी शीशा' और 'दर्पण का सेट' दोनों स्वीकार करते हैं—उनके सामने कृति की संरचना और उस कृति के उपयोग का भेद स्पष्ट नहीं होता और न वे साहित्य की 'कार्यक्षमता' और उसके उपयोग में ही सूक्ष्म अंतर स्थापित कर पाते हैं।

[2]

अगर साहित्य की आलोचना का अपना क्षेत्र साहित्यिक रचनाओं की संरचना और उस संरचना के संदर्भ में उसकी कार्यक्षमता को समझने और पता लगाने तक सीमित है तो निश्चय ही आलोचना को जिस कार्यप्रणाली को अपनाना होगा, उसका स्वरूप विवरणात्मक और संघटनात्मक (स्ट्रक्चरल) होगा। विवरणात्मक पद्धति द्वारा आलोचक संरचना का विवरण प्रस्तुत करेगा और संघटनात्मक पद्धति द्वारा उस संरचना के भीतर 'पैटर्न' को ढूँढ़कर उसकी कार्यक्षमता की ओर संकेत देगा। आज के भाषाविज्ञान की सबसे बड़ी उपलब्धि वस्तुतः भाषा-विश्लेपण के संदर्भ में व्याकरण के नियम-निर्देशात्मक (प्रेस्क्रिप्टिव) के स्थान पर उसके विवरणात्मक और संघटनात्मक पद्धति को विकसित करने में है। जो पद्धति सामान्य भाषा के विश्लेषण के लिए प्रयुक्त होगी, कार्यप्रणाली के रूप में वह भाषा के साहित्यिक रूप पर भी लागू की जा सकती है और अगर प्रणाली वैज्ञानिक है तो निश्चित ही उसका विस्तार शैली के हर क्षेत्र तक संभव हो सकता है। 'कार्यप्रणाली' के रूप को लेकर साहित्य-विश्लषेण के क्षेत्र में भाषाविज्ञान की यह महत्त्वपूर्ण देन है।

शैली और संघटना ये दो ऐसे मूल प्रत्यय हैं जो भाषाविज्ञान और साहित्यिक आलोचना को संधि-स्तर पर ला खड़ा करते हैं। दोनों क्षेत्र अब यह स्वीकार करने लगे हैं कि किसी वस्तु, चाहे वह भाषा हो अथवा साहित्य, की संघटना कुछ मूल तथ्यों (आइटम्ज़) के सामान्य समूह से कहीं कुछ भिन्न अर्थ रखती है। दोनों अपनी विषय-वस्तु अथवा कविता को मूलतः 'गेस्टाल्ट' की एक विशेष विधा के रूप में ग्रहण करते हैं। इस विधा के निर्माण में कुछ भौतिक तथ्यों (फिज़िकल आइटम्ज़) का योग रहता है और जो आपस में स्थिर अंतर्संबंधों की एक विशेष पद्धति में इस प्रकार बँधे होते हैं कि उस पद्धति से हटकर जब वे भौतिक तथ्य संयुक्त होते हैं तव पहले की 'पूर्ण इकाई' का स्वरूप बदल जाता है अथवा वह इकाई ही टूटकर छिन्न-भिन्न हो जाती

है। यह स्थिति जितनी वाक्य पर लागू होती है, उतनी ही कविता पर। प्रसिद्ध भाषाशास्त्री हॉकेट का तो यहाँ तक कहना है कि 'विश्लेषण की जिस प्रक्रिया और पारिभाषिक शब्दों के जिस प्रत्यय-बोध को छोटे स्तर पर भाषावैज्ञानिक अपनाता है इस दिशा में .का उपयोग अब साहित्यिक आलोचक भी संघटना के बड़े स्तर पर करने लगा है लेकिन इसके बावजूद स्थिति यह है कि इन दो विषय-वस्तुओं—भाषा और साहि , वाक्य और कविता—के संधिक्षेत्र का अध्ययन अभी नहीं के बराबर हुआ है।' (हॉ ट, 1958 : 557)

उक्त कथन प्रसिद्ध भाषावैज्ञानिक हॉकेट का है जिन्होंने भाषा और साहित्य के .धिक्षेत्र के अध्ययन की प्रगति पर सन् 1958 में अपना वक्तव्य दिया था। पर इस बीच उक्त क्षेत्र को लेकर कम-से-कम 300 स्वतंत्र निबंध अब तक मात्र अंग्रेजी भाषा में प्रकाशित हो चुके हैं। इसके अतिरिक्त कई लेख रूसी, चेक, जर्मन और फ्रेंच भाषाओं में भी मुझे देखने को मिले। स्वतंत्र निबंधों के अतिरिक्त मोनोग्राफ़ और पुस्तकों के रूप में भी इस दिशा में विस्तारपूर्वक लिखा जा चुका है। ध्यान देने की बात है कि ये सभी विवेचन मात्र सैद्धांतिक नहीं, व्यावहारिक रूप में एमिली डिकिंसन (श्लाख, 1963), सैमुएल जॉनसन (विम्सैट, 1963), लिओ ताल्सताय की (लैस्सकिस 1962) साहित्यिक रचनाओं के विश्लेषण के रूप में प्रयुक्त भी हो चुके हैं। ब्राउनिंग की प्रसिद्ध छोटी कविता—'पीपा पासेस' का संघटनात्मक विश्लेषण, उस कविता के सौंदर्य के उद्घाटन में कितना सहायक हो सकता है—इसका परिचय हिल (1956 : 51-56) द्वारा की गई उसकी विवरणात्मक आलोचना से जाना जा सकता है।

जहाँ तक शैली का प्रश्न है—भाषावैज्ञानिक आलोचना एक व्यापक स्तर पर उसे ग्रहण करती है। शैली भाषा का मात्र अलंकरण नहीं। यह ठीक है कि शैली अभिव्यक्ति की एक प्रणाली है, पर उसे यह कहकर कि वह साधन है, साध्य नहीं अथवा अर्थ के निकल जाने के पश्चात् जो 'तत्त्व' भाषा की सजावट के लिए शेष बचता है उस रूप में ग्रहण कर, वस्तुतः शैली के मूल प्रयोजन से ही हम अलग हट जाते हैं। उदाहरण के लिए हम अलंकार को ही लें जो शैली का एक विशिष्ट अंग है। (ध्यान रहे स्वयं शैली नहीं)। शुक्लजी का कथन है कि 'अलंकार चाहे अप्रस्तुत वस्तु-योजना के रूप में हो (जैसे उपमा, रूपक, उत्प्रेक्षा इत्यादि में), चाहे वाक्य-वक्रता के रूप में (जैसे अप्रस्तुत प्रशंसा, परिसंख्या, व्याजस्तुति, विरोध इत्यादि में), चाहे वर्ण-विन्यास के रूप में (जैसे अनुप्रास में) लाए जाते हैं वे प्रस्तुत भाव या भावना के उत्कर्ष के साधन के लिए।' एक दूसरे स्थल पर वे अपनी बात को और भी स्पष्ट करते हुए लिखते हैं—'किसी वस्तु-विशेष से किसी अलंकार-प्रणाली का संबंध नहीं हो सकता। किसी तथ्य तक वह परिमित नहीं रह सकती। वस्तु-निर्देश अलंकार का काम नहीं, रस-व्यवस्था का विषय है।' और अब यह स्पष्ट हो चुका है कि अलंकार प्रस्तुत या वर्ण्य वस्तु नहीं, बल्कि वर्णन करने की भिन्न-भिन्न प्रणालियाँ हैं, कहने के खास-खास ढंग हैं।

स्पष्ट है कि शुक्लजी वर्णन करने की भिन्न-भिन्न प्रणालियाँ अथवा कहने के ढंग

को विषय-वस्तु के साथ जोड़कर नहीं देखना चाहते। लेकिन शैली के संदर्भ में जिस अभिव्यक्ति-भेद को शैली-विज्ञान अपने सामने रखता है–उसे वह विषय-वस्तु अर्थात् 'अर्थ' से असंपृक्त कर नहीं देखता। शैली वस्तुतः अर्थ-विस्तार की सूक्ष्म मर्यादा का निर्माण करती है, वह टेक्सचर अथवा मुख्यार्थ के साथ एक गौण अर्थ का सृजन करती है। शैली का अध्ययन केवल अभिव्यक्ति के स्तर पर करना उचित नहीं। उसे 'अंडरटोन' की तरह प्रतिध्वनित 'द्वितीय अर्थ' के रूप में भी मानना होगा अन्यथा साहित्य के अनिवार्य तत्त्व के रूप में उसकी सत्ता संदिग्ध ही मानी जाएगी (बर्डसले, 1958)। जब हम भाषा-शैली की चर्चा उठाते हैं तब यह स्पष्ट हो जाना चाहिए कि हम भाषा की अभिव्यक्ति प्रणाली की ओर संकेत दे रहे हैं जो शब्दों के माध्यम से 'क्या' कहा जा रहा है, के साथ संघटनात्मक स्तर पर पूरी तरह से गुँथा होता है। विम्सैट का तो यहाँ तक कहना है कि 'भाषा शैली का मुख्य क्षेत्र 'अर्थ' ही है, लेकिन इस दिशा में अर्थ के दो विशिष्ट स्तरों को ठीक से पहचान लेना चाहिए–प्रमुख अर्थ और फिर छाया अथवा 'इको' की तरह ध्वनित द्वितीय अर्थ (विम्सैट, 1958 : 21-2)।' शैली का संबंध वस्तुतः इस दूसरे स्तर के अर्थ से रहता है।

अगर वर्णन करने की भिन्न-भिन्न प्रणालियाँ, अर्थ के स्तर पर वस्तुपक्ष के साथ इस प्रकार गुंफित रहती हैं कि वे द्वितीय अर्थ (सेकंडरी मीनिंग) को छाया के साथ उद्भासित करती हैं, तब स्पष्ट है कि अर्थ के इस अंडरटोन 'गूँज' को जानने-पहचानने का रास्ता अभिव्यक्ति प्रणाली की संघटना का ही हो सकता है। उदाहरण के लिए कविता की शैली-विधा को ही लें, जहाँ 'अंडरटोन' का व्यापक प्रसार रहता है। आखिर कवि इस 'अंडरटोन' की सृष्टि कैसे करता है ? अथवा पाठक इसका पता कैसे पाता है ? निश्चय ही कविता में प्रयुक्त भाषा संघटना के माध्यम से। कविता में भाषा का स्वरूप ठीक वैसा ही नहीं रहता जैसा भाषा के बोलचाल के सामान्य रूप में। पर प्रश्न उठाया जा सकता है कि कविता की भाषा को समझा किस आधार पर जाए ? अगर हम यह मानते हैं कि कवि, एक विशिष्ट भाषा-शैली का प्रयोग करता है तब उसकी 'विशिष्टता' को किसी 'सामान्य' के अतिक्रम के रूप में ही तो परखा जा सकता है। 'विशिष्ट' और 'सामान्य' सापेक्षिक प्रत्यय हैं और 'सामान्य' का परिचय सहजसाध्य है अतः 'विशिष्टता' को 'सामान्य' के संदर्भ में ही देखकर समझा जाना अपेक्षित है।

भाषा का सामान्य रूप बोलचाल की भाषा होती है। अतः कविता की भाषा-शैली विशिष्टता को सामान्य बोलचाल की भाषा के 'स्ट्रक्चर' के अतिक्रम (डिविएशन) के रूप में ही देखना होगा। अरस्तू ने बहुत पहले कविता के आधारभूत तत्त्व के रूप में इस अतिक्रम की ओर संकेत दिया है। प्राग स्कूल ने इस दिशा में कुछ महत्त्वपूर्ण अध्ययन पिछले दशक में प्रस्तुत किया है। लेविन (1965 : 225-37) तो इस अतिक्रम को कविता के बाह्य और आंतरिक, दोनों ही स्तर पर स्वीकार करते हैं। पर प्रश्न तो यह है कि कविता के इस अतिक्रम को समझने की कोई भाषावैज्ञानिक पद्धति भी है ? कविता की एक विशिष्ट भाषा-शैली भाषा के सामान्य स्ट्रक्चर में भली-भाँति बँध नहीं

पाती और उससे अलग एक अन्य स्ट्रक्चर का निर्माण करती है, तो उसको समझा जाए ? अगर हम यह कहें कि कविता की भाषा का अपना स्ट्रक्चर होता है जो सामान्य भाषा के व्याकरण की परिधि के बाहर है, और फिर यह मान लें कि व्याकरण का अतिक्रमण करने के लिए कवि को छूट है, तो वस्तुतः हम प्रश्न और उत्तर को एक गोलाई में घुमाकर इस प्रकार उन्हें आमने-सामने खड़ा कर देते हैं कि हर उत्तर फिर अपने लिए स्वयं प्रश्न बन जाता है।

इस समस्या का समाधान करने की कोशिश चॉम्स्की (1956) और उनके सहयोगियों ने की है। कविता की भाषा-शैली को समझने के लिए उन्होंने व्याकरणिकता के स्तर-भेद की कल्पना को सामने रखा। उदाहरण के लिए हिंदी के निम्नलिखित वाक्यों को लीजिए :

1. (अ) लड़का अँधेरे से डरता है।
   (आ) अँधेरा लड़के से डरता है।
2. (अ) अँधेरा लड़के को डराता है।
   (आ) लड़का अँधेरे को डराता है।

पढ़ते ही स्पष्ट अनुभव होता है कि 1 और 2 का (अ) वाक्य, उसके (आ) की तुलना में अधिक व्याकरण-सम्मत है, यद्यपि वाक्य-गठन की दृष्टि से दोनों हिंदी के अपने पैटर्न के अनुरूप हैं। उदाहरण के लिए क्रम 2 का (अ) और (आ) दोनों हिंदी के कर्ता+कर्म+क्रिया के अनुसार गठित हैं। लेकिन व्याकरणिक सघनता की भावना को हम कहीं अधिक स्पष्ट कर सकते हैं, अगर संज्ञा को हम प्राणिवाचक और अप्राणिवाचक, दो समूहों में विभाजित कर उसकी अन्विति क्रिया के रूप-भेद से जोड़ें। उदाहरण के लिए एक तरफ तो हम संज्ञा को लड़का (प्राणिवाचक) और अँधेरा (अप्राणिवाचक) विभाजित कर दें और दूसरी ओर 'डर' के दो रूप डरना (अकर्मक) और डराना (सकर्मक) में बाँट दें। (हिंदी में 'डरवाना' के रूप में प्रेरणार्थक क्रिया का भी प्रयोग होता है।)।

संज्ञा { प्राणिवाचक संज्ञा 1
       अप्राणिवाचक संज्ञा 2

क्रिया { अकर्मक क्रिया 1
       सकर्मक क्रिया 2

हिंदी का अपना वाक्य गठन—संज्ञा फ्रेज+क्रिया फ्रेज को हम संज्ञा+संज्ञा+क्रिया के पैटर्न पर गठित मान सकते हैं। इस दृष्टि से ऊपर दिए चारों वाक्य समान रूप से व्याकरणिक हैं। पर संज्ञा और क्रिया के ऊपर दिए विभाजन के अनुरूप लिखें तो उसका स्वरूप होगा :

1. (अ) संज्ञा 1+संज्ञा 2+क्रिया 1

(आ) संज्ञा 2+ संज्ञा 1+क्रिया 1

2. (अ) संज्ञा 2+संज्ञा 1+क्रिया 2

(आ) संज्ञा 1+संज्ञा 2+क्रिया 2

इस दृष्टि से अगर हम 1 और 2 क्रम के (अ) वाक्य को अधिक व्याकरणिक अनुभव करते हैं तब यह कहा जा सकता है कि संज्ञा 1+संज्ञा 2+क्रिया 1 और संज्ञा 2+संज्ञा 1+क्रिया 2 अधिक व्याकरणिक हैं और उनकी तुलना में संज्ञा 2+संज्ञा 1+क्रिया 1 और संज्ञा 1+संज्ञा 2+क्रिया 2 कम व्याकरणिक। इस फार्मूला को और भी सटीक बनाया जा सकता है, अगर हम कुछ और वाक्यों को इस संदर्भ में लें। उदाहरण के लिए इन दो वाक्यों को देखें--लड़का पिता से डरता है, और लड़का माँ को डराता है। पहला वाक्य अकर्मक क्रिया होने के कारण पहले खंड और दूसरा सकर्मक क्रिया के प्रयोग के कारण दूसरे खंड में रखा जा सकता है। ये दोनों वाक्य व्याकरणिक सघनता की दृष्टि से (अ) श्रेणी के हैं, अतः समान फार्मूले को निकालने के लिए इन्हें समान स्तर पर रखा जा सकता है। उदाहरण के लिए :

1. (अ) क+ख+ग

संज्ञा 1 संज्ञा 2 क्रिया 1 (लड़का अँधेरे से डरता है।)

(ई) संज्ञा 1+संज्ञा 1+क्रिया 1 (लड़का पिता से डरता है।)

2. (अ) संज्ञा 2+संज्ञा 1+क्रिया 2 (अँधेरा लड़के को डराता है।)

(ई) संज्ञा 1+संज्ञा 1+क्रिया 2 (लड़का माँ को डराता है।)

अगर खंड 1 के (अ) और (ई) के वाक्यों के खाने (स्लॉट क, ख, और ग को देखें तो स्पष्ट हो जाता है कि खाना क और ग दोनों समान हैं, पर खाना ख में संज्ञा 2 भी आ सकता है और संज्ञा 1 भी। अतः इस स्थान पर मात्र संज्ञा लिखा जाना संभव है। अतः खंड 1 का फार्मूला बनेगा :

संज्ञा 1+संज्ञा+क्रिया 1

इसी प्रकार खंड 2 का फार्मूला होगा :

संज्ञा+संज्ञा 1+क्रिया 2

कविता में अगर वाक्यों का गठन सामान्य भाषा के गठन से भिन्न मिलता है (अँधेरा लड़के से डरता है और लड़का अँधेरे को डराता है--ऐसे वाक्य कविता में संभव हैं) तो उसे सामान्य भाषा के 'नार्म' से अतिक्रम ही कहा जाएगा। इसी प्रकार के वाक्य हैं--पेड़ गीत गा रहे हैं, हवा सीटी बजा रही है, समय भागता है आदि। व्याकरणिक सघनता की दृष्टि से ऐसे वाक्य अपेक्षाकृत कम व्याकरणिक हैं और कविता की भाषा शैली के स्तर पर भाषा की एक उपश्रेणी का निर्माण करते हैं। इस उपश्रेणी को उस भाषा का 'सब-पैटर्न' कहा जा सकता है। ध्यान दें कि ये सब-पैटर्न, वस्तुतः अर्थस्तर पर अंडरटोन की भी सृष्टि करते हैं। अगर ऐसे वाक्यों में अकर्मक क्रिया उद्देश्य के रूप में हमेशा प्राणिवाचक संज्ञा के साथ ही अन्विति स्थापित करती है तब सब-पैटर्न में प्राणिवाचक के स्थान पर अप्राणिवाचक संज्ञा का प्रयोग स्वयंमेव निर्जीव में सजीव

व्यक्तित्व के आरोपण का निमित्त बन जाएगा। साहित्य में मानवीकरण (परसोनीफ़िकेशन) का सिद्धांत भी यही है। अँधेरा डरता है—वाक्य में डरता क्रिया की अन्विति अँधेरे (अप्राणिवाचक संज्ञा) से है—जबकि हम देख चुके हैं कि सामान्य भाषा के 'नार्म' के अनुसार उसकी अन्विति प्राणिवाचक संज्ञा के साथ होनी चाहिए। पर अगर ऐसा वाक्य कविता में प्रयुक्त होने के कारण भाषा का एक सब-पैटर्न बनाने में सक्षम है तो प्राणिवाचक संज्ञा के स्थान पर प्रयोग करने के कारण मात्र से 'अँधेरे' में सजीव व्यक्तित्व का आरोपण हो जाता है। 'अँधेरा' एक सजीव प्राणी की भाँति सिद्ध हो उठता है जो बच्चे से डरता है। इसमें दोनों भाव निहित हो सकते हैं—अँधेरा, निर्बल प्राणी है जबकि बच्चा, सबल। पर अंडरटोन के रूप में यह भी ध्वनित होता है कि बच्चा बहुत बहादुर है क्योंकि वस्तुतः डरना तो बच्चे को चाहिए (सामान्य भाषा के रूप में उसका प्रयोग होगा—बच्चा अँधेरे से डरता है) पर वह ऐसा बहादुर है कि न केवल वह नहीं डरता है, पर स्वयं जिससे उसे भय खाना चाहिए वह स्वयं उससे डरता है। वाक्य-रचना के आधार पर साहित्यिक विशेषताओं को समझने की दिशा में यह एक दृष्टांत है। वैसे वाक्य रचना-विज्ञान के अतिरिक्त ध्वनि-विज्ञान, रूप-विज्ञान अर्थ-विज्ञान आदि कई स्तरों पर भी साहित्यिक विशिष्टताओं का उद्‌घाटन संभव है।

व्याकरणिक सघनता के सिद्धांत पर भाषा का विश्लेषण करने वाले विद्वान्, कविता की भाषा को किसी कृत्रिम भाषा के रूप में ग्रहण नहीं करते। भाषा का यह रूप भी वस्तुतः भाषा की एक शैली है जो एक विशेष दिशा में एक विशेष सिद्धि के लिए प्रयुक्त होती है। जब वह भाषा की एक शैली है तब उसका अध्ययन भाषाविज्ञान के क्षेत्र का विषय है। इस आधार पर उनका विश्लेषण, कविता के क्षेत्र में भाषाविज्ञान का प्रयोग (एप्लीकेशन) नहीं, वरन् भाषाविज्ञान के क्षेत्र का प्रसार है जो भाषा के सामान्य रूप के साथ-साथ कविता की भाषा को भी अपने अध्ययन-क्षेत्र के भीतर अंतर्भुक्त करता है। मातृभाषा-भाषी के दैनिक जीवन में प्रयुक्त सामान्य वाक्यों को आधार बनाकर ही किसी भाषा का अब तक व्याकरण लिखा जाता रहा है और इसीलिए साहित्य (कविता) की भाषा को व्याकरणिक नियमों का अपवाद स्वरूप मानकर उसके विश्लेषण की ओर ध्यान नहीं दिया गया। इसका मुख्य कारण यह रहा है कि कविता की भाषा, सामान्य भाषा के 'नार्म' का अतिक्रम रूप होने के कारण किसी प्रकार सामान्य 'पैटर्न' में ठीक से खप नहीं पा रही थी। उसका अपना अलग ही एक 'पैटर्न' था। अगर भाषा के प्रत्यय के रूप में हम उन सभी उच्चारणों (अटरेंसेज़) को स्वीकार करेंगे जो उस भाषा के मातृभाषा-भाषी विभिन्न कार्य-सिद्धियों के लिए प्रयोग में लाते हैं तब निश्चय ही अब तक का व्याकरण, 'एकरूप स्ट्रक्चर' (यूनीफ़ायेड स्ट्रक्चर) के अनुरूप नहीं। वोयेगलिन (1960) के अनुसार व्याकरण की रूप-प्रकृति सिद्धांततः एकरूप-स्ट्रक्चर पर आधारित होनी चाहिए और यह तभी संभव है जब व्याकरण अपने क्षेत्र के भीतर अकाव्यात्मक (कैजुअल) वाक्यों के साथ-साथ काव्यात्मक (नॉन-कैजुअल) वाक्यों को भी अपने विश्लेषण का आधार बनाए और इस प्रकार व्याकरण को एकरूप स्ट्रक्चर का रूप दे।

एकरूप स्ट्रक्चर के निर्माण की दिशा में इधर कुछ महत्त्वपूर्ण कार्य हुए हैं जिनमें लेविन (1964) और थार्न (1965) का प्रयत्न सराहनीय है।

सवाल यह है कि साहित्य को देखने की भाषा-वैज्ञानिक दृष्टि क्या है ? आज का भाषावैज्ञानिक किसी साहित्यिक कृति को किस रूप में स्वीकार करता है ? आधुनिक भाषाविज्ञान की पहली मान्यता है कि कोई भी साहित्यिक कृति चाहे वह उपन्यास हो या महाकाव्य अथवा कहानी हो या गीतकाव्य, वस्तुतः उसी भाषापरक उच्चारण (अटरेंसेज़) के दायरे में सीमित रहती है जो मनुष्यों की भाषा का निर्माण करते हैं। इस सीमाक्षेत्र के भीतर ही कोई कृति अपना जन्म ले सकती है। इसके बाहर न तो उसकी सत्ता होती है और न उसकी संभावना ही है। साहित्य 'शाब्दिक कला' है और उसकी रूप-प्रकृति समझने में उसके 'शाब्दिक' पक्ष की उपेक्षा नहीं की जा सकती। अन्य भाषा-क्रिया की भाँति साहित्यिक कृति भी मूलतः भाषा-क्रिया (लैंग्वेज ऐक्ट) है जो अपनी कुछ विशिष्टताओं के आधार पर व्यापक भाषा-क्रिया की एक उपश्रेणी का निर्माण करती है। अतः भाषाविज्ञान की दूसरी मान्यता यह है कि जिस प्रकार अन्य भाषा-क्रियाएँ स्वयं में यथार्थ हैं जिसका अस्तित्व ठोस रूप में वाह्य संसार में रहता है, उसी प्रकार भाषा-क्रिया का ही एक रूप होने के कारण साहित्यिक कृति की भी सत्ता 'ठोस' और 'यथार्थपूर्ण' है जिसका विश्लेषण वैज्ञानिक स्तर पर संभव है। इसकी तीसरी मान्यता है कि अगर साहित्यिक कृति ठोस और यथार्थपूर्ण है तो उसकी भी संघटना का पता लगाना संभव है। साहित्यिक आलोचना का वैज्ञानिक अर्थ साहित्य विश्लेषण है अतः साहित्यिक कृति के 'स्ट्रक्चर' का पता लगाने का अर्थ है उस कृति की संरचना को सही रूप में समझना। इसकी चौथी मान्यता यह है कि साहित्यिक कृति भी व्यापक रूप में भाषा-क्रिया ही है जो अपनी (साहित्यिक) विशिष्टिताओं के फलस्वरूप एक उपश्रेणी का निर्माण करती है, अतः इस उपश्रेणी की अपनी विशिष्टताओं का उद्घाटन भाषा-क्रिया के व्यापक रूप के संदर्भ से ही संभव है। इसकी पाँचवीं प्रमुख मान्यता है (जो ऊपर दी गई चार मान्यताओं की ही स्वाभाविक परिणति है) कि जब साहित्यिक कृति का विश्लेपण करने के लिए भाषा-वैज्ञानिक प्रवृत्त होता है तो उसके लिए साहित्यिक विशिष्टताओं का ज्ञान आवश्यक है और इसी प्रकार जब आलोचक किसी साहित्यिक रचना के अध्ययन की ओर उन्मुख होता है तो उसे भाषा-वैज्ञानिक प्रणाली की सही जानकारी भी उतनी ही ज़रूरी है अर्थात् आज की आलोचना की नई भूमिका ही ऐसी है जो साहित्यिक आलोचक से साहित्यिक विशेषता और भाषा-वैज्ञानिक प्रणाली, दोनों के ही ज्ञान की समुचित अपेक्षा रखती है।

आलोचना का भाषावादी दृष्टिकोण*

सामान्य भाषा का बोधपक्ष जिस संकेतन एवं प्रतीकीकरण प्रक्रिया को लेकर चलता है उसकी प्रकृति व्यक्तिगत (विशिष्ट) न होकर जातिगत (सामान्य) होती है। ध्यान देने की बात है कि इन प्रतीकों की जातिगत प्रकृति का संबंध मूलतः इंद्रियगत अनुभव संसार से संबद्ध होता है। इंद्रियगत अनुभव का यह संसार मनुष्य की चेतना और बाह्य जीवन के तथ्यों के घात-प्रतिघात के फलस्वरूप उद्‌भूत संस्कारों पर आधारित एवं निर्मित होता है। विषयों की चेतना, मूलरूप में एक होते हुए भी विभिन्न अनुभव-रीतियों के आधार पर विभिन्न अनुभवगत संसार को जन्म देने में समर्थ है, और ये विभिन्न संसार भिन्न अभिव्यक्ति पद्धतियों की माँग करते हैं।

कहने का तात्पर्य यह है कि 'सामान्य' को 'विशिष्ट' अथवा 'अमूर्त' को 'मूर्त' रूप में रूपांतरण की अभिव्यक्ति प्रक्रिया, इंद्रियसम्मत, विज्ञानसम्मत और कलासम्मत संसारों की अपनी माँग के अनुसार तीन भिन्न प्रतीक पद्धतियों का निर्माण करती है। वैज्ञानिक और कवि, दोनों के सामने अभिव्यक्ति की एक मूल समस्या यह भी है कि किस रीति से इंद्रियसम्मत अनुभव संसार को व्यक्त करने वाली सामान्य भाषा के माध्यम से अपने विशिष्ट अनुभवगत संसार के अमूर्त एवं मूर्त पक्ष को व्यक्त किया जाए। एक अनुभव संसार की अभिव्यक्ति पद्धति में क्या गुणात्मक परिवर्तन किए जाएँ कि दूसरे अनुभव संसार के अपने गुणों का उद्‌घाटन संभव हो सके। इस मूल समस्या से न तो वैज्ञानिक ही अपने को मुक्त कर सकता है और न साहित्यकार ही।

विद्वानों का एक वर्ग यह स्वीकार करके चलता है कि विज्ञानसम्मत अनुभव संसार को अभिव्यक्त करने वाली तर्कभाषा शुद्ध रूप में प्रतीकात्मक होती है। इसके विपरीत कलासम्मत अनुभव संसार को अभिव्यक्त करने वाली काव्य-भाषा प्रतीकात्मक होने के साथ ही साथ बिंबपरक भी होती है। तर्कभाषा एवं काव्य-भाषा के इस मूलभूत अंतर का संबंध कुछ विद्वान् अभिव्यक्तीकरण के उस विभेद के साथ भी जोड़ना चाहते हैं जो 'सामान्यीकृत अमूर्त प्रकथन' के 'विशिष्ट मूर्त प्रकथन' में रूपांतरण से संबद्ध है। अभिव्यक्ति की निर्वचनात्मक रीति पर आग्रह रखने के कारण विज्ञान जो प्रतीकों की पद्धति अपनाता है वह निश्चय ही उस प्रतीक पद्धति से भिन्न होगी जिसे प्रस्तुतीकरण

---

* सर्वप्रथम 'संरचनात्मक शैली-विज्ञान', लेखक : रवीन्द्रनाथ श्रीवास्तव, 1979 में प्रकाशित। प्रकाशक : आलेख प्रकाशन, दिल्ली।–**संपादक**

(प्रेज़ेंटेशन) की रीति को अपनाने वाली कविता स्वीकार करती है।

रूपांतरण प्रक्रिया के संदर्भ में प्रतीक पद्धति पर विचार करने वाले विद्वानों की यह मान्यता है कि बिंबपरक भाषा मनुष्यों के निजी और जातिगत अनुभवों की तीव्र गत्यात्मक शक्ति एवं आंतरिक अनुभूतियों की सघनीभूत क्रियात्मक प्रक्रिया से परिचालित होती है। अनुभवों की गत्यात्मक शक्ति और अनुभूतियों की क्रियात्मक चेतना की मूल प्रकृति एवं अर्थवत्ता जीवन की गतिविधियों को परिचालित करते रहने के बावजूद सामान्य मनुष्यों की चाक्षुष दृष्टि से छिपी रहती है। भाषा की बिंबपरक अभिव्यक्ति इन अमूर्त एवं अगोचर आदिम मूलवृत्तियों को मूर्तरूप देने में सक्षम सिद्ध होती है। काव्य-भाषा में दिखाई पड़ने वाली बिंबनिर्माण की इस प्रक्रिया को विद्वानों ने अन्य क्षेत्रों में पाई जाने वाली बिंब प्रक्रिया के साथ जोड़कर देखना चाहा है। यथा—फ्रॉयड बिंबनिर्माण को 'स्वप्नचित्रों' के रूप में देखना चाहते हैं; युंग ने (1945) 'आर्कीटाइप' को अचेतन स्तर पर जीवंत बनाने के संदर्भ में बिंब प्रक्रिया को समझाने का प्रयास किया है, कुमारस्वामी ने (1942) कल्पनाप्रकथन मूर्तविधान (इमेजिनेटिव आइकोनोग्राफ़) के रूप में बिंब को स्वीकार किया है, केसिरर (1925) बिंब प्रक्रिया को 'मिथ' निर्माण की प्रक्रिया के साथ जोड़कर देखने के पक्ष में हैं।

'सामान्यीकृत अमूर्त प्रकथन' के 'विशिष्ट मूर्त प्रकथन' में रूपांतरण प्रक्रिया के संदर्भ में अभिव्यक्ति की बिंबपरक पद्धति को काव्य-समीक्षा का मूल आधार मानकर चलने वालों में कुमारस्वामी, केनेथ बर्क, मांड बोदलिन, एडमंड विल्सन, लिओनेल ट्रिलिंग, रिचर्ड चेज़, नार्थ्रप फ्राई आदि विद्वान् हैं। इनको सैद्धांतिक एवं वैचारिक पृष्ठभूमि प्रदान करने वालों में जेम्स फ्रेज़र, जेन हैरिसन, एमिल ड्यूरहिंग, लार्ड राग्लान आदि उन्नीसवीं सदी के दार्शनिक एवं नृतत्त्वशास्त्री और बीसवीं सदी के मनोविश्लेषण-सिद्धांत के दो प्रमुख आधारस्तंभ—फ्रायड और युंग हैं। बिंबनिर्माण को प्रतीकात्मक प्रक्रिया से जोड़कर अपने सिद्धांत को पुष्ट करने वालों में कैसिरर, सूसन के. लैंगर, एरिक फ्राम आदि का नाम लिया जा सकता है।

आचार्य हजारीप्रसाद द्विवेदी (1967) के शब्दों में, "कलाकार के हृदय में जो मिथकीय सिसृक्षा उदित होती है वह अवचेतन चित्त की वेगवती शक्ति है। वह समष्टि चित्त की ऐसी अनुभूति है जो विविक्तपूर्ण भाषा के प्रादुर्भाव के पहले की है। उसे आर्कीटाइप कहिए, समष्टि चेतना कहिए या यांत्रिकी की भाषा में 'सर्वात्मिका संवित' कहिए, बात एक ही है।" द्विवेदीजी के अनुसार सामान्य भाषा भावमूर्ति को व्यक्त करने में समर्थ नहीं है, अतः भाषा के सामान्य पक्ष के जो बाहर है उस अप्रस्तुत को कवि मिथकतत्त्व से पूरित करता है।

द्विवेदीजी यह स्वीकार करके चलते हैं कि "शब्दों से मनुष्य के इंद्रियगत बिंबों का एक सामान्य अंश ही प्रकट हो पाता है। बाकी बहुत सी बातें छूट जाती हैं। इन छूटी हुई बातों को अभिव्यक्त करने के लिए कभी-कभी मनुष्य का मन व्याकुल हो उठता है। कैसे इनको प्रकट किया जाए ? भाषा के अधिकाधिक प्रयोग होने से शब्द रूढ़

हो जाते हैं। और प्रायः जिन गुणों के नाम पर उनका नामकरण किया गया होता है वे भी भुला दिए जाते हैं। इस प्रकार गद्यात्मक भाषा मनुष्य की अधिकांश अनुभूतियों को छोड़ती जाती है और भाव की अभिव्यंजना में असमर्थ होती जाती है।'' द्विवेदीजी के अनुसार भाषा की इसी असमर्थता को दूर करने के लिए कवि, मिथकतत्त्व का उपयोग करता है क्योंकि अंतर्जगत् के भावों को बहिर्जगत् की भाषा में व्यक्त करने का एकमात्र साधन यह मिथकतत्त्व ही है जो ऊपर-ऊपर से देखने से यह झूठ है, परंतु गहराई पर देखने से यह सत्य है।

यहाँ ध्यान देने की वात है कि अंतर्जगत् के भावों को जब हम बहिर्जगत् की भाषा में व्यक्त करते हैं तो काव्य-वस्तु के संदर्भ में बहिर्जगत् की उपस्थिति पर एक सीमा तक हम निषेध भी करते जाते हैं। शब्दों द्वारा संकेतित बाह्यजगत् के रूपांतरण के माध्यम द्वारा ही कविता की विषय-वस्तु अंततः काव्य-वस्तु का रूप ग्रहण करती है। पर जब अंतर्जगत् के भाव को भाषा में इस प्रकार व्यक्त किया जाए कि बिंबविधान, बहिर्जगत् का निषेध न कर अप्रस्तुत तक पहुँचने के बजाय स्वयं उससे प्रतिबद्ध होकर रह जाए तब वह (बिंब) काव्य का सही उपादान बनने की क्षमता खो देता है। इस स्थिति में पूरी रचना चित्रकाव्य बनकर रह जाएगी जिसे साहित्याचार्यों ने अधमकाव्य की संज्ञा दी है। रीतिकालीन कविताओं में पाई जाने वाली कई चित्र-छवियाँ इसी कोटि की हैं, यथा :

आड़े दै आले बसन जाड़े हूँ की राति।
साहस कै कै नेहवस सखी सबै ढिंग जाति ॥
छाले परिबे के डरन सकै न हाथ छुवाइ।
झिझकति हियें गुलाब के झवा झवावतिपाइ ॥ —**बिहारी**

द्विवेदीजी यह कहते हैं कि 'डाह' का मूल संस्कृत शब्द 'दाह' है अर्थात् जलन; लेकिन मन में की हुई जलन को किस शब्द द्वारा प्रकट किया जाए ? जलन या दाह स्पर्शबिंब है। इसी स्पर्शबिंब के माध्यम से मनुष्य अपनी मानसिक ईर्ष्याभाव को अभिव्यक्त करना चाहता है। उसे दाह या जलन कहना अमूर्त अनुभूति को किसी-न-किसी प्रकार मूर्तबिंबों में अनुवाद करना है। इसी प्रकार रूप को 'मधुर' कहना या सौंदर्य को 'लावण्य' कहना वस्तुतः एक अमूर्त अनुभूति को स्वादेंद्रिय द्वारा अनुभूत बिंब के माध्यम से गोचर कराने का प्रयास मात्र है। तब बहिर्जगत् की वस्तुओं को आभ्यंतर प्रभाव-साम्य रूप में ग्रहण करने वाली शब्दों की लक्षणाशक्ति को एक बार फिर इंद्रियगत संवेदनाओं से जोड़कर वे बहिर्जगत् की वस्तु बना देने के पक्ष में दीखते हैं।

पर जैसा ऊपर संकेत दिया जा चुका है, इंद्रियगत संवेदनाओं के आधार पर निर्मित संसार और कलागत अनुभूतियों से संचालित संसार, दो भिन्न अनुभव संसारों को जन्म देते हैं जो अपनी प्रकृति में कुछ विशिष्ट आंतरिक गुणों के आधार पर एक-दूसरे से भिन्न रूप में सिद्ध रहते हैं। अनुभवरीतियों (मोड्स ऑव एक्सपीरिएंस) के संदर्भ में

यह कहा जा सकता है कि एक की निर्माणकत्री इंद्रियगत संवेदनाएँ हैं और दूसरे की कलात्मक अनुभूतियाँ। इंद्रियगत संवेदनाओं के आधार पर निर्मित अनुभव संसार का कलागत अनुभूतियों के आधार पर स्थित अनुभव संसार में रूपांतरण की प्रक्रिया के रूप में काव्य-सृजन को देखना वस्तुतः काव्य-क्षेत्र की अपनी प्रक्रिया को झुठलाना ही होगा। काव्य संसार, अन्य किसी संसार का प्रतिरूप या परिवर्तित रूप नहीं होता वरन् अपने आंतरिक गुणों एवं अपनी प्रकृति के आधार पर स्वयं अपना संसार होता है। यह तथ्य भी ध्यान देने योग्य है कि कैसिरर भाषा और मिथ दोनों के मूल में प्रतीकन प्रक्रिया के संवेग को स्वीकार करते हैं, पर इन दोनों को 'साधारण ऐंद्रिय अनुभूतियों का तीव्र और सांद्रीभूत रूप (कांसेंट्रेसन एंड हाइटूनिंग ऑफ़ सिंपल सेंसरी एक्सपीरिएंस) मानने के बावजूद वे इन्हें एक-दूसरे के रूपांतर के रूप में स्वीकार नहीं करते।' केसिरर ने इस बात का विरोध किया है कि 'भाषा, मिथकीय प्रक्रिया से उत्पन्न है।' वे भाषा और मिथकतत्त्व को एक ही मूल से निक़ली हुई दो अलग-अलग शाखाएँ मानते हैं। सच तो यह है कि भाषा और मिथकतत्त्व अथवा मिथकतत्त्व और काव्यतत्त्व के अंतर को ठीक से समझने के लिए जितना इनके मूल में कार्य करने वाली शक्तियों की एकरूपता का पता लगाना है उससे कहीं अधिक यह जानना आवश्यक है कि एक ही मूल (प्रतीकन प्रक्रिया) से उत्पन्न होकर भी किन कारणों के आधार पर ये (शक्तियाँ) भिन्न रूप धारण कर भिन्न शक्तिरूप हो जाती हैं।

यह तथ्य विशेष महत्त्वपूर्ण है कि बिंब का इंद्रियपरक मूर्त रूप अगर एक ओर अमूर्त कथ्य को दृष्टिपरक बनाता है तब दूसरी ओर बाह्य संसार से सीधे जुड़े रहने के कारण इंद्रियजन्य संवेदनाओं से भी अटूट संबंध बनाए रखता है। बिंब द्वारा उद्भूत चाक्षुष अथवा अन्य इंद्रियजन्य संवेदनाएँ विषय-वस्तु को भले ही अतिरंजित करने में समर्थ हों काव्य-वस्तु को उसके सही संदर्भ के साथ उभरने और समझने में अवरोध ही डालते हैं। कविता, 'बाह्य तथ्य' को नहीं, वरन् 'संभावित यथार्थ' को लेकर चलती है; उसके अपने उपादान बाह्य जीवन के प्रतिनिधि नहीं अपितु काव्यात्मक जीवन के उपांग होते हैं। 'बिंब' कविता का मूल उपांग नहीं बन सकता क्योंकि वह मूलरूप में ऐंद्रिय अनुभूतियों को अपना साध्य बनाता है, वह बाह्य संसार से अपने को असंपृक्त करने की क्षमता ही नहीं रखता। कविता में जिस बिंब की चर्चा की जाती है उसको 'भावबिंब' के रूप में स्वीकार करना अधिक उचित है। वस्तुबिंब के स्थान पर भावबिंब बनाने की क्षमता 'शब्दों' में निहित होती है, न कि उसमें जिसे विद्वान् मिथकतत्त्व, आर्कीटाइपल इमेज (आदिम बिंब), स्वप्नचित्र अथवा कभी-कभी भ्रमवश 'काव्यबिंब' कहते हैं।

रूसी विद्वान् झिरमुंस्की (1928) के अनुसार, 'कविता का उपादान न तो बिंब है और न भावनाएँ। वह मात्र शब्द होता है क्योंकि कविता प्रकृति रूप में शाब्दिक कला है।' संभवतः इसी मान्यता की पुष्टि करते हुए हिंदी के कवि-आलोचक 'अज्ञेय' ने 'तारसप्तक' के द्वितीय संस्करण में 'पुनश्च' के अंतर्गत यह लिखा, 'काव्य सबसे पहले शब्द है और सबसे अंत में भी यही बात बच जाती है कि काव्य शब्द है।' जब कवि

काव्यकृति की संरचना करता है तब न तो उसके सामने श्रोता रहता है और न स्वयं कवि का अपना व्यक्ति-जीवन। रहते हैं तो केवल शब्द जो कवि के काव्य-व्यक्तित्व को तराशते चले जाते हैं। अमूर्त काव्य-चेतना को शब्दों के साथ रूपायित करने के क्षणों में कवि का काव्य-व्यक्तित्व उसके अपने व्यक्ति-जीवन से असंपृक्त रहता है। संभवतः इसी तथ्य को ध्यान में रखकर कवि इलियट ने कविता को आत्माभिव्यक्ति न मानकर उसे आत्मा से पलायन के रूप में स्वीकार किया है। और संभवतः यही कारण है कि कवि साही ने क़ाव्यकृति को अक्सर अपनी मृत्यु के भीतर से अनायास उद्भूत होते पाया है। इन्हीं शब्दों के साथ काव्यकृति अपना जन्म पाती है और इसी के न रहने पर कृति 'न जाने किस खोखल में समा' जाती है।

सचमुच जब मैं बातें कर रहा था
तब तुम भी नहीं थे—
सिर्फ़ वे शब्द थे
जो मुझे तराशते चले जा रहे थे
और तब मैं तुम्हें नहीं, खुद को भी नहीं
उस तीसरे को देख रहा था
जो अक्सर मेरी मृत्यु के भीतर से
अनायास उद्भूत होने लगता है।
और जब तक मैं बोलता रहा
कलाकृति की तरह
वह निर्मित होता रहा।
और जब मैं चुप हो गया
बाज़ीगर की गेंदों की तरह
वह लुंज-पुंज
न जाने किस खोखल में समा गया।

'एकालाप'—**विजयदेवनारायण साही**

(इस कविता में 'मैं', 'तुम' और 'तीसरा' क्रमशः कवि का व्यक्तिगत जीवन, श्रोता और काव्यकृति को व्यक्त करता है और 'बोलना' उस सृजनात्मक प्रक्रिया की ओर संकेत करता है जिसके मूल में शब्द की सार्थकता सिद्ध रहती है।)

कवि शब्दों को इनकार कर काव्यकृति का सृजन कर ही नहीं सकता। उसके लिए जो महत्त्वपूर्ण प्रश्न है वह यही कि सामान्य भाषा के प्रतीकवत् शब्दों का प्रयोग वह किस रीति से करे कि वे शब्द काव्यजगत् के उपादान बन जाएँ। वस्तुतः सामान्य भाषा में वह गुणात्मक परिवर्तन इस प्रकार लाता है कि रूपांतरित भाषा, 'सामान्य भाषा' का मात्र आभास देती हुई छंदों के आंतरिक लय की तरह उमड़-घुमड़कर निःशब्द (प्रतीकरहित)

भाव से उसकी काव्य-चेतना को ध्वनित करने में सक्षम बन जाती है। यह भाषा, चीजों को उसके 'नाम' के आधार पर नहीं, वरन् चीजों को उसकी संपूर्णता में ग्रहण कर एक ऐसे समन्वित अर्थ को प्रतिष्ठित करती है जो सामान्य भाषा की सामान्य प्रतीकन पद्धति द्वारा संभव नहीं। पर इस भाषा के मूल में भी शब्द की ही सत्ता रहती है :

शब्द, अब भी चाहता हूँ
पर वह कि जो जाए वहाँ वहाँ होता हुआ
तुम तक पहुँचे
चीजों के आर-पार दो अर्थ मिलाकर सिर्फ़ एक
स्वच्छंद अर्थ दे
मुझे दे। देता रहे जैसे छंद केवल छंद
घुमड़-घुमड़कर भाषा का भास देता हुआ
मुझको उठाकर निःशब्द देता हुआ।

'नया शब्द'–रघुवीर सहाय

काव्यभाषा को 'बिंब' के 'होने' और 'न होने' की स्थिति से जोड़कर देखने वाले विद्वान यह भूल जाते हैं कि बिंब, काव्य-भाषा का एक उपादान मात्र है और कविता में बिंब हो भी सकता है और नहीं भी हो सकता है। बिंब की अनुपस्थिति में भी सुंदर कविता का निर्माण संभव है। उदाहरण के लिए रूसी भाषा के महान् कवि पुश्किन की नीचे दी गई प्रसिद्ध कविता को ही लें जो बिंब के अभाव में भी काव्य-भाषा के अपने आंतरिक गुणों से युक्त है :

मैंने चाहा था तुम्हें तुमसे मुहब्बत की थी
क्या ख़बर आज भी हो दिल में चिनगारी
ख़ैर, अब आँच में क्यों उसकी जलाऊँ तुमको
जी नहीं मानता कुछ ठेस लगाऊँ तुमको
थी मुहब्बत में न गिले की न सिले की परवाह
बेज़बानी से कभी रश्क से दिल टुकड़े था
यूँ नज़ाकत से लगन से तुम्हें चाहा मैंने
चाहने वाला कोई ऐसा खुदा और भी दे।

अनूदित होने के कारण इसमें भाषा का वह सौष्ठव और वैसी भंगिमा भले ही न हो जैसी मूल कविता में है, पर बिंबविहीन काव्यभाषा की सक्षमता को यह अनुवाद भी प्रभावशाली ढंग से व्यक्त करता है। भावानुवाद उर्दू के प्रसिद्ध कवि-आलोचक ज़ो अंसारी ने रूसी की मूल कविता के आधार पर किया है।

कहने का तात्पर्य यह है कि जिस प्रस्तुतीकरण की अभिव्यक्ति प्रणाली को कविता अपनाती है उसकी मूल इकाई के रूप में बिंब नहीं, अपितु शब्द होता है। कविता में

प्रयुक्त बिंब, वस्तुचित्र न देकर भावचित्र उपस्थित करता है जिसकी प्रकृति आपाततः शब्दों द्वारा संप्रेषित भावचित्र के ही समान होती है। काव्यबिंब भाषिक प्रक्रिया से उत्पन्न विशिष्ट शब्दसमूह रूप की इकाई के रूप में स्थिर रहते हैं अतः जो बिंब, भाषा की इस विशिष्ट इकाई रूप के समान सिद्ध नहीं होते, उन्हें 'स्वप्नचित्र', 'आर्कीटाइप', 'मिथ' अथवा अन्य कुछ भी नाम क्यों न दे दिया जाए, पर 'काव्यबिंब' कहना तर्कसंगत नहीं जान पड़ता।

ऊपर की विवेचना से यह निष्कर्ष निकालना भ्रामक होगा कि कविता में बिंब का कोई महत्त्व नहीं होता अथवा बिंबयोजना, काव्येतर प्रक्रिया का परिणाम होती है। इसमें संदेह नहीं कि बिंब विधान का संबंध जितना काव्य की विषय-वस्तु से होता है उतना ही उसके रूप से भी। विषय को वह मूर्त और ग्राह्य बनाता है, रूप को संक्षिप्त और 'दीप्त' (केदारनाथ सिंह : 195)। यहाँ बल इस तथ्य पर दिया जा रहा है कि विषय को मूर्त और रूप को दीप्त करने वाली बिंबशक्ति का स्रोत, शब्दों की अपनी संयोजना में निहित होता है।

बिंब की परिभाषा और विश्लेषण दो दृष्टियों से करना संभव है। ब्रुकरोज़ ने बिंब-संबंधी आलोचना को दो मुख्य भागों में विभाजित किया है :

(1) **भाववादी आलोचना :** यह आलोचना पद्धति यह मानकर चलती है कि बिंब विश्लेषण का क्षेत्र प्रधानतः भावक्षेत्र होने के कारण भाषा और शब्दों के विश्लेषण के उपरांत प्रारंभ होता है। इस दृष्टि के अनुसार शब्द की स्थिति संचरना की इकाई के रूप में उसी प्रकार की होती है जैसे किसी 'प्रासाद' के 'रूप निर्माण' में 'ईंट' की होती है अर्थात् बिंबरूपी प्रासाद के लिए शब्द, ईंट के समान होते हैं। पर बिंब को सार्थकता प्रदान करने वाली काव्यार्थवर्द्धक शक्ति उस सृजनात्मक प्रक्रिया का परिणाम होती है जो पूरी संरचना के कथ्य के भीतर से उद्भूत होती है और जो शब्दों के सामान्य अर्थ के साथ-साथ एक अतिरिक्त अर्थ को जन्म देती है। बिंब का मूल संबंध इस अतिरिक्त अर्थ से संबद्ध होने के कारण इस दृष्टि के समर्थकों के अनुसार, बिंबों की सार्थकता की चर्चा शब्दशक्तियों की अपनी क्षमता के विवेचन के बाहर की वस्तु ठहरती है। (विनोग्रादोव : 1960)

(2) **भाषावादी आलोचना :** इस दृष्टिकोण के अनुसार बिंब का निर्माण भाषा की अपनी विशिष्ट संरचना का परिणाम होता है और काव्यबिंब से उद्भूत 'अतिरिक्त' अर्थ वस्तुतः शब्द-रूप और शब्दार्थ की आंतरिक टकराहट का ही परिणाम होता है। इस टकराहट को विम्सैट काव्यभाषा की लाक्षणिक शक्ति के आधार पर समझाते हैं, एंपसन संदिग्धार्थता एवं अनेकार्थता, टेट शब्दों में अंतर्मुखी एवं बहिर्मुखी अर्थों के तनाव (टेंशन) क्लेनथ ब्रुक्स, विडंबना को व्यंग्य के आधार पर स्पष्ट करते हैं।

बिंब की भाषावादी परिभाषा देते हुए कहा जा सकता है कि बिंब दो या दो से अधिक कथ्य का वह संश्लिष्ट रूप है जो अर्थ के धरातल पर विरोधी होने के उपरांत भी वाक्य संरचना के धरातल पर आपस में संबद्ध होता है।

तर्कपरक और काव्यात्मक अभिव्यक्ति के अंतर का दूसरा धरातल सामान्यीकृत अमूर्त प्रकथन में प्रयुक्त होने वाले प्रतीकों की प्रकृति-भिन्नता पर आधारित है। इस मान्यता को लेकर चलने वाले विद्वानों के अनुसार कविता और कुछ नहीं अपितु एक प्रकार की विशिष्ट भाषा ही है। अतः कविता को समझने का एकमात्र माध्यम उसमें प्रयुक्त होने वाली भाषा की प्रतीक पद्धति ही हो सकती है। काव्यभाषा की इस प्रतीक पद्धति की अपनी विशिष्टता का उद्‌घाटन तर्कभाषा और उसमें प्रयुक्त होने वाली प्रतीक पद्धति के विरोध में ही संभव है। तर्कभाषा को कभी बोलचाल की भाषा और कभी वैज्ञानिक पाठों की भाषा की प्रतीक पद्धति के रूप में स्वीकार कर काव्यभाषा की प्रतीक पद्धति का अवमूल्यन ठीक उसके विरोध में लाकर किया गया है। इस दृष्टि को स्वीकार कर कविता की व्याख्या एवं मूल्यांकन करने वालों में रिचर्ड्स बिनोकुर एंपसन, रैंसम, विवस, क्रेयगर, ह्वीलरायट, ब्लैकमूर, एलन टेट, ब्रुक्स, वारेन, वैट्सन, विम्सैट, विनाग्रादोव आदि विद्वान् प्रमुख हैं।

तर्कभाषा और काव्यभाषा की प्रतीक पद्धति के अंतर को स्पष्ट करते हुए प्रायः यह कहा गया कि कवि को अपनी दृष्टि और अनुभूति की प्रेरणा से अनुप्राणित होने के कारण काव्यभाषा 'भावात्मक' (इमोटिव) होती है जबकि विज्ञान की तटस्थ दृष्टि और सिद्धांत-विशेष से बाधित होने के कारण तर्कभाषा की प्रकृति 'संकेतात्मक' (रिफ़रेंशियल) है (रिचर्ड्स : 1925 : 261-71); काव्यभाषा की प्रतीकपद्धति प्रत्यय और अभिव्यक्ति के संबंध को लचीला बनाने के प्रयत्न में अर्थ को विकल्प के रूप में ग्रहण करती है जबकि तर्कभाषा में इस संबंध को रूढ़ और निश्चित बनाने के कारण अर्थ में विकल्प की संभावना ही नहीं रहती; विकल्प की स्थिति में रहने के कारण काव्यभाषा में संदिग्धार्थता और अनेकार्थता रहती है जो कविता में काव्यात्मकता को जन्म देती है जबकि तर्कभाषा निर्विकल्प होने के कारण एकार्थी प्रकथन के समान होती है (एंपसन : 1947); काव्यभाषा भी अपने भीतर तर्कप्रधान, बौद्धिक और गद्यात्मक अर्थ को अपने भीतर अंतर्निहित किए रहती है, पर मूलतः वह काव्यभाषा इसलिए है कि अर्थ और ध्वनि-संयोजन के अंतर्विरोध एवं उनके बीच के तनाव के फलस्वरूप उसमें अबौद्धिक, अनिर्णीत एवं अतर्क्य अर्थ का भी समावेश रहता है। (रैंसम : 1941); काव्यभाषा वस्तुतः सामान्य भाषा की संकेतार्थ प्रकृति के बोध और बाह्य संकेत के निषेध का परिणाम है, अतः उसकी अर्थप्रकृति अंतर्मुखी और आंतरिक प्रक्रिया संकेतार्थ से मुक्ति को लेकर चलती है (टेंट : 1959); काव्यप्रतीक की प्रकृति संश्लेषणात्मक है और विरोधी तत्त्वों की घनीभूत इकाई होने के फलस्वरूप वह अपारदर्शी होती है जबकि तर्कभाषा की प्रतीक पद्धति विश्लेषणात्मक होती है और व्याकरण के सुनिश्चित नियमों में बँधे होने के कारण व्यवहार में वह पारदर्शी रहती है (वैट्सन : 1950); विज्ञान जो कुछ कहता है वह 'भाषा के माध्यम' से कहता है, पर कविता जो कुछ कहती है वह भाषा को माध्यम बनाने के अतिरिक्त भाषा में कहती है (एल्स्को विवस : 1955 : 121)' जिसे क्रेयगर के शब्दों में कह सकते हैं कि तर्क भाषा, 'खिड़की के पारदर्शी शीशे'

के समतुल्य होती है और काव्यभाषा अपने कार्यफलन में 'खिड़की के पारदर्शी शीशे' और 'दर्पण के सेट' दोनों ही के समरूप होती है (क्रेयगर : 1964); काव्य प्रतीक का अर्थ तर्क प्रतीक के समान सिद्धांत परिभाषित न होकर संदर्भ संबलित होता है (क्लींथ ब्रुक्स : 1947, 8-9)।

तर्कभाषा और काव्यभाषा के अंतर के संदर्भ में ऊपर दी गई प्रतीक पद्धति की विवेचना को दो मुख्य श्रेणियों में विभाजित किया जा सकता है—एक, जो प्रतीक पद्धति के बाह्य पक्ष को लेकर विवेचना प्रस्तुत करती है और दूसरी जो उसके आंतरिक पक्ष तक ही अपने विश्लेषण को सीमित रखती है। बाह्य पक्ष के परिप्रेक्ष्य में काव्यभाषा की विवेचनात्मक पद्धति मनोविज्ञान, समाजशास्त्र, कवि-जीवन आदि विभिन्न साहित्येतर क्षेत्रों का अवलंबन लेकर काव्यभाषा को तर्कभाषा से अलग करने के पक्ष में है। इस श्रेणी के आलोचकों में रिचड्र्स और विनोकुर के सिद्धांत सर्वाधिक प्रभावशाली एवं बहुचर्चित रहे हैं।

रिचड्र्स के अनुसार प्रकथन की दो स्पष्ट प्रतीक पद्धतियाँ हैं—एक, जिसका संबंध भाषा के संकेतार्थ पक्ष के रहने के कारण अर्थ की सत्यता अथवा असत्यता का बोध कराता है और दूसरा, जो उन अनुभवों एवं कवि दृष्टिकोण को व्यक्त करता है जिसे एक विशेष संदर्भ में एक विशेष ढंग से भाषा उद्‌बुद्ध करती है। पहला, भाषा का वैज्ञानिक अथवा तर्कसिद्ध रूप है और दूसरा, भाषा का भावात्मक अर्थात् काव्यसिद्ध रूप (रिचड्र्स, 1925 : 67-8)। भाषा का भावात्मक रूप कवि की अपनी अनुभूति, भावना, अभिप्राय और दृष्टिकोण का वाहक होता है जिसको कथन की सत्यता-असत्यता के मापदंड द्वारा नापा नहीं जा सकता।

रिचड्र्स की आलोचना पद्धति कई दृष्टियों से महत्त्वपूर्ण है। उन्होंने एक ओर अपने साहित्यिक सिद्धांत को मनोविज्ञान की चिंतन प्रणाली से जोड़कर उसे वैज्ञानिक बनाने का प्रयास किया है और दूसरी ओर कविता को वस्तुनिष्ठ सिद्ध करते हुए पूर्ववर्ती आलोचनासिद्धांत की भाववादी एवं सौंदर्यवादी मान्यताओं का खंडन भी किया है। भाषा के कार्यफलन के आधार पर भावात्मक एवं संकेतात्मक प्रतीक पद्धतियों का विभाजन वस्तुतः उनके साहित्यिक सिद्धांत की अपनी माँग के परिणामस्वरूप है। रिचड्र्स के अनुसार यह सही है कि कविता-विज्ञान की भाँति 'सत्यता' को आँका नहीं करती, लेकिन इसका यह अर्थ नहीं कि कविता निरर्थक भावों की सार्थक अभिव्यक्ति है, उनकी दृष्टि में कविता, तीव्र मनोभावों की एक ओर अभिव्यक्ति है और दूसरी ओर इन तीव्र मनोभावों की व्यवस्थापक भी। महान् कवि में स्वभावतः तीव्र मनोभावों का सघन रूप मिलता है। कविता का इन मनोभावों के साथ संबंध दो स्तरों पर होता है—(1) सृजनात्मक प्रक्रिया के स्तर पर जो कविसापेक्ष है, और (2) अनुभावन प्रक्रिया के स्तर पर जो पाठकसापेक्ष है। मनोभावों के इन दोनों स्तरों पर पाई जाने वाली संघटना एक-दूसरे से संबद्ध एवं संसक्त होती है, लेकिन कवि और पाठक के बीच पाए जाने वाले मनोभावों की संघटना में संबंध भी इसलिए संभव है कि इनके बीच प्रभाव संचार

के लिए कविता का ठोस रूप स्थित है और अनुभव का काव्यभाषा के आधार पर साधारणीकृत होना संभव है।

यहाँ ध्यान देने की बात है कि रिचर्ड्स कवि और पाठक के मनोभावों की संघटना को संसक्त मानने के बावजूद कविता के संदर्भ में उसे एकरूप अथवा समरूप नहीं स्वीकार करते। इन दोनों मनोभावों की अपनी संघटना सिद्धांतरूप में मान्य है, पर उनके बीच न पाई जाने वाली समरूपता ही वह कारण है कि कविता में सत्य का 'वस्तुरूप' नहीं पाते। इसके विपरीत वैज्ञानिक प्रकथन, वक्ता और श्रोता के बीच स्थित अनुभव संसार की एकरूपता को लक्ष्य बनाता है वह बौद्धिक चेतना का निर्माण ही इस रीति से करता है कि वक्ता और श्रोता का मानस, चेतना के एकरूप धरातल का निर्माण कर सके जिसे रिचर्ड्स 'सत्य' नाम से बोधित करते हैं। एकरूप होने के कारण चेतना के इस धरातल (सत्य) को मापना, दुहराना और प्रामाणिक सिद्ध करना संभव है। कविता का 'सत्य' नहीं हुआ करता; उसका मात्र अर्थ होता है जो मनोभावों के दो संघटनात्मक संदर्भों (कवि और पाठक) के आंतरिक संघर्षों का परिणाम होता है। अतः भाषा के भावपरक कार्यफलन का सीधा संबंध तीव्र मनोभावों के व्यवस्थापन से है।

रिचर्ड्स द्वारा प्रतिपादित संकेतार्थ और भावार्थ संदर्भों के आधार पर भाषा की तर्कपरक और काव्यपरक प्रतीकपद्धति की आलोचना करने वालों में रैंसम, ब्लैकमूर, टेट, ब्रुक्स और एंपसन प्रमुख हैं। इनके अनुसार रिचर्ड्स की आलोचना पद्धति 'अभिप्रेत' (इंटेंशनल) और अनुभाव (एफ़ेक्टिव) हेत्वाभास (फ़ेलेसी) पर आधारित है क्योंकि कविता के सही विश्लेषण के लिए यह आवश्यक नहीं कि कवि क्या कहना चाहता है, वरन् आवश्यक तो यह है कि हम जानें कि कविता स्वयं में क्या कहती है।

ध्यान देने की बात है कि पहले के कवि-आलोचक भी अपनी रचनाओं के मूल में भाषा की सार्थक सत्ता को स्वीकार करते रहे हैं। पर उनके लिए भाषा मात्र उपकरण थी और वह भी कविता या काव्यभाषा के कार्यफलन का नहीं, अपितु कविता के किसी विशेष पक्ष का विशेष साधनरूप। उदाहरण के लिए 'सिडनी' के अनुसार कवि भाषा का उपयोग इसलिए करता है कि वह वस्तुपक्ष को हृदयग्राही बना सके, सामान्य जीवन के वे अंश जो बिना शंका के ग्रहण नहीं हो सकते, उसे संशयहीन ढंग से काव्यपरक भाषा के सहारे संप्रेषित किया जा सके। ड्रायडन के अनुसार भाषा का उपयोग उस तत्त्व को 'जीवंत' बनाने में है जिसे हमारे ज्ञान और पर्यवेक्षण-शक्ति ने 'सत्य' के रूप में स्वीकार किया है। कोलरिज के लिए भाषा का महत्त्व कवि की कल्पनाशक्ति के लक्ष्य की पूर्ति का साधन रहा है और शेली के मतानुसार भाषा कवि की रचनात्मक कल्पना के एक महत्त्वपूर्ण सहयोगी के रूप में ही सिद्ध रहती है।

लेकिन आज का कवि भाषा को कविता के माध्यमभाव के रूप में ही स्वीकार नहीं करता। यह इससे आगे बढ़कर यह भी कहता है कि 'कविता, भाषा की ही एक विधा है।' वह कविता को भाषा की एक शैली-विशेष के रूप में स्वीकार करता है और शैली को 'नार्म' से अलग हटी हुई भाषा की स्थिति-विशेष मानता है। वह आज कविता में

प्रयुक्त शब्दों के इर्द-गिर्द चक्कर लगाकर यह सुनना चाहता है कि स्वयं में शब्द क्या बोलते हैं। अतः अब यह स्वीकार किया जाने लगा है कि 'काव्य सबसे पहले शब्द है और सबसे अंत में भी यही बात बच जाती है कि काव्य शब्द है।' (अज्ञेय) आलोचक भी यह स्वीकार करने लगे हैं कि कविता, भाषा का ही एक विशेष रूप है (तोपोरोव 1962 : 264), विशेष रीति से व्यवस्थित भाषा की शैली-विशेष है (रोमन याकोब्सन 1960 : 264)।

काव्यभाषा की प्रतीक पद्धति के आंतरिक पक्ष को अपनी विवेचना की विषय-वस्तु बनाने वाले विद्वान् यह मानकर चलते हैं कि कविता, स्वनिष्ठ है और उसकी सत्ता, स्वायत्त होती है। कविता को दो आधारों पर स्वनिष्ठ कहा जा सकता है। पहले आधार के अनुसार 'कविता' अपने में पूर्ण होती है। कोई भी साहित्यिक कृति अपनी सत्ता धारण करने के उपरांत अपना निजी व्यक्तित्व ग्रहण कर लेती है अर्थात् अपने जन्म के पश्चात् कृति को अपनी जीवनसत्ता के लिए बाह्य तथ्यों का मुखापेक्षी नहीं होना पड़ता। कविता की स्वायत्त स्थिति इस तथ्य में निहित होती है कि उसके अनुभावन के लिए काव्य-संबंधी जिस संदर्भ की अपेक्षा रहती है उसके सभी संकेत स्वयं कविता में उपलब्ध रहते हैं। कविता का कथ्य स्वयं कविता के दायरे में बँधा होता है। उस दायरे से बाहर जा वस्तुचयन कर न तो श्रोता के लिए कविता को दूषित करना अभीप्सित है और न अतिरिक्त वक्तव्य देकर काव्यानुभूति को विकृत करना ही कवि के लिए वांछित है। 'अज्ञेय' के शब्दों में यह भी कहा जा सकता है कि 'कविता ही कवि का परम वक्तव्य है।' अतः 'यदि कविता के स्पष्टीकरण के लिए स्वयं उसके रचयिता को गद्य का आश्रय लेकर कुछ कहना पड़े तो साधारणतः इसे उसकी पराजय ही समझना चाहिए।'

कविता को 'स्वनिष्ठ' कहने का दूसरा अर्थ यह है कि कविता को न तो उस अभिप्राय के आधार पर जाँचा-परखा जा सकता है जिसे लेकर कवि अपनी कृति की रचना करता है और न पाठकों पर पड़े प्रभाव के संदर्भ में ही उसकी उचित व्याख्या की जा सकती है। होता यह है कि रचना को अपने 'होने' की स्थिति में पहुँचने के पहले तक जिस अभिप्राय को लेकर रचनाकार आगे बढ़ता है, सृजनात्मक प्रक्रिया से गुजरने के बाद उसकी रूप प्रकृति ही बदल जाती है और कभी-कभी तो उसमें इस सीमा तक गुणात्मक परिवर्तन आ जाता है कि अभिप्राय का अंतिम प्रतिफलित रूप काव्य में अभिव्यक्त होने के पूर्व-रूप के ठीक विरोध में आ खड़ा होता है।

जिस संवेदनात्मक उद्देश्य को लेकर कवि, काव्यसृजन करने चलता है उसकी प्रकृति से स्वयं कवि भी प्रारंभिक अवस्था में परिचित नहीं होता। यह संवेदनात्मक उद्देश्य रूपी 'अनागत' कवि के चेतन मन में अपने होने का मात्र आभास और संकेत देता रहता है, वह उसके मानस-दर्पण में बिजली की चपलता के साथ अपने स्वरूप का प्रतिबिंब छोड़ता हुआ उसकी आँखों के सामने से ओझल हो जाता है। तड़ितवेग से कौंधकर अदृश्य हो जाने के कारण वह उसके स्वरूप और उसकी प्रकृति से परिचित नहीं हो पाता और कवि को अनुभूति के धरातल पर यह लगता है मानो अनागत उसके

अवचेतन मन की अतुल गहराई में डूबकर वहीं से अपनी अभिव्यक्ति के लिए 'चीख-चीख' कर उसके कवि-व्यक्तित्व को पुकार रहा है—फूल जैसे अँधेरे में दूर से ही चीखता हो। इस तरह वह दरपनों में कौंध जाता है (केदारनाथ सिंह)। कवि के लिए कविता का संवेदनात्मक उद्देश्य उस अज्ञात व्यक्ति के समान है जो उसकी—ज़िंदगी के.../कमरे में अँधेरे/लगाता है चक्कर/आवाज़ पैरों की देती है सुनाई/बार-बार...बार-बार।/पर वह अज्ञात व्यक्ति है कि/भीत-पार आते हुए पास से/गहन रहस्यमय अंधकार ध्वनि-सा।/अस्तित्व जनाता/है पर बावजूद सभी कोशिशों के/वह चेतना की दृष्टि से बँध नहीं पाता,/सुनाई जो देता, पर नहीं देता दिखाई (मुक्तिबोध)।

कहने का तात्पर्य यह है कि जो संवेदनात्मक उद्देश्य स्वयं कवि की चेतन आँखों की पकड़ के बाहर होता है जो स्वयं उसके लिए एक अनबूझ पुकार सदृश है उसको जानने के लिए कवि भी उतना ही असमर्थ या समर्थ माना जाएगा जितना उस कविता का कोई अन्य पाठक। सच तो यह है कि इस संवेदनात्मक अनुभूति से परिचित होने के लिए ही कवि, कविता की रचना करता है :

कि मैं अपनी अधूरी दीर्घ कविता में
उमग कर,
जन्म लेना चाहता हूँ फिर से,
कि व्यक्तित्वांतरित होकर,
नए सिरे से समझना और जीना
चाहता हूँ, सच

'चकमक की चिनगारी'—**मुक्तिबोध**

कवि व्यक्तित्व और कविता के संबंधों को लेकर यह संकेत दे देना आवश्यक है कि कवि, कविता का रचयिता है, उसका नियामक नहीं, वह उसका जनक है पिता-धाता नहीं। दूसरी बात यह भी है कि कविता एक बार जब अपने अस्तित्व में आती है तब उसके बाद वह कवि से स्वतंत्र हो जाती है। कवि-नियंत्रण से मुक्त हो जाने के बाद ही वह 'कालयात्री' बनती है। 'कालयात्री' बनकर अपने भीतर समाविष्ट कथ्य एवं मूल्यों का वह स्वयं निर्देशन एवं निरूपण करती है। कविता में समाहित संवेदनात्मक कथ्य अथवा तत्संबंधी सांस्कृतिक मूल्यों के परिवर्तन एवं परिवर्द्धन करने की क्षमता स्वयं उसके रचनाकार में भी नहीं होती। कविता पर अपना अलग से वक्तव्य देकर न तो कवि उसकी प्रकृति को बदल सकता है और न उसकी भिन्न व्याख्या कर आलोचक ही उसे परिवर्तित कर सकता है। बदलने में अगर कवि अथवा आलोचक समर्थ है तो केवल कविता के प्रति पाठकों की भावदृष्टि को। कालजयी कविता अपनी मूल प्रकृति एवं आंतरिक संरचना में 'एक' होती है। बदलती है तो कविता और पाठक के बीच की संबंध-प्रकृति जिसको लक्ष्य में रखकर विभिन्न युगों में विभिन्न साहित्येतर आलोचक उक्त कविता-संबंधी अपनी समीक्षा प्रस्तुत करते हैं :

नहीं होती, कहीं भी ख़त्म कविता नहीं होती
कि वह आवेग-त्वरित कालयात्री है
मैं उसका नहीं कर्ता
पिता-धाता
कि वह कभी दुहिता नहीं होती
परम स्वाधीन है वह विश्व-शास्त्री है।

'चकमक की चिनगारी'–**मुक्तिबोध**

कविता और भाषा के अंतःसंबंधों को दो भिन्न पर आपस में संबद्ध दृष्टिकोणों के आधार पर कविता की आंतरिक समीक्षा करने वाले विद्वानों को दो वर्गों में विभाजित किया जा सकता है। पहले वर्ग का ध्यान 'कविता' पर केंद्रित होता है। कविता की अपनी माँग के संदर्भ में वे काव्यभाषा की विवेचना करते हैं और इस दृष्टि से उनकी विवेचना में काव्यभाषा के गुण कविता के संदर्भ में मात्र उदाहरण एवं प्रमाण रूप में उद्धृत मिलते हैं। दूसरा वर्ग कविता और काव्यात्मकता में स्पष्ट भेद कर अपनी आलोचना प्रस्तुत करना चाहता है। उसके अनुसार कविता, वस्तुरूप होती है और उसमें निहित 'काव्यात्मकता' काव्य-संबंधी लक्षणरूप होती है। लक्षणरूप में होने के कारण 'काव्यात्मकता' केवल कविता में ही नहीं, वरन् अन्य साहित्यरूपों में भी मिल सकती है। वह कविता, कहानी, उपन्यास और यहाँ तक कि विज्ञान-संबंधी लेखों में भी पाई जा सकती है। जो वर्ग कविता और काव्यात्मकता में स्पष्ट अंतर मानकर चलता है वह 'काव्यात्मकता' का संबंध भाषा के विशिष्ट कार्यफलन के साथ जोड़कर भी देखने के पक्ष में है। अगर पहले वर्ग की आलोचना पद्धति 'कविता' को केंद्र में मानकर काव्यात्मक लक्षणों की विवृति कविता-उद्धरणों के माध्यम से करती है तब दूसरे वर्ग की आलोचना पद्धति 'काव्यात्मकता' पर अपना ध्यान केंद्रित कर कविता की विवेचना को इन 'काव्यात्मक लक्षणों' की समष्टि अभिव्यक्ति के संदर्भ में रखती है और 'काव्यात्मक लक्षणों' की व्याख्या भाषा के विभिन्न कार्यफलन के आधार पर करने के पक्ष में है।

अगर 'कविता भाषा की ही एक विधा है', तब यह भी कहा जा सकता है कि 'काव्यात्मकता' का गहरा संबंध भाषा की प्रतीक पद्धति की अपनी संयोजना से है। और अगर यह मान लिया जाए कि विज्ञान, अपनी अभिव्यक्ति प्रणाली के संदर्भ में कविता के ठीक विरोध में है तब तर्कभाषा और काव्यभाषा की प्रतीक पद्धति, विज्ञान और कविता के बीच पाए जाने वाले प्रभेदक लक्षणों के दो छोर ही सिद्ध होगी। इसके साथ अगर यह भी स्वीकार कर लें कि भाषा की मूल प्रकृति सामान्य बोलचाल की भाषाशैली में प्रतिफलित होती है और उसमें तर्क और काव्य, दोनों ही भाषारूप मिलते हैं, तब यह भी कहा जा सकता है कि विज्ञान और कविता दोनों ही सामान्य भाषा को मूलाधार मानकर उसे अपनी प्रतीक पद्धति के अनुरूप बनाने के लिए सृजनात्मक प्रयास करते हैं।

यहाँ संक्षेप में उन प्रभेदक लक्षणों पर विचार कर लेना असमीचीन न होगा जो

अपनी प्रकृति और कार्यफलन के आधार पर तर्कभाषा और काव्यभाषा को दो भिन्न प्रतीक पद्धति सिद्ध करते हैं।

(1) तर्कभाषा और काव्यभाषा का अंतर मूलतः 'संहिता' और 'संदेश' का अंतर है; तर्कभाषा, सामान्य भाषा के संदर्भ में प्रधानतः 'संहिता सापेक्ष' होती है और काव्यभाषा, 'संदेश सापेक्ष'।

संहिता, भाषा की वह आंतरिक व्यवस्था होती है जो अपनी प्रतीक पद्धति के संदर्भ में ही परिभाषित होती है और जिसकी इकाइयाँ अपने पारस्परिक संबंधों के आधार पर ही निर्णीत और निर्धारित होती हैं। 'संदेश' का संबंध भाषा की उस प्रतीक-व्यवस्था से रहता है जो वक्ता के अपने अनुभवों से संयुक्त रहती है और जो बाह्य जगत् से अपना अविछिन्न संबंध बनाए रखती है।

सामान्य भाषा में 'संदेश', वक्ता के अपने दृष्टिकोण और बाह्य जगत्-संबंधी अन्य सूचनाएँ संप्रेषित करने में सक्षम रहता है। बाह्य जीवन की ये सूचनाएँ काव्यवस्तु का उपांग बनने के कारण कविता की अपनी वस्तु बनती है और एक बार जब वे कविता में बँध जाती हैं तब अपनी सत्ता के लिए बाह्य जीवन की मुखापेक्षी नहीं रह जातीं। सामान्य भाषा के शब्द इंद्रियग्राह्य बहिर्जगत् के किसी-न-किसी पदार्थ अथवा भाव के सूचक होते हैं, पर काव्यभाषा के शब्द, बहिर्जगत् के सूचक तत्त्व से मुक्त होकर काव्यार्थ को उद्घाटित करते चलते हैं। कहने का तात्पर्य यह है कि अंतर्जगत् के भावों को जब बहिर्जगत् की भाषा में व्यक्त किया जाता है तब एक ओर काव्यवस्तु के संदर्भ में बहिर्जगत् की उपस्थिति का एक सीमा तक बाध भी होता चलता है और दूसरी ओर संकेतार्थ के इस बाध के परिणामस्वरूप, सामान्य भाषा द्वारा संकेतित बिंब की इंद्रियग्राही प्रकृति में गुणात्मक अंतर भी उत्पन्न होता जाता है। उदाहरण के लिए 'ज्वलंत सरसिज', 'अंगारी उत्तर', 'चीखते शब्द' आदि प्रयोगों को ही लें। सरसिज, उत्तर और शब्द के ऊपर अगर हम क्रमशः 'ज्वलंत', 'अंगार' और 'चीख' शब्दों के बहिर्जगत् की इंद्रियग्राह्य मूर्त छवियों का आरोपण करें तब अनर्थ ही होगा। इन मूर्त छवियों के संकेतार्थ का बाध कर ही हम काव्यार्थ तक पहुँच सकते हैं।

उदाहरण के लिए नारी जीवनी-संबंधी गुप्तजी का यह काव्य-कथन लें :

अबला जीवन, हाय तुम्हारी यही कहानी
आँचल में है दूध और आँखों में पानी

'आँचल' शब्द को ही देखें। आँचल और दूध के बीच का संबंध 'में' परसर्ग से स्पष्ट है। वाच्यार्थ के द्वारा आँचल, दूध के लिए आधारपात्र के रूप में सामने आता है, ठीक उसी प्रकार जैसे आँसू के लिए 'आँखें' आधारपात्र रूप में सिद्ध हैं। लेकिन दूध तरल पदार्थ है और आँचल अनेक रंध्रों से युक्त पदार्थ। लोक-व्यवहार से यह सिद्ध है कि आँचल में दूध के लिए आधारपात्र बनने की क्षमता ही नहीं। पर जिस प्रकार 'आँख' से संदर्भित होकर 'पानी' शब्द का संकेतार्थ 'आँसू' रूपांतरित हो जाता है उसी प्रकार

'दूध' शब्द के सान्निध्य से 'आँचल' का भी संकेतार्थ 'स्तन' में ढल जाता है। 'स्तन' चंदन-लेप से सुशोभित होकर शृंगारभाव का उद्दीपक भी बन सकता है और दूध से संयुक्त होकर मातृत्वभाषा की प्रबलता का आलंबन भी। अतः आँचल में है 'दूध' उपवाक्य का अर्थ हुआ 'नारी जीवन के मातृत्वभाव की प्रबलता'। पर यह उपवाक्य संयोजक 'और' शब्द द्वारा संयुक्त है एक दूसरे उपवाक्य से–'आँख में पानी।' जलसिक्त आँखें नारीजीवन की परवशता और करुण स्थिति की अभिव्यंजक हैं। 'और' शब्द से जुड़कर ये दोनों कथन एक-दूसरे से टकराकर एक 'अंडरटोन' को ध्वनित करते हैं जो कथन के पूर्वपक्ष 'अबला जीवन, हाय, तुम्हारी यही कहानी' को बेधकर नारी-जीवन की एक विशिष्ट विडंबना को उद्घाटित करने में समर्थ बन जाते हैं। अबला' शब्द नारी जीवन की बलहीनता और करुण स्थिति दोनों की ओर संकेत करता है और उसकी जीवन कहानी, 'आँखों में पानी' की ओर संकेत करती है। लेकिन यह तो स्थिति की विद्रूपता या परिस्थितियों की विडंबना नहीं। संपूर्ण कथन के संदर्भ में प्रथम पंक्ति में प्रयुक्त 'हाय' शब्द से जो व्यंग्य ध्वनित होता है वह 'आँचल में है दूध' और 'आँखों में है पानी' के वाच्यार्थ की टकराहट में उतर पाता है–'मातृत्व की गरिमा में मंडित' और फिर भी 'परवश, दयनीय और करुण जीवन-यापन !'

ध्यान देने की बात है कि काव्यभाषा, संदेशसापेक्ष तो होती है, पर साथ ही बल उसमें 'संदेश' की अपनी संघटना पर होता है। परिणामस्वरूप उसके द्वारा संप्रेषित सूचनाएँ बाह्य संसार की ओर न मुड़कर शाब्दिक रूप के निर्माण की ओर प्रवृत्त होती हैं। स्टैकविक्ज़ (1961 : 15) के अनुसार इस प्रकार वह कांट द्वारा निर्देशित कलात्मक लक्ष्य–'उद्देश्यविहीन उद्देश्य' के निर्माण का कारण बनती है, काव्यभाषा, संदेश की आंतरिक संघटना पर बल देने के कारण उद्देश्यपूर्ण होती है, पर 'संदेश' का यह रूप बाह्य संसार के संदर्भ से कटकर निरुद्देश्य हो जाता है।

कविता का विशिष्ट अर्थ वस्तुतः 'संदेश' की इस आंतरिक संघटना का परिणाम होता है और यही कारण है कि नई आलोचना, काव्यार्थ को काव्य-संरचना के भीतर ही पाना चाहता है। उसके अनुसार कविता की सिद्धि, 'संदेश' की अपनी इकाइयों द्वारा निर्मित आत्यंतिक मूल्यों (टर्मिनल वैल्यूज़) के अलग, विशिष्ट और अपने में पूर्ण संसार की सृष्टि में है। वास्तविक संसार और आत्यंतिक मूल्यों के सहारे निर्मित संसार दो भिन्न इकाइयाँ हैं। पहले संसार का अनुभवबोध हमें भाषा के सामान्य प्रयोग द्वारा होता है जब कि आत्यंतिक मूल्यों के सहारे निर्मित संसार, पूरा-का-पूरा साहित्यिक कृति की सीमा-रेखा में बँधे होने के कारण भाषा की एक विशिष्ट शैली के माध्यम द्वारा ही जाना-पहचाना जा सकता है। (लीच, 1969 : 147)।

यहाँ यह भी तथ्य महत्त्वपूर्ण है कि 'कलात्मक लक्ष्य' के रूप में स्वीकृत 'उद्देश्यविहीन उद्देश्य' का संबंध काव्यात्मक लक्षण के साथ है, न कि कृति के साथ। भाषा के काव्यपरक कार्यफलन का संबंध प्रभाव-संचार प्रक्रिया के 'संदेश' तत्त्व के साथ रहता है और इसी 'संदेश' की आंतरिक संघटना को 'काव्यात्मकता' अपना लक्ष्य बनाती है,

पर कृति के रूप में कविता, न तो मात्र 'संदेश' होती है और न उसका भाषा में मात्र 'काव्यपरक' कार्यफलन ही रहता है। यह पहले संकेत दिया जा चुका है कि कार्यफलन के रूप में भाषा के किसी एक लक्षण की प्रमुखता का यह अर्थ नहीं होता कि अन्य 'लक्षणों' की सत्ता ही समाप्त हो गई है।

दूसरे शब्दों में यह कहा जा सकता है कि अकाव्यात्मक भाषा केवल खिड़की के उस पारदर्शी शीशे के समान होती है जिसके सहारे बाह्य जीवन को देखा, समझा और उसका अनुभव किया जा सकता है। पर कविता के लिए भाषा मात्र माध्यम का ही कार्य नहीं करती, अपितु वह उसकी संरचना और उसमें निहित 'संदेश' की संघटना का अंग भी बनती है अर्थात् कविता भाषा द्वारा मात्र अभिव्यक्त नहीं होती, वरन् 'काव्यात्मकता' को जन्म देती हुई भाषा का अभिन्न अंग भी बनती है। यही कारण है कि काव्यभाषा एक साथ 'खिड़की का पारदर्शी शीशा' भी है और 'दर्पण का सेट' भी (मरे क्रियेगर, 1964)। 'पारदर्शी शीशे' के रूप में एक स्तर पर वह बाह्य जीवन के उपादानों की ओर संकेत देती रहती है और काव्यात्मकता को बाँधते हुए एक दूसरे स्तर पर 'दर्पण के सेट' के रूप में बाह्य जीवन की छवि को एक गुणात्मक भेद के साथ अनंत रूप में अपने भीतर प्रतिबिंबित भी करती रहती है।

(2) तर्कभाषा और काव्यभाषा अपनी वर्णन विधि और प्रतीक पद्धति की संयोजना के आधार पर भी एक-दूसरे की विरोधी हैं। तर्कभाषा में प्रतीक और संकेतित वस्तु (रिफ़रेंट) के संबंधों की अभिव्यक्ति समानाधिकरणिक (इक्वेशनल और अपोज़िटिव) होती है और उसकी प्रतीक पद्धति का संयोजन समीकरण के सिद्धांत को लेकर चलता है। काव्यभाषा में बल इस हेत्वाभास पर रहता है कि प्रतीक और संकेतित वस्तु एक होकर भी एक नहीं हैं। काव्यात्मकता का मूल लक्ष्य इस हेत्वाभास को यथार्थता प्रदान करना है। प्रतीक पद्धति की जिस प्रकृति को काव्यभापा अपनाती है वह समीकरण के सिद्धांत पर नहीं, वरन् सममूल्य और तुल्यार्थक (इक्यूवैलेंस) सिद्धांत पर आधारित होती है।

प्रतीक पद्धति की तुल्यार्थक संयोजना को याकोब्सन ने प्रतीकों के चुनाव और संसर्ग के आधार पर समझने का प्रयास किया है। अगर किसी कथन में 'स्त्री' प्रकरण है तब कवि, उससे मिलते-जुलते प्रतीकों में से किसी एक का चुनाव करता है। 'स्त्री' के समानार्थी 'नारी', रमणी, वनिता, ललना, अंगना, वामा, महिला, अबला, कुलता, तरुणी, प्रमदा, सुंदरी, सुभगा' आदि कई अन्य शब्दप्रतीक हैं। गुप्तजी ने ऊपर उद्धृत काव्यांश 'अबला जीवन, हाय, तुम्हारी यही कहानी', में इनके बीच से एक निश्चित प्रतीक 'अबला' का चयन किया है। चयन में भी सार्थकता होती है और यह सार्थकता, संकेतार्थ में एक अतिरिक्त अर्थ को व्यंजित करने में समर्थ है। 'अबला' में 'स्त्री' संकेतार्थ के अतिरिक्त स्त्री-जीवन की निर्बलता, अशक्यता और दारुण स्थिति की भी अभिव्यक्ति है। इसी प्रकार 'प्रकरण' की व्याकृति (कॉमेंट) के संदर्भ में एक शब्द-प्रतीक है 'कहानी'। इसके समानार्थी 'गल्प, गाथा, वृत्तांत, आख्यान' आदि कई शब्द-प्रतीक हैं,

पर 'कहानी' के चुनाव में घटनाओं की क्रमिकता, और इतिहास का समयप्रवाह दोनों सम्मिलित हैं।

'चुनाव' के प्रश्न का निराकरण 'तुल्यार्थक' सिद्धांत के आधर पर किया जाता है अर्थात् शब्द-प्रतीकों के 'चुनाव' के विकल्प की स्थिति में पहले तुल्यार्थक सिद्धांत के आधार पर उप-कथनों के बीच की समता-विषमता, पर्याय और विपर्यय आदि का कवि मूल्यांकन करता है और फिर सन्निधि (कांटीग्यूटी) के सिद्धांत के आधार पर एक निश्चित प्रतीक पद्धति के अंक के रूप में शब्द-प्रतीकों को योजनाबद्ध करता है याकोब्सन के अनुसार, 'काव्यात्मक कार्यफलन, चुनाव के धरातल से सन्निधि के धरातल पर तुल्यार्थक सिद्धांत का प्रक्षेपण करता है।' (The poetic function projects the principle of equivalence from the axis of selection into the axis of combination. R. Jakobson. 1960 : 358)।

(३) ऊपर संकेत दिया जा चुका है कि कविता में प्रतीक और 'संकेतित वस्तु' के संबंधों को लेकर इस हेत्वाभास को यथार्थता प्रदान की जाती है कि ये दोनों एक होकर भी एक नहीं हैं। समानता और असमानता के इस अंतर्विरोध का बोध और उस अंतर्विरोध का निराकरण ही लाक्षणिक प्रयोग का मूलाधार बनता है। कहने का तात्पर्य यह है कि तर्कभाषा, अभिधामूलक होती है, पर काव्यभाषा मूलतः लाक्षणिक।

लक्षणाशक्ति की स्वीकृति और काव्यसंवेदना के मूल में इस शक्ति की सत्ता की अनिवार्य स्थिति मानने वालों में संस्कृत काव्यशास्त्रियों में भामह और उद्भट का नाम लिया जा सकता है। इनके अनुसार कविता में कलात्मकता का मूलाधार लक्षणाशक्ति ही है। आनंदवर्धन लक्षणाशक्ति की सत्ता से इनकार नहीं करते, पर इसके कार्यक्षेत्र को सीमित कर 'लक्षणा' के स्थान पर 'व्यंजना' को 'काव्यात्मकता' की चरम परिणति मानने के पक्ष में हैं। जिन आलोचकों ने 'काव्यपाठ' के भीतर ही काव्यात्मकता को ढूँढ़ने का प्रयास किया है, उन्होंने काव्य के मूल में इस लक्षणाशक्ति को ही मूल काव्यशक्ति माना है। उदाहरण के लिए जयदेव के अनुसार ध्वनिरस का एक ओर अलंकार में अंतर्भाव है और दूसरी ओर विभिन्न अलंकारों के मूल में लक्षणाशक्ति कार्य करती है :

शब्दे पदार्थे वाक्यार्थे संख्यायां कारके तथा।
लिंगे चेयमलंकारांकुरबीजतथा स्थिता ॥

—*चंद्रालोक* **1/16**

लक्षणाशक्ति का प्रयोग वैसे सामान्य भाषा में भी देखा जा सकता है, यथा—'किसी काम से हाथ खींचना, किसी का रुपया खा जाना, कोई बात पी जाना, दिन ढलना या डूबना, मन मारना, मन छूना, शोभा बरसना, उदासी टपकना' आदि। पर सामान्य भाषा में पाए जाने वाले लक्षणा के ये प्रयोग 'कवि समयसिद्ध' उक्तियाँ हैं जो बोलचाल में रूढ़ होकर आ गई हैं। इनमें भाषा की वह जीवंत शक्ति नहीं रह जाती जिसके सहारे काव्यभाषा 'असामान्य' और 'संवेदना के नए धरातल' को पकड़ना चाहती है। सामान्य

भाषा में पाई जाने वाली लक्षणापरक ऐसी रूढ़ और मृत उक्तियों को ही देखकर संभवतः एमर्सन ने कहा है कि, '(सामान्य) भाषा, कविता का ही जड़रूप है।'

सामान्य भाषा और कविता के संदर्भ में लक्षणाशक्ति के कार्य भिन्न-भिन्न हैं। गद्य के संदर्भ में विषय-वस्तु को वह पाठक (श्रोता) की संवेदना के अधिक समीप लाती है, वह कथ्य के अभिप्रेत को केंद्रीभूत करती है और सूक्ष्म अगोचर भावनाओं को मूर्त गोचर रूप प्रदान करती है। कविता के संदर्भ में वह अर्थ को घनीभूत बनाती है, काव्यवस्तु को 'सामान्य' से 'असामान्य' की ओर ले जाती है और विषय-वस्तु को 'संवेदनाओं के एक नए धरातल' पर पहुँचाती है।

श्कालोव्स्की (1919) के अनुसार जिस प्रकार समुद्र के किनारे रहने वाले व्यक्ति समुद्र के गर्जन और कोलाहल के संगीत के इतने अभ्यस्त हो जाते हैं कि उसका नादसौंदर्य उनके लिए कोई अर्थ नहीं रखता, उसी प्रकार जिन शब्दों एवं उक्तियों का जिन संदर्भों में हम बार-बार प्रयोग करते हैं उनके हम इतने अभ्यस्त हो उठते हैं कि वे उक्तियाँ हमारे लिए स्थिर एवं निर्जीव-सी प्रतीत होती हैं। उन संदर्भों में हमारी संवेदनाएँ इतनी जड़ और स्थिर हो जाती हैं कि हम उनके द्वारा संकेतित वस्तु को केवल पहचान पाते हैं, लेकिन अनुभव नहीं कर सकते। काव्य-भाषा के संदर्भ में 'लक्षणा' का हर नया प्रयोग अभ्यस्त जीवन की हमारी स्थिर एवं जड़ीभूत संवेदनाओं के प्रस्तर धरातल को तोड़कर अनुभूतियों के गतिशील और तरल संसार का निर्माण करता है, वह परिचित वस्तुओं को भी अपरिचित धरातल पर खड़ा कर नूतन संदर्भ प्रदान करता है।

(4) तर्कभाषा और काव्यभाषा के अंतर का चौथा प्रभेदक लक्षण है—अर्थ का एकस्तरीय और बहुस्तरीय पक्ष। 'संदेश' पर ध्यान केंद्रित करने के कारण अकाव्यात्मक वाक्य में क्रमबद्ध ढंग (लीनियर ऑर्डर) से अपने-अपने स्तरों पर स्थित स्वनिष्ठ इकाइयाँ रूपांतरित होकर अस्वनिष्ठ (नॉन-आटोनोमस) और बहुस्तरीय (मल्टीडाइमेंसनल) बन जाती हैं। कहने का तात्पर्य यह है कि विशिष्ट अर्थ को बाँधने के प्रयास में इकाइयों की क्रमबद्धता टूटकर केंद्रीभूत हो जाती है और शब्द, प्रतीकत्व की सीधी प्रकृति छोड़कर लाक्षणिक अर्थ-निर्माण के कारण 'अबौद्धिक' और 'अतर्क्य' इकाई बन जाते हैं।

तर्कभाषा की प्रतीक पद्धति की क्रमबद्ध योजना के विपरीत काव्यभाषा संदेशसंप्रेषण के लिए जिस पद्धति को अपनाती है वह सापेक्षतया क्रमहीन होती है। (पर इसके साथ यह भी ध्यान में रखना आवश्यक है कि क्रमहीनता में भी एक निश्चित क्रम होता है, काव्यभाषा की लचीली पद्धति में भी एक काठिन्य नैयमिक विधान होता है।) काव्यभाषा का यह नैयमिक अतिक्रम, भाषा के विभिन्न स्तरों की इकाइयों को बहुस्तरीय बनाने के कारण आता है। स्तरों की टकराहट व्याकरण और शब्दकोश, अर्थ और ध्वनि, वाक्य और उपवाक्य, उपवाक्य और पदबंध आदि स्तरों के आपसी तनाव के रूप में व्यक्त होती है। इस तनाव का मूल कारण यह है कि काव्यभाषा की इकाइयाँ एक तरफ़ 'संहिता' के साथ संबद्ध होने के कारण अपने-अपने स्तरों पर स्वनिष्ठ बनने की ओर प्रवृत्त होती हैं और दूसरी तरफ़ 'संदेश' के 'अबौद्धिक' और 'अतर्क्य' पक्ष को पकड़ने

के हेतु वे 'अस्वनिष्ठ' और 'बहुस्तरीय' बनने के लिए बाध्य भी रहती हैं।

(5) कलात्मक संघटना काव्यवस्तु के बहुस्तरीय पक्ष की अभिव्यक्ति का परिणाम होती है। यहाँ ध्यान देना आवश्यक है कि काव्यवस्तु के बहुस्तरीय पक्ष के निर्माण में उसके विभिन्न पक्षों की विषमता को मिटाया नहीं जाता, अपितु उनकी विषमता को बिना मिटाए ही उनके बीच एक आंतरिक अन्विति स्थापित की जाती है। (इसका विवेचन विस्तारपूर्वक पहले किया जा चुका है।)

(6) जिस अभिव्यक्ति पद्धति को विज्ञान अपनाता है उसकी प्रकृति निर्वचनात्मक (ऑपरेशनल) होती है, अतः उसके प्रकथन को अपने निम्नतर प्रकथन और 'डेटा' के संदर्भ में असत्य एवं अप्रामाणिक सिद्ध किया जा सकता है। पर जैसा दूसरे भाषण में विस्तारपूर्वक बताया जा चुका है, कविता की अभिव्यक्ति पद्धति की प्रकृति प्रस्तुतीकरण की होती है, अतः उसकी उक्तियों का खंडन इस रीति में संभव भी नहीं। आगे बढ़कर तो यह भी कहा जा सकता है कि कविता की उक्तियाँ होती ही ऐसी हैं जो तर्कविरोधी और व्यावहारिक ज्ञान के संदर्भ में असंगत लगती हैं, पर ऊपर से असंगत प्रतीत होने वाली उक्तियों को कविता की पूरी संरचना के संदर्भ में रखने पर उनका सहज समाधान भी हो जाता है।

(7) शब्द या वाक्य रूप में प्रतीक प्रत्यय (कथ्य) और अभिव्यक्ति के एकीकरण का परिणाम होता है। कालिदास का कथन 'वागर्थाविवसंपृक्तौ वागर्थ प्रतिपत्तये', लिंगपुराण की उक्ति 'अर्थ : शंभु : शिवा वाणी' अथवा तुलसीदास की पंक्ति 'गिरा अरथ जल बीचि सम कहिअत भिन्न न भिन्न' पूर्णतः सार्थक कथन है। संस्कृत के व्याकरणाचार्यों ने भी प्रत्यय और अभिव्यक्ति की अखंडता की ओर संकेत दिया है :

पदे न वर्णा विद्यन्ते वर्णेष्ववयवा न च।
वाक्यात्पदानामत्यन्तं प्रविवेको न कश्चन ॥

—वैयाकरणभूषणसार

प्रतीक के अभिव्यक्ति पक्ष के श्रवण के साथ उसका प्रत्यय भी मन में तत्काल उभरता है और प्रत्यय का बोध बिना अभिव्यक्ति पक्ष का अवलंबन लिये असंभव है।

तर्कभाषा और काव्यभाषा का सातवाँ लक्षण प्रतीक के प्रत्यय और अभिव्यक्ति पक्ष के संबंधों की प्रकृति है, तर्कभाषा में इस संबंध को स्थिर बनाकर प्रतीक को एकार्थी बनाने का प्रयास होता है और काव्यभाषा की सृजनशीलता इस संबंध को लचीला बनाकर प्रतीक को अनेकार्थी बनाने में रहती है।

एक ओर, एक ही प्रत्यय को भिन्न-भिन्न अभिव्यक्ति रूपों में व्यक्त करना संभव है और दूसरी ओर, एक ही अभिव्यक्ति रूप, भिन्न-भिन्न प्रत्ययों की ओर संकेत देने में सक्षम है। शब्द के रूप में 'अंक' के 'संख्या, चिह्न, गोद, अक्षर, पार्श्व आदि' बत्तीस अर्थ हैं, (देखिए, हिंदी शब्दसागर, प्रथम भाग) 'कमल' फूल के संकेतार्थ को व्यक्त करने के लिए 'पंकज, जलज, नीरज, सरसिज, पद्म आदि' कई अन्य शब्द हैं। वाक्य के रूप

में एक ही कथन, यथा—'सुंदर लड़की ने आम खाया' को कई अभिव्यक्तिरूप देना संभव है, जैसे—(1) लड़की जो सुंदर है उसने आम खाया, (2) आम सुंदर लड़की ने खाया आदि। इसी प्रकार एक ही अभिव्यक्तिरूप वाक्य के एक से अधिक अर्थ भी संभव हैं, यथा—'राम ने दौड़ते हुए शेर को मारा' को दो अर्थ देना संभव है—(1) राम ने शेर को मारा, राम दौड़ रहा था; (2) राम ने शेर को मारा, शेर दौड़ रहा था।

'शब्द' वैसे तो यहाँ प्रतीक के रूप में स्वीकार किया गया है, पर सामान्य भाषा में कर्ण विन्यास (अभिव्यक्ति पक्ष) की एकरूपता के आधार पर भिन्न-भिन्न अर्थों को व्यक्त करने वाले भिन्न-भिन्न प्रतीक एक ही 'शब्द' के रूप में स्वीकृत मिलते हैं। भामह, 'प्रत्यय' और 'अभिव्यक्ति' के संबंधों के विशिष्ट (चमत्कारपूर्ण) प्रयोग को ही काव्य का मूलाधार मानते हैं, पर उनका कथन है—'शब्दार्थो काव्यम्'। काव्यभाषा में इन संबंधों का सोद्देश्य बहुस्तरीय प्रयोग कर श्लेष अलंकार की योजना मिलती है। मम्मट के अनुसार अर्थविभेद के कारण शब्द-प्रतीक वर्णविन्यास की एकरूपता के बावजूद भिन्न-भिन्न प्रतीक इकाइयाँ हैं, पर ये भिन्न प्रतीक इकाइयाँ (शब्द) जब (जतुकाष्ठन्याय से) मिलकर एकरूपी हो जाते हैं तब श्लेष अलंकार उत्पन्न होता है :

वाच्यभेदेन भिन्ना यद् युगपद्भाषणस्पृशः
शिलष्यन्ति शब्दाः, श्लेषोऽसावक्षरादिभिरष्टधा।

दंडी ने 'श्लेष' को ही उपमा, रूपक, आक्षेप और व्यतिरेक आदि अलंकारों के अंगभूत रूप में स्वीकार किया है। (काव्यादर्श 2/313) और इसे प्रत्यय और अभिव्यक्ति के संबंधों की विशिष्ट परिणतिस्वरूप काव्यात्मकता का जनक स्वीकार किया है—'श्लेष : पुष्णाति सर्वासु प्रायो वक्रोक्तिषुश्रियं।'

यह भी द्रष्टव्य है कि तर्कभाषा द्वारा व्यंजित अर्थ प्रायः संकेतार्थ की ओर मुड़ा रहता है अतः कमल, पंकज, नीरज आदि शब्द-प्रतीकों में किसी एक का चुनाव एवं प्रयोग उसके लिए कोई विशेष महत्त्व नहीं रखता। पर काव्यभापा का अर्थ संकेतार्थ से बँधकर भी उससे मुक्त हो सकता है। साथ ही वह व्युत्पत्तिमूलक अर्थ को भी ध्यान में रखता है। 'पंकज' और 'जलज' दोनों ही 'कमल' वस्तु की ओर संकेत करते हैं, पर एक उसे कीचड़ के साथ जोड़कर 'गूदड़ी के लाल' अथवा 'विपन्नता में भी स्थिर, कोमल और उदात्त' रूप को सामने लाता है और दूसरा जल के साथ उसे जोड़कर राजा जनक की भाँति अपने वातावरण से अप्रभावित और निश्छल सिद्ध करने की ओर प्रवृत्त होता है। कहने का तात्पर्य यह है कि काव्यार्थ की काव्यात्मकता, शब्द रूपों के पर्याय और विपर्यय पक्ष को छोड़कर सिद्ध नहीं हो सकती है।

प्रत्यय और अभिव्यक्ति पक्ष के संबंधों की लचीली प्रकृति को काव्यात्मक परिणति देखने के लिए नीचे दिए काव्यांश में 'गोल-गोल' शब्द के अभिव्यक्त रूप को ही लें :

मात्र अनस्तित्व का इतना बड़ा अस्तित्व
ऐसे घुप्प अँधेरे का इतना तेज़ उजाला

लोग-बाग
अनाकार ब्रह्म के सीमाहीन शून्य के
बुलबुले में यात्रा करते हुए गोल-गोल
गोल-गोल
खोजते हैं जाने क्या ?
बेछोर सिफ़र के अँधेरे में बिला बत्ती सफ़र
भी खूब है।

—*'एक अरूप शून्य के प्रति'*—**मुक्तिबोध**

अभिव्यक्ति रूप में 'गोल-गोल' शब्दप्रतीक एक होते हुए भी प्रत्यय और अभिव्यक्ति के संबंधों के आधार पर दो हैं। पहला 'गोल-गोल' विशेषणरूप है जो यात्रा की निरर्थकता को व्यंजित करता है। इसका एक अर्थ 'अँधेरे में बिला बत्ती सफ़र' है। दूसरा 'गोल-गोल' संज्ञारूप है जो 'बेछोर सिफ़र' 'अनाकार ब्रह्म' है जो मूलरूप में 'अनस्तित्व' और 'घुप्प अँधेरा' है, यह 'सीमाहीन शून्य' है उस 'अनाकार ब्रह्म' का जिसका कोई अस्तित्व नहीं, फिर भी लोग हैं कि उसको ढूँढ़ने के निमित्त 'गोल-गोल' (व्यर्थ में) चक्कर लगाते हैं।

(8) तर्कभाषा, जिस ज्ञान-विज्ञान की अभिव्यक्ति का माध्यम बनती है उनके सिद्धांतों द्वारा 'प्रतीक' को परिभाषित कर एकार्थी बनाती है। इसके विपरीत काव्यभाषा में प्रयुक्त प्रतीक भी एकार्थी हो सकता है, पर उसके अर्थ की विशिष्टता वस्तुतः संदर्भ अनुप्राणित होती है।

तर्कभाषा का प्रतीक, वैज्ञानिक शब्द (टर्म) होता है, पर काव्यभाषा का प्रतीक 'विशिष्ट' होकर भी 'सामान्य' बना रहता है। वैज्ञानिक शब्द और काव्यपरक शब्द, दोनों दो विभिन्न क्षेत्रों के प्रभुत्व में रहते हैं, दोनों ही एक दृष्टि से सामान्य भाषा के सामान्य प्रयोग से दबे रहते हैं, पर जब एक विज्ञान के विभिन्न सिद्धांतक्षेत्रों के कारण भिन्न-भिन्न रूपों में परिभाषित होता है (जैसे 'पद' समाजशास्त्र, भाषाशास्त्र, सामान्य जीवन आदि क्षेत्रों में भिन्न अर्थों की ओर संकेत देता है) तब दूसरा जीवन के विभिन्न संदर्भों में संयुक्त होकर 'सामान्य' से 'असामान्य' बनता है। उदाहरण के लिए 'चलना' शब्द प्रतीक में अभिव्यक्ति पक्ष की बाह्य समानता भले ही दिखलाई पड़े, पर निम्नलिखित वाक्यों में जिस 'प्रत्यय' की ओर संकेत देने में वह समर्थ है, उसकी विभिन्नता का कोई भी हिंदीभाषी अनुभव कर सकता है : (1) शीला चल रही है। (2) दुकान चल रही है। (3) सिक्का चल गया। (4) हवा चल रही है। (5) साइकिल चल रही है। (6) मोटर पेट्रोल से चलती है। (7) इस बात की हवा ऐसी चली कि...(8) शीला की शादी की बात चल रही है। (9) ऐसे अवसर पर उसकी बुद्धि चलती ही नहीं। (10) वह पढ़ाई में अच्छी चल रही है। (11) यहाँ पर यह शब्द चल जाएगा। (12) सिनेमा चल रहा है।...आदि।

अतः यह कहा जा सकता है कि तर्कभाषा और काव्यभाषा, दोनों ही प्रतीकों के

'सामान्य' अर्थ को 'विशेष' की ओर मोड़ती हैं, पर जहाँ एक की विशिष्टता, सिद्धांतबाधित है वहाँ दूसरे की संदर्भ अनुप्राणित।

(9) कविता के 'विशिष्ट' एवं 'असामान्य' अर्थ को पकड़ने के लिए काव्यभाषा एक 'विशिष्ट' शैली का प्रयोग करती है। 'विशिष्टता' को 'सामान्य' के अतिक्रम के रूप में ही परखना संभव है क्योंकि 'विशिष्ट' और 'सामान्य' सापेक्षिक प्रत्यय हैं और सामान्य का परिचय सहजसाध्य होता है। भाषा का सामान्य रूप बोलचाल की भाषा पर आधारित होता है, अतः कविता की भाषाशैली को सामान्य बोलचाल की भाषा की संघटना के अतिक्रम के रूप में ही देखना तर्कसम्मत है।

अतिक्रम के कार्यफलन को प्रभाव-संचार सिद्धांत में प्रचलित दो परस्पर विरोधी प्रत्ययों—उद्रिक्तता (रिडनडैंसी) और सूचना के आधार पर समझा जा सकता है। सूचनाग्रहण तभी संभव है जब कथन में संशय हो और संशय विकल्प की अपेक्षा रखता है अर्थात् सूचना, चुनाव की क्षमता के अनुपात में सिद्ध रहती है। इसके विपरीत वे कथन उद्रिक्त माने जाते हैं जिनमें कथ्य पूर्वज्ञान के संदर्भ में अनुमेय (प्रिडिक्टेबल) होते हैं अर्थात् जिस कथन में अधिकतम सूचना होगी वहाँ न्यूनतम उद्रिक्तता मिलेगी और जहाँ अधिकतम उद्रिक्तता होती है उसमें न्यूनतम सूचना होगी।

उद्रिक्तता और सूचना जिन आधारों को जन्म देती हैं उनमें निम्नलिखित प्रमुख हैं :

उद्रिक्तता	**सूचना**
1—निर्धारित व्यवस्थापरक नियम	1—नवरीति स्थापक नियम
2—ज्ञात	2—अज्ञात
3—साधारण (कथ्य)	3—मौलिक (कथ्य)
4—अनुमेय	4—संभाव्य
5—बुद्धिपरक	5—कल्पनाप्रवण

दोनों—उद्रिक्तता और सूचना की अतिशयता कथ्य को चित्तरंजक बनाने में अक्षम होती हैं। दोनों ही एक निश्चित पारस्परिक अनुपात के अभाव में ध्यान आकर्षित करने में असफल सिद्ध होती हैं। बोलचाल की सामान्य भाषा में दोनों ही पक्षों के अनुपात की एक निश्चित मात्रा-सीमा होती है। तर्कभाषा इस सीमा की तुलना में अधिक उद्रिक्त होती है और काव्यभाषा अधिक सूचनासंपन्न।

अरस्तू ने बहुत पहले कविता के आधारभूत तत्त्व के रूप में कविता की भाषा शैली की विशिष्टता को सामान्य बोलचाल की भाषा के अतिक्रम के रूप में देखा है। प्राग स्कूल ने इस दिशा में कुछ महत्त्वपूर्ण अध्ययन प्रस्तुत किया है। लेविन (1958) तो इस अतिक्रम को कविता के बाह्य एवं आंतरिक, दोनों ही स्तर पर स्वीकार करते हैं। पर अतिक्रम के सिद्धांत को सही संदर्भ में न देखने के कारण प्रायः विद्वान यह समझ बैठते हैं कि अतिक्रम का सिद्धांत भ्रामक है। वेलेक (1960) ने यह आपत्ति उठाई है

कि 'भाषाविज्ञान से अनुप्राणित शैली-विज्ञान मूलतः अपना ध्यान अतिक्रम रूप पर केंद्रित करता है, वह 'नार्म' से हटे हुए विद्रूप रूप को ही महत्त्व देता है।' इस प्रकार हम एक ओर प्रतिरूप व्याकरण का निर्माण करने लगते हैं जिसे अतिक्रम विज्ञान पर आधारित कहा जा सकता है--सामान्य शैली-विज्ञान व्याकरणाचार्यों के लिए और अतिक्रमिक शैली-विज्ञान साहित्य के विद्यार्थियों के लिए। लेकिन यह सामान्य तथ्य है कि सर्वाधिक ग्राह्य भाषारूप भी साहित्यिक संघटना का अंग बनता है।

काव्यभाषा की सृजनशीलता और मौलिकता न तो निर्धारित व्यवस्थात्मक नियमों की अपेक्षा करती है और न अतिक्रमिक शैली-विज्ञान को ही जन्म देती है। यह तथ्य ध्यान में रखना चाहिए कि ज्ञात का अवलंबन लिये बिना अज्ञात का बुद्धिगम्य कथ्य के बिना कल्पनाप्रवण उक्ति का अथवा निर्धारित व्यवस्थापरक नियमों के अभाव में नवरीतिस्थापक नियमों का कोई मूल्य नहीं अर्थात् उद्रिक्तता के अभाव में सूचना का संप्रेषण संभव नहीं।

यह तथ्य भी महत्त्वपूर्ण है कि अतिक्रम का संबंध नवरीतिस्थापक नियमों से है। नियमों से संबद्ध होने के कारण ये अतिक्रम भी नियमबद्ध होते हैं। उनको 'सामान्य' से हटा मनमाना एवं उच्छृंखल प्रयोग नहीं कहा जा सकता। साथ ही यह तथ्य भी ध्यान देने योग्य है कि नवरीतिस्थापक नियम, साहित्यिक शैली के नियम हैं, अतः उन्हें सामान्य भाषा के निर्धारित व्यवस्थात्मक नियमों के संदर्भ के साथ-साथ साहित्यिक भाषा के परंपरा अनुमोदित निर्धारित नियमों के संदर्भ में भी देखना चाहिए। इस स्थिति में बहुत संभव है कि साहित्यिक परंपरा अनुमोदित व्यवस्थात्मक नियम, सामान्य भाषा के 'नॉर्म' के अतिक्रम का परिणाम हो और नवरीतिस्थापक नियम, पूर्ववर्ती साहित्यिक परंपरा के नियमों का तो अतिक्रम करते हों, पर भाषा के 'नार्म' के अधिक समीप हों। उदाहरण के लिए द्विवेदी युग की हिंदी कविता के संदर्भ में छायावादी कविता सामान्य भाषा के नियमों का अतिक्रमण करती दिखाई पड़ती है, पर छायावादी कविता की तुलना में प्रगतिवादी कविता जिन नवरीतिस्थापक नियमों को जन्म देती है, वे सामान्य भाषा के 'नार्म' के अधिक समीप हैं। इसी प्रकार 'प्रयोगवादी' कविता, अभिव्यक्ति के धरातल पर जिन नवरीतिस्थापक नियमों के अन्वेषण एवं स्थापना की बात उठाती है वे एक बार फिर 'छायावादी' प्रयोगों की याद दिलाते हैं, पर उसकी तुलना में जब 'नई कविता' की अभिव्यक्ति प्रणाली पर ध्यान देते हैं तब उसे फिर सामान्य भाषा के 'नार्म' के अधिक निकट पाते हैं।

संस्कृत साहित्यशास्त्र के जिन आचार्यों ने 'काव्यात्मकता' को लक्षण (गुण) के रूप में मानकर 'कविता' के भीतर ही उसकी सत्ता को स्वीकार किया है, उन्होंने साहित्य की ओर वस्तुवादी व्याख्या प्रस्तुत की है और दूसरी ओर उसे (संस्कृत भाषा के) व्याकरण के संदर्भ में ही परखने का प्रयास किया है। उदाहरण के लिए पाँच अधिकरण अध्यायों में विभक्त वामन का 'काव्यालंकार सूत्र' संस्कृत व्याकरण पर आधारित काव्यसमीक्षा का अनूठा उदाहरण है। वामन के अनुसार काव्य की आत्मा रीति है—'रीतिरात्मा

काव्यस्य'। रीति का अर्थ है विशिष्ट पदरचना—'विशिष्टा पदरचना रीतिः'। पद रचना की विशिष्टता ही गुण (काव्यलक्षणों) का जनक है—'विशेषो गुणात्मा', क्योंकि गुण का अर्थ ही है काव्यशोभाकारक शब्द-अर्थ की अन्विति।

इसी प्रकार 'काव्यालंकार' के प्रणेता 'भामह' 'वक्रोक्ति' को काव्य का प्राण मानते हैं। वक्रोक्ति से तात्पर्य है अर्थ और शब्द की वक्रता—'वाचां वक्रार्थ शब्दोक्तिरलंकाराय कल्पते'। यह वक्रता वस्तुतः समान्य कथन के अतिक्रम के अतिरिक्त और कुछ नहीं। अभिनवगुप्त ने स्पष्ट लिखा है—'शब्दस्य हि वक्रता अभिधेयस्य च वक्रता लोकोत्तीर्णेन रूपेणावस्थानम्'। काव्य-सौंदर्य की व्याप्ति ही इस 'वक्रोक्ति' पर आधारित है—'कोऽलंकारोऽनया विना'। कुंतक ने इसी वक्रोक्ति की स्थापना करते हुए इसे सर्वग्राही रूप प्रदान किया है जहाँ वक्रोक्ति को 'शास्त्र आदि में उपनिबंध शब्द-अर्थ के प्रसिद्ध प्रयोग से भिन्न' और 'व्यवहार सरणि का अतिक्रमण करने वाली' कहा है।

इसमें संदेह नहीं कि भारतीय काव्यशास्त्र की मूल प्रकृति भाषावादी रही है। वह कृति को केंद्र में रखकर उसकी भाषिक संघटना के अध्ययन के आधार पर कलात्मकता का पता लगाने के पक्ष में रही है। कृतिकार और कृति के बाहर का संसार कभी भी उसकी आलोच्य सामग्री नहीं बने। संस्कृत काव्यशास्त्र की इस वस्तुवादी परंपरा को परवर्ती हिंदी समीक्षकों ने साहित्येतर बना दिया। संस्कृत काव्यशास्त्र के ऊपर निर्णय देते समय उन्होंने अपनी धूमिल और अधूरी दृष्टि का परिचय अधिक दिया है और काव्यशास्त्र के मूल उपादानों और उसकी काव्यदृष्टि को उचित संदर्भ कम ही प्रदान किया है। इसमें संदेह नहीं कि 'संस्कृत काव्यशास्त्र का मूलाधार शब्द और अर्थ है और उसमें भी चाहे अलंकार-विधान हो, लक्षणा-व्यंजना का प्रयोग हो, गुणों के अंतर्गत वर्णव्यवस्था पर विचार हो अथवा रसप्रक्रिया को ग्रहण करने की बात हो, चिंतन की दृष्टि शब्द-प्रयोग पर ही केंद्रित रहती है।' (रघुवंश, 1967 : 59)

विद्यानिवास मिश्र का यह कथन सारगर्भित है कि न केवल भारतीय चिंतन मूलतः वाक्केंद्रित चिंतन है, अपितु भारतीय साहित्यशास्त्र की पीठिका भी वाक् है। 'ऋग्वेद से ही वाग्व्यापार को सृष्टि के पर्याय के रूप में देखा गया और वाक् के ही तीन स्तरों के रूप में द्युलोक, अंतरिक्ष और पृथ्वी की कल्पना की गई, वाक् की परिशुद्धि पर बल दिया गया, क्योंकि परिशुद्ध वाक् में ही कल्याण का निधान है।...वाक् की भीतरी खोज ही मंत्रसाधना का पर्याय बनी।...इसीलिए व्याकरण को वेद का मुख कहा गया है। दूसरे शब्दों में भारत का विवर्तमान ज्ञानराशि के भीतर पैठना है, तो यह केवल व्याकरण के आधार से संभव है।...यहाँ तक कि भारतीय काव्य को भी यथावत् समग्र रूप में तभी ग्रहण किया जा सकता है, जब उसकी बीजभूत भावना के इन नानाविध प्रत्ययों के साथ नानाविध आकार ग्रहण किए जाते हुए भी उसमें एक अखंड एकवाक्यता ग्रहण की जाए। भारतीय काव्यशास्त्र ने इसीलिए काव्यार्थ की खोज में वुधों (वैयाकरणों) की स्फोटवादी सरणि अपनाई है।' संस्कृत की यह भाषावादी चिंतनदृष्टि, हमारी साहित्यिक

समीक्षा की परंपरित दृष्टि है।

शैली-विज्ञान के मूलाधार में कलाबोध की यही वाक् पीठिका है जहाँ 'काव्यार्थ प्रत्यक्ष शब्द व्यापार समर्पित है'। यद्यपि 'शैली-विज्ञान' और 'नई समीक्षा' के सिद्धांत और प्रणाली एक नहीं परंतु, साहित्यशास्त्र के इस वस्तुनिष्ठ एवं रूपवादी चिंतन और भाषावादी दृष्टि को दोनों ही समान रूप से अपनाते हैं। डॉ. नगेंद्र (1970 : 57-8) का यह आक्षेप है कि 'शब्द-अर्थ' के कुशल प्रयोग से उत्पन्न चमत्कार को ही यदि काव्य का प्रयोजन मान लिया जाए तो काव्य का माहात्म्य सीमित हो जाएगा', अथवा 'शब्द-विधान की स्वतंत्र और मौलिक सत्ता स्वीकार कर लेने से चमत्कार को काव्य में अत्यधिक महत्त्व प्राप्त हो गया है'—युक्तिसंगत इसलिए नहीं प्रतीत होता क्योंकि इन वक्तव्यों द्वारा भारतीय काव्यशास्त्र की परंपरित दृष्टि को अकारण ही नकारा गया है। 'नई समीक्षा में सिद्धांत का महत्त्व न होकर प्रविधि का महत्त्व है' और शैली-विज्ञान अथवा नई समीक्षा 'कविता का सिद्धांत-विवेचन न होकर पाठ-विश्लेषण या अर्थ-मीमांसा है'—डॉ. नगेंद्र की लेखनी से निःसृत ऐसी उक्तियाँ वस्तुतः नई समीक्षा के पूरे ऐतिहासिक दायित्व, उसकी दार्शनिक पृष्ठभूमि और चिंतनसरणि के प्रति उनके उपेक्षा भाव को ही व्यक्त करता है। नई समीक्षा को भारतीय टीका पद्धति के साथ जोड़कर देखने का आग्रह इसी तथ्य की ओर संकेत देता है कि डॉ. नगेंद्र ऐसे सुधी आलोचक भी काव्य विश्लेषण और काव्य मूल्यांकन अथवा कविता और काव्यफलन की सूक्ष्म विभाजक रेखा को ठीक से पकड़ने में असमर्थ हैं।

कहने का तात्पर्य यह है कि शैली-विज्ञान भी कविता को पहले कविता के रूप में ग्रहण करता है। वह भी यह मानता है कि 'कविता' सूखे काठ की चीज नहीं है, मानवमन के मोम की अंतर्दीप्त प्रतिमा है जो उसके विविध अनुभवों की आँच में पिघलकर नाना रूप धारण करती रहती है। शैली-विज्ञान इस तथ्य का कदापि विरोध नहीं करता कि कविता के एक पक्ष का संबंध 'अबौद्धिक कथ्य' और 'भावजगत् की जीवनदृष्टि' के साथ बना रहता है। पर इन सबकी स्वीकृति के पश्चात् भी उसकी यह मान्यता बनी रहती है कि 'अबौद्धिक कथ्य' तक भाषा का अवलंबन लेकर ही पहुँचना संभव है, 'मानवमन के मोम की अंतर्दीप्त प्रतिमा' का निर्माण कवि जिस अपने संस्कार और प्रातिभ ज्ञान के बल पर अनायास कर लेता है उसको समझने और पाने का मार्ग शब्द और उसमें निहित अर्थ का ही है। शैली-विज्ञान 'अबौद्धिक कथ्य' और 'अंतर्दीप्त प्रतिमा' का अध्ययन प्रस्तुत करता है, पर उसका संबंध वह शब्द-अर्थ व्यापार से जोड़कर देखने के पक्ष में है, यह देखने के लिए बौद्धिक कथ्य किन स्थितियों में और किन उपकरणों द्वारा 'अबौद्धिक कथ्य' में रूपांतरित होकर 'अंतर्दीप्त प्रतिमा' बन जाता है।

शैलीविज्ञान : कुछ आधारभूत मान्यताएँ*

साहित्य को 'शाब्दिक कला' (Verbal art) कहने वाले मर्मज्ञ समीक्षक यह तथ्य प्रायः भूल जाते हैं कि अगर साहित्य, कला है तो अन्य कलाओं से वह भिन्न इसलिए है कि वह 'शाब्दिक' है। शाब्दिक (भाषिक) होने के कारण काव्य कृति का पूरा-का-पूरा संसार भाषापरक रहता है। बिना भाषा का आधार लिये साहित्यिक कृति अपना अस्तित्व धारण नहीं कर सकती। भाषा के गर्भ से ही वह अपना जन्म पाती है और उसी के दायरे में बँधकर वह अपनी प्रकृति का उद्घाटन करती है। शैली-विज्ञान यह मानकर चलता है कि अगर साहित्य शाब्दिक कला है तो साहित्य के मर्म को समझने का उपकरण भी शब्द (भाषा) ही हो सकता है। अतः शैली-विज्ञान की दृष्टि मूलतः भाषावादी है।

शैली-विज्ञान को सही संदर्भ में समझने के लिए यह आवश्यक है कि पहले हम यह देखें कि भाषा और साहित्य के अनुबंध की प्रकृति क्या है ? एक आलोचक के अनुसार, 'भाषा साहित्य की सामग्री है...कला माध्यम नहीं। वह सामग्री रूप है जिस प्रकार शिल्प कला में पाषाण की खुदाई होती है, उसी प्रकार भाषा की साहित्य मूर्तियाँ बनती हैं।'

जिस प्रकार शिल्पकला के लिए पाषाण और चित्रकला के लिए रंग कला सामग्री के रूप में सिद्ध हैं, उसी प्रकार साहित्य के लिए भाषा को सामग्री के रूप में देखने की प्रवृत्ति वस्तुतः भाषा और साहित्य के अंतर्संबंधों की सही प्रकृति को न देखने का ही परिणाम माना जा सकता है। यहाँ ध्यान देने की बात है कि पत्थर तभी कलात्मक स्वरूप ग्रहण करते हैं जब वे कलाकृति के अंग वनते हैं। कलाकृति से अलग रहने पर वे स्थूल उपादान मात्र हैं। अपने में न तो वे जातीय संस्कृति के अंग हैं और न परंपरा के वाहक। अतः रंगों की अपनी प्रकृति और पत्थरों की अपनी बनावट के वैज्ञानिक विश्लेषण करने वाले रसायनशास्त्री या भूगर्भशास्त्री जव किसी कलाकृति का विश्लेषण करने चलते हैं तब वे भी रंगों और पत्थरों की बनावट और विशिष्टता ही वता पाते हैं। उनकी दृष्टि स्थूल उपादान से आगे बढ़ ही नहीं पाती।

इसके विपरीत साहित्य के माध्यम के रूप में जिस भाषा को अपनाया जाता है, वह परंपरा अर्जित होती है। वह स्वयं अपनी प्रकृति में संस्कृति के एक महत्त्वपूर्ण अंग के रूप में सिद्ध रहती है। वह संस्कृति का स्थूल उपादान न होकर उसकी सक्रिय शक्ति

---

* सर्वप्रथम 'हिंदी शिक्षण के नए आयाम', 1973 में प्रकाशित। प्रकाशक : राज्य शिक्षा संस्थान, दिल्ली।
—संपादक

होती है। दूसरा तथ्य यह भी है कि कलाकृति से हटकर रंग और पत्थर प्रकृत रूप में स्थिर और निष्क्रिय होते हैं। गत्यात्मक और सक्रिय बनाने का कार्य एकमात्र कलाकार करता है, अतः इन कलाकृतियों में जिस लय एवं संगीतात्मकता का हम अनुभव करते हैं, जिस गत्यात्मक और सक्रिय स्पंदन की हम अनुभूति करते हैं वह कलाकृति की आंतरिक संरचना का परिणाम होता है। ठीक इसके विपरीत भाषा यद्यपि कविता के माध्यम के रूप में ग्रहण की जाती है, पर कला सामग्री में संयुक्त होने के पूर्व भी वह जीवंत होती है, परंपरा के संवाहक और संस्कृति के अभिन्न अंग के रूप में सिद्ध रहती है। वह प्रकृत रूप में स्थिर और निष्क्रिय न होकर गत्यात्मक और सक्रिय होती है। भाषा स्वयं में जीवंत होने के कारण प्रयोक्ता पर अपना विशिष्ट दबाव डालती है। कवि जब भाषा को माध्यम के रूप में अपनाता है तब उसे इस प्रवृत्यात्मक दबाव के साथ भाषा को स्वीकार करना पड़ता है।

यह तथ्य महत्त्वपूर्ण है कि शिल्पकला की सामग्री की प्रकृति बदल दें तब भी कला ही रहती है अर्थात् शिल्पकला का उसकी सामग्री से कोई ऐसा अंतरंग संबंध नहीं रहता है कि सामग्री के बदल देने से कला की प्रकृति ही बदल जाए। सामग्री रूप में पाषाण लें अथवा उसके स्थान पर धातु या मिट्टी, वह शिल्प कला ही रहेगी। पर क्या साहित्यिक कृति के बारे में भी यही कहा जा सकता है ? क्या शाब्दिक कला (साहित्य) की सामग्री के रूप में भाषा के अतिरिक्त किसी अन्य वस्तु को उपादान के रूप में स्वीकार किया जा सकता है ? नहीं, स्पष्ट है, साहित्य एक ऐसी कलात्मक विद्या है जो अपने माध्यम से मुक्त होकर सिद्ध रह ही नहीं सकती।

शैली-विज्ञान साहित्य और भाषा को उस संधिस्थल पर खड़ा होकर अपनी विश्लेषणात्मक पद्धति की नींव डालता है जिसमें कला की विशिष्टताओं का कार्य-कारण संबंधों के आधार को देखना-समझना संभव हो। साहित्य और भाषा के अंतरंग संबंधों की सही प्रकृति को सामने रखकर वह भाषा की सृजनात्मक शक्ति के आधार पर कला की अपनी शक्तियों का उद्घाटन करता है। अतः शैली-विज्ञान का क्षेत्र वस्तुतः वह संधि माना गया है जिसे कलाशास्त्र और भाषाविज्ञान समस्त रूप से काटते हैं।

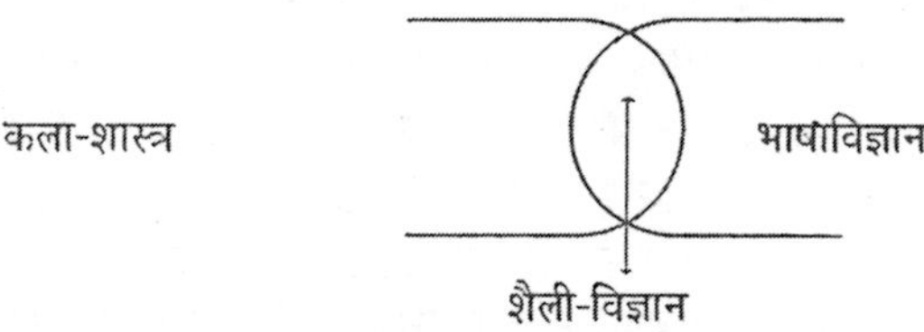

शैली-विज्ञान आलोचना की वह दृष्टि है जो अपने भीतर कला की सौंदर्यपरक संवेदना और भाषा की सर्जनात्मक शक्ति दोनों को अंतर्भुक्त कर अपना लक्ष्य साधता है। अगर आलोचना की सही भूमिका उसमें निहित है कि किसी साहित्यिक कृति की सौंदर्यपरक संवेदना को भाषा की सर्जनात्मक शक्ति द्वारा उद्घाटित और प्रकाशमान

किया जाए तथा एक गुणी आलोचक के लिए यह अनिवार्य हो जाता है कि वह एक साथ साहित्यचेता और भाषा-वेत्ता दोनों ही हो। यही कारण है कि आज के प्रसिद्ध साहित्यशास्त्री और भाषा-वैज्ञानिक रोमन याकोब्सन यह मानते हैं कि "भाषा के काव्यफलन के प्रति बधिर भाषा-वैज्ञानिक और भाषा-वैज्ञानिक समस्याओं से उदासीन एवं भाषा-वैज्ञानिक प्रणालियों से अपरिचित साहित्यशास्त्री दोनों ही समान रूप से अपने समय से बहुत पीछे हैं।"

आज के आलोचना साहित्य को देखने-पढ़ने के बाद इसमें संदेह नहीं रह जाता कि साहित्य का अध्ययन करने वाले मर्मज्ञ-समीक्षक और भाषा का वैज्ञानिक विश्लेषण करने वाले विद्वान् भाषा-वैज्ञानिक, एक-दूसरे के दायित्व क्षेत्र से बहुत दूर जा छिटके हैं। साहित्यिक आलोचक और भाषा-वैज्ञानिक के बीच संवाद की कोई स्थिति ही नहीं दिखलाई पड़ती। हिंदी भाषा और साहित्य के संदर्भ में तो इसके बीच इतनी गहरी खाई आ चुकी है कि अगर कोई साहित्य का क्षेत्र अपना लेता है तो भाषाविज्ञान का सामान्य ज्ञान भी उसे अनावश्यक बोझ प्रतीत होता है और अगर कोई अपने कार्यक्षेत्र के रूप में भाषाविज्ञान को स्वीकार कर बैठता है तो बोलचाल की भाषा से असंबद्ध होने के कारण साहित्य एवं साहित्यिक भाषा को अपनी सीमा में अपनाने से इनकार कर बैठता है। हिंदी में जहाँ एक ओर साहित्य के ऐसे आलोचक हैं जिन्होंने साहित्य सिद्धांत पर बहुत कुछ लिखा है, पर अपनी आलोचना एवं विवेचना में भाषा-वैज्ञानिक उपलब्धियों का न तो कुछ उपयोग किया है, तो वहीं दूसरी ओर उसके आधार पर आलोचना को वैज्ञानिक बनाने का प्रयास किया है और यहाँ ऐसे भाषाविद् हैं जिन्होंने भाषा की रूप-प्रवृत्ति को समझने-समझाने का तो प्रयत्न किया, पर उस ज्ञान का उपयोग साहित्यिक रचनाओं के अध्ययन-विश्लेषण के निमित्त नहीं किया। एक ही 'अनुशासन' के भीतर से 'दो संस्कृतियों' के बीच की बढ़ती खाई की समस्या का प्रश्न अगर विचारणीय है तब भाषा और साहित्य के अध्ययन क्षेत्र के दुराव का प्रश्न आज सबसे अधिक हमारा ध्यान आकर्षित करता है।

प्रश्न है—इस दुराव का कारण क्या है ? किंचित् भी ध्यान देने पर स्पष्ट हो जाता है कि इस दुराव का कारण मर्मज्ञ समीक्षकों एवं विद्वान् भाषाविदों का अपना संकुचित दृष्टिभेद है जो समान रूप से यह समझता है कि कला-समीक्षा और भाषा-विश्लेषण दो ऐसे सिद्धांत हैं जो अपने कार्यक्षेत्र में परिपूर्ण वितरण (complementary distribution) में हैं। इन दोनों के अनुसार कला समीक्षा और भाषा विश्लेषण के बीच न तो कोई संबंध है और न उसका होना संभव है क्योंकि उनकी दृष्टि में एक का संबंध अगर भावजगत् से है तो दूसरे का बौद्धिक जगत् से। एक सूक्ष्म यथार्थ को पकड़ता है तो दूसरा बाह्य जगत् के ठोस यथार्थ को। एक सौंदर्यपरक है तो दूसरा व्यवहारपरक।

साहित्य के तथाकथित मर्मज्ञ समीक्षकों का यह कहना है कि साहित्यिक शैली को भाषा के आधार पर नहीं समझा जा सकता। साहित्यिक शैली का संबंध कवि की जीवन दृष्टि और उसके भावजगत् के साथ रहता है। भावजगत् को शब्दों के माध्यम से व्यक्त

किया जाना संभव है, पर वह शब्दों की परिधि में ही सिमटा नहीं होता, वरन् शब्दों के पार जाकर सामान्यीकृत बौद्धिक प्रत्ययों से ऊपर उठकर अबौद्धिक जगत् की सृष्टि करती है।

यहाँ एक प्रश्न का उठना स्वाभाविक ही है : कविता जिस बौद्धिक कथ्य और भावजगत् की जीवन-दृष्टि को व्यक्त करती है। पाठक को उसका पता मिलता किस माध्यम से है ? अथवा कवि उसे व्यक्त करने के लिए माध्यम कौन सा अपनाता है ? कविता के 'अबौद्धिक कथ्य' का पता अगर कविता ही देती है तो निश्चय ही कविता जिस माध्यम से उसे अपने भीतर सँजोती है, उस माध्यम का विश्लेषण ही सँजोयी गई वस्तु को सही दिशा में समझने में सहायक होगा। रिपट्ज़ के अनुसार, 'यह कहने के बजाय कि कविता शब्द-निर्मित नहीं होती और कविता में शब्द अपने अर्थ से मुक्त होकर, बौद्धिक संकल्पना के पार जाकर लयात्मक संकल्पना का सृजन करते हैं, मैं यह कहना चाहूँगा कि कविता शब्द-निर्मित नहीं होती उन शब्दों का अर्थ भी उसमें 'स्थित' रहता है। लेकिन कवि की चमत्कारपूर्ण प्रतिभा इन शब्दों एवं उसमें निहित अर्थ को बौद्धिक संकल्पना के पार ले जाकर लयात्मक संकल्पना तक पहुँचा देती है। और यह भाषाशास्त्र के अध्येता का कार्य है कि वह इस तथ्य का विश्लेषण करे कि ऊपर संकेतित रूपांतरण की प्रक्रिया क्या है। कविता के अबौद्धिक पक्ष भाषावैज्ञानिक आलोचक के हाथों में अपनी सत्ता खो नहीं देते अथवा उनके हाथों उनका अस्तित्व समाप्त नहीं हो जाता। इसके ठीक विपरीत वह कबि के साथ सामंजस्य स्थापित करते हुए कार्य करेगा (यह बात दूसरी है कि वह कवि स्वीकृति की अपेक्षा नहीं रखेगा) और धैर्यपूर्वक विश्लेषणपरक पद्धति का सहारा लेते हुए उस पथ को ढूँढ़ने का प्रयत्न करेगा जो बौद्धिक से अबौद्धिक की ओर कविता को ले जाता है और जिस दूरी को कवि अपनी एक छलाँग में ही तय कर लेता है।'

जिस प्रकार साहित्य समीक्षकों की यह धारणा निर्मूल और असंगत है कि 'अबौद्धिक कथ्य' और 'भावजगत् की जीवन दृष्टि' को समझने में भाषा विश्लेषण सहायक नहीं, उसी प्रकार भाषावैज्ञानिकों की यह मान्यता भी तर्कसंगत नहीं कि काव्यभाषा के अध्ययन का कार्यक्षेत्र, उनकी अपनी सीमा क्षेत्र के बाहर है। साहित्यकार जिन आंतरिक मूल्यों एवं रसानुभूति की चर्चा उठाता है, उसकी अभिव्यक्ति का माध्यम एकमात्र भाषा का विशिष्ट प्रयोग ही है और भाषाविज्ञान का कार्यक्षेत्र केवल बोलचाल की रूढ़िग्रस्त पदावली तक ही सीमित नहीं, अपितु भाषा का प्रत्येक रूप और उसकी प्रत्येक शैली उसके अध्ययन की तथ्य सामग्री बन सकती है। यहाँ यह भी ध्यान देने की बात है कि जिस 'बोलचाल की भाषा' का आग्रही बनकर भाषाविदों का यह वर्ग अपने कार्यक्षेत्र की सीमा का निर्धारण करता है उसकी प्रकृति जीवंत, महान विकासमान और चिर परिवर्तनशील है। बोलचाल की भाषा को अगर सही संदर्भ में देखा जाए तो सृजनशीलता के वे सभी लक्षण उसमें बीज रूप में अंतर्निहित मिलते हैं जो काव्यभाषा की प्राणशक्ति बनकर स्थापित होते हैं। अगर भाषाविज्ञान बोलचाल की भाषा की सामग्री को ही अपना

लक्ष्य स्वीकार करें तब भी वह काव्यभाषा के लक्षणों के विश्लेषण से अपने को मुक्त नहीं कर सकता क्योंकि सहज और स्वाभाविक रीति से की गई वार्तालाप की प्रकृति में ही काव्यात्मकता के गुण एवं लक्षण अंतरण रहते हैं।

इसके साथ ही यह भी सत्य है कि बोलचाल की सामान्य और रूढ़िग्रस्त भाषा, काव्य-चेतना के अबौद्धिक कथ्य और जीवन-दृष्टि का माध्यम बनने में समर्थ नहीं रहती। कविता की भाषा का व्यतिरेक भी इसलिए है कि वह बोलचाल की इस अक्षमता को अन्य साधनों से दूर करती है, अपनी संभावनाओं का प्रसार करती हुई वह एक असामान्य स्तर पर असार्थक्य कथन को अंतर्भुक्त कर लेती है। भाषा प्रयोग के जिन साधनों के प्रसार के माध्यम से सामान्य बोलचाल की भाषा का काव्यभाषा में रूपांतरण होता है उसी को 'काव्य-शैली' कहा जाता है।

संस्कृत साहित्य में इन 'साधनों' का विस्तारपूर्वक विश्लेषण मिलता है, तत्संबंधी विभिन्न संप्रदाय मिलते हैं और उनकी तर्कसंगत व्याख्या उपलब्ध मिलती है। वामन के अनुसार काव्य की आत्मा रीति है, शब्द और अर्थ तो मात्र उसके शरीर हैं। (काव्यालंकार 1/2/7) रीति को भाषिक आधार प्रदान करते हुए उनका कथन है कि रीति और कुछ नहीं विशिष्ट पद-रचना है। जिस प्रकार चित्रपट अंकित रेखाएँ ही किसी चित्र का मूल आधार हैं उसी प्रकार 'रीतियों' के ऊपर की कविता खड़ी होती है। (1/2/13) अन्य समुदायों की यहाँ चर्चा न उठाकर संस्कृत साहित्य के मर्मज्ञ विद्यानिवास मिश्र का यह कथन दुहराना चाहूँगा कि भारतीय चिंतन मूलतः वाक्केंद्रित चिंतन है और इस चिंतन की पृष्ठभूमि पर खड़े होकर यह देखा जा सकता है कि काव्यार्थ प्रत्यक्ष शब्द व्यापार समर्पित है।

शैली-विज्ञान आलोचना की जिस पृष्ठभूमि पर खड़ा है न केवल उसकी दृष्टि भाषावादी है, अपितु उसका चिंतन भी वस्तुपरक है। या वस्तुपरक चिंतन का ही परिणाम है कि शैली-विज्ञान कविता या अन्य किसी भी काव्य कृति को स्वनिष्ठ मानता है। उसके अनुसार काव्यकृति की सत्ता स्वायत्त होती है। काव्यकृति को दो स्तरों पर स्वनिष्ठ कहा जा सकता है। पहले 'आधार के अनुसार काव्य-कृति अपने में पूर्ण होती है। वह अपने अस्तित्व के लिए काव्येतर (बाह्य) तथ्यों की मुखापेक्षी नहीं होती। उसका स्वायत्त अस्तित्व इस तथ्य पर बल देता है कि काव्यकृति के अनुभावन के लिए काव्य-संबंधी जिस संदर्भ की भी अपेक्षा क्यों न की जाए, वे सभी काव्यकृति में ही होते हैं। काव्यकृति का अर्थ और इसका संदर्भ दोनों ही कृति की अपनी सीमा के भीतर ही बँधे होते हैं। अज्ञेय के शब्दों में हम यह भी कह सकते हैं कि कविता ही कवि का परम वक्तव्य है। अतः यदि कविता के स्पष्टीकरण के लिए स्वयं उसके रचयिता को गद्य का आश्रय लेकर कुछ कहना पड़े तो साधारणतः उसे उसकी पराजय ही समझना चाहिए'।

यहाँ यह संकेत दे देना अनुचित न होगा कि शैली-विज्ञान आलोचना के आंतरिक पक्ष (intrinsic) को न केवल स्वीकार करता है, वरन् उसी को साहित्यिक आलोचना

का मूल कार्यक्षेत्र मानता है। आलोचना का बाह्यपक्ष (extrinsic) वस्तुतः कविता का विश्लेषण न होकर कविता के बाह्य संदर्भ की चर्चा होता है। आलोचना का बाह्य पक्ष या तो कवि कर्म सापेक्ष होकर मनोविश्लेषणात्मक होता है, अथवा सहृदय सापेक्ष होकर प्रभाववादी रूप ग्रहण करता है। वह काव्यकृति के दायरे में बँधे संसार का संबंध बाह्य जगत् के यथार्थ से तोड़कर समाजवादी भी हो सकता है और सामाजिक दायित्व मानस संस्कार और सांस्कृतिक उत्थान के उपकरण के संदर्भ में प्रगतिवादी और मूलवादी भी हो सकता है। पर ये सभी आलोचना पद्धतियाँ या तो 'अभिप्रेत' हेत्वाभास पर आधारित हैं अथवा 'अनुभाव' हेत्वाभास पर। क्योंकि कविता के सही विश्लेषण के लिए यह आवश्यक नहीं कि कवि, क्या कहना चाहता है, वरन् आवश्यक तो यह है कि कविता स्वयं में क्या कहती है। वरन् आलोचना के आंतरिक पक्ष पर बल देने वाली शैली वैज्ञानिक पद्धति यह स्वीकार करती है कि काव्यकृति को समझने के लिए काव्यकृति की संरचना का अध्ययन विश्लेषण ही वह मूल्यांकन है जिसके माध्यम से उसकी सार्थकता का उद्घाटन संभव है–

अतः कविता को स्वनिष्ठ कहने का दूसरा अर्थ यह है कि कविता को न तो उस अभिप्राय के आधार पर जाँचा-परखा जा सकता है। जिसे लेकर कवि अपनी कृति की रचना करता है और न पाठकों पर पड़े प्रभाव के संदर्भ में ही उसकी उचित व्याख्या की जा सकती है।

साहित्य अगर शाब्दिक कला है तो काव्यकृति शाब्दिक (भाषिक) प्रतीक। भाषिक प्रतीक संकल्पना (अर्थ) और अभिव्यक्ति पक्ष की समन्वित इकाई के रूप में सिद्ध रहता है। संकल्पना के अभाव में अभिव्यक्ति पक्ष और अभिव्यक्ति के अभाव में संकल्पना पक्ष, केवल अपने आधार पर किसी भी प्रतीक को जन्म देने में असमर्थ हैं। भाषिक प्रतीक के संदर्भ में ये दोनों पक्ष संकल्पना और अभिव्यक्ति, इस प्रकार आपस में घुले-मिले रहते हैं कि एक के लिए दूसरे की सत्ता की कल्पना करना कठिन हो जाता है। 'कमल' शब्द कहने से कमल के फूल की संकल्पना प्रत्यक्ष होती है और कमल के फूल की संकल्पना का मन उभरते ही उसकी अभिव्यक्ति–'कमल' शब्द प्रतिभासित हो उठता है, शैली-विज्ञान है। शैली-विज्ञान, आलोचना की वह पद्धति है जो न केवल काव्य कृति को शाब्दिक प्रतीक के रूप में मानती है, अपितु वह यह भी स्वीकार कर चलती है कि शाब्दिक प्रतीक के अभिव्यक्ति पक्ष के विश्लेषण के माध्यम से उसके कथ्य पक्ष (संकल्पना) को जाना-पहचाना जा सकता है।

शाब्दिक सौंदर्य, काव्य-वस्तु और शैली-विज्ञान*

शैली-विज्ञान में प्रयुक्त होने वाली उक्ति, 'शाब्दिक सौंदर्य' को लेकर अनेक भ्रांतियाँ फैली हुई हैं। एक आलोचक के अनुसार, "जिस प्रकार शैली की अर्थव्याप्ति संपूर्ण साहित्य, अथवा साहित्य-कला अथवा साहित्यिक रूपविधान न होकर केवल उसके भाषिक स्तर तक ही है, उसी प्रकार शैली-विज्ञान का अधिकार-क्षेत्र भी साहित्य के भाषिक स्तर तक ही सीमित है। यह संपूर्ण साहित्य अथवा व्यापक अर्थ में साहित्य-कला तथा साहित्य के समग्र रूपविधान का अध्ययन प्रस्तुत करने का दावा चाहे करे, पर वास्तव में उतनी क्षमता इनमें नहीं है। इसलिए शैली-विज्ञान की सही परिभाषा—उसका सही अर्थ और क्षेत्रविस्तार यही है कि वह (भाषाविज्ञान के नियमों व प्रविधि के अनुसार) साहित्य के भाषिक विधान का रूपात्मक अध्ययन है।" (नगेंद्र, 1976; 22) आगे चलकर सौंदर्यशास्त्र के संदर्भ में इस पर विचार करते हुए इस आलोचक का यह कहना है, "इस प्रकार शैली-विज्ञान सौंदर्य के केवल भाषिक रूप का वस्तुपरक अध्ययन है।" (पृ. 40) कुछ विद्वान् तो 'सौंदर्य के भाषिक रूप' या 'शाब्दिक सौंदर्य' की पूरी अर्थवत्ता को ही 'शब्द लालित्य', 'शब्द अलंकरण' और 'शब्द-क्रीड़ा' के कौतुक भाव तक सीमित कर यह भी कहते पाए जाते हैं कि शैली-विज्ञान जिस भाषायी संगठन को अपनी व्याख्या का आधार बनाता है, वह काव्यसंवेदना और कलासौंदर्य का बहुत ही सतही स्तर है और इसलिए वह काव्यकृति के बाह्यशरीर की चीर-फाड़ कर उसके 'शाब्दिक सौंदर्य' को तो उजागर कर देता है, पर उसके 'कलात्मक संवेग' अथवा 'सौंदर्य के भावरूप' पर प्रकाश डालने की बात तो दूर, उसे और भी विद्रूप बनाकर पेश करता है।

इसमें संदेह नहीं कि शैली-विज्ञान का कार्यक्षेत्र 'शाब्दिक सौंदर्य' का निरूपण है। पर यह 'शाब्दिक सौंदर्य' है क्या ? शैली-विज्ञान इसे किस रूप में परिभाषित करता है ? अगर इस संकल्पना को वह अपने सिद्धांत का एक 'घटक' बनाता है तो अपनी पूरी चिंतन प्रक्रिया में इसे वह कौन सा स्थान और संदर्भ देता है ? कई ऐसे प्रश्न हैं जिनका उत्तर निर्भ्रांत दृष्टि से देखना अपेक्षित है।

यह तो कहा ही जा सकता है कि स्वयं में यह उक्ति—'शाब्दिक सौंदर्य', कम-से-कम दो अर्थों की ओर संकेत देती है। एक दृष्टि से इसे 'सौशब्द्य' अर्थात् 'सुशब्दता' के

---

* सर्वप्रथम 'आलोचना' 1977, 43 में प्रकाशित। संपादक : नामवर सिंह। प्रकाशक : राजकमल प्रकाशन, दिल्ली।—**संपादक**

पर्याय के रूप में स्वीकार करती है। 'सौशब्द्य' (सुशब्दता) अर्थात् शब्दों का लालित्य या सुंदर शब्दों का विलास। इस दृष्टि से शाब्दिक सौंदर्य, शब्दों के अपने 'रूप' या अपनी 'अंतःप्रकृति' का वैशिष्ट्य बन जाता है और कविता 'शब्दविन्यास कौशल'। यही दृष्टि है जो कभी कविता को 'रजत रव'/'रुपहली झंकार' अथवा 'स्वर्णिम रव'/'स्वर्णिम झंकार' के रूप में देखती है और कभी उसे 'मधु निर्झर ललित गान' का पर्याय घोषित करती है अथवा 'निर्मल कलकल' या 'पिक पंचम' के रूप में ग्रहण करती है। यह वही दृष्टि है जो शब्दयोजना के वैशिष्ट्य को सुसंस्कारित शब्दयोजना मानती है और उसके ग्राम्यीकरण (या सार्थक व्यतिरेक) को देखकर क्षुब्ध हो कह उठती है :

छायावादी शब्द योजना
ग्राम केलियो का आग्रह ग्रह
अटपट स्वर... —पंत

इस दृष्टि को भारतीय काव्यशास्त्र की परंपरा ने कभी भी मान्यता नहीं दी। यहाँ तक कि तथाकथित देहवादी आचार्यों ने भी काव्य के प्रतिकूल मानकर इसे असुकुमार मार्ग घोषित किया है। उदाहरण के लिए भामह ने 'काव्यपाक' (जो काव्य की सिद्ध दशा के रूप में मान्य है) को दो श्रेणियों में विभाजित किया है—अहृद्य और हृद्य। अहृद्य तो कपित्थ पाक है जिसके अनुसार सुबंत और कातिङंत पदों का समुचित संयोग मात्र ही काव्यार्थ बन जाता है। भारतीय काव्यशास्त्र के प्रथम आचार्य भामह के अनुसार इसे 'काव्यपाक' न कहकर 'सौशब्द्य' कहना अधिक तर्कसंगत होगा।

शैली-विज्ञान भी यह मानता है कि 'शाब्दिक सौंदर्य' को समझने की यह दृष्टि भ्रामक है। इसका कारण यह है कि यह दृष्टि सौंदर्य की महत्ता को पहले च्युत कर उसे गौण बनाती है और जो सौंदर्य की मूल संकल्पना की विशेषता बताने वाला 'शाब्दिक' पक्ष है उसके हेतु को न समझने के कारण उसी को सर्वेसर्वा मान बैठती है। शैली-विज्ञान, साहित्य को 'शाब्दिक कला' के रूप में परिभाषित करता है और उसके गुणवत अभिलक्षण को समानांतर अभिव्यक्ति 'शाब्दिक सौंदर्य' के द्वारा पकड़ना चाहता है। वह यह मानता है कि 'शाब्दिक कला' या 'शाब्दिक सौंदर्य' उक्ति का मूलाधार संज्ञा शब्द 'कला' और सौंदर्य' है और उससे संबद्ध और विशेषणवत सिद्ध शब्द 'शाब्दिक' (भाषिक) उस पर अवलंबित है जिसका काम मूलाधार संकल्पना के गुणों को सीमित और परिभाषित करना मात्र है। यही कारण है कि वह यह मानता है कि कला का हर प्रतिफलित रूप साहित्य की संज्ञा नहीं पा सकता, पर हर साहित्यिक कृति आपाततः कला का ही दृष्टांत होती है। यह कहने की आवश्यकता नहीं कि कलात्मक संवेग के कई प्रतिफलित रूप संभव हैं, यथा : संगीत, चित्रकला, मूर्तिकला, वास्तुकला। साहित्य, कलासिद्धि के रूप में इन प्रतिफलित रूपों से भिन्न है कि इसका पूरा संसार भाषाबद्ध होता है, और इससे संबद्ध कलात्मक प्रक्रिया, शब्द (भाषा)-व्यापार की भीतरी प्रक्रिया से जुड़ी होती है।

शैली-विज्ञान जब साहित्य को 'शाब्दिक कला' कहकर परिभाषित करता है तब वह उसके दो बृहत्तर आयामों की ओर संकेत करता है—कला का आयाम (जो संज्ञा शब्द होने के कारण आधारभूत तत्त्व है) और भाषा का आयाम (जो विशेषण शब्द होने के कारण इस कला उपवर्ग—साहित्य—की विशेषता को ध्वनित करने वाला सीमक तत्त्व है)। सीमक तत्त्व को आधारभूत तत्त्व के ऊपर नहीं रखा जा सकता और इसीलिए शैली-विज्ञान यह भी मानता है कि साहित्य के रूप में कला अंततः भाषिक होने के लिए तो बाध्य है, पर हर भाषिक अभिव्यक्ति, साहित्य का दर्जा नहीं पा सकती। इसे निम्न प्रकार के आरेख द्वारा व्यक्त किया जा सकता है :

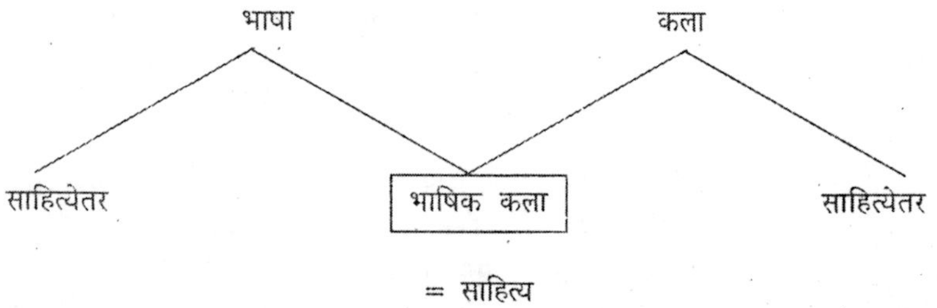

= साहित्य

सभी ललित कलाओं के मूल में अभिलक्षण के रूप में 'सौंदर्य' की स्थिति मानी गई है। कला-संबंधी परिपृच्छा के रूप में 'सौंदर्य' को ग्रहण करने के कारण ही सामान्यतः सौंदर्यशास्त्र को ललित कला सिद्धांत के पर्याय में देखा जा सकता है। यहाँ पर यह सवाल उठाया जा सकता है कि जिस प्रकार 'सौंदर्य' की संकल्पना कलासिद्धांत के मूल में है उसी प्रकार काव्यसिद्धांत की अपनी विशेषता की सिद्धि के लिए कोई संकल्पना है या नहीं अर्थात् :

कला : सौंदर्य :: काव्य : ?

भारतीय काव्यशास्त्र के आचार्य भामह के अनुसार जिस प्रकार सभी कलाओं के मूल में सौंदर्य तत्त्व है, उसी प्रकार काव्य की प्राणभूत शक्ति के रूप में 'अलंकार' है। कला और काव्य के समसंबंध (को-रिलेशन) को इस प्रकार व्यक्त किया जा सकता है :

कला : सौंदर्य : सौंदर्यशास्त्र :: काव्य : अलंकार : अलंकारशास्त्र

स्पष्ट है कि जो स्थान कला के क्षेत्र में सौंदर्य का है वही स्थान काव्य में अलंकार का है। इसी प्रकार अगर कलासिद्धांत के रूप में सौंदर्यशास्त्र का क्षेत्र है तो काव्यसिद्धांत के लिए अलंकारशास्त्र। यहाँ यह कहने की आवश्यकता नहीं कि काव्यकला के व्यापक वर्ग का मात्र एक उपवर्ग या श्रेणी है। अतः उसके क्षेत्र में सिद्धांततत्त्व के रूप में जो भी अवधारणाएँ सामने आएँगी वे एक ओर कलावर्ग की जातिगत संकल्पना के सामंजस्य में होंगी और दूसरी तरफ़ वे इस उपवर्ग की अपनी विशिष्टता के व्यंजक स्वरूप भी रहेंगी। जैसा पहले कहा जा चुका है—कला की प्रतिफलित उपश्रेणी के रूप में काव्य मूलतः शाब्दिक होता है, इसीलिए 'अलंकार' को दूसरे शब्दों में, 'शाब्दिक

सौंदर्य' भी कहा जा सकता है। सौंदर्य को जो 'कलात्मक संवेग' या 'ऐंद्रिय संवेदना' के रूप में देखते हैं, उनके लिए यह कहा जा सकता है कि 'शाब्दिक सौंदर्य' वह 'कलात्मक संवेग' या 'ऐंद्रिय संवेदना' है जो भाषा की सीमा में आबद्ध होने के कारण भाषायी चेतना के भीतर अपनी सिद्धि पाता है। निराला ने इसी रूप में काव्य को 'शब्द-व्यापार' माना है और 'अलंकार' को 'कलात्मक पर शाब्दिक संवेदना' और कविता को 'भावात्मक शब्दों की ध्वनि' कहा है।

स्पर्श रूप में अनुभव रोमांच
हर्ष रूप में परिचय
विनोद सुख गंध में
रस में मज्जनादि
शब्दों में अलंकार... *'अनामिका'*–**निराला**

यह कहा जा सकता है कि शैली-विज्ञान, सौंदर्य (कलात्मक संवेग) के उस आयाम के निरूपण का शास्त्र है जो भाषायी चेतना पर झेले जाने के बाद अपनी रूप-प्रकृति का निर्धारण करता है। यही कारण है कि वह 'शाब्दिक सौंदर्य' को 'सुशब्दता', 'पदलालित्य' या 'शब्द-क्रीड़ा' के केवल छिछले या सीमित रूप में ग्रहण करने के पक्ष में नहीं।

इस बात पर बल देने की ज़रूरत है कि 'अलंकार' की ही तरह 'शाब्दिक सौंदर्य' को देखने की दो दृष्टियाँ हैं–व्यापक अर्थात् साहित्य की प्राणभूत संकल्पना के रूप में और सीमित (संकुचित) अर्थात् साहित्य के एक पक्ष की एक विशेषता के रूप में। उदाहरण के लिए अगर भामह के काव्यशास्त्रीय चिंतन को देखें तो उसमें प्रयुक्त 'अलंकार' शब्द को हम प्राणभूत शक्ति के रूप में पाते हैं और इस 'शाब्दिक सौंदर्य' को भाषिक साक्ष्य पर पकड़ने के प्रयत्न में 'वक्रोक्ति' (अतिशय उक्ति) की संकल्पना को 'लोकातिक्रांत गोचर वचनम्' के रूप में परिभाषित पाते हैं। यह 'वक्रोक्ति' ही है जो सभी 'अलंकारों' के मूल में है (कोऽलंकारोऽनया विना) और जो काव्य (शाब्दिक कला) को वार्ता (शाब्दिक सामान्य कथन) से अलग करती है। पर बाद में चलकर 'अलंकार' में इस व्यापक अर्थ को सीमित कर उसे 'अलंकरण' का पर्याय बना दिया गया और 'वक्रोक्ति' को शब्दालंकार के अनेक प्रकारों में से एक ऐसा प्रकार माना गया जहाँ उक्ति में वक्ता के मंतव्य से भिन्न अर्थ की कल्पना निहित रहती है। जिस प्रकार अलंकार के व्यापक, वस्तुनिष्ठ और भाषावादी चिंतन की संकल्पना के रूप में मान्य, 'शाब्दिक सौंदर्य' के व्यापक अर्थ को अपने सिद्धांतों के व्यामोह में फँसकर परवर्ती (आत्मवादी) आचार्यों ने सीमित कर संकुचित बना दिया, मुझे भय है कि उसी प्रक्रिया का सहारा लेकर शैली-विज्ञान के विरोधी आलोचक 'शाब्दिक सौंदर्य' संबंधी उसकी व्यापक मान्यता को संकुचित अर्थ में ग्रहण कर अपने मानसिक विकार को शैली-विज्ञान का साध्य-साधन सिद्ध करने की ओर प्रवृत्त हैं।

ऊपर संकेत दिया जा चुका है कि शैली-विज्ञान 'शाब्दिक सौंदर्य' की धारणा के माध्यम से उस कलात्मक संवेग की ओर संकेत देता है जो भाषायी चेतना पर झेले जाने के बाद अपनी रूप-प्रकृति निर्धारित करती है। यहाँ संक्षेप में पहले भाषायी चेतना या बोध पर विचार कर लेना ज़रूरी है। यह कहा जा सकता है कि आकारहीन अनुभव-खंड को प्रतीकीकरण के माध्यम से व्यक्त करने की क्षमता ही मनुष्य को अन्य जीव-जंतुओं से अलग करती है। प्रतीकीकरण की प्रक्रिया दो सृजनात्मक पक्षों की अपेक्षा रखती है : (क) ज्ञान के रूप में अनुभव का संचित कोष, और (ख) नित नूतन रूप में वस्तुओं के ग्रहण करने और उनमें नया अर्थ भरने वाला कल्पना तत्त्व। ज्ञान (नॉलेज) और कल्पना (इमेजिनेशन) न केवल 'प्रतीकों' को जन्म देने का कारण बनती है, बल्कि वस्तुओं और बाह्य परिवेश से टकराकर चेतना या भावबोध का निर्माण भी करती है। भाषा, इसी प्रतीकीकरण प्रक्रिया की सर्जनात्मक शक्ति का एक अन्यतम प्रतिफल है। इसीलिए एक तरफ़ भाषा को 'शाब्दिक प्रतीकों की व्यवस्था' कहा गया है और दूसरी तरफ भाषा के संदर्भ में मानव मन को सृजनशील बताया गया है। सृजनशील इसीलिए कि व्यक्ति. उन वाक्यों को भी बोल या समझ सकता है जिनको पहले उसने न कभी प्रयोग किया होता है और न कभी सुना ही रहता है। यह तथ्य भाषा की उस संभावना की ओर भी संकेत करता है जो अगाध है, अपने व्यवहार में असीम और प्रयोग में सीमामुक्त है। भाषा की यह लचीली संभावना विभिन्न और बहुरंगी परिस्थितियों को साधने में सक्षम है। मानव मन की सृजनात्मक शक्ति की अनुपम देन के रूप में यह भाषा ही बाह्य जगत् और भावबोध के बीच मध्यस्थ बनती है। भाषा स्वयं में उस बोध के निर्माण का कारण बनती है जो कल्पनात्मक चेतना को ठोस आधारभूमि प्रदान करता है और जो मनुष्य की जीवनदृष्टि को समाजगत-संस्कारों के सहारे एक 'कोण' (ऐंगल) भी देता है।

यही कारण है कि भाषा की व्याकरणिक कोटियों के रूप में जिस वचन, लिंग अथवा काल की बात की जाती है वे भौतिक जगत् में स्वीकृत तथ्यों से भिन्न होते हैं। कहने की ज़रूरत नहीं कि भौतिक जगत् का लिंग (सेक्स), व्याकरणिक लिंग (जेंडर) नहीं होता अन्यथा निर्जीव पदार्थों की संकल्पना को अपने संकेतग्रह में समेटने वाले शब्दों को हम पुलिंग या स्त्रीलिंग के रूप में ग्रहण नहीं करते होते या एक ही संकेतित वस्तु के दो (पर्यायवाची) प्रतीक पुलिंग या स्त्रीलिंग कोटियों में विभाजित हमें नहीं मिलते। इसी प्रकार जब हम नीचे दिए वाक्यों को एक-दूसरे के प्रतियोग में देखते हैं तो स्पष्ट हो जाता है कि जो बाह्य जगत् में 'वचन' है, वही तद्रूप भाषिक 'वचन' नहीं बन जाता :

(1) तू कहाँ जा रहा है ?

(2) (अ) तुम कहाँ जा रहे हो ?

(आ) तुम लोग कहाँ जा रहे हो ?

(3) (अ) आप कहाँ जा रहे हैं ?

(आ) आप लोग कहाँ जा रहे हैं ?

ज़रा भी ध्यान देने पर स्पष्ट हो जाता है कि (2) और (3) अ में प्रयुक्त सर्वनाम 'तुम' और 'आप', बाह्य जगत् के भौतिक धरातल पर तो एकवचन की ओर संकेत देते हैं पर भाषाबोध के धरातल पर वे 'बहुवचन' ही हैं। भाषाबोध के धरातल पर वचन, 'एक' या 'बहु' से संबद्ध होकर संज्ञा सर्वनाम शब्दों की संख्या को ही केवल व्यक्त नहीं करते। वे तो वक्ता के उस दृष्टिकोण और सामाजिक संस्कार के भी बोधक या संवाहक होते हैं जो वक्ता (संबोधक) और श्रोता (संबोधित) के संबंधों की प्रकृति को भी उजागर करते हैं। किसे हम अपने से नीचे या ऊपर स्तर का समझते हैं, किसको हम आदर की दृष्टि से देखते हैं और किसे हम तुच्छ व्यक्ति मानते हैं, कौन व्यक्ति हमारे अनौपचारिक संबंधों के घेरे में आकर अत्यंत निकट आ सकता है और कौन 'प्रभुतासंपन्न' होकर संबंधों को औपचारिक बना देता है, कौन पेशा हमें उच्चवर्ग के नज़दीक ले जाता है और कौन निम्न वर्ग की ओर ढकेलता है—ये सब दुनिया को देखने की दृष्टि देते हैं और यह दृष्टि भाषाप्रयोगों में सार्थकता के साथ व्यक्त मिलती है। बहुवचन, केवल 'एक से अधिक वस्तुओं' का बोधक ही नहीं है, वरन् जिसके लिए प्रयुक्त होता है उसके लिए आदर, सम्मान और औपचारिक संबंधों का भी सूचक है। इसीलिए हम जब यह कहते हैं—'शीला आई है', वहीं 'श्रीमती' या 'जी' लगाने पर कहते हैं—'शीलाजी आई हैं', इसी प्रकार यह कहा जाता है कि 'लोहार आज आया था' पर उसके साथ बोला जाता है—'प्रोफ़ेसर आज आए थे'। बोलते हैं—'बड़े भाई आए थे' पर छोटे के लिए कहा जाता है—'छोटा भाई आया था।'

भाषा सृजनात्मक कल्पना का अन्यतम उदाहरण है—इस ओर पहले भी संकेत दिया जा चुका है। मानव मन की सृजनात्मक कल्पना का ही यह परिणाम है कि मनुष्य बाह्य जगत् को अपनी ही तरह जीवन से स्पंदित अनुभव कर पाता है, उसके भीतर भी उन शक्तियों का आरोपण कर सकता है जिन्हें मानवीय गुणों या अनुभूतियों के रूप में स्वीकार करता है। 'मानवीकरण' के रूप में साहित्य में मान्य इस प्रक्रिया का एक व्यापक आधार है जिसे मानव-अनुकृतिवाद (ऐंथ्रोपोमॉर्फ़िज़्म) कहा जाता है। मानव-अनुकृतिवाद को हम कला के अन्य विधानों में भी देख सकते हैं, पर जैसा अभिव्यंजक प्रयोग भाषा के माध्यम से साहित्य में मिलता है, वह अन्यत्र नहीं मिलता। 'हवा का हिनहिनाना या क्रंदन करना', 'चंद्रमा का चिंताग्रस्त प्रकाश', 'बड़बड़ाता हुआ पानी का चश्मा', 'झर-झर करती हुई जलधारा' आदि अभिव्यक्तियाँ, प्रसिद्ध रूसी साहित्यकार गोर्की के अनुसार, "प्राकृतिक प्रक्रियाओं या संघटनाओं को अधिक सजीव बना देती हैं।" उनके ही शब्दों में, "इसे मानवानुकृतिवाद कहते हैं जो दो ग्रीक शब्दों ऐंथ्रोपोस (मनुष्य) और मॉर्फ़ (रूप या बिंब) से मिलकर बना है। यहाँ रेखांकित करने योग्य बात यह है कि मनुष्य का एक तरीक़ा है कि वह अपने मानवीय गुणों को हर उस चीज़ में तलाशता और अभिव्यक्त करता है जिसे वह देखता है, वह उन वस्तुओं की कल्पना करता है और उन्हें प्राकृतिक संघटना के साथ, अपने श्रम और विवेक द्वारा रची गई हर वस्तु के साथ सहयोजित करके देखता है। कुछ लोगों का ख़याल है कि इस ऐंथ्रोपोमॉफ़िज़्म का साहित्य में कोई

स्थान नहीं होना चाहिए; उलटे इसे साहित्य के लिए अपकारक ही माना जाना चाहिए। लेकिन यही लोग कहते हैं—'अंधड़ ने कान फोड़ दिए', 'सूर्य मुसकराया', 'मई आ गई', यहाँ तक कि वे 'बदमाश मौसम' जैसे शब्द-पदों का उपयोग करते हैं जब कि मौसम के संदर्भ में नैतिक मापदंडों का प्रयोग करना असंभव है।"

जो तथ्य वचन, लिंग अथवा मानव अनुकृतिवाद के संदर्भ में सामने लाए गए, उनको भाषाबोध के धरातल पर 'काल' के परिप्रेक्ष्य में भी देख सकते हैं। भाषा-अध्ययन के संदर्भ में हम जिस 'काल' अथवा 'काल-बोध' की चर्चा उठाते हैं वह भौतिक जगत् में स्वीकृत समय से भिन्न होता है। समय एक अविच्छिन्न धारा के समान रहता है जहाँ जो कुछ भी है वह या तो 'भूत' होता है अथवा 'भविष्य'। सतत परिवर्तनशील स्थिति में वर्तमान का अस्तित्व तो ज्यामितिशास्त्र के उस 'बिंदु' के समान है जिसकी न तो लंबाई होती है, न चौड़ाई और न ऊँचाई ही; वह तो धूप-छाँव की उस मिलन-रेखा के समान है जिसके एक ओर भूत की स्थिति है और दूसरी ओर भविष्य की। यह ठीक है कि भूत और भविष्य की भेदक रेखा स्वयं वर्तमान होती है, पर इसके साथ ही यह भी सही है कि वर्तमान का स्वयं भौतिक धरातल पर अपना अस्तित्व नहीं होता।

पर जैसा ऊपर संकेत दिया जा चुका है, जो भौतिक धरातल पर 'समय' है वह भाषा में वर्णित 'काल' नहीं। काल, एक व्याकरणिक कोटि है, भाषा की रचना के स्तर पर एक निश्चित रूप (फ़ार्म) है, जो भौतिक जगत् के समय की अविरल अविच्छिन्न धाराप्रवाह को निश्चित खंडों में विभाजित करने की एक विशेष दृष्टि प्रदान करता है। कभी-कभी इस विशेष दृष्टि से बाधित 'कालबोध' और भौतिक धरातल पर बुद्धिग्रहीत समयचेतना आपस में टकरा भी जाते हैं। उदाहरण के लिए, इस वाक्य को ही लें—'मैंने किताब पढ़ी है।' जो कार्य पूरा हो चुका है, घटकर पूर्ण हो चुका है उसे बुद्धिग्रहीत 'समय-पक्ष' के अनुसार तो भूत (विगत) होना ही चाहिए। व्याकरण के अधिकांश आचार्यों ने इसीलिए इस प्रकार के वाक्य को आसन्न 'भूत' नाम से संकेतित किया है।

'आसन्न भूत' कहने के समय पक्ष तो स्पष्ट हो जाता है, पर 'कालबोध' के स्तर पर भी क्या यह वाक्य 'भूत' है ? व्याकरणिक रूप 'है' के माध्यम से यह वाक्य वर्तमान के कालबोध से क्या हमें नहीं जोड़ता ? 'मैंने किताब पढ़ी है' और 'मैंने किताब पढ़ी थी' वाक्य में अंततः अंतर ही क्या रह गया ? क्या दोनों को पहले भूतकाल का वाक्य मानकर फिर से 'आसन्नता' और 'विप्रकृष्टता' के आधार पर एक को 'आसन्नता भूतकाल' और दूसरे को 'पूर्ण भूतकाल' का वाक्य मानना उचित है ? क्या यह उचित नहीं कि हम इन दोनों वाक्यों में वर्णित क्रिया को पूर्ण (घटित) मानें, पर इनको काल के धरातल पर वर्तमान और भूत की दो भिन्न श्रेणियों में रखें ?

ध्यान रखना चाहिए कि भाषा में प्रयुक्त प्रत्येक सार्थक रूप किसी-न-किसी 'बोध' के निर्माण का हेतु होता है। अतः भाषा के संदर्भ में आसन्नतः 'सामीप्य बोध' है, न कि स्वयं सामीप्य। सामीप्य को भौतिक मापदंड से नापा जा सकता है—क्षेत्र को इंच, गज, मीटर, मील द्वारा और समय को मिनट, घंटा, दिन, महीना, साल इत्यादि द्वारा।

पर सामीप्य-बोध का मापदंड इनसे भिन्न धरातल पर पाई जाने वाली इकाई की अपेक्षा रखता है। उदाहरण के लिए, हम ऐसा वाक्य कह सकते हैं, ''कालिदास ने 'शकुंतला' की रचना की है।'' और यद्यपि इस ग्रंथ की रचना वर्षों पहले हो चुकी है, फिर भी काल के धरातल पर हम सामीप्य बोध करने में सक्षम हैं। इसके विपरीत 'एक मिनट पहले मैंने चिट्ठी छोड़ दी थी,' ऐसे वाक्य में विप्रकृष्टता का अनुभव करते हैं जबकि वाक्य से स्पष्ट है कि चिट्ठी छोड़ने की क्रिया मात्र एक मिनट पहले की है। भौतिक 'समय-पक्ष' और व्याकरणिक 'कालबोध' को ठीक से न समझ सकने के कारण ही पं. कामताप्रसाद गुरु ने ऐसे वाक्यों को मूलतः 'आसन्न भूतकाल' का वाक्य माना है, यद्यपि गौण रूप (कोष्ठक) में इसे पूर्ण वर्तमान भी कहा है।

भौतिक धरातल पर वर्तमान की सत्ता भले ही न हो, पर व्याकरणिक कालबोध के स्तर पर इसकी सत्ता असंदिग्ध है जो वस्तुतः 'अब' और 'आज' की व्यवस्था से संपृक्ति का सूचक है। 'पूर्ण वर्तमान' और कुछ नहीं वरन् भौतिक धरातल पर होने वाली क्रिया के विगत (भूत) समय पक्ष का भाषा के वर्तमानकालिक कालसूचक तत्त्व द्वारा वर्तमान के 'कालबोध' में रूपांतर है। यह 'आज' और 'अब' के बोध के संदर्भ में किसी बीती हुई घटना की एक वर्तमानकालिक परिणति है। यह भी ध्यान में रखने की बात है कि यहाँ प्रयुक्त 'आज', 'अब' वस्तुतः 'आज' और 'अब' के शाब्दिक अर्थ को ध्वनित नहीं करते अर्थात् 'आज' के बोध का तात्पर्य वह नहीं है जिसे आचार्य वाजपेयी स्वीकार करते हैं, यथा : बीती हुई रात के पिछले भाग को लेकर आने वाली रात के पूर्ण भाग के होने के समय अथवा सूर्योदय से लेकर सूर्योदय के पहले-पहले के समय का ज्ञान। 'आज' के बोध का अर्थ वस्तुतः संप्रति-व्यवस्था के संपृक्तिबोध से है। जब हम कहते हैं—'आज महँगाई बढ़ती जा रही है' अथवा 'आज शीतयुद्ध वास्तविक युद्ध से कहीं अधिक घातक सिद्ध हो रहा है' तब आज का अर्थ 'चौबीस घंटे' या 'सूर्योदय से दूसरे सूर्योदय' के भौतिक समय का अंतराल नहीं होता। यहाँ आज संप्रति व्यवस्था का ही बोध कराता है।

जिस प्रकार क्षेत्र स्थान के लिए प्रयुक्त सर्वनाम शब्द यहाँ-वहाँ के द्वारा संकेतित स्थान की परिधि को छोटा-बड़ा किया जा सकता है (यथा : यहाँ का अर्थ प्रयोग में एक बिंदु भी हो सकता है, और मेज, कमरा, शहर, देश अथवा ब्रह्मांड भी), उसी प्रकार समय के लिए प्रयुक्त शब्द 'अब' और 'आज' के बोध को विस्तृत या संकुचित किया जा सकता है, उसकी परिधि को भी घटाया-बढ़ाया जा सकता है। इसी प्रकार जब हम बोलते हैं—'बनारस जाने वाली गाड़ी शाम सात बजे छूटती है', तब गाड़ी के छूटने के समय को आज की (संप्रति) व्यवस्था से मात्र जुड़े होने के कारण वर्तमान काल का वाक्य कहते हैं अन्यथा कल भी गाड़ी सात बजे जाए और कौन जाने निकट भविष्य में भी गाड़ी इसी समय पर छूटे। पर जब हम 'है' की जगह इसी वाक्य में 'थी' का प्रयोग करते हैं तो मात्र इस भूतकालसूचक शब्द के कारण गाड़ी छूटने के इस निर्धारित समय को हम वर्तमान व्यवस्था से असंपृक्त कर देते हैं।

कहने का तात्पर्य यह है कि कालबोध प्रतीकीकरण की प्रक्रिया से उद्भूत उस मानवीय चेतना से संबद्ध होता है जो सृजनात्मक कल्पना के लिए भाषायी आधार लिया करता है। सृजनात्मक कल्पना का यही भाषायी आधार हम काव्यकृति या कलात्मक संवेगों की शाब्दिक अभिव्यक्ति में पाते हैं। वस्तुतः भौतिक समय की तरह काव्यकृति की 'विषय-वस्तु' और कालबोध की तरह उसकी 'काव्य-वस्तु' में जो अंतर है उसका भी यही आधार है।

किसी कविता की विषय-वस्तु और काव्य-वस्तु दो भिन्न वस्तुएँ होती हैं—इस तथ्य से इनकार नहीं किया जा सकता। विषय-वस्तु, काव्य-वस्तु के कथ्यपक्ष का सामान्य भाषा में सामान्य कथन है और काव्य-वस्तु, काव्यप्रतीक (कृति) के कथ्य पक्ष का वह अंश है जो काव्यभाषा के गर्भ से जन्म लेता है और जो काव्यभाषा से अलग होकर अपना अस्तित्व पा ही नहीं सकता। कविता या अन्य किसी कृति का विषय, कृति के बाहर जाकर भी लोकजीवन में स्थित रह सकता है, पर काव्य-वस्तु, कृति की अपनी संरचना के बाहर सिद्ध हो ही नहीं सकती। लोकजीवन में स्थित किसी एक विषय पर अनेक कविताएँ रची जा सकती हैं पर कृति में आबद्ध काव्यवस्तु, रचनासापेक्ष होने के कारण विशिष्ट होती है जिसकी न तो पूर्ण व्याख्या संभव है और न ही उसके पूर्ण प्रतिरूप अर्थ का पुनःसृजन ही।

उदाहरण के लिए 'अज्ञेय' की 'जैसे तुझे स्वीकार हो' और 'जयतु हे कंटक चिरंतन' शीर्षक दो कविताओं को लें जो प्रथम 'तारसप्तक' में संकलित है। दोनों ही कविताओं के विषय एक हैं, दोनों छायावादी चेतना की अस्वीकृति एवं उसकी शैली के निषेध के लिए छायावाद की वस्तुव्यंजना एवं अभिव्यक्ति पद्धति को प्रतिपाद्य विषय बनाते हैं। वस्तुतः 'जयतु हे कंटक चिरंतन' नामक कविता पहली कविता के निमित्त लिखी रचना है। 'जैसे तुझे स्वीकार हो' एक साहित्यिक कृति है और कवि के शब्दों में, "साधारण गद्य में उसकी व्याख्या ही हो सकती है, अर्थ नहीं, अतः मैं उसका अर्थ पद्य में करके भेज रहा हूँ।" और यह पद्य दूसरी कविता है। पर क्या इस दूसरी कविता में पहली कविता की अर्थपरक संपूर्ण संभावना और व्यंजकता समाहित है ? ऊपर से (अर्थात् विषय-वस्तु की दृष्टि से) एक होते हुए भी क्या काव्य-वस्तु के संदर्भ में दोनों कविताएँ एक ही हैं ?

काव्य-वस्तु अभिव्यक्ति पद्धति में बँधे अमूर्त स्वर से स्पंदित रहती है जो हृत्कंपन की तरह कविता के जीवंत पक्ष का उद्घाटन करती रहती है। 'जैसे तुझे स्वीकार हो' कविता, काव्य के 'चिन्मय देवता' को संबोधित करती है यह दिखाने के लिए कि छायावाद की कोमल अभिव्यंजना वस्तुतः अंतर्विरोधी प्रवृत्तियों का अनबूझ, व्यर्थ और असंगत चित्रण है। 'जयतु हे कंटक चिरंतन' शीर्षक कविता, छायावादी कोमल अभिव्यंजना की उस परिणति को अभिव्यंजित करती है जो समय के दौर में अपना सत्त्व खो बैठी है, जिसके सत्त्वपरक फूल 'झंझा के थपेड़ों से पिट चुके हैं', काव्यक्षेत्र में जो 'निष्प्राण रूखे शूल' के समान है। यह कविता 'असुर-दुर्दम, दैत्य-कवि' को संबोधित है। इन दोनों

कविताओं की काव्य-वस्तु के अंतर को काव्यबिंब के हृत्कंपित करने वाले आभ्यंतर स्वर एवं टोन के संदर्भ में पहचाना जा सकता है जो अभिव्यक्ति के माध्यम से भाषाबद्ध है। पहली संबोधित है 'चिन्मय देवता' को और कविता की पहली पंक्ति में ध्वनित है (छायावादी) चेतना की एक सहज निषेधात्मक स्वीकृति—'जैसे तुझे स्वीकार हो।' दूसरी कविता संबोधित है 'दैत्य कवि' को और जिसकी पहली पंक्ति में ध्वनित है (छायावादी) चेतना पर व्यंग्यात्मक उक्ति—'जय, सदा जय हो।'

यह विवेचन राबर्ट फ्रास्ट की इस उक्ति की संपुष्टि करता है कि "अनुवाद की प्रक्रिया में जो 'तत्त्व' खो जाता है वही कविता (काव्य-वस्तु) है" (पोयट्री इज़ व्हाट इज़ लॉस्ट इन ट्रांसलेशन)। कहने का तात्पर्य यह है कि कविता की आंतरिक प्रकृति का आधार उसकी 'काव्य-वस्तु' होती है, न कि विषय-वस्तु। यह ठीक है कि विषय-वस्तु से निरपेक्ष होकर कविता की चर्चा नहीं उठाई जा सकती, उसमें सन्निहित विचारों के संदर्भ के अभाव में उसको गहराई से समझा नहीं जा सकता और उसमें समाविष्ट तथ्य को छोड़कर उसको मूर्त रूप में ग्रहण करना असंभव होगा—क्योंकि ये सभी तत्त्व कविता के दायरे में न केवल बँधे होते हैं, वरन् उसमें जटिल रूप से संयुक्त होते हैं। लेकिन इसके बावजूद यह तथ्य भी असंदिग्ध है कि कविता जीती है अपनी भाषा के भीतर ही, और कविता की काव्य-वस्तु को उसके मूल और मौलिक रूप में प्रयुक्त शब्दों से न तो अलग किया जा सकता है और न उससे विच्छिन्न कर देखा ही जा सकता है। एक सच्ची कविता के भीतर से किसी एक भी शब्द को निकालने या बदलने से कविता अपने प्रभाव और प्रयोजन में उसी प्रकार खंडित होकर और च्युत हो जाती है जैसे कोई 'सिफ़नी' किसी एक ग़लत वाद्ययंत्र के एक ग़लत प्रयोग से संगीतच्युत हो उठती है। इलियट के शब्दों में कविता है—'दि कंप्लीट कांसॉट डांसिंग टुगेदर।'

एक ही कवि की एक ही विषय पर लिखी दो कविताओं के इस अंतर का विश्लेषण इस तथ्य को पुष्ट कर देता है कि काव्य-वस्तु और विषय-वस्तु में आधारभूत अंतर होता है और एक ही विषय पर भिन्न संवेदनात्मक उद्देश्यों के आधार पर काव्य सृजन होने के कारण काव्य-वस्तु भिन्न हो जाती है। (मुक्तिबोध के अनुसार) संवेदनात्मक उद्देश्य, विद्युत् की वह धारा है जो अंतर-व्यक्तित्व से प्रसूत होकर जीवनविधान करती है, कलाविधान करती है, अभिव्यक्तिविधान करती है। आत्मचरितात्मक और सृजनशील ये संवेदनात्मक उद्देश्य हृदय में स्थित जीवंत अनुभवों को संकलित कर उन्हें कल्पना के सहयोग से उद्दीप्त और मूर्तिमान करते हुए एक ओर प्रवाहित कर देते हैं। यह कला का प्रथम क्षण है, या कहिए कि सौंदर्य प्रतीति का क्षण है। यह क्षण सामान्य जन को भी प्राप्त होता रहता है। (काव्य की रचना-प्रक्रिया, पृ. 94)

सच तो यह है कि कला का यह प्रथम क्षण और सौंदर्य प्रतीति की पहली अवस्था चेतना के भाषाबद्ध होने के पूर्व की अवस्था होती है, जहाँ चेतना तरलावस्था में रहती है और सांस्कृतिक संवेदनाएँ वातावरण में अनुगूँज पुकार की तरह व्याप्त रहती हैं। यह संवेदनात्मक उद्देश्य कवि के चेतन मन में अपने होने का मात्र आभास और संकेत

देता रहता है। वह उसके मानसदर्पण में बिजली की चपलता के साथ अपने स्वरूप का प्रतिबिंब छोड़ता हुआ उसकी आँखों के सामने से ओझल हो जाता है। तड़ित वेग से कौंधकर अदृश्य हो जाने के कारण कवि उसके स्वरूप और उसकी प्रकृति से परिचित नहीं हो पाता और उसको अनुभूति के धरातल पर यह लगता है मानो वह उसके अवचेतन मन की अतल गहराइयों में डूबकर वहीं से अपनी अभिव्यक्ति के लिए 'चीख-चीखकर' उसके कवि-व्यक्तित्व को पुकार रहा है :

"फूल जैसे अँधेरे में दूर से ही चीखता हो। इस तरह वह दरपनों में कौंध जाता है।" (केदारनाथ सिंह)

यह संवेगात्मक उद्‌देश्य मुक्तिबोध के 'अँधेरे में' के उस अज्ञात व्यक्ति के समान है जो उसकी–**"ज़िंदगी के...कमरे में अँधेरे/लगाता है चक्कर/आवाज़ पैरों को देती है सुनाई बार-बार...बार-बार ॥ पर वह अज्ञात व्यक्ति है कि/भीत-पार आती हुई पास से/गहन रहस्यमय अंधकार ध्वनि-सा अस्तित्व जनाता/है पर बावजूद सभी कोशिशों के वह चैतन्य की दृष्टि से बँध नहीं पाता/सुनाई जो देता, पर नहीं देता दिखाई।"**

यहाँ इस तथ्य पर बल देना आवश्यक है कि मात्र 'संवेदनात्मक उद्‌देश्य' कलाकृति को जन्म देने में असमर्थ है, साथ ही सौंदर्य प्रतीति के इस प्रथम क्षण पर "केवल कलाकार का अधिकार नहीं होता, वे सामान्य जनों को भी निरंतर प्राप्त होते हैं। यही कारण है कि साहित्य रचा और समझा जाता है।" सच तो यह है कि संवेदनात्मक उद्‌देश्य को अनुभूति के धरातल पर पकड़ने में सक्षम व्यक्ति को ही हमारे यहाँ 'सहृदय' की संज्ञा दी गई है। पाठक और आलोचक के लिए 'सहृदय' होना पहली शर्त है क्योंकि "ऐसे सौंदर्य क्षणों, ऐसे मनोवैज्ञानिक क्षणों से वंचित अथवा अल्प समृद्ध...दरिद्र जो आलोचक हैं, वे अपने को चाहे कितना भी बड़ा समझें–साहित्य क्षेत्र को अनुशासक समझें–वे वस्तुतः साहित्य विश्लेषण के अयोग्य हैं, कला प्रक्रिया के कार्य में अक्षम हैं, भले ही वे साहित्य का 'शिखर' बनने का स्वाँग रचें, मसीहा बनें।" मुक्तिबोध के ही शब्दों में, "ज्ञान के अहंकार में अज्ञान के अंधकार का कुछ ऐसा शुभ्र रूप हमें उनमें मिलता है कि लगता है, कला और साहित्य की छाती पर बैठे हुए ये टीले हैं।"

लेकिन संवेदनात्मक उद्‌देश्य स्वयं में काव्य-वस्तु नहीं, वह काव्य-वस्तु का मात्र एक सर्जनात्मक उपकरण है। सवाल तो यह है कि जो संवेदनात्मक उद्‌देश्य स्वयं कवि की चेतन आँखों की पकड़ के बाहर है, जो स्वयं उसके लिए एक अनबूझ पुकार के सदृश है, उसको कवि साधता कैसे है ? काव्य-वस्तु के निर्माण का "द्वितीय क्षण तब उपस्थित होता है जब लेखक में शब्दसंवेदनाएँ जागृत होकर (वह) विषयतत्त्व को व्यक्त करने लगता है" (मुक्तिबोध)। यही अवस्था है जब कवि संवेदनात्मक उद्‌देश्यों की अनगूँज पुकार को भाषा में बाँधने की ओर प्रवृत्त होता है और जब बँधने की सृजनात्मक प्रक्रिया में संवेदनाएँ अपनी आंतरिक प्रकृति का उद्‌घाटन करने लगती हैं।

यह तथ्य महत्त्वपूर्ण है कि अमूर्त संवेदनात्मक अनुभूतियों की अनुभूति उसे वस्तुओं से जोड़ती नहीं, अपितु वस्तुओं के पार पहुँचाती है। संवेदनाओं को वस्तुओं से जोड़नें

का कार्य तो 'शब्द' करते हैं और सौंदर्य प्रतीती का पहला क्षण, भाषापूर्व स्थिति में होता है जिसे 'किसी भी भाषा के अज्ञात शब्दकोश में' पाया जा सकता है :

मैं
जब हवा की तरह
दृश्यों के बीच से गुज़रता हुआ
अकेला होता हूँ,
तो क्षण भर के लिए
मुझे कहीं भी देखा जा सकता है,
किसी भी दिशा से
किसी मोड़ पर
किसी भी भाषा के अज्ञात शब्दकोश में।

'प्रक्रिया'—**केदारनाथसिंह**

'किसी भी भाषा के अज्ञात शब्दकोश में' का अर्थ है जातीय संस्कार और अनुभव कोश, न कि भाषा संदर्भित 'शब्दकोश'। पर साहित्य तो 'शाब्दिक कला' है, अतः संवेगात्मक उद्‌देश्य भाषाबद्ध होकर ही काव्य-वस्तु में रूपायित होते हैं।

''शब्दसंवेदनाओं को प्राप्त करते हुए लेखक जाने-अनजाने अपनी मूल भावसंपत्ति और मनोधारा में भी परिवर्तन करता रहता है। शब्दसंवेदनाएँ नवीन एसोसिएशंस को जागृत कर देती हैं। फलतः वह मूल मनोधारा यदि इस प्रकार से इन एसोसिएशंस को प्राप्त कर समृद्ध हो जाती है तो दूसरी ओर उसका—उस मनोधारा का, स्वयं का मूल स्वरूप बहुत कुछ बढ़ता जाता है। यह महत्त्व की बात है। प्रारंभिक स्फूर्ति ने जो तत्त्वविधान और रूपविन्यास किया था, वह परिवर्तित होता रहता है।''

कि गूँजहीन शब्दों के इस घने अंधकार में
मैं—
अर्थ परिवर्तन की अबूझ प्रक्रिया हूँ।

—**मुक्तिबोध**

सच्चा कवि भाषा का उपयोग नहीं करता। उसके लिए भाषा वस्तुओं को पहचानने का मात्र माध्यम नहीं होती। भाषा को उपयोग में लाने वाली वस्तुओं का नामकरण (प्रतीक़ीकरण) करते हैं जिससे वस्तुएँ पहचानी जा सकें। लेकिन 'नामकरण' करते समय महत्ता वस्तुओं की रहती है और शब्द मात्र उपादान बनकर रह जाते हैं।

जहाँ वस्तुओं के संदर्भ में उनके नाम का महत्त्व न हो और जहाँ नाम की अपनी सार्थकता, बाह्य जीवन के उपयोगी पक्ष का बंदी बनकर दम तोड़ दे—वहाँ किसी वस्तु को चाहे एक 'नाम' से पहचानें या किसी दूसरे से, कोई फ़र्क नहीं पड़ता :

पर सच तो यह है
कि यहाँ या कहीं भी फ़र्क नहीं पड़ता।
तुमने जहाँ लिखा है 'प्यार'
वहाँ लिख दो 'सड़क'
फ़र्क नहीं पड़ता...

कवि किसी अन्य वस्तु का प्रतीक बनाकर शब्द को व्यावहारिकता के स्तर पर नहीं उतरता, साधन रूप में ग्रहण कर उसे शक्तिच्युत नहीं करता। कवि के लिए 'शब्द' वस्तुरूप होते हैं, वस्तुओं को पहचानने के माध्यम नहीं बनते; वे साध्य रूप हैं, किसी अन्य के साधन नहीं। और वह इसलिए कि जिस यथार्थ और चेतना को कवि अभिव्यक्ति देते चलता है वे भाषा के गर्भ से उत्पन्न होते हैं। काव्य-वस्तु, केवल भाषा के माध्यम से ही नहीं, वरन् भाषा के भीतर रखकर ही अपनी जीवनसत्ता को धारण करती है।

व्यावहारिक मनुष्य वस्तुओं के साथ खेलता है। उसका जीवन वस्तुसापेक्ष होता है। जब वह भाषा की सत्ता स्वीकार करता है तब भी उसका लक्ष्य वस्तुओं को पकड़ना रहता है। भाषा का वह प्रयोजनात्मक रूप सामान्य मानव की उपलब्धि भी है और उसके जीवन की सीमा भी। उपलब्धि इसलिए कि वस्तुओं की अनुपस्थिति में भी शब्द, वस्तु का बोध कराने में सक्षम है, चीजों की अदृश्य स्थिति में भी उसके प्रत्यय निर्माण में वह सफल सिद्ध है। पर भाषा और शब्द, मनुष्य जीवन की सीमा भी बनते हैं। मनुष्य और वस्तुओं के सीधे संबंध के बीच वे एक ठोस छाया की तरह स्थित भी रहते हैं।

भाषा, वस्तुओं को उनके सही रूप में न देखने देती है, और न वस्तुओं के साथ सीधे संबंध की स्वीकृति देती है। अनुभूति और बाह्य जगत् के बीच वह एक ऐसे पारदर्शी आवरण के समान रहती है जो मनुष्य की चेतना के सामने हमेशा झूलता रहता है, पर अपनी व्यावहारिक प्रवृत्ति से बाधित होकर मनुष्य जिसकी सत्ता के प्रति सचेत नहीं हो पाता। सामान्य व्यक्ति को यह पता नहीं रहता कि उसके जीवन के चारों ओर पड़ा भाषा का यह पारदर्शी पर ठोस आवरण कितना निर्मम है और साथ ही किस सीमा तक वह उसके चारों ओर लिपटा हुआ है।

इस पारदर्शी पर ठोस आवरण की निरंकुश सत्ता से परिचित होने के कारण कवि एक ओर इससे बचना भी चाहता है और इसको साधता भी जाता है। बचने की प्रक्रिया में वह वस्तुओं से सीधा संपर्क स्थापित करता है। वह वस्तुओं को उनके 'नाम' से नहीं वरन् 'हवा की तरह—दृश्यों के बीच से गुज़रता हुआ' अपनी संवेदनाओं के माध्यम से पहचानने का प्रयत्न करता है। साधने की प्रक्रिया में वह भाषा की 'प्रतीकवत' अर्थवत्ता को 'यथार्थवत' सार्थकता में रूपांतरित करता है। शब्दों को उसकी नामपरक अर्थव्यंजकता से मुक्ति दिलाकर काव्यजाति का वस्तुतत्त्व बनाता है। "The poet is outside of language. He sees words inside out as if he did not share the human condition, and as if he were first meeting the word as a barrier as he comes towards men. Instead of first knowing things by their name, it seems that first he has a silent contact with them, since, turning toward that other species of thing which for him is the word, touching them, palping them, he discovers in them a slight luminosity of their own and particular affinities with the earth, the sky, the water, and all created things." (Jean Paul Sartre : What is Literature ?)

काव्य-सृजन का यह महत्त्वपूर्ण प्रश्न है कि कवि सामान्य भाषा के प्रतीकवत शब्दों का प्रयोग किस प्रकार करे कि वे शब्द काव्य जगत् के सार्थक उपादान बन जाएँ। सामान्य भाषा में वह गुणात्मक परिवर्तन इस प्रकार लाता है कि रूपांतरित भाषा, 'सामान्य भाषा' का मात्र आभास देती हुई छंदों के आंतरिक लय की तरह उमड़-उमड़कर निःशब्द (प्रतीकरहित) भाव से उसकी काव्यचेतना को ध्वनित करने में सक्षम बन जाती है :

शब्द, अब भी चाहता हूँ
पर वह कि जो जाए वहाँ वहाँ होता हुआ
तुम तक पहुँचे
चीजों को आर-पार दो अर्थ मिलाकर सिर्फ़ एक
स्वच्छंद अर्थ दे
मुझे दे देता रहे जैसे छंद केवल छंद
घुमड़-घुमड़कर भाषा का भास देता हुआ
मुझको उठाकर निःशब्द दे देता हुआ

'नया शब्द'–**रघुवीर सहाय**

स्पष्ट है कि कवि जब अपने संवेदनात्मक उद्देश्यों की अभिव्यक्ति के लिए भाषा के पास आता है तब अनुगूँज पुकार के सदृश अनुभूति एवं व्यवस्थित भाषा संरचना और तरल संवेदना एवं मूर्त भाषिक प्रत्यय की 'टकराहट' का वह पहली बार अनुभव करता है। इस 'टकराहट' के परिप्रेक्ष्य में ही अतर्क्य अनुभूतियाँ एवं तरल संवेदनाएँ अपनी आंतरिक प्रकृति का उद्घाटन करती हैं जिसको पहली बार वह सचेतन मन के धरातल पर अनुभव करता है।

चेतना की अतल गहराइयों से उठने वाली आंदोलित ध्वनियों और सामान्य शब्दों की मान्य अर्थपरक प्रतिभा के बीच चलने वाले द्वंद्व के बीच से किस प्रकार नए रूप का सृजन होता है, और किस प्रकार शब्द का आंतरिक रूप एक नया संदर्भ और आयाम लेता है, इसको कवि के ही शब्दों में देखें :

ये गरजती, गूँजती, आंदोलिता
गहराइयों से उठ रही ध्वनियाँ, अतः
उद्भ्रांत शब्दों के नए आवर्त में
हर शब्द निज प्रतिशब्द को भी काटता

वह रूप अपने बिंब से भी जूझ
विकृताकार-कृति
है बन रहा
ध्वनि लड़ रही अपनी प्रतिध्वनि से यहाँ।

'ब्रह्मराक्षस'—**मुक्तिबोध**

कथ्य की विशिष्टता और सामान्य भाषा की सामान्यीकृत प्रकृति के बीच की इस टकराहट के गर्भ से ही साहित्यिक शैली अपना जन्म पाती है। साहित्यिक शैली न केवल भाव जगत् की जीवनदृष्टि एवं अबौद्धिक कथ्य को व्यक्त करने की सामान्य भाषा को असामर्थ्यशक्ति के परिहार के रूप में सिद्ध रहती है, वरन् वह कला अनुभूति एवं संवेदनाओं की आंतरिक प्रकृति का उद्घाटन भी करती है। और संभवतः यही कारण है कि कलात्मक संघटन, टकराहट से उत्पन्न विषमता को मिटाता नहीं (क्योंकि उसी के संदर्भ में अनुभूतियाँ एवं संवेदनाएँ अपनी सही प्रकृति का उद्घाटन करती हैं), अपितु उसको बिना मिटाए एक समग्र लयात्मक प्रत्यय में बाँधता है जिसके संदर्भ में विषमता स्वयं अपनी अंतर्विरोधी प्रकृति का समाधान ढूँढ़ लेती है।

इसमें संदेह नहीं कि भाषा और साहित्य को जोड़ने वाली संकल्पना ही शैली है। इस शैली को 'सहेतुक भाषापद्धति' भी कहा गया है। यह शैली अथवा सहेतुक भाषापद्धति ही विषय-वस्तु को काव्य-वस्तु में रूपांतरित करती है, अतः इस शैली के अध्ययन के माध्यम से काव्य-वस्तु की संरचना का सही पता लगाया जा सकता है। 'सहेतुक भाषा पद्धति' का संबंध केवल शब्दविन्यास या पदलालित्य से ही नहीं रहता, कृति की उस पूरी संरचना से संबद्ध होता है जो कृति को कृति-विशेष बनाती है अर्थात् इसका संबंध काव्यकृति के 'संरचनात्मक' (स्ट्रक्चरल) और विनियोगात्मक (ऑर्गेनिजेशनल) सिद्धांत से रहता है। अगर हम यह मानते हैं कि कलात्मक संवेग ही वह वृत्ति है जो काव्यकृति की संरचना या विनियोजना का मूल हेतु है, तब यह भी कहा जा सकता है कि इस वृत्ति का ही भाषिक रूपांतर 'सहेतुक भाषापद्धति' या 'शैली' है। जिस प्रकार मूलवृत्ति होने के कारण कलात्मक संवेग (सौंदर्य) किसी भी कलाकृति को आदि से अंत तक नियंत्रित करता है और उसके संपूर्ण रूप में व्याप्त होने के कारण जिस प्रकार वह अखंड रूप होता है, उसी प्रकार 'शैली' भी काव्यकृति का संरचनात्मक आधार होने के कारण अविभाज्य है। यही कारण है कि 'सौंदर्य' के भाषिक पर्याय के रूप में 'अलंकार' को मानने वाले कुंतक ने काव्य को पहले 'अलंकारयुक्त शब्दार्थ' (मात्र अलंकरणयुक्त नहीं) माना और इस 'अलंकार' को 'अलंकार्य' के गुण के रूप में देखने का बाद में आग्रह किया।

अलंकृतिरलंकार्यम् पौद्धत्य विवेच्यते
तदुपायतया तत्त्वं सालंकारस्य काव्यता।

—**कुंतक** : *वक्रोक्ति जीवितम्* **1/6**

सौंदर्य/अलंकार यद्यपि कलारूप/अलंकार्य में गुणवत सिद्ध होने के कारण उससे अलग

कर नहीं देखे जा सकते और संपूर्णता में ग्रहण किए जाने के कारण वे अखंड या अविभाज्य हैं, पर सौंदर्यशास्त्र/काव्यशास्त्र की विवेचनात्मक आवश्यकता के लिए ही सौंदर्य/अलंकार को उसके कलारूप/अलंकार्य से अलग कर उस पर निर्णय किया जाता है।

यहाँ यह सवाल उठना स्वाभाविक है कि काव्य सौंदर्य के रूप में उस कलात्मक संवेग की प्रकृति क्या है जो काव्यकृति में उसकी आत्मा की तरह आदि से अंत तक व्याप्त रहती है, जो उसकी विषय-वस्तु को काव्य-वस्तु में रूपांतरित करती है और जो काव्यकृति की उस 'विशिष्टता' का सहेतुक कारण बनती है। विद्वानों के अनुसार सौंदर्यशास्त्र उस 'ऐंद्रिय संवेग' का शास्त्र है जो 'सौंदर्य के लक्ष्य' से नियंत्रित है।

इसमें संदेह नहीं कि सौंदर्य के मूल में 'ऐंद्रिय संवेग' का तत्त्व रहता है। पर इस ऐंद्रिय संवेग का जो पहला सतर दिखाई देता है, वह है जैविक स्तर। रस, गंध, स्पर्श, चक्षु और श्रोत्र आदि से संबंधित संवेदना को अनुभव करने की क्षमता से सभी मनुष्य जुड़े होते हैं। इस दृश्यमान जगत् के सीधे संबंध के कारण मनुष्य इन इंद्रियों के सहारे साक्षात् अनुभव करता है, जिसे पावलोव के शब्दों में 'पहला सिग्नल' कहा जा सकता है। पहले 'सिग्नल' पर जो भी प्रतीक बनते हैं, उसमें भी मनस्तत्त्व या कल्पनातत्त्व हो सकता है। पर यह मनस्तत्त्व बाह्य जीवन से सीधा संबंध बनाए रखने के कारण उसी प्रकार हमारे व्यवहार में सिद्ध रहते हैं जैसे भौतिक धरातल पर लिंग (सेक्स), या समय (टाइम)। जब तक हम इस 'ऐंद्रिय संवेग' को अपनी भाषायी चेतना पर झेल नहीं लेते अर्थात् भौतिक संसार के साथ बने सीधे और यांत्रिक संबंधों को सर्जनात्मक प्रतीक में रूपांतरित कर उसे 'दूसरे सिग्नल' के स्तर की वस्तु नहीं बना लेते, वह काव्यक्षेत्र की कलासंवेदना के लिए उपयुक्त नहीं बन सकती। कहने का तात्पर्य यह है कि भौतिक धरातल पर स्थित 'लिंग' या 'समय' को हम जिस तरह से भाषिक धरातल की इकाई में रूपांतरित कर 'लिंगबोध' (जेंडर) या 'समयबोध' (काल अथवा टेंस) में सिद्ध नहीं कर लेते वह 'दूसरे सिग्नल' का स्तर भी नहीं पाता, उसी प्रकार जैविक धरातल पर सिद्ध 'ऐंद्रिय संवेग' को हम जब तक भाषायी धरातल पर रूपांतरित नहीं कर लेते, हम संवेदनात्मक बोध की चर्चा भी नहीं उठा सकते। काव्यकृति के मूल में 'संवेदना' नहीं वरन् 'संवेदनात्मक बोध' होता है क्योंकि काव्यसंवेदना मन की अतल गहराइयों से आती कोई अनुगूँज पुकार अनाहद नाद के स्तर की वस्तु न होकर मानव चेतना के धरातल पर बोधव्य भाषिक ध्वनि होती है।

यही कारण है काव्यसौंदर्य, स्थूल या लौकिक धरातल पर वस्तुरूपों के साथ होने वाले ऐंद्रिय व्यापार की प्रक्रिया से भिन्न प्रकृति का होता है। अगर ऐसा नहीं होता तो साक्षात् अनुभव की भाँति वस्तु के साथ वह भी यांत्रिक सहसंबंध बनाए रखता या विध्वंसजन्य दृश्यों को काव्यकृति में पढ़कर उसका पाठक भी क्षुब्ध हो उठता। पर ऐसी स्थिति काव्य व्यापार में देखने को नहीं मिलती। 'दूसरे सिग्नल' की वस्तु होने के कारण न तो इसमें साक्षात् अनुभव की यांत्रिक प्रक्रिया ही होती है और न काव्यानुभूति को हम अप्रीतिकर ही पाते हैं। यहाँ यह कहा जा सकता है कि भाषायी चेतना पर झेले जाने वाले 'सौंदर्य' की जब बात उठाई जाती है तब उससे तात्पर्य यही होता है कि भाषा

'वस्तु' और 'अनुभावक' के जैविक और यांत्रिक संबंधों को तोड़ने का पहले साधन बनती है और फिर ऐंद्रिय संवेग को संवेदनात्मक बोध में रूपांतरित करने का माध्यम भी।

शैलीविज्ञान सौंदर्यतत्त्व को न तो अस्वीकारता है और न उसकी उपेक्षा ही करता है। पर काव्यकृति के संदर्भ में वह 'पहले सिग्नल' के स्तर की वस्तु (ऐंद्रिय संवेग) के स्थान पर उसे 'बोधात्मक संवेदना' के रूप में ग्रहण कर 'दूसरे सिग्नल' की वस्तु अर्थात् भाषाबद्ध मानता है। भाषाबद्ध होकर यह 'बोधात्मक संवेदना' काव्यकृति के रूप में 'संवेदनात्मक बोध' बनती है। शैलीविज्ञान यह मानता है कि शाब्दिक सौंदर्य का संबंध इसी 'संवेदनात्मक बोध' से है। शाब्दिक सौंदर्य, पहले बोध है जिसे शैलीविज्ञान भाषा के साक्ष्य पर अभिव्यक्ति (शब्द) और काव्य (अर्थ) के संबंधों की प्रकृति के आधार पर स्वीकार करता है। बोधपरक होने के कारण ही वह मानता है कि पहले 'कविता' या 'काव्यकृति' के प्रति हमें समझदारी पैदा करनी होगी। कविता या काव्यकृति को मन के सचेतन धरातल पर बिना ग्रहण किए उसके प्रति अपनी दृष्टि स्थापित करना एक गलत प्रक्रिया है। यह बात दूसरी है कि व्यक्ति कभी अपने संस्कारगत अनुभव संदर्भों या साहित्य अनुशीलन से उद्भूत काव्यचेतना के परिप्रेक्ष्य में अनायास 'शब्दार्थ' को पकड़ लेता है और कभी वह किसी विश्लेषणात्मक प्रणाली का सहारा लेते हुए उस तक सायास पहुँचता है। कविता बोधव्य होती है—कहने का अर्थ यही है कि उसे 'शब्दार्थ' के माध्यम से सचेतन मन पर ग्रहण करना संभव है। पर शैलीविज्ञान यह भी मानता है कि सचेतन मन पर ग्रहण करने की यह प्रक्रिया 'सामान्य' न होकर 'विशिष्ट' होती है क्योंकि काव्यकृति केवल 'बोध' ही नहीं, अपितु 'संवेदनात्मक बोध' है। सृजनशीलता या सौंदर्य का यह 'संवेदनात्मक' आयाम अथवा बोध की 'संवेदनात्मकता' ही मूलरूप में 'काव्यात्मकता' का जनक है अर्थात् 'संवेदनात्मकता' की भाषा में आबद्ध करने के कारण ही 'शब्द' और 'अर्थ' के संबंधों की सामान्य प्रकृति 'विशिष्ट' बनती है। इसीलिए शैलीविज्ञान यह मानकर चलता है कि काव्यकृति आपाततः भाषा ही है, पर हर भाषिक अभिव्यक्ति काव्यकृति नहीं बन सकती।

निष्कर्षतः यह कहा जा सकता है कि जिस 'कलात्मक संवेदना' को काव्यकृति अपना केंद्रक मानती है वह न केवल भाषा के माध्यम से व्यक्त होती है, अपितु शैलीविज्ञान के अनुसार, भाषा के गर्भ में पलकर 'कलात्मक बोध' में रूपांतरित होती है। साथ ही, 'कलात्मक वस्तु' के रूप में यह कलात्मक बोध भाषा की अपनी विशिष्ट संरचनात्मक (स्ट्रक्चरल) और बुनावट (टेक्सचरल) प्रक्रिया के सहारे ही अपना ठोस रूप और आकार ग्रहण करता है।

शैलीविज्ञान, अपनी संकल्पना—'शाब्दिक सौंदर्य' से एक तरफ कलात्मक संवेदना की बोधपरक परिणति और दूसरी तरफ अमूर्त कलात्मक बोध के सम्मूर्तन व्यापार की ओर संकेत देते हुए यह स्थापित करना चाहता है कि इन दोनों प्रक्रियाओं के बीच भाषिक प्रतीकीकरण की प्रक्रिया काम करती है।

काव्यभाषा और शैलीविज्ञान*

आज का कवि, कविता को भाषा की ही एक विधा मानने लगा है और आलोचक भी यह स्वीकार करने लगा है कि कविता, भाषा का ही एक विशेष रूप है। दूसरी ओर यह भी स्पष्ट करने की उसमें कोशिश की गई है कि साहित्यिक जगत्, बाह्य जगत् की प्रतिच्छवि न होते हुए भी उससे असंपृक्त नहीं और क्योंकि वह ठोस एवं यथार्थ है, अतः उसका भी वैज्ञानिक रीति से विश्लेषण संभव है। साहित्यिक एवं बाह्य जगत् के अंतर को समझना वस्तुतः वस्तुओं की 'आंतरिक अन्विति' और उसके 'कार्य-फलन' को समझना है जिसे हम अभिव्यक्ति शैली के माध्यम से जान सकते हैं, कम-से-कम कविता में उसका पता लगाने का और कोई साधन नहीं।

'कविता, भाषा का ही एक विशेष रूप है'—इस कथन को दो संदर्भों में ग्रहण किया जा सकता है—एक तो यह कि कविता की भाषा के अतिरिक्त भी अपनी सत्ता है, वह 'स्वनिष्ठ' (ऑटोनोमस) है। पर साहित्य अगर शाब्दिक कला (वर्बल आर्ट) है, तो कविता को समझने का माध्यम भी भाषा ही है। उस संदर्भ में यह कहा जा सकता है कि कविता की भाषा का अध्ययन अपने में साध्य नहीं। वह साधन रूप ही है जो कविता को समझने और ग्रहण करने के लिए समर्थ माध्यम प्रदान करता है।

लेकिन इस 'माध्यम' को कला के अन्य क्षेत्रों में प्रयुक्त होने वाले माध्यम से भिन्न समझना चाहिए। उदाहरण के लिए, चित्रकला में प्रयुक्त होने वाले 'रंग' अथवा मूर्तिकला में माध्यम के रूप में ग्रहण किए जाने वाले 'पत्थर' की प्रकृति से भिन्न और कहीं अधिक विशिष्ट प्रकृति भाषा की है जो कविता में साधन रूप में प्रयुक्त होने के बावजूद 'साध्य' को बहुत दूर तक नियंत्रित-संचालित करती है। रंग और पत्थर तभी कलात्मक स्वरूप ग्रहण करते हैं जब वे कलाकृति में संश्लिष्ट हैं। कलाकृति से अलग वे सामान्य स्थूल उपादान मात्र हैं। अपने में न तो वे संस्कृति के अंग हैं और न परंपरा के वाहक। अतः रंगों की अपनी प्रकृति और पत्थरों की अपनी बनावट के वैज्ञानिक विश्लेषण करने वाले रसायनशास्त्री या भूगर्भशास्त्री जब किसी कलाकृति का विश्लेषण करने चलते हैं तब भी वे रंगों और पत्थरों की बनावट और विशिष्टता ही बता पाते हैं, उनकी दृष्टि स्थूल उपादान से आगे बढ़ ही नहीं पाती।

---

* सर्वप्रथम 'संरचनात्मक शैलीविज्ञान', 1979 में प्रकाशित। प्रकाशक : आलेख प्रकाशन, दिल्ली।

—संपादक

पर कविता के माध्यम के रूप में जिस भाषा को अपनाया जाता है, उसकी स्थिति चित्रकला और मूर्तिकला में प्रयुक्त होने वाले रंगों और पत्थरों की स्थिति से भिन्न है। पहला तथ्य तो यह है कि कलाकृति से हटकर रंग और पत्थर, प्रवृत्यात्मक (डाइरेक्टेड) नहीं होते, वे अपनी ओर से कलाकार को 'निर्देश' नहीं देते। वे अपने प्रकृत रूप में स्थिर एवं निष्क्रिय होते हैं। गत्यात्मक और सक्रिय बनाने का कार्य एकमात्र कलाकार करता है, अतः इन कलाकृतियों में जिस लय एवं संगीतात्मक का हम अनुभव करते हैं, जिस गत्यात्मक और सक्रिय स्पंदन की हमें अनुभूति होती है वह कलाकृति की आंतरिक संरचना का परिणाम है। ठीक इसके विपरीत भाषा, यद्यपि कविता में माध्यम के रूप में ग्रहण की जाती है, पर उसकी प्रकृति प्रवृत्यात्मक होती है, वह कवि को 'निर्देश' भी देती है। यह प्रकृत रूप में स्थिर और निष्क्रिय न होकर गत्यात्मक और सक्रिय होती है। भाषा स्वयं में जीवंत होने के कारण अपना विशिष्ट दवाव डालती है। कवि जब भाषा को माध्यम के रूप में अपनाता है तब इस प्रवृत्यात्मक दबाव के साथ भाषा को स्वीकार करना पड़ता है।

दूसरा तथ्य यह है कि भाषा स्वयं संस्कृति का एक अंग और परंपरा का वाहक है। अगर किसी देश का साहित्य उस देश की संस्कृति एवं परंपरा के साथ जुड़ा है तो उस साहित्य के माध्यम के रूप में प्रयुक्त भाषा का भी गहरा संबंध संस्कृति एवं परंपरा के साथ स्वयंसिद्ध है। भाषा संस्कृति का एक विशिष्ट अंग हैं। वह संस्कृति का स्थूल उपादान न होकर उसकी सक्रिय शक्ति है। भाषा और संस्कृति में एक अटूट संबंध है—इससे इनकार नहीं किया जा सकता, पर इसके आंतरिक संबंध को स्थूल रूप में ग्रहण करने पर अनेक भ्रांतियाँ फैलने की भी संभावना हो सकती है। उदाहरण के लिए, यह कथन सही है कि किसी भाषा को उसके बोलने वालों की संस्कृति से अलग करके अथवा किसी जातीय संस्कृति को उसकी भाषा के संदर्भ से काटकर सही ढंग से नहीं समझा जा सकता। पर इसके साथ यह कहना कि विभिन्न संस्कृतियाँ, विभिन्न भाषाओं की माँग करती हैं अथवा जितनी विभिन्न भाषाएँ होंगी उतनी ही भिन्न संस्कृतियाँ होंगी—तर्कसंगत नहीं। भारतवर्ष स्वयं इसका उदाहरण है। यहाँ नितांत असंबद्ध भाषाएँ, एक संस्कृति की पुष्टि करती हैं और यह भी देखा जा सकता है कि एक ही परिवार की दो संबंधित भाषाएँ नितांत भिन्न दो संस्कृतियों का प्रतिनिधित्व करती हैं। यद्यपि इग्लैंड, अमरीका और आस्ट्रेलिया में एक ही भाषा (अंग्रेजी) बोली जाती है, पर इसमें संदेह हो सकता है कि इन देशों की संस्कृति एक नहीं।

एक अन्य आधार पर भी भाषा अन्य कला-क्षेत्रों के उपादानों से अपने को अलग कर लेती है। कलाकृति से अलग रहकर रंग और पत्थर एवं अव्यवस्थित रूप में रहते हैं और किसी कलाकृति में उपादान रूप में प्रयुक्त होते समय भी, 'कलात्मकता' रंगों और पत्थरों से आयाम में बँधी होकर भी, उनके अपने गुणों से मुक्त रहती है। लेकिन कविता के माध्यम के रूप में जिस भाषा को कवि अपनाता है वह न तो स्थूल है और न अव्यवस्थित ही। भाषा अभिव्यक्ति के ध्वनिस्तर पर भी विशेष व्यवस्था की माँग

करती है और प्रतीक स्तर पर विशेष व्यवस्था की अपेक्षा रखती है। अपनी इसी व्यवस्था के आधार पर एक भाषा अन्य भाषाओं से भिन्न होती है। दूसरी ओर 'काव्यात्मकता' न केवल भाषा के आयाम में बँधी होती है, वरन् बहुत दूर तक भाषा की अपनी संरचना और अपने गुणों द्वारा नियंत्रित भी होती है। काव्यात्मकता अपने माध्यम से मुक्त होकर सिद्ध रह ही नहीं सकती क्योंकि काव्यात्मक संरचना पूरी तरह से भाषा में अंतर्भुक्त होती है।

कविता में भाषा को 'काव्यात्मकता' हेतु, माध्यम के रूप में जब कवि अपनाता है तो 'काव्यात्मकता' अंत तक अपने को अपने माध्यम से मुक्त नहीं कर पाती। कवि कविता की रचना करता है, वह अपने 'संसार' का सृजन करता है। पर यहाँ दो स्थितियाँ संभव हैं। गीतात्मक (लिरिकल) कविताओं में जिस 'संसार' का कवि सृजन करता है वह संभव है, अनुभूति के किसी विशेष क्षण तक ही सीमित हो जिसको व्यावहारिक दृष्टि से 'स्पेस' की संज्ञा नहीं दी जा सकती। और अगर सिद्धांत के रूप में उसे 'स्पेस' मान भी लें तो वह ऐसे नुकीले बिंदु पर केंद्रित होती है जिसके आयाम को निश्चित नहीं किया जा सकता। एक दूसरी भी स्थिति हो सकती है जहाँ आयाम और वस्तुएँ 'स्पेस' का निर्माण करती हैं जहाँ कवि अपने 'संसार' का सृजन करता है—जैसे महाकाव्यों, गीति-नाट्यों आदि में।

दोनों ही स्थितियों में जहाँ अनुभूति नुकीले बिंदु पर केंद्रित होकर आयाम-मुक्त होती है और जहाँ अनुभवों के अपने नए संसार का सृजन होता है, भाषा का संबंध अनुभूति और अनुभवों के साथ बना रहता है। क्योंकि व्यक्ति की विशिष्ट से विशिष्ट अनुभूति भाषा के रंगों से मुक्त नहीं होती और दूसरी ओर भाषा, अनुभवों का रीति-पक्ष है। भाषा के माध्यम से ही हम अपने अनुभवों का साधारणीकरण करते हैं और इस साधारणीकरण के माध्यम से ही उसे दूसरे तक संप्रेषित करते हैं। अतः सामान्यीकृत अनुभवों से अलग हटे अनुभवों को भी हम जान-पहचान पाते हैं तो भाषा के ही माध्यम से। पर यह अवश्य है कि तब भाषा का स्वरूप सामान्य न होकर विशिष्ट हो जाता है। सामान्य से अलग हटकर जिस विशिष्ट भाषा का प्रयोग कवि करता है, वही भाषा की काव्यात्मक शैली कही जाती है। अनुभव के कथ्य-पक्ष और भाषा के रूप में उसके रीति-पक्ष के साथ तो लचीला, पर अटूट संबंध है यह उसी का परिणाम है कि अनुभव के कथ्य पक्ष की विशिष्टता उसके रीति-पक्ष का यह संबंध कलाकृति के माध्यम के रूप में केवल भाषा में ही देखा जा सकता है। अन्य माध्यमों में उसके संबंधों के बीच न तो ऐसा अटूट संबंध ही देखा जा सकता है और न ऐसा लचीला संयोग ही।

सच तो यह है कि कथ्य और रीति-पक्ष के बीच पाए जाने वाले अटूट और लचीले संबंध ही कविता के आलोचकों से भाषावैज्ञानिक ज्ञान की माँग करते हैं। जब 'काव्यात्मकता' अंत तक अपने को अपने माध्यम (भाषा) से मुक्त नहीं कर सकती है और जब भाषा को अपनी व्यवस्था को समझने के लिए एक विज्ञान है, तब यह तर्कसंगत है कि उस विज्ञान का प्रयोग काव्यात्मकता का पता लगाने और उसको समझने

के लिए भी किया जाए।

इस प्रकार कविता की साहित्यिक आलोचना के साथ भाषाविज्ञान का संबंध है। भाषा के माध्यम से ही 'काव्यात्मकता' का पता लगाया जा सकता है और भाषा के अध्ययन का प्रत्येक क्षेत्र भाषाविज्ञान के क्षेत्र के अंतर्गत आता है। पर यहाँ यह भी ध्यान में रखना चाहिए कि साहित्यिक आलोचना और भाषाविज्ञान एक-दूसरे के क्षेत्र को काटते भले ही हों और वे एक-दूसरे के लिए पूरक ही क्यों न हों, वे लक्ष्य-भेद के कारण अपने अलग क्षेत्र को निर्दिष्ट करते हैं। कविता को समझने और काव्यात्मकता का पता लगाने में भाषाविज्ञान सहायक हो सकता है, पर 'कविता' या 'साहित्य' अपनी संरचना को लेकर स्वतंत्र (ऑटोनोमस) है।

आलोचना और भाषाविज्ञान के संबंध को लेकर दो अतिवादी दृष्टिकोण देखने को मिलते हैं। पहले मत के अनुसार, कविता की आलोचना वस्तुतः वहाँ से शुरू होती है जहाँ भाषावैज्ञानिक अध्ययन अपनी सीमा-रेखा खींचता है। इस मत के मानने वालों में कविता भाषावैज्ञानिक समीक्षा की उपयोगिता के अनुपात में विभिन्नता मिल सकती है—पर विचार-रूप में मूलतः वे इस बात को स्वीकार करते हैं कि 'काव्यात्मकता' का पता मात्र भाषावैज्ञानिक पद्धति से नहीं लगाया जा सकता। उदाहरण के लिए, रेने वेलेक (1960) अनुसार शैलीविज्ञान कविता की संरचना को समझने में सहायक हो सकता है, उसकी संघटना के विश्लेषण में वह मदद दे सकता है, पर वह आलोचना का एक अंग है, पूरी साहित्यिक आलोचना नहीं। शैलीविज्ञान कविता की उस संरचना, 'नार्म' और कोई फलन का विश्लेषण कर सकता है जो 'मूल्यों' को अपने भीतर बाँधे रहता है, पर कविता की आलोचना का मुख्य धर्म मूल्यों का अन्वेषण है।

अपने इसी समीक्षात्मक लेख में एक दूसरे स्थल पर उनका कहना है कि भाषाविज्ञान कविता के क्षेत्र में 'ध्वनियों' एवं 'छंदों' के अध्ययन में ही मुख्य रूप से सहायक है और कविता की वास्तविक समीक्षा उस बिंदु से प्रारंभ होती है जब भाषाविज्ञान का यह अध्ययन समाप्त हो जाता है अर्थात् एक सीमा-रेखा तक पहुँचने के पश्चात् कविता की आलोचना, भाषाविज्ञान की पहुँच से बाहर चली जाती है।

यह ठीक है कि पहले भाषावैज्ञानिकों ने कविता के ध्वनि पक्ष एवं छंदों का ही विश्लेषण किया और तत्संबंधी अध्ययन को वैज्ञानिकता प्रदान की। पर अन्यत्र यह दिखाया जा चुका है कि भाषावैज्ञानिक अध्ययन ने कविता की केवल ध्वनियों का ही विश्लेषण नहीं किया है। वे ध्वनियों के माध्यम से कविता के 'अंतर्टोन' का भी संकेत देते हैं, साथ में अर्थ के स्तर पर 'गौण' अर्थ का भी पता लगाते हैं जो 'काव्यात्मकता' के संदर्भ में 'प्रमुख' अर्थ बन जाता है।

रेने वेलेक स्वयं यह स्वीकार करते हैं कि शैलीविज्ञान, कविता की उस संरचना, संघटना, 'नार्म' और कार्यफलन का विश्लेषण करने में सक्षम है जो 'मूल्यों' को अपने भीतर बाँधे रहता है। पर प्रश्न उठाया जा सकता है कि क्या मूल्यों की अपनी सत्ता कविता में कविता की संरचना, संघटना, 'नार्म' या कार्यफलन के बाहर संभव है ? क्या

मूल्यों का पता इनकी जानकारी के बिना पाया जा सकता है ? अगर मूल्यों का संबंध कविता से है और उसकी परिणति गुणात्मक प्रकृति से संबद्ध है, तब इन मूल्यों की चर्चा कविता की संघटना और कार्यफलन की जानकारी के अभाव में यादृच्छिक ही होगी। ऐसी स्थिति में आलोचना का स्वरूप व्यवस्थित हो ही नहीं सकता। फिर पहले यह संकेत किया जा चुका है कि 'मूल्य' अथवा 'गुण' वस्तु की अपनी संरचना और कार्यफलन का ही परिणाम हो सकता है।

यह सच है कि भाषाविज्ञान की पद्धति को अपनाने के कारण वस्तु-विशेष की संरचना, संघटना और कार्यफलन तक ही अपने अध्ययन को सीमित रखता है, और इसके संदर्भ में वस्तु की सभी गुणात्मक संभावनाओं की ओर संकेत देता है, पर 'गुणों' और 'मूल्यों' के यादृच्छिक एवं आत्यंतिक रूप को अपने सीमा-क्षेत्र से बाहर रखता है। अतः कविता के विश्लेषण के लिए जिस पद्धति को यह स्वीकार करता है, वह उसकी कार्यप्रणाली के अनुरूप, 'मूल्य-निरपेक्ष' ही होता है।

रूसी विद्वान् विनोकुर (1959) का यह मत है कि कविता की भाषा अपनी विशेष संरचना के फलस्वरूप भाषाविज्ञान की परिधि से बाहर निकल जाती है और वह जिन समस्याओं को हमारे समक्ष लाती है, भाषाविज्ञान के माध्यम से उनका समाधान नहीं ढूँढ़ा जा सकता। विनोकुर के मतानुसार, 'किंतु व्याकरणिक नियमों एवं व्यवस्था के द्वारा भाषा का बोलचाल का रूप बँधा होता उसमें कहीं भिन्न व्यवस्था कविता की भाषा की होती है। कविता में प्रयुक्त होने वाली भाषा का कार्यफलन, सामान्य भाषा के कार्यफलन से भिन्न होता है और वह कला के अन्य क्षेत्रों में प्रयुक्त माध्यम के कार्यफलन के समरूप होता है।' विनोकुर की इस मान्यता की पुष्टि कोझिनोव ने अपने लेख 'क्या संघटनात्मक काव्यशास्त्र संभव है ?' में की है। उनके अनुसार, कविता, भाषा से भिन्न 'संघटना' की माँग करती है।

विनोकुर अथवा कोझिनोव (1965) के कथन पर दो आपत्तियाँ उठाई जा सकती हैं—एक, कविता के माध्यम के रूप में प्रयुक्त 'भाषा' कला के अन्य क्षेत्रों में प्रयुक्त माध्यम के अनुरूप होती है। इस विषय पर प्रारंभ में ही दिखलाया जा चुका है कि ऐसी मान्यता भ्रामक है। दूसरी आपत्ति यह उठाई जा सकती है कि भाषाविज्ञान का क्षेत्र केवल भाषा के बोलचाल के रूप का ही परीक्षण नहीं है। भाषा का प्रत्येक रूप उसकी प्रत्येक विधा उसके अध्ययन-क्षेत्र के भीतर आती है। अगर 'भाषा' और उसकी 'बोली' दोनों का अध्ययन भाषाविज्ञान कर सकता है, अगर व्यक्ति की 'स्पीच' और समाज की 'भाषा' को वह अपने भीतर समेट सकता है और अगर बोलचाल की घरेलू भाषा और तकनीकी विषयों पर लिखे गए शोधप्रबंधों की भाषा दोनों का समान भाव से अपने अध्ययन का विषय बना सकता है, तब यह सवाल उठाया जा सकता है कि भाषा के साहित्यिक रूप या कविता की भाषा का ही अध्ययन उसके क्षेत्र के बाहर कैसे हैं ?

इससे किसे इनकार हो सकता है कि कविता में प्रयुक्त भाषा की व्यवस्था एवं कार्यफलन सामान्य बोलचाल की भाषा की व्यवस्था एवं कार्यफलन से भिन्न होता है।

पर सवाल व्यवस्था एवं कार्यफलन की विभिन्नता का नहीं है। सवाल तो इसका है कि भाषाविज्ञान कविता में प्रयुक्त भाषा की व्यवस्था एवं कार्यफलन का विश्लेषण कर सकता है या नहीं। जिस विश्लेषणात्मक पद्धति को भाषावैज्ञानिक अपनाता है, उस पद्धति का प्रसार काव्यात्मक भाषा के क्षेत्र तक संभव है या नहीं ? चॉम्स्की के व्याकरणिक स्तर-भेद की धारणा की चर्चा करते हुए अन्यत्र यह दिखलाया जा चुका है कि भाषावैज्ञानिक विश्लेषणात्मक पद्धति का प्रसार काव्यात्मक भाषा तक करना संभव है। यहाँ इतना और जोड़ देना आवश्यक है कि जब यह कहा जाता है कि कविता भाषा के सामान्य प्रयोग से अलग हटी हुई भाषा का ही विशेष रूप है तो उसका तात्पर्य यह नहीं कि सामान्य से अलग हटे हुए काव्यात्मक भाषा-रूप किसी भी व्यवस्था के नियंत्रण से बाहर है अर्थात् कवि को पूरी छूट है कि वह भाषा का मनमाना प्रयोग करे। काव्यात्मक भाषा, भाषा के 'नार्म' की व्यवस्था की तुलना में अधिक लचीली (फ्लेक्सिबल) और व्यापक होती है, पर उसके लचीलेपन की भी एक सीमा होती है। उसकी व्यवस्था की व्यापकता की भी एक परिधि होती है, जिसके बाहर जाने पर काव्यभाषा के नियमों के अतिक्रमण के रूप में काव्य-प्रयोग पाठकों के मन में खटक जाता है। कहने का तात्पर्य यह है कि काव्यभाषा की भी अपनी व्यवस्था होती है। उसके अपने 'कार्यफलन' होते हैं और वे भाषा के विशेष रूप की विशेष व्यवस्था एवं कार्यफलन हैं। अतः उसका विश्लेषण भाषाविज्ञान के सीमा-क्षेत्र के भीतर ही है। कहने के लिए तो यह भी कहा जा सकता है कि काव्यात्मक भाषा की एक विशेष व्यवस्था एवं कार्यफलन की विशिष्टता का पता भी हम तभी पाते हैं जब हम इसे सामान्य भाषा की व्यवस्था के 'नार्म' एवं कार्यफलन के संदर्भ में रखकर उसका विश्लेषण करते हैं।

कविता और भाषाविज्ञान के संबंधों को लेकर दूसरे अतिवादी दृष्टिकोण को अपनाने वाले विद्वानों के अनुसार कविता की आलोचना और व्याख्या भाषावैज्ञानिक दृष्टि से करनी होगी और तब कविता को साहित्य का अंग न मानकर केवल भाषा का ही एक रूप मानना होगा। कविता की भाषा इस दृष्टिकोण के अनुसार स्वयं अपने में साध्य होती है। इस विचार को मानने वालों में रेब्जिन (1965), तोपोरोव (1962), सोल सपोर्टा (1960) आदि विद्वान् हैं। उदाहरण के लिए, सोल सपोर्टा कविता की प्रकृति और भाषा के अन्य रूपों, यथा—गद्य अथवा सामान्य बोलचाल की भाषा के संबंधों की चर्चा उठाते हुए पहले ही दो मोटे विभाग कर लेना चाहते हैं—पहला वर्ग उन भाषा-संबंधी कला-रूपों का है जो भाषा से संबद्ध होने के कारण भाषाविज्ञान के क्षेत्र के भीतर आते हैं। दूसरा वर्ग उन कला-रूपों का है जो भाषा से संबद्ध न होने के कारण उसके बाहर हैं, यथा—संगीत, चित्रकला आदि, जिसे वह 'कला' की संज्ञा देते हैं। इस विभाजन के बाद कविता की भाषा और कला के बीच के संबंधों की चर्चा उठाते हुए तीन स्थितियों की ओर वे संकेत देते हैं :

1. कविता भाषा है अर्थात् कविता का क्षेत्र पूर्णतः भाषा-क्षेत्र की अपनी सीमा के भीतर है, अतः वह भाषा का उपांग है। इस तरह भाषाविज्ञान की परिधि के भीतर ही

कविता की आलोचना संभव है।

2. कविता भाषा नहीं है। यह कला का उपांग है, अतः वह भाषाविज्ञान के क्षेत्र से बाहर है।

3. कविता भाषा और कला, दोनों ही क्षेत्रों को काटने वाली विधा है, अर्थात् उसका कुछ अंश कला के अंतर्गत और कुछ भाषा की सीमा के भीतर आता है और इस प्रकार वह एक साथ दो विभिन्न क्षेत्रों की सदस्य है।

इन तीनों संबंधों के बीच भाषावैज्ञानिक आलोचक के रूप में सपोर्टा पहले संबंध को प्राथमिकता देना चाहते हैं, क्योंकि उनके अनुसार अन्य दोनों स्थितियों में आलोचना को अपने भाषावैज्ञानिक दायित्व एवं कार्यक्षेत्र से बाहर जाना पड़ेगा। अगर आलोचक भाषावैज्ञानिक है तो उसे कविता को भाषा का उपांग मानना ही होगा। उनकी यह विवशता भाषावैज्ञानिक विश्लेषण से निकले निष्कर्ष और साहित्यिक अनुभूति के फलस्वरूप प्राप्त सहजोपलब्ध अर्थ के बीच दिखाई पड़ने वाली असंगतियाँ हैं। अगर भाषावैज्ञानिक निष्कर्ष सहजोपलब्ध अर्थ के विपरीत हैं, तब हम निष्कर्षों की वैज्ञानिकता पर ही शंका उठाने लगेंगे। उनके अनुसार, वैज्ञानिक विश्लेषण से प्राप्त निष्कर्ष जब हमारे अंतर्ज्ञान के विपरीत जाता दिखाई पड़ता है तो प्रायः हम अपने विश्लेषण को ही सुधारने या बदलने की ओर प्रवृत्त होते हैं। शायद ही कभी हम अंतर्ज्ञान की सच्चाई पर शंका उठाते हों। अतः भाषावैज्ञानिक आलोचक के लिए यही उचित है कि वह कविता के भाषा और कला के बीच के संबंधों में पहली स्थिति को अपनाए और यह मानकर चले कि सभी कविताएँ, भाषा के ही रूप हैं, पर भाषा के सभी रूप कविता नहीं हैं।

इसके अतिरिक्त सपोर्टा अपने विवेचन में तीन और मान्यताओं की ओर संकेत देते हैं। वाक्य-गठन-संबंधी विवरण और विश्लेषण की ओर आलोचक को अर्थ-विश्लेषण से पहले प्रवृत्त होना चाहिए क्योंकि वितरण-संबंधी विवरण का तत्त्व अधिक सटीक और वैज्ञानिक ढंग से दिया जाना संभव है। दूसरा, शैलीविज्ञान, भाषाविज्ञान के ज्ञान पर आधारित है क्योंकि बिना व्याकरण के संदर्भ की शैली का निरूपण ही नहीं किया जा सकता। अंतर है तो केवल इतना कि जब व्याकरण मूलतः नियम-निर्देशात्मक (प्रिडिक्टिव) होता है तब वहाँ शैलीविज्ञान का लक्ष्य विवरणात्मक और वर्गीकरणात्मक (क्लासीफिकेटरी) रहता है। तीसरे, कविता अगर 'नार्म' से अलग हटी हुई भाषा है, तब कविता में यह स्थिति दो ढंगों से आती है—एक ओर तो कविता की भाषा 'नार्म' की तुलना में अतिरिक्त नियमों का अपने ऊपर आरोपण करती है, इसका उदाहरण छंद या तुक-निर्माण में देखा जा सकता है। दूसरी ओर कविता की भाषा, 'नार्म' की तुलना में कहीं अधिक स्वच्छंद होती है और इस प्रकार कुछ सामान्य नियमों का अतिक्रमण करती देखी जा सकती है। उदाहरण के लिए, 'पेड़ फुसफुसाते हैं', अथवा, 'हवा सीटी बजाती है' ऐसे वाक्य 'नार्म' के नियमों का अतिक्रमण करते हैं।

सपोर्टा द्वारा प्रतिपादित मान्यताओं पर दो आधारभूत आपत्तियाँ उठाई जा सकती

हैं। पहली आपत्ति तो यह है कि वे 'वस्तु' की प्रकृति को विश्लेषणात्मक प्रणाली द्वारा नियंत्रित करना चाहते हैं। अतः विश्लेषणात्मक प्रणाली की अपनी सीमा भी उनके लिए वस्तु की प्रकृति की सीमा बन जाती है। भाषा या कविता प्रकृत स्वरूप में क्या है—यह एक प्रश्न है और भाषाविज्ञान अथवा काव्यशास्त्र उसको कहाँ तक जान पाता है, या उसकी प्रकृति से उस सीमा तक परिचित हो सकता है—यह सर्वथा दूसरा प्रश्न है। 'वस्तु' विभिन्न कालों में अपने आधारभूत रूप में एक रह सकती है, पर उसके विश्लेषण की रीति विकसित होती रहती है। फलतः वस्तु के प्रति ज्ञान बढ़ सकता है, उसको और सही ढंग से जाना जा सकता है। भाषाविज्ञान और काव्यशास्त्र का इतिहास स्वयं में इसका उदाहरण है कि एक वस्तु को देखने की दृष्टि और उसके विश्लेषण की प्रणाली में विकास हुआ है, न कि उस वस्तु का। उदाहरण के लिए, किसी एक निश्चित काल में बोले जाने वाले संस्कृत भाषा के रूप को ही लें अथवा कालिदास की रचना 'अभिज्ञानशाकुन्तल' को देखें। एक निश्चित काल की संस्कृत भाषा और विशेष कृति 'अभिज्ञानशाकुन्तल' मूल रूप में वही है, पर हमारी विश्लेषणात्मक प्रणाली के विकसित होने के फलस्वरूप उनकी मूल प्रकृति के ज्ञान में हमारी वृद्धि हुई है, न कि उस वस्तु की मूल प्रकृति में। और अगर यह तथ्य सही है तो निश्चय ही वस्तु की मूल प्रकृति, विश्लेषणात्मक प्रणाली को नियंत्रित करेगी, न कि प्रणाली वस्तु को पारिभाषित करने में सक्षम होगी।

जब सपोर्टा यह कहते हैं कि कविता के अध्ययन में भाषावैज्ञानिक विश्लेषण की पहली माँग यह है कि भाषावैज्ञानिक यह स्वीकार करें कि कविता भाषा का ही एक रूप है और इसके अतिरिक्त वह जो भी है वह उसके लिए त्याज्य और अग्राह्य है, तो वस्तुतः वे विश्लेषण की सीमा को ही कविता की सीमा मान बैठते हैं। जैसा ऊपर संकेत दिया जा चुका है—यह सीमा, न तो कविता की सीमा है, क्योंकि कविता की मूल प्रकृति विश्लेषणात्मक प्रणाली से अलग अपनी सत्ता रखती है और न यह अध्ययन की प्रणाली की ही सीमा मानी जा सकती है क्योंकि प्रणाली का विकास संभव है, और उसका प्रसार भी।

कविता के संदर्भ में जब सपोर्टा भाषावैज्ञानिक प्रणाली से प्राप्त निष्कर्षों और अंतर्ज्ञान के फलस्वरूप जागृत बोध में असंगति की चर्चा उठाते हैं तब यह भूल जाते हैं कि अगर अंतर्ज्ञान से जागृत बोध के सही-गलत होने की बात उठाई जा सकती है, तो प्रणाली के वैज्ञानिक-अवैज्ञानिक होने का प्रश्न भी उठाया जा सकता है। विश्लेषणात्मक निष्कर्ष और अंतर्ज्ञान को लेकर चार स्थितियाँ हो सकती हैं :

1. प्रणाली वैज्ञानिक है, पर अंतर्ज्ञान गलत।
2. प्रणाली अवैज्ञानिक है, पर अंतर्ज्ञान सही।
3. प्रणाली वैज्ञानिक है और अंतर्ज्ञान सही।
4. प्रणाली अवैज्ञानिक है और अंतर्ज्ञान भी गलत।

इसमें अंतर्विरोध की समस्या पहली दो स्थितियों में ही मुख्य रूप से उभरती है और

इन दोनों स्थितियों में उनका निराकरण संभव है। उदाहरण के लिए, अगर प्रणाली वैज्ञानिक है अर्थात् भाषावैज्ञानिक निष्कर्ष सही है। और कविता-पाठ के अंतर्ज्ञान से उत्पन्न बोध गलत है, तो उस बोध को गलत सिद्ध किया जा सकता है। और पाठकों में बोध की सही दिशा उत्पन्न की जा सकती है। अंतर्ज्ञान से प्राप्त बोध का सीधा संबंध पाठकों के ज्ञान की पूर्व-पीठिका और कविता के संदर्भ के साथ रहता है। उसके ज्ञान की पूर्व-पीठिका का विकास अगर उस स्तर पर कर दिया जाए, जिसको वैज्ञानिक विश्लेषण अपनाता है तो इसमें संदेह नहीं कि कविता का संदर्भ उस ज्ञान के आधार पर नया बोध प्रदान करेगा जो भाषावैज्ञानिक निष्कर्षों के समरूप होंगे। एक ही कविता का पाठ स्कूल के बच्चे भी करते हैं, विश्वविद्यालय के छात्र भी और पढ़े-लिखे सहृदय व्यक्ति भी, पर उनके अंतर्ज्ञान से उत्पन्न बोध भिन्न होते हैं। काव्यशास्त्र की एक समस्या यह भी है कि वह बता दे कि किसी कविता का उचित बोध या मर्म क्या है ? अगर भाषावैज्ञानिक विश्लेषण इस दिशा में कुछ सहायता दे सकता है तो वह उसकी अपनी उपलब्धि तो होगी ही, काव्यशास्त्र को अंतर्ज्ञान से हटाकर वैज्ञानिकता की ओर लाने में सहायक भी सिद्ध होगी।

पर यह भी संभव हो सकता है कि जिस प्रणाली को भाषावैज्ञानिक, वैज्ञानिक समझता हो, वह ज्ञान के व्यापक संदर्भ में अवैज्ञानिक हो अथवा उसकी प्रणाली विकसित न होने के कारण सत्य के खंड रूप (दो निश्चित पक्षों) की ओर ही संकेत देने में समर्थ हों जिसे वह सत्य का पूर्ण रूप मान बैठे। उस स्थिति में क्या यह उचित न होगा कि प्रणाली का विकास और प्रसार किया जाए, अधिक-से-अधिक पक्षों का ज्ञान प्राप्त किया जाए। अभी तक अगर भाषावैज्ञानिक प्रणाली कविता के एक-दो पक्षों के विवेचन तक ही सीमित है, अथवा अर्थविज्ञान को समझने की प्रणाली अगर विकसित न होने के कारण अधूरी है, अतः वाक्य-गठन पर ही अधिक आग्रह रखती है, तो इसका यह अर्थ तो नहीं कि कविता को उसी सीमा तक बाँधकर रखा जाए, जहाँ तक उसकी प्रणाली सीमित करती है। कहने का तात्पर्य यह कि 'कविता' के क्षेत्र की अपनी संभावना एक वस्तु है, और उसके अध्ययन, विश्लेषण के क्षेत्र को प्रणाली के अनुरूप सीमित करने का सवाल दूसरा है। सिद्धांतरूप में कविता की परिभाषा अपनी संभावना के अनुरूप होनी चाहिए और व्यवहार पक्ष में उसके अध्ययन-क्षेत्र की परिधि विश्लेषणात्मक प्रणाली की अपनी स्थिति के आधार पर निर्धारित होनी चाहिए। इसके साथ ही व्यवहार-पक्ष का प्रयत्न यह भी होना चाहिए कि वह सिद्धांत-पक्ष के पूरे सीमा-क्षेत्र के अध्ययन-विश्लेषण के लिए अपनी प्रणाली का विकास-प्रसार करे।

मोटे तौर पर अगर हम यह मानकर चलें कि कविता का अध्ययन जब हम कला के अन्य क्षेत्रों—संगीत, चित्र आदि की उपलब्धियों के संदर्भ में करते हैं, उस समय वह 'काव्यशास्त्र' के अंतर्गत आता है और जब हम भाषा की सामान्य प्रकृति के परिप्रेक्ष्य में उसका विश्लेषण और विवेचन करते हैं, उस समय यह 'शैलीविज्ञान' के क्षेत्र में आता है, तब एक प्रश्न यह भी उठ सकता है कि काव्यशास्त्र और शैलीविज्ञान के बीच अपने

संबंध क्या हैं ? क्या काव्यशास्त्र और शैलीविज्ञान, दो विभिन्न एवं असंबद्ध क्षेत्र हैं अथवा एक ही वस्तु (कविता) को देखने की मात्र दो विभिन्न दृष्टियाँ हैं ? दूसरे शब्दों में कहें तो माना जा सकता है कि क्या विभिन्न 'लक्ष्यों' के कारण ये दोनों क्षेत्र एक-दूसरे से अलग हैं अथवा लक्ष्य तो एक है, पर उनकी परीक्षण-प्रणाली भिन्न हैं, अतः वे दो निर्दिष्ट क्षेत्र हैं ?

इस प्रश्न को लेकर विद्वान् एकमत नहीं दिखाई देते। रेने वेलेक-कोझिनोव अथवा सोल सपोर्टा, रेविज़न आदि विद्वान् 'शैलीविज्ञान' को मात्र भाषाविज्ञान के क्षेत्र की वस्तु समझते हैं और इस आधार पर कि काव्यशास्त्र और शैलीविज्ञान की अध्ययन-प्रणाली के साथ-साथ उनके लक्ष्य भी भिन्न हैं, वे काव्यशास्त्र और शैलीविज्ञान को ज्ञान के दो अलग-अलग विषय घोषित करना चाहते हैं। विद्वानों का एक दूसरा समुदाय है जो शैलीविज्ञान को केवल भाषाविज्ञान की वस्तु नहीं मानता। इन विद्वानों के अनुसार, काव्यशास्त्र और भाषाविज्ञान के सम्मिलित सहयोग से आलोचना की एक नई प्रणाली विकसित हो सकती है जो एक ओर 'काव्यात्मकता' का विश्लेषण-परीक्षण भी करेगी और उसकी प्रणाली भी वैज्ञानिक होगी। उनके अनुसार, 'शैलीविज्ञान' के रूप में कविता के विश्लेषण की जो नई पद्धति विकसित हो रही है वस्तुतः वह अपने स्वरूप एवं प्रकृति में इसी संभावना पर आधारित है। एडवर्ड स्टैंकविक्ज़ (1960) के अनुसार, भाषावैज्ञानिक जो अपने क्षेत्र में वस्तुवादी और वैज्ञानिक दृष्टिकोण अपनाने में समर्थ सिद्ध हुआ है, वह एक साहित्यिक आलोचक को भी उसके सिद्धांत-क्षेत्र में गहरी दृष्टि और विश्लेषणात्मक परीक्षण के लिए वैज्ञानिक पद्धति दे सकता है। लेकिन इसके लिए आवश्यक है कि भाषावैज्ञानिक को यह मालूम हो कि उसकी परीक्षण-सामग्री किन तथ्य-समूहों पर आधारित है। इस जानकारी के बिना उसका काव्यभाषा का अध्ययन परंपरा से चले आ रहे भाषावैज्ञानिक विश्लेषण से आगे नहीं बढ़ सकता। अगर भाषावैज्ञानिक और काव्य-समीक्षक के सहयोग को फलप्रद बनाता है तब यह आवश्यक है कि भाषावैज्ञानिक काव्यरूपों एवं उसकी परंपरा से संबंधित सभी प्रश्नों से भलीभाँति परिचित हो और काव्य-समीक्षक को भी आधुनिक भाषाविज्ञान की अपनी प्रगति, उसके द्वारा अपनाई जा रही नवीनतम पद्धति और इस क्षेत्र की उपलब्धियों का सही ज्ञान हो।

रोमन याकोब्सन शैलीविज्ञान को भाषाविज्ञान का ही एक अंग मानते हैं, पर ध्यान रहे कि उनके भाषाविज्ञान का क्षेत्र सामान्य रूप में मान्य भाषाविज्ञान क्षेत्र से कहीं अधिक व्यापक है। उनके भाषाविज्ञान के क्षेत्र के भीतर न केवल अकाव्यात्मक (कैजुअल) वाक्य आते हैं, वरन् 'काव्यात्मक' (नॉनकैजुअल) वाक्य भी उसी सीमा-क्षेत्र के भीतर हैं। उनके अनुसार, काव्यशास्त्र को भाषाविज्ञान के क्षेत्र से बाहर निकालने का प्रयत्न करने वाले वे भाषावैज्ञानिक हैं जो भाषा-विश्लेषण को तथ्य-सामग्री के रूप में केवल अत्यंत व्यवस्थित अकाव्यात्मक वाक्यों को स्वीकार करते हैं, अथवा जिनके मत के अनुसार अध्ययन की सीमा केवल व्याकरण-क्षेत्र की परिधि तक सिमटी रहती है, या जो अर्थ को केवल वस्तुओं के सूचक-कार्यफलन तक बाँधकर रखते हैं; बिना यह

जाने कि भाषा के अन्य कार्यफलन भी हो सकते हैं। उनके मत के अनुसार, यह ठीक है कि किसी भी एक भाषा को व्यवहार में लाने वालों के सामाजिक वर्ग के लिए भाषा एक ही होती है, लेकिन इस एक भाषा की व्यवस्था के भीतर कई उप-व्यवस्था यूँ होती हैं। हर उप-व्यवस्था भाषा-संघटना का एक निश्चित 'पैटर्न' प्रदान करती है और एक भाषा के बीच पाए जाने वाले 'पैटर्न' और 'सब-पैटर्न' में एक निश्चित संबंध होता है तथा हर पैटर्न, भाषा के एक निश्चित कार्यफलन का परिणाम होता है।

भाषाविज्ञान का कार्य-क्षेत्र, भाषा की प्रत्येक संघटना का पता लगाना है, 'पैटर्न' और 'सब-पैटर्न'—सबकी खोज करना है और उसके संदर्भ में उन सभी कार्यफलनों का विश्लेषण करना है जो भाषा के विभिन्न स्तरों पर विभिन्न 'पैटर्न' 'सब-पैटर्न' के साथ जुड़ा होता है। कविता में भाषा के जिस 'पैटर्न' या 'सब-पैटर्न' को हम पाते हैं उसकी अपनी विशिष्टता होती है और इस विशिष्टता को हम 'सब-पैटर्न' के साथ कार्यफलन को जोड़कर जान सकते हैं, भाषाविज्ञान अगर भाषा के भीतर पाए जाने वाले सभी 'पैटर्न' एवं 'सब-पैटर्न' तथा तज्जनित कार्यफलन को अपना अध्ययन-क्षेत्र स्वीकार करता है तब कविता को उसके सीमा-क्षेत्र से बाहर नहीं किया जा सकता।

अपने लेख 'भाषाविज्ञान और काव्यशास्त्र' के निष्कर्ष-रूप में उनका कहना है, "अगर कवि रैंसम का यह कथन सही है (और वह सही ही है) कि 'कविता, भाषा का ही एक रूप है' तब भाषा को अपनी अध्ययन-सामग्री बनाने वाले भाषावैज्ञानिक को अपने कार्य-क्षेत्र के भीतर कविता को भी स्वीकार करना ही होगा। इस सम्मेलन ने भलीभाँति सिद्ध कर दिया है कि अब वह समय हमसे काफी पीछे छूट गया है जब भाषावैज्ञानिक और साहित्य के इतिहासकार काव्य-संघटना-संबंधी प्रश्नों को टाल जाया करते थे। अगर अभी भी कुछ आलोचक ऐसे हैं जो काव्यशास्त्र की चर्चा को भाषाविज्ञान की सामर्थ्य-शक्ति से बाहर समझते हैं तब मैं व्यक्तिगत रूप से इसमें विश्वास रखता हूँ कि काव्यात्मक अ-क्षमता को भूल से स्वयं भाषाविज्ञान की ही सीमा समझा जाने लगा है। यहाँ पर उपस्थित प्रायः सभी व्यक्ति यह अनुभव कर रहे हैं कि भाषा के कार्यफलन के प्रति बधिर भाषावैज्ञानिक और भाषावैज्ञानिक समस्याओं से उदासीन एवं भाषावैज्ञानिक प्रणाली से अपरिचित साहित्यशास्त्री, दोनों ही समान रूप से अपने समय से बहुत पीछे हैं।"

जहाँ तक काव्यशास्त्र और भाषाविज्ञान के अंतःसंबंधों का प्रश्न है, याकोब्सन के अनुसार संघटनात्मक स्तर पर काव्यशास्त्र, भाषाविज्ञान का एक अभिन्न अंग है। जिस प्रकार चित्रकला की विवेचना का संबंध चित्रों की संघटना से संबंधित रहता है, उसी प्रकार काव्यशास्त्र का संबंध शाब्दिक संघटना की समस्याओं के साथ रहता है और शाब्दिक संघटना के अध्ययन का मूल विज्ञान भाषाशास्त्र है, अतः काव्यशास्त्र भाषाविज्ञान का अपना (विशिष्ट) एक अंग है।

लेकिन साथ में काव्यशास्त्र मूलतः इस प्रश्न को लेकर भी चलता है कि वे कौन से तत्त्व हैं जो शाब्दिक संदेश (मेसेज) को कला की वस्तु बना देते हैं ? जब काव्यशास्त्र

को इस संदर्भ में कला के अन्य क्षेत्रों से 'व्यवच्छेदक दृष्टि' के आधार पर ग्रहण किया जाता है अर्थात् जब यह देखने का प्रयास किया जाता है कि शाब्दिक कला के रूप में गृहीत कविता, कला के अन्य क्षेत्रों अथवा अन्य शाब्दिक व्यवहार (वर्बल बिहेवियर) से किस आधार पर भिन्न है तब निश्चय ही साहित्यिक क्षेत्र में उसका एक प्रमुख स्थान बन जाता है।

भाषा और साहित्य के प्रसिद्ध सोवियत मर्मज्ञ विनोग्रादोव (1963) के अनुसार काव्यशास्त्र को मात्र भाषाविज्ञान के क्षेत्र में रखना असंगत होगा। कला-शैली की सैद्धांतिक और व्यावहारिक समीक्षा की सबसे बड़ी कठिनाई इसलिए उत्पन्न होती है कि कविता, गुणात्मक स्तर पर दो नितांत भिन्न सामाजिक कार्यफलनों का अभिन्न संयोग होती है अर्थात् भाषा और साहित्य गुणात्मक स्तर पर दो भिन्न क्षेत्र हैं, सामाजिक कार्यफलन की दृष्टि से भी ये दो तत्त्व हैं, पर कविता की विशेषता इसी में है कि इन दो नितांत भिन्न तत्त्वों को वह अपनी संघटना में एक साथ अंतर्निहित किए रहती है। उनके अनुसार, जब हम भाषा के संदर्भ में शैली की चर्चा उठाते हैं, तब भाषा-शैली होने के कारण उसका यह पक्ष 'भाषाविज्ञान' के भीतर आता है और जब हम साहित्य के व्यापक संदर्भ में शैली की बात करते हैं, तब उसका दूसरा पक्ष सामने आता है जिसे 'साहित्यिक शैली' कहा जा सकता है, जो भाषाविज्ञान का नहीं, वरन् साहित्य का अपना क्षेत्र है। ये दोनों शैलियाँ—भाषा एवं साहित्य, अपने सम्मिलित सहयोग और कार्यफलन के अपने निजी संतुलन के परिणामस्वरूप 'कला-शैली' को जन्म देती हैं। काव्यशास्त्र के अंतर्गत जब कला-शैली की चर्चा उठाई जानी चाहिए तब उनके अनुसार उसमें भाषा और साहित्य, दोनों ही शैलियों का विश्लेषण होना अपेक्षित है। अतः काव्यशास्त्र शैली के संदर्भ में मात्र भाषाविज्ञान की वस्तु नहीं, उसके कुछ पक्ष उससे अलग भी हैं और कविता के विवेचन में इन दोनों पक्षों को अलग रखना अनिवार्य है।

अपने विवेचन में विनोग्रादोव यह स्पष्ट नहीं कर पाते कि भाषा और साहित्य शैली के अंतर्द्वंद्व के फलस्वरूप आविर्भूत 'कला-शैली' का स्वरूप क्या है ? फिर स्पिट्ज़र के मत का खंडन तो वे करते हैं, पर यह प्रतिपादित नहीं कर पाते कि जिसे वह 'साहित्य-शैली' कहते हैं उसे कविता के संदर्भ में भाषा के माध्यम से समझाया जाना संभव है अथवा नहीं। अगर भाषा के आधार पर समझाना संभव नहीं तब उसे भाषा-शैली के सीमा-क्षेत्र से बाहर रखना ठीक है, पर अगर भाषा की अपनी व्यवस्था एवं आंतरिक संघटना के आधार पर उसे परखना और जानना संभव है तब कहीं ऐसा तो नहीं कि उनके द्वारा स्थापित साहित्यिक शैली भाषा के आंतरिक संघटना के विशिष्ट कार्यफलन का ही परिणाम है।

झिरमुंस्की (1961 : 29) के अनुसार, कला-शैली को भाषा के आधार पर नहीं समझाया जा सकता। कविता की कला-शैली का संबंध, कवि की जीवनदृष्टि और उसके भावजगत् के साथ होता है जो यद्यपि शब्दों के माध्यम से तो व्यक्त होता है, पर शब्दों की ही परिधि में ही सिमटा नहीं होता। कविता शब्दों के पार जाकर, सामान्यीकृत

बौद्धिक प्रत्ययों से ऊपर उठकर अबौद्धिक जगत् की सृष्टि करती है।

अगर विनोग्रादोव और झिरमुंस्की की बात मान भी ली जाए, तो इससे यह सिद्ध नहीं होता कि कविता में जिस भाषा का प्रयोग होता है अथवा अपने माध्यम को कविता जिस रूप में अपनाती है और उसके सहारे जिस 'अबौद्धिक कथ्य' अथवा 'भावजगत् की जीवनदृष्टि' को वह व्यक्त करती है, उसके बीच कोई अंतरंग संबंध नहीं। यह तो कहा जा सकता है कि बोलचाल की सामान्य भाषा 'अबौद्धिक कथ्य' या 'जीवनदृष्टि' का माध्यम बनने में समर्थ नहीं। कविता की भाषा 'काव्यात्मक' भी तो इसीलिए है कि वह बोलचाल की भाषा की इस अक्षमता को अन्य साधनों से दूर करती है, अपनी संभावनाओं का प्रसार करती हुई वह एक असामान्य स्तर पर असामान्य कथ्य को भी अंतर्भुक्त कर लेती है। जिस कारण से भाषा की सामान्य स्थिति असामान्य हो उठती है, उस कारण की ओर संकेत भाषा की असामान्य स्थिति देती है। सवाल तो इसका है कि भाषा की असामान्य स्थिति और उस असामान्य स्थिति में पहुँचाने वाले कारण (कविता में 'अबौद्धिक कथ्य' और भावजगत् की जीवनदृष्टि) के बीच के संबंधों की प्रकृति क्या है ? क्या इन संबंधों की प्रकृति को अनुसंधान का विषय बनाना संभव है ? 'अबौद्धिक कथ्य' तक भाषा की सामान्यीकृत प्रकृति का सहारा लेते हुए पहुँचा जा सकता है ?

कविता के 'अबौद्धिक कथ्य' का पता अगर कविता ही देती है तो निश्चय ही कविता जिस माध्यम से उसे अपने भीतर सँजोती है, उस माध्यम का विश्लेषण ही सँजोई गई वस्तु को सही दिशा में समझने में सहायक होगा। स्पिट्जर (1962 : 141-2) के अनुसार, 'यह कहने के बजाय कि कविता शब्द निर्मित नहीं होती और कविता में शब्द अपने अर्थ से मुक्त होकर, बौद्धिक-प्रत्यय के पार जाकर लयात्मक प्रत्यय का सृजन करते हैं' मैं यह कहना चाहूँगा कि ''कविता शब्द-निर्मित ही होती है और उन शब्दों का अर्थ भी उसमें 'स्थित' रहता है। लेकिन कवि की चमत्कारपूर्ण प्रतिभा, जो काव्य-संघटना को एक समग्र दृष्टि के लयात्मक प्रत्यय में बाँधता है, इन शब्दों एवं उसमें स्थित अर्थ को बौद्धिक प्रत्यय के पार ले जाकर लयात्मक प्रत्यय तक पहुँचा देती है। और यह भाषाशास्त्र के अध्येता का कार्य है कि वह इस तथ्य का विश्लेषण करे कि निर्देशित रूपांतरण की प्रक्रिया क्या है। कविता के अबौद्धिक पक्ष भाषावैज्ञानिक आलोचक के हाथों में अपनी सत्ता खो नहीं देते अथवा उनके हाथों उनका अस्तित्व समाप्त नहीं हो जाता। इसके ठीक विपरीत वह कवि के साथ सामंजस्य स्थापित करते हुए कार्य करेगा (यह बात दूसरी है कि वह कवि स्वीकृति की अपेक्षा नहीं रखेगा) और धैर्यपूर्वक विश्लेषणात्मक पद्धति का सहारा लेते हुए उस पथ को ढूँढ़ने का प्रयत्न करेगा जो बौद्धिक से अबौद्धिक की ओर कविता को ले जाता है और जिस दूरी को कवि अपनी एक छलाँग में ही तय कर लेता है।''

कहने का तात्पर्य यह है कि अगर यह स्वीकार भी कर लिया जाए कि कविता 'अबौद्धिक कथ्य' और 'भावजगत् के सत्य' को लेकर चलती है तब भी उसे पाने और

समझने का रास्ता शब्द और उससे निहित अर्थ का ही है। शैलीविज्ञान कविता के इस 'अबौद्धिक कथ्य' और 'शब्दिक प्रत्यय' के संबंधों का ही विश्लेषण प्रस्तुत करता है और यह देखने का प्रयत्न करता है कि शाब्दिक प्रत्यय का रूपांतरण किन स्थितियों में और किन माध्यमों द्वारा 'अवौद्धिक कथ्य' में हो जाता है। विश्लेषण की इस प्रक्रिया का आधार वहाँ भाषा के विभिन्न कार्यफलन और काव्य-भाषा की अपनी संघटना होते हैं और ये दोनों मूलतः भाषाविज्ञान के क्षेत्र के भीतर आते हैं, अतः शैलीविज्ञान को भाषाविज्ञान का ही एक अंग माना जा सकता है, जहाँ विश्लेषणात्मक प्रणाली भाषावैज्ञानिक है, पर जिसकी विश्लेषणात्मक सामग्री भाषा का सामान्य रूप न होकर उसका विशिष्ट साहित्यिक पक्ष होता है और जहाँ भाषा के उस विशेष कार्यफलन को केंद्र बनाया जाता है जिसके सहारे कवि शब्दों के साथ बँधे बौद्धिक प्रत्यय का रूपांतरण अबौद्धिक कथ्य में करने में समर्थ सिद्ध होता है।

शैलीविज्ञान और काव्य-विश्लेषण*

साहित्य अगर 'शाब्दिक कला' है तो काव्यकृति 'शाब्दिक (भाषिक) प्रतीक'। भाषिक होने के कारण काव्यकृति जिस काव्य-वस्तु का सृजन करती है उसका पूरा-का-पूरा संसार भाषाबद्ध रहता है। प्रतीकवत् होने के परिणामस्वरूप काव्यकृति में कथ्य एवं अभिव्यक्ति पक्ष की अंतरंग अन्विति एवं आभ्यंतर अभिन्नता स्वयंसिद्ध रहती है। शैलीविज्ञान आलोचना की वह पद्धति है जो न केवल काव्यकृति को शाब्दिक प्रतीक के रूप में स्वीकार करती है, अपितु वह यह भी मानकर चलती है कि शाब्दिक प्रतीक के अभिव्यक्ति पक्ष के विश्लेषण के माध्यम से उसके काव्य पक्ष को जाना-पहचाना जा सकता है।

काव्यकृति सार्थकता से परिचित होने का दूसरा नाम है उसकी काव्य-वस्तु का अनुभावन। पर काव्य-वस्तु के आधारभूत उपादान के रूप में स्थित होती हैं—अतर्क्य अनुभूतियाँ, तरल संवेदनाएँ और भावजगत् की जीवन-दृष्टि। काव्यकृति का संसार, मानव-जीवन एवं प्रकृति व्यापार की आंतरिक प्रक्रिया से जुड़ा होने के कारण सहज भाव से पकड़ में नहीं आता। अनुभूतियाँ, अपनी मूल प्रकृति में अव्यवस्थित एवं संघटना रहित होने के कारण अतार्किक होती हैं; संवेदनाएँ, तरलावस्था में रहने के कारण अनिर्धारित एवं अमूर्त रहती हैं, और जीवन-दृष्टि भावजगत् से संबद्ध होने के कारण अबौद्धिक कथ्य का निर्माण करती हैं। सृजनात्मक प्रक्रिया के दौरान अतर्क्य अनुभूतियाँ एक निश्चित व्यवस्था में ढलती हैं और तरल संवेदनाएँ अपना मूर्त रूप ग्रहण करती हैं। इसी प्रकार भावजगत् की जीवनदृष्टि भाषिक प्रतीक में बँधने के कारण बौद्धिक लयात्मक प्रत्यय के रूप में प्रतिफलित होती है। लयात्मक प्रत्यय की व्यवस्था में ढली अनुभूतियों एवं सम्मूर्तित संवेदनाओं की भाषाबद्ध समन्वित इकाई को काव्यकृति की काव्य-वस्तु कहा जा सकता है।

काव्यवस्तु को 'भाषाबद्ध' इकाई कहा गया है क्योंकि वह भाषानिरपेक्ष रहकर सिद्ध हो ही नहीं सकती। यह तथ्य महत्त्वपूर्ण है कि काव्य-वस्तु न केवल भाषा के 'माध्यम' से व्यक्त होती है, अपितु वह भाषा के 'भीतर' ही अपना जन्म पाती है। अतर्क्य अनुभूतियाँ एवं तरल संवेदनाएँ भाषा में आबद्ध होने की पूर्व स्थिति में अनुगूँज पुकार के समान होती है क्योंकि काव्य-वस्तु में ढलने के पहले वे असंगठित एवं अमूर्त रूप

---

* सर्वप्रथम 'शैली और शैलीविज्ञान' (सं. सुरेश कुमार, श्रीवास्तव), 1976 में प्रकाशित। प्रकाशक : केंद्रीय हिंदी संस्थान, आगरा।—संपादक

में रहती हैं। कवि जब अपनी अनबूझ संवेदनाओं की अभिव्यक्ति के लिए भाषा के पास आता है तब अव्यवस्थित अनुभूतियों एवं व्यवस्थित भाषा संरचना, तरल संवेदनाओं एवं मूर्त भाषिक प्रत्यय तथा लयात्मक प्रत्यय एवं स्थिर भाषिक अर्थ की 'टकराहट' का वह पहली बार अनुभव करता है। इस 'टकराहट' के परिप्रेक्ष्य में ही अतर्क्य अनुभूतियाँ एवं तरल संवेदनाएँ अपनी आंतरिक प्रकृति का उद्घाटन करती हैं जिसको पहली बार कवि सचेतन मन के धरातल पर अनुभव करता है।

कथ्य की विशिष्टता और सामान्य भाषा की सामान्यीकृत प्रकृति के बीच की इस टकराहट के गर्भ से ही साहित्यिक शैली अपना जन्म पाती है। साहित्यिक शैली, न केवल भावजगत् की जीवनदृष्टि एवं अबौद्धिक कथ्य को व्यक्त करने की सामान्य भाषा की असामर्थ्य-शक्ति के परिहार के रूप में सिद्ध रहती है, वरन् वह काव्य-अनुभूति एवं संवेदनाओं की आंतरिक प्रकृति का उद्घाटन भी करती है। और संभवतः यही कारण है कि कलात्मक संघटना, टकराहट से उत्पन्न विषमता को मिटाती नहीं (क्योंकि उसी के संदर्भ में अनुभूतियाँ एवं संवेदनाएँ अपनी सही प्रकृति का उद्घाटन करती हैं) अपितु उसको बिना मिटाए एक समग्र लयात्मक प्रत्यय में बाँधती है जिसके संदर्भ में विषमता स्वयं अपनी अंतर्विरोधी प्रकृति का समाधान ढूँढ़ लेती है।

इसमें संदेह नहीं कि भाषा और साहित्य को जोड़ने वाली संकल्पना ही शैली है जिसे साहित्य के संदर्भ में 'सहेतुक भाषा-पद्धति' कहा जा सकता है। पर सवाल है कि सहेतुक भाषा-पद्धति की मूल प्रकृति क्या है ? अगर भाषा-पद्धति 'सहेतुक' है तो वह किस 'हेतु' अथवा 'लक्ष्य' की सिद्धि का परिणाम है ? केलकर के अनुसार, भाषा की दृष्टि से विचार करने पर शैली का लक्ष्य उक्ति की शोभा और अलंकरण मात्र ठहरता है। पर साहित्य की दृष्टि से विचार करने पर 'शैलीमीमांसा' (स्टाइलिस्टिक्स) का सूत्र 'आस्वाद्यवस्तुमीमांसा' (एस्थेटिक्स) तक पहुँचाना पड़ता है।

केलकर के मंतव्य को सही संदर्भ में समझने के लिए उन्हीं का उदाहरण लें, ''मान लो, हमें एक कुर्सी बनवानी है। उसे बनवाते समय कच्चा माल, पैसा, औजार, समय, बल, कौशल आदि चीजों की, और जो हमको उनमें से उपलब्ध हैं उनकी सीमाओं का हम पर बंधन रहता है। उसी तरह हमारा साध्य क्या है, क्या चीज बनानी है, इसका बंधन भी जरूर रहेगा। इतना बोझ सँभालना है, गुरुत्वमध्य निम्न स्तर पर रखना है, कुर्सियाँ ऐसी बनानी हैं कि जमाकर रखते समय आसानी हो आदि शर्तों का निर्वाह करना होगा। जब कुर्सी बनकर तैयार हो जाती है तब उसका रंग-रूप देखकर इन दोनों बंधनों का कहाँ तक खयाल रखा गया है यह बात समझ में आ जाती है। लेकिन साध्य-साधन की सीमाएँ सँभालने का हिसाब यदि हम घटा देते हैं तो हमें दीख जाता है कि कुर्सी के तैयार करने वाले ने अपनी पसंद की स्वतंत्रता का उपयोग किया है; यह बाकी रह गई चीज है शैली।''

इस उद्धरण से स्पष्ट है कि केलकर शैली को न केवल साधन से स्वतंत्र वस्तु मानते हैं, वरन् उसे साध्य की अपनी प्रकृति से भी मुक्त कर देखने के पक्ष में हैं। साहित्यिक

शैली की उनकी भाषावादी दृष्टि के अनुसार शैली एक ओर साध्य (कथ्य की विशिष्टता) को नकारती चलती है और दूसरी ओर साधन (भाषिक संरचना) की सीमाओं के संदर्भ से कटकर सामने आती है। उनके अनुसार शैली का आधारभूत तत्त्व कलाकार की 'अपनी पसंद की स्वतंत्रता' है।

साहित्यिक शैली को भाषिक दृष्टि से देखने की यह पद्धति भ्रामक तो है ही, भाषा की सही प्रकृति को उचित संदर्भ देने में भी यह असमर्थ है। फिर जिस कलाकार की 'अपनी पसंद की स्वतंत्रता' की बात केलकर उठाते हैं, वह साहित्यिक प्रक्रिया की संपूर्ण गुरुता और साहित्यकार के पूरे दायित्व से ही शैली की संकल्पना को अलग कर देती है। क्या कथ्य की विशिष्टता, कलाकार के पसंद की स्वतंत्रता को सीमित नहीं करती ? जिस शैली को कलाकार अपनाता है वह क्या काव्य-वस्तु की अपनी प्रकृति का अंतरंग नहीं ?

ध्यान देने की बात है कि बाह्य जगत् का तथ्य (फैक्ट) और भाषिक जगत् का यथार्थ (रिएलिटी) वस्तुतः दो भिन्न वस्तुएँ हैं जिनका अंतर जानना साहित्यिक जगत् के कलात्मक यथार्थ को समझने के लिए अत्यंत आवश्यक है। बाह्य जगत् का तथ्य, एक भौतिक उपादान होता है, वह एक घटना (इवेंट) है जो भौतिक क्षेत्र और समय (टाइम) के संदर्भ में परिभाषित होता है। भाषिक जगत् का यथार्थ, भौतिक तथ्यों की सामान्यीकृत मानसिक संकल्पना है। वह भी एक घटना है, पर उसका निर्धारित करने वाला तत्त्व स्थान और समय-संबंधी भाषा की अपनी संघटना है। यही कारण है कि समय (टाइम) और काल (टेंस) अथवा भौतिक लिंग (सेक्स) और भाषिक लिंग (जेंडर) आदि एक नहीं।

भाषिक यथार्थ के लिए भौतिक जगत् के तथ्य केवल उपादान हैं उनके यथार्थ नहीं। अतः एक तथ्य को व्यक्त करने के लिए कई भाषिक प्रतीक हो सकते हैं। उदाहरण के लिए, शब्द के स्तर पर भाषिक प्रतीक के रूप में 'कमल', 'नीरज' और 'पंकज' को लें। इन शब्द-प्रतीकों का संकेत-ग्रह (तथ्य) संसार में खिलने वाला एक फूल-विशेष है, पर प्रतीक के रूप में ये शब्द उस फूल-विशेष की जाति (सामान्यीकृत धारणा) का ही बोध कराते हैं। साथ ही अपने अर्थ की व्यापकता के संदर्भ में ये एक-दूसरे से भिन्न यथार्थ की ओर भी संकेत देते हैं। 'पंकज' और 'नीरज' दोनों ही शब्द-प्रतीक, कमल के फूल (तथ्य) की ओर संकेत देते हैं, पर उनके बीच किसी एक का विकल्प से चुनाव अतिरिक्त अर्थ को ध्वनित करता है। एक उसे पंक के साथ संबद्ध कर 'गुदड़ी के लाल' की भाँति सामने लाता है तो दूसरा जल के साथ जोड़कर 'जनक' की भाँति अपने वातावरण से अप्रभावित एवं निश्छल सिद्ध कर देना चाहता है। यह भी तथ्य महत्त्वपूर्ण है कि किसी देश की भाषा अपने प्रयोक्ता की जातीय संस्कृति का एक महत्त्वपूर्ण अंग होने के कारण सांस्कृतिक संवेदनाओं से अर्थगर्भित रहती है। भाषा सांस्कृतिक चेतना की गत्यात्मक शक्ति भी है। पर इसके साथ यह भी संभव है कि शब्द द्वारा संकेतित वस्तु अपनी जातीय संस्कृति के संदर्भ में स्वयं प्रतीकवत् सिद्ध हो। उदाहरण के लिए, 'फूल' के संदर्भ में 'कमल' और 'गुलाब' शब्द की संकेतित वस्तु को लें। दोनों सौंदर्यबोधक अर्थ की संसृष्टि करते हैं, दोनों मन की कोमलता और सुकुमारता

को व्यंजित करते हैं, पर भारतीय संस्कृति के उपादान के रूप में एक पवित्रता और अम्लान भाव का प्रतीक बनता है तो दूसरा विलासिता और भौतिक ऐश्वर्य के प्रतिनिधि के रूप में सामने आता है। एक को अगर कवि 'भारती-वंदना' करते समय दृश्यबिंब के रूप में सामने लाता है—'भारती, जय विजय करे। कनक-शस्य-कमल धरे।' तो दूसरे को 'अरे, ओ दुष्ट गुलाब' कहकर संबोधित करता है।

केलकर जिसे 'कलाकार की अपनी पसंद की स्वतंत्रता' कहते हैं वह वस्तुतः उस अतिरिक्त अर्थ का जनक है जो काव्य-वस्तु को विशिष्ट बनाता है। 'पसंद की स्वतंत्रता' के अर्थ में शैली वस्तुतः अर्थ-विस्तार की सूक्ष्म मर्यादा का निर्माण करती है, वह मुख्यार्थ के साथ प्रतिध्वनि के समान एक द्वितीय अर्थ को भी अभिव्यक्त करती है। शैली का संबंध मूलतः इस द्वितीय अर्थ के साथ रहता है।

सामान्य भाषा के संदर्भ में 'मुख्यार्थ' और शैली के परिप्रेक्ष्य में 'द्वितीय' अथवा 'अतिरिक्त' अर्थ को प्रभाव-संचार सिद्धांत में प्रचलित संबद्ध पर विरोधी दो प्रत्ययों—उद्रिक्तता (रिडंडेंसी) और सूचना (इनफार्मेशन) के आधार पर भी समझा जा सकता है। सूचना ग्रहण विकल्प और चुनाव के संदर्भ में ही संभव है जबकि उद्रिक्तता, पूर्वज्ञान के संदर्भ में अनुमेय (प्रिडिक्टेबल) होती है। जहाँ संशय की स्थिति है और विकल्प की संभावना, वहाँ किसी एक के विरोध में दूसरे का चुनाव निश्चय ही कुछ-न-कुछ अतिरिक्त सूचना संप्रेषित करेगा। शब्द-प्रतीक के संदर्भ में 'पंकज' और 'नीरज' और संकेतित वस्तु के संदर्भ में 'कमल' और 'गुलाब' के फूल के चयन से ध्वनित द्वितीय अर्थ की ओर हम पहले संकेत दे आए हैं। यहाँ वाक्य-प्रतीक के संदर्भ में संक्षेप में चर्चा असमीचीन न होगी।

उदाहरण के लिए हम नीचे के दो वाक्यों को लें :

1. (क) लड़का आम नहीं खा रहा है।
   (ख) आम लड़के से नहीं खाया जा रहा है।

वाक्य (1) के (क) और (ख) उक्तियों में एक क्रिया है (खाने की), एक क्रिया को संपादित करने वाला सक्रिय कर्ता (लड़का) और एक खाद्य वस्तु कार्यरूप में है (आम)। इसके साथ खाने की क्रिया का निषेध पक्ष है। तथ्य (फैक्ट) के धरातल पर दोनों समान हैं, पर इन दोनों में किसी एक का चुनाव द्वितीय अर्थ को ध्वनित करने में सक्षम है। (क) के चुनाव में सक्रिय कर्ता की क्रियाशीलता सुरक्षित है और उद्देश्य रूप में कर्ता के रूप में लड़के पर बल है। (ख) का चुनाव करने का मूल कर्ता की क्रियाशीलता का सक्रिय पक्ष दब जाता है और उसकी अक्षमता सामने उभर आती है। उद्देश्य के रूप में बल, कर्ता पर न होकर इस उक्ति में कर्म अर्थात् 'आम' पर है। स्पष्ट है, एक ही वाक्य को 'कर्तृवाच्य' अथवा कर्मवाच्य के रूप में अभिव्यक्ति देने के लिए कलाकार स्वतंत्र है, पर उसकी यह स्वतंत्रता शैलीगत द्वितीय अर्थ की सार्थक अभिव्यक्ति से मुक्त नहीं।

घर रहेंगे, हमीं उनमें रह न पाएँगे :

समय होगा, हम अचानक बीत जाएँगे :...

इस काव्यांश में 'हम अचानक बीत जाएँगे' उक्ति को ही लें। अगर क्रिया के रूप में 'बीतना' को लें, तो इसके दो रूप तो संभव थे ही 'बीतना/बितना' 'बीतना' सकर्मक क्रिया है जो वाक्य में एक सक्रिय कर्ता और कर्म की अपेक्षा रखता है; 'बीतना' व्युत्पन्न अकर्मक क्रिया है जिसमें सक्रिय कर्ता का या तो लोप हो जाता है अथवा उसके असामर्थ्य का प्रकाशन रहता है। 'बीत जाना' के रूप में क्रिया के अकर्मक पक्ष के चयन और 'हम' के कर्म-कर्तृक प्रयोग से एक ओर 'हम' को (जो सजीव व्यक्ति है, जिसे क्रिया का कर्ता होना चाहिए, और जो प्रकति रूप में समय क्रो बिताने वाला है) समय के समान बीतने वाला निष्क्रिय एवं अक्षम वस्तु के रूप में रखा गया है तो दूसरी ओर उसकी परवशता एवं उसकी असहाय स्थिति की ओर संकेत दिया गया है। इस उक्ति में कर्मवाच्य के रूप में पसंद की स्वतंत्रता का प्रश्न वस्तुतः कलाकार के पक्ष से हो सकता है, पर काव्य-वस्तु के संदर्भ में यह स्वतंत्रता नहीं, अर्थात् उसकी आंतरिक अनिवार्यता है जो किसी अन्य रूप में विकल्प से चयन करने पर न केवल अपना प्रभाव खो बैठने के लिए विवश है अथवा अपनी प्रकृति परिवर्तित करने के लिए बाध्य है। काव्य-वस्तु अगर विशिष्ट है तो वह इसलिए कि अतिरिक्त अर्थ विशिष्ट है और अतिरिक्त अर्थ अपने में विशिष्ट है तो इसलिए कि वह एक निश्चित और विशिष्ट शैली में बँधा है।

भौतिक तथ्य और भाषिक यथार्थ में अंतर को वाक्य 2 (क) और (ख) की तुलना के आधार पर समझा जा सकता है।

2. (क) नल अब काम कर रहा है।
   (ख) नल तब काम नहीं कर रहा था।

तालिका-1

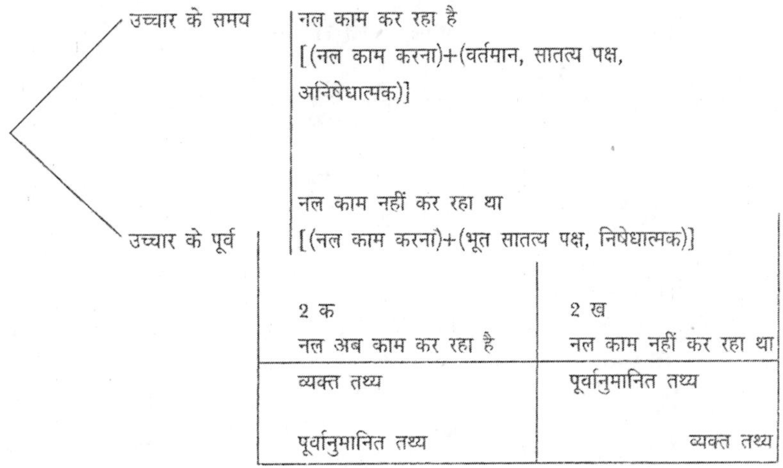

2 क नल अब काम कर रहा है	2 ख नल काम नहीं कर रहा था
व्यक्त तथ्य पूर्वानुमानित तथ्य	पूर्वानुमानित तथ्य व्यक्त तथ्य

जैसा कि तालिका (एक) से स्पष्ट है इन दोनों उक्तियों के भौतिक तथ्य एक हैं अर्थात् वक्ता के उच्चार के समय 'नल काम कर रहा है' और उसके उच्चार के पूर्व 'नल काम नहीं कर रहा था।'। पर वाक्य 2 (क) में बल (व्यक्त तथ्य) उच्चार के समय नल के काम करने पर है और उच्चार के पूर्व नल के काम नहीं करने की स्थिति पूर्वानुमानित (प्रिसपोज्ड) है। इसके विपरीत 2 (ख) में व्यक्त तथ्य है उच्चार के पूर्व की स्थिति, अर्थात् 'नल काम नहीं कर रहा था', जबकि पूर्वानुमानित तथ्य उच्चार के समय के नल के काम करने की स्थिति है।

इस उदाहरण से स्पष्ट है कि 'अब' (वर्तमान काल, अनिषेधात्मक) और 'तब' (भूतकाल, निषेधात्मक) भौतिक तथ्य के धरातल पर पर्यायवाची हैं, पर भाषिक यथार्थ के धरातल पर भिन्न हैं, क्योंकि उनके व्यक्त पूर्वानुमानित तथ्य की विभिन्नता कथन में अतिरिक्त अर्थ को व्यंजित करती है। अगर हमारी दृष्टि कथन के भौतिक तथ्य तक सीमित है तब तो हम यह कह सकते हैं कि 2 (क) या (ख) में किसी एक का चुनाव कलाकार के अपने पसंद की स्वतंत्रता का परिणाम है, पर अगर हमारी दृष्टि सूक्ष्म अर्थ के विस्तार पर है तब 2 (क) और (ख) पर्यायवाची वाक्य नहीं ठहरते क्योंकि इनके भाषिक यथार्थ में पर्याप्त भिन्नता है।

प्रतीक-पद्धति की जिस प्रकृति को लेकर काव्य-भाषा चलती है उसका भी अपना सैद्धांतिक आधार है। सामान्य भाषा में प्रतीक पद्धति समीकरण के सिद्धांत को लेकर चलती है जबकि काव्य-भाषा में प्रतीक-संयोजना, तुल्यार्थक (इक्विवैलेंस) सिद्धांत पर आधारित होती है। तुल्यार्थक सिद्धांत, 'पैराडिग्मेटिक' स्तर पर प्रतीकों के 'चुनाव' से संबद्ध है जबकि 'सिंटैग्मेटिक' स्तर पर उसका संबंध प्रतीकों के सार्थक संसर्ग और सन्निधि (कॉम्बिनेशन) के साथ रहता है। यहाँ यह तथ्य भी महत्त्वपूर्ण है कि प्रतीक, कथ्य और अभिव्यक्ति की समन्वित इकाई है। अतः काव्य-भाषा प्रतीक संयोजना के संदर्भ में कथ्य और अभिव्यक्ति (ध्वनि) दोनों ही स्तरों पर तुल्यार्थक सिद्धांत को अपनाती है। उदाहरण के लिए इन पंक्तियों को लें :

|||SS |S ||S|| |SSS
16=(5+11) घर रहेंगे, हमीं उनमें रह न पाएँगे : (7+16)=23

||| SS || |S|| S|SSS
16=(5+11) समय होगा, हम अचानक बीत जाएँगे : (7+16)=23

अभिव्यक्ति पक्ष (ध्वनि-स्तर)

विवेचना की सुविधा के लिए हम पूर्ण पंक्तियों के लिए 1 और 2 तथा अर्द्ध पंक्तियों के लिए क, ख का प्रयोग करेंगे।

1.	$(1_{\text{क}}+1_{\text{ख}})$	अक्षर गणना :	(5+11) = 16
		मात्रा गणना :	(7+16) = 23

2. ($2_{क}+2_{ख}$) — अक्षर गणना : (5+11) = 16
   — मात्रा गणना : (7+16) = 23

इन वाक्यों के 'क' और 'ख' के अंतिम तीन अक्षरों की प्रकृति पर ध्यान दें तो उनकी संरचना निम्नलिखित प्रकार की ठहरती है :

1. ($1_{क}$=... ISS + $1_{ख}$=...SS)
2. ($2_{क}$=... ISS + $2_{ख}$=...SS)

यति अर्थात् विराम व्यवस्था पर ध्यान देने पर इन पंक्तियों की निम्नलिखित संरचना सामने आती है :

1. घर रहेंगे // हमीं उनमें / रह न पाएँगे ///
2. समय होगा // हम अचानक/बीत जाएँगे ///
1. 7+//7+9//
2. 7+//7+9//

कहने की आवश्यकता नहीं कि छंद योजना की दृष्टि से 1 और 2 पंक्तियाँ समतुल्य हैं। अक्षर गणना, मात्रा गणना, उपखंडों के अंतिम तीन अक्षरों की प्रकृति और यतियोजना के संदर्भ में दोनों पंक्तियों में आंतरिक समरूपता है।

अभिव्यक्ति पक्ष (व्याकरणिक स्तर)

जो आंतरिक समरूपता हम अभिव्यक्ति पक्ष के ध्वनि स्तर पर देखते हैं वही हम व्याकरणिक स्तर पर भी पाते हैं। व्याकरणिक स्तर पर इन दो पंक्तियों की संरचना को तालिका 2 में विश्लेषित किया गया है। इसको चार स्तर (अ, आ, इ, ई) पर प्रस्तुत किया गया है जिसमें हर दूसरा, अपने पूर्ववर्ती स्तर का विस्तार मात्र है।

तालिका-2

<table>
<tr><td rowspan="2">(अ)</td><td>1.</td><td>|||</td><td>S|P ||</td><td>S|</td><td>P|||</td><td></td><td></td></tr>
<tr><td>2.</td><td>|||</td><td>S|P ||</td><td>S|</td><td>P|||</td><td></td><td></td></tr>
<tr><td rowspan="2">(आ)</td><td>1.</td><td>|||</td><td>S|V_s ||</td><td>S|</td><td>A_l</td><td>V_c+*neg*</td><td>|||</td></tr>
<tr><td>2.</td><td>|||</td><td>S|V_s ||</td><td>S|</td><td>A_t|</td><td>V_c</td><td>|||</td></tr>
<tr><td rowspan="2">(इ)</td><td>1.</td><td>|||</td><td>S|V_s ||</td><td>S|</td><td>A_l|</td><td colspan="2">V_c (↔V_p+V_l)+*neg* |||</td></tr>
<tr><td>2.</td><td>|||</td><td>S|V_s ||</td><td>S|</td><td>A_t|</td><td colspan="2">V_c (→V_p+V_i) |||</td></tr>
<tr><td rowspan="2">(ई)</td><td>1.</td><td>|||</td><td colspan="5">S_a(→O) |V_s|| S_a (↔O) |A_l|V_c(↔V_p+V_i(→*abil*)+*neg*|||</td></tr>
<tr><td>2.</td><td colspan="6">||| (↔O)V_s|| S_a(↔O)| A_t | V_c (↔V_p+V_i (→*pass*) |||</td></tr>
</table>

S	=	(Subject)	उद्देश्य
Sa	=	(Sanimate)	सजीव उद्देश्य
Si	=	(Sinanimate)	निर्जीव उद्देश्य
P	=	(Predicate)	विधेय
Vs	=	(Verb Simple)	सामान्य क्रिया
Vc	=	(Verb Compound)	संयुक्त क्रिया
Al	=	(Locative Adjunct)	स्थानवाचक क्रियाविशेषण
At	=	(Temporal Adjunct)	कालवाचक क्रियाविशेषण
D	=	(Dative)	संप्रदान भोक्ता
O	=	(Objective)	कर्म
Vp	=	(verb-primary)	मुख्य क्रिया
Vi	=	(verb-intensifier)	रंजक क्रिया
neg	=	(Negative)	निषेधात्मक
abil	=	(Abilitative)	सामर्थ्यपरक
pass	=	(Passive)	कर्मवाच्य
‖‖	=	(Sentence boundary)	वाक्य विराम
‖	=	(Clause boundary)	उपवाक्य विराम
‖	=	(Group boundary)	पदबंध विराम

व्याकरणिक संरचना का ध्यान देने से स्पष्ट हो जाता है कि दोनों वाक्य (1 और 2) संयुक्त वाक्य हैं क्योंकि वाक्यों के दोनों उपवाक्य समानाधिकरणिक हैं। दोनों उपवाक्यों के बीच अर्द्धविराम का प्रयोग है जो वस्तुतः विरोधदर्शक समुच्चयबोधक अव्यय के लोप की ओर संकेत देता है। अव्यय के रूप में 'पर, परंतु, अथवा, लेकिन' आदि की मूल में स्वीकृति और व्यक्त में उसके लोप से दोनों ही वाक्य गठित हैं। (वाक्य संरचना के अन्य तथ्य तालिका 2 में प्रस्तुत विश्लेषण से स्वयमेव स्पष्ट हैं।)

कथ्य पक्ष

सामान्य अर्थ के धरातल पर ये दोनों वाक्य संकेत देते हैं कि घर हैं और हम घर में रहना चाहेंगे क्योंकि घर हमारे रहने के लिए हैं, तथा समय हैं और हम समय को बिताना चाहेंगे क्योंकि समय बिताने (काटने या जीने) के लिए हैं। पर काव्यात्मकता, इस सामान्य अर्थ में नहीं, वरन् उस विडंबना की स्थिति में है जो दो समानाधिकरणिक पर विरोधदर्शक उपवाक्यों की तुल्यार्थक संयोजना से उद्भूत हुई है। जो हमारे जीवन के उपकरण हैं (घर और समय) वे तो होंगे, और बने रहेंगे और जो उस उपकरण के संदर्भ में कर्ता है (अर्थात् हम), वही समाप्त हो जाएगा, उसी की सत्ता मिट जाएगी। (यहाँ

'हम' के साथ जुड़े व्यावर्तक सीमक 'ही' के सार्थक प्रयोग पर ध्यान दें जो संधि के कारण 'हमीं' रूप में व्यक्त है : हम+ही →हमीं। घर व्यक्ति के रहने के लिए होता है। व्यक्ति नहीं तो घर की अपनी कोई सार्थकता नहीं, पर स्थिति की विडंबना यह है कि घर तो रहेगा पर रहनेवाला ही उसमें न रहने अर्थात् चुक जाने के लिए विवश है। इसी प्रकार हम समय को बितानेवाले हैं और समय बीतनेवाला क्षर अंश है पर स्थिति की विडंबना यह है कि समय तो अक्षर भाव से रहेगा, पर उसको जीने वाला स्वयं एक दिन अचानक बीत जाएगा।

यह ध्यान देने योग्य है कि 1 और 2 के क-उपखंड की क्रिया अस्तित्वबोधक और स्थिर (स्टेटिव) है। जबकि ख-उपखंड का विधेय पक्ष संयुक्त क्रिया से युक्त है। 1 (ख) में संयुक्त क्रिया 'रह पाना' का रंजक पक्ष जिस अवकाशबोधक क्रिया 'पाना' से संयुक्त है वह वस्तुतः अनुमतिबोधक क्रिया (जैसे 'देना') की विरोधिनी है। फिर इसकी निषेधात्मक अभिव्यक्ति 'रह न पाना' घर में न रहने की उस आंतरिक विवशता को ध्वनित करती है जो रहने की इच्छा रहते हुए भी न रहने के लिए विवश है। इसी प्रकार 2 (ख) की संयुक्त क्रिया का रंजक पक्ष जिस सहायक क्रिया 'जाना' से संयुक्त है वह मूलतः कर्मवाच्य और भाववाच्य बनाने में सहायक होती है और मुख्य सकर्मक क्रिया इसके संयोग से अकर्मक हो जाती है। विकारदर्शक अकर्मक क्रिया के साथ जुड़कर यह पूर्णता अथवा क्रिया की अंतिम परिणति की सूचना देती है और व्यापारदर्शक क्रिया के साथ संयुक्त होकर शीघ्रता का बोध कराती है। इस उपखंड में 'बीतना' क्रिया के साथ आकर वस्तुतः यह पूरे व्यापार में शीघ्रता, और क्रिया की पूर्णता का अर्थ ध्वनित कर रही है। साथ ही व्युत्पन्न अकर्मक के रूप में 'बीतना', कर्ता के सक्रिय सामर्थ्य के विपरीत उसके असामर्थ्य को व्यंजित कर रही है जिसमें उद्देश्य 'हम' मात्र निष्क्रिय, तटस्थ एवं परवश कर्म रूप प्राणी के रूप में सिद्ध है।

इस विवेचना के संदर्भ में कहा जा सकता है कि इस अंश में तीन संज्ञाएँ हैं—घर, समय और हम। स्थिति यह है कि घर है और रहेगा, समय है और भविष्य में भी होगा, पर हम ? हम इस समय तो हैं, पर भविष्य में न रहने के लिए विवश हैं, हमारा जीवन है, पर अचानक ही वह चुक जाने के लिए परवश है।

प्रतीक पक्ष (काव्यात्मक स्तर)

काव्यात्मक शैली, उपकथनों की तुल्यार्थक अभिव्यक्ति पर आधारित होती है—इसका संकेत पहले दे आए हैं। तुल्यार्थक सिद्धांत शाब्दिक प्रतीकों के चुनाव को सन्निधि अर्थात् इन प्रतीकों के धरातल पर प्रक्षेपण करता है।

अगर इन पंक्तियों पर ध्यान दें तो स्पष्ट हो जाता है कि 1 और 2 पंक्तियों के (क) और (ख) के उपकथन तुल्यार्थक सिद्धांत पर आधारित हैं जिनमें उपकथनों की प्रकृति समतुल्य होते हुए भी एक-दूसरे की विरोधी है। अगर 1 और 2 के क-उपखंड

की क्रिया के संदर्भ में स्थिति देखें तो स्पष्ट है कि 'घर रहेंगे, पर हम न रहेंगे' अथवा 'समय होगा, पर हम न होंगे।' यही ध्वनि ख-उपखंड की क्रिया को केंद्र में रखकर सुनी जा सकती है 'हम रह न पाएँगे, पर घर रह पाएँगे' अथवा 'हम बीत जाएँगे, पर समय बीत नहीं जाएगा'।

अगर इन पंक्तियों के अपने उपकथन और उनकी अपनी संयोजना से ऊपर उठकर इन दोनों (1 और 2 पंक्तियों) की संरचना की तुलना करें तो स्पष्ट हो जाता है कि ध्वनि, व्याकरण एवं अर्थ, इन सभी धरातलों पर इनमें आंतरिक समता और अंतरंग अनुरूपता हैं। (इन तीनों धरातलों पर इन पंक्तियों का विश्लेषण पहले किया जा चुका है।) इन आंतरिक समता के भीतर से जो तत्त्व इन दोनों को एक व्यापक धरातल पर बाँधता है वह है 1 और 2 पंक्तियों के ख-खंड में प्रयुक्त 'हम'। 'हम' ही वह प्रत्यय है जो दोनों पंक्तियों में समान भाव से न केवल स्थित है वरन् 'घर' और 'समय' के संदर्भ में क्षरशील है, न रहने और न जीने के लिए परवश और विवश है।

वस्तुतः अतिरिक्त अर्थ अर्थात् काव्यगत शैली के संदर्भ में यह कहा जा सकता है कि इन दोनों पंक्तियों के उपकथन की आंतरिक संरचना यह ध्वनित करती है कि एक ओर घर (जैसे मनुष्य निर्मित) और समय (जैसे प्राकृतिक) प्रकृति के उपकरण हैं जो अक्षर (कॉन्स्टैण्ट) हैं और दूसरी ओर 'हम' ऐसे जीवित प्राणी हैं जो क्षरशील (ट्रांज़ियेंट) हैं, और क्षरशील हैं अपनी इच्छा के विरोध में। अर्थात् 'अमर' होने की लालसा के साथ हम गुजर जाने के लिए विवश हैं।

अभी तक हमने प्रथम दो पंक्तियों का विश्लेषण केवल उन्हीं की संरचना के संदर्भ में प्रस्तुत किया है। पर ये पंक्तियाँ तो पूरी कविता के आंशिक पक्ष हैं। इनके अर्थ की सार्थकता का उद्घाटन पूर्ण कविता की संरचना के संदर्भ में ही संभव है। पूर्ण कविता का विस्तारपूर्वक विश्लेषण इस लेख में संभव नहीं। अतः नीचे कविता की संघटना संबंधी कुछ विशेषताओं का उल्लेख कर ही संतोष कर लेना चाहूँगा। पूरी कविता इस प्रकार है :

घर रहेंगे

घर रहेंगे, हमीं उनमें रह न पाएँगे :
समय होगा, हम अचानक बीत जाएँगे :
अनर्गल ज़िंदगी ढोते किसी दिन हम
4 एक आशय तक पहुँच सहसा बहुत थक जाएँगे।
मृत्यु होगी खड़ी सन्मुख राह रोके,
हम जगेंगे यह विविधता, स्वप्न, खो के,
और चलते भीड़ में कंधे रगड़कर हम
8 अचानक जा रहे होंगे कहीं सदियों अलग हो के।
प्रकृति औ' पाखंड के ये घने लिपटे

बँटे, ऐंठे तार,–
जिन से कहीं गहरा, कहीं सच्चा,
मैं समझता–प्यार,
मेरी अमरता की नहीं देंगे ये दुहाई,
छीन लेगा इन्हें हम से देह-सा संसार।
राख-सी साँझ, बुझे दिन की घिर जाएगी।
वही रोज़ संसृति का अपव्यय दुहराएगी।

पूर्णविराम पर अगर ध्यान दें तो पूरी कविता चार चरणों में विभक्त दिखलाई पड़ती है। पहले चरण में चार पंक्तियाँ, दूसरे चरण में चार पंक्तियाँ, तीसरे चरण में छह पंक्तियाँ और चौथे चंरण में दो पंक्तियाँ हैं। अगर प्रत्येक चरण में प्रयुक्त पंक्तियों के अंतिम तीन अक्षरों की प्रकृति पर ध्यान दें तो हम एक निश्चित संघटना पाते हैं।

1. **चरण**–...ऽऽऽ,...ऽऽऽ,... ।।।,...ऽऽऽ
2. **चरण**–...।ऽऽ...।ऽऽ,...।।।,...।ऽऽ,

a_1 a_2 b_3 b_4

पहले दो चरणों की प्रकृति a, a, b, a है अर्थात् पहली, दूसरी और चौथी पंक्ति समान है और तीसरी पंक्ति इनसे भिन्न है। अगर तीसरे चरण पर ध्यान दें तो पहले दो चरण के विपरीत इनमें चार के स्थान पर छह पंक्तियाँ हैं। पर अगर पंक्तियों के तीन अंतिम अक्षरों पर ध्यान दें तो तीसरे चरण की प्रथम दो पंक्तियाँ, एक पंक्ति रूप तथा तीसरी और चौथी पंक्तियाँ सम्मिलित रूप से एक पंक्ति रूप ठहरती हैं क्योंकि चौथी पंक्ति के 'संसार' की तुलना पर दूसरी पंक्ति में 'तार' और चौथी पंक्ति में 'प्यार' शब्द पाते हैं।

3. **चरण**–...ऽऽ।,...ऽऽ।...ऽऽऽ,...ऽऽ।

a_1 a_2 b_3 a_4

अतः संरचना के स्तर पर तीसरे चरण की छह पंक्तियाँ पहले और दूसरे चरण की संघटना के संदर्भ में चार पंक्तियों के समतुल्य ही ठहरती हैं। चौथे चरण की संरचना केवल दो पंक्तियों को लेकर है जिसकी प्रकृति...ऽऽऽ के संदर्भ में a, a है।

4. **चरण**–...ऽऽऽ,...ऽऽऽ

a_1 a_2

पंक्ति-संख्या और मात्रा-संख्या की संघटनागत इस अनुरूपता के बावजूद यह तो देखा ही जा सकता है कि चरण 3 अन्य चरणों से भिन्न है। वह इस बात में भी भिन्न है कि इसमें पहली बार 'मैं', और 'मेरी अमरता' की ध्वनि सुनाई पड़ती है। पहली बार प्रकृति व्यापार के शाश्वत और नश्वर पक्ष के संदर्भ में कवि 'प्यार' और 'अपनी अमरता'

की दुहाई का प्रश्न उठाता है। वस्तुतः तीसरा चरण काव्य चेतना की आंतरिक प्रकृति और काव्य-वस्तु की आभ्यंतर ध्वनि पर कवि-कथन के आरोपण से बोझिल है और काव्य-विवृत के स्थान पर कवि-निर्णय-सा सायास प्रक्षेपण है।

पहले दो चरणों की संरचना समान है। पहली और दूसरी पंक्तियाँ (a_1 और a_2) एक ही प्रकथन के संदर्भ में दो भिन्न अभिव्यक्तियाँ हैं। पहले चरण में 'घर' और 'समय' की अक्षर-स्थिति की तुलना में 'हम' क्षरशील और नश्वर है। दूसरे चरण में मृत्यु के संदर्भ में 'हमारा जीवन' और जागृतावस्था के परिप्रेक्ष्य में 'स्वप्न' क्षणिक और क्षरशील है। दोनों ही चरणों की तीसरी और चौथी पंक्तियाँ 'हम' से संदर्भित एक ही प्रकथन के 'कब', 'कैसे' और 'कहाँ' की स्थिति-दर्शक उपकथनों से संयुक्त वाक्य हैं। पहले चरण में 'हम सहसा बहुत थक जाएँगे' और दूसरे चरण में 'हम अचानक जा रहे होंगे' मुख्य उपवाक्य है। कहाँ थक जाएँगे ? 'एक आशय तक पहुँचकर'। कहाँ जा रहे होंगे ? 'चलते भीड़ में'। इसी प्रकार कैसे थक जाएँगे ? 'अनर्गल जिंदगी ढोते हुए' और कैसे जा रहे होंगे ? 'भीड़ में कंधे रगड़कर', पर उस भीड़ से 'कहीं सदियों अलग हो के'। (इस अंतिम अभिव्यक्ति की काव्यात्मक उक्ति पर ध्यान दें। भीड़ में कंधे रगड़कर चलने का अर्थ है स्थान (स्पेस) के संदर्भ में हम, अन्य सामाजिक व्यक्तियों के बहुत निकट हैं, पर 'कहीं सदियों अलग होके' चलने से अर्थ ध्वनित हो रहा है कि स्थान के संदर्भ में निकट रहकर भी हम सामाजिक अन्य व्यक्तियों से इतने दूर हैं मानों सदियों के अंतराल पर रहने वाले दो प्राणी, एक-दूसरे से नितांत अपरिचित और नितांत अजनबी।)

पहले चरण की प्रथम दो पंक्तियाँ (a_1 और a_2) तथा चौथे चरण की पंक्तियों (a_1 और a_2) की मात्रा-संख्या (23, 23) समान हैं। अतः प्रथम और अंतिम दो पंक्तियाँ पूरी कविता को अपने परिवृत्त में बाँधे हुए हैं जिसमें प्रथम दो पंक्तियों में उठाई गई विडंबना के अन्य उपकथन, स्थिति एवं प्रकृति-व्यापार को उजागर करती हुई अपनी पूरी सार्थकता एवं अर्थवत्ता के साथ इन अंतिम दो पंक्तियों में अपनी अभिव्यक्ति पाती हैं :

राख-सी साँझ, बुझे दिन की घिर जाएगी :
वही रोज संसृति का अपव्यय दुहराएगी।

'राख-सी साँझ' अर्थात् रात्रि अर्थात् मृत्यु। इसी प्रकार 'बुझे दिन' अर्थात् 'अनर्गल एवं स्वप्निल जीवन'। कविता में प्रयुक्त शब्द-प्रतीक अपना अर्थ कविता के अपने ही संदर्भ से पाते हैं—यह तथ्य महत्त्वपूर्ण है। 'राख-सी साँझ' का मृत्यु अर्थात् प्रकृति का 'अक्षर अंश' तथा 'बुझे दिन' का अनर्गल एवं स्वप्निल जिंदगी अर्थात् प्रकृति का 'क्षरशील एवं नश्वर अंश' के रूप में अर्थ कविता की अपनी संरचना से ही ध्वनित हो जाते हैं। ध्यान दें, पहले और दूसरे चरण की प्रथम दो पंक्तियों की संघटना इस तथ्य की ओर संकेत देती है कि उक्ति के प्रथम खंड (क-खंड) का संज्ञा पद का प्रतीक अक्षर है और इसके

संदर्भ में (ख-खंड) के संज्ञा पद का प्रतीक क्षरशील है।

जो प्रकृति का अक्षर पक्ष है वही सामर्थ्यवान है, शक्ति-संपन्न है और शाश्वत (कॉन्स्टेंट) होने के नाते प्रकृति व्यापार का कर्ता है। अंतिम चरण की अंतिम पंक्ति में सकर्मक और क्रियाशील क्रिया 'दुहराना' का प्रयोग मिलता है जिसका सक्रिय कर्ता (एजेंट) 'वही' है। 'वही' वस्तुतः वह सर्वनाम है जो प्रकृति के अक्षर एवं शाश्वत पक्ष का प्रतीकवत् सजीव मानवीकृत व्यापार के स्थान पर आया है जबकि प्रकृति के नश्वर एवं क्षरशील के रूप में व्यक्त 'हम' और 'हमारा जीवन' और कुछ नहीं 'संसृति का अपव्यय' है।

यह पहले संकेत दिया जा चुका है कि कविता का तीसरा चरण कई अर्थों में विशिष्ट है, पर उसकी विशिष्टता का मूल कारण वह 'कवि-स्वर' है जो कवि की अपनी मान्यता एवं धारणा के बोझ से भारी बन गया है। वह समझता है कि 'हम का जीवन' ऐसे तार से निर्मित है जो प्रकृति और पाखंड के तत्त्वों के 'घने, लिपटे, बँटे, ऐंठे' रूप के परिणाम हैं। कवि की मान्यता के अनुसार, ये तार उसकी 'अमरता की दुहाई' देने में अक्षम हैं क्योंकि 'छीन लेगा इन्हें हमसे देह-सा संसार'। वह अपने जीवन की सार्थकता-निरर्थकता के प्रश्नों के भीतर से गुज़रकर इस 'सत्य' का अंतर्ज्ञान पाता है कि जीवन और जगत् में अगर कोई ऐसा तत्त्व है जो उसकी अमरता की दुहाई दे सकने में सक्षम है और जिसे संसार उससे 'देह-सा' छीन लेने में समर्थ नहीं है तो वह है—प्यार। यह प्यार ही उसके क्षरशील जीवन तत्त्वों को अक्षर बनाने की क्षमता रखता है, उसके 'अनर्गल ज़िंदगी' को सार्थक बनाने की शक्ति रखता है, भीड़ में 'सदियों अलग होने की' अजनबी स्थिति से हटाकर अन्य व्यक्तियों से संबद्ध करने में समर्थ है और 'संसृति का अपव्यय' होने से उसे बचाने में सक्षम है।

'घर रहेंगे' कविता की इस व्याख्या से स्पष्ट है कि कविता, शाब्दिक कला है और काव्य-शैली का लक्ष्य अर्थ के उस सूक्ष्म विस्तार का निर्माण है जो काव्य-वस्तु को विशिष्ट बनाता है। काव्य-भाषा, भाषा की ही एक विशिष्ट शैलीगत अभिव्यक्ति है जहाँ अपने-अपने स्तरों पर स्थित भाषा की स्वनिष्ठ इकाइयाँ वस्तुतः अवस्वनिष्ठ होकर बहुस्तरीय (मल्टीडायमेंशनल) बन जाती हैं।

केलकर भाषा और साहित्य के अनुबंध की समस्या को लेकर चिंतित हैं। उनके अनुसार, 'भाषा साहित्य की कलासामग्री है। स्मरण रहे कि हमने कलासामग्री कहा है, कला माध्यम नहीं—जिस प्रकार शिल्पकला का माध्यम घनाकार एवं बुनावट (टैक्स्चर) रहता है; बल्कि भाषा सामग्रीरूप है—जिस प्रकार शिल्पकला में पाषाण की खुदाई होती है, धातु ढाली जाती है, मिट्टी की बुनावट होती है, उसी प्रकार भाषा की साहित्य-मूर्तियाँ बनती हैं।'

अगर 'भाषा की साहित्य-मूर्तियाँ' का अर्थ भाषानिर्मित बिंब (इमेज) है तो यह अन्यत्र दिखलाया जा चुका है कि 'काव्य-भाषा को 'बिंब' के 'होने' और 'न होने' की स्थिति से जोड़कर देखने वाले विद्वान् यह भूल जाते हैं कि बिंब, काव्य-भाषा का एक

उपादान मात्र है और कविता में बिंब हो भी सकता है और नहीं भी हो सकता।' बिंब की अनुपस्थिति में भी सुंदर कविता का निर्माण संभव है। 'साथ ही 'जिस प्रस्तुतीकरण की अभिव्यक्ति प्रणाली को कविता अपनाती है उसकी मूल इकाई के रूप में बिंब नहीं, अपितु शब्द होता है। कविता में प्रयुक्त बिंब वस्तु-चित्र न देकर भावचित्र उपस्थित करता है जिसकी प्रकृति आपाततः शब्दों द्वारा संप्रेषित भावचित्र के ही समान होती है। काव्य-बिंब भाषिक प्रक्रिया के उत्पन्न विशिष्ट शब्द-समूह रूप की इकाई के रूप में स्थित रहते हैं, अतः जो बिंब, भाषा की इस विशिष्ट इकाई रूप के समान सिद्ध नहीं होते, उन्हें 'स्वप्नचित्र', 'आर्कीटाइप', 'मिथ' अथवा अन्य कुछ भी नाम क्यों न दे दिया जाए, पर काव्य-बिंब कहना तर्कसंगत नहीं जान पड़ता।'

केलकर की यह मान्यता है कि जिस प्रकार शिल्पकला में पाषाण, धातु या मिट्टी सामग्री रूप हैं उसी प्रकार साहित्य में भाषा भी मात्र सामग्री रूप है। पर यह तथ्य महत्त्वपूर्ण है कि शिल्पकला के सामग्री की प्रकृति बदल दें तब भी वह कला ही बनी रहती है अर्थात् सामग्री रूप में पाषाण लें अथवा उसके स्थान पर धातु या मिट्टी, वह शिल्पकला ही रहेगी। इसी प्रकार कोई कुर्सी अगर कला-रूप में सिद्ध है तो चाहे उसे अन्य लकड़ी की सामग्री से बनाएँ या पत्थर, धातु, मिट्टी अथवा रबर की सामग्री से, आपाततः वह कला-वस्तु ही बनी रहेगी। पर क्या साहित्यिक कृति के संदर्भ में भी यह कहा जा सकता है ? क्या साहित्यिक कला की सामग्री के रूप में भाषा के अतिरिक्त किसी अन्य वस्तु को उपादान के रूप में स्वीकृति दी जा सकती है ?

प्रश्न है, भाषा और साहित्य की इस अंतरंगता का कारण क्या है ? जब हम शिल्पकला कहते हैं तब प्रमुखता कला सामग्री पर नहीं रहती, अपितु शिल्प की अपनी विशिष्टता ही कला के जनक रूप में सिद्ध रहती है। पर साहित्य तो 'शाब्दिक कला' के रूप में परिभाषित होता है। शाब्दिक इसलिए कि शब्द (भाषा) का विशिष्ट प्रयोग ही कला का मूलभूत स्रोत है और शिल्प, शैलीगत भाषिक प्रयोग के संदर्भ में स्वयमेव सिद्ध रहता है।

संदर्भ-ग्रंथ सूची

1. अशोक रा. केलकर : भाषा और साहित्य, **आलोचना** (त्रैमासिक), वर्ष 19, अंक 19 (पूर्णांक 56), अक्टूबर-दिसंबर 1971, पृ. 9-21.
2. रवीन्द्रनाथ श्रीवास्तव : **शैलीविज्ञान और आलोचना की नई भूमिका**, 1972 केंद्रीय हिंदी संस्थान, आगरा।

काव्य-संसार और शैलीविज्ञान*

शैलीविज्ञान के विरोध में प्रायः यह कहा जाता है कि वह 'रीतिकालीन कला-विवेचनावादी रूप है जो एक तरह से मरणोन्मुखी बुर्जुआ कलारूपों के काव्य-सिद्धांत रूपवाद की ही पुनः प्रतिष्ठा का अंतिम प्रयास है।' यह भी कहा गया है कि काव्यार्थ को 'भाषा में रूपांतरित कलात्मक यथार्थ' अथवा काव्यकृति को 'संवेगात्मक उद्देश्यों से नियंत्रित भाषा-प्रतीक' कहकर शैलीविज्ञान जिस वस्तुवादी चिंतन और भाषावादी दृष्टि का समर्थक है उससे 'वह किसी गहरी संरचना का अनिश्चित संकेत भर होता है।' शैलीविज्ञान, काव्यकृति को सामाजिक संदर्भों से केवल काटकर ही नहीं चलता, वरन् 'कविता के भीतरी मर्म या मार्मिक अर्थ की खोज' को भी वह बंद कर देता है। वह न केवल 'कला, कला के लिए' के सिद्धांत का पक्षधर है, बल्कि वह कविता के अपने वास्तविक परिवेश से ही विच्छिन्न कर देने का षड्यंत्र भी है। वस्तुतः ये ऐसे आरोप हैं जिसकी गहराई से बिना छानबीन किए शैलीविज्ञान के सैद्धांतिक संदर्भ को उचित रूप से नहीं समझा जा सकता।

शैलीविज्ञान, प्रतीक के संदर्भ में कथ्य और अभिव्यक्ति के एकीकरण की मान्यता को स्वीकार कर चलता है। कथ्य के अभाव में अभिव्यक्तिपक्ष और अभिव्यक्ति के अभाव में कथ्यपक्ष किसी भी प्रतीक को जन्म देने में असमर्थ हैं। ये दोनों पक्ष एक-दूसरे से इस प्रकार घुले-मिले रहते हैं कि एक के अभाव में दूसरे की सत्ता की कल्पना भी कठिन हो जाती है। इस दृष्टि से तुलसीदास की यह उक्ति सर्वथा सार्थक है–'गिरा अरथ जल बीचि सम कहियत भिन्न न भिन्न'। इस चिंतनधारा के अनुसार, कोई भी काव्यकृति आपाततः कलाप्रतीक ही है। वह एक ऐसे जीवनप्रतीक के रूप में सिद्ध मिलती है जहाँ कथ्य और अभिव्यक्ति रूप के अंतःसंबंधों की अभिन्नता सहज रूप में सिद्ध रहती है। यह अभिन्नता ही किसी काव्यकृति को एक निश्चित और संपूर्ण 'इकाई' के पद पर आसीन करती है। कथ्य और अभिव्यक्ति, इस इकाई के न तो दो स्तर हैं और न दो खंड, अपितु वे एक ही वस्तु के दो पक्ष हैं।

यही कारण है कि शैलीविज्ञान, काव्यकृति (कलाप्रतीक) के व्यापक संदर्भ में जहाँ रूप से कथ्य के बिलगाव का विरोध करता है वहीं वह तथ्य से 'असंपृक्त अभिव्यक्ति

---

* सर्वप्रथम 'आलोचना'-42, 1977 में प्रकाशित। संपादक : नामवर सिंह। प्रकाशक, राजकमल प्रकाशन, दिल्ली।–**संपादक**

रूप' की भी तीखी आलोचना करने में नहीं चूकता।

कलाप्रतीक के सृजनात्मक और आलोचनात्मक दोनों ही धरातल पर हमें तीन स्थितियाँ मिलती हैं :

(क) पहली स्थिति वह है, जहाँ रूपसिद्धि, कथ्य के बिलगाव के साथ देखने को मिलती है। इसे 'कला, कला के लिए' सिद्धांत का आधारभूत दृष्टिकोण कहा जा सकता है।

(ख) दूसरी स्थिति वह है, जहाँ कथ्यसिद्धि, रूप में असंपृक्त होकर की जाती है। इस दृष्टिकोण के मानने वाले काव्यकृति को कलाप्रतीक का दर्जा देने की बजाय उसे साहित्येतर लक्ष्य का साधन बनाने के पक्षधर होते हैं।

(ग) तीसरी स्थिति वह है जो काव्यकृति को कथ्य और अभिव्यक्ति रूप की अभिन्नता के प्रतिफलित कलाप्रतीक रूप में स्वीकार कर 'रूप' को कथ्य की यथार्थता को पकड़ने का साधन और कथ्य को अपनी आंतरिक प्रकृति के प्रकाशन के लिए 'रूप' में बँधने की अनिवार्य नियति के संदर्भ में देखती है।

प्रसिद्ध रूसी आलोचक श्क्लोवस्की के अनुसार, पहली स्थिति को साधनेवाला आलोचना सिद्धांत, अधूरी और असंगत काव्यदृष्टि का परिणाम होता है और दूसरी स्थिति को स्वीकार कर चलने वाली मान्यता काव्येतर होने के कारण बाह्य आलोचना को जन्म देती है। यह तीसरी स्थिति है जो काव्यकृति को संतुलित और संगत दृष्टि से देखने का आग्रह रखती है और जिसे आभ्यंतर आलोचना कहा जा सकता है।

शैलीविज्ञान की सैद्धांतिक मान्यताएँ आभ्यंतर आलोचना के पक्ष में हैं क्योंकि वह एक ओर सर्जनात्मक धरातल पर काव्यकृति को कथ्य और अभिव्यक्ति की समन्वित इकाई के रूप से प्रतीकवत् सिद्ध मानती है और दूसरी तरफ आलोचनात्मक धरातल पर वह अपना केंद्रक काव्यकृति और काव्यात्मकता को स्वीकार करती है। यहाँ इस ओर भी ध्यान देना आवश्यक है कि काव्यात्मकता को वह 'रूपसिद्धि' के रूप में नहीं देखता (जैसा कि अपनी अज्ञानतावश उसके विरोधी आलोचक प्रायः मान बैठते हैं) वरन् काव्यकृति की संरचना में निहित उस 'प्रकार्य' के रूप में वह स्वीकार करता है जो काव्यकृति को काव्येतर अन्य कृतियों से अलग (विशिष्ट) सिद्ध करने का हेतु होता है।

शैलीविज्ञान जब अपनी सैद्धांतिक मान्यता के अनुसार काव्यकृति को काव्यालोचना का केंद्रक मानता है तब वह साहित्यिक आलोचना का अपना विशिष्ट दायरा भी खींचता है। काव्यकृति का विवरण और विश्लेषण अथवा उसके प्रति समझदारी पैदा करना एक बात है और उसे साहित्येतर लक्ष्य का साधन बनाना दूसरी बात। शैलीविज्ञान अपनी आलोचनात्मक दृष्टि और प्रयोजनात्मक लक्ष्य को काव्यकृति तक बाँधकर रखना चाहता है और इसीलिए वह इसके पक्ष में नहीं है कि काव्यकृति को इतिहास, मनोविज्ञान, समाजशास्त्र आदि क्षेत्रों की निष्पत्तियों के प्रमाण रूप में ग्रहण किया जाए। यह कार्य दूसरे शास्त्रों के क्षेत्र के भीतर आता है। काव्येतर लक्ष्यों के साधन के रूप में काव्यकृति को स्वीकार करने का अर्थ ही है पहले काव्यकृति को कलाप्रतीक के स्तर से च्युत करना

और फिर उसकी 'संरचना' या अंतर्निहित 'कलात्मकता' की अपेक्षा कुछ अन्य उपादानों को ढूँढ़ना या व्याख्या के बहाने अपनी मान्यताओं का आरोपण करना।

शैलीविज्ञान की आभ्यंतर दृष्टि यह भी मानकर चलती है कि 'काव्य (कृति का) संसार' और 'बाह्य (काव्येतर) संसार' के बीच का संबंध सीधा और यांत्रिक न होकर कल्पनात्मक और सर्जनात्मक होता है। वह मुकोरोव्स्की की इस मान्यता का हामी है कि साहित्य, यथार्थ को हूबहू प्रतिबिंबित नहीं करता अपितु यथार्थ का वह सर्जक है। इसलिए यह कहने के बजाय कि 'साहित्य, समाज का दर्पण है' यह मानना अधिक तर्कसंगत है कि 'साहित्य, यथार्थ को 'ओवरलैप' करता है।' यह इसी मान्यता का परिणाम है कि काव्यकृति की सत्ता को वह काव्येतर उपादानों के परिणाम के रूप में नहीं देखता। अर्थात् शैलीविज्ञान बाह्य आलोचना-पद्धति की इस मान्यता को स्वीकार नहीं करता कि काव्यकृति को 'कार्य-कारण' के आधार पर कवि के अपने संवेग, समाज के अपने संदर्भ या पाठक पर पड़े प्रभाव के परिप्रेक्ष्य में सही ढंग से समझा या समझाया जा सकता है। 'मनोवैज्ञानिक', 'सामाजिक', 'ऐतिहासिक', 'दार्शनिक' आदि आलोचनाएँ, वस्तुतः बाह्य आलोचना की उस मान्यता पर आधारित हैं जो यह मानती है कि 'कारण' और 'प्रतिफलन' में जो सीधा और यांत्रिक संबंध भौतिक उपादानों या जीवन के बहुत स्थूल स्तर पर देखने को मिलता है, वही संबंध साहित्य के संदर्भ में भी लागू है। यहाँ इस ओर संकेत दे देना अनुचित न होगा कि मानव की सर्जनात्मक प्रतिभा के उदाहरण रूप भाषा की इकाइयाँ (अर्थात् भाषिक प्रतीक) भी इसी अर्थ में जीवंत है कि वे यांत्रिक कार्य-कारण के उस संबंध से परे होती हैं जो स्थूल प्रतीकों में देखने को मिलते हैं, यथा—धुआँ और आग, गीली ज़मीन और वर्षा अथवा चेहरे का तमतमाना अथवा क्रोध। इन सभी स्थितियों में जहाँ धुआँ, आग के होने की सूचना देता है या गीली ज़मीन देखकर वर्षा होने का अनुमान लगाया जा सकता है और चेहरे के तमतमाने के आधार पर व्यक्ति के क्रोधित होने की कल्पना की जा सकती है, वहीं कल्पना या अनुमान भाषिक प्रतीक-सत्ता के निमित्त नहीं लगाए जा सकते। अगर यह बात नहीं होती तो एक ही कथ्य के लिए दो अभिव्यक्तियाँ (यथा—पुस्तक / किताब) एक ही भाषा में देखने को नहीं मिलतीं और न विभिन्न भाषाओं के विभिन्न प्रतीक रूप ही देखे जाते : (घोड़ा / अश्व / हार्स (अंग्रेज़ी) / कोन्य (रूसी) / शेवल (फ्रेंच आदि)। अगर यह 'भाषिक प्रतीक' के संदर्भ में झूठा है तब 'काला-प्रतीक' के संदर्भ में और भी ग़लत साबित हो जाता है क्योंकि 'भाषिक-प्रतीक' के 'कला-प्रतीक' में रूपांतरण की प्रक्रिया कार्य-कारण के इस यांत्रिक संबंध को और भी गहराई से तोड़ने का काम करती है।

यह तथ्य भी कम महत्त्वपूर्ण नहीं कि शैलीविज्ञान, बाह्य जगत् और कलाजगत् के बीच पाए जाने वाले संबंधों की यांत्रिक और जड़ प्रकृति का विरोधी है। अन्यथा वह यह मानकर चलता है कि 'कला-प्रतीक' के रूप में सिद्ध काव्यकृति उन सभी उपादानों को अपने भीतर खींचती और समेटती है जिसके संपर्क में वह आने के लिए बाध्य है। मुकोरोव्स्की के शब्दों में, काव्यकृति वह प्रतीक है जो समाज की स्थिति और प्रकृति को

संकेतित कर सकता है, पर वह उसकी संघटना का यांत्रिक बाई-प्रोडक्ट नहीं है। और यही कारण है कि रोमन याकोव्सन ने 1933 में ही काव्यकृति और उसमें अंतर्निहित 'काव्यात्मकता' के स्वायत्त और स्वनिष्ठ होने की बात उठाई थी, न कि कला के अन्य व्यापार-क्षेत्रों से विलगाव की। याकोव्सन ने काव्यकृति को बहु-आयामी और बहु-स्तरी एकक माना जो अनेक उपकरणों का ऐसा संगुम्फन होता है जिसमें आंतरिक अन्विति का काम काव्यात्मकता करती है।

शैलीविज्ञान, याकोव्सन के इस मत का हमेशा समर्थक रहा है कि भाषा और साहित्य के अध्येता को एक तरफ अपने क्षेत्र को परिभाषित करने की कोशिश करनी चाहिए, पर दूसरी तरफ अपनी दृष्टि की समग्रता को बिना खंडित किए हुए विलगाव की प्रवृत्ति से बचते भी रहना चाहिए। पहली प्रवृत्ति 'भाषा/साहित्य' को स्वनिष्ठ और स्वायत्त बनाती है जबकि विलगाव की प्रवृत्ति खंडीय यथार्थ (एटोमिज़्म) की ओर ले जाती है। काव्यकृति को स्वायत्त मानने का अर्थ है विश्लेषण और परीक्षण की आधारशिला तथा मूल केंद्रक के रूप में स्वयं 'कृति' की स्वीकृति। अतः आलोचक के लिए यह जरूरी है कि वह पहले इसी आधारबिंदु से आगे बढ़े। पर दृष्टि की समग्रता की इस माँग को भी उसे नहीं भूलना चाहिए कि इस आधारबिंदु से ऊपर उठकर उसे साहित्यिक और सांस्कृतिक समग्रता की पृष्ठभूमि में रखकर कृति को एक संश्लिष्ट घटक के रूप में भी देखना है। स्टैंकविक्ज़ के शब्दों में :

The analysis of literature must begin from the inside from the single text, which is its concrete datum, but must move outside towards totality of literature and of culture, by means of hypothesis and generalisation. Like linguistics, poetics must aim at delimiting its field of enquiry. Bewaring at the same time of atomism, while aiming at autonomy.

शैलीविज्ञान की दृष्टि भाषावादी और चिंतन वस्तुवादी है। इसलिए यह स्वाभाविक है कि भाषा को देखने और समझने की अपनी दृष्टि उसकी मान्यताओं को दूर तक प्रभावित करे। शैलीविज्ञान की एक धारा, भाषाविज्ञान के उस संरचनात्मक सिद्धांत से प्रभावित होकर उभरी जो 'लांग' (भाषा-व्यवस्था) और 'पारोल' (भाषा-व्यवहार) के प्रतियोग में भाषा को रखकर 'लांग' के अध्ययन को ही भाषाविज्ञान का अपना क्षेत्र घोषित करती रही। इस दृष्टि के अनुसार, एक ओर 'रूप' और 'संरचना' पर्यायवाची शब्द के रूप में मान्य हुए और दूसरी ओर 'लांग' और कुछ न होकर 'रूप' के स्तर पर भाषायी संकल्पना के समानांतर प्रतिपादित हुआ। वस्तुतः भाषाविज्ञान की यह संरचनावादी दृष्टि 'कला, कला के लिए' की तरह का सिद्धांत था जिसने 'लांग' को रूप कहा और 'उत्पादन/वस्तु' से मुक्त कर उसे निर्विशिष्ट संघटनाबद्ध इकाई के रूप में स्वीकार किया।

पर 'सस्यूर' की जिस समकालिक विश्लेषणात्मक पद्धति के आधार पर इस धारा के विद्वानों ने अपने सिद्धांत का निर्माण किया, उसने स्वयं भाषा के व्यापक संदर्भ को

कभी नकारा नहीं। इस संदर्भ में उनकी निम्नांकित धारणाएँ ध्यान देने योग्य हैं :

(1) अपनी माध्यम वस्तु से मुक्त होकर भी 'लांग' एक सामाजिक वस्तु है, अपनी प्रकृति में समरूपी (होमोजेनस) होने के बावजूद वह समूहगत सामाजिक अनुबंधन (सोशल कांट्रैक्ट) है, व्यक्ति की अपनी सीमाओं से परे होकर भी (सुप्रा-इंडिविजुअल) व्यक्ति रूप है। वह व्यक्ति की उस क्षमता के साथ बँधा होता है जो सामाजिक संस्थान के एक सदस्य होने के नाते व्यक्ति को प्राप्त है और अपने अस्तित्व में स्वायत्त होने के उपरांत भी वह जीवंत और परिवर्तनशील है क्योंकि समाज के अन्य संस्थानों (इंस्टीट्यूशंस) के साथ संबद्ध होकर ही वह एक उच्चतर प्रतीक-व्यवस्था का उपांग बनता है।

(2) मूल्यपरक व्यवस्था (सिस्टम ऑफ़ वेल्यूज़) होकर भी लांग प्राकृतिक विज्ञान के क्षेत्र की वस्तुओं की तरह समाज-निरपेक्ष और मानव-तटस्थ नहीं होता, क्योंकि उसके लिए 'घटना' या 'वस्तु' का आभ्यंतर लक्षण/गुण का स्वयं में कोई महत्त्व नहीं होता। भाषा, समाज अनुबंधित 'वस्तु' है, अतः समाजविज्ञान के क्षेत्र की वस्तुओं की तरह इसमें पाए जाने वाले आभ्यंतर गुणों (प्रभेदक लक्षण) का मूल आधार हमेशा सामाजिक सार्थकता (सोशल सिग्नीफ़िकेंस) होता है।

(3) 'भाषा-व्यवस्था' के रूप में 'लांग' और 'भाषा-व्यवहार' के रूप में 'पारोल' एक-दूसरे का संदर्भ लेकर ही परिभाषित किए जा सकते हैं। भाषा तभी जीवित मानी जा सकती है जब ये द्वंद्वात्मक प्रक्रिया (डाइएलेक्टिकल प्रोसेज़) की स्थिति में हों। अमूर्त भाषा-व्यवस्था को ही व्यक्ति विविध रूपों में भाषा-व्यवहार के द्वारा मूर्तिमान बनाता है और दूसरी ओर भाषा-व्यवहार की विशिष्ट और मूर्तिमान घटनाओं को ही समाज अपनी सामूहिक चेतना में निर्विशिष्ट और साधारणीकृत भाषा-व्यवहार के रूप में ग्रहण करता है। इसीलिए 'भाषा-व्यवस्था' और 'भाषा-व्यवहार' परस्पर सापेक्ष संकल्पनाएँ हैं। यह ठीक है कि भाषा-व्यवहार, बिना भाषा-व्यवस्था के संभव नहीं क्योंकि नियमों की पूर्वस्थिति के बिना उनका व्यक्ति के आचरण में प्रतिफलन भी संभव नहीं। लेकिन इसके साथ यह भी सच है कि व्यक्ति, भाषा-व्यवस्था को भाषा-व्यवहार की विविध घटनाओं के आधार पर ही आत्मसात् करता है। किसी बच्चे को भाषा-व्यवस्था सिखाने के बाद भाषा-व्यवहार के लिए प्रेरित नहीं किया जाता। वह तो अपने चारों तरफ़ फैले भाषायी वातावरण के भीतर से 'भाषा' को स्वतः समझता और प्रयोग करता चलता है। इस दृष्टि से यह भी कहा जा सकता है कि भाषा-व्यवस्था एक साथ भाषा-व्यवहार के लिए अपेक्षित साधन (इनस्ट्रूमेंट) भी है और सामाजिक चेतना के धरातल पर भाषा-व्यवस्था के संचित कोश के रूप में उसका परिणाम भी। एक साथ साधन और परिणाम होने के कारण 'भाषा-व्यवस्था' को समझने के लिए भाषा-व्यवहार का संदर्भ केवल अपेक्षित ही नहीं, वरन् आवश्यक और अपरिहार्य भी हो जाता है।

भाषा की तरह ही काव्यकृति प्रतीकों की एक ऐसी व्यवस्था है जो व्यक्ति की अपनी सीमाओं से परे होकर भी (सुप्रा-इंडिविजुअल) व्यक्ति की उस क्षमता के साथ

बँधा होता है जो सामाजिक संस्थान का एक सदस्य होने नाते व्यक्ति को प्राप्त है। (अर्थात् यह अंतर-वैयक्तिक यथार्थ—इंटर-सब्जेक्टिव रियलिटी है) और अपने अस्तित्व के स्वायत्त होने के उपरांत भी वह जीवंत और बहु-आयामी है। भाषा अपनी मूल प्रकृति में जड़ और स्थिर नहीं होती। जीवन और जगत् के साहचर्य संबंधों के आधार पर उसकी गत्यात्मकता हमेशा बनी रहती है। यह संबंध टूटते ही वह 'मृत' हो जाती है। अर्जित संपत्ति के रूप में 'रूढ़' और जीवन-जगत् के नित नूतन साहचर्य संबंधों के 'तनाव' को वहन करने के कारण ही भाषिक प्रतीक स्पंदित और जीवंत बने रहते है। साहित्यकार, इस जीवंत भाषा के गर्भ से 'काव्यप्रतीक' का सृजन करता है, अतः स्वाभाविक है कि 'जीवंतता' के लिए 'काव्यप्रतीक' में भावसाहचर्य की स्थिति अनिवार्यतः बनी रहे। फ़िलिप ह्वीलराइट के अनुसार, तनावयुक्त प्रतीक अपनी जीवंतता विभिन्न प्रकार के साहचर्यों से ग्रहण करता है। शैलीविज्ञान 'काव्यप्रतीक' को तनावपूर्ण और जीवंत मानता है अतः वह उसमें निहित विभिन्न प्रकार के साहचर्य संबंधों की उपेक्षा करने के पक्ष में नहीं। उसके अनुसार तो काव्यकृति एक सर्जनात्मक इकाई है, जहाँ संसार भाषा में रूपांतरबद्ध है और शाब्दिक उपकरण जहाँ यथार्थ को प्रतिबद्ध करने के साधन हैं।

यहाँ संक्षेप में इस पर भी विचार कर लेना जरूरी है कि वस्तुतः 'भाषा में रूपांतरबद्ध संसार' की प्रकृति क्या है। सामान्यतः भाषा का हर प्रयोग अपनी सही व्याख्या अथवा अर्थनिष्पत्ति के लिए बाह्य संदर्भ की अपेक्षा रखता है अर्थात् वाक्य के व्याकरणिक अर्थ के साथ-साथ उसका एक संदर्भगत अर्थ भी होता है। यह संदर्भगत अर्थ जानकारी की अपेक्षा रखता है कि कौन, किससे, किस विषय पर और कब बोल रहा है। काव्यकृति अपने में बहुत कुछ इस अर्थ में स्वायत्त होती है कि वह ऐसी बाह्य संदर्भगत सीमाओं से मुक्त होती है। पर यह मुक्ति उसके लिए एक सर्जनात्मक बंधन के रूप में मिलती है। भाषिक प्रतीक के उपांग अपनी प्रकृति से दो स्तरों पर व्याख्यायित होने के लिए बाध्य हैं—संरचनात्मक और संदर्भगत स्तर। अतः जब साहित्यकार एक ओर अपनी काव्यकृति को स्वायत्त बनाते हुए उसे बाह्य संदर्भों से मुक्त करता है वहीं वह काव्यकृति के भीतर ही उस संदर्भों के सृजन के लिए अपने को बाध्य भी पाता है। यह कहा जा सकता है कि कवि एक साथ काव्यकृति को संदर्भ-मुक्त करने और उसके भीतर संदर्भ-सृजन करने के लिए बाध्य है।

यह संदर्भ-सृजन की प्रक्रिया ही काव्यकृति के अपने संसार को जन्म देती है। अतः जब कभी संसार अथवा बाह्य जगत् की बात उठाई जाती है—पहला सवाल उठता है काव्यकृति से बाहर का संसार या काव्यकृति के भीतर का संसार। काव्यकृति के बाहर का संसार अपने संदर्भों के आधार पर यह बतलाता है कि कौन से कवि ने, किस जातीय समाज़ के लिए, किस उद्देश्य से बाधित होकर, कब काव्यकृति की रचना की। पर काव्यकृतिं के भीतर का संसार उस जीवित संदर्भ को उपस्थित करता है जिसके भीतर रहकर उसके पात्र क्रियाकलाप करते हैं, अपनी परिस्थितियों से टकराकर अपने व्यक्तित्व का उद्घाटन या विकास करते हैं और समय की धारा को व्याख्यायित करते हुए जीवन को एक ऐसे

स्थान-काल के साथ बाँधते हैं जो स्थान और समय से एक ओर बँधा होने के कारण ठोस भी होता है और उससे मुक्त होकर समय और स्थान की सीमा का अतिक्रमण भी करता है। यही कारण है कि विभिन्न कालों और विभिन्न स्थानों पर निर्मित काव्यवस्तु काल और स्थान की सीमाओं को तोड़कर पढ़ी और समझी जाती है। यह काव्य-कृति के भीतर का ही संदर्भ है जो आज भी अंतर्निहित संसार को रूपायित करता है।

काव्यकृति के भीतर का संसार उसके बाह्य संसार से संसर्गगत व्याख्या के आधार पर जुड़ा रहता है क्योंकि जिस भाषा के सहारे अंतर्भुक्त संसार का कवि सृजन करता है और जिन परिस्थितियों एवं घटनाओं के सहारे उसमें वह रंग भरता है, वे अपनी सत्ता में अंतर्वैयक्तिक स्तर पर सामाजिक होती हैं। संसर्गगत उपादान, संदर्भगत व्याख्या के साधन हैं। आभ्यंतर और बाह्य आलोचना का एक विशिष्ट अंतर संसर्गगत व्याख्या के लक्ष्य-साधन संबंधों की प्रकृति का रहता है। बाह्य आलोचना अपनी बाह्य (साहित्येतर) आवश्यकता की पूर्ति के लिए जहाँ संदर्भगत व्याख्या को संसर्गगत व्याख्या का साधन बनाते हुए 'काव्यकृति' के बाहर के संसार को नियमित या दिशा संकेत देने की ओर उन्मुख होती है वहाँ आभ्यंतर आलोचना काव्यकृति में अंतर्भुक्त संसार को पहचानने के लिए संदर्भगत व्याख्या को अपने केंद्र में रखती है और इस 'संदर्भ' को ठीक से पकड़ पाने के लिए वह संसर्गगत अनुभवजगत् का उपयोग करती है।

इस अंतर को हम काव्यकृति में प्रयुक्त सर्वनाम के प्रयोग द्वारा समझ सकते हैं। सर्वनाम के सभी प्रयोग—मैं, तुम, वह; यहाँ, वहाँ, यह, वह; अब, तब, कब आदि जिन शब्दों को अपना आधार बनाते हैं वे अपनी प्रकृति में 'प्रकार्य' को सूचित करते हैं, न कि कोशीय 'अर्थ' को। इसीलिए सर्वनाम को प्रकार्यात्मक शब्द या व्याकरणिक शब्द कहा जाता है। ये व्याकरणिक शब्द अपना 'संकेतार्थ' तभी ग्रहण कर पाते हैं जबकि उसके लिए संदर्भ, अपेक्षित सूचनाएँ हमें प्राप्त कराता है। 'मैं' और 'तुम' संबोधन करने वाले (वक्ता) और संबोधित किए जाने वाले (श्रोता) के लिए प्रयुक्त होता है जो संदर्भरहित होने पर 'कोई' भी हो सकता है। यह 'कोई' कौन (पात्र) है, इसकी जानकारी संदर्भ के अभाव में नहीं मिल सकती। सवाल तो यह है कि काव्यकृति में प्रयुक्त इन सभी सर्वनाम प्रयोगों को संकेतार्थ से जोड़ने वाला संदर्भ कौन सा है—काव्यकृति के भीतर का संसार या उससे बाहर का संसार ? इसमें दो मत नहीं हो सकते कि वस्तुतः यह काव्यकृति में अंतर्भुक्त संसार ही है जो इन प्रकार्यात्मक शब्दों को संकेतार्थयुक्त करता है। यहाँ तक कि गीतात्मक रचनाओं में प्रयुक्त 'मैं' भी कविव्यक्ति का सूचक न होकर 'काव्यव्यक्तित्व' का संवाहक होता है। नाटक, कहानी, उपन्यास आदि विधाओं में तो ये प्रयोग अपनी सार्थकता ही काव्य में वर्णित स्थिति, घटनाएँ एवं पात्रों के संदर्भ में पाते हैं।

शैलीविज्ञान के लिए यह कहा जा सकता है कि वह काव्यकृति के भीतर के संसार को अपने अध्ययन-विश्लेषण की सामग्री मानता है और उसको सही संदर्भ में देखने-परखने के लिए संसर्गगत व्याख्या को अपना उपकरण बनाता है।

शैलीविज्ञान और काव्य-शिक्षण*

[1]

शाब्दिक-कला के रूप में अर्थ-विश्लेषण तथा शब्द और अर्थ के बहु-आयामी संबंधों की खोज के द्वारा 'कला' को परिभाषित करने का एक महत्त्वपूर्ण दृष्टिकोण है—शैलीविज्ञान, जिसे आलोचना की भाषिक-सौंदर्यशास्त्रीय दृष्टि के रूप में देखा-समझा जा सकता है। यह दृष्टि काव्य-सौंदर्य से संबद्ध दार्शनिक प्रश्नों का समाधान प्रस्तुत करती है (श्रीवास्तव, 1975)। चूँकि इस दृष्टिकोण का संबंध साहित्य विश्लेषण के विविध पक्षों तथा सृजनकार्य की प्रकृति की सामाजिक और समन्वित दार्शनिक दृष्टि की खोज से है, अतः इसे और स्पष्ट तथा सर्वथा उचित शब्दों में 'शाब्दिक कला दर्शन' कहा जा सकता है। इस आलोचना दृष्टि की संबद्धता काव्य में उपस्थित बहु-अर्थित और बहु-व्याकरणिक वाक्यों के विश्लेषण की पद्धतियों व तकनीक तथा उस शाब्दिक कला के विवरण-विश्लेषण से भी है जिसे 'कृति', 'पाठ' अर्थात् 'साहित्यिक-प्रोक्ति' कहा गया है। अतः शैलीविज्ञान एक साहित्य-सिद्धांत भी है और एक 'पाठ' के रूप में साहित्य के विश्लेषण की तकनीक और पद्धति भी।

यदि शैलीविज्ञान के क्षेत्र का निर्धारण करना हो तो उसके दो भिन्न संदर्भ हमारे सामने उभरते हैं। एक विशिष्ट दृष्टि से इसकी परिधि में 'पाठ' में अंतर्युक्त भाषा-विकल्पनों का अध्ययन आता है। यह शैलीविज्ञान का व्यापक क्षेत्र है जिसमें शैलीविज्ञान अंतर्भाषिक विकल्पनों का वैज्ञानिक अध्ययन बनता है। ये विकल्पन व्यवहार-केंद्रित, संदर्भ-केंद्रित और व्यवस्थापरक ढंग से संगठित होते हैं। शैलीविज्ञान की व्यापक परिभाषा के तहत विकल्पन की धारणा को भाषा-प्रयोग के एक मानक सिद्धांत के रूप में स्वीकार किया गया है। इसीलिए यहाँ 'शैली' की संकल्पना भी भाषा-प्रयोग तथा भाषा-संप्रेषण के सामान्य और सहज गुण के रूप में विस्तार पाती है। शैली के संदर्भ में हॉकेट का यह कहना कि 'एक ही भाषा के दो उच्चार/उक्तियाँ जब लगभग समान अर्थ या सूचना संप्रेषित करते हैं और दोनों अपनी भाषिक-संरचना में एक-दूसरे से भिन्न होते हैं तो

---

* मूल अंग्रेजी लेख 'Stylistics and the teaching of Poetry' (Dimensions of Applied linguistics: eds. Srivastav & Gupta, CIIL, 1990) का हिंदी अनुवाद (अनुवादक : प्रो. दिलीप सिंह) 'साहित्य भाषा और साहित्य शिक्षण' (सं. गोस्वामी, शुक्ल), 1992 में प्रकाशित। प्रकाशक : दक्षिण भारत हिंदी प्रचार सभा, मद्रास।—**संपादक**

दोनों की इस भिन्नता को 'शैली' कहा जा सकता है (हॉकेट 1958 : 556) या रिफ़ातरे का यह कहना कि 'शैली बल है (अभिव्यंजना, प्रभावोत्पादकता या सौंदर्य) पर बिना अर्थ परिवर्तन के।' इस बात पर निश्चित रूप से बल देना ही है कि भाषा में चयन या विकल्प सदैव एक शक्ति के रूप में रहते हैं और भाषा-शक्ति की इस उपलब्धता को भाषा-प्रयोक्ता किस रूप में इस्तेमाल करता है। इन चर्चाओं में एक ओर भाषा-विकल्पन को भाषा की शक्ति और चयन की संभावना से मुक्त माना गया है और दूसरी ओर शैलीविज्ञान की विषय-वस्तु के रूप में इन्हें प्रभाव उत्पन्न करने के सामर्थ्य से युक्त तथा बल प्रदान करने वाले तत्त्वों से समन्वित माना गया है।

और अधिक विशिष्ट तथा अपने सीमित क्षेत्र में शैलीविज्ञान को भाषाविज्ञान के एक ऐसे उपांग के रूप में देखा जा सकता है जो साहित्यिक-पाठ के उप-लक्षणों पर प्रकाश डालता है। अपने इस संदर्भ में 'शैलीविज्ञान साहित्य में प्रयुक्त भाषा को संरचना एवं प्रकार्य के अध्ययन का विज्ञान भी है और साहित्य अध्ययन में भाषावैज्ञानिक सिद्धांतों का अनुप्रयोग भी। वस्तुतः ये दोनों स्थितियाँ अपने प्रकार्य में एक-दूसरे की परिपूरक हैं जिनका लक्ष्य काव्य-तथ्य में निहित भाषा-प्रेरित सौंदर्यात्मकता को उद्घाटित करना होता है। इस विशिष्ट क्षेत्र और अर्थ के परिप्रेक्ष्य में शैलीविज्ञान को इन शब्दों में परिभाषित किया जा सकता है,'शैलीविज्ञान साहित्य को केंद्र में रखकर भाषा-वैविध्य को उसकी प्रकार्यात्मक, संदर्भगत एवं व्यवस्थित शाब्दिक अभिव्यक्ति को 'देखने वाला भाषावैज्ञानिक सिद्धांत है।' अतः साहित्य, शाब्दिक कला है और शैलीविज्ञान इस साहित्य के सौंदर्य को उद्घाटित करने वाले उपादानों को तीक्ष्ण बनाने वाला विज्ञान, जो विश्लेषण के उन्हीं तत्त्वों को अपनाता है जो भाषाविज्ञान में अपनाए जाते हैं। यही वह साहित्यिक शैलीविज्ञान है जो यहाँ से आगे इस आलेख का अभिप्रेत है।

[2]

कोई भी साहित्यिक कृति या कोई कविता 'कलावस्तु' होती है जो अपने उद्देश्यों की प्राप्ति या अपनी अभिव्यक्ति भाषा-माध्यम से ही करती है। इस प्रकार साहित्य के अस्तित्व के दो आयाम होते हैं। पहले आयाम पर भाषा-तथ्य के रूप में कोई भी कविता निश्चित ही अपने शाब्दिक आयामों से बँधकर ही अपने अस्तित्व में आ पाती है; ऐसे में वह भाषा-रूप है (जहाँ इसकी अभिप्रेरणा सौंदर्यसृष्टि है)। दूसरे आयाम पर कला-क्षेत्र की एक घटना के रूप में कविता कला-रूप है (जहाँ वह शाब्दिक प्रतीकों की संरचना से बँधी होती है)।

कविता के उपर्युक्त दोनों आयाम उसे एक साथ शाब्दिक प्रतीक एवं सौंदर्यवस्तु के रूप में स्वीकार करते हैं। यही कारण है कि कविता को एक ओर हम शाब्दिक प्रतीक के रूप में उसकी सौंदर्य-सृष्टि से संबद्ध करके देखते हैं और दूसरी ओर एक ऐसी

सौंदर्य-वस्तु के रूप में जो भाषायी आधात्री से बँधी रहती है। इसके कारण ही इन दो आयामों में से कोई मात्र किसी एक पर ही दृष्टि केंद्रित करके भी कविता को देख सकता है। वह यह मानकर भी चल सकता है कि कविता भाषा है (एक विशेष प्रकार की) और किसी कविता के भाषायी-विस्तारों का सफल विवरण दे सकता है (सपोर्टा : 1960) और यह मानकर भी कि कविता का भाषायी आयाम उसके सौंदर्य-संघटन को व्यक्त करने का माध्यम मात्र है। अतः कविता अध्ययन का सर्वाधिक उपयुक्त ढंग उसके सौंदर्यमूलक घटकों का परीक्षण करना तथा इन घटकों की अन्विति को देखना है (क्रोस : 1953; कोलिंगवुड : 1938)। इस द्वैत की चर्चा के साथ ही यह तथ्य अनिवार्यतः उल्लेखनीय है कि एक साहित्यिक सिद्धांत के रूप में शैलीविज्ञान न तो शाब्दिक और सौंदर्यमूलक आयामों के बीच कोई सीमा-रेखा खींचता है और न ही वह भाषायी या सौंदर्यशास्त्रीय अध्ययन को एक फली में मटर के दानों की तरह स्थापित मानता है।

शैलीविज्ञान इन दोनों आयामों में से किसी एक ही को प्रमुखता या अनुचित महत्त्व नहीं देता। शाब्दिक शक्ति की प्रमुखता के स्थान पर भाषावैज्ञानिकता पर बल, और वह भी कथ्य की प्रकृति के अभाव में दृष्टिकोण को यांत्रिक बना देता है तो कथ्य के महत्त्व को स्थापित करने के लिए सौंदर्यशास्त्र का परीक्षण, वह भी प्रयत्न और रीति की शाब्दिक अभिव्यंजना के संबंधों को देखे बिना, इसे एक दार्शनिक शून्यता से भर देता है। वास्तव में, शैलीविज्ञान की अवधारणा में भाषावैज्ञानिक-सौंदर्यशास्त्रीय अध्ययन इस तरह अंतर्व्याप्त हो जाते हैं कि उन्हें अलग-अलग रूपों में पहचान पाना असंभव बन जाता है। वास्तव में वे एक ही वक्ररेखा के अवतल और उत्तम अंश के रूप में देखे जाने लगते हैं। शैलीविज्ञान की प्रकृति एवं संभावनाओं को निम्नांकित आरेख द्वारा समझा जा सकता है :

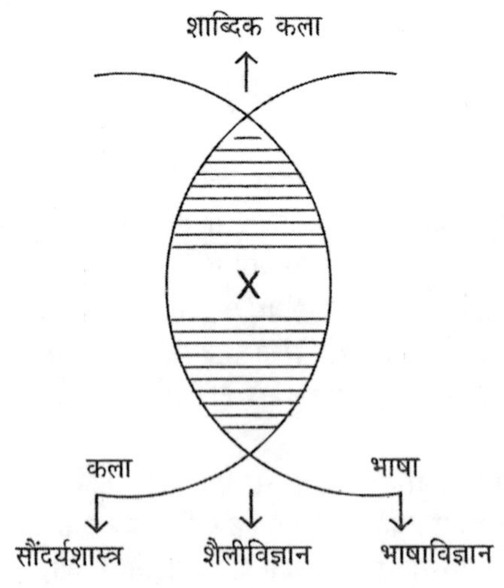

यहाँ यह स्पष्ट कर देना आवश्यक है कि सौंदर्यशास्त्र, जिसका केंद्रक कला है और भाषाविज्ञान, जिसका केंद्रक भाषा प्रकार्य है, दोनों ही खुले छोर वाले (open ended) अनुशासन है। अपने व्यापक संदर्भ में ये दोनों ही सार्वभौम अनुशासन भी हैं। सौंदर्यशास्त्र की व्याप्ति दर्शन-क्षेत्र तक है और भाषाविज्ञान की संकेत-विज्ञान तक। और शैलीविज्ञान इन दोनों सार्वभौम अनुशासनों का दबाव झेलता है क्योंकि शैलीविज्ञान अपने एक छोर पर सौंदर्य-शास्त्र के निकट है और दूसरे छोर पर भाषाविज्ञान के। इससे यह स्पष्ट हो जाता है कि शैलीविज्ञान सौंदर्यशास्त्र और भाषाविज्ञान से संबद्ध एक रोचक अध्ययन क्षेत्र है। अतः यह अपने अध्येता से भी दुहरी क्षमता की अपेक्षा रखता है।

शैलीविज्ञान यह मानता है कि साहित्य एक साथ शाब्दिक-प्रतीक और सौंदर्य-वस्तु है। उसकी यह मान्यता दो मूल तथ्यों पर आधारित है : (क) सभी साहित्य कला-रूप शाब्दिक-रूप हैं, परंतु सभी भाषा प्रकार्य साहित्य नहीं हैं। तथा (ख) सभी साहित्य-कला, कला-रूप हैं, परंतु सभी कला-रूप साहित्य नहीं। ऐसा इसलिए कि साहित्य परिवर्तन का क्षेत्र है जिसमें भाषायी-अनुभव तथा सौंदर्य-संवेदना एक-दूसरे में अंतर्भुक्त होकर शाब्दिक दृष्टि से अहर्तित कला-रूप का सृजन करते हैं। अतः यह अपेक्षा करना स्वाभाविक ही है कि कविता के सौंदर्यमूलक एवं शाब्दिक आयाम एक-दूसरे को उद्भासित करते हैं। दोनों के बीच द्वंद्वात्मक-ऐक्य का यह पक्ष परस्पर बोधगम्यता के रूप में कविता में सदा-सर्वदा उपस्थित रहता है। संभवतः इसीलिए शैलीविज्ञान अपने अध्येताओं से यह अपेक्षा रखता है कि वह सौंदर्यमूलक संवेदना के प्रति भी जागरूक हो और भाषा-प्रकार्यों के प्रति सजग और सचेत भी।

[3]

शैलीविज्ञान की आधारभूत मान्यताओं में से एक मान्यता यह है कि कविता में शाब्दिक और सौंदर्यात्मक आयामों के बीच का संबंध व्यवस्थागत और संरचनात्मक होता है। कविता में एक भी सौंदर्यात्मक-अभिलक्षण ऐसा नहीं होता जिसका अपना भाषायी-परिदृश्य न हो। अतः किसी भी कविता का सौंदर्य केवल भाषा में और केवल भाषा के माध्यम से ही उद्घाटित हो पाना संभव है तथा साहित्य अभिप्रेत का वैशिष्ट्य और सौंदर्यमूलक आयामों के द्वंद्वात्मक संबंधों द्वारा ही व्यक्त कर पाना संभव है। शैलीविज्ञान, साहित्य-विश्लेषण के लिए भाषावैज्ञानिक तथ्यों को साक्ष्य के रूप में प्रस्तुत करता है और सूक्ष्म अर्थाभिव्यंजना की प्राप्ति के लिए वह एक ओर 'पाठ' और दूसरी ओर 'कृति' की संकल्पना को सामने लाता है।

कोई भी कृति भाषा के विशिष्ट प्रकार्य की संक्रियात्मक इकाई होती है। इस संक्रियात्मकता से कृति के आकार का कोई संबंध नहीं होता। कृति एक छोटी सी कविता तक सीमित भी हो सकती है और एक महाकाव्य तक व्यापक भी। कृति अपने

घटकों के बीच की व्यवस्थापरक आंतरिक संबद्धता द्वारा विस्तार पाती है। 'साकल्पता' (होलनेस) एवं 'सावयवता' (ओरिजिनेसिटी) जैसी संकल्पनाएँ उसकी पारिभाषिकता में ही अंतर्भुक्त रहती हैं। यही कारण है कि वाक्य-अनुक्रम-स्तर पर कविता में एक आभ्यंतर 'वृहद्-संरचना' उपलब्ध रहती है। इस प्रकार किसी कृति को मात्र एक प्रकार का 'अधिवाक्य' या 'अतिवाक्य' मान लेना भूल होगी और यह मान लेना भी कि कृति स्थानीय संपर्कों से युक्त एक शाब्दिक अनुक्रम मात्र है। कृति में छिपी-बृहद्-संरचना, प्रोक्ति की इकाइयों को तथा उनके व्यापक ससंजन को सामने ले आती है। इस व्यापक ससंजन को हम पूर्वप्रत्यापित वाक्यों में कभी जोड़ने और कभी तोड़ने वाले तत्त्वों के रूप में देख पाते हैं। वृहद्-संरचना, स्वायत्त वाक्यों के बीच संकल्पनात्मक संबद्धता को दर्शाते हुए अंतर्वाक्यीय अंतरालों को भर पाने में समर्थ होती है।

कविता को कृति के रूप में विधेय और व्यंजनांत शाब्दिक पहचान के रूप में देखा जाना चाहिए। यह एक व्यापक संसर्ग है जो शाब्दिक अनुक्रम से युक्त होता है, यह युक्तता उसके स्थानीय अंतर्वाक्यीय संबंधों के अतिरिक्त होती है। यह संसर्ग स्वगठित, 'संपूर्ण' होता है जिसमें शाब्दिक-प्रतीक के रूप में निहित विभिन्न वाक्य-संरचनाएँ अंतरित होकर एक समन्वित-प्रतीक, एक कला-प्रतीक के रूप में सिद्ध रहती हैं। कविता के संबंध में एक विशेष बात यह है कि यह केवल प्रतीकों का गुच्छ नहीं, (चाहे वे प्रतीक कितने ही भाव-प्रधान हों या अर्थ की दृष्टि से अति संवेदनशील हों) बल्कि संकेतात्मकता की प्रक्रिया से जुड़ी एक समन्वित प्रतीक होती है। यहाँ संकेतात्मकता से मेरा तात्पर्य वही है जो इसका कोशीय अर्थ है : 'किसी चीज का सूक्ष्म, अप्रत्यक्ष भाव जो उसके स्पष्ट और अभिव्यंजक अर्थ द्वारा सामने आता है।' रिफातरे (1978 : 167) के मतानुसार प्रतीकार्थ वही है जो वास्तव में कविता है। यहाँ इस बात पर ध्यान देना जरूरी है कि सामान्यतः कविता का प्रतीकार्थ उसके द्वारा व्यक्त सामान्य अर्थ से भिन्न होता है। कविता का अर्थ मात्र वही नहीं होता जो कविता की पंक्तियों में अभिव्यक्त होता है। इस चर्चा से यह स्पष्ट हो जाता है कि कृति के रूप में कविता सामान्य शाब्दिक प्रतीक नहीं है; जबकि यह उन्हीं सामान्य शब्दों का, वाक्य-संरचनाओं का और व्याकरण का प्रयोग करती है जिनका प्रयोग हम अपने दैनंदिन जीवन के वार्तालाप में करते हैं।

कविता एक ऐसी कृति है जिसे स्वायत्तता प्रदान की गई है। यह एक स्वतःपूर्ण सत्ता है जहाँ वस्तु का बाह्य संदर्भ या तो आंतरिक संदर्भ में अंतर्भुक्त हो जाता है या आभ्यंतर बनकर अपनी एक अलग दुनिया और सत्ता निर्मित करता है। यहाँ अर्थ 'होने' में रूपांतरित हो जाता है। कविता में आया शब्द संकेतित वस्तु की शाब्दिक-छाया मात्र नहीं होता, बल्कि वह कविता में सृजित काव्य-संसार को उद्‌घाटित करने वाली वस्तु के रूप में रूपांतरित हो जाता है। इसी विशेषता के कारण कविता को अपने में एक वस्तु माना गया है। अपना ही संकेत माना गया है और उसका अपना एक संसार व अस्तित्व माना गया है।

यह एक गलत धारणा है कि शब्दों के वही निश्चित निर्धारित अर्थ होते हैं जो उस भाषा के शब्दकोशों में दिए जाते हैं। शब्दों के विभिन्न संदर्भ उसे भिन्न भावों-प्रभावों से युक्त करते रहते हैं। उदाहरण के लिए, एक वनस्पति-वैज्ञानिक के लिए 'गुलाब' फूलों की एक विशेष जाति के लिए प्रयुक्त शब्द हो सकता है, परंतु यही 'गुलाब' शब्द साहित्यिक प्रयुक्ति में 'सौंदर्य की पूर्णता' का अर्थ प्रक्षेपित करता है। इस उदाहरण द्वारा इस बात पर बल देने का प्रयत्न किया जा रहा है कि जब कविता स्वयं अपनी संकेतित वस्तु बनती है तब उसके अपने अस्तित्व का संसार अपने संदर्भों के साथ ही अपना अस्तित्व प्राप्त कर पाता है। अर्थात् सृजित संदर्भ कविता में प्रयुक्त शब्दों को उनके कोशीय और संदर्भगत दोनों रूपों में अभिव्यक्ति देता है। उदाहरण के लिए, ग्लॉक्स्टर द्वारा लियर से कही गईं निम्नलिखित पंक्तियाँ देखी जा सकती हैं :

स्वामी
हमारे रक्त और मांस
इतने तुच्छ हो गए हैं
कि इसके संपर्क में जो भी आता है
यह घृणा करता है।*

–किंग लियर

इन पंक्तियों से शाब्दिक अर्थ या सूक्ष्म-संरचना (वाक्य स्तरीय) के धरातल पर यह अर्थ निकलता है : 'ग्लॉक्स्टर और लियर दोनों ही अपने कुछ बच्चों द्वारा घृणा के पात्र बन गए हैं। परंतु आलोचकों ने इन पंक्तियों के 'गौण' या छिपे अर्थ की चर्चा भी की है जिसमें ग्लॉक्स्टर का उपरोक्त वाक्य यह अर्थ संप्रेषित करता है : 'हम इतने विकृत हो गए हैं कि हम उसी काम-प्रक्रिया से घृणा करते हैं जो हमारे सृजन का कारण है (एंपसन : 1951 : 139)। एक-दूसरे अर्थ के उद्‌भासित या उद्‌घाटित होने का कारण यह है कि 'किंग लियर' यौन-आंतक की अभिव्यक्तियों से जुड़ी हुई कृति है (ऑल्सेन : 1978 : 11)। अतः यह कहा जा सकता है कि दूसरा अंतर्भुक्त अर्थ तभी खुलता है, जब हम अपने विश्लेषण को वृहद्-संरचना से जोड़ते हैं (जो कि शाब्दिक अर्थ या वाक्यीय स्तर के अर्थ से भिन्न होता है) वहाँ विश्लेषण को वृहद्-संरचना के स्तर से हम इसलिए जोड़ते हैं कि 'किंग लियर' अपनी संकेतित-वस्तु स्वयं निर्मित करता है जो कविता में प्रयुक्त वाक्यों के लिए व्याख्यात्मक संदर्भ बन जाते हैं।

कृति के रूप में साहित्यिक वस्तु पृष्ठों पर शब्दों के माध्यम से सृजित होती हैं। अतः कृति को हाथ में पकड़ी एक पुस्तक या पुस्तकालय की अलमारी में रखी एक पुस्तक-मात्र नहीं समझना चाहिए। वास्तव में इसकी रचना कृति में आदि से लेकर अंत तक आने वाले शब्दों के भीतर होती है। इस प्रकार कृति को उसके पृष्ठों के आधार पर नहीं, बल्कि उस अंतराल द्वारा आँका जाता है जो पुस्तक में प्रयुक्त भाषा द्वारा

---

* Our flesh and blood, my lord, is grown so vile
That it both hate what gets it.

उत्पन्न होता है। इसीलिए कृति को अंतःसृजित, स्वतःपूर्ण कला-वस्तु के रूप में देखा जाता है। यहाँ पूर्णता या स्वतःसर्जन को अमूर्त अर्थ में ही लिया जाना चाहिए। कोई भी कृति कला-प्रतीक का भाषायी आयाम होती है, अतः किसी व्यक्ति (लेखक-पाठक) के मूल्य संबंधी अर्थ की अभिव्यक्ति से मुक्त होती है। भाषिक इकाइयों (स्वनिम, रूपिम, शब्द आदि) की भाँति ही कला-प्रतीकों का अर्थ भी व्यंजित पहचान के रूप में तथा इन इकाइयों के भिन्न प्रकार्यों की गतिशीलता से उभरता है। जैसा कि सस्यूर ने कहा है, '...भाषा में केवल भेद होते हैं...भेद सामान्यतः उस निश्चितता को व्यक्त करते हैं जिनके मध्य वे स्थित होते हैं, परंतु भाषा में केवल भेद होते हैं, बिना किसी निश्चितता के' (सम्यूर : 1966 : 120)। इस कथन के परिप्रेक्ष्य में देखने पर, एक कला-वस्तु के रूप में कृति निश्चित शब्दावली को वस्तु (संकेतित वस्तु) के रूप में व्यक्त कर सकती है, जबकि वास्तविकता में इसकी संरचना केवल भेदों से होती है जिसमें निश्चित शब्दावली का अभाव रहता है (यही संकेतक का समष्टिगत रूप होता है)।

यही कला-प्रतीक के रूप में कृति है, जो पढ़ने की प्रक्रिया में एक 'पाठ' के रूप में रूपातंरित और अनुभूत होती है। पाठ, पाठक द्वारा विस्तार पाता है, पाठक कृति को कला-प्रतीक में और पाठ को सौंदर्य-प्रतीक में बदल देता है। सौंदर्य-वस्तु, 'पारोल' के आयाम पर अवस्थित होती है इसीलिए वह पाठक द्वारा अर्थ प्रक्षेपण से संबद्ध रहती है। 'पाठ' अस्तित्व में तब आता है जब पाठक की साहित्यिक चेतना में कला-प्रतीक का प्रकटीकरण होता है (अर्थात् जब वह मूर्त रूप धारण करता है) प्रकटीकरण या मूर्तिकरण की यह प्रक्रिया एक जटिल प्रक्रिया है क्योंकि यह अपने में अनेक आश्रित तत्त्वों को सँजोए रखती है जैसे अंतरपाठपरकता (अन्य कृतियों के मध्य कृति की स्थिति), विचारधारा (समाज के विशेष व्यवहार), अभिप्रेरकता (पाठक के मन पर उत्पन्न प्रभाव जो लेखक का अभिप्रेत उत्पन्न करता है) आदि। इन स्थितियों में ही कला-वस्तु एक कृति के रूप में विकास और एक 'पाठ' के रूप में बहु-वाचिता प्राप्त करती है।

[4]

विचारक भाषा के दो प्रकार के प्रयोगों की चर्चा करते हैं—वैज्ञानिक (वाच्यार्थपरक) और काव्यात्मक (व्यंग्यार्थपरक), किसी-न-किसी संदर्भ में इन दोनों भेदों की चर्चा रिचर्ड्स, ईस्टमैन, एंपसन, लॉवेस, लीविस, रैनसम, टेट, क्लिप ब्रुक्स, फ़िलिप व्हीलराइट आदि ने की है। भाषा का वैज्ञानिक प्रयोग व्यापक उपयोग, मूल्य द्वारा अभिप्रेरित और तार्किक तथा संकल्पनात्मक अर्थ द्वारा निर्देशित होता है। इन विचारकों की दृष्टि में कविता एक भिन्न प्रकार की प्रक्रिया अपनाती है क्योंकि यह भिन्न प्रकार के उद्देश्यों द्वारा बाधित और अभिप्रेरित होती है। इसमें भाषा की प्रकृति उद्‌बोधनात्मक और संपृक्तार्थपरक

होती है। प्रतीकीकरण के स्तर पर वैज्ञानिक प्रयोग एक चिह्नक प्रकार का है और काव्यात्मक प्रयोग बहुचिह्नक प्रकार का।

यहाँ मैं इस विरोध के प्रश्न को जॉस्फिन माइल्स (1940) की भाँति ही देखना चाहूँगा कि यह द्विचर-भेद स्पष्टतः द्वयात्मक है अथवा सापेक्षतया ध्रुवीय है। यह एक यथार्थ है कि 'वाक्य-प्रतीक के स्तर पर काव्य-भाषा न तो उपरोक्त दो प्रमुख भेद-प्रकारों या प्रयोगों की भाँति होती है और न ही, एक भाषा-रूप की अपेक्षा दूसरे भाषा-रूप के अधिक निकट होती है।' वास्तव में यह बिलकुल वही भाषा होती है जिसका प्रयोग हम सामान्य वार्तालाप में करते हैं और इसका प्रकार्य उस प्रकार का बहु-संकेतात्मक प्रकार्य है जिसे हम विज्ञान-भाषा और इतिहास-भाषा की विशेषता के रूप में रेखांकित करते हैं। निस्संदेह जॉस्फिन माइल्स का यह कहना एकदम सही है कि एकल-अर्थगर्भिता से सभी भाषा-रूप युक्त होते हैं क्योंकि सभी वस्तुओं और सारे शब्द किसी-न-किसी संदर्भ से बँधकर ही प्रयोग में आते हैं। वाच्यार्थ और व्यंग्यार्थ बहु-अर्थगर्भिता से चुने गए प्रकार हैं तथा विज्ञान और कविता भी। ये वे प्रकार हैं जिन्हें उद्देश्य, प्रयोग, सामग्री-उपादान, सामान्य बाह्य-रूप तथा अन्य अनेक संदर्भों में अलग-अलग पहचान पाना संभव है।

जॉस्फिन माइल्स के उपर्युक्त विचार काव्य-स्तर की संघटना के लिए सत्य हैं, परंतु कृति के स्तर पर भाषा की संघटना की दृष्टि से नहीं। बहु-संरचना के स्तर पर कविता एक कला-वस्तु, प्रतीकों को पूर्णता और समग्र रूप से परिव्याप्त करता हुआ प्रतीक (कला-प्रतीक) है। कला-प्रतीक के रूप में यह बाह्य तत्त्वों के आधार पर प्रमाणित तथ्यों से मेल नहीं खाती। जिस बात पर यहाँ विशेष ध्यान देना है वह यह है कि कविता एक कला-प्रतीक के रूप में किसी दूसरी वस्तु का कार्य नहीं करती। यह वाक्य-प्रतीकों की भाँति अपने अस्तित्व से इतर वस्तु या संदर्भ का हवाला नहीं देती। कृति वस्तुतः एक सृजित वस्तु है जहाँ अनुभूत सौंदर्य ही अभिव्यक्त तथा विचारित सौंदर्य है। इस प्रकार कला-प्रतीक का सृजन संकेत विज्ञान संबंधी उस व्यवस्था से होता है जो संकेतन के लिए आंतारेक बन जाता है। इसीलिए कविता का अपना जीवन होता है और कविता में जिस भाषा का प्रयोग किया जाता है वह अपनी प्रकृति में निजवाचक बनती जाती है। कृति के रूप में कविता इसीलिए जी पाती है, अपना अस्तित्व प्राप्त करती है और रूप स्थापित हो पाती है कि पाठ-निर्माण की प्रक्रिया में ही इसे स्वायत्तता प्रदान की जाती है। इस प्रक्रिया में इसे व्यक्त करने वाली स्थितियाँ या संदर्भ उसी के भीतर निर्मित होते चलते हैं। इस प्रकार स्वयं अपने लिए निर्मित पाठ, शैलीवैज्ञानिक साधन इसके पाठकों के लिए इस प्रकार प्रयुक्त होते हैं कि काव्य-वस्तु का पठन अपने समस्त पक्षों के साथ पाठक के लिए बोधगम्य बन जाता है।

इस चर्चा में यह प्रस्तावित किया गया है कि भाषा के दो भिन्न प्रयोग भाषावैज्ञानिक संघटना में भिन्न नहीं होते क्योंकि भाषावैज्ञानिक संघटना के विश्लेषण के समय हमारा पूरा ध्यान वाक्य-प्रतीकों की गुणवाचकता तक ही सीमित होता है। परंतु जब हम अपनी चर्चा में कविता को एक कृति के रूप में केंद्र में रखते हैं (कला-वस्तु) और उसकी

विशेषताओं को उद्‌घाटित करने का प्रयत्न करते हैं, तब दोनों प्रयोगों का भेद स्पष्ट हो जाता है। वैज्ञानिक और काव्यात्मक दोनों ही प्रकार के पाठ कुछ सामान्यीकरण या अमूर्तीकरण के तत्त्वों से जुड़ सकते हैं। कॉलरिज ने इस भेद को इस प्रकार व्यक्त किया है 'किसी कार्य-व्यापार की वे मान्य या कल्पित अवस्थाएँ जिन्हें हम भाषिक प्रकथन कहते हैं, और दूसरी अवस्था में प्रकथनों का मानसिक तथ्य के रूप में सामान्यीकरण।' यह प्रभेद पाठ-संगठन के स्तर पर आधारित है जिसमें विवेच्य-वस्तु को दो नितांत भिन्न ढंग से प्रस्तुत किया जा सकता है। एक ढंग इसे बाह्य-वस्तु के रूप में प्रस्तुत करता है और दूसरा इसे आंतरिक बनाता है। दूसरा ढंग इसे इसके गठन और जीवन के साथ स्वसम बनाता है। उदाहरण के लिए, रिचर्ड्स (1929) की उस चर्चा को देखा जा सकता है जो उन्होंने जॉन क्लेयर के 'प्राइम रोज़' के विवरण के संदर्भ में की है :

> With its crimp and curdled leaf
> And its little brimming eye.

रिचर्ड्स के अनुसार, क्लेयर ने जिस 'प्राइम रोज़' का वर्णन किया है वह माली के लिए 'प्राइम रोज़' नहीं है। वास्तव में प्रस्तुत प्रकथन में व्यक्त वर्णन रचनाकार की मानसिक स्थिति या उसके अनुभव को उद्‌घाटित करता है। यह कविता 'प्राइम रोज़'—को देखने के बाद के अनुभव या कल्पना का परिणाम है। इसी प्रकार के विरोधी और रिचर्ड्स से भिन्न संदर्भ सूज़ान के लैंगर के विचारों में दिखाई देते हैं, जहाँ वे भाषा के दो प्रयोगों की चर्चा करते हैं। उनके अनुसार काव्य में दो प्रकार के प्रतीकों का प्रयोग किया जाता है—कला-प्रतीक और कला में प्रतीक। रूपक और बिंब आदि कला में प्रतीक हैं जो सामान्य भाषिक-प्रतीकों की तरह व्यवहार करते हैं अर्थात् वे प्रतीकों से बाहर स्थित वस्तु संबंधी संकल्पनाओं को निर्दिष्ट करते हैं। इसके विपरीत कला-प्रतीक एक सामाजिक पूर्णता है, एक आत्मनिष्ठ जीवन की वस्तुनिष्ठता दान करने वाला जीवंत-रूप या आंतरिक अनुभवों द्वारा सृजित एक रचना है। लैंगर ने इस बात पर बल दिया कि 'कला-प्रतीक और कला में प्रयुक्त प्रतीक के बीच का अंतर केवल प्रकार्य का नहीं, बल्कि प्रकार का भी है' (लैंगर : 1956)। कला में आने वाले प्रतीक सामान्य अर्थ में प्रतीक हैं। उनमें अर्थ होता है। जबकि कला-प्रतीक अभिव्यंजक रूप हैं, अतः बल देकर यह नहीं कहा जा सकता कि इसमें अर्थ है, बल्कि जो कुछ इसमें होता है वह इसका अपना अभिप्राय होता है।

रिचर्ड्स (1926) और लैंगर (1953, 1956) ने भाषा के जिन दो प्रयोगों तथा दो प्रकार के प्रतीकों के बीच भेद की चर्चा की है, वह महत्त्वपूर्ण है। फिर भी इन चर्चाओं में पाठ-उत्पादन और काव्य-गठन की दृष्टि से सही दृष्टिकोणों का अभाव है, क्योंकि एक वाक्य की रचना में शब्द, पदबंध, उपवाक्य जैसे अनेक घटक होते हैं इसलिए कविता में संगठन के स्तर पर कई अंतर्ग्रंथित स्तर हमें दिखाई देते हैं। संगठन का सिद्धांत ऐसा होता है कि एक स्तर की इकाई अपने निकटतम उच्च स्तर की इकाई में एक संघटक तत्त्व के रूप में आ जाती है। इकाइयों के ये स्तर क्योंकि स्पष्टतः भिन्न

एवं सुनिश्चित होते हैं, अतः एक स्तर का संघटक अपने सहयोगी संघटक के गुणों के योग का परिणाम मात्र नहीं होता।

[5]

वाक्य की ही भाँति कविता भी एक संघटक है, जो अंतर्ग्रथित गुच्छों या स्तरों को अधिक्रमित रूप में प्रस्तुत करती है। उदाहरण के लिए, हम किसी कविता में निम्नलिखित तीन भिन्न परंतु आवयविक रूप से एकीकृत स्तरों को देख सकते हैं : (क) वाक्य-प्रतीकों का स्तर, (ख) कला में प्रतीकी का स्तर और (ग) कला-प्रतीकों का स्तर। यहाँ यह ध्यान रखना चाहिए कि ये सभी स्तर और इनकी समस्त संवादी इकाइयों की प्रकृति अंतर्निहित रूप में शाब्दिक होती है। वाक्य-प्रतीक अपनी प्रकृति में वाच्यार्थपरक और प्रकार्य में संकेतपरक होते हैं। कला-प्रतीक संपृक्तार्थक होते हैं, उनका निर्माण वाच्यार्थ-व्यवस्था के उन संकेतों द्वारा होता है जो कृति के मूल स्वर अथवा निहितार्थ को व्यक्त करने में समर्थ होते हैं। वाच्यार्थक : परंपरागत यादृच्छिक, सजातीय, सकर्मक और एकार्थक होते हैं; जबकि संपृक्तार्थक के रूप में कला-प्रतीक अपने प्रकार्य में प्रतिभापरक, अभिप्रेरित, सादृश्यमूलक, अंतस्थ और अनेकार्थक होते हैं। कला-प्रतीक संपूर्ण और समग्र होते हैं जो कविता की अर्थवत्ता और विशेषता को अभिव्यक्त कर पाने की क्षमता रखते हैं। इन स्तरों की प्रकृति और काव्य-गठन के सिद्धांतों पर अन्यत्र विस्तार से चर्चा की जा चुकी है (श्रीवास्तव : 1980), यहाँ मात्र इनकी प्रकार्यात्मक प्रासंगिकता को इंगित किया जा रहा है :

स्तर : 3 ख	सौंदर्यपरक प्रतीक	पाठ	सौंदर्यपरक क्षमता	वाक्य-प्रकार्य
स्तर : 3 क	कला-प्रतीक	कृति	कलात्मक क्षमता	अभिव्यंजनात्मक प्रकार्य
स्तर : 2	कला में प्रतीक	संपृक्तार्थ	संप्रेषणपरक क्षमता	संपृक्तार्थपरक प्रकार्य
स्तर : 1	वाक्य-प्रतीक	वाक्यकरणिक वाक्य	भाषायी क्षमता	संकेतार्थपरक प्रकार्य

उदाहरण के लिए, 'अज्ञेय' की स्वतःपूर्ण कविता 'दिशाएँ' (Directions) देखी जा सकती है :

हर सुबह मैं
माज़ी में थोड़ा-सा जीता हूँ
क्योंकि हर शाम
भविष्य में थोड़ा मरता हूँ।

(Erery dawn
I live a little into the past
Bacause every evening
I die a little into the future)

वाक्य-प्रतीक के पहले स्तर पर यह आसानी से देखा जा सकता है कि यह कविता चार पंक्तियों की संरचना का एक मिश्र-वाक्य है—+ + वाक्य + +, यह मिश्र-वाक्य दो वाक्यों द्वारा निर्मित है और वे दोनों वाक्य कारण-संबंधी अधीनतासूचक समुच्चयबोधक क्योंकि/Because की सहायता से जोड़े गए हैं और इस प्रकार ऐसी संरचना बनती है— + + वाक्य, अधीनतासूचक समुच्चय बोधक वाक्य2 + + । दूसरे स्तर (कला में प्रतीक) पर दोनों संघटक वाक्यों में दो प्रतीक प्रस्तुत किए गए हैं। पहला प्रतीक कविता में व्यक्त मैं/I के जीवन जीने के उस ढंग को प्रस्तुत करता है जिसके अनुभव के आधार पर प्रत्येक सुबह अपने जीवन का निर्वाह करता है और दूसरा प्रतीक उसकी उस प्रवृत्ति को द्योतिक करता है जिसमें वह अपनी प्रत्येक शाम की क्रियाओं को अर्थ देता है। विशिष्ट अर्थ का सृजन कुछ निश्चित व्यतिरेकों के प्रयोग द्वारा संभव हो पाता है। जैसे काल वाचक क्रिया-विशेषक सुबह>शाम/dawn>evening तथा क्रिया-विशेषणों की दिशा जिसमें एक ओर संरचना चिह्नक (में/Into)+संज्ञा (भूत-भविष्य) है और दूसरी ओर सकर्मक और अकर्मक क्रिया (Live-die) के बीच का व्यतिरेक है। सामान्यतः Live जैसे क्रिया-रूप अपने प्रकार्य में अकर्मक होते हैं, लेकिन हमें अनेक ऐसे वाक्य दिखाई देते हैं जो सजात संज्ञा पद्‌बंध कर्म को मूलाधार संरचना के रूप में दिखाते हैं :

(1) 'क' गाता है और 'क' गाना गाता है,
('X Sings' as well as 'X Sings a Song')

(2) 'क' जीता है और 'क' सुखी जीवन जीता है
('X lives' as well as 'X lives a happy life')

इस कविता की सकर्मक रचना में 'भूत', 'अतीत जीवन' बन जाता है और विशेषक थोड़ा-सा-a little संज्ञा-विशेषण को दर्शाने का कार्य करता है। अकर्मक रचना में 'भूत' क्रिया विशेषण की दिशा का अंग बना रहता है और विशेषक थोड़ा-सा-a little 'जीना' क्रिया को विशेषीकृत करता है।

तीसरे स्तर (कला-प्रतीक) पर दोनों प्रतीकों के बीच के अन्योन्य संदर्भ और

संबद्धता के कारण जीवन की साहचर्यगत पूर्णता अपने अस्तित्व में आती है। और यह स्पष्ट होता है कि समान संदर्भों के कारण 'मैं', दोनों प्रतीकों का सहभागी है, संकेत वैज्ञानिक संरचना का प्रारूप जो प्रत्येक प्रतीक में अंतर्युक्त है, व्यतिरेक और रचना के माध्यम से घटकों की विशेषता को दर्शाता है, जैसे—सुबह/शाम, भूत/भविष्य और जीना/मरना। यहाँ मरना/die जैसी निष्क्रिय क्रिया भी सक्रिय बनकर उभरती है क्योंकि एक तो यह क्रिया जीना/Live क्रिया को संरचनात्मक की दिशा के साथ किया गया है जो केवल उन्हीं क्रियाओं के साथ आ सकती है जिनका संबंध गतिशीलता से हो। यह तो स्वीकार्य ही है कि कला-प्रतीक के स्तर पर कविता की काव्य-वस्तु एक साथ संज्ञा भी है, विशेषक भी और क्रिया भी। संज्ञा के रूप में काव्यवस्तु, प्रतिभागी मैं/I के जीवन को आच्छादित कर लेती है, जीवंतता के गुण और क्रिया के रूप में यह वर्तमान काल की दो दिशाओं भूत-भविष्य के साथ प्रतिभागी मैं/I के जीने के ढंग को प्रतीकबद्ध करती है और विशेषक के रूप में प्रतिभागी मैं/I के जीवन की विशिष्टता को प्रदर्शित करती है।

कला-प्रतीक के रूप में यह कविता अपने अस्तित्व के दो भिन्न संदर्भों से युक्त है। पहला संदर्भ इसे शाब्दिक पोटेंशियल के रूप में सामने ले आता है। एक 'स्वनिम' या 'रूपिम' की भाँति शाब्दिक पोटेंशियल एक ऐसी इकाई है जिसे प्रकार्यात्मक रूप से सार्थक अभिलक्षणों के समूह के रूप में परिभाषित किया जा सकता है, भेद केवल इतना है कि यह कई सदस्यों के बीच एक प्रकार की संबंध-संरचना नहीं है, बल्कि यह एक विशिष्ट प्रकार की एक सदस्य इकाई है। शाब्दिक धरातल पर यह यथार्थ और स्वतःपूर्ण वस्तु है, लेकिन जैसा कि इनगॉर्डन (1964) ने संकेत दिया है कि 'इसके सभी निर्धारक, घटक या गुण यथार्थ अवस्था में नहीं होते।' दूसरा संदर्भ कला-प्रतीक के वास्तविक या यथार्थ विकल्पनों को सामने ले आता है—अर्थात् शाब्दिक प्रतीक पाठक की सह-सर्जनात्मकता द्वारा मूर्त्त होता है। एक बार मूर्त्त हो जाने के बाद यह आस्वाद्य वस्तु बन जाता है। आस्वाद्य वस्तु किसी इकाई के उस संविकल्प की तरह होती है जो उच्चरित/अभिव्यक्त और पूर्णतः विशेषीकृत वस्तु होती है—अनुभव के स्तर पर मूर्त और उद्देश्य में Changed।

कला-वस्तु और आस्वाद्य वस्तु के बीच का यह भेद शैलीवैज्ञानिक अध्ययन में अत्यंत महत्त्वपूर्ण है। इन दोनों का अध्ययन शैलीविज्ञान के क्षेत्र में ही आता है। कृति या रचना के गुण-धर्मों के गहन अध्ययन द्वारा शैलीविज्ञान कला-प्रतीक (साहित्यिक कृति) की आंतरिक प्रकृति को उद्घाटित करता है। इसके विपरीत आस्वाद्य-वस्तु का अध्ययन साहित्य-निष्पत्ति से संबद्ध अध्ययन है जो उस साहित्यिक प्रैगमेटिक्स की माँग करता है जिसे हम 'कृति' और 'पाठक' के बीच में संबंधों की नियमबद्धता में पाते हैं (साहित्यिक काव्यशास्त्र और साहित्यिक प्रैगमेटिक्स के भेद के लिए देखें, वॉन डिज्क : 1972)।

यहाँ विशेष बल देने की बात यह है कि भाषा-प्रयोग के दो भेदों (जैसा कि रिचर्ड्स

ने कहा है) या दो प्रतीक प्रकारों (जैसा कि लैंगर ने निर्धारित किया है) को पाठ की सूक्ष्म-संरचना (अर्थात् वाक्य की वाक्य-रचना) में नहीं ढूँढ़ना चाहिए। इस स्तर पर काव्य में प्रयुक्त भाषा का व्याकरण भिन्न और विशिष्टीकृत क्षेत्रों में प्रयुक्त भाषा के व्याकरण से भिन्न तो नहीं होता परंतु एक बार जब हम व्याकरण के स्वरूप को व्यापक बनाकर देखते हैं और अपने अध्ययन को वाक्य-स्तर के ऊपर ले जाकर अपनी चर्चा को 'कृति' या 'पाठ' के स्तर तक विस्तृत करते हैं (अर्थात् 'पाठ' की बृहत् संरचना) तब भाषा प्रयोग के बीच उत्पन्न होने वाले दो भेद स्वतः महत्त्वपूर्ण और प्रासंगिक बन जाते हैं। भाषाविज्ञान से वाक्य-इकाई से ऊपर जाकर अध्ययन करने की माँग और भाषा-अध्ययन के लक्ष्य को बृहत् इकाइयों यथा पाठ* के विन्यासक्रमी अध्ययन तक विस्तार द्वारा शैलीविज्ञान किसी कविता की पाठगतता (स्वायत्तता) को पकड़ने का प्रयत्न करता है और अपने संक्रियात्मक औज़ारों द्वारा प्रोक्ति के काव्यात्मक प्रयोग को उद्घाटित करने की क्षमता रखता है।

[6]

साहित्य संबंधी प्रारंभिक दृष्टिकोणों में भी कला-प्रतीक और मानवीय-संवेदना के बीच सीधा संबंध देखा जाता रहा है। स्वच्छंदतावादी दृष्टि में कविता 'सशक्त अनुभूतियों का सहज प्रवाह' (वड्र्सवर्थ) थी। साहित्यिकता की माप का आधार भी कवि द्वारा अनुभूत या पाठक-मन में उपजी विशिष्ट अनुभूतियाँ ही थीं। इस संबंध में यहाँ तक कहा गया कि 'विश्व के समक्ष जो सर्वाधिक गौरवपूर्ण कविता आई है वह संभवतः कवि की मौलिक अवधारणा की धुँधली छाया ही है (शैली)। रिचड्र्स और लैंगर के सिद्धांतों का जो प्रतिपादन आज हो रहा है वह वास्तव में स्वच्छंदतावादी काव्य-दृष्टि का ही विस्तार है जो शाब्दिक रूप के अभिव्यंजना सिद्धांत को महत्त्व देता था।

इस बात को स्वीकारने पर यह स्थापना भी उभरती है कि कविता को जानने-समझने से तात्पर्य है 'सशक्त अनुभूतियों के सहज प्रवाह' की अनुभूति या पुनरानुभूति या कवि की मूल अवधारणा की पुनर्धारणा, कविता जिसकी एक छाया मात्र होती है। तब हम यह मानने को भी बाध्य हैं कि कविता का वास्तविक अस्तित्व पाठ के बाहर कहीं स्थित होता है और यह भी मानने की कि इसकी संक्रियात्मकता (वांछनीयता) हमारी अपनी अभिवृत्तियों और आवेशों को अपने प्रभाव द्वारा विभाजित या संगठित करने के कारण ही प्रमाणित होती है।

---

* ऐसा इसलिए कि पिछले कुछ वर्षों में व्याकरण को वाक्य-रचना से ऊपर जाकर देखने की प्रवृत्ति बढ़ी है और वाक्योपरि इकाइयों के भाषावैज्ञानिक विश्लेषण में इस नाटकीय विस्तार को अनेक नामों से अभिहित किया गया है, यथा—प्रोक्ति विश्लेषण, अति वाक्य विज्ञान, पाठगत-व्याकरण, पाठ-वाक्यविज्ञान, परा-भाषाविज्ञान आदि (हेंड्रिक्स : 1973)।

शैलीविज्ञान की यह मान्यता है कि कविता केवल भावों या भावातिरेकों की वस्तु नहीं है, वरन् वह बोध एवं संप्रेषण की एक घटना है। मैं स्वयं इस बात का समर्थक हूँ कि कविता अनगढ़ भावों की भीड़ मात्र नहीं है, बल्कि वह शाब्दिक संरचना में काव्य की अभिव्यक्ति है। यह एक नग्न भावावेश नहीं, अपितु अंतर्बोध का भाषायी बोध है।

यह मात्र रूपहीन अंतर्जगत् या मानसिकता नहीं है, बल्कि आस्वाद्य शाब्दिक रूप है जो आत्मनिष्ठ जीवन को इंद्रिय गोचर बनाता है। यही विशेष कारण है कि सौंदर्यशास्त्रीय संदेश कला-वस्तु के रूप में संप्रेषणीय बन जाते हैं। कविता प्रोक्ति का निचोड़ होती है। काव्यवस्तु से जुड़े भावकथ्य का एक अंग बन जाते हैं—ये पाठक में एक संक्रामक रोग की भाँति संप्रेषित नहीं होते, या गोली अथवा चाकू के घाव की भाँति एक यंत्रवत् प्रक्रिया द्वारा पाठक तक नहीं पहुँचते, विष की भाँति ये पाठक-मन में फैलते भी नहीं, ये किसी अनुपूरक तत्त्व, भंगिमा या मात्र लय-ताल द्वारा भी व्यक्त नहीं होते, बल्कि अपनी वस्तु में निहित रहते हुए ये ज्ञान-अभिरचना के रूप में प्रस्तुत होते हैं (विमसैट-तथा बर्डस्ले : 1949 : 38)। शैलीविज्ञान कविता को केवल ज्ञान-अभिरचना का भाव संबंधी परिणाम ही नहीं मानता, बल्कि वह काव्य सृजन में बोधात्मक संरचना का केंद्रक भी निर्धारित करता है।

बाह्य यथार्थ को पकड़ने के लिए जिस तरह वैज्ञानिक सिद्धांत के जाल बुने जाते हैं (पौपर : 1965) उसी तरह कविता भी एक शाब्दिक पिंजरा है जिसमें हमारे आंतरिक जीवन के यथार्थ कैद किए जाते हैं। आंतरिक सत्र हमें मिला है, उसके बारे में हम जानते हैं, यह भान ही हमारे लिए अति रोचक होता है। मैंकलीश (1964 : 20) के मतानुसार, 'जो कुछ हम किसी कविता में जानते हैं वह सिर्फ उस कविता में ही जाना जा सकता है। कविता का ज्ञान सूखे मेवे के गूदे की तरह उससे अलग नहीं किया जा सकता। यह ज्ञान ऐसा कुछ है जो कविता का मंतव्य है—ऐसा कुछ, जो जब कविता दूर होती है तो दूर हो जाता है और तभी वापस मिलता है जब हम पुनः काव्य-संसार में प्रविष्ट होते हैं। वह वापसी केवल काव्य-संसार में ही नहीं, बल्कि स्वयं कविता में होती है, यह कहना चाहिए। यदि हम कविता में काट-छाँट करें, उसके क्रम में परिवर्तन करें, भाव को सुरक्षित रखते हुए भी यदि हम उसकी गति बदलें तो निश्चित ही उसका अर्थ भी बदल जाएगा।

कवि-आलोचक मैंकलीश यहाँ उस सीमा-रेखा की ओर संकेत दे रहे हैं जो शैलीविज्ञान अनिवार्यतः प्रतिपाद्य वस्तु और कला-वस्तु के बीच खींचता है और अपनी चर्चा को कविता के बाहरी स्वरूप और उसके भीतरी अस्तित्व के गुणों के बीच के भेदों के साथ देखने-समझने का प्रयत्न करता है। कविता की प्रतिपाद्य वस्तु को उसका मंतव्य या अभिप्रेत कहा जा सकता है जिसे सार-रूप में कविता के बाहर भी तैयार किया जा सकता है। यह कविता से वस्तु को उसी तरह अलग करना है जैसे सूखे मेवे से गूदे को। भिन्न कविताओं में समान या मिलती-जुलती प्रतिपाद्य वस्तु होने की भी पूरी

संभावना रहती है। इसके ठीक विपरीत कला-वस्तु कविता के अस्तित्व से जुड़ा गुण है जो भाषा के माध्यम से भाषा में ही अभिव्यंजित होता है। कला-वस्तु प्रतिबिंबित करती है, बोधात्मक-प्रक्रिया में कला-वस्तु का कोई अन्व्यांतर योग्य अंग नहीं होता। अतः किसी भी कविता की अद्वितीयता या विशिष्टता उसकी प्रतिपाद्य वस्तु में नहीं, उसकी कला-वस्तु में निहित होती है।

अब हम कविता की प्रतिपाद्य-वस्तु के संबंध में थोड़ी व्यापक चर्चा कर सकने में समर्थ हैं। कविता के प्रारूप या संघटना की चर्चा भी कर सकते हैं। उदाहरण के लिए, हम कह सकते हैं कि जॉन क्लेयर की कविता एक फूल के बारे में है जो बीमार पीले रंग का है और भरे-पूरे वसंत में कीचड़ भरी खाद में उग रहा है। यह भी कह सकते हैं कि इस कविता में कवि का मंतव्य फूल के स्थान, समय या रंग से उतना संबद्ध नहीं है जितना कि फूल के गठन और उसकी आकृति से। परंतु इस संदर्भ में इस कविता का विवेचन कविता के बाह्य धरातलों पर देखने वाली दृष्टि पर आधारित है। आंतरिक धरातल पर इस कविता को देखने का तात्पर्य यह देखना होगा कि कोई कविता एक काव्य-वस्तु के रूप में कैसे अपना अस्तित्व प्राप्त करती है। यदि हम कविता को एक 'पाठ' के रूप में देखें तो हमें काव्य-गठन को व्यक्त करने वाले दो शब्द दिखाई देते हैं—'क्रिंप' और 'कईल्ड' जबकि 'eye' शब्द का प्रयोग विशेषण 'लिटिल' के साथ मिलकर सृजित वस्तु के आकार और आकृति पर प्रकाश डालता है। 'सहज रूप' की दृष्टि से 'पाठ' का निर्माण चयन से जुड़े अर्थ-संघटना के सिद्धांतों पर आधारित होता है। कल्पित कला-वस्तु अपनी अस्तित्व पाठ की संघटना-प्रक्रिया द्वारा ही निर्मित करती है, यह प्रक्रिया ही पुनःसृजित वस्तु के गठन, आकार और आकृति को तीव्रता प्रदान करती है और ऐसे में प्रतिपाद्य-वस्तु से जुड़े—अन्य तथ्यों को स्थगित करती है।

ऊपर जो भी व्यक्त करने का मेरा प्रयास रहा है उसका पहला उद्देश्य यह बताना रहा है कि किसी कृति की किसी अभिव्यक्ति को व्यक्त करने में जिस स्थिति और संदर्भ की जरूरत होती है वे कविता में स्वतः अंतर्युक्त रहते हैं। दूसरा यह बताना कि जिस संसार का अभिग्रहण और सृजन कविता में होता है वह वास्तव में बाह्य-संसार से मुक्त होता है। इसीलिए कवि 'मैं', और काव्यात्मक 'मैं', की प्रकृति में तथा कविता के दस्तावेज़ी और शिलालेखी पक्षों में विभेद रहता है।

[7]

अब थोड़ी चर्चा भाषा-शिक्षण में शैली-विज्ञान की प्रांसगिकता पर। साहित्य-सिद्धांत और साहित्यिक अध्ययन की पद्धति के रूप में शैली-विज्ञान एक ओर काव्य-शिक्षण के लक्ष्य की प्राप्ति के लिए निश्चित संदर्भ और ढाँचे उपलब्ध कराता है और दूसरी ओर इस लक्ष्य की प्राप्ति के लिए स्थितियों की संक्रिया भी।

आज की वर्तमान स्थिति में स्कूल और विश्वविद्यालयों के भाषा-विभागों में काव्य-शिक्षण सामान्यतः एक सीमा में बाँध दिया गया है जिसमें साहित्य की बाह्य-दृष्टि के आधार पर कविता के बारे में चर्चा मात्र की जाती है। प्रमुखतः यहाँ बल कविता की प्रतिपाद्य-वस्तु पर रहता है और बाह्य-स्रोतों से जुटाई गई सूचनाओं के आधार पर कविता की पृष्ठभूमि, परिवेश और उसके बाह्य कारणों आदि के परिप्रेक्ष्य में कविता विवेचित की जाती है। ऐसा करते हुए इस तथ्य की ओर से आँखें मूँद ली जाती हैं कि कला-कर्म में कारण और प्रभाव की चर्चा असमीचीन होती है और इन बाह्य कारणों के परिणाम के रूप में कला को देखना सदैव अनिश्चितता और अनुमेयता को जन्म देता है (वेलेक और वॉरने : 1966 : 73)। कविता का जन्म 'तर्क के आवरण' के रूप में होता है और यह माना जाता है कि कविता अपने मूलार्थ में कवि के मस्तिष्क में रहती है या तर्क से परे एक अज्ञेय केंद्रक में स्थित होती है। यह मानना गलत होगा कि कविता कवि मन में अवस्थित मूल की धुँधली छाया मात्र होती है क्योंकि कविता ठोस एवं वास्तविक तथा प्रत्यक्ष एवं संप्रेषणीय होती है। अतः काव्य शिक्षण को बिना स्वयं कविता की बात उठाए प्रारंभ से ही कवि के मंतव्य या कविता के प्रारूप से जोड़ना एक गलत क्षेत्र में यात्रा करना होगा। काव्य-समीक्षक का प्रमुख कार्य संदर्भित वस्तु की खोज या पड़ताल करना है। सामान्य रूप से साहित्य शिक्षक या तो वाग्मिता के तत्त्वों के रूप में कविता के असंपृक्त-रूप अर्थात् अलंकारशास्त्रीय रूपों की चर्चा और अभिव्यक्ति की प्रत्यक्ष शैली (संकेतक) की चर्चा के अभ्यस्त हो जाते हैं या कविता के विलग तथ्य अर्थात् विषय-वस्तु को तथ्य (संकेतित) के रूप में सामने लाते हैं। यह प्रक्रिया वे बिना इस बात की चिंता किए अपनाते हैं कि एक कला-प्रतीक के रूप में कविता अपने में पूर्ण शाब्दिक प्रतीक है। ऐसे अध्यापकों का पूरा शैक्षणिक धरातल उन्हें एक ऐसे यांत्रिक या बाह्य फ्रेम में जकड़ लेता है जहाँ स्वयं कविता शिक्षण के योग्य मानी ही नहीं जाती और इस प्रकार ये शिक्षक मात्र एक प्रकार के यांत्रिक अन्वेषक बनकर रह जाते हैं।

ठीक इसके विपरीत शैली-विज्ञान की यह मान्यता है कि जो भी संप्रेषणीय है वह अपने आप शिक्षण के योग्य है और क्योंकि कविता संप्रेषक की ही एक क्रिया है, अतः उसके लिए किसी यांत्रिक या बाह्य आवरण की आवश्यकता ही नहीं है। शैली-विज्ञान कला-प्रतीक के महत्त्व की दृष्टि से कविता का भाषा-वैज्ञानिक परिप्रेक्ष्य प्रस्तुत करता है और इस प्रकार वह साहित्य अध्ययन की परंपरागत प्रणाली तथा अभिविन्यास प्रस्तुत करता है जिसमें वस्तु को निम्नलिखित पक्षों से देखा जाता है :

क्र. सं.	पारंपरिक		शैली-वैज्ञानिक
1.	अभिविन्यास		
	कविता के प्रति बाह्य दृष्टिकोण	:	कविता के प्रति आंतरिक दृष्टि
2.	साहित्यिक का केंद्रक		
	लेखक-मन	:	'कृति' और 'पाठ' के रूप में कविता

3.	विवेचन के विषय		
	(क) प्रतिपाद्य वस्तु	:	(क) कला-प्रतीक
	(ख) अलंकारशास्त्रीय युक्तियाँ और बाह्य शैली	:	(ख) काव्यात्मक उत्कर्ष और अप्रत्यक्ष शैली
	(ग) लेखक का मंतव्य और प्रारूप	:	(ग) कविता की संरचना और विशिष्ट अर्थ-अभिव्यंजना
4.	प्रविधि का परिप्रेक्ष्य		
	भाव और संवेग के संदर्भ में सर्जक और पाठ का सह-संबंध	:	साहित्य का काव्यशास्त्र अर्थात् केंद्रक के अंतर्गत आने वाली वस्तु की पाठगतता के संदर्भ में संरचना की विभिन्न परतों के बीच का संबंध
5.	संक्रियात्मक उपकरण		
	अंतर्बोधात्मक और आत्मनिष्ठ	:	भाषिक और वस्तुनिष्ठ

इसके साथ ही शैली-विज्ञान संक्रियात्मक प्रक्रिया के लिए कुछ स्थितियाँ भी निर्मित करता है जिसमें वह निम्नलिखित तथ्यों पर बल देता है :

(क) कलात्मक या सौंदर्यशास्त्रीय संदेश को जानने का प्रयत्न करने से पहले साहित्यिक कोड की जानकारी प्राप्त करें।

(ख) कविता का आनंद उठाना प्रारंभ करने से पहले उसे समझें।

(ग) एक सांस्कृतिक घटना के रूप में साहित्य का मूल्यांकन करने से पहले कविता का निर्वचन करें।

(घ) संकल्पनात्मक तथा संक्रियात्मक दोनों ही दृष्टियों से साहित्य-सिद्धांत के मूलाधारों को परिभाषित करें।

(च) भाषिक और साहित्यिक अध्ययन को एक-दूसरे के विरोध में न देखकर शैली-विज्ञान के अंतर्भुक्त अंगों के रूप में देखें।

काव्य-शिक्षण के लक्ष्यों को पहचानते हुए तथा प्रविधि संबंधी अवधारणाओं को स्पष्ट करते हुए शैली-विज्ञान पूरी दक्षता के साथ काव्य-शिक्षण को प्रकार्यात्मक बनाने में सक्षम है।

संदर्भ-ग्रंथ-सूची

Collingwood, R. G. 1931. The Principles of Art : Oxford University Press.

Croce, Benedetto, 1953. Aesthetic. Trans. D. Ainslie London (Reprint Calcutta : Rupa & Co.)

Empson, W., 1951. The structure of complex words. London : Chatto and Windus.

Hendricks, W. O., 1973. Essays on Semiolinguistics and verbal art. The Hegue : Mouton

Hockett, C. F., 1958. A course in modern linguistics. New York : Macmillan.

Ingarden, R., 1964. Artistic and aesthetic values. The British Journal of Aesthetics. 4 : 3, 198-213.

Langer, S., 1953. Feeling and form. London. Routledge & Kegan Paul.

—1956. Problems of Art. London : Routledge Kegan Paul.

Macleish, A., 1960. Poetry and experience. Baltimore : Penguine Books.

Miles, J., 1940. More semantics of Poetry. The Kenyon Review, II. In Essays of the language of literature. ed. by S. Chatman and S. R. Levin 264-268. Bostan : Houghton Mifflin Co.

Oison, S. H., 1929. The structure of literary understanding, Cambridre University Press.

Richards, I. A., 1929. Practical criticism. London : Routledge & Kegan Paul.

—1926. Principles of literary criticism. 2nd ed., London; Routledge & Kegan Paul.

Popper, Karl. R., 1965. The logic of scientific discovery. New York; Harper & Row.

Riffatere, M. ,1967. Criteria for style analysis. In essays on the language of literature, ed. by S. Chatman and S. R. Levin 412-430 Boston : Houghton Mifflin Co.

—1978 Semiotics of poetry. Bloomington : Indiana University Press.

Saussure, F. de., 1966. Course in General linguistics. New York : McGran-Hill.

Sapporta, S., 1966. The application of linguistics in the study of poetic language. In Sebeok 1960. 82-93

Sebeok. T. A., 1966. Style in Language M.I.T.

Srivastava, R. N., 1972 Shaili-Vigyan aur alochna ki nayi Bhoomika (Stylistics-a new perspective to the literary criticism). Agra : Central Institute of Hindi.

—1975. Lingua-aesthetic approach to art symbol-Paper read at the Indian Philosophical Congress held at Delhi. Appeared in Suniti kumar Chatterji Commemoration Volume, ed. by Bhakti P. Mallik. The University of Burdwan, 1981. 237-248.

—1979. Sanrachanatmak Shailivigyan (Structural Stylistics), Delhi : Alekh.

Vankijk, T. A., 1972. Some aspects of text grammars. The Hague : Mouton.

Wellek, R. and Warren, A., 1966. Theory of literature. Lodon; Cape.

Wimsatt, W. K. and Beardsley. M. C., 1949. The affective fallacy. Sawance Review, 57.

संसर्गगत काव्य-संसार*

शैली-विज्ञान, काव्यकृति को एक ऐसी सर्जनात्मक पर स्वायत्त प्रतीकबद्ध इकाई के रूप में स्वीकार करता है जहाँ संसार, भाषा में रूपांतरबद्ध होने के लिए विवश है। हमारे यहाँ प्राचीन आचार्यों ने शब्द (भाषा) को ज्योति रूप माना है।[1] भाषा की इस ज्योति में ही यह जगत् प्रकाशमान है। प्रकाशमान जगत् हमारे लिए इसीलिए बोधव्य है क्योंकि भाषा में ज्ञान के अणु हैं। भाषा ज्योतिरूप होने के साथ-ही-साथ ज्ञानरूप भी है।[2] हमारी मानसिक प्रक्रिया से गुजरने पर शब्द प्राणवायु से प्रेरित होकर विभिन्न रूप धारण करते हैं जिसके फलस्वरूप वे स्थूल बुद्धि द्वारा सर्वसामान्य को ग्राह्य हो जाते हैं।[3] यदि भाषा की यह ज्योति न होती तो जैसा दंडी ने कहा है, यह संसार भी अंधकारपूर्ण रहता।[4] ऋग्वेद के दशम मंडल के वाक्-सूक्त में कहे गए वाग्देवी के इस कथन की सार्थकता स्वतः स्पष्ट है–'मैं ही सृष्टि की उत्पत्ति का कारण बन वायु के समान विचरण करती हूँ।' कवि भी वाग्देवी की तरह विविध रूपों में सृष्टि करता है। जिस प्रकार इस संसार–'देवस्य काव्यम्'–का ग्रहण भाषा के आलोक में संभव है उसी प्रकार कवि-रचित संसार भी शब्द-रूप में ही अपना अस्तित्व पाता है।

कवि-रचित शब्द-रूप संसार अपनी प्रकृति में सजीव, गत्यात्मक और बहु-आयामी होता है क्योंकि उसका सृजन जीवंत भाषा के गर्भ से होता है। भाषा में रूपांतरबद्ध काव्य-संसार की ज्योति से न केवल बाह्य संसार प्रकाशमान होता है, वरन् जीवनानुभव के रंग से रंजित और संवेदनात्मक उद्देश्यों से परिचालित कवि का अंतर्जगत् भी स्पष्ट होने लगता है। शैली-विज्ञान यह मानता है कि भाषा ही वह वस्तु है जिसमें रूपायित होकर बाहर का स्थूल जगत्, समाज का संचित अनुभव-कोश और साहित्यकार का संवेदनात्मक मन काव्यकृति के अंतर्जगत् के रूप में अपना सार्थक अस्तित्व ढूँढ़ते हैं। दूसरी दृष्टि से यह भी कहा जा सकता है कि काव्यकृति के भीतर का सार्थक संसार अपने बाह्य संसार के साथ भाषा के माध्यम से ही जुड़ पाता है क्योंकि भाषा ही शब्द-संवेदना और साहचर्य संबंधों के आधार पर काव्य-संसार को ठोस और जीवंत

---

* सर्वप्रथम 'आलोचना' (जुलाई-सितंबर 1977) में प्रकाशित। संपादक : नामवर सिंह। प्रकाशक : राजकमल प्रकाशन, नई दिल्ली।–**संपादक**

1. भर्तृहरि, वा. प. 1-12; 2. वही, 1-123; 3. वही, 1-1; 4. काव्यादर्श, 1

अभिव्यक्ति रूप देती है। शैली-विज्ञान, भाषा के रास्ते पर चलकर काव्यकृति के प्रकाशमान अंतर्जगत् में प्रवेश करने की विधि का आलोचनाशास्त्र है। इस बात को सही ढंग से न समझ पाने के कारण शैली-विज्ञान के विरोधी आलोचक प्रायः यह कहते पाए जाते हैं कि 'उसका सही अर्थ और क्षेत्र-विस्तार यही है कि वह (भाषाविज्ञान के नियमों तथा प्रविधि के अनुसार) साहित्य के भाषिक विधान का रूपात्मक अध्ययन है।' ऐसे विद्वानों के अनुसार यह भी तर्क दिया जाता है कि शब्द-अर्थ तो मात्र 'काव्य-शरीर' है, पर काव्यात्मा 'भाषातीत' होती है, इसलिए 'इस भाषातीत जीवन का अवगाहन शैली-वैज्ञानिक (भाषिक) विश्लेषणमात्र से संभव नहीं।' साहित्य को समाज-सापेक्ष मानने वाले आलोचकों का भी एक ऐसा वर्ग है जिसके अनुसार शैली-विज्ञान, भाववादी-रूपवादी चिंतन का एक ऐसा परिणाम है जिसका सिद्धांत 'बुर्जुआ व्यवस्था का पोषक और संरक्षक' है। इसीलिए शैली-वैज्ञानिक 'मानव-निर्मित उन संरचनाओं की बात नहीं करते जिनमें मानव-व्यवहार और इतिहास का द्वंद्वात्मक संबंध प्रकट होता है।' इस दृष्टि से शैली-विज्ञान की रूपवादी धारा डिल्थे के 'रूप', स्पेंगलर के 'जीवन रूप', हर्सल के 'तात्त्विक रूप', मेक्स शिलर के 'भावात्मक रूप' और कैसिरर के 'प्रतीकात्मक रूप' का ही आधुनिक विकास है और यह धारा रूप की एक ऐसी दुनिया बनाने के पक्ष में है जो न केवल मानव जीवन की वास्तविकता से कटी होती है, बल्कि काव्य-संसार की अपनी विशिष्टताओं से भी मुक्त है।

शैली-विज्ञान को लेकर फैली ऐसी भ्रांतिपरक धारणाओं के कारण पर विचार करने पर यह स्पष्ट हो जाता है कि उसके विरोधी आलोचक या तो भाषा को एक ओर बहुत सीमित अर्थ में लेते हैं और दूसरी ओर काव्यार्थ को 'भाषातीत' और 'अतींद्रिय' कहकर आलोचना को रहस्यवादी उक्तियों में घेरने का प्रयत्न करते हैं या फिर भाषा को प्रतीक-सिद्ध सार्थक व्यवस्था के रूप में न देख पाने के कारण एक और बाह्य (भौतिक) जगत्, आत्मकृत (भाव) जगत् तथा प्रतीकसिद्ध (भाषिक) जगत् के आपसी संबंध और दूसरी ओर भाषा में रूपांतरबद्ध व्यावहारिक संसार और संवेगात्मक उद्देश्यों से परिचालित कलासिद्ध (काव्य) संसार के बीच के गत्यात्मक संबंध को पकड़ नहीं पाते। इसके पहले कि कलासिद्ध काव्य-संसार की प्रकृति और बाह्य अथवा आत्मकृत संसार के साथ उसके संबंध की चर्चा उठाई जाए, यह आवश्यक है कि आलोचकों की इन दो सीमाओं पर संक्षेप में विचार कर लें।

अगर हम यह मान भी लें कि काव्य, साहित्य के उस आत्मकृत भाव संसार का प्रतिनिधित्व करता है जो 'भाषातीत' या 'अतींद्रिय' है तब भी यह प्रश्न तो उठता है कि किस तरह 'भाषातीत अतींद्रिय' भाव संसार को संप्रेष्य वह कैसे बनाता है। इससे तो कोई भी काव्य सिद्धांत इनकार नहीं करता कि काव्यकृति, कलाकार (की अनुभूति) और व्युत्पन्न पाठक (की संवेदना) के बीच की वह कड़ी है जिसके सहारे साहित्यकार और पाठक सह-संबद्ध होते हैं। साहित्यकार और पाठक के सह-संबद्ध होने की स्थिति इस बात का प्रमाण है कि साहित्यकार की भाव-संवेदना, संप्रेष्य (Communicable)

है। काव्यकृति की पहली सिद्धि इसमें निहित होती है कि साहित्यकार की भाषातीत अतींद्रिय अनुभूति को वह संप्रेषणीय बनाती है। संप्रेषणीय बनने का अर्थ है उसका बोधव्य होना। व्यक्ति के निजी अनुभव के धरातल पर अनुभूति भले ही तरल और अतींद्रिय क्यों न हो, पर काव्य धरातल पर उसे बोधात्मक होना ही पड़ता है। काव्यानुभूति वस्तुतः संवेदनात्मक अनुभूति मात्र नहीं होती, वरन् वह बोधात्मक संवेदन होती है। शैली-विज्ञान यह मानता है कि कला के धरातल पर काव्यकृति बोधात्मक संवेदन (Cognitive experience) है और इसीलिए वह संप्रेषणीय है। इसके साथ वह यह भी मानता है कि तरल संवेदना को बोधात्मक प्रकृति में ढलने का रास्ता साहित्य के संदर्भ में भाषा का रास्ता है।

किसी वस्तु की बोधात्मक या ज्ञानात्मक प्रतीति उसके भाव की प्रकाशक भी है। आचार्य रामचंद्र शुक्ल ज्ञानात्मक बोध को संप्रेष्य अनुभूति का आधार मानते थे। उनके अनुसार, 'ज्ञान ही काव्य के संचरण के लिए रास्ता खोलता है। ज्ञान-प्रसार के भीतर ही हृदय-प्रसार होता है और हृदय-प्रसार ही काव्य का सच्चा लक्ष्य है। अतः ज्ञान के साथ लगकर ही जब हमारा हृदय परिचालित होगा तभी काव्य की नई-नई मार्मिक अर्थभूमियों की ओर वह बढ़ेगा।' बोधात्मक संवेदन, संवेदना की नकारात्मक स्थिति नहीं। उसका अर्थ तो केवल यह है कि संवेदना का आधार 'आत्मा' नहीं, वरन् (ज्ञानात्मक) बोध है। काव्य-संवेदना के संचरण का रास्ता उसकी बोधात्मक प्रतीति का रास्ता है। किसी कृति में अंतःस्थ काव्य-संवेदना को पढ़ना-पढ़ाना इसीलिए संभव है कि वह भाषा में आबद्ध होकर बोधव्य हो जाती है। जो वस्तु बोधव्य नहीं उसका संप्रेषण कैसा ? और जिसका संप्रेषण संभव नहीं, उसका समझना-समझाना कैसा ?

अनुभूति और अनुभूति की बोधात्मक प्रतीति के संबंधों के संदर्भ में कई स्थितियाँ देखी जा सकती हैं। सोवियत संघ जाने के समय मुझे रूसी भाषा कुछ भी नहीं आती थी। एक-दो महीने में थोड़ी-बहुत सीखी। उस समय मेरे एक रूसी मित्र ने एक काव्य-पाठ आयोजन में चलने का न केवल प्रस्ताव रखा, बल्कि उसके लिए टिकट भी खरीद दिया। प्रसिद्ध कवि पुश्किन की नई कविताओं का नाटकीय अंदाज़ में सस्वर पाठ सुनने का अवसर मिला। इसमें संदेह नहीं कि वह संध्या अब भी एक अमूल्य अनुभव के रूप में स्मृतिबद्ध है। काव्यानुभूति कितनी हुई—कहा नहीं जा सकता, क्योंकि एक-आध परिचित शब्दों को छोड़कर अधिकांश मेरे लिए निर्बोध थे। पर नाद-सौष्ठव की विशिष्टता और मंच पर मुखर करने की भाव-भंगिमा निश्चय ही हृदय को प्रभावित करती रही। पर काव्यकृति की वर्ण-विशिष्टता, संगीत का आभास भले दे, और व्यक्त करने की भंगिमा नाटकीय तत्त्वों को भले उजागर करती हो, पर शब्दार्थ के अभाव में ऐसी स्थिति में काव्यानुभूति की बोधात्मक प्रतीति भी हुई क्या ?

एक दूसरी स्थिति में : मेरे रिश्ते की एक वृद्ध महिला हैं जो अधिक पढ़ी-लिखी नहीं, पर रोज मानस और सूर-सागर का सस्वर पाठ करती हैं। पाठ करते समय वे ऐसी भाव-विह्वल हो उठती हैं कि लगता है—काव्यानुभूति के हिंडोले पर झूल रही हैं।

काव्यानुभूति का आत्म-पर्यवसान अपनी चरम स्थिति में देखने को मिलता है। पर एक दिन मेरे बच्चे ने 'सूरसागर' के एक पद का अर्थ पूछ लिया। जो अर्थ उन्होंने समझाया, वह किसी भी दृष्टि से संगत न था। बच्चे को न संतुष्ट होना था और न वह हुआ। पर सही अर्थ बताने के बाद भी वह उसे मानने से इनकार करती रहीं। यहाँ यह प्रश्न उठाया जा सकता है कि किसी काव्यकृति को लेकर उठने वाली हर भावात्मक प्रतिक्रिया क्या उसकी संवेदनात्मक अनुभूति ही होती है ?

एक और स्थिति पर ध्यान दें। सूर या तुलसी के एक ही पद या चौपाई तीसरी-चौथी कक्षा की पाठ्यपुस्तक में भी संकलित मिलती है और वही स्नातक और स्नातकोत्तर कक्षाओं में भी संकलित मिलती है। पढ़ाने और समय दोनों ही स्तर पर काव्यानुभूति के रसास्वादन पर आग्रह किया जाता है। क्या दोनों स्तरों पर छात्र की काव्यानुभूति एक जैसी रहती है ? क्या काव्यानुभूति और काव्यानुभूति में अंतर नहीं होता ? और अगर तीसरे-चौथे दर्जों में पढ़ने वाले छात्र की काव्यानुभूति और स्नातक और स्नातकोत्तर कक्षाओं के छात्र की काव्यानुभूति में अंतर रहता है तो उस अंतर का कारण क्या है ? क्या इस अंतर के मूल में छात्रों के अनुभव जगत् और ज्ञान प्रसार का वह भेद नहीं जो काव्यकृति को बोधात्मक प्रतीतियों के स्तर-भेद को निर्धारित करता है ?

ऊपर दी गई तीन-चार परिस्थितियाँ यह साफ जाहिर करती हैं कि काव्य-प्रक्रिया के व्यापक संदर्भ में काव्यानुभूति हमेशा एक जैसी नहीं रहती और न आलोचनाशास्त्र में जिस काव्य संवेदन या अनुभूति की बात की जाती है वह कवि के हृदयजगत्, कविता के अंतर्जगत् और पाठक के भावजगत् में एक जैसी रहती है। सच तो यह है कि आलोचनाशास्त्र में काव्यानुभूति को एक गोलमोल ढंग से ही पेश किया जाता रहा है। कभी उसे कवि-संदर्भित कर कवि-मन की संवेदना के पर्याय के रूप में देखा गया और कभी पाठक की रसात्मक अनुभूति के रूप में परिभाषित किया गया। बहुत हुआ तो सामाजिक चेतना के संदर्भ में कृति में व्यक्त विचार-अनुभव को काव्यानुभूति का दर्जा दे दिया गया। शैली-विज्ञान काव्यानुभूति और आत्मानुभूति में अंतर करते हुए यह स्पष्ट करना चाहता है कि आत्मानुभूति चाहे वह कवि की हो अथवा सहृदय की, वह वैयक्तिक अथवा निजी होती है, वह आत्मपरक होकर अतींद्रिय और भाषातीत भी हो सकती है, पर काव्यानुभूति केवल बोधव्य ही नहीं होती, अपितु निर्वैयक्तिक भी होती है; यह 'विशिष्ट' के रूप में प्रतिफलित हो सकती है, पर उसके भीतर जिन गुण-धर्मों की प्रतिष्ठा रहती है वे अपनी प्रकृति में सामान्य होते हैं। काव्यानुभूति की निर्वैयक्तिक एवं बोधव्य प्रकृति ही साधारणीकरण को संभव बनाती है। साधारणीकरण में 'व्यक्ति तो विशेष ही रहता है, पर उसमें प्रतिष्ठा ऐसे सामान्य धर्म की रहती है जिसके साक्षात्कार से सब श्रोताओं या पाठकों के मन में एक ही भाव का उदय थोड़ा-बहुत होता है।'

कहने का तात्पर्य यह है कि साहित्यकार के भावजगत् का संवेदनात्मक पुंज, काव्यानुभूति में तभी रूपांतरित हो जाता है जब वह भाषा में बँधकर बोधात्मक संवेदना

बनाता है। नई समीक्षा के एक प्रमुख आलोचक विवस ने काव्य-वस्तु के रूप में ग्रहीत काव्यानुभूति की तीन निश्चित अवस्थाओं की ओर संकेत किया है। उसके अनुसार, पहली अवस्था संवेदना के भाषाबद्ध होने के पहले की अवस्था होती है। यहाँ वैयक्तिक संवेदना तरलावस्था में रहती है और सांस्कृतिक चेतना वातावरण में अनुगूँज पुकार की तरह फैली रहती है। 'वातावरण में घुली-मिली ये संवेदनाएँ अव्यवस्थित और अनिर्धारित रूप में इस प्रकार फैली-बिखरी रहती हैं कि उस वातावरण में जीने वाले संवेदनशील कवि को अनुभूति के धरातल पर स्पर्श तो कर जाती हैं, पर उसकी चेतना में बँध नहीं पातीं।' काव्यवस्तु-प्रक्रिया के पहले चरण में काव्यानुभूति आत्मपरक और वैयक्तिक होने के साथ-साथ भाषातीत और अतींद्रिय भी रहती है। इस स्थिति में कलाकार संवेदनात्मक उद्देश्यों से परिचालित होकर अपने सजीव अनुभवों को कल्पना के सहारे न केवल उद्दीप्त करने का प्रयत्न करता है, वरन् उनको भाषेतर प्रतीक-बिंबों के सहारे मूर्त करने का प्रयत्न भी करता है। काव्यवस्तु-प्रक्रिया के इस चरण को विवस ने उसकी 'आधानावस्था' (stage of subsistence) कहा है। इसे काव्यवस्तु की स्थूल सामग्री (raw material) भी कहा जा सकता है। काव्यवस्तु की दूसरी अवस्था वह होती है जब कवि, वैयक्तिक संवेदना और सांस्कृतिक चेतना को पकड़ने के प्रयास में भाषा के पास आता है और अनुभूति की अनुगूँज पुकार को अंतर्वैयक्तिक बनाकर बोधव्य बनाता है। इस चरण में वह भाव-संवेदनाओं को शब्द-संवेदना में रूपांतरित करता है। भाषा में बँधने की सृजनात्मक प्रक्रिया में संवेदनाएँ न केवल संप्रेषणीय बनती हैं, वरन् अपनी आंतरिक प्रकृति का उद्घाटन भी करती हैं। काव्यवस्तु-प्रक्रिया के इस दूसरे चरण को उसकी अवधारणावस्था (stage of insistence) कहा गया है। अवग्रहणावस्था (stage of existence) में काव्यवस्तु या तो सदृश्य के भावजगत् में प्रतिमूर्तित होकर फिर एक बार वैयक्तिक और आत्मपरक बन जाती है अथवा उसमें निरूपित मूल्यों की सामाजिक स्वीकृति मिल जाने पर एक स्वतंत्र शक्ति का रूप धारण कर दूसरे ज्ञान-क्षेत्रों को भी प्रभावित करने लगती है।

काव्यवस्तु-प्रक्रिया के पहले दो चरणों का विस्तार से विवेचन मुक्तिबोध ने भी अपने लेख—'काव्य की रचना-प्रक्रिया' में किया है। उसके अनुसार, कला का प्रथम क्षण 'संवेदनात्मक उद्देश्यों' का क्षण होता है 'या कहिए सौंदर्य-प्रतीति का क्षण है। यह क्षण सामान्य जन को भी प्राप्त होता रहता है।' उनके अनुसार यही कारण है कि साहित्य रचा और समझा जाता है। कला का द्वितीय क्षण तब उपस्थित होता है 'जब लेखक में शब्द-संवेदनाएँ जागृत होकर, (वह) विषयतत्त्वों को व्यक्त करने लगता है।...शब्द-संवेदनाओं को प्राप्त करते हुए लेखक जाने-अनजाने अपनी मूल भावसंपत्ति और मनोधारा में भी परिवर्तन करता रहता है। शब्द-संवेदनाएँ नवीन associations को जागृत कर देती हैं। फलतः वह मूल मनोधारा यदि इस प्रकार से इन associations को प्राप्त करके समृद्ध हो जाती है तो दूसरी ओर उसका—उस मनोधारा का स्वयं का मूल रूप बहुत कुछ बदलता जाता है। यह महत्त्व की बात है। प्रारंभिक स्फूर्ति ने जो

तत्त्व-विधान और रूपविन्यास किया था वह परिवर्तित होता रहता है।' काव्य-वस्तु की अवधारणावस्था में न केवल मूल भावसंपत्ति और मनोधारा में परिवर्तन होता है, वरन् मूल भावसम्पत्ति और मनोधारा की आंतरिक प्रकृति का उद्घाटन भी होता है। कवि-आलोचक मुक्तिबोध के ही शब्दों में, 'असल में शब्दाभिव्यक्ति के समय लेखक मनोधारा के अंतर में और भी अधिक प्रवेश करता है। उसके लिए वह अधिकाधिक तत्त्व-साक्षात्कार का और आत्म-साक्षात्कार का काल है।'

काव्यवस्तु की इन तीन अवस्थाओं—आधानावस्था, अवधारणावस्था और अवग्रहणावस्था अथवा अनुभूति के संदर्भ में उसके तीन भिन्न सोपानों—कवि-सापेक्ष संवेगात्मक अनुभूति, काव्य-सापेक्ष भावात्मक (बोधात्मक) अनुभूति और पाठक-सापेक्ष रसात्मक अनुभूति—में शैली-विज्ञान न केवल भेद करता है वरन् वह यह भी मानता है कि आलोचना का मुख्य क्षेत्र काव्यवस्तु की अवधारणावस्था है और उसका प्रमुख दायित्व काव्य-सापेक्ष भावात्मक अनुभूति का उद्घाटन और विवेचन है। काव्य-संसार और बाह्य संसार का अंतर सामने रखते हुए उसका यह भी कथन है कि आधानावस्था की कविसापेक्ष संवेगात्मक अनुभूति और अवग्रहणावस्था की पाठक-सापेक्ष रसात्मक अनुभूति काव्येतर है—वे काव्य के 'जनक' और काव्य के 'फल' हो सकती हैं, पर स्वयं काव्य की अपनी वस्तु नहीं। काव्य-संसार को अपनी वस्तु तो वह भावात्मक अनुभूति है जिसकी प्रकृति भाषाबद्ध होने के कारण बोधात्मक होती है। शैली-विज्ञान यह भी मानता है कि भावात्मक अनुभूति को पकड़ने-समझने का रास्ता न तो कवि-सापेक्ष संवेदनात्मक अनुभूति का हो सकता है (क्योंकि जब शब्द-संवेदनाएँ जागृत होकर विषय-वस्तु को व्यक्त करने लगती हैं तब लेखक की मूल संवेदना बहुत कुछ बदल भी जाती है और इस प्रकार कवि की प्रारंभिक स्फूर्ति पर आग्रह करने वाली आलोचक अभिप्रेत हेत्वाभास (intentional fallacy) का शिकार हो सकता है (और न ही वह रास्ता पाठक-सापेक्ष रसात्मक अनुभूति का ही हो सकता है क्योंकि व्यक्ति-व्यक्ति में संस्कारगत भिन्नता होने के कारण भाव का विभिन्न स्तरों एवं रूपों में पर्यवसान संभव है और इस प्रकार पाठक के अनुभाव पर आग्रह रखकर की गई आलोचना अनुभाव हेत्वाभास (affective fallacy) का शिकार बन सकती है।) भावात्मक अनुभूति को समझने, अनुभव करने के लिए पहले हमें काव्य-संसार में प्रवेश करना होगा, और चूँकि काव्य-संसार एक दृष्टि से 'भाषा में रूपांतरबद्ध संसार' ही है इसलिए उसमें प्रवेश करने का रास्ता भी भाषा का ही रास्ता है।

[2]

साहित्य के सामाजिक आयाम में रुचि रखने वाले आलोचक शैली-विज्ञान की आलोचना इसलिए करते पाए जाते हैं क्योंकि वे साहित्यिक कृति को काव्य-संसार की एक घटना

मानते हैं। ये आलोचक साहित्य की सामाजिक प्रकृति को केंद्र में रखकर साहित्य अथवा कृति की सामाजिक उपादेयता संबंधी मान्यताओं पर बहस जारी रखने के पक्ष में हैं। उनके अनुसार, साहित्य को उसकी सामाजिक पृष्ठभूमि में देखना ही सच्ची आलोचना है क्योंकि मॉल्कम ब्रेडबरी के शब्दों में, 'जिस संश्लिष्ट ढंग से साहित्य समाज में रहता है, समाज का अंग होता है, उस संबंध में हम जागरूक हुए बिना नहीं रह सकते। प्रचलित विचारों एवं अभिवृत्तियों, प्रचलित संस्थाओं एवं सामाजिक संगठनों, सम-सामयिक जीवन के आम अहसास और उसकी बुनावट से साहित्य का एक संश्लिष्ट संबंध होता है। इसका रूप-निर्धारण उन प्रचलित स्थितियों द्वारा भी होता है जो लिखने वालों, पढ़ने वालों, लेखकों और उनके ही जैसों के बीच संबंध-भावना का निर्माण करती है।' वस्तुतः साहित्यालोचन की यह सामाजिक दृष्टि उपयोगवादी मान्यता को प्रश्रय देती है। रेमंड विलियम्स का तो यहाँ तक कहना है कि 'समकालीन लगभग सभी आलोचनात्मक सिद्धांत उपयोग के सिद्धांत हैं। कहने का तात्पर्य यह है कि इन सिद्धांतों का उद्देश्य है किसी कला-वस्तु को इस रूप में समझना कि उसका लाभप्रद या सही उपयोग हो सके।' साहित्य का उपयोगवादी आलोचना सिद्धांत साहित्य और समाज के संश्लिष्ट संबंधों की छानबीन के स्थान पर इसकी सामाजिक उपयोगिता पर बल देने के पक्ष में रहा है। वह कृति विशेष को किसी सामाजिक विचारधारा के पोषक तत्त्व, सामाजिक स्थिति-विशेष के प्रामाणिक दस्तावेज़ और आत्मचरित्र वैयक्तिक चेतना के प्रकाशक वक्तव्य के रूप में मानने के पक्ष में रहा है। शैली-विज्ञान आलोचना के संदर्भ में ऐसे उपादानों को साहित्येतर मानता है।

साहित्य और समाज के संश्लिष्ट अस्तित्व को समझने के दो निश्चित आयाम हैं—पहला, समाज में साहित्य के अस्तित्व-बोध से संबद्ध है और दूसरा, साहित्य में समाज की सत्ता से। 'समाज में साहित्य' और 'साहित्य में समाज'—निश्चित ही ये दोनों साहित्य और समाज के संश्लिष्ट अस्तित्व को समझने-परखने के दो भिन्न संदर्भों की ओर संकेत देते हैं।' समाज में साहित्य वाला संदर्भ किसी कृति को एक सामाजिक घटना मानने के कारण उसके उपयोग या उपयोग की स्थूल चर्चा उठा सकता है, समाज को बदलने के लिए उसे एक प्रभावशाली अस्त्र के रूप में अपना सकता है, किसी सामाजिक अथवा राजनीतिक विचारधारा के पक्ष अथवा विपक्ष के साक्ष्य के रूप में उसे पेश कर सकता है। इसके विपरीत 'साहित्य में समाज' वाला संदर्भ, कृति को कलाक्षेत्र की घटना मानने के कारण उसमें वर्णित समाज को कथावस्तु के उपांग के रूप में ग्रहण करता है। वह यह मानता है कि काव्येतर बाह्य संसार और भाषा में रूपांतरबद्ध काव्य-संसार दोनों ही संसार हैं, पर उनके अस्तित्व के धरातल दो हैं और इसीलिए उनमें गुणात्मक भेद हैं। इस भेद को समझना ही वस्तुतः साहित्य की सर्जनात्मक शक्ति को समझना है।

शैली-विज्ञान जब किसी कृति को काव्य-संसार की एक घटना के रूप में मानने की ओर प्रवृत्त होता है तब वह यह भी स्वीकार करता है कि काव्य-संसार का एक व्यापक संदर्भ है जो अंततोगत्वा अपने अस्तित्व में 'संस्थागत' है। साहित्य के इस

संस्थागत अस्तित्व की ओर हेनरी लेविन जैसे साहित्यकार ने भी संकेत दिया है। उनके शब्दों में, 'अन्य संस्थाओं, जैसे चर्च या कानून के समान ही साहित्य भी मानव-अनुभव की एक अद्वितीय अवस्था को अपने भीतर सँजोए हुए है और यह दृष्टांतों एवं युक्तियों के एक विशेष निकाय को नियंत्रित करता है। एक के बाद एक युग को प्रतिभावित करते हुए यह एक आत्मस्थायित्वकारी विद्या की ओर उन्मुख है। यह व्यापक रूप से जीवन के सभी आवेगों की पहुँच के भीतर है, लेकिन यह उनको अपनी ही शब्दावली में अनूदित करके रखता है और उन्हें अपने विशेष आकारों में रूपांतरित करके ग्रहण करता है।' साहित्य का संस्थागत अस्तित्व आत्मस्थायित्वकारी है और वह निश्चय ही 'अपनी ही शब्दावली' और 'अपने विशेष आकारों' में मानवीय आवेगों को ग्रहण करता है : अर्थात् साहित्य की अपनी परंपरा है, उसकी अपनी व्यवस्था है, अपनी व्यवहार-सरणि है, अपनी आचार-संहिता है। साहित्य की संस्थागत प्रकृति ही काव्यरूढ़ियों, काव्यमिथकों और परंपरित काव्यविधानों को एक ओर प्रश्रय देती है; दूसरी ओर, उनको तोड़कर उन्हीं के भीतर अर्थवत्ता भरने का प्रयत्न करती है।

यह संकेत पहले दिया जा चुका है कि भाषा में रूपांतरबद्ध काव्यसंसार, बाह्य संसार के साथ संसर्गगत व्याख्या के आधार पर जुड़ा रहता है। इस बात को उचित ढंग से समझने के लिए पहले बाह्य जगत् के उपादान और प्रतीकवत् सिद्ध भाविक इकाइयों के अंतर्संबंध को समझना आवश्यक है। बाह्य (भौतिक) जगत् और प्रतीकसिद्ध (भाषिक) जगत् में सीधा संबंध नहीं होता। उदाहरण के लिए जब हम 'कमल', 'रोटी', 'घर' आदि शब्द का प्रतीकवत् व्यवहार करते हैं, तब प्रतीक होने के कारण वे अपने से बाहर किसी अन्य वस्तु की ओर इंगित करते हैं। यह अन्य वस्तु, भौतिक विशिष्ट उपादान न होकर उस भौतिक उपादान की जातीय संकल्पना या प्रत्यय होता है। 'कमल' शब्द के भीतर सफेद, लाल, नीले अथवा प्रस्फुटित और संपुटित सभी तरह के कमल दृष्टांत-रूप में समाहित रहते हैं क्योंकि यह शब्द कमल-दृष्टांतों से उद्‌भूत उसके जातीय (मानसिक) प्रत्यय से पहले जुड़ा होता है। अगर व्यक्ति भाषिक प्रतीकों के सहारे भौतिक जगत् के उपादानों की ओर इंगित भी करता है तो उसे पहले आत्मकृत (भाव) संसार के रास्ते से गुज़रना पड़ता है। भाषिक प्रतीक कथ्य और अभिव्यक्ति के एकीकरण का परिणाम होता है, यह सही है पर इसके साथ यह भी सही है कि भाषिक कथ्य का संसार पहले आत्मकृत (भाव) संसार है। आग्डेन और रिचर्ड द्वारा प्रस्तावित त्रिभुज के रूप में यह कहा जा सकता है कि उसके तीन कोणों पर तीन संसार स्थित हैं—बाह्य (भौतिक) जगत्, आत्मकृत (भाव) जगत् और प्रतीकसिद्ध (भाषिक) जगत्; पर जहाँ कि बाह्य जगत् और आत्मकृत जगत् तथा आत्मकृत और प्रतीकसिद्ध जगत् में सीधा और सहज संबंध है वहाँ भौतिक जगत् और भाषिक जगत् के बीच का संबंध आरोपित है। कहने का तात्पर्य यह है कि अगर भौतिक जगत् को भाषिक जगत् में रूपांतरित होना है, अथवा भाषिक जगत् की प्रतीकसिद्ध इकाइयों को अगर भौतिक जगत् के उपादानों की ओर संकेत देना है, तो उन्हें पहले हर सूरत में प्रत्ययों के भाव संसार से होकर गुज़रना पड़ता है, उन्हें

पहले आत्मकृत भाव संसार का उपादान बनाना पड़ता है। यही कारण है कि कालिदास-रचित 'कुमारसंभव' के आरंभ में जिस 'हिमालय' का वर्णन है वह पहले भौतिक जगत् का हिमालय नहीं, वरन् भाव-संसार का उपादान है। भाषा में आबद्ध होने के कारण वह 'संकेतित वस्तु' (referent) न होकर संकेतग्रह या शक्तिग्रह (reference) होता है जिसकी प्रकृति व्यष्टिनिष्ठ न होकर जातीय होती है।

भाव संसार के उपादान 'जातीय' दो भिन्न संदर्भों में माने जा सकते हैं। एक अर्थ तो उसके अमूर्त (abstract) पर भाव के धरातल पर ठोस प्रकृति के साथ संबद्ध है और दूसरा किसी भाषायी समुदाय की ऐतिहासिक, सांस्कृतिक और सामाजिक अर्थात् जातीय परंपरा में ग्रहीत संदर्भों के साथ जुड़ा होता है। भाषा एक सामाजिक वस्तु है, वह समाज के अन्य संस्थानों के साथ जुड़कर उच्चतर प्रतीक-व्यवस्था का अंग भी बनती है। अतः भाषिक प्रतीक के संकेतग्रह में जातीय मूल्य और संवेदनाएँ भी समाविष्ट होती हैं। उदाहरण के लिए 'कमल' या 'रोटी' शब्द-प्रतीक को ही लें। कमल, भौतिक उपादानों (अनेक विशिष्ट कमलों) की जातीय (साधारणीकृत) संकल्पना के रूप में भी सिद्ध है और दूसरी ओर इस शब्द द्वारा संकेतित वस्तु अपनी जातीय संस्कृति के संदर्भ में भी प्रतीकवत् सिद्ध है। भारतीय संस्कृति के उपादान के रूप में वह पवित्रता और अम्लान भाव का प्रतीक बन गया है। 1857 के ग़दर में 'रोटी और कमल' को जब प्रतीक चिह्न बनाया गया तब 'कमल' हमारी संस्कृति एवं स्वतंत्रता का बोधक तत्त्व बना जबकि रोटी हमारी भूख, पीड़ा और आर्थिक शोषण का। आज आपात्कालीन स्थिति के हटने के बाद हम इसीलिए लिख पाते हैं :'मात्र दो रोटी के टुकड़े फेंककर कोई हमसे संपूर्ण मानवीय अस्मिता का कमल नहीं खरीद सकता, पर यह भी उतना ही सच है कि कमल की लड़ाई रोटी की लड़ाई से अलग नहीं की जा सकती। रोटी कमल के साथ, रोजी-रोटी का अधिकार स्वाभिमान और स्वातंत्र्य के साथ।' (धर्मवीर भारती) 'कमल हमने जीत लिया, अब रोटी की लड़ाई जीतनी है।' (वाडीलाल डगली)

जब हम शब्द-संवेदनाओं की बात करते हैं तब वह संकेतग्रह में सामाजिक-सांस्कृतिक संदर्भों के पूरे इतिहास से छनकर आती शब्द-प्रतीकों की भावभूमि होती है। शब्द के मोटे (स्थूल) अर्थ तो भौतिक उपादानों की साधारणीकृत संकल्पना होती है, पर उसका सूक्ष्म अर्थ उन सामाजिक-सांस्कृतिक संदर्भों से उभरता है जिनके बीच, उसका प्रयोग होता है। उसका संबंध इतिहास की दृष्टि, संस्कृति के सँजोए मूल्य और समाज की सांप्रतिक व्यवस्था से जुड़ता बनता रहता है। इस प्रक्रिया के लिए व्यवच्छेदक सिद्धांत के आधार पर प्रतीकार्थ को सामाजिक-सांस्कृतिक सार्थकता (Socio-cultural refevance) से जोड़ता है जो हर संस्कृति, हर समाज की अपनी होती है। भाषा को इसीलिए समाज-सापेक्ष 'संस्थान' माना जाता है। उदाहरण के लिए 'कमल' और 'गुलाब' कई देशों में उत्पन्न होते हैं और कई भाषाओं में उनके लिए भाषिक प्रतीक (शब्द) प्रयुक्त होते हैं। पर जो सांस्कृतिक-सामाजिक संदर्भ हमारे जातीय संस्कारों ने उसे दिया है, वैसा ही अन्यत्र नहीं मिलता। साथ ही 'कमल' और 'गुलाब' दोनों हमारे मन में सौंदर्यबोधक

अर्थ की संसृष्टि करते हैं, दोनों मन की कोमलता और सुकुमारता को व्यंजित करते हैं, पर भारतीय संस्कृति के उपादान के रूप में एक पवित्रता और अम्लान भाव का प्रतीक बनता है तो दूसरा विलासिता और भौतिक ऐश्वर्य के प्रतिनिधि के रूप में सामने आता है। एक को अगर कवि 'भारती-वंदना' करते समय दृश्य बिंब के रूप में लाता है—'भारती, जय-विजय करे, कनक शस्य कमल धरे' तो दूसरे को 'अरे, ओ दुष्ट गुलाब' कहकर संबोधित करता है।

साहित्य में बाह्य संसार के उपादानों को समेटकर जब आत्मकृत भाव संसार में भाषा के सहारे लाया जाता है तब शब्दार्थ अर्थात् संकेतग्रह के दोनों जातीय रूप (साधारणीकृत संकल्पना और सांस्कृतिक संवेदना) का सार्थक प्रयोग करने की स्वतंत्रता साहित्यकार को मिलती है। साधारणीकृत संकल्पना वस्तु के रूप-स्पर्श-गंध-नाद आदि ऐंद्रिक अभिलक्षणों के समुच्चय को भी व्यंजित करता है अतः सादृश्य-विधान के रूप में इन 'गुणों' का आरोपण संभव है। 'कमल' को हम कभी 'मुख' और कभी 'आँख, हाथ, पाँव' के उपमान के रूप में साहित्य में प्रयुक्त पाते हैं। इसी 'कमल' को जातीय संस्कृति के उपादान के रूप में ग्रहण कर कभी 'वीणावादिनी' के साथ जोड़ते हैं और कभी अपने 'स्वाभिमान, स्वतंत्रता और अस्थिरता' के साथ; और फिर हम लिखते हैं—'अभी हमने उस व्यवस्था के प्रति व्यापक अविश्वास प्रकट किया है जो रोटी के चंद टुकड़े तो देती थी, लेकिन हमारा स्वाभिमान, स्वतंत्रता और अस्मिता (कमल) खरीदकर, कुचलकर।' इतिहास न केवल नए प्रतीकों को जन्म देता है, वरन् पुराने प्रतीकों में नितनूतन अर्थ भी भरता है। इसीलिए तो 'रोटी और क्रमल' और हमारे लिए पूर्ण स्वतंत्रता का (अर्थात् आर्थिक और सांस्कृतिक दोनों ही का) प्रतीक बन गए हैं। जब हम भाषा की बात करते हैं तब उसके भाषिक प्रतीकों के संकेतग्रह के भीतर समाविष्ट इन प्रतीकार्थों के सभी अभिलक्षणों एवं सांस्कृतिक संवेदनाओं को अपने विचार में रखते हैं।

[3]

प्रतीकबद्ध भाषिक संसार की यथार्थता का संबंध आत्मकृत बोधात्मक संसार के एक ओर जुड़ा होता है और दूसरी ओर स्वयं अपने संसार के उपकरणों की व्यवस्था से। पर आत्मकृत बोधात्मक संसार की यथार्थता अपने परीक्षण के लिए बाह्य जगत् के तथ्यपरक भौतिक संसार के उपादान का सहारा लेता है और दूसरी ओर प्रतीकबद्ध भाषिक संसार के उपादानों का। इस तथ्य को समझने के लिए नीचे दिए गए वाक्यों के अर्थ पर ध्यान दें :

(क) (1) यह सच झूठा है।

(2) मैं जिस चीज़ को प्यार करता हूँ उससे घृणा करता हूँ।

(3) क्या तुम्हारी सगी माँ निस्संतान थी ?

(ख) (4) हिमालय भारत के दक्षिण में है।

(5) कालिदास ने रामचरितमानस की रचना की है।

(6) 'गोदान' एक गीतिकाव्य है।

(ग) (7) वह आग से सींचता है।

(8) मेरे पिताजी जागते हुए सोते हैं।

(9) भूमि के कंपित उरोजों पर वह झुका था।

ऊपर दिए गए सभी वाक्य व्याकरण की दृष्टि से सही हैं। उनमें स्थूल व्याकरणिक नियमों का उचित निर्वाह मिलता है; पर अर्थ के धरातल पर ये सभी वाक्य असंगत लगते हैं। अगर असंगति के कारणों पर ध्यान दें, तो तीनों वर्ग (क), (ख) और (ग) तीन भिन्न स्थितियों की ओर संकेत देते पाए जाते हैं। वर्ग (क) के वाक्य के संकेतार्थ, दो प्रतीकात्मक उक्तियों के बीच के संबंधों की असंगति को समेटे हुए हैं। जो झूठ है वह दूसरी ओर सच कैसे हो सकता है ? एक ही चीज को प्यार और उसी से घृणा कैसे की जा सकती है ? माँ स्वयं निस्संतान कैसे हो सकती है ? अर्थात् आधारभूत प्रत्यय—'सच', 'प्यार' और 'माँ' की अर्थपरक विशिष्टताओं की संगति उसके विशेषण या पूरक उपबंध में प्रयुक्त उक्तियों की अर्थपरक विशिष्टताओं के विरोध में हैं। वर्ग 'ख' के वाक्यों में जो संकेतार्थ हैं वे बाह्य जगत् से प्राप्त ज्ञान और अनुभव के संदर्भ में गलत हैं। हमारा पूर्वज्ञान यह बताता है कि हिमालय भारत के उत्तर में है, 'मानस' की रचना तुलसीदास ने की है और 'गोदान' एक उपन्यास है; अर्थात् इन वाक्यों के संकेतार्थ की सच्चाई पर निर्णय हम भौतिक जगत् से प्राप्त अपने ज्ञान और पहले से ही निर्धारित कुछ प्रत्ययों के आधार पर देते हैं। वर्ग 'ग' के वाक्यों के संकेतार्थ हमारे अनुभव संसार के विरुद्ध पड़ते हैं। वहाँ आकांक्षा और आसक्ति तो हैं, पर योग्यता शक्ति का उनमें अभाव है। उनमें पदार्थों के परस्पर संबंधों में जो बाधा उत्पन्न होती है उसका कारण बाह्यजीवन से प्राप्त अनुभव द्वारा प्राप्त ज्ञान है। 'सींचने' का काम 'अग्नि' से संभव नहीं, निद्रावस्था में आदमी जाग नहीं सकता, 'उरोज' तो सजीव प्राणी और वह भी स्त्री व्यक्ति की संकल्पना की माँग करता है। अतः ऊपर दिए गए वाक्यों के संकेतार्थ तो हैं, पर उसकी यथार्थता बाह्य भौतिक जगत् और उससे प्राप्त अनुभव-संसार से असिद्ध है। कहने का तात्पर्य यह है कि ऊपर दिए वाक्य भाषिक संसार की प्रतीक व्यवस्था के उपादान बनने की क्षमता तो रखते हैं, पर बाह्य भौतिक जीवन तथा उससे उपलब्ध अनुभव-ज्ञान की संसर्गगत व्याख्या के संदर्भ में असिद्ध वाक्य हैं।

पर सवाल यह भी उठता है कि काव्य की कलागत प्रतीक-व्यवस्था के संदर्भ में भी क्या ऐसे वाक्य असिद्ध हैं ? जिस भावजगत् की सर्जनात्मक कल्पना का संदर्भ हमें काव्यपरक उक्तियों में देखने को मिलता है क्या उसमें ऐसे वाक्य प्रयुक्त नहीं मिलते ? यशपाल के एक उपन्यास का नाम ही है, 'झूठा-सच'। काफ्का के एक उपन्यास 'मेटाफार्मोसिस' में एक आदमी को 'काक्रोच' में बदलते पाते हैं और कृश्नचंदर ने अपने

एक उपन्यास में एक 'आदमी' में 'गदहे' की कल्पना की है। योग्यता शक्ति के प्रचलित उदाहरण 'आग से सींचने' के ठीक विरोध में पंत का यह प्रयोग हम देख सकते हैं :

'कैसा अद्भुत दान प्रेम का है इस मन को,
विरह अग्नि से नित्य सींचता है जीवन को।'

और 'उरोजों' की कल्पना हम निर्जीव धरती में अभिव्यक्त 'अज्ञेय' की इस सर्जनात्मक उक्ति से पा सकते हैं :

'भूमि के कंपित उरोजों पर झुका-सा
विशद, श्वासाहत, चिरातुर
छा गया इंद्र का नील वक्ष...'

काव्य-जगत् की ये सिद्ध उक्तियाँ भाषेतर संसार के तथ्यपरक ज्ञान अथवा यथार्थता के न केवल विरोध में हैं, वरन् उनका अतिक्रमण भी करती हैं। यह अतिक्रमण करने की शक्ति ही उसे प्रत्यक्ष भौतिक संसार के विरोध में एक सूक्ष्म 'परोक्ष' संसार की सृष्टि करने की क्षमता प्रदान करती है। भारतीय कलासिद्धांत में संसार के दो स्तरों की कल्पना मिलती है। एक स्तर का संबंध उसके प्रत्यक्ष रूप के साथ है जो इंद्रियजन्य होता है। दूसरा उसी संसार का सूक्ष्म रूप होता है जो 'परोक्ष' रूप में होने के कारण 'इंद्रियेतर' होता है। परोक्षरूप में सिद्ध इंद्रियेतर संसार आत्मकृत भाव-जगत् के उस स्तर का संसार है जहाँ मानसिक संकल्पना स्वयं यथार्थ बनती है, और जहाँ 'वस्तु' भौतिक उपादानों से मुक्त होकर भी अनुभवगम्य होती है। परोक्ष स्तर पर सिद्ध काव्यार्थ, यथार्थ की संभाव्य स्थिति है जहाँ कलात्मक सत्य मानव जाति की उस व्यापक चेतना से जुड़ा होता है जो भौतिक उपादानों 'में' नहीं, वरन् उसके पार जाकर सिद्ध रहता है। प्रत्यक्ष स्तर पर काव्यकृति, परोक्ष संभाव्य संरचना का मात्र एक उदाहरण मानी जा सकती है। साहित्यिक सर्जनात्मक आलोचना का एक प्रमुख कार्य यह भी है कि वह 'प्रत्यक्ष' के दृष्टांतपरक संसार के आधार पर 'परोक्ष' कलारूप को उद्भासित करे। आचार्य शुक्ल ने इसे 'सामान्य' और 'विशेष' की शब्दावली में इन शब्दों में व्यक्त किया है, ''भारतीय काव्यदृष्टि भिन्न-भिन्न विशेषों के भीतर से 'सामान्य' के उद्घाटन की ओर बराबर रही है। किसी-न-किसी 'सामान्य' के प्रतिनिधि होकर ही 'विशेष' हमारे यहाँ काव्यों में आते रहे हैं; यह भी कहा जा सकता है कि प्रत्येक काव्यकृति 'परोक्ष' और 'प्रत्यक्ष' अर्थात् 'सामान्य' और 'विशेष' के तनाव के बीच अपना संश्लिष्ट रूप पाती है।''

भाषा के धरातल पर हम यह संकेत दे सकते हैं कि 'प्रत्यक्ष' अर्थात् बहिरंग वस्तुपरक अर्थ को व्यक्त करने वाली भाषा की प्रकृति अभिधापरक (Referential) होती है जबकि वस्तुओं के आंतरिक गुणों का आधारित भाषा की प्रकृति लक्षणापरक (Metaphorical)। कलात्मक संरचना का संबंध उस प्रतीकीकरण प्रक्रिया से होता है जिसमें अभिधार्थ (बहिरंग वस्तुपरक अर्थ) और लक्ष्यार्थ (आभ्यंतर गुणात्मक अर्थ) के

बीच आंतरिक संतुलन बना रहता है।

यहाँ इस तथ्य की ओर इंगित करना आवश्यक है कि किसी वस्तु के 'परोक्ष' और 'प्रत्यक्ष' रूप एक ही वस्तु को अनुभवों के दो भिन्न धरातलों पर ग्रहण करने के परिणाम होते हैं। ये दोनों रूप मानव-मन के आत्मकृत भाव-संसार के उपादान हैं। अतः इन दोनों में सहज-सिद्ध संबंध बना रहता है। इंद्रियगम्य (प्रत्यक्ष) रूप हमारे मन की तर्क शक्ति द्वारा पुष्ट होता चलता है, पर उसी वस्तु का परोक्ष (इंद्रियेतर) रूप सामान्य विवेक का अतिक्रमण करता रहता है क्योंकि वह उन आभ्यंतर गुणों का प्रकाशक होता है जो अतर्क्य और अदृश्य होते हैं। अतर्क्य इसलिए कि वे हमारी बुद्धि की सामान्य तर्कणा शक्ति के परे होते हैं और अदृश्य इसलिए कि मनुष्य की सामान्य आँखों से वे देखे नहीं जा सकते। पर ये अतर्क्य और अदृश्य तत्त्व अपनी सत्ता में असिद्ध नहीं कहे जा सकते। हम अपनी कल्पना-विधायिनी शक्ति द्वारा उनके अस्तित्व का न केवल पता लगा सकते हैं, वरन् उन्हें अनुभवगम्य भी बना सकते हैं। मनुष्य की कल्पना-विधायिनी शक्ति न केवल वस्तुओं के अंतःप्रदेश में प्रवेश पाने की क्षमता से युक्त होती है, अपितु वह आकांक्षाओं और अभिलाषाओं से परिचालित होकर नई वस्तुओं का सृजन भी कर सकती है। साहित्यकार न केवल अपने काव्य-संसार द्वारा अतर्क्य और अदृश्य को अनुभव-सिद्ध बनाता है, अपितु संसार और समाज के सीमित, अव्यवस्थित एवं विद्रूप अनुभवों के विरोध में एक काल्पनिक पर बेहतर संसार की ओर संकेत भी दे सकता है।

मनुष्य की कल्पना विधायिनी शक्ति का यह पक्ष ज्ञान रूप है। 'परोक्ष' या 'सामान्य' का परिचय, भले ही वह अतर्क्य और अदृश्य ही हो, हमारी बुद्धि के ज्ञान पक्ष का अंग है। पर कला प्रतीक के अभिव्यक्ति पक्ष का एक महत्त्वपूर्ण उद्देश्य भाव संसार को अनुभवगम्य बनाना है। अपने प्रकृति-रूप में कला प्रतीक यथार्थ के मार्मिक बिंब होते हैं। पर यह यथार्थ अनुभवों और भावों का ठोस संसार होता है जो अपने पाठकों को अपने भीतर प्रवेश करने के लिए न केवल प्रेरित करता है, वरन् अपनी यथार्थता के प्रति उसे आश्वस्त करने की शक्ति भी रखता है।

शैली-विज्ञान यह मानता है कि कला-प्रतीक, कवि और पाठक के बीच 'संदेश-वस्तु' के रूप में सिद्ध रहता है। वह स्वयं में 'संदेश-वस्तु' है, अतः उसका अर्थ (meaning) नहीं हुआ करता। अर्थ न होने का यह मतलब नहीं कि कला-प्रतीक के रूप में काव्यकृति सार्थक (significant) नहीं होती। उसकी सार्थकता एक ऐसे भाषिक संसार की सृष्टि में निहित होती है जो मानव-मन के अंतर्जगत्, मानव-व्यवहार के अपने स्वभाव और मानवीय संवेदनाओं की अपनी प्रकृति से संबद्ध होता है। पर अदृश्य और अतर्क्य संवेदनाओं को सामान्य भाषा की सामान्य प्रतीक व्यवस्था के द्वारा पकड़ा जाना असंभव है। दूसरा तथ्य यह भी है कि अगर उनका आभास मिल भी जाए तो तर्कसिद्ध प्रतीक-व्यवस्था द्वारा उनको निरूपित करना संभव नहीं। अतः कला संसार की सृष्टि इस प्रकार की जाती है कि वह अनुभवों की व्यवस्था, अर्थात् भाव-संसार की आंतरिक

प्रकृति, को 'अनुभवों के व्यापार' द्वारा ही प्रत्यक्षीभूत कराने में समर्थ हो। इसलिए कलात्मक अभिव्यक्ति के उपकरण वस्तुतः अनुभवगम्य (प्रत्यक्षीभूत) वस्तु के रूप में सिद्ध रहते हैं। कला-संसार की संप्रेषण-विधि की यह माँग कला-प्रतीक को 'प्रतिमापरक' (iconic) बनाती है।

प्रतीक व्यवस्था के संदर्भ में यह कहा जा सकता है कि उसके तीन मान्य प्रकार हैं—सामान्य प्रतीक, सूचनापरक (indexical) प्रतीक और प्रतिमापरक (iconic) प्रतीक। सामान्य प्रतीक अपनी प्रकृति में यादृच्छिक (arbitrary) और रूढ़िपरक (conventional) होता है। यादृच्छिक होने के नाते सामान्य प्रतीकों के संप्रेष्य (signified) काव्य और उसकी अभिव्यक्ति योजना (signifier) में कोई नैसर्गिक संबंध नहीं होता, इसीलिए एक ही 'कथ्य' को कई प्रकार की अभिव्यक्ति-पद्धति से व्यक्त करना संभव है। रूढ़िपरक कहने का तात्पर्य यह है कि कथ्य और अभिव्यक्ति का संबंध समाज द्वारा स्वीकृत मान्यता पर आधारित रहता है। समाज से स्वीकृत ऐसी मान्यताओं के समुच्चय को हम उसके व्यावहारिक आचरण की संहिता (social code) भी कह सकते हैं। आचरण की यह संहिता हर समाज की अपनी होती है जिसके आधार पर उसके सदस्य होने वाले आचरण की सार्थकता का पता लगाते हैं। उदाहरण के लिए, अभिवादन के लिए अगर एक समाज में जमीन पर लेटकर दंडवत करने या हाथ जोड़कर नमस्ते करने की प्रथा है, तो दूसरे समाज में हाथ मिलाने की प्रथा और किसी तीसरे में नाक से स्पर्श करने की। सूचनापरक प्रतीक में कथ्य और अभिव्यक्ति के बीच के संबंधों में कार्य-कारण का सहज संबंध रहता है। धुआँ आग का प्रतीक है, उमड़ते हुए बादल वर्षा की ओर संकेत देते हैं, चेहरे का लाल होकर तमतमा जाना अतिशय भावोद्रेक (क्रोध या लज्जा) के अनुमान को व्यक्त करता है। यह कार्य-कारण संबंध जीवन के विभिन्न संदर्भों में देखा जा सकता है। औषधि की दुनिया में 'सिंपटन' को देखकर रोग का पता लगाया जाता है, अर्थविज्ञान की चीजों के मूल्य और वितरण संबंधी सूचनाओं के आधार पर आर्थिक ढाँचे की प्रकृति का संकेत पाया जा सकता है, आदि। प्रतिमापरक प्रतीक में कथ्य और अभिव्यक्ति के बीच के संबंध का आधार सादृश्य-विधान (analogical resemblance) का होता है। किसी व्यक्ति-विशेष का 'पोर्ट्रेट' रूढ़िपरक मान्यताओं के बजाय सादृश्य तत्त्व के आधार पर संकेतार्थ को व्यंजित करता है।

सामान्यतः भाषा जिन प्रतीक व्यवस्था को व्यावहारिक जीवन के विभिन्न संदर्भों में काम में लाती है उसकी प्रकृति सामान्य प्रतीकों जैसी होती है अर्थात् कथ्य और अभिव्यक्ति के बीच के संबंध यादृच्छिक और रूढ़िपरक होते हैं। उसको समझने के लिए भाषायी संहिता (linguistic code) की जानकारी आवश्यक है। सामान्यतः कहने का तात्पर्य यही है कि प्रमुखता 'सामान्य प्रतीकों' की होती है, पर संकेतपरक और प्रतिमापरक प्रतीकों से सामान्य भाषा भी पूर्णतः मुक्त नहीं हुआ करती। उदाहरण के लिए हिंदी में हम द्वितीय पुरुष एकवचन के लिए जब 'तू', 'तुम' और 'आप' का प्रयोग करते हैं तब वह वक्ता और श्रोता के बीच के संबंधों की या तो सूचना देता है अथवा

सुनाने वाले के सामाजिक पद (social status) की ओर इशारा करता है। इसी प्रकार जब हम किसी व्यक्ति को उसके व्यवसाय से जोड़कर उसके लिए बहुवचन का प्रयोग करते हैं तब भी उसकी सम्मानजन्य स्थिति का संकेत देते हैं; यथा—'प्रोफेसर साहब आए थे' पर 'धोबी आया था।' इसी प्रकार प्रतिमापरक प्रतीकों की सिद्धि हम ऐसे वाक्यों में देख सकते हैं—'वह गाय है।' 'गदहा कहीं का।' जिसका मतलब 'वह गाय की तरह सीधा है' या 'बेवकूफ कहीं का' रहता है। इन उदाहरणों से यह भी स्पष्ट है कि सादृश्य, वस्तुओं के बाहरी रूप-आकार का ही नहीं होता, वरन् उनके गुण-धर्मों के सादृश्य के लिए भी 'प्रतिमा' को सामने लाया जा सकता है।

भाषिक संसार और काव्य संसार दोनों ही प्रतीक होते हैं, पर भाषा में रूपांतरबद्ध व्यावहारिक संसार और संवेगात्मक उद्देश्यों से परिचालित काव्य संसार में अंतर होने के कारण उनकी प्रतीक व्यवस्था में भी अंतर होना स्वाभाविक है। पहला अंतर तो यही है कि भाषिक संसार जिस प्रतीक व्यवस्था को सामान्यतः प्रश्रय देता है वह है पहले सामान्य प्रतीकों की व्यवस्था। यह आनुषंगिक रूप में ही 'संकेतपरक' और 'प्रतिमापरक' प्रतीकों को अपने भीतर समेटता है। इसके विपरीत काव्य संसार की प्रतीक व्यवस्था पहले 'प्रतिमापरक' होती है फिर 'संकेतपरक' और आनुषंगिक रूप में ही वह 'सामान्य प्रतीक' होती है। एक दूसरी दृष्टि से भी ये एक-दूसरे से भिन्न होते हैं। प्रतीक, अपने से भिन्न किसी अन्य वस्तु की ओर संकेत देने के कारण हमेशा व्याख्या-सापेक्ष होते हैं। व्याख्या-सापेक्ष होने के कारण ही वे उस संहिता के आकांक्षी होते हैं जिसके आधार पर व्याख्या संभव होती है। व्यावहारिक जीवन के प्रयोग में आनेवाले प्रतीक उन संदेशों को अभिव्यक्त करते हैं जो बहुत कुछ अनुमेय रहता है, या हमें पहले से ही जो ज्ञात रहता है। अतः उससे संबद्ध संहिता उन व्याख्यात्मक तथ्यों की संकल्पना से संबद्ध रहती है जो पहले से ही निर्धारित होती है। पर काव्य संसार के प्रयोग में आने वाले प्रतीक जटिल और संश्लिष्ट होते हैं क्योंकि जिन संकल्पनाओं और अनुभव खंडों के स्थान पर वे आते हैं वे (वे प्रतीकबद्ध होने के पूर्व) अनिर्धारित और धुँधले-से होते हैं। जटिलता का संबंध, संप्रेषण की अनिर्धारित और अस्पष्ट प्रकृति से रहता है। इन प्रतीकों को संश्लिष्ट इसलिए होना पड़ता है कि उसे मात्र प्रतीक रहकर अपने से भिन्न किसी अन्य वस्तु के लिए प्रयुक्त संकेतार्थ की ओर ध्वनित ही नहीं करना पड़ता, वरन् उससे आगे बढ़कर काव्य संसार के उपादान के रूप में मूर्तिमान भी बनना पड़ता है। काव्य-प्रतीक मात्र शीशा या खिड़की के समान नहीं होता जिसके सहारे बाहर के संसार को देखा या समझा जाना संभव है, वरन् वह दर्पण के समान भी होता है जिसके भीतर कला संसार स्वयं प्रतिबिंबित होता रहता है।

संप्रेषण के रूप में संकल्पनाओं एवं अनुभव खंडों की अनिर्धारित प्रकृति का परिणाम यह होता है कि भौतिक काव्यकृति के रूप में सिद्ध प्रत्येक कला-प्रतीक अपनी संहिता के लिए चुनौती बनकर सामने आता है। ऐसा हर कला-प्रतीक व्याख्या के लिए लाई जाने वाली संहिता (काव्यशास्त्र की नियमावली) में कुछ नया जोड़ता है, उसमें कुछ

परिवर्तन लाता है। वह इसीलिए जीवंत संसार की अभिनव व्याख्या देने में समर्थ होता है क्योंकि वह मान्य और स्वीकृत पथ को आदतन स्वीकार न कर अभिव्यक्ति का नया रास्ता बनाता है। कथ्य और अभिव्यक्ति के संबंधों की नित नई खोज ही कला-प्रतीक को रूढ़िमुक्त और सर्जनात्मक बनाती है। यही कारण है कि हर सार्थक साहित्यिक कृति जब एक ओर काव्यशास्त्र के पूर्व-निर्धारित नियमों की सर्जनात्मक सिद्धि है तब दूसरी ओर उन्हीं नियमों का सहेतुक विखंडन भी।

प्रतिमापरक कला-प्रतीक जिस संकेतार्थ को मूर्त बनाता है, वह संकेतार्थ आत्मकृत भाव संसार का उपादान होता है। भाव संसार के ये उपादान अनिर्दिष्ट अनुभवों एवं संवेदनाओं की स्थिति या क्रिया-व्यापार से संबद्ध होते हैं। इन अनुभवों एवं संवेदनाओं (भाव) को उसके यथार्थ रूप में संप्रेष्य बनाने के लिए वह उचित संदर्भों (विभाव) का सृजन करता है। भाव को पाठक के लिए संप्रेष्य (अनुभूतिगम्य) बनाने के लिए साहित्यकार भावों की व्याख्या या विश्लेषण नहीं करता, वरन् उचित संदर्भों (संसार) का सृजन करता है जिसके घटक अपनी स्थिति-विशेष या क्रिया-व्यापार के माध्यम से उस भाव का अनुभावन कराने में समर्थ हो पाते हैं। चूँकि संप्रेष्य अनुभव या संवेदना 'विशिष्ट' होती है और उसकी विशिष्टता को निर्बाध रूप में पाठक तक पहुँचाना कवि-कर्म का अभिप्रेत होता है, इसलिए संदर्भगत योजना के लिए यह आवश्यक हो जाता है कि एक ओर वह सहज संभाव्य भी हो और दूसरी ओर 'विशिष्टता' की संवाहक होने के नाते असामान्य और विरल भी। सहज संभाव्यता पहले से ही उपलब्ध अनुभव-ज्ञान का परिणाम होती है। जो अनुभव-ज्ञान, सहज संभाव्यता का आधार बन पाठक के मन को कला-संसार के प्रति आश्वस्त बनाता है, उसका संबंध पहले भाषा में रूपांतरित बाह्य संसार से होता है और फिर भाषिक संसार के माध्यम से भौतिक जगत् के बाह्य संसार से। कला संसार के अपने अनुभावन के लिए इसीलिए दो स्तरों पर संसर्गगत व्याख्या की आवश्यकता पड़ती है—(i) भाषिक प्रतीकों में आबद्ध भाव संसार का स्तर, और (ii) बाह्य भौतिक जगत् के अनुभव से प्राप्त आत्मकृत संसार का स्तर। यही कारण है कि हम उठी हुई पर्वतश्रेणी 'भूमि के कंपित उरोज' और आकाश की 'इंद्र का नील वक्ष' के रूप में न केवल कल्पना कर लेते हैं, वरन् 'प्रतिमा' (बिंब) रूप में उसे ग्रहण भी कर लेते हैं।

शैली : अग्रगामिता (फ़ोरग्राउंडिंग)*

कला के क्षेत्र में पेशबंदी या अग्रगामिता से तात्पर्य अभिव्यक्ति माध्यम के किसी पक्ष को वक्रभंगिमा के साथ उभारने से है। अपने लक्ष्य में पेशबंदी रूढ़ और यांत्रिक संवेदनाओं को तोड़ती है, अतः इसका संबंध अनुभूत और अनुभूतियों के प्रत्यक्षीकरण के साथ बना रहता है।

प्रायः देखा जाता है कि अपने व्यावहारिक जीवन में अपने से परिचित स्थितियों के हम इतने अभ्यस्त हो जाते हैं कि उनको हम कुछेक संकेतों द्वारा ही पहचानकर उनसे अपना काम निकाल लेते हैं। ऐसी स्थिति में हम उन्हें संकेतों के सहारे पहचानने के आदी हो जाते हैं और इसीलिए उनको पूर्णता में ग्रहण नहीं करते। उदाहरण के लिए मछली बाज़ार में रहने वाले व्यक्ति उस बाज़ार की गंध के इतना आदी हो जाते हैं कि उनके लिए उस गंध की सत्ता ही नहीं रह जाती या समुद्र के किनारे रहने वाले व्यक्ति लहरों के गर्जन को सुनते-सुनते इस प्रकार उसके अभ्यस्त हो उठते हैं कि उसकी आवाज़ को सुनकर भी वह उसे सुन नहीं पाते। इसी प्रकार हम भाषा का इतना प्रयोग करते हैं कि दैनिक प्रयोग की भाषा की विशिष्टता हमारे लिए निर्विशिष्ट हो उठती है। 'पेशबंदी' वस्तुतः अभिव्यक्ति की वह भंगिमा है जो अपनी वक्रता के कारण हमारा न केवल ध्यान आकर्षित करती है, वरन् यंत्रस्थ होती जा रही हमारी संवेदनाओं में एक नया रंग भरती है और वस्तुजगत् के प्रति हमारे रूढ़िगत बोध में एक नवीनता का उन्मेष करती है।

तकनीकी अभिकरण के रूप में पेशबंदी एक ओर 'सहेतुक विचलन' का रास्ता अपनाती है और दूसरी ओर 'समानांतरता' का। पर इन दोनों अभिकरणों का लक्ष्य प्रत्यक्षानुभूति को सघनता देना है, दोनों ही का उद्देश्य हमारे अनुभवों के बहु-आयामी पक्ष को उभारना होता है, और दोनों ही का प्रयोजन कृति की बुनावट को और अधिक ऐंद्रिक रूप प्रदान करना रहता है।

---

* सर्वप्रथम 'संरचनात्मक भाषाविज्ञान' (1979 : आलेख : दिल्ली) में 'शैली-विज्ञान की कुछ प्रायोगिक संकल्पनाएँ' के उपखंड के रूप में सर्वप्रथम प्रकाशित। लेख के रूप में 'शैली तत्त्व : सिद्धांत एवं व्यवहार' (सं. रावल, सिंह, 1988) में प्रकाशित। प्रकाशक : दक्षिण भारत हिंदी प्रचार सभा, मद्रास।—**संपादक**

(क) सहेतुक विचलन (डेविएशन)

भाषा के संदर्भ में यह कहा जा सकता है कि उसके साथ प्रयोगों के पीछे उसके अपने कुछ नियम होते हैं। ये नियम ही उसकी व्यवस्था के हेतु हैं। सामान्य भाषा इन्हीं नियमों में बँधी होती है। अपने दैनिक प्रयोग में हम इन नियमों के इतने अभ्यस्त हो जाते हैं कि उनके आधार पर व्यवस्थित सामान्य भाषा हमारे लिए यांत्रिक और रूढ़िगत हो जाती है। क्योंकि हमारे अनुभव और अनुभूतियाँ भाषा से अलग होकर व्यक्त नहीं हो सकतीं, अतः हम सामान्य भाषा के माध्यम से उन्हीं अनुभवों को अभिव्यक्त कर पाते हैं जिनके हम अभ्यस्त हो चुके रहते हैं। इसीलिए सामान्य भाषा के माध्यम से मात्र सामान्य अनुभव ही व्यक्त हो सकते हैं। पर काव्यानुभूति अपनी प्रकृति में विशिष्ट होती है। काव्यानुभूति की इस विशिष्टता को पकड़ने की कोशिश में काव्य भाषा को विशिष्ट बनना ही पड़ता है। काव्य भाषा की यह विशिष्टता वस्तुतः यंत्रस्थ भाषा के परिचित नियमों के अतिक्रमण का परिणाम होती है। सामान्य भाषा के सामान्य भाषिक नियमों के इस अतिक्रमण को ही विचलन (डेविएशन) कहा जाता है।

इस विचलन को सहेतुक इसलिए कहा जाता है क्योंकि उसके पीछे काम करने वाला तत्त्व और कुछ नहीं बल्कि कलात्मक संवेग की अपनी विशिष्टता है। वैसे उसके अन्य हेतु भी हो सकते हैं; यथा—अलंकरण, शब्द-क्रीड़ा आदि। एक सच्ची कविता में विचलन सर्जनात्मक उद्देश्य को पूरा करने का एक समर्थ अभिकरण है।

सहेतुक विचलन को शैली-विज्ञान दो निश्चित संदर्भों में ग्रहण करता है—व्याकरणिकता (ग्रामेटिकलिटी) का संदर्भ और आवृत्ति (फ्रीक्वेंसी) का संदर्भ।

व्याकरणिकता : व्याकरणिकता की संकल्पना इस तथ्य पर आधारित होती है कि वाक्य या भाषा का कोई खंड कहाँ तक व्याकरण के नियमों के अनुसार गठित है। व्याकरणिकता का प्रश्न हमें दो अन्य बातों पर विचार करने के लिए बाध्य करता है—पहला तथ्य यह है कि जिस वाक्य को व्याकरणाचार्य सुगठित (वेल-फ़ॉर्म्ड) मानते हैं वह लोक में स्वीकृत भी है या नहीं, अर्थात् उस वाक्य को उसके मातृभाषा-भाषी स्वीकार करते भी हैं या नहीं। यह संभव है कि कोई वाक्य, पूरी तरह व्याकरणसम्मत हो पर उस भाषा के मातृभाषी प्रयोक्ता उसको मान्य न ठहराते हों। यह भी हो सकता है कि कोई वाक्य लोकजीवन में पूर्ण रूप से स्वीकृत हो, पर व्याकरण की दृष्टि से वह नियमों का अतिक्रमण करता हो। ऐसी स्थिति में यह जरूरी हो जाता है कि वाक्य या कथन को हम दो दृष्टियों से देखें—एक दृष्टि व्याकरण की हो, जिसके आधार पर यह देखा जा सके कि वाक्य की रचना कहाँ तक मान्य नियमों के अनुरूप हुई है (यह प्रश्न व्याकरणिकता के सवाल से जुड़ा हुआ है), और दूसरी दृष्टि लोकसम्मति की हो, जिसके सहारे यह देखा जा सके कि कोई वाक्य कहाँ तक उस भाषा के बोलने वालों द्वारा मान्य है। (यह प्रश्न स्वीकार्यता (एक्सेप्टेबिलिटी) के सवाल के साथ संबद्ध है।)

व्याकरणिकता और स्वीकार्यता की द्वंद्वात्मक प्रकृति के कारण हमें ये चार प्रकार की स्थितियाँ देखने को मिलती हैं :

		व्याकरणिकता +	व्याकरणिकता —
स्वीकार्यता	+	1	2
स्वीकार्यता	—	3	4

(i) व्याकरणसंगत और स्वीकार्य : 'इस फूल की कीमत मोहन ने चुकाई है।'

(ii) व्याकरण-असंगत, पर स्वीकार्य : 'एक फूल की कीमत हजारों सिसकियों ने चुकाई है।'

(iii) व्याकरणसंगत, पर अस्वीकार्य : 'एक रंगविहीन सतरंगी सिसकी शांत भाव से पहाड़ पर पड़ी हुई है।'

(iv) व्याकरण-असंगत और अस्वीकार्य : 'फूल सिसकी हज़ारों एक चुकाई की ने हुआ है।'

व्याकरण-असंगत अगर (ii) और (iv) के वाक्यों पर ध्यान दें तो यह स्पष्ट हो जाता है कि अस्वीकृत वाक्य (iv) पूर्ण रूप से व्याकरण के नियमों से मुक्त होने के कारण अव्याकरणिक है। वह केवल शब्दों का जमघट है जिनमें हिंदी भाषा के नियमों की अवहेलना की गई है। इसके विपरीत स्वीकृत वाक्य (ii) के संदर्भ में यह नहीं कहा जा सकता कि उसमें भाषिक नियमों की कोई सत्ता ही नहीं। हम केवल यह कह सकते हैं कि उसमें नियम की सत्ता तो है, पर उस वाक्य का गठन उन नियमों का कहीं अतिक्रमण भी करता है। यह बात ध्यान देने की है कि नियमों का अतिक्रमण, नियम-सापेक्ष होता है। ऐसे सभी वाक्य पहले नियमों की सत्ता की अपेक्षा रखते हैं और फिर उसका अतिक्रमण करते हैं। अगर नियम की सत्ता है ही नहीं, तो उससे विचलन या उसके अतिक्रमण का प्रश्न ही कहाँ है ? (जैसाकि हम वाक्य (iv) में देखते हैं।)

लोकस्वीकृत पर व्याकरण-असंगत वाक्यों को **अर्द्धवाक्य** (सेमी-सेंटेंस) कहा गया है। अर्द्धवाक्य अव्याकरणिक वाक्य न होकर ऐसे रचनाबद्ध वाक्य होते हैं जो भाषिक (व्याकरणिक) नियमों में बँधकर भी उनका अतिक्रमण करते हैं। अतः उनके अतिक्रमण (व्याकरणिक-असंगतता) को भी भाषा के मान्य नियमों के संदर्भ में समझना संभव है।

उदाहरण के लिए अंग्रेजी के इन बहुचर्चित काव्य-उक्तियों को ही लें—'ए ग्रीफ़ एगो', 'ही सैंग हिज डिडनॉट ही डांस्ड हिज़ डिड'। प्रसिद्ध कवि कमिग्ज़ की ये काव्योक्तियाँ अर्द्धवाक्य के उदाहरण माने जा सकते हैं क्योंकि इनकी रचना में जिन

भाषिक नियमों का अतिक्रमण हुआ है, उनको अंग्रेजी भाषा के नियमों के संदर्भ में समझना संभव है। जब कवि यह कहता है—'एक दुख पहले' (ए ग्रीफ़ एगो), तब वस्तुतः वह व्याकरणिक संरचना की रूपावली को पहले सामने लाता है जिसके आधार पर यह कहना संभव है—'एक क्षण पहले', 'एक दिन पहले', 'एक साल पहले' आदि। इस रूपावली की व्याकरणिक विशेषता है कि 'पहले' के पूर्व जो भी संज्ञा, विशेषणयुक्त प्रयुक्त होती है वह समय-सूचक होती है। इसीलिए 'क्षण, दिन, साल' समय-सूचक संज्ञाएँ हैं। यह ऐसी रूपावली की व्यवस्था का ही परिणाम है कि जब हम 'एक चाँद पहले' (ए मून एगो) कहते हैं तब 'चाँद' को भी ऋतु-चक्र का उपकरण मानते हुए उसकी व्याख्या को समय-बोधक बना लेते हैं। अतः 'एक दुख पहले' उक्ति में 'दुख' भी इसी समय-बोधक व्याख्या की अपेक्षा रखता है। पर 'दुख' तो अनुभव और प्रतीति के क्षेत्र से संबद्ध अर्थ को सामने लाता है। उक्ति-सौंदर्य भी तो इसी में है। कवि सामान्य भाषा के नियमों का अतिक्रमण कर अनुभव और प्रतीतिपरक अर्थ को समयबोध से जोड़ते हुए इस बात पर बल देना चाहता है कि भले ही भौतिक धरातल पर समय एक या दो क्षण के रूप में ही क्यों न बीता हो, पर भोक्ता व्यक्ति के लिए उसका प्रसार या गहराई वैसा ही फैला था जैसे कि दुख के क्षणों में समय फैल जाता है। जब हम कहते हैं, 'दुख के दिन बीतत नाहीं', तब वस्तुतः यही तो अभिव्यक्त करना चाहते हैं कि समय काटे नहीं कटता। लगता है, एक-एक क्षण पहाड़-सा भारी हो उठा है आदि, अन्यथा भौतिक धरातल पर समय तो घड़ी की टिक-टिक के साथ आगे बढ़ता ही रहता है।

अगर हम 'ही सैंग हिज़ डिडनॉट, ही डांस्ड हिज़ डिड' उक्ति पर ध्यान दें तो उसकी रूपावली को 'कर्ता-क्रिया-कर्म' की योजना के रूप पाते हैं; यथा—'ही सैंग हिज़ सांग, ही डांस्ड हिज़ कत्थक' यहाँ व्याकरणिक नियमों के अनुसार कर्म को संज्ञा रूप में प्रयुक्त होना चाहिए था, यहाँ उसका अतिक्रमण करते हुए इस उक्ति में उसे क्रियारूप में प्रयुक्त किया गया है। अतः अगर हमें 'ही डांस्ड हिज़ डिड' में कर्मवत् प्रयुक्त 'डिड' का अर्थ ग्रहण करना है तो उसे पहले 'कर्म' के रूप में स्वीकार करना होगा। 'डिड' वस्तुतः 'डू' का भूतकालिक रूप है और 'डू' का अर्थ 'करना' क्रिया है। अतः 'डिड' को '+ संज्ञा+करना+भूत' का समानार्थी मान सकते हैं। व्याख्या की दृष्टि से इसका अर्थ हुआ 'विगत कर्म'। वाक्य-संरचना की दृष्टि से इसकी व्याख्या ठहरती है 'ही डांस्ड हिज़ पास्ट एक्शंस'। यह संरचना अभी भी अर्द्धवाक्य के क्षेत्र में है, यद्यपि 'डिड' का अर्थ खुल-सा गया है। वस्तुतः इस संरचना में 'नाचना' शब्द का भी लाक्षणिक प्रयोग हुआ है। संपृक्तार्थ के धरातल पर नाचने का अर्थ 'खुशी से झूमना', 'भाव-विभोर होना' आदि माना जा सकता है जिसके संदर्भ में 'ही डांस्ड हिज़ डिड' का सांकेतिक अर्थ अपने उक्ति-सौंदर्य के साथ व्यंजित होता है : 'अपने विगत कर्मों के कारण भाव-विभोर होना, जो कर्म हो चुके हैं उनको याद कर-करके खुशी से झूमना।'

कहने का तात्पर्य यह है कि 'ए ग्रीफ़ एगो' या 'ही डांस्ड हिज़ डिड' ऐसी

काव्यात्मक उक्तियाँ व्याकरणिक नियमों का अतिक्रमण करती हैं, पर उस अतिक्रमण को मान्य व्याकरणिक नियमों के संदर्भ में ही सही ढंग से समझना संभव है। अर्थ की जो रंजकता और प्रयोग का जो लालित्य हमें इनमें दिखलाई पड़ता है उसकी समझ, पहचान और विश्लेषण का भी यही रास्ता है।

विचलन को हम भाषा के सभी आयामों पर स्थित देख सकते हैं; यथा—शब्द, व्याकरण, अर्थ आदि। शब्दों के धरातल पर साहित्यकार शब्द-निर्माण का नित नूतन रास्ता बनाता चलता है। वह ऐसे शब्दों एवं शब्द-रूपों का सर्जन और उसका कल्पनात्मक प्रयोग करता है, जिससे शब्द-निर्माण के नियम तो टूटते हों, पर जिसके परिणामस्वरूप अर्थ-लालित्य की उद्‌भावना होने की संभावना हो। अकेले निराला की रचनाओं में ऐसे कई स्थलों पर शब्द-निर्माण एवं शब्द रूप-संबंधी नियमों में विचलन की स्थिति देखी जा सकती है जिसका हेतु अर्थ-भंगिमा और सर्जनात्मक सौंदर्य है; यथा—

—देखता मैं अरोक मत रोक !
—अधर-दशन अनबोली।
—फिर फूले नव वृंतों पर
अनुकूलें कलि अनुकूलें।
—जावक-जप चरणों पर छाई।
पलक-पलास डाल कलियाई।

अगर निराला ने 'कलि' संज्ञा से 'कलियाना' क्रिया रूप बनाकर अर्थ भंगिमा पैदा की है तो नीचे के उदाहरण में 'दिल' के स्थान पर उसके गुण को व्यंजित करने वाले शब्द का संज्ञावत् प्रयोग कर जिस काव्यात्मकता का सर्जन मुक्तिबोध ने किया है, वह भी विचलन का ही उदाहरण है।

—अपनी धकधक।
—में दर्दीले फैले-फैलेपन की मिठास।

शब्द स्तर पर विचलन के कई सार्थक प्रयोग हमें काव्य-प्रसंग में देखने को मिलते हैं, यथा—विश्रामेंगे रात यहाँ ये (श्री नरेश मेहता), और तुम महरूसते रहोगे (धूमिल), भारत तब गणिकाना था (अशोक वाजपेयी), कहाँ हैं वे लोग, जो संभाषिक में जोश से बोलाकिए पर साल (त्रिलोचन), संसार का सबसे अधिक फोटोग्राफ़ित घर (अज्ञेय) आदि।

व्याकरण के स्तर पर विचलन की संभावना अगाध है, यथा—
—एक फूल की क़ीमत हजारों सिसकियों ने चुकाई है—**मुक्तिबोध**
—कौन से कह दूँ कि तुम मेरे बनो ?—**भवानीप्रसाद मिश्र**
—ताप के ताए हुए दिन ये
क्षण के लघुमान-से
मौन नया किए—**त्रिलोचन**
—भूख की दर्शक-दीर्घा से कूदकर

मरी हुई आँतों का शोर
अकाल की पर्चियाँ फेंकता है—**धूमिल**
—समझाता रहा हुआ मैं देख—**निराला**
—मधुर स्वर तुमने बुलाया—**निराला**
—आँसुओं सजल दृष्टि की छलक—**निराला**
—मुसकरा दी थी क्या तुम प्राण—**पंत**

व्याकरणसम्मत स्वीकृत और अव्याकरणिक अस्वीकृत वाक्यों के बीच में स्थित व्याकरण की दृष्टि से असंगत पर काव्यभाषा के संदर्भ में स्वीकृत उदाहरणों का एक पूरा संसार है, जिसके लिए यह कहा जा सकता है कि भाषा के स्थिर, रूढ़ और निर्जीव भाषा-प्रयोगों में पाए जाने वाले व्याकरण के संदर्भ में उसके उदाहरण भले ही असंगत हों, पर भाषा की लचीली संभावना, उसके कलात्मक एवं सर्जनात्मक प्रयोग तथा उसकी जीवंत प्रकृति के संदर्भ में वे सार्थक ही नहीं, अपितु स्वीकृत प्रयोग भी हैं। यही कारण है कि शैली-विज्ञान, ऐसे सर्जनात्मक अर्द्धवाक्यों में पाए जाने वाले नियमों के विचलन को नियमों का स्खलित या त्रुटिपूर्ण रूप न मानकर उसका उद्देश्यपरक प्रतिफलन मानता है।

अर्थ के स्तर पर विचलन का सबसे अधिक रंजक प्रयोग मिलता है जिसे हम विरोध (पाराडॉक्स), विरोधाभास, (आक्सीमोरोन), रूपक, लक्षणा (मेटाफ़र), विशेषणविपर्यय (ट्रांसफ़र्ड एपिथेट) आदि के रूप में अभिव्यक्त होते पाते हैं। मेटाफ़र, आर्थी विचलन का अपूर्व रूप सामने लाता है जिसमें भावबोध की दुहरी और दुधारी चेतना का हमें संस्पर्श मिलता है। सामान्यतः यह माना जाता है कि मेटाफ़र में सादृश्यविधान के सहारे एक वस्तु के आभ्यंतर लक्षण को अपने से भिन्न दूसरी वस्तु पर आरोपित या स्थानांतरित कर अर्थ-चमत्कार की उद्भावना की जाती है और उसे लाक्षणिक प्रयोग का उदाहरण भी इसीलिए मानते हैं। मेटाफ़र के लिए इसीलिए दो भिन्न वस्तुओं के बीच गुण साधर्म्य की स्थापना पहली आवश्यकता बनती है। इस सिद्धांत को उसकी व्यापकता में खींचते हुए कुछ विद्वानों का यह कथन है कि स्वयं भाषा, मेटाफ़र के सार्वजनीन प्रयोग का सर्वोत्तम उदाहरण है। हम अपने दैनिक प्रयोग में भाषा के पाँच वाक्य भी बिना मेटाफ़र के प्रयोग के नहीं बोल पाते—यह इस बात का प्रमाण है कि प्रत्येक मनुष्य मेटाफ़र के प्रयोग और शक्ति से ज्ञात या अज्ञात रूप में परिचित होता है। पर आश्चर्य की बात यह है कि मेटाफ़र का बहुत प्रयोग करने के बावजूद साहित्य के संदर्भ में उसकी प्रक्रिया और सार्थकता का हम पता नहीं लगा पाते।

मेटाफ़र की प्रक्रिया और उसकी अर्थवत्ता को समझने के लिए यह आवश्यक है कि हम यह जानें कि आर्थी विचलन का क्षेत्र क्या है, वह किस विधान का अतिक्रमण है और उस अतिक्रमण की वास्तविक प्रकृति क्या है। यह ध्यान देने की बात है कि मेटाफ़र जहाँ भी मिलता है वहाँ दो विचारों, दृष्टियों की टकराहट रहती है। मेटाफ़र में वस्तुतः दो आर्थी संरचनाओं की टकराहद ही विचलन का हेतु है। इस टकराहट और

तनाव से जो संश्लिष्ट रूप उभरता है वही अर्थ-वक्रता है क्योंकि इस टकराट की प्रक्रिया में संप्रेष्य (कथ्य) अपनी कथ्य-संरचना का अतिक्रमण करने के लिए विवश रहता है।

अगर मेटाफ़र दो आर्थी संरचनाओं की टकराहट का परिणाम है तो तकनीकी अभिकरण के संदर्भ में हमारी यह पहली आवश्यकता है कि हम उन्हें न केवल पहचाने वरन् उनकी पहचान के लिए दो पारिभाषिक शब्दों को भी निर्धारित करें। प्रायः उसके लिए 'मूलविचार' और 'गृहीत विचार', 'उपलब्ध दृष्टि' और 'आरोपित दृष्टि', 'आभ्यंतर कथन' और 'आरोपित कथन', 'विचार और बिंब', 'मूल संकल्पना' और 'सर्जनात्मक संकल्पना' आदि अभिव्यक्त युग्मों का प्रयोग किया गया है। रिचर्ड्स ने इसके लिए 'टेनर' और 'वेहकिल' का प्रयोग किया है। भारतीय काव्यशास्त्र में इन दो आर्थी संरचनाओं को क्रमशः 'उपमेय' और 'उपमान' से बोधित किया गया है। क्योंकि मेटाफ़र एक भाषिक उपलब्धि है जहाँ सादृश्य के आधार पर 'नामों का स्थानांतरण' और 'अर्थपरक अभिलक्षणों का प्रक्षेपण' किया जाता है। आवश्यकता इस बात की भी है कि आधारभूत कथन (उपमेय) और संपृक्तार्थ कथन (उपमान) की प्रकृति को ही केवल न समझे, वरन् नाम-स्थानांतरण (नेम ट्रांसफर) और अभिलक्षण-प्रक्षेपण (फ़ीचर प्रोजेक्शन) की पूरी प्रक्रिया को भी हम समझने का प्रयास करें। उदाहरण के लिए नीचे दी गई पंक्तियों के विश्लेषण की समस्या को ही लें :

लहरों पर सवार
कुलाँचती आ रही याद
स्मृतियों की बारात।

इन पंक्तियों में बँधे 'मेटाफ़र' के विश्लेषण के लिए निम्नलिखित चरण देखे जा सकते हैं :

चरण 1 : आधारभूत (उपमेय) और संपृक्तपरक (उपमान) कथन को पहचानना और उनको व्यक्त तथा अव्यक्त अंशों के साथ लिखना, यथा—

आधारभूत : (याद) (—) (—) (होकर) (—) (हुई) आ रही
संपृक्त—
परक 2 : (बारात) (—) (सवार) (होकर) (कुलाँचती) (हुई) आ रही
संपृक्त—
परक 3 : (—) (लहरों पर) (—) (होकर) (—) (हुई) आ रही।

चरण 2 : विन्यासक्रमी (सिंटैगमैटिक) और सहचारक्रमी (पैराडिगमैटिक) संबंधों के आधार पर कथन में अव्यक्त/रिक्त स्थानों की पूर्ति करना। उदाहरण के लिए, संपृक्तपरक 1 के संदर्भ में कहा जा सकता है कि बारात 'सवार' है तो किसी चीज पर, जो 'कुलाँचना' के विन्यासक्रम में 'घोड़ा' की संकल्पना की उद्भावना करती है। अतः कथन होगा—'बारात (घोड़े पर) सवार (होकर) कुलाँचती (हुई) आ रही है।' इसी प्रकार 'लहरों' से विन्यस्त होकर संपृक्त वाक्य 2 की क्रिया होगी 'बहना' जो कथन के धरातल पर बनेगा, (कोई वस्तु) लहरों पर (स्थित) (होकर) (बहती) (हुई) आ रही है।'

चरण 3 : आर्थी विश्लेषण और सादृश्यपरक लक्षणों की स्थापना करना। यह ध्यान देने की बात है कि सादृश्य विधान का ढाँचा इस प्रकार होता है कि यह कहना संभव हो सके कि जो 'क' का 'ख' से संबंध है वही 'ग' का 'घ' से अर्थात् (क, ख, ग, घ)। अर्थात् अगर 'बारात घोड़े पर सवार होकर' जिस प्रकार 'कुलाँचती' आ रही है, उसी प्रकार 'कोई वस्तु लहरों पर सवार होकर' 'बहती' आ रही है। इस 'बहने' में 'कुलाँचने' क्रिया की जो रीति है, उस रीतिपरक आर्थी अभिलक्षणों का प्रक्षेपण करना आवश्यक हो उठता है। इसके आधार पर जो दृश्यबिंब उभरेगा वह होगा, लहरों पर 'ऊपर-नीचे' 'उठने-गिरने' का क्रमिक भाव। यह स्थिति तभी संभव है जब लहरों में उद्वेलन हो और उसकी तरंगें उठ-गिर रही हों। कहने की आवश्यकता नहीं कि 'लहरों पर सवार' न तो 'घोड़े पर सवार' का मात्र द्योतक है और न ही 'लहरों पर स्थित' का इसी प्रकार 'लहरों पर कुलाँचना' न तो केवल 'घोड़े पर कुलाँचना' का संकेत देता है। और न ही 'लहरों पर बहने' का। 'लहरों पर सवार' या 'लहरों पर कुलाँचना' जिस संश्लिष्ट बिंब को उभारता है उसमें इन दोनों कथनों की अर्थपरक समानता के साथ-साथ उनकी विशिष्टता (विभिन्नता) का बोध भी बना रहता है, अतः मेटाफ़र की शक्ति उसकी 'दुहरी दृष्टि' (डबल विज़न) में स्थित रहती है।

इस 'दुहरी दृष्टि' को स्पष्ट रूप से ग्रहण करने के लिए 'केंद्रक' (फ़ोकस) और 'बंधक' (फ्रेम) जैसी संकल्पना की आवश्यकता है। उदाहरण के लिए 'लहरों पर कुलाँचना' का केंद्रक है 'बहना', 'कुलाँचना' और उसका बंधक है—लहरें/घोड़ा।

कथन के अर्थपरक संश्लेषण में प्रत्येक शब्द और प्रत्येक शाब्दिक विधान सहायक होते हैं। उदाहरण के लिए 'आ रही' वाक्यांश को ही लें। 'आने' में एक गति ही नहीं, वरन् दिशा का भी भाव निहित है। यह दिशा वक्ता की ओर अभिमुख होती है। यह अंतर 'आने' और 'जाने' क्रिया के अर्थ-भेद में देखा जा सकता है जहाँ 'जाने' की क्रिया की दिशा वक्ता से दूर होने से संबद्ध होती है।

चरण 4 : अर्थप्रक्षेपण के परिणामस्वरूप आधार-कथन की पुनर्व्याख्या और संश्लिष्ट चित्रण के आधार पर दुहरी दृष्टि का निर्माण। उदाहरण के लिए यह कहा जा सकता है कि 'याद' जिस प्रकार (वक्ता के मन के भीतर) उभर रही है वह उद्वेलित उस भाव-लहर के समान है जो ऊपर-नीचे-उठ-गिर रही है अर्थात् वह रुक-रुककर झोंके के समान आ रही है। एक स्मृति पहले उभरती है और उसको ठेलती हुई फिर दूसरी स्मृति उभरती है और फिर तीसरी, और यही नहीं, ये स्मृतियाँ दृश्यमान हैं। जिस प्रकार बारात के व्यक्ति और उनका घोड़े (भाव) पर बैठाकर कुलाँचते हुए आना।

आवृत्ति : जिस प्रकार व्याकरणिकता की संकल्पना के आधार पर विचलन की प्रक्रिया को समझा जा सकता है उसी प्रकार आवृत्ति के आधार पर भी विचलन की संकल्पना को समझने का प्रयत्न किया जा सकता है। पर इन दोनों स्थितियों में 'शैली' के संदर्भ दो हो जाते हैं। यह सवाल उठाया जा सकता है कि क्या शैली हर स्थिति में मान्य व्याकरण-नियमों का अतिक्रमण का ही परिणाम होती है ? क्या व्याकरण-सम्मत

वाक्यों के आधार पर शैली-तत्त्वों का सृजन नहीं हो सकता ? क्या भाषा के सामान्य शब्द या उसके सामान्य रचना-विधान में वह शक्ति नहीं जो शैलीगत अर्थ को व्यंजित कर सके ?

शैली का आवृत्ति पर संदर्भ दो मान्यताओं पर आधारित है—(1) शैली 'विकल्प से चुनाव' का परिणाम होती है और (2) 'प्रोक्ति' (डिसकोर्स) विशेष में चुनाव जिस दिशा में होगा उसका सांख्यिकीय (स्टैटिस्टिकल) विश्लेषण संभव है। यह कहा जा सकता है कि भाषा एक संभावना है और उस संभावना के भीतर रहकर व्यक्ति अनेक विकल्पों में से एक विकल्प का चुनाव कर उसे ठोस रूप देता है। उदाहरण के लिए, द्वितीय पुरुष किसी श्रोता-विशेष (द्वितीय, पुरुष, एकवचन) के लिए हिंदी भाषा में 'तू', 'तुम' और 'आप' में विकल्पवत् चयन की छूट है, पर उनमें से किसी एक का चयन, वक्ता और श्रोता के संबंधों के सामाजिक (शैलीगत) अर्थ को भी व्यंजित करेगा। मान लीजिए कि व्यावहारिक धरातल पर कार्यालयों में काम करने वाले व्यक्तियों की एक शैली (कार्यालयी भाषा-शैली) है जो सामान्य भाषा-शैली से अलग है। अगर उसका विश्लेषण किया जाए, तो स्पष्ट हो जाता है कि उसके निर्माण में व्याकरण का अतिक्रमण नहीं, वरन् 'विकल्प से चयन' का सिद्धांत वहाँ काम करता है। हम इस शैली में 'इत्तिला' नहीं करते, वरन् 'सूचित या प्रज्ञापित' करते हैं, कारण नहीं पूछते, बल्कि 'स्पष्टीकरण' माँगते हैं, 'किसी चीज को वहाँ बताते नहीं, उस पर 'प्रकाश डालते हैं' '; 'कागज/मिसिल की माँग नहीं करते वरन् उसे 'प्रस्तुत करवाते हैं' ', और चिट्ठी मिलने की सूचना नहीं देते, बल्कि 'पत्र-प्राप्ति की पावती भिजवाते हैं।' जो स्थिति 'शब्द' या 'शब्द-क्रमों' के धरातल पर चयन की है वही व्याकरण के रचना-विधान के धरातल पर भी देखी जा सकती है।

शैली की आवृत्तिपरक व्याख्या अगर एक ओर भाषिक अभिलक्षणों (फीचर्ज) की सापेक्षित सघनता की संकल्पना को लेकर चलती है तो दूसरी ओर 'तुलना' और 'विभेद' की धारणा को। जब हम यह कहते हैं कि 'क' की शैली में 'ख' अभिलक्षण की सघनता है तब सवाल यह भी उठता है कि किसकी तुलना में ये अधिक 'सघन' हैं ? उत्तर दो हो सकते हैं--पहला यह कि 'सघनता' का मापन हम किसी मान्य प्रतिमान (नॉर्म) के संदर्भ में करें और दूसरा यह कि 'क' की तरह किसी अन्य साहित्यकार 'प' की समान विषयक रचना 'त' के संदर्भ में दिखलाएँ। दोनों ही स्थितियों में कठिनाई देखी जा सकती है। भाषा के भीतर क्या स्वयं कोई अपना 'प्रतिमान' है ? क्या भाषा-विभेद स्वयं में ऐसा भाषिक यथार्थ नहीं कि किसी एक भाषिक अभिलक्षण को अगर एक संदर्भ में प्रतिमान मानें तो दूसरे संदर्भ में उसी के अन्य विकल्पवत् प्रयोग को अधिक स्वाभाविक कहें ? उदाहरण के लिए अगर एक स्थिति और संदर्भ में 'कर्तृवाच्य' का प्रयोग प्रोक्ति के लिए सहज और स्वाभाविक है तो संभव है कि दूसरी स्थिति में प्रोक्ति के लिए कर्मवाच्य अधिक सहज और स्वाभाविक हो। इसी प्रकार अगर हम 'क' की रचना को 'प' की समान विषयक रचना से तुलना कर अपना निष्कर्ष निकालते हैं तब

यह पूछा जा सकता है कि 'प' की रचना को ही 'प्रतिमान' क्यों माना जाए ? क्यों नहीं किसी अन्य कृतिकार की रचना को तुलना का आधार बनाया जाए ? सच तो यह है कि आवृत्तिपरक संदर्भ शैली को 'भेदक' (डिफ़रेंशियल) शैली के रूप में तो अपनाता है, पर उसे 'प्रतिमान' से 'विभेदक' के रूप में सिद्ध करने में पर्याप्त कठिनाई इसलिए है कि 'प्रतिमान' की संकल्पना को निरुपाधि या निरपेक्ष रूप में स्थापित करना कठिन है।

सोपाधिक या सापेक्ष रूप में प्रतिमान की स्थापना संभव है। प्रतिमान की स्थापना करने के बाद शैली-निर्माण विभेदक लक्षण के रूप में करना सहज हो जाता है। उदाहरण के लिए हमें इस बात के परीक्षण की आवश्यकता थी कि जनस्वास्थ्य के लिए अंग्रेजी से हिंदी में अनूदित होने 'मैनुअल' की भाषा-शैली कहाँ तक हिंदी की प्रकृति के अनुरूप है और कहाँ तक अनूदित होने के कारण अंग्रेजी की संरचना के दबाव में है। पहले वर्गमापक भाषिक इकाइयों (यथा—संज्ञा, क्रिया, विशेषण और क्रियाविशेषण) की तीन भाषाओं (अंग्रेजी, फ्रेंच और हिंदी) में पाई जाने वाली सांख्यिकीय आवृत्ति को निकाला गया, और फिर मूल अंग्रेजी और अनूदित हिंदी के मैनुअल में पाई जाने वाली तत्संबंधी आवृति को। परिणाम निम्नलिखित था :

भाषा	संज्ञा	क्रिया	विशेषण	क्रिया विशेषण
अंग्रेजी	41.9	26.9	18.3	12.9
फ्रेंच	50.7	30.5	15.2	3.6
हिंदी	52.2	22.6	21.9	3.3
मैनुअल (मूल)	41.7	28.5	17.2	12.6
मैनुअल (अनूदित)	43.3	25.5	20.6	10.6

हिंदी की सामान्य प्रकृति की तुलना में अनूदित हिंदी में क्रिया और क्रियाविशेषणों की आवृत्ति में वृद्धि और संज्ञा तथा विशेषणों की आवृत्ति में ह्रास इस तथ्य को स्पष्ट करता है कि अनुवाद की भाषा पर अंग्रेजी भाषा का पर्याप्त दबाव है और मैनुअल में प्रयुक्त भाषा की शैली, हिंदी भाषा की अपनी प्रकृति से अलग हटी हुई है।

जॉस्फ़िन माइल्स ने अंग्रेजी साहित्य के विभिन्न युगों के 130 कवियों की काव्यभाषा का सांख्यिकीय विश्लेषण करते हुए यह दिखलाने का प्रयत्न किया है कि आवृत्ति युग विशेष की प्रवृत्ति पर पर्याप्त प्रकाश डाल सकती है। यद्यपि कवियों के शब्दचयन उनके प्रतिपाद्य विषय और जीवन-जगत् के प्रति उनके दृष्टिबोध को भी व्यंजित करते हैं, लेकिन अंग्रेजी कविता की कुछ प्रमुख भाषा-शैलियों की ओर संकेत देना संभव है। उनके अनुसार तीन मुख्य शैलियों को देखा जा सकता है—पदबंधीय शैली (जहाँ संज्ञाकरण और कृदंतीकरण के साथ-ही-साथ छंदगत अनियमितता की आवृत्ति अधिक है), उपवाक्यीय शैली (जहाँ क्रिया के सक्रिय प्रयोग और जटिल वाक्य-संरचना की आवृत्ति अधिक है)

और संतुलित शैली (जहाँ ऊपर के दो अभिलक्षणों के बीच संतुलन है)। 1500 से 1900 ई. के बीच की काव्यकृतियों का विश्लेषण करते हुए उन्होंने यह दिखलाया है कि हर शताब्दी की प्रवृत्ति को तीन खंडों में इन शैलियों के आधार पर विभाजित किया जा सकता है, उदाहरण के लिए सोलहवीं और सत्रहवीं शताब्दी की कृतियों में क्रम रहा है—उपवाक्यीय, उपवाक्यीय और संतुलित शैली जबकि अठारहवीं शताब्दी में विकास के चरण रहे हैं—पदबंधीय, पदबंधीय और संतुलित शैली।

शैली का आवृत्तिपरक संदर्भ सापेक्षता की धारणा पर आधारित होता है और वह तुलनीयता के परिप्रेक्ष्य में साहित्यिक विशिष्टताओं का उद्घाटन करता है। इसीलिए माइल्स का मुख्य उद्देश्य यह देखना है कि अंग्रेजी साहित्यिक परंपरा में चॉसर की परंपरा कितनी शक्तिशाली रही है, स्पेंसर की तुलना में डाने और जॉनसन कितने समीप हैं, जॉनसन की क्लासिकी की प्रकृति ड्रायडन से कितनी भिन्न है, कीट्स की रोमांसवादी प्रवृत्ति बायरन की प्रवृत्ति से किस अनुपात में मेल खाती है, ड्रायडन की तुलना में मार्वेल अपनी शैली में डाने के कितना समीप है—आदि।

(ख) समानांतरता (पैरेलेलिज्म)

अगर विचलन का सिद्धांत अनियमितता (इर्रेगुलरिटी) की संकल्पना को अपना आधार बनाता है तो समानांतरता अतिरिक्त नियमितता की संकल्पना को। समानांतरता का अर्थ है--भाषिक लक्षण या विधान की पुनरावृत्ति की नियमितता। पुनरावृत्ति की नियमितता को हम भाषा के हर स्तर पर देख सकते हैं। यह भी कहा जा सकता है कि पेशबंदी के अभिकरण के रूप में साहित्यकार संरचना के धरातल पर समानांतरता का सार्थक उपयोग करता है।

ध्वनीय समानांतरता का विधान हमें छंदशास्त्र के रूप में देखने को मिलता है। छंद की संकल्पना का आधार ही है संगीतपरक स्पंदन—अर्थात् समान कालस्पंद की पुनरावृत्ति, क्योंकि उच्चारण की लघुतम इकाई अक्षर वर्ण (सिलेबल) है और इन अक्षरों को उच्चारण-काल के रूप में मापांकन करना संभव है, अतः अक्षर/वर्ण की संख्या और उनकी मात्रा के आधार पर क्रमशः आक्षरिक, वर्णिक और मात्रिक छंदों की उद्भावना मिलती है। भारतीय परंपरा में इसका सूक्ष्मातिसूक्ष्म अध्ययन और वर्गीकरण देखने को मिलता है। उदाहरण के लिए, वर्णिक छंदों को पहले पुनरावृत्ति के आधार पर सम, अर्द्धसम और विषम वृत्तों के रूप में वर्गीकृत किया गया है। ('सम' अर्थात् चारों चरण में अक्षर-संख्या समान, अर्द्धसम अर्थात् पहले, दूसरे और चौथे चरणों में अक्षर संख्या समान और विषम अर्थात् चारों चरणों में अक्षर-संख्या अलग-अलग)। अक्षरों की अपनी संख्या के आधार पर सम-वृत्त आक्षरिक विन्यास के ही 26 उपभेद मिलते हैं; यथा—उक्था, अत्युक्था मध्या, प्रतिष्ठा, सुप्रतिष्ठा, गायत्री आदि। लघु और गुरु वर्णों के आधार पर इन उपभेदों की भी कई उपश्रेणियों की ओर संकेत मिलता है। उदाहरण

के लिए समवृत्त वर्णिक छंद के सोलहवें उपभेद (आष्टि जहाँ हर चरण में 16 वर्ण होते हैं), उनकी उपश्रेणियाँ (वाणिनी, नाराच, चंचला आदि) हैं :

वाणिनी : चलत निहारि माधव तिहारि बात मानी।
समुझ गई सबै कहत आज नाहि जानी।।

नाराच : गली-गली छिपी फिरे लला अली नहीं मिली।
रहो-रहो इहाँ सखी कहाँ गयो भली छली।।

चंचला : छोड़ देहु मोहि काँध बार-बार मैं पुकारि।
जाय के कहीं अवश्य कंसराज से बिचारि।।

इसी प्रकार अलंकारों में अगर 'अनुप्रास' अलंकार पर ध्यान दें तो वह स्वर की विषमता के रहते हुए भी केवल व्यंजना की पुनरावृत्ति के आधार पर पारिभाषिक संकल्पना ठहरता है। 'अनु' का अर्थ ही है बारंबारता और 'प्र' का प्रकर्षता। भारतीय आचार्यों ने अनुप्रास को वर्णानुप्रास (अर्थात् निरर्थक वर्णों की पुनरावृत्ति) और शब्दानुप्रास (अर्थात् सार्थक वर्णों की पुनरावृत्ति) के रूप में वर्गीकृत किया है। इसी प्रकार वर्णानुप्रास को छेकानुप्रास और वृत्यानुप्रास तथा शब्दानुप्रास को पदावृत्ति और नामावृत्ति अनुप्रास के रूप में विभाजित किया गया है। तीन वृत्तियों—वैदर्भी, परुषा और पांचाली के आधार पर वृत्यानुप्रास को भी उपनागरिका, परुषा और कोमला वृत्तिगत अनुप्रास के भेद के रूप में देखा गया है।

शैली-विज्ञान में समानांतरता पेशबंदी के अभिकरण के रूप में स्वीकृत है, जिसको भाषा-प्रयोग की सहेतुक-पुनरावृत्ति के रूप में देखा जा सकता है। इसकी प्रकृति ऐसी नहीं कि किन्हीं निश्चित वर्गीकरण के भीतर समेटकर सीमित कर दिया जाए। केवल यही कहा जा सकता है कि भाषा के हर स्तर—ध्वनि, रूपिम, शब्द, पदबंध, वाक्य, वाक्य-बंध आदि पर इसको देखा-पाया जा सकता है। 'घर रहेंगे' और 'अनागत' कविता के भीतर समानांतरता को अभिकरण के रूप में किस प्रकार पेशबंदी का आधार बनाया गया है—इसकी ओर अन्यत्र संकेत किया गया है। यहाँ इतना ही कहना अलम् है कि आज की कविता में समानांतरता को ध्वनि-स्तर की तुलना में कहीं अधिक वाक्य-विन्यास या अर्थ के स्तर पर प्रतिफलित होते पाते हैं। यथा, 'परिवार' कविता को ही लें :

मेरा बाप—
विज़ित एवरेस्ट
मेरी माँ—
अभाव शेषनाग से विषतप्त क्षीरसागर
मेरा भाई—
लद्दू घोड़े-सा बोझ ढोता सिंह-शावक
मेरी बहन—
मैले चिथड़ों से बनी गुड़िया
और मैं—

उबलता हुआ
केतली में पानी
जिसे बन-बनकर भाप आप खत्म होते रहना है।

–विश्वनाथ त्रिपाठी

प्रस्तुत कविता में 'समानांतरता' का एक 'स्तर' वाक्य-विन्यास का है जिसमें प्रत्येक वाक्य के उद्देश्य को एक पंक्ति में रखा गया है और अंतिम वाक्य को छोड़कर सभी विधेय-अंश को दूसरी पंक्ति में। इसी प्रकार विधेय अंश में पूरक के रूप में संज्ञापद का संकेतार्थ 'मैं' की आकांक्षा और मूल्यवत्ता को व्यंजित करता है जबकि उसके विशेषण, परिवार की आर्थिक स्थिति के भयंकर दुष्परिणाम को। विशेषण और संज्ञा की विरोधी और असंगत अर्थपरक स्थितियों की टकराहट पर (जो 'मैं' की इच्छा-अभिलाषा तथा कुछ होने की आकांक्षा से एक ओर जुड़ा है और दूसरी ओर यथार्थ की वास्तविकता और कुछ और ही बन जाने की स्थिति से) मैं की स्थिति है; अर्थात् पहले के चार वाक्यों में प्रयुक्त 'मेरी' का अंतिम पर्यवसान पाँचवें वाक्य के 'मैं' में है। विषमता की स्थिति में 'मैं' उबल रहा है, भीतर-ही-भीतर उफन रहा है। वह भी कुछ बनना चाहता है, पर जो बनना चाहता है उसके विपरीत वह, वह बनता है जैसाकि उसका बाप, माँ, भाई और बहनें बन जाते हैं अर्थात् पानी की स्थिति से मिट जाना, भाप बनना, जो संकेतित करता है एक ओर उसके उद्वेलन को तो दूसरी ओर उसकी विवशता को, एक ओर उसके परिवर्तन की प्रक्रिया को तो दूसरी ओर उसके अस्तित्व के क्रमशः चुकने को। वस्तुतः कवि ने 'समानांतर सरंचनाओं' एवं स्थितियों के आधार पर 'व्यक्ति की आकांक्षा' और 'परिस्थितिगत परवशता' की द्वंद्वात्मक स्थिति और उस स्थिति के सामाजिक संदर्भ को उभारने का प्रयास किया है।

यह भी ध्यान देने की आवश्यकता है कि समानांतरता अगर संरचना के धरातल पर पुनरावृत्ति की संकल्पना को आधार बनाती है तो दूसरी ओर समतुल्यता की अवधारणा को। समतुल्यता समतापरक भी हो सकती है और विरोधपरक भी। पर दोनों ही स्थितियों में यह समान पैटर्न में समता या विरोध ढूँढ़ती है। 'परिवार' कविता में बाप, माँ, भाई, और बहन के लिए विधेय वाक्यांश का पैटर्न एक-दूसरे से समतापरक स्थिति में है क्योंकि उनकी संरचना का आधार है विशेषण (जो यथार्थ स्थिति के दारुण्य और विवशता को व्यंजित करता है) और संज्ञा (जो कवि वक्ता 'मैं' की आकांक्षा और शब्द) बाप, माँ, भाई और बहन के मूल्यबोध को ध्वनित करता है)। पर प्रत्येक विधेय वाक्यांश के भीतर की संरचना, विरोधपरक है क्योंकि विशेषण और संज्ञापदों के आर्थी प्रकरणों में विरोध है।

समतुल्यता की समतापरक संरचना और अर्थपरक वैषम्य के आधार पर द्वंद्वात्मक स्थिति को विडंबना के अभिकरण के रूप में काव्यात्मकता को प्रतिफलित करने की शक्ति शेक्सपियर में अभूतपूर्व थी। 'ऑथेलो' की इस अभिव्यक्ति पर ध्यान दीजिए : 'आई किस्ड दी एर आई किल्ड दी।' 'चुंबन' और 'हत्या' में समानता के साथ जो

वैषम्य है वह उसके प्रेम-घृणा दोनों ही भाव की सहस्थिति की विसंगति को व्यक्त करने में समर्थ है और वस्तुतः 'ऑथेलो' के उस पूरे व्यक्तित्व को उद्घाटित करती है जो उसकी ईर्ष्या और दुखांत परिणति की विरोधी स्थिति को पैदा करती है। इसी प्रकार मूर्च्छित पद्मावती को जायसी ने इन शब्दों में ध्वस्त किया है, 'जो देखा, तिवई है साँसा। फूल मुवा पै मुई न बासा।' फूल के रूप में पद्मावती के शरीर का मुरझाया रूप, प्राण-सुगंध के रूप में उसकी साँसों का स्पंदन, काव्यात्मक उक्ति-वैचित्र्य से कहीं अधिक 'पद्मावती' की स्थिति को स्पष्ट करता है। इसी प्रकार आचार्य रामचंद्र शुक्ल ने जिस व्यंग्य को निम्नलिखित वाक्यांशों में व्यंजित किया है उसमें भी समतुल्य संरचना के भीतर से अर्थपरक वैषम्य की ही स्थिति देखी जा सकती है।

'लोभियो ! तुम्हारा अक्रोध, तुम्हारा इंद्रिय-निग्रह, तुम्हारी मानापमान समता, तुम्हारा तप अनुकरणीय है। तुम्हारी निष्ठुरता, तुम्हारी निर्लज्जता, तुम्हारा अविवेक, तुम्हारा अन्याय विगर्हणीय है। तुम धन्य हो ? तुम्हें धिक्कार है !!'

—शुक्ल

गद्यात्मक शक्ति

साहित्यकार संप्रेषण के संदर्भ में नित नूतन अभिव्यक्ति प्रणाली का आविष्कार करता है। कथ्य की विशिष्टता उसे कथन-भंगिमा में विशिष्टता लाने की ओर प्रेरित करती है। लेकिन जो आज की कथन-भंगिमा की नवीनता है, वह प्रयोग की बहुलता के बाद कल के संदर्भ में रूढ़ प्रयोग बन जाती है। सामान्य भाषा के सामान्य प्रयोग के संदर्भ में ऐसे कई रूढ़ प्रयोग देखने को मिल सकते हैं जो कभी अभिव्यक्ति-स्तर पर सर्जनात्मक उक्तियाँ थीं, यथा—'क्या दूर की हाँकी है', 'वह तो गाय/गदहा है', 'मैं खून का घूँट पीकर रह गया' आदि। 'भाषा रूढ़िग्रस्त कविता है'—इमर्सन के इस कथन के पीछे सर्जनात्मक अभिव्यक्तियों के बहुप्रचलित होकर रूढ़िग्रस्त होने की प्रक्रिया का सत्य है। मौलिकता और सर्जनात्मकता की अपेक्षा हम साहित्यकारों से इसलिए रखते हैं कि 'देवता इन प्रतीकों के कर गए हैं कूच/कभी बासन अधिक घिसने से मुलम्मा छूट जाता है।' (अज्ञेय) नई उक्तियों की सतत खोज का ही परिणाम है कि एक कवि को यहाँ तक लिखना पड़ा :

'चाँदनी चंदन-सदृश'
हम क्यों लिखें ?
मुख हमें कमलों सरीखे क्यों दिखें ?
हम लिखेंगे
चाँदनी उस रुपए-सी है कि जिसमें
चमक है, पर खनक गायब है।

'अनागत' : शैली का काव्य-स्तर*

वाक्य-संरचना के धरातल को तीन स्तरों पर विश्लेषित किया जा सकता है :

(अ) अंतर वाक्य और पैराग्राफ स्तर।

(आ) उपवाक्य और वाक्य स्तर।

(इ) शब्द और पद-बंध स्तर।

उदाहरण के लिए 'अनागत' कविता में आए इस बिंब को ही लें—'फूल जैसे अँधेरे में दूर से ही चीखता हो। इस तरह वह दरपनों में कौंध जाता है।' सृजनात्मक प्रक्रिया के संदर्भ में 'अनागत' की व्याख्या अन्यत्र की जा चुकी है। यहाँ बिंब-रूप के विश्लेषण के लिए इस कविता के एक अंश की भाषिक संरचना और उस संरचना के आधार पर बिंब से उत्पन्न अतिरिक्त अर्थ की विवेचना को लक्ष्य में रखा गया है।

1. आज-कल ठहरा नहीं जाता कहीं भी;
2. हर घड़ी, हर वक्त खटका लगा रहता है।
3. कौन जाने कब, कहाँ वह दीख जाए।
4. हर नवागंतुक उसी की तरह लगता है।
5. फूल जैसे अँधेरे में दूर से ही चीखता हो
6. इस तरह वह दरपनों में कौंध जाता है।

वाक्य और शब्दों का परस्पर संबंध बताने वाले विरामचिह्नों के आधार पर यह कहा जा मकता है कि छह पंक्तियों के इस काव्यांश में चार वाक्य हैं और दो उपवाक्य (क्योंकि दो बार अर्द्धविराम आया है और चार बार पूर्णविराम।) पर अगर ध्यान से देखा जाए तो इसमें केवल दो वाक्य हैं तथा यदि समानाधिकरण समुच्चयबोधक (co-ordinate) 'और' द्वारा निर्मित उपवाक्यों को छोड़ दें तो इसमें सात प्रमुख उपवाक्य हैं। (देखिए तालिका 1) वैसे समुच्चयबोधक 'और' का काव्यपाठ में लोप है, पर उसका संकेत अल्पविराम चिह्न द्वारा मिल जाता है। पंक्ति 2 और 3 में 'हर

* सर्वप्रथम 'शैली-विज्ञान और आलोचना की नई भूमिका' में 'शैली-विज्ञान : आलोचना का भाषावादी दृष्टिकोण : स्वरूप एवं प्रकृति, खंड में प्रकाशित। 1972 : केंद्रीय हिंदी संस्थान, आगरा।
लेख के रूप में 'शैलीतत्त्व : सिद्धांत और व्यवहार' (सं. रावत, सिंह, 1988) में इसी शीर्षक से प्रकाशित।—**संपादक**

घड़ी, हर वक्त' तथा 'कौन जाने कब, कहाँ' के अल्पविराम का कार्यफलन वस्तुतः 'और' का समानधर्मी है।

1. ।।।आज-कल। ठहरा नहीं जाता। कहीं {भी ।।
2. [हर घड़ी। हर वक्त। खटका। लगा रहता है]।।
3. कौन जाने।। [कब। कहाँ। वह। दीख जाए]।।
4. [हर {नव} (अ) आगंतुक। उसी की तरह। लगता है] ।।
5. [फूल। जैसे। अँधेरे में। दूर से {ही। चीखता हो]।।
6. इस तरह। वह। दरपनों में। कौंध {जाता है]।।

।।।—वाक्य-विराम (Sentence boundary)
।।—उपवाक्य विराम (clause boundary)
।—पदबंध विराम (group boundary)
{—उपपदबंध विराम (sub-group boundary)
[ ]—आश्रित उपवाक्य (subordinate clause)

तालिका-1

ध्यान देने की बात है कि जिस प्रकार इस काव्यांश में समानाधिकरण समुच्चयबोधक अव्यय 'और' का लोप है उसी प्रकार पहले वाक्य के बीच संबंध स्थापन करने वाले व्याधिकरणिक समुच्चयबोधक अव्ययों का भी लोप है। काव्योक्तियों को संक्षिप्त और सघन बनाने के निमित्त विधेय पूरक कर्म का भी लोप किया गया है। पहली चार पंक्तियों तक फैले पहले वाक्य में उपवाक्यों को जोड़ने वाले लुप्त समुच्चयबोधक अव्ययों एवं विधेयपूरक कर्म को साथ रखकर काव्यांश को नीचे दी गई रीति से पढ़ना संभव है। (लुप्त अंशों को कोष्ठक में रखा गया है।)

1. ।।। आजकल ठहरा नहीं जाता कहीं भी।।
2. (क्योंकि) हर घड़ी (और) हर वक्त (यह) खटका लगा रहता है।।
3. [(कि) कौन जाने] (कि) कब (और) कहाँ वह दीख जाए।।
4. (क्योंकि) हर नवागंतुक उसी की तरह लगता है।।।

तालिका-1 में दिए गए उपवाक्य विराम चिह्नों (।।) पर ध्यान दें तो स्पष्ट हो जाता है कि पूरे काव्यांश में सात उपवाक्य हैं। पंक्ति 3 में दो उपवाक्य हैं– ।। कौन जाने।। और।। कब, कहाँ वह दीख जाए।। और अन्य पंक्तियों में पंक्ति के प्रारंभ से अंत तक के पाँच उपवाक्य। सुविधा के लिए आगे चर्चा करते समय इन उपवाक्यों को पंक्ति-संख्या क्रम के अनुसार रखा गया है अर्थात् पहली पंक्ति का उपवाक्य, उपवाक्य 1 है और दूसरी पंक्ति का उपवाक्य 2। तीसरी पंक्ति में दो उपवाक्य हैं, पहला उपवाक्य 3a और दूसरा 3b आदि। स्वतंत्र उपवाक्य को α और आश्रित उपवाक्य को β चिह्न से अंकित किया गया है। आश्रित उपवाक्य हमेशा समुच्चयबोधक शब्दों से संयुक्त होकर आते हैं, पर काव्य-पाठ में जिन उपवाक्यों में इनका लोप है उन्हें

[–β] और जिनमें उनका लोप नहीं है उन्हें [–β] द्वारा संकेतबद्ध किया गया है। इन सात उपवाक्यों की प्रकृति को तालिका-2 द्वारा समझा जा सकता है।

पंक्ति संख्या	उपवाक्य-रूप
1	$\propto_1$
2	$-\beta_2$
3	$\propto_{\beta a,}-\beta_8 b$
4	$-\beta_4$
5	$+\beta_5$
6	$\propto_6$

तालिका-2

उपवाक्यों की स्वतंत्र तथा आश्रित प्रकृति तथा उनके अंतर्संबंधों को तालिका-3 में दिए गए फार्मूले द्वारा व्यक्त करना संभव है :

$$\left\{ \begin{array}{c} \left\{ \begin{array}{l} [\,[\propto_1[-\beta_2]\,]\, \rightarrow [\,[\propto_2[-\beta_3 b\,]\,] \rightarrow \\ [\,[\propto_3 a[-\beta_3 b]\,] \rightarrow [[\propto_3 b\,[-\beta_4]\,] \rightarrow \end{array} \right\} \text{I} \\ [\,[\propto_6[+\beta_5]\,]\,\text{II} \end{array} \right\}$$

तालिका-3

पहला उपवाक्य ।। आजकल ठहरा नहीं जाता कहीं भी।। स्वतंत्र उपवाक्य [α_1] है। इस स्वतंत्र उपवाक्य का आश्रित है दूसरा उपवाक्य।। हर घड़ी, हर वक्त खटका लगा रहता है।। जिसमें समुच्चय बोधक शब्द 'क्योंकि' का लोप है [-β_2]। पर ध्यान देने की बात है कि दूसरा उपवाक्य, पहले उपवाक्य के संदर्भ में तो आश्रित है, पर जब हम उसे उपवाक्य 3^b के साथ जोड़कर देखते हैं तो स्पष्ट हो जाता है कि यह (दूसरा उपवाक्य) प्रमुख है और उपवाक्य 3^b उसका आश्रित अर्थात् 3^b ।। (कि) कब, कहाँ वह दीख जाए।। वस्तुतः उपवाक्य 2 के विधेयपूरक कर्म (यह) [जो लुप्त है] का विस्तार है। उपवाक्य 3^b, उपवाक्य 3^a का भी आश्रित है; पर उपवाक्य 4 के साथ जोड़कर देखने पर उपवाक्य 3^b प्रधान और उपवाक्य 4 आश्रित ठहरता है क्योंकि उपवाक्य कारण वाचक समुच्चयबोधक 'क्योंकि' (जो लुप्त है) के साथ जुड़ा है।

उपवाक्य 3^a ।। कौन जाने।। को उपवाक्य 2 का आश्रित उपवाक्य भी स्वीकार किया जा सकता है। इसी प्रकार उपवाक्य 5।। फूल जैसे अँधेरे में दूर से ही चीखता हो।। की व्याख्या एक और रीति से भी संभव है। यह कहा जा सकता है कि इस उपवाक्य के मूल में दो उपवाक्य हैं जो योजक शब्द 'और' से संयुक्त हैं, पर जिसका अध्याहार कर दिया गया है।

5^a फूल जैसे अँधेरे में ही चीखता हो।

5[b] फूल जैसे दूर से ही चीखता हो।

जो रूपांतरण के पहले स्तर पर 'फूल जैसे अँधेरे में ही चीखता हो और दूर से ही चीखता हो' और फिर अंतिम अभिव्यक्त रूप में 'फूल जैसे अँधेरे में दूर से ही चीखता हो'–उपवाक्य के रूप में व्यक्त हुआ है। उस स्थिति में उपवाक्यों के अंतर्संबंधों की प्रकृति तालिका-4 की भाँति होगी।

$$\left\{ \begin{matrix} \left\{ \begin{matrix} [\,[\,\propto_1[—\beta_2]\,]\,\rightarrow\,[\,[\,\propto_2\,[-\beta_3 a\,]\,]\rightarrow \\ [\,[\,\propto_3 a[-\beta_3 b]\,]\rightarrow[[\,\propto_3 b\,[-\beta_4]\,] \end{matrix} \right\} I \\ [\,[\,\propto_6[+\beta_5 a,+\beta_5 b]\,]\,II \end{matrix} \right\}$$

तालिका-4 (a)

अगर पदबंध स्तर पर विश्लेषण करें तो विभिन्न उपवाक्यों की संरचना तालिका-5 में संकेतिक पदबंधों के रूप में सामने आती है :

1. |||At|P|A1[li||
2. At|At|S|P||
3. S[A?]|p||At ?|A?|?|S|P||
4. S[C1+2+N]|Cp|P|||
5. |||S|Ab|A|A|[Le|P||

OR

$$|||\left\{ \begin{matrix} S|Ab|A|\{Le|P \\ S|Ab|A|\{Le|p \end{matrix} \right\}_{b}^{a}||$$

6. Ab | S | Al | P |||

S=(Subject)	उद्देश्य
P=(Predicate)	विधेय
C=(Complement)	विशेषण
Ab=(Binding abjunct)	समुच्चयबोधक
A1=(Locative abjunct)	स्थानवाचक क्रिया-विशेषण
At=(Temporal abjunct)	कालवाचक क्रिया-विशेषण
A?=(Interrogative abjunct)	प्रश्नवाचक
Li=(Limiter-inclusive)	सीमक-अंतर्गणित
Le=(Limiter-exclusive)	सीमक-व्यावर्तक
Cp=(Comparator-qualifier)	तुलनापरक-गुणक

तालिका-5

पहले उपवाक्य 2, 3b और 4 में उद्देश्य रूप में कर्ता का प्रयोग है, पर इन सभी स्थितियों में ये व्यावहारिक (grammatical) कर्ता ही हैं, मूल (logical) नहीं। मूल कर्ता (agent) और संप्रदान भोक्ता (dative) का अध्याहार है। वैसे वाक्य-संरचना से उनका पता चल जाता है। कविता-पाठ के आंतरिक संवाद में दो व्यक्तित्व उभरकर सामने आते हैं—पहला, कवि-व्यक्तित्व और काव्य-चेतना को भोगने वाला 'हम' जो उत्तम पुरुष, बहुवचन के रूप में आता है और दूसरा, काव्य-चेतना को प्रतीकबद्ध करने वाला 'अनागत' जो अन्य पुरुष, एकवचन के रूप में सामने आता है। ये दोनों व्यक्ति-रूप कविता के अंतिम वाक्य में अपना स्पष्ट रूप ग्रहण कर लेते हैं :

इस अनागत का करें क्या हम
कि जिसकी सीटियों की ओर
बरबस खिंचे जाते हैं।

ध्यान देने की बात है कि इस अंतिम वाक्य में आए 'हम' को अगर छोड़ दें तो पूरी कविता में और कहीं भी स्पष्ट उल्लेख इसका नहीं मिलता। पर यह 'हम' व्याप्त सर्वत्र है और इसका पता क्रिया-रूप में संयुक्त वचन-पुरुष प्रत्यय द्वारा मिल जाता है। उदाहरण के लिए कविता के पहले वाक्य को ही लें :

इस अनागत को करें क्या ?—
जो कि अवसर बिना सोचे, बिना जाने
सड़क पर चलते अचानक दीख जाता है।

'करना' क्रिया में धातुरूप 'कर' के साथ संयुक्त प्रत्यय 'एँ' यह स्पष्ट कर देता है कि कर्ता-वस्तुतः बहुवचन-रूप है। पर पहली पंक्ति से यह स्पष्ट नहीं हो पाता कि वह उत्तम अथवा अन्य पुरुष है। यहाँ विकल्प की स्थिति में रखा है जिसका समाहार अंतिम वाक्य के 'हम' शब्द द्वारा उत्तम पुरुष के पक्ष में हो जाता है।

पर चाहे कविता का पहला वाक्य लें या अंतिम, एक स्थिति सर्वत्र स्पष्ट है कि भोक्ताकवि हमेशा परवश, असहाय और विवश-सा है, और काव्य-पाठ में उसके कर्तृत्व-पक्ष को विभ्रम और संशय की भावना के साथ रखा गया है। पहले और अंतिम वाक्य का मूल कर्ता कवि-व्यक्तित्व 'हम' है, पर क्रिया के अकर्मक रूप—'दीखना' अथवा 'खिंचना' का प्रयोग करके इस कर्ता 'हम' को भोक्ता रूप में रखकर इसको काव्य-व्यापार के एक साधन रूप में ही व्यक्त किया है। इनके विपरीत मूल कर्म 'अनागत' कर्तृत्व प्रदान करने की चेष्टा सर्वत्र है। कविता की अंतिम पंक्ति—'बरबस खिंचे जाते हैं' में 'हम' कर्ता-रूप में व्यक्त है, पर उसकी परवशता को पुष्ट करने के लिए 'बरबस' शब्द का सार्थक प्रयोग है। मूल स्तर पर 'हम' एक विवश भोक्ता है जो 'खिंच जाता है' और इसको 'सीटियों की आवाज' से पराभूत कर खींचने वाला 'अनागत' है।

उपर्युक्त विवेचन के संदर्भ में कविता-पाठ के उस अंश पर ध्यान दें जो तालिका-1

में उद्धृत है। पहला उपवाक्य।। आजकल ठहरा नहीं जाता कहीं भी।। कर्मवाच्य में है और इसमें क्रिया के मूल कर्ता 'हम' का अध्याहार है। कौन नहीं ठहरता ? निश्चय ही 'हम' क्रिया के मूल रूप 'ठहरना' का कर्म-वाच्य में प्रयोग 'ठहरा नहीं जाता', कर्ता के अशक्यतावाचक प्रयोग को व्यक्त करता है जो एक ओर कर्ता को करण-रूप प्रदान करता है और दूसरी ओर इस करण-रूप 'हमसे' (ठहरा नहीं जाता) में अशक्यता और असमर्थता का भाव व्यंजित करता है। उपवाक्य 2 और 4 में जिस क्रिया (लगना) का प्रयोग है वह अनभिव्यक्त 'हम' को भोक्ता (संप्रदान) रूप में ही सामने लाता है--'हर घड़ी, हर वक्त, (किसको) खटका लगा रहता है ?' उत्तर होगा—'हमको'। अथवा 'हर नवागंतुक, (किसको) उसी की तरह लगता है ?' निश्चय ही उत्तर होगा—'हमको' इसी प्रकार हम उपवाक्य 3b को लें तो इसकी वाक्य-संरचना के रूप को 'कर्म-कर्तृक' रूप में पाते हैं अर्थात् मूल सकर्मक क्रिया 'देखना' के व्युत्पन्न रूप 'दीखना' का प्रयोग करके मूल कर्म 'वह (अनागत)' को कर्तृत्व प्रदान किया गया है और मूल कर्ता 'हम' को एक ओर भोक्ता-प्रकृति प्रदान की गई है, दूसरी ओर उसका अध्याहार भी कर दिया गया है।

अगर कविता के इस अंश के दूसरे वाक्य अर्थात् उपवाक्य 5 और 6 को लें तो हम पाते हैं कि इसमें भोक्ता 'हम' का प्रयोग न तो व्याकरणिक रूप में ही है और न मूल स्तर पर ही वह प्रत्यक्ष हो पाता है। उपवाक्य 5 में 'चीखने वाला' फूल है और उपवाक्य 6 में 'कौंधनेवाला' वह (अनागत) है। इनमें उपवाक्य 6 प्रधान उपवाक्य हैं अतः विवेचना के लिए इसी को प्रारंभिक बिंदु मानकर यह देखना उचित होगा कि भोक्ता 'हम' का बोध क्या इसमें किसी प्रकार से नहीं होता ?

मूल प्रश्न को कवि ने उपवाक्य 3b में स्पष्ट एवं सटीक रूप में सामने रख दिया है—।। कब, कहाँ वह दीख जाए।। अर्थात् प्रश्न, 'अनागत' के दीखने का तो है ही, पर बल है समयवाचक 'कब' और स्थानवाचक 'कहाँ' के विधेय-विस्तारक पक्ष पर। इसका उत्तर उपवाक्य 1 और 2 से मिल जाता है।

क्रम	उपवाक्य	विधेय	विधेय-विस्तारक प्रश्न	उत्तर
1.	3b	दीख जाए।	i कहाँ ? ii कब ?	
2.	1	ठहरा नहीं जाता।	i कहाँ ? ii कब ?	कहीं भी आजकल
3.	2	(खटका) लगा रहता है।	i कहाँ ? ii कब ?	? (मन में) हर घड़ी, हर वक्त

'लगना' क्रिया हमेशा भोक्ता-मन की अपेक्षा रखती है, अतः उपवाक्य 2 और 4 में 'किसको' का उत्तर 'हम' है और वह 'किसको' के साथ जुड़कर स्थानवाचक विधेय विस्तारक के रूप में 'हमारे मन में' का बोध कराता है। उपवाक्य 6 में एक ही स्थानवाचक विधेय विस्तारक है–'दरपनों में।' स्वभावतः संरचना के आधार पर 'दरपनों में', '(हमारे) मन में' का समानधर्मी ठहरता है और इस प्रकार लाक्षणिकता को जन्म देकर कवि व्यक्तित्व रूपी 'हम' के 'मन में' ढल जाता है।

जहाँ तक 'कब' प्रश्न का संबंध है, पहले और दूसरे वाक्य में इसके उत्तर की प्रकृति भिन्न है। पहले वाक्य में क्रिया-व्यापार के काल-पक्ष का विस्तार है, वह 'हर घड़ी और हर वक्त' को लेकर चलता है। साथ ही 'खटका' लगने के भाव में एक सातत्य पक्ष है जो 'रहना' रंजक-क्रिया और उसके अपूर्ण पक्ष के -त- प्रत्यय से व्यंजित किया गया है। वाक्य 2 में जो क्रिया ली गई है उसको काल-बोध के धरातल पर क्षणिक और तात्कालिक भाव से संयुक्त किया गया है। 'कौंध' क्रिया-शब्द में अर्थस्तर पर 'झलक' मारने का भाव तो है ही, रंजक-तत्त्व–'जाता' के योग से व्यापार-दर्शन में शीघ्रता भी लाई गई है। यह क्रिया भी अपूर्ण पक्ष के प्रत्यय -त- से संयुक्त है, पर यह मात्र आवृत्ति एवं स्वभाव-प्रकृति का सूचक है, न कि क्रिया-व्यापार के सातत्य पक्ष का द्योतक।

काव्य-बिंब का निर्माण करने वाला वाक्य II कई स्तरों पर वाक्य I की तुलना में विशिष्ट है। यह विशिष्टता दोनों वाक्यों की भाषा-संरचना के अंतर का ही परिणाम है। अगर वाक्य I की उपवाक्य-संघटना की तुलना, वाक्य II की संघटना के साथ करें तो उनमें निम्नलिखित अंतर पाते हैं :

वाक्य I	वाक्य II
1. आश्रित उपवाक्य क्रम में प्रधान उपवाक्य के परवर्ती है अर्थात् सभी स्थितियों में (...) की संख्या, (β) की संख्या की तुलना में कम है। [देखिए, तालिका-4 (a)]	1. आश्रित उपवाक्य, क्रम में प्रधान उपवाक्य, का पूर्ववर्ती है।
2. आश्रित उपवाक्य, समुच्चय बोधक शब्दों से रहित है अर्थात् (β) की प्रकृति सर्वत्र (–β) है।	2. आश्रित उपवाक्य, समुच्चयबोधक शब्दों से संयुक्त है, अतः (β) की प्रकृति (+β) है।
3. समानाधिकरणिक (co-ordinative) व्याधिकरणिक (sub-ordinative) दोनों ही प्रकार के समुच्चयबोधक शब्दों एवं संरचना का प्रयोग है, यद्यपि दोनों ही प्रकार की संरचना के योजक-शब्दों का अध्याहार है।	3. अध्याहार केवल समानाधिकरणिक योजक शब्दों का ही है।

4. व्याधिकरणीय उपवाक्यों की प्रकृति या तो उद्देश्यवाचक है अथवा कारणवाचक।	4. व्याधिकरणिक उपवाक्यों की प्रकृति स्वरूपवाचक एवं रीतिवाचक है।
5. संरचना, कर्मप्रधान है और उपवाक्य या तो कर्मवाच्य (Passive) है या उनमें कर्मणि प्रयोग है।	5. संरचना, कर्तृप्रधान है।
6. क्रिया के मूल कर्ता अथवा उसके मूल भोक्ता का लोप है।	6. क्रिया का मूल कर्ता, व्याकरणिक रूप में विद्यमान है।
7. (a) समयवाचक विधेय विस्तारक शब्द (At) अलग से प्रयुक्त है।	7. (a) समयवाचक शब्दों का अलग से प्रतीक नहीं है, पर उसका बोध, क्रिया के शाब्दिक (lexical) अर्थ के भीतर ही अंतर्भुक्त है।
(b) क्रिया-व्यापार का कालबोध, पक्ष (aspect) के स्तर पर आवृत्तिमूलक तथा सातत्यपरक (durative) है।	(b) क्रिया-व्यापार का कालबोध आवृत्तिमूलक होने के कारण 'कर्ता' के स्वभाव को व्यंजित करता है। रंजक-तत्त्व से संयुक्त होकर वह क्रिया-व्यापार की क्षणिकता एवं शीघ्रतापरक भाव को भी व्यक्त करता है।
8. स्थानवाचक विधेय विस्तारक शब्द (Al) सार्वनामिक अनिश्चित तथा 'भी' सीमक से संयुक्त होकर अंतर्गणित (inclusive) है अर्थात् वह (+ pronoun, + indefinite, +inclusive) लक्षणों से संयुक्त है	8. स्थानवाचक विधेय विस्तारक, संज्ञारूप और व्यावर्तक है अर्थात् वह [+ noun, + exclusive] लक्षणों से संयुक्त है।

5—'फूल जैसे अँधेरे में दूर से ही चीखता हो;
6—इस तरह वह दरपनों में कौंध जाता है।'

वाक्य II के रूप में अभिव्यक्त बिंब की संरचना को पहले दी गई बिंब की परिभाषा के संदर्भ में देखना अनुचित न होगा। बिंब की दी गई परिभाषा पर ध्यान देने से निम्नलिखित तथ्य उभरकर विशेषकर सामने आते हैं :

(1) उसमें दो या दो से अधिक कथ्य (उपवाक्य या पदबंध) हों;
(2) वाक्य संरचना के धरातल पर इन उपवाक्यों अथवा पदबंधों में समता हो;
(3) अर्थ के धरातल पर इन कथ्यों में विभिन्नता हो।

(4) उपवाक्यों एवं पदबंधों के कथ्य एक संश्लिष्ट रूप में प्रत्यक्ष होने की क्षमता रखते हों अर्थात् अर्थपरक लक्षण (Semantic Features) प्रक्षेपण (Project) द्वारा उपवाक्यों एवं पदबंधों के अभिधार्थ को प्रभावित कर उनमें गुणात्मक परिवर्तन लाने में सक्षम हों।

(1+2) वाक्य संरचना के संदर्भ में यह दिखलाया जा चुका है कि वाक्य II में मुख्यतः दो उपवाक्य हैं—5 और 6 जो रीतिवाचक व्याधिकरणिक समुच्चयबोधक शब्दों (Ab) से जुड़े हैं।

5. ||| S| Ab| A|| A| {Le|P||
6. Ab |S |A I| P |||

ऊपर से देखने पर उपवाक्य 5 में पाँच पदबंध दीखते हैं और उपवाक्य 6 में केवल चार। क्रम के रूप में पहले उपवाक्य में S |Ab है और दूसरे में Ab|S। पदबंधों के विश्लेषण के समय यह भी संकेत दिया जा चुका है कि वस्तुतः उपवाक्य 5, दो समानांतर मूल उपवाक्यों का अभिव्यक्ति रूप है अर्थात्

5. ||| S | Ab |Al | A| {Le | P ||

को निम्नलिखित 5(a) और 5(b) का संयुक्त अभिव्यक्त रूप मानना अधिक तर्कसंगत है।

5a. || S || Ab | AI {Le | P ||→
b. S | Ab | AI {Le | P ||

कहने का तात्पर्य यह है कि उपवाक्य 5 की मूल प्रकृति ||| S | A b | A I | A I {Le | P || न होकर वस्तुतः चार पदबंधों से युक्त एक संश्लिष्ट उपवाक्य ||| S | A b | A I | A I {Le | P || के रूप में है जो अपनी संख्या और पदबंधों की रूप-प्रकृति में उपवाक्य 6 के समानांतर है।

उपवाक्य 5 और 6 के S|Ab| और Ab|S... के क्रम का अंतर वस्तुतः उपवाक्य संरचना का अंतर न होकर विशेष पदबंधों पर सापेक्षित बलाग्रह का प्रश्न है। उपवाक्य 5 में बल कर्ता अर्थात् 'फूल' पर है जबकि उपवाक्य 6 में दोनों उपवाक्यों 5 और 6 के बीच स्थित रीतिवाचक एवं स्वरूपवाचक समता पर।

इस विश्लेषण के आधार पर यह कहा जा सकता है कि बिंब को जन्म देने वाले वाक्य II के उपवाक्यों एवं पदबंधों की भाषिक संरचना समरूप है।

(3) उपवाक्य 6 प्रधान उपवाक्य है। उद्देश्य के रूप में इसमें शब्द 'वह' का प्रयोग है जो 'अनागत' का सर्वनामरूप है। स्थानसूचक विधेय विस्तारक 'दरपन' है जो लाक्षणिक रूप में 'मन' का प्रतीक है (इसकी चर्चा पहले की जा चुकी है)। विधेय के रूप में 'कौंध जाता है' पदबंध में 'कौंध' प्रधान क्रिया है जिसकी प्रकृति कोशीय (lexical) है, 'जाता' रंजक क्रिया है जिसमें 'जा—' शीघ्रतासूचक है, '—त—' अपूर्ण पक्ष

का प्रत्यय है, और [—(अ)ा] वचन-लिंग प्रत्यय हैं; 'है' वर्तमान काल सूचक शब्द है जो वचन-पुरुष प्रत्यय से संयुक्त है।

व्याकरणिक एवं अर्थपरक लक्षणों (features) के समूह के रूप में उपवाक्य 5 और 6 को नीचे दिया जा रहा है।

5. फूल जैसे {अँधेरे में / दूर से} ही चीखता हो;

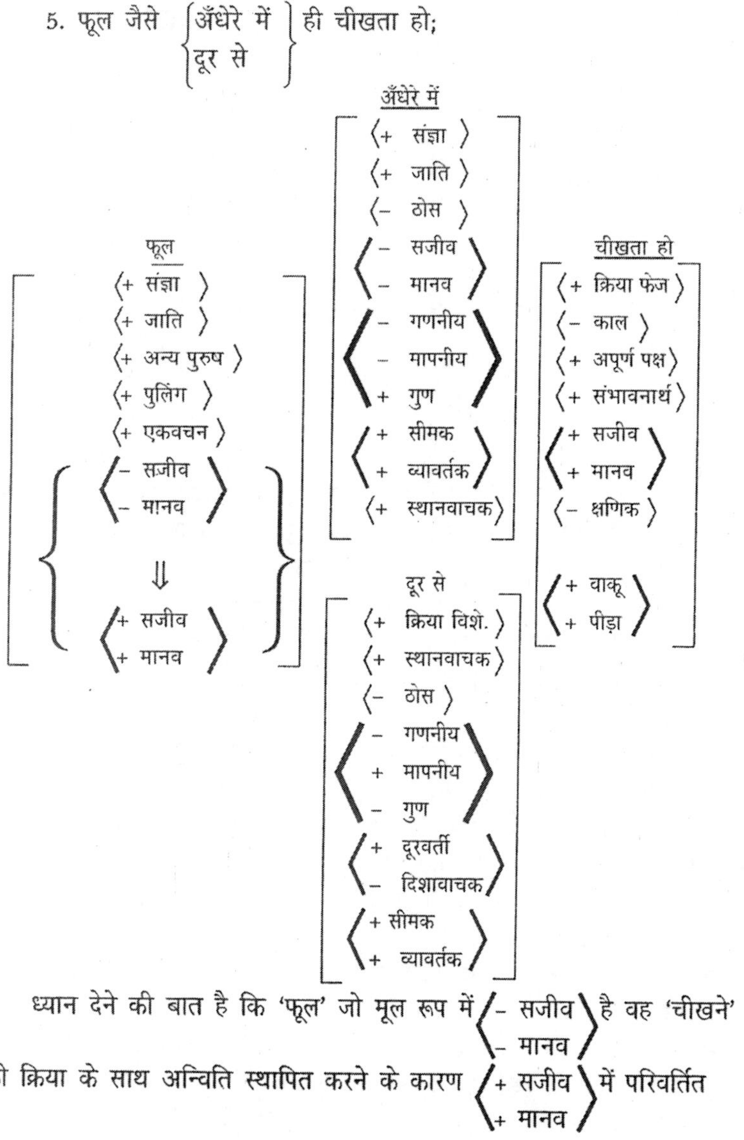

ध्यान देने की बात है कि 'फूल' जो मूल रूप में ⟨– सजीव, – मानव⟩ है वह 'चीखने' की क्रिया के साथ अन्विति स्थापित करने के कारण ⟨+ सजीव, + मानव⟩ में परिवर्तित

हो जाता है; अर्थात् 'मानवीय गुणों' के आरोपण के फलस्वरूप 'फूल' का मानवीकरण हो जाता है।

6. इसी तरह वह दरपनों में कौंध जाता है।

वह	दरपनों में	कौंध जाता है
⟨+ संज्ञा⟩	⟨+ संज्ञा⟩	⟨+ क्रिया फ्रेज⟩
⟨+ सर्वनाम⟩	⟨+ जाति⟩	⟨+ काल + वर्तमान⟩
⟨+ अन्य पुरुष⟩	⟨+ स्थानवाचक⟩	⟨+ अपूर्ण पक्ष⟩
⟨+ पुलिंग⟩	⟨+ ठोस⟩	⟨+ निश्चयार्थ⟩
⟨– सजीव⟩	⟨– सजीव – मानव⟩	⟨– सजीव⟩
⟨+ एकवचन⟩	⟨+ गणनीय + मापनीय – गुण⟩	⟨+ दृश्य⟩
	⟨+ बहुवचन⟩	⟨+ क्षणिक⟩

प्रधान उपवाक्य—'वह दरपनों में कौंध जाता है' है। अतः विश्लेषण और अर्थ-प्रक्षेपण की प्रक्रिया समझने के लिए आधारबिंदु यह उपवाक्य ही बनेगा। इस उपवाक्य के कर्ता 'वह' को लें जो 'अनागत' का प्रतिनिधि व्याकरणिक रूप है। क्रिया के साथ जोड़कर देखने पर स्पष्ट है कि यद्यपि 'अनागत' मूलतः निर्जीव है, पर 'कर्ता' होने के कारण न केवल उसमें कर्तृत्व भाव है, अपितु उसमें ⟨+ क्षणिक⟩ गुण है जो उसे बिजली के सदृश 'चपल' भी सिद्ध करता ⟨+ अपूर्ण पक्ष⟩ से जुड़ने के फलस्वरूप यह 'चपलता', आवृत्तिमूलक होने के कारण उसके स्वभाव के रूप में सामने आती है। लेकिन कर्तृत्वप्रधान चपलता और आवृत्तिमूलक उसकी यह स्वभावजन्य वृत्ति, एक सजीव कर्ता की माँग करती है। आश्रित उपवाक्य के कर्ता 'फूल' के साथ अपना संबंध स्थापित कर 'वह (अनागत) न केवल सजीवता की स्थिति को प्राप्त होता है अपितु वह 'मानवीय' गुणों से युक्त भी हो जाता है क्योंकि 'फूल', अपनी क्रिया से अन्विति स्थापित कर स्वयं ⟨+ सजीव, + मानव⟩ गुणों में रूपांतरित हो चुका है। इस संदर्भ में यह कहा जा सकता है कि आश्रित उपवाक्य का कर्ता 'फूल' अपने कुछ गुणों का प्रक्षेपण प्रधान उपवाक्य के कर्ता—'वह (अनागत)', में करता है।

स्थानवाचक पदबंध 'दरपनों में' को लें जो 'मन' का प्रतीक बनकर आया है। 'दरपन' में मन की भाँति वस्तु-भाव को प्रतिबिंबित करने का गुण है, पर वह मन, दर्पण की भाँति कोई ठोस वस्तु नहीं जिसे गिना (Count) या मापा (measure) जा सके।

आश्रित उपवाक्य के स्थानवाचक पदबंध 'अँधेरे' में से संदर्भित होकर इस 'दरपन' की प्रकृति भी [+ ठोस] + concrete से [– ठोस] और $\left\{\begin{array}{l}\text{+ गणनीय}\\ \text{+ मापनीय}\\ \text{– गुण}\end{array}\right\}$ $\left\{\begin{array}{l}\text{+ count}\\ \text{+ measurable}\\ \text{– quality}\end{array}\right\}$ से $\left\{\begin{array}{l}\text{– गणनीय}\\ \text{– मापनीय}\\ \text{+ गुण}\end{array}\right\}$ बन जाती है। कहने का तात्पर्य यह है कि 'अनागत' बिजली की चपलता के साथ जिस दरपन में अपना प्रतिबिंब डालता है वह गुणवाचक है और अपनी प्रकृति में स्थूल (ठोस) न होकर सूक्ष्म है, जिसकों स्थूल जगत् के उपादान के सहारे न तो मापा जा सकता है और न जिसकी गणना ही संभव है। 'दरपन' की यह प्रकृति मन के सामान है। पर 'अँधेरे में' मूलतः गुणवाचक विशेषण पदबंध है जिसका स्थानवाचक पदबंध के रूप में कविता में प्रयोग है। अँधेरा, रात के संदर्भ में आकर 'अँधेरी रात' की तरह भी प्रयुक्त हो सकता है। उस स्थिति में इसका अर्थ 'अंधकारपूर्ण' भी हो सकता है जो 'मन' के संदर्भ में 'अज्ञात, अवचेतन' आदि विशेषण भाव का भी बोध कराता है। 'अँधेरा' अगर दरपन की भाँति ठोस है तो उससे अँधेरे का 'घनीभूत रूप' प्रत्यक्ष होता है और इसके साथ अगर 'दरपन' मन का प्रतीक है तो इससे 'घनीभूत अवचेतन मन' की ही व्यंजना निकलती है।

इस 'घनीभूत अवचेतन मन' रूपी दर्पण में गुणात्मक परिवर्तन लाने का कार्य आश्रित उपवाक्य का एक और 'स्थानवाचक पदबंध' कर रहा है। 'दूर से ही', अपनी संरचना में 'दरपनों में' का समरूप है—इसकी ओर पहले संकेत दिया जा चुका है। यह ध्यान देने योग्य है कि 'दूर से ही' वस्तुतः क्रिया-विशेषण है, 'अँधेरे में' की तरह विशेषण नहीं, पर इसके साथ ही अर्थपरक लक्षण के अनुसार यह स्थान-संबंधी है। अर्थपरक लक्षण के अनुसार यह दिशावाचक है जो दूरवर्ती भाव को सामने लाता है। दिशावाचक रूप में 'दरपन' की भाँति यह विस्तार का बोधक न होकर वस्तु की गहराई (depth) के धरातल को सामने लाता है, साथ ही गणनीय न होने के बावजूद अर्थपरक लक्षण के अनुसार यह मापनीय है। कहने का तात्पर्य यह है कि मन रूपी दर्पण को फैलाव या विस्तार के धरातल पर नहीं, अपितु गहराई और सघनता के धरातल पर मापने की ओर संकेत दे रहा है। अतः 'दूर से' पदबंध, 'दपरन' पर जो अर्थ-प्रक्षेपण कर रहा है वह 'घनीभूत अवचेतन मन' में हो रहे 'अनागत' क्रिया को मन की 'अतल गहराइयों' में उतार डालता है।

'अँधेरे में' क्रिया-व्यापार के स्थान को केंद्रीभूत करता है, वह 'अनागत' की स्थिति को स्थान-केंद्रित (localize) कर 'दरपन' के अर्थ को 'अवचेतन मन' से बाँधता है और 'दूर से' पदबंध अर्थ-प्रक्षेपण कर इस 'अवचेतन मन' की गहराई (depth) से संयुक्त कर अनागत के संपूर्ण क्रिया-कलाप को दूरवर्ती सिद्ध करता है। ये दोनों पदबंध 'अँधेरे में' और 'दूर से' व्यावर्तक सीमक (exclusive limiter) 'ही' से संयुक्त होकर अपना बलाग्रह रखते हुए यह अर्थ भी ध्वनित करते हैं कि अनागत का क्रिया-व्यापार केवल 'अवचेतन मन की' अतल गहराइयों में ही चलना संभव है।

आश्रित उपवाक्य का 'विधेय'–। चीखता हो। भी प्रधान उपवाक्य के विधेय पदबंध। कौंध जाता है। पर अपना सार्थक अर्थ प्रक्षेपण करता है। 'कौंधना' क्रिया-अर्थपरक लक्षण के अनुसार दृश्यपरक (visual) भाव को लिये हुए है। 'चीखना', संवेदना के एक अन्य धरातल 'वाणी' (vocal) से व्यापार को जोड़कर उसे बहुस्तरीय (multi dimensional) बनाती है। 'चीख' मनुष्य जाति की अपेक्षा रखती है, अतः 'कौंधने' के निर्जीव व्यापार में वह मानवोचित गुणों का प्रक्षेपण भी करती है। कौंध जाता है। का जो रंजक तत्त्व है जो क्रिया-व्यापार की क्षणिकता का और शीघ्रता से समाप्ति का संकेत देता है यद्यपि -त- प्रत्यय से संयुक्त होने के कारण क्रिया-व्यापार की बारंबार आवृत्ति की भी इसमें व्यंजना है। अनागत के मन रूपी दर्पण में कौंधकर प्रतिबिंबित होने और शीघ्र ही उसके ओझल हो जाने का भाव प्रधान उपवाक्य में है, पर इस पूरे व्यापार के फलस्वरूप जो मन में अंतर्व्यथा या टीस का भाव 'चीख' के रूप में प्रतिध्वनित होता है उसके शीघ्र समाप्त होने का संकेत नहीं है, क्योंकि।। चीखता ही।। अर्थपरक लक्षणों के अनुसार [+ वाक्, + पीड़ा–क्षणिक] है—जबकि।। कौंध जाता है।।—+ दृश्य, +क्षणिक] है।

क्रियार्थ के स्तर पर प्रधान उपवाक्य का विधेय + निश्चयार्थ है। 'अनागत' दृश्य विंब के रूप में मन में जो झलक मारता है उसके प्रति कवि-व्यक्तित्व आश्वस्त है, निश्चय रूप में उसकी उसे प्रतीति होती है। पर आश्रित उपवाक्य।। चीखता हो।। को संभावनार्थ रूप में रखा गया है। 'अनागत' के 'झलक मार' कर ओझल हो जाने से उत्पन्न जो पीड़ा है उसकी अनुभूति कवि-व्यक्तित्व को तो होती है, पर उस पीड़ा के अभिप्राय और अर्थ (significance) के प्रति वह आश्वस्त नहीं। उसे यह पीड़ा, अवचेतन मन की अतल गहराइयों से आती एक अति-पुकार की संभावना के समान लगती है।

अर्थ-संप्रेषण की इस प्रक्रिया के परिणामस्वरूप हम निर्जीव 'अनागत' को सजीव व्यक्तित्व धारण करते पाते हैं। हम देखते हैं कि व्यक्ति रूप में उसका निवास-स्थल कवि-व्यक्तित्व का 'अवचेतन मन' है जहाँ से 'कौंधकर' वह चेतन मन के दर्पण में अपना प्रतिबिंब डालता है और अपनी सत्ता का आभास कवि-व्यक्तित्व को देता रहता है। वह न केवल चेतन मन के दर्पण में कौंधकर अपने ठोस वस्तु-रूप की प्रतिच्छवि डालता है, अपितु 'चीख' कर अपने दर्द को अभिव्यक्त रूप देने वाले एक सजीव प्राणी के रूप में उभरता है। वह मानव-रूप है, अतः पीड़ा की संवेदनात्मक अनुभूति की उसमें क्षमता भी है। कवि-व्यक्तित्व के साथ उसके मानवोचित संबंधों की स्थिति उसके जीवंत पक्ष की ओर संकेत देती है और कवि को विवश करती है कि उसकी चीखपूर्ण वाणी की सार्थकता का पता लगाए और उसके तथा अपने बीच के संबंधों की प्रकृति पर निर्णय दे।

काव्य-विश्लेषण और 'जीवन-मर्म'*

सामान्यतः यह माना जाता है कि साहित्य, शाब्दिक कला है। पर अगर साहित्य शाब्दिक कला है तब यह भी स्वीकार किया जा सकता है कि कोई भी काव्यकृति या कविता एक शाब्दिक प्रतीक है। कविता को शाब्दिक प्रतीक मानते समय यह भी ध्यान रखना आवश्यक है कि हर शाब्दिक प्रतीक, कविता नहीं हो सकता। कविता, शाब्दिक प्रतीक होकर भी व्यापक अर्थों में एक कला प्रतीक भी है। कहने का तात्पर्य यह है कि कुछ शाब्दिक प्रतीक ऐसे हो सकते हैं जो कला-प्रतीक की श्रेणी में आते हैं और कुछ इस कोटि के भी संभव हैं जिन्हें कला का स्तर नहीं दिया जा सकता। इसलिए साहित्य, शाब्दिक कला ही नहीं, 'विशिष्ट' शाब्दिक कला है और कविता केवल शाब्दिक प्रतीक ही नहीं, 'विशिष्ट' शाब्दिक प्रतीक है। यह 'विशिष्टता' ही वस्तुतः 'कलात्मकता' (काव्यात्मकता) है जो उसे सामान्य रचना से भिन्न सिद्ध करती है।

किसी भी काव्यकृति का अध्ययन-विश्लेषण करते समय वस्तुतः खोज इसी 'कलात्मकता' की होनी चाहिए। पर यह 'कलात्मकता' है क्या ? इसको कैसे पकड़ा या पहचाना जाए ? प्रायः यह मान लिया जाता है कि किसी भी कलाकृति के विश्लेषण का अर्थ है उसके काव्य-शरीर की चीर-फाड़, उसके बाहरी रूप की आलोचना-प्रत्यालोचना। पर कलात्मकता तो कला का शरीर नहीं, उसकी आत्मा है; वह कलाकृति का बाहरी रूप नहीं, उसकी प्राणशक्ति है। इसलिए यह कहा जा सकता है कि कलाकृति के विश्लेषण-अध्ययन के माध्यम से कलाकृति की आत्मा से परिचित करना-कराना संभव ही नहीं।

यहाँ एक-दो सवालों का मन में उठना स्वाभाविक है। अगर यह मान भी लिया जाए कि कलात्मकता कलाकृति की जीवंत प्राणशक्ति है, वह रचना का बाहरी रूप या अलंकरण नहीं, वरन् आत्मा का आंतरिक सौंदर्य है तब भी यह प्रश्न तो उठता ही है कि यह अमूर्त जीवनशक्ति अभिव्यक्त किस प्रकार होती है ? हम उसका अनुभव किन संदर्भों और किन उपकरणों के आधार पर करते हैं ? क्या आत्मा, शरीर के अभाव में अनुभवगम्य है ? क्या अमूर्त प्राणशक्ति किसी मूर्तमान रूप के अभाव में सिद्ध रह सकती है ? इसी के साथ यह भी सवाल जुड़ा हुआ है कि आत्मा और शरीर अथवा

---

* सर्वप्रथम 'संरचनात्मक शैली-विज्ञान', 1979 में प्रकाशित। प्रकाशक : आलेख प्रकाशन, दिल्ली।—संपादक

अमूर्त प्राणशक्ति और मूर्तमान रूप में कोई आंतरिक ऐसा संबंध भी है जो एक-दूसरे की प्रकृति को प्रभावित करने में समर्थ है ? अर्थात् आत्मा का गुण, रूप की प्रकृति अथवा शरीर के गुण, आत्मा की प्रकृति को निर्धारित करने में क्या सक्षम है अथवा इनमें ऐसा कोई अन्योन्याश्रित संबंध नहीं ?

जो विचारक यह मानकर चलते हैं कि काव्यकृति एक विशिष्ट शाब्दिक प्रतीक है वे यह भी मानने के पक्ष में हैं कि कलात्मकता, अमूर्त होकर भी मूर्त शाब्दिक प्रतीक के माध्यम से व्यक्त होती है, वह कृति की प्राणशक्ति होकर भी कृति की जीवंत संरचना के उपकरणों द्वारा ही अनुभवगम्य हो पाती है। इसके साथ वे इस मत को भी मानने के पक्ष में हैं कि आत्मा (काव्यात्मकता) और शरीर (काव्याभिव्यक्ति) में अन्योन्याश्रित संबंध है, इसलिए एक के आधार पर दूसरे का पता पाना संभव है। कलात्मकता और काव्याभिव्यक्ति के संबंधों की प्रकृति द्वंद्वात्मक होती है, अतः इस द्वंद्वात्मक प्रकृति की जानकारी अगर हो तो एक पक्ष को सही रूप में समझने का अर्थ ही है दूसरे को सही संदर्भ में जानना। वैज्ञानिकता इसी में है कि हम ज्ञात से अज्ञात की ओर बढ़ें, मूर्त के माध्यम से अमूर्त को पहचानें। इसलिए काव्याभिव्यक्ति के माध्यम से कलात्मकता की खोज ही सही रास्ता है।

काव्याभिव्यक्ति अनिवार्यतः शाब्दिक अर्थात् भाषापरक होती है। अतः यह स्वाभाविक है कि काव्यकृति की भाषाभिव्यक्ति के विश्लेषण के माध्यम से काव्यात्मा को अनुभवगम्य बनाया जाए। साहित्य की संरचनात्मक व्याख्या का प्रणालीगत सिद्धांत इस तथ्य को स्वीकार कर चलता है कि काव्यकृति एक भाषापरक कला प्रतीक है, अतः भाषिक उपलक्षणों के साक्ष्य पर कलात्मकता का पता लगाना न केवल संभव है, वरन् यही एक ऐसी पद्धति है जिसे दृष्टि में वस्तुवादी और प्रयोग में वैज्ञानिक कहा जा सकता है।

यह तथ्य महत्त्वपूर्ण है कि कलाप्रतीक, सर्जनात्मक प्रक्रिया का परिणाम होता है और सर्जन संश्लेषणात्मक होता है, विश्लेषणात्मक नहीं। साहित्य की संरचनात्मक व्याख्या जब भाषाभिव्यक्ति के विश्लेषण की ओर प्रवृत्त होती है तब विश्लेषण उसका साध्य नहीं, साधन ही रहता है। साध्य तो विश्लेषण के उपरांत उपलब्ध भाषिक उपलक्षणों के आधार पर संश्लिष्ट कला प्रतीक का सृजन होता है। अतः साहित्यिक व्याख्या के संदर्भ में काव्यकृति के विश्लेषण अथवा काव्याभिव्यक्ति के भाषिक उपलक्षणों के अनुसंधान तक आलोचना के दायित्व को सीमित करना एक अधूरी दृष्टि ही मानी जाएगी। आलोचना का महत्त्वपूर्ण चरण तो विश्लेषणात्मक उपलब्धियों के उस सृजनात्मक संश्लेषण में है जो काव्यकृति की अमूर्त संकल्पना को भी मूर्तमान बनाता है।

काव्यकृति अथवा उसकी संरचना को दो स्तरों पर प्रतिस्थापित किया जा सकता है—एक उसका स्थूल स्तर है, जिसे भारतीय कला सिद्धांत में उसका 'प्रत्यक्ष' रूप कहा गया है। प्रत्यक्ष रूप, इंद्रियगम्य होता है। दूसरा सूक्ष्म स्तर है जहाँ कृति 'परोक्ष' रूप में स्थित रहती है। परोक्ष रूप इंद्रियेतर होता है। यह ऐसा स्तर है जहाँ मानसिक संकल्पना (विचार) स्वयं यथार्थ बन जाती है, भौतिक उपादानों से मुक्त होकर भी जहाँ

वस्तु अनुभवगम्य रहती है। शब्दशक्तियों के संदर्भ में यह कहा जा सकता है कि वस्तु के प्रत्यक्ष धरातल पर भाषा की अभिधाशक्ति काम करती है और जहाँ संकेतार्थ का संबंध बाह्य जगत् के स्थूल रूप से नहीं होता, अपितु बाह्य जगत् के उन उपकरणों की जातीय गुणात्मक संकल्पना से रहता है।

परोक्ष स्तर पर काव्यकृति की संकल्पना उसकी उस संरचना को लेकर चलती है जो यथार्थ की संभाव्य स्थिति है और जो कलात्मक सत्य की उस व्यापक चेतना से संबद्ध रहती है जो भौतिक उपादानों 'में' नहीं, वरन् उसके 'पार' जाकर सिद्ध रहती है। प्रत्यक्ष स्तर पर काव्यकृति तो इस परोक्ष स्तर की संभाव्य संरचना का एक दृष्टांत मात्र होती है, भौतिक धरातल पर संकेतार्थ के रूप में स्थित बाह्य जगत् के उपकरण तो अनेक संरचनात्मक संभावनाओं के बीच प्रयुक्त एक प्रतिनिधिरूप होते हैं। साहित्य की संरचनात्मक व्याख्या का एक प्रमुख लक्ष्य यह भी रहता है कि वह 'प्रत्यक्ष' के आधार पर 'परोक्ष' कलारूप को उद्भासित करे, दृष्टांतपरक बाह्य संरचना के आधार पर संभावनापरक कला संरचना का पता लगाए और काव्यकृति में प्रयुक्त सामान्य प्रतीकों की संघटना के विश्लेषण के आधार पर कला प्रतीक के संश्लिष्ट रूप का सृजन करे।

कविता को 'प्रत्यक्ष' और 'परोक्ष' के जिस आंतरिक संतुलन का परिणाम माना गया है उसी को पाश्चात्य समीक्षक एलेन टेट ने 'एक्सटेंशन' और 'इनटेंशन' के आंतरिक द्वंद्वात्मक स्थिति से उद्भूत 'टेंशन' को अपनी मान्यता द्वारा व्यक्त किया है। 'टेंशन' शब्द वस्तुतः उन दो धरातलों पर व्यक्त संकेतार्थ के बीच संतुलन की संकल्पना को व्यक्त करता है जहाँ पहला धरातल 'एक्सटेंशन' का है जो बहिरंग वस्तुपरक अर्थ को संकेतित करता है, जहाँ भाषिक प्रतीक की प्रकृति अभिधापरक (रिफ़रेंशियल) होती है और दूसरा धरातल 'इनटेंशन' का है जो वस्तुओं के आंतरिक गुणों पर आधारित अमूर्त रूप का परिचायक है, जहाँ भाषिक प्रतीक की प्रकृति लक्षणापरक (मेटाफ़ॉरिकल) होती है। टेट के अनुसार, कविता, प्रतीकीकरण का परिणाम होती है, यह इस प्रक्रिया से उद्भूत एक ऐसी व्यवस्थित और सजीव संघटनात्मक भाषिक कला का प्रतीक है जिसमें अभिधार्थ और लक्षणार्थ के बीच पाई जाने वाली द्वंद्वात्मक स्थिति में आंतरिक संतुलन (तनाव) बना रहता है।

साहित्य की संरचनात्मक व्याख्या न केवल काव्यकृति को कला प्रतीक मानने के पक्ष में है वरन् वह उसे प्रतीकीकरण की प्रक्रिया से उद्भूत विशिष्ट भाषिक प्रतीक के रूप में स्वीकार करने के भी मत में है और विश्लेषण के रूप में यह कला प्रतीक के प्रत्यक्ष (एक्सटेंशन) और परोक्ष (इनटेंशन) रूप की द्वंद्वात्मक प्रकृति के बीच की संतुलन (तनाव) की स्थिति का पता लगाते हुए कला प्रतीक को उद्भासित करने का आग्रही है।

[2]

अज्ञेय की स्वायत्त एक छोटी सी कविता है—जीवन मर्म। व्यावहारिक व्याख्या के संदर्भ में इस कविता का विश्लेषण यहाँ अनुचित न होगा :

झरना : झरता पत्ता
हरी डाल से
अटक गया।

(1) मानवोचित व्यवहार के प्रतीकीकरण के संदर्भ में केनेथ बर्क ने पाँच तत्त्वों की ओर संकेत दिया है : (1) क्या किया (ऐक्ट), (2) कब और कहाँ किया (सीन), (3) किसने किया (एजेंट), (4) कैसे किया (एजेंसी) और (5) क्यों किया (पर्पज़)। पर अगर व्यापार प्राकृतिक हो, स्वचालित और आत्म-नियंत्रित हो, वहाँ स्वभावतः लौकिक कर्ता (एजेंट) की उपस्थिति संभव नहीं (वैसे प्रकृति के मानवीकरण की प्रक्रिया के आधार पर सजीव कर्ता के रूप में चित्रित करना संभव है), लौकिक कर्ता के अभाव में रीतिवाचक क्रियाविशेषण (एजेंसी) भी अनुपलब्ध होगा।

प्रतीक के संदर्भ में वाक्यार्थ का मुख्य केंद्रक 'क्रिया' (ऐक्ट) होता है, संज्ञा पद तो व्यापार के साधन हैं। प्रस्तुत कविता में क्रिया—'अटक गया' की भाषिक प्रकृति पर ध्यान देने से स्पष्ट हो जाता है कि वह अकर्मक है तथा प्रस्तुत संदर्भ में उसके दोनों प्रयोग (कर्ता—झरना और पत्ता) अप्राणिवाचक हैं। लौकिक कर्ता तथा रीतिवाचक क्रिया विशेषण से रहित और अप्राणिवाचक (व्याकरणिक) कर्ता से संबद्ध होने के कारण क्रिया के लिए यह कहा जा सकता है कि वह अपनी आंतरिक संरचना में सहज, स्वाभाविक और प्राकृतिक व्यापार को ध्वनित कर रही है; वह कर्ता की अपनी इच्छा-प्रेरणा से अनुप्राणित नहीं और न यह व्यापार उसकी अपनी शक्ति या सीमा से ही नियंत्रित और परिचालित है। अगर यह मानवोचित व्यवहार से संबद्ध है तब भी वह मानव की आंतरिक प्रकृति या उसके सहज स्वभाव का प्रकाशक है।

(2) भाषाभिव्यक्ति के धरातल पर यह कविता तीन पंक्तियों में फैली, पर केवल एक व्याकरणिक वाक्य की सीमा में बँधी रचना है। वाक्य, ऊपरी धरातल पर दो उपवाक्यों से गठित है जो अपने संबंधों में समानाधिकरणिक है, अतः इन दोनों उपवाक्यों के कर्ता एक ही क्रिया से संबद्ध हैं—जैसे, 'झरना अटक गया' और 'पत्ता अटक गया'। साथ में पहले कर्ता—'झरना' के बाद कोलन का प्रयोग है जो यह संकेत देता है कि दूसरा उपवाक्य (झरता पत्ता/हरी डाल से/अटक गया) पहले उपवाक्य (झरना/अटक गया) के अर्थ में रंजन के लिए प्रयुक्त है। (कोलन चिह्न का प्रयोग प्रायः किसी विषय के साथ तत्संबंधी निष्कर्ष, दृष्टांत अथवा अर्थच्छाया की संध्वनि के लिए प्रयुक्त होता है।)

कविता में दो दृश्य बिंब हैं—एक, झरना-संबंधी और दूसरा, पत्ता-संबंधी। इन दोनों दृश्य-बिंबों को जोड़ने वाली कड़ी है क्रिया जो उन्हें एक-दूसरे से संबद्ध करती है। दूसरी

ओर 'झरना' के बाद प्रयुक्त कोलन चिह्न इन दोनों दृश्य बिंबों के अंतरंग संबंधों को तो उभारता ही है, साथ में यह भी संकेत देता है कि पत्ता-संबंधी दृश्य बिंब, पूर्ववर्ती झरना-संबंधी दृश्य बिंब का पूरक एवं विस्तारक बिंब है। इससे यह तथ्य भी उभरता है कि इंद्रियगम्य प्रत्यक्ष स्तर पर जो दो दृश्य बिंब चित्रित हैं उनके पीछे इंद्रियेतर परोक्ष स्तर पर स्थित कला बिंब सादृश्य-विधान के आधार पर दोनों प्रत्यक्ष दृश्य बिंबों के समानधर्मी गुण-रूपों के संश्लिष्ट यथार्थ चित्र के रूप में सिद्ध होगा।

(3) कविता का पहला शब्द 'झरना', झर-झरकर प्रवाहित जल प्रवाह का दृश्य सामने लाता है, वह नैरंतर्य और गति की संकल्पना को उभारता है। पर सन्निधि के स्तर पर पहले उपवाक्य का यह उद्देश्य, 'अटक गया' विधेय पक्ष से जुड़कर विरोधाभास की स्थिति की ओर संकेत करता है। जो झर-झरकर निरंतर प्रवाहित होने वाला जल है, जो अपनी प्रकृति में प्रवहमान और स्वभाव में गतिशील है, वह किसी कारणवश 'अटक गया', किसी परवशतावश ठहर गया। जल की स्वाभाविक गति और प्रवहमान होने की आंतरिक प्रकृति के विरोध में इस 'ठहराव' या 'अवरोध' की विवशता का कारण निश्चय ही कहीं अधिक महत्त्वपूर्ण होगा। पर पहले दृश्य बिंब से इस परवशता का कारण स्पष्ट नहीं हो पाता। उससे तो केवल वस्तुस्थिति का ही संकेत मिलता है कि कोई वस्तु है जिसे अपने सहज स्वभाव एवं आंतरिक प्रकृति के विरोध में 'घटित' होना पड़ रहा है।

(4) 'झरना' संज्ञापद के समानार्थी रखा गया है। दूसरे बिंब का उद्देश्यपरक संज्ञापदबंध 'झरता पत्ता' जिसमें 'पत्ता' संज्ञा पद है और झरना कृदंतीय विशेषण। 'पैटर्न' के अनुसार, 'झरना' संज्ञापद को भी विशेषणयुक्त होना चाहिए क्योंकि उसको छोड़कर अन्य दोनों संज्ञापदबंधों की संरचना—(विशेषण+संज्ञा) के अनुरूप है। वस्तुतः 'झरना' शब्द, एक ओर जातिवाचक संज्ञा है, दूसरी ओर वह 'क्रियार्थक संज्ञा' है। क्रियार्थक संज्ञा के संदर्भ में इस शब्द का धातु रूप 'झर' है और झर-झरकर बहने की विशेषता से जातिवाचक संज्ञा के अर्थ को सीमित करता है। यही झर धातु रूप 'पत्ता' के साथ संयुक्त कृदंतीय विशेषण—'झरते' में प्रयुक्त है। इस दृष्टि से भी 'झरना' और 'झरते पत्ते' अपनी अभिरचना में समानरूपी हैं।

'झरना के झर-झरकर निरंतर बहने के भाव को 'झरता पत्ता' और भी रंजक बना रहा है। एक ओर पत्ता के झरने से इकाई-रूपों के झरने का कालक्रम है और दूसरी ओर इस कालक्रम का निरंतर प्रवाह है। अगर परोक्ष स्तर पर झरना, समय प्रवाह की सतत नैरंतर्य का बोध कराता है तब 'झरता पत्ता' इसे क्षण-क्षण (अनुभवखंडों) के अटूट इतिहास क्रम की संभावना से उसे रंजित कर देता है।

(5) 'झरता पत्ता' अभिव्यक्ति भी अपने में विरोधाभास की स्थिति को ध्वनित करता है। एक ओर 'झरता' का आर्थी पक्ष उसमें झर-झरकर गिरते हुए पत्तों का संकेत देता है जहाँ 'पत्ता' बहुवचन की संकल्पना को जगाता है और दूसरी ओर 'पत्ता...अटक गया' की भाषाभिव्यक्ति पत्ते के एकवचन रूप की ओर इंगित करती है। इस विरोधाभास

के फलस्वरूप जो अर्थ उद्भूत हो रहा है उससे ध्वनित है कि झर-झरकर गिरते पत्तों में कोई एक ऐसा 'विशिष्ट' पत्ता है जो 'अटक गया'। परोक्ष स्तर पर अर्थसृष्टि पर ध्यान दें तो ऐसा प्रतीत होता है कि निरंतर प्रवाह के रूप में क्षण-क्षण कर अनुभवखंडों के कालक्रम में एक ऐसा 'विशिष्ट' क्षण या अनुभवखंड है जो इतिहास क्रम से टूटकर स्थिर रह गया है।

(6) 'झरना' दृश्यबिंब के संदर्भ में प्रवाह के रुकने का भाव तो व्यक्त हो जाता है, पर उससे यह स्पष्ट नहीं हो पाता कि वह प्रवाह का विशिष्ट 'खंड' कहाँ रुक गया। 'पत्ता' दृश्य बिंब के संदर्भ में उचित है कि एक विशिष्ट पत्ता, काल-प्रवाह से अलग होकर 'हरी डाल में' अटक गया।

यह भी ध्यान देने योग्य है कि जो वस्तु (पत्ता) टूटकर झर-झर गिर रहा है और वह जहाँ अटक गया। (डाल), वे दोनों एक समान वस्तु (वृक्ष) से जुड़े हैं। दूसरा तथ्य यह भी महत्त्वपूर्ण है कि पत्ते के लिए प्रयुक्त 'विशेषण', 'डाल' की विशेषता के ठीक विरोध में है। पत्ते अगर झर-झरकर गिर रहे हैं तब 'डाल' अपने स्थान पर 'स्थिर' है। उसी प्रकार यह कहा जा सकता है कि 'डाल' के लिए प्रयुक्त विशेषण (हरी) के ठीक विरोध में पत्ते की स्थिति होगी। अगर 'हरापन' जीवन की निशानी है और यह रंग ताजगी के साथ-ही-साथ 'कच्चेपन' अर्थात् अपरिपक्व स्थिति का सूचक है तब इसके ठीक विरोध में पत्ते के साथ 'पीला' रंग रखा जा सकता है। पीलापन एक ओर रसहीन, सूखे जीवन की ओर संकेत देता है तो दूसरी ओर समय (या अनुभव) से पके स्थिति का सूचक भी माना जा सकता है।

झर-झरकर गिरते हुए अनेक पत्ते तो सूखे और जीर्ण हैं, वे समय से पककर अपने आधार से टूट रहे हैं, पर जो पत्ता 'विशिष्ट' है और टूटकर बिखरने के बजाय 'हरी डाल से' अटक गया है, वह अपने कुछ गुणों में इनसे भिन्न होगा ही। 'विशिष्टता', सामान्य के विरोध में ही परिभाषित होती है। अतः अगर सामान्यतः पत्ते पीले हैं और पककर अपने समय पर टूटे हैं, वहाँ अटक गए एक पत्ते की विशिष्टता इसमें है कि वह वस्तुतः पीला नहीं, हरा ही है, वह पककर अपने समय पर नहीं टूटा, बल्कि नियति ने उसे असमय ही तोड़ डाला है।

अज्ञेय के मत में अटक गए पत्ते की विशिष्टता इसमें है कि टूटने वाले अन्य पत्ते सामान्यतः रसहीन, जीर्ण-शीर्ण और सूखे हैं पर वह अकेला अपने समय पर पका है। लक्ष्यार्थ के स्तर पर उनकी मान्यता है कि अबाध गति से प्रवहमान समय क्षणों में एक अनुभव से परिपक्व एक ऐसा क्षण भी है जो जीवंत चेतना (हरी डाल) से संलग्न हो गया है। (यह मत उक्त कविता की मेरी संरचनात्मक व्याख्या के समय अज्ञेय ने व्यक्त किया था जब मैंने अपना लेख 'कविता की समीक्षा : एक आलोचक की दृष्टि से' राष्ट्रीय शैक्षिक एवं अनुसंधान परिषद्, दिल्ली द्वारा आयोजित संगोष्ठी के एक सत्र में पढ़ा था जिसके सभापति स्वयं अज्ञेय थे।) यह व्याख्या संभव तो है, पर मन में एक-दो शंकाएँ छोड़ जाती है। अगर अन्य पत्ते पीले हैं, और अपने समय पर टूटकर झर रहे

हैं तब उन सभी को पक्का (अनुभव से परिपक्व) न मानने का कोई कारण नहीं; कम-से-कम कविता से वह कारण व्यंजित नहीं हो रहा है। और संरचनात्मक व्याख्या का आधारभूत सिद्धांत यह पता लगाता है कि वस्तुतः कविता क्या कर (व्यंजित कर) रही है, न कि कवि का अपना मंतव्य क्या है। वैसे अज्ञेय के मत में भी 'कविता ही कवि का परम वक्तव्य है।'

(7) अगर 'पत्ते' और 'डाल' को जोड़ने वाली वृक्ष की संकल्पना जीवन की ओर संकेत दे रही है तब 'हरी डाल' वस्तुतः जीवन के उस पक्ष की ओर इंगित कर रही है जो सजीव है, जो जीवित होने के कारण संवेदनशील है। यह जीवन का वह पक्ष है जो अभी भी सचेतन है, यह मानव-मन का वह संदर्भ है जो जड़ीभूत होकर अभी अनुभूतिशून्य नहीं बन पाया है, वरन अभी भी जीवंत है, संवेदनशील है, जीवन के इस पक्ष का आग्रह इसलिए भी सार्थक है कि जहाँ पत्ते, पीले होकर (पककर) झर रहे हैं वहाँ इसकी भी संभावना है कि समय के साथ वृक्ष भी 'ठूँठ' होकर जड़ हो जाए। समय का प्रभाव अगर वृक्ष (जीवन) पर पड़ भी रहा है और जीवन के अन्य पक्ष समय के साथ जड़ीभूत और संज्ञाहीन होते भी जा रहे हैं तब भी उस वृक्ष की कुछ 'डालें' (पक्ष) ऐसी भी हैं जो 'हरी' हैं, जीवंत हैं, संवेदनशील हैं।

(8) जो विशिष्ट पत्ता असमय ही टूट गया है, वही हरी डाल से अटक गया है। लाक्षणिक अर्थ के संदर्भ में यह कहा जा सकता है कि असमय घटित होने वाला क्षण विशिष्ट तो है, पर उसकी इस 'विशिष्टता' का बोध या अनुभूति ही जीवन के चेतन मन और संवेदनशील हृदय को जीवित बनाए हुए है। यह भी कहा जा सकता है कि जीवन का यह पक्ष चूँकि जीवित है—मन, विचार को तरल भाव से ग्रहण करने में और हृदय घटनाओं को अनुभूतिपरक प्रतीति कराने में सक्षम है इसलिए असमय घटित क्षण को पहचानने और अनुभव कराने में भी व्यक्ति सक्षम है।

पहले यह संकेत दिया जा चुका है कि परोक्ष स्तर पर कविता, एक संभाव्य यथार्थ को व्यंजित करती है। इस स्तर पर स्थित कला बिंब जिस चेतना से जुड़ता है वह प्रत्यक्ष इंद्रियगत अनुभवों का अतिक्रमण कर एक व्यापक कला-सत्य को उद्भासित करता है। प्रत्यक्ष स्तर पर स्थित काव्यकृति के प्रतीक या बिंब तो संभाव्य यथार्थ के मात्र प्रतिनिधि दृष्टांत होते हैं।

प्रस्तुत कविता के संदर्भ में यह कहा जा सकता है कि प्रत्यक्ष स्तर पर स्थित 'झरना और झरता पत्ता' संबंधी दृश्य बिंबों की अपनी अंतरंग योजना कला-यथार्थ की जिस संभावना को ध्वनित करती है उसे कलासंदर्भित यथार्थ से जोड़कर कहा जा सकता है कि समय, एक अविरल प्रवाह है, झरने की भाँति वह अबाध गति से झर-झर बहता जा रहा है। समय का यह अविरल प्रवाह एक प्राकृतिक व्यापार है, पर समयबोध, घटनासापेक्ष होता है। घटनाओं के संदर्भ में ही समय को हम अनुभवखंडों में जीते हैं। घटनानिरपेक्ष समय चेतना के धरातल पर अनुभवगम्य नहीं। कविता के संदर्भ में पत्ते अपने भौतिक संकेतार्थ का अतिक्रमण कर इसी घटना की ओर संकेत दे रहे हैं। इन

घटनाओं का भी एक अबाधक्रम है, वे भी समय की तरह झर-झरकर घटते जा रहे हैं। इन घटनाओं का स्वाभाविक इतिहासक्रम समान्य जीवन का सामान्य पक्ष है जहाँ समय घटनाओं के संदर्भ में अनुभवखंडों में विभक्त तो हो जाता है, पर जिसके प्रति हम सचेत नहीं हो पाते, जिसको इंद्रियगत संवेदनाओं के भौतिक संसार में झेलकर भी हम चैतन्य अनुभूतियों के धरातल पर भाग नहीं पाते। वह तो प्राकृतिक जीवन की यांत्रिक व्यवस्था का एक अंग है जिसके प्रति अभ्यस्त होने के फलस्वरूप हम आँखों से देखकर भी मन में पकड़ नहीं पाते, इंद्रियों पर झेलकर भी उसकी सार्थकता का अनुभव नहीं कर पाते।

पर कुछ घटनाएँ ऐसी भी होती हैं जो हमें तत्संबंधी अनुभवखंडों से जोड़ लेती हैं, और न केवल उनसे हमें जोड़ती हैं अपितु नीरस और समय को झेलने से बने हमारे निर्जीव एवं यांत्रिक जीवन-व्यापार को भी सजीव और प्राणवान बना देती हैं। ऐसी ही घटनाओं की श्रेणी की एक घटना है—असमय ही जीवन (वृक्ष) से टूटकर अलग हो जाने वाली कोई वस्तु (पत्ता)। यह वस्तु कुछ भी हो सकती है—अकाल में प्रिय पुत्र की मृत्यु, असमय में ही किसी प्रिय जन का वियोग आदि। पर भौतिक संबंधों से विमुक्त होकर भी उससे जीवन का संबंध टूट नहीं जाता, अपने व्यावहारिक जीवन के ऊपरी धरातल पर असंबद्ध होकर भी वह चेतन अनुभूति के स्तर पर विमुक्त नहीं हो जाता। अगर व्यक्ति, मन और हृदय के धरातल पर (डाल) चैतन्य और अनुभूतिप्रवण (हरा) है तब उसकी स्मृति सदा जीवित (हरी) बनी रहती है, वह भौतिक धरातल पर 'विमुक्त' होकर भी चेतना के धरातल पर 'संयुक्त' रहता है। निश्चय ही भौतिक संदर्भ में यह घटना भी काल के अविरल प्रवाह का एक अनुभव खंड है, जैसे झरना, झरता है और जैसे पत्ते झर-झरकर गिरते जाते हैं उनके बीच यह घटना भी एक जलखंड या एक पत्ता है, पर जब वह चेतन अनुभूति के स्तर पर अनुभवगम्य होती है और भौतिक तथ्य से ऊपर उठकर भावजगत् के ठोस यथार्थ में रूपांतरित हो जाती है तब समय का प्रवाह मानो उस चेतनापरक घटना के संदर्भ में अटक जाता है।

'जीवनमर्म' कविता में जीवन के इसी मर्म को दो दृश्यबिंबों के सहारे उद्घाटित करने का प्रयास मिलता है।

खंड ङ :

कम्प्यूटेशनल भाषाविज्ञान

- ☐ प्राकृतिक भाषा संसाधन : कुछ भाषावैज्ञानिक पहलू
- ☐ भाषावैज्ञानिक अनुसंधान में कम्प्यूटर की भूमिका
- ☐ देवनागरी कम्प्यूटरीकरण : कुछ सैद्धांतिक तथा अनुप्रयोगात्मक पक्ष

[अपने अकादमिक उपलब्धि क्रम में प्रो. श्रीवास्तव भाषा एवं भाषा अध्ययन से संबद्ध अधुनातन विचारधाराओं एवं दिशाओं से अपने को संबद्ध करने वाले भाषावैज्ञानिकों में अग्रणी थे। हिंदी की प्रकृति एवं स्वरूप से इन्हें जोड़ने वाले तो वे अकेले भाषाविद् थे। बाद के वर्षों में वे कम्प्यूटर-भाषाविज्ञान की ओर भी आकर्षित हो चुके थे। विज्ञान के स्नातक होने के कारण तथा भाषाविज्ञान के समस्त सिद्धांत एवं विवरण परंपराओं तथा संप्रदायों से गहरे परिचित होने के कारण इस दिशा में भी उनके विचार अति वैज्ञानिक एवं सूक्ष्म विश्लेषण पद्धति से युक्त हैं, अतः यहाँ कम्प्यूटर-भाषाविज्ञान से संबंधित उनके तीन अंग्रेजी लेखों के संक्षिप्त अनूदित रूप भी दिए जा रहे हैं। इनका संक्षिप्तीकरण एवं अनुवाद प्रो. सूरजभान सिंह ने किया है।]

—संपादक

प्राकृतिक भाषा संसाधन : कुछ भाषावैज्ञानिक पहलू*

(सार-संक्षेप)

पिछले दो दशकों में प्राकृतिक भाषाओं को समझने और प्रजनित करने के लिए आवश्यक कम्प्यूटर प्रणाली के विकास के काम में काफी तेज़ी आई है। इस क्षेत्र में किए गए अनुसंधान कार्यों के प्रमुखतः दो लक्ष्य रहे हैं—भाषा इंजीनियरी और भाषा सिद्धांत परीक्षण। कम्प्यूटर प्रणाली के भाषा इंजीनियरी पक्ष के अंतर्गत मुख्यतः तीन अनुप्रयोग विकसित किए गए—वाक् संश्लेषण, मशीनी अनुवाद और मानव-मशीन अंतरापृष्ठ (इंटरफेस)। वाक् संश्लेषण के अंतर्गत एक ऐसी मानव-निर्मित युक्ति का विकास किया गया है, जिसकी सहायता से मनुष्य की वाणी के समान ही ध्वनि तरंगों के रूप में कृत्रिम वाणी को प्रजनित किया जा सकता है। मशीनी अनुवाद के अंतर्गत आरंभ में यह समझा गया कि कदाचित अनुवाद की प्रक्रिया भी एक यांत्रिक प्रक्रिया है, जिसमें स्रोत भाषा के शब्दों के स्थान पर लक्ष्य भाषा के शब्दों को प्रतिस्थापित कर दिया जाता है, किंतु अब यह स्पष्ट हो गया है कि अर्थ और संदर्भ को समझे बगैर मशीनी अनुवाद संभव नहीं होगा और इसके लिए कृत्रिम बुद्धि के अंतर्गत अनेक निरूपण पद्धतियाँ विकसित की गईं।

मशीनी अनुवाद के विकासक्रम में तीन पद्धतियाँ सामने आईं—प्रत्यक्ष अनुवाद पद्धति, अंतरण पद्धति और आंतर भाषा (इंटरलिंग्वा) पद्धति (टकर, 1987:22)। प्रत्यक्ष अनुवाद पद्धति में न तो कोई पदनिरूपक (पार्सर) था और न ही मध्यवर्ती या आंतर भाषा की कोई व्यवस्था थी। यह पद्धति मुख्यतः शब्दकोश, रूपिमिक विश्लेषण और वाक्य साँचों पर आधारित थी। इसका सर्वश्रेष्ठ उदाहरण जॉर्जटाउन मशीनी अनुवाद प्रणाली (1979) है। अंतरण पद्धति के अंतर्गत तीन प्रमुख चरण थे—स्रोत भाषा के वाक्यों को विश्लेषित करके संक्षिप्त संरचना तैयार करना, स्रोत भाषा की संरचना और शब्दावली को लक्ष्य भाषा की संरचना में अंतरित करना और अंत में लक्ष्य भाषा के वाक्यों की संरचना फिर से करना। ग्रेनोबल की 'गेटा' प्रणाली (1985) इस

* पूरा लेख अंग्रेजी में 'एप्लाइड लिंग्विस्टिक्स' (1995) नामक पुस्तक में प्रकाशित। यह पुस्तक प्रो. श्रीवास्तव के दिवंगत हो जाने के बाद संकलित और प्रकाशित हुई है। प्रकाशक : कलिंग पब्लिकेशंस, दिल्ली।—**संपादक**

पद्धति का अच्छा उदाहरण है। आंतर भाषा पद्धति के अंतर्गत सार्वभौमिक भाषा के माध्यम से मशीनी अनुवाद किया जाता है। इसके भी तीन प्रमुख चरण हैं : विश्लेषण के माध्यम से संक्षिप्तीकरण अर्थात् स्रोत भाषा के पाठ को विश्लेषित करके भाषामुक्त संकल्पनामूलक निरूपण, अनुमिति के माध्यम से सूचनाओं की वृद्धि अर्थात् इस चरण में अनुमिति तंत्र के माध्यम से पाठ में अंतर्निहित विश्व ज्ञान के संदर्भ के साथ संकल्पनामूलक निरूपण को जोड़ा जाता है; लक्ष्य भाषा में प्रजनन अर्थात् भाषायुक्त निरूपण को प्राकृतिक भाषा जनित्र के माध्यम से प्राकृतिक भाषा की संपूर्ण अभिव्यक्ति के साथ मानचित्रित (मैपिंग) करना (1981)।

मानव-मशीन अंतरापृष्ठ का क्षेत्र कृत्रिम बुद्धि के अंतर्गत आता है। कृत्रिम बुद्धि का मुख्य उद्देश्य है, कम्प्यूटर को अधिकाधिक बुद्धिमत्ता के साथ व्यवहार करने योग्य बनाना, प्राकृतिक भाषा मानव और मशीन के बीच संवाद स्थापित करने की सबसे अधिक सुविधाजनक अंतरापृष्ठ युक्ति है, ताकि कम्प्यूटर विज्ञान से इतर व्यक्ति भी कम्प्यूटर के साथ सीधे संवाद स्थापित कर सके।

प्राकृतिक भाषा संसाधन के क्षेत्र में किए गए अनुसंधान ने विभिन्न विषयों के शोधार्थियों को एक मंच पर ला खड़ा किया। सन् 1975 में एम. आई. टी. में आयोजित टिनलैप और सन् 1978 में इलिनॉय विश्वविद्यालय में आयोजित टिनलैप-II का मुख्य उद्देश्य यही था कि अभिकलनात्मक भाषाविज्ञान, मनोविज्ञान, भाषाविज्ञान और कृत्रिम बुद्धि के शोधार्थियों को एक मंच पर लाकर प्राकृतिक भाषा को समझने से संबंधित समस्याओं के विभिन्न पहलुओं का अध्ययन समवेत रूप में किया जा सके और ये दोनों आयोजन इस उद्देश्य की प्राप्ति में काफी हद तक सफल भी सिद्ध हुए।

प्राकृतिक भाषा संसाधन के क्षेत्र में किए गए अनुसंधान के फलस्वरूप दो महत्त्वपूर्ण उपलब्धियाँ सामने आईं—(क) ज्ञान-निरूपण, और (ख) पदनिरूपक (पार्सर) का विकास। सूचनाओं की संरचना के लिए विकसित ज्ञान-निरूपण की तकनीकों में प्रमुख हैं—फ्रेम (मिंस्की, 1975), स्क्रिप्ट (शैंक और अबेल्सन, 1977) और सूचना फॉर्मेट (सेगर, 1975), फ्रेम के द्वारा पाठ-विश्लेषण में केंद्रीभूत ज्ञात पैटर्न के अनुसार नई सूचनाओं का पता लगाया जाता है। स्क्रिप्ट का उद्देश्य घटनाओं के स्टीरियोटाइप अनुक्रम से संबंधित ज्ञान को ग्रहण करना है। किसी क्रिया विशेष के संदर्भ में प्रेडीकेट आर्गुमेंट संबंधों को मुख्य संकल्पनाओं के रूप में निरूपित करने का कार्य 'सूचना फॉर्मेट' के अंतर्गत किया जाता है।

जैटनर (1978) के अनुसार क्रिया के अर्थ को दो कारणों से प्रस्थान बिंदु माना जाता है—(क) वाक्यार्थ की आर्थी संरचना का केंद्रबिंदु क्रिया ही है, (ख) क्रियाओं को सरलता से पहचाना जा सकता है। उदाहरण के लिए हिंदी के निम्नलिखित तीन वाक्यों को लिया जा सकता है :

(1) मोहन के पास तसवीर थी।

(2) मोहन ने शीला को तसवीर दी।

(3) मोहन ने शीला को तसवीर बेची।

यदि 'होना', 'देना' और 'बेचना' क्रियाओं को ग्राफ निरूपण के द्वारा दर्शाया जाए तो उनके अंतर्संबंधों और उनकी जटिलताओं को स्पष्टतः अंकित किया जा सकता है। 'होना' क्रिया में जहाँ एक संयोजक पथ है वहाँ 'देना' क्रिया में एकाधिक संयोजक पथ हैं और 'बेचना' क्रिया में अनेक संयोजक पथ हैं।

पदनिरूपक या पार्सर, प्राकृतिक भाषा संसाधन का मुख्य आधार है। इसके अंतर्गत किसी प्रोग्रामन भाषा शब्दकोश और पदनिरूपक वृक्ष को सूचना की दृष्टि से समकक्ष संरचनाओं में रूपांतरित करने की कार्यविधि के द्वारा निवेशित वाक्यों का वाक्यपरक विश्लेषण किया जाता है। प्रचलित पदनिरूपकों में प्रमुख हैं : पार्सीफल (मार्कस, 1980), ए टी एन पार्सर एली प्रोसेसर (रिजबैंक और शैंक, 1976), विल्क का पार्सर (1975), मोपट्रांस पार्सर (लाइटिनेन, 1984)। वस्तुतः अधिकांश पदनिरूपक कुछ हद तक बाधित निवेशित वाक्यों के संसाधन के लिए विकसित किए गए (काबौनेल और हेज़, 1983)। व्याकरणिक दृष्टि से कुछ असंगत होने पर भी वाक्यों के संसाधन के लिए ट्री एडजॉइनिंग ग्रामर (टैग) जैसे पार्सर का विकास भी किया गया। हाल ही में कुछ ऐसे पार्सर भी सामने आए हैं, जिनमें अर्थतत्त्व को भी समाहित करने का प्रयास किया गया है। इस समन्वित दृष्टिकोण के पीछे यह तर्क रहा है कि जहाँ वाक्यविज्ञान के लिए अर्थविज्ञान आवश्यक है, वहाँ अर्थविज्ञान के लिए भी वाक्यविज्ञान आवश्यक है। इस प्रकार पार्सर वाक्यपरक और अर्थपरक दोनों ही प्रकार के प्रतिबंधों को समाहित कर सकता है।

अब तक हमने भाषा, भाषावैज्ञानिक अध्ययन और कम्प्यूटर या प्राकृतिक भाषा संसाधन के बीच के संबंधों पर चर्चा की है, किंतु यह जानना भी महत्त्वपूर्ण है कि सैद्धांतिक भाषाविज्ञान कम्प्यूटर संसाधन के क्षेत्र में क्या योगदान दे सकता है। चूँकि कम्प्यूटर प्रोग्राम रीतिबद्ध प्रणाली का मूर्तरूप है, इसलिए यह भी आवश्यक है कि भाषावैज्ञानिक ज्ञान को भी तर्कशास्त्र और गणित के रीतिबद्ध स्वरूप में ही वर्णित किया जाए। इसलिए सर्वप्रथम भाषा के बजाय 'व्याकरण' के प्रत्यय को बुनियादी तत्त्व माना जाए। साथ-ही-साथ व्याकरण को वाक्य-विन्यासोन्मुख बनाया जाए।

सैद्धांतिक भाषाविज्ञान का दूसरा योगदान यह हो सकता है कि यह कम्प्यूटर की अभिकलनात्मक मर्यादित क्षमता को (कंप्यूटेशनल) किया जाए, अर्थात् कम्प्यूटर की क्षमता मात्र उतनी रहे जितनी कि प्राकृतिक भाषा के सभी तथ्यों को समाहित करने के लिए आवश्यक हो।

मानव और मशीन दोनों ही प्रतीकों का उपयोग करने में समर्थ हैं। प्रतीकविज्ञान की दृष्टि से भाषा भी प्रतीकों की व्यवस्था है और इसका विश्लेषण वाक्य-विज्ञान, अर्थविज्ञान और संकेत प्रयोगविज्ञान प्रैगमैटिक्स की दृष्टि से किया जा सकता है। पदनिरूपक ऐसा होना चाहिए, जिससे वाक्य का निरूपण तीनों स्तरों पर समन्वित रूप में किया जा सके।

सूचनाओं के संसाधन के लिए विश्वज्ञान और संदर्भ की ज़रूरत होती है। साथ ही साथ वाक्यों में अंतर्निहित सूचना की भी ज़रूरत होती है। उदाहरण के लिए निम्नलिखित दो वाक्य देखें :

(a) Mohan was looking for the glasses. It is time for him to drink.

(b) Mohan was looking for the **glasses.** It is time for him to read.

(a) और (b) के पहले वाक्य समान हैं, किंतु अगले वाक्यों में दी गई सूचनाओं के आधार पर हम उनका अलग-अलग अर्थ निकालते हैं। इसलिए भाषा-विश्लेषण तीनों स्तरों पर आवश्यक है—व्याकरणिक विश्लेषण, वाक्यों के परे उपलब्ध सूचनाओं का संसाधन और विश्वकोशीय ज्ञान। इन सभी स्तरों पर आने वाली समस्याओं के समाधान के लिए प्राकृतिक भाषा संसाधन की किसी भी परियोजना के अंतर्गत योग्यता प्राप्त भाषावैज्ञानिक का होना भी अत्यंत आवश्यक है।

'भाषा क्या है' और 'भाषा क्या करती है' के बजाय प्राकृतिक भाषा संसाधन के क्षेत्र में कृत्रिम बुद्धि के अंतर्गत 'भाषा कैसे कार्य करती है' से संबंधित समस्याओं से अधिक जूझना पड़ता है। वस्तुतः प्राकृतिक भाषा संसाधन के अंतर्गत संकेतप्रयोग विज्ञान, संकल्पनात्मक संसाधन, वाक्यों, अंतर्निहित सूचनाएँ, प्रोक्ति निहितार्थ, विश्वज्ञान संबंधी अर्थ जैसे अनेक विषय हैं, जिनमें भाषाविज्ञान को और अधिक परिपक्व होने की आवश्यकता है। इसीलिए हम कह सकते हैं कि प्राकृतिक भाषा संसाधन के क्षेत्र में विकास का मार्ग भाषाविज्ञान की वर्तमान स्थिति से भी प्रतिबंधित है।

भाषावैज्ञानिक अनुसंधान में कम्प्यूटर की भूमिका*

[यह लेख तीन खंडों में विभक्त है। पहले खंड में मानव बुद्धि और कृत्रिम बुद्धि के बीच अंतर रेखांकित करते हुए यह स्पष्ट किया गया है कि जिस प्रकार साक्षरता उच्चरित भाषा-रूप का स्थानापन्न नहीं है उसी प्रकार कृत्रिम बुद्धि भी मानव बुद्धि का स्थानापन्न नहीं है—इसे मानवमस्तिष्क में निहित सूचना संसाधन की नैसर्गिक क्षमता का विस्तार ही समझना चाहिए। दूसरे खंड में अभिकलनात्मक भाषाविज्ञान (कंप्यूटेशनल भाषाविज्ञान) के अनुप्रयोगात्मक पक्ष का संक्षिप्त विवरण है, तीसरे खंड में अभिकलनात्मक भाषाविज्ञान को सैद्धांतिक और अनुप्रयोगात्मक दो वर्गों में विभाजित करने की आवश्यकता पर बल दिया गया है जिससे 'व्याकरण निरूपण' की समस्याओं को, 'भाषा इंजीनियरी' की समस्याओं से अलग से देखा जा सके।]

[1]

इस बात से कोई इनकार नहीं कर सकता कि आधुनिक टैक्नालॉजी से घिरे हमारे सामाजिक जीवन में आज कम्प्यूटर एक आक्रामक की तरह प्रवेश कर चुका है। पिछले कुछ ही दशकों में कम्प्यूटर और उसकी कार्यक्षमता में क्रांतिकारी परिवर्तन आया है। यह परिवर्तन दो प्रकार के हैं : पहला, हार्डवेयर मेन फ्रेम छोटा होकर मिनी और माइक्रो आकार में उपलब्ध होने लगा जिससे कम्प्यूटर की कीमत न केवल सस्ती होने लगी, बल्कि कम्प्यूटर हमारे जीवन के अधिक-से-अधिक प्रकार्यों को सिद्ध करने लगी। दूसरे, परिचालन की दृष्टि से साफ्टवेयर धीरे-धीरे अधिकाधिक उपभोक्ता-मैत्रीपूर्ण होने लगा और हर व्यक्ति के लिए कम्प्यूटर एक अत्यंत उपयोगी उपकरण हो गया (Laurie, 1983 : 7)। इस प्रकार 'औद्योगिक समाज' को एक 'सूचना समाज' में परिणत करने की दिशा में आज कम्प्यूटर सूचना संसाधन और संप्रेषण इंजीनियरी सबसे अधिक कारगर टैक्नालॉजी सिद्ध हो रहे हैं (Naisbitt, 1982) ।

जो लोग संप्रेषण को मानव समाज के अस्तित्व का मूल आधार मानते हैं उनका कहना है कि संप्रेषण टैक्नालॉजी ने हर चरण में मानव सभ्यताओं और संस्कृतियों के

---

* पूरा लेख अंग्रेजी में 'एप्लाइड लिंग्विस्टिक्स' (1995) नामक पुस्तक में प्रकाशित। यह पुस्तक प्रो. श्रीवास्तव के दिवंगत हो जाने के बाद संकलित और प्रकाशित हुई है। प्रकाशक : कलिंग पब्लिकेशंस, दिल्ली।—**संपादक**

विकास को एक नया आयाम दिया है। मैकलुचन, इनिस और गूडी आदि अनेक विद्वानों ने सप्रमाण यह सिद्ध करके दिखाया है कि लेखन, मुद्रण और जनसंचार माध्यमों के आविष्कार ने किस प्रकार समय-समय पर विश्व के प्रति हमारे समस्त नज़रिए को बदला है (McLuchan 1970), (Innis 1964) और (Goody, 1986)। लेखन के महत्त्व को रेखांकित करते हुए गूडी (1977) ने लेखन को 'बुद्धि टैक्नालॉजी' की संज्ञा दी है जिसका आशय यह सिद्ध करना है कि लेखन की इस विधा ने हमारी संज्ञानात्मक (कॉगनिटिव) प्रक्रिया को कितनी गहराई तक प्रभावित किया है। सभ्यता के प्रारंभिक चरणों में समाज और उसकी संज्ञान क्षमता में आमूल-चूल परिवर्तन लाने में संप्रेषण टैक्नालॉजी के रूप में लेखन की जो भूमिका रही है वही भूमिका आज कम्प्यूटर निभा रहा है। यही कारण है कि जिस प्रकार पहले-पहल लेखन विधा के विरोध में कुछ स्वर सुनाई पड़ते थे, उसी तरह कम्प्यूटर के विरोध में भी आज बीच-बीच में कुछ विरोधात्मक स्वर सुनाई पड़ते हैं।

लेखन के विरोध में सुकरात की ओर से एक आरोप यह था कि यह एक 'अमानवीय व्यापार' है—यह उस व्यापार को, जो मानव मस्तिष्क की चीज़ है, मस्तिष्क से बाहर स्थापित करने का प्रयास करता है (Ong, 1982 : 79-81)। इसी प्रकार, कम्प्यूटर के विरोध में भी एक आरोप यह है कि यह एक कृत्रिम उपकरण है, यह एक ऐसा निष्क्रिय यंत्र है जो अपनी ओर से कोई भी पहल लेने में असमर्थ है और यह मानव स्मृति को नष्ट या कमज़ोर कर देता है।

इस आरोप का स्वयं उत्तर देते हुए Ong (1986) ने कम्प्यूटर की तुलना एक वाद्ययंत्र से की है। उनका कहना है कि जिस तरह पियानोवादक पियानो की टैक्नालॉजी को अपने में एकाकार कर उसे अपनी 'दूसरी प्रकृति' बना लेता है, उसी तरह कम्प्यूटर पर कार्य करने वाला व्यक्ति भी कम्प्यूटर को अपनी 'दूसरी प्रकृति' बना लेता है। दूसरे शब्दों में, कम्प्यूटर उसका एक मनोवैज्ञानिक अंग बन जाता है। फिर भी हमें यह नहीं भूलना चाहिए कि कला हमारी 'दूसरी प्रकृति' हो सकती है, प्रकृति नहीं।

इसमें संदेह नहीं कि वर्ण-लेखन विधा या वाद्ययंत्र की तरह कम्प्यूटर अभी तक मानव की 'दूसरी प्रकृति' के रूप में 'अंतरंग टैक्नालॉजी' का स्थान नहीं ग्रहण कर पाया है क्योंकि मानव के मस्तिष्क के प्रतिरूप के रूप में उभरे इसे कुछ ही दशक हुए हैं। कम्प्यूटर का प्रयोग आज मनुष्य को मशीन में तब्दील करने का प्रयास नहीं, बल्कि उन सिद्धांतों की खोज करने का एक प्रयास है जो मानव और कम्प्यूटर दोनों में समान रूप से विद्यमान हैं। यांत्रिक बुद्ध मानव बुद्धि का स्थानापन्न नहीं, बल्कि उसका पूरक तथा विस्तार है। (Miller, 1967 : 117-18)। जिस प्रकार साक्षर होने का मतलब मौखिक अभिव्यक्ति क्षमता खोना नहीं, बल्कि संप्रेषण का एक और विस्तार या माध्यम प्राप्त करना है, उसी तरह कृत्रिम बुद्धि भी सूचना संसाधित करने की मानव क्षमता का एक विस्तार है।

[2]

मानव-मशीन के बीच के इस अंतर्संबंध का ही परिणाम प्राकृतिक भाषा संसाधन (नेचुरल लेंगवेज प्रोसेसिंग या NLP) है जिसका एकमात्र उद्देश्य भाषा प्रजनन और भाषा बोध की क्षमता से युक्त एक कम्प्यूटर मॉडल निर्मित करना है। मानव-मशीन के बीच के इस अंतर्संबंध से प्रेरित होकर ही अभिकलनात्मक भाषाविज्ञान (कंप्यूटेशनल लिंग्विस्टिक्स) और प्राकृतिक भाषा संसाधन के अनुप्रयोगात्मक पक्षों पर कई कार्यक्रम शुरू हुए। इनमें से कुछ अनुप्रयोगात्मक पक्ष इस प्रकार हैं :

(1) डाटाबेस इंटरफेस

फाइल संसाधन प्रक्रिया के आधार पर कम्प्यूटर में बड़े पैमाने पर डाटा संचित और वर्गीकृत किया जाता है। इस डाटाबेस में से हम आवश्यकतानुसार इच्छित सामग्री या चुनी हुई सूचनाएँ प्राप्त कर सकते हैं। उदाहरण के लिए बैंक, पुस्तकालय तथा रेलवे रिजर्वेशन आदि में इस सुविधा का प्रचुर प्रयोग किया जाता है। इस सुविधा का उपयोग कोशकार भी अपने कोश को अद्यतन बनाने और तत्काल नई सामग्री जोड़ने के लिए करता है।

(2) आंतरिक संरचना की पहचान

किसी दिए हुए डाटा के भीतर छिपी संभाव्य संरचना को उजागर करने के लिए कम्प्यूटर में 'सांख्यिकी तकनीक' का उपयोग किया जाता है। यह तकनीक इस अवधारणा पर आधारित है कि संरचना और यादृच्छिकता (randomness) के बीच एक वैषम्य है और इसलिए संरचना या पैटर्न को यादृच्छिक तत्त्वों से अलग करना संभव है। इस तकनीक का उपयोग प्रायः समाजभाषावैज्ञानिक अपने डाटाबेस में से ऐसे परिवर्ती तत्त्वों (वेरिएबल्स) को अलग करने के लिए करते हैं जो भाषा-व्यवहार में प्रतिबंधों के प्रति संवेदनशील (परिवर्तनशील) होते हैं।

(3) संबद्ध सूचना की पुनःप्राप्ति (रिट्रिवल)

कम्प्यूटर में कोश प्रविष्टियों के रूप में डाटा भरने और उसे पुनः प्राप्त करने की सुविधा तो उपलब्ध होती है, लेकिन कम्प्यूटर में अब यह क्षमता भी विकसित हो चुकी है कि वह भाषिक अभिव्यक्तियों की संरचना और अर्थ का स्वयं विश्लेषण कर उससे संबद्ध तथ्यों को भी अपने संचित भंडार में से ढूँढ़कर निकाल ले।

(4) वाक् संश्लेषण

द्रुत डिजिटल कम्प्यूटर के आ जाने से अब मनुष्य की वाणी को भी कम्प्यूटर के जरिए कृत्रिम रूप से पैदा करने की कोशिश की जा रही है।

(5) पाठ प्रजनन

संगठनात्मक फ्रेम का इस्तेमाल कर और पाठ के उस अंश की पहचान कर जो संप्रेषण का केंद्रबिंदु है, उपयुक्त प्रोग्रामन के जरिए संसक्त और सुगठित पाठ प्रजनित किया जा सकता है।

(6) मशीन अनुवाद

कृत्रिम बुद्धि की केंद्रीय क्षमताओं का भरपूर उपयोग कर स्वचालित अनुवाद प्रणाली विकसित करने की दिशा में आज कई प्रयास जारी हैं। सैद्धांतिक आधार पर मशीन अनुवाद की तीन पद्धतियाँ सामने आ चुकी हैं—(क) प्रत्यक्ष अनुवाद पद्धति, (ख) अंतरण पद्धति और (ग) अंतर्भाषा पद्धति।

(7) तुलनात्मक जानकारी और प्ररूप विज्ञान (टाइपोलॉजी)

विभिन्न भाषाओं के बीच साम्य और वैषम्य का आकलन करने के लिए भी कम्प्यूटर प्रणाली का प्रयोग किया जाता है। इस प्रक्रिया से प्राप्त परिणाम उन लोगों के लिए अधिक उपयोगी होते हैं जो भाषा के सार्वभौम तत्त्वों और प्ररूप वर्गीकरण से संबंधित जानकारी प्राप्त करने में रुचि रखते हैं।

भाषा-प्रयोग के क्षेत्र में अभिकलनात्मक भाषाविज्ञान के अन्य भी कई उपयोग हैं, जैसे—भाषा अर्जन और भाषा-शिक्षण (CALP), बोली सर्वेक्षण, शैलीगत अन्वेषण, लिपि डिजाइन, मुद्रण आदि। इन सभी क्षेत्रों में उपकरण के रूप में तो कम्प्यूटर का प्रयोग हुआ है, लेकिन इनसे भाषा की क्षमता या नए आयामों के बारे में अतिरिक्त जानकारी या अंतर्दृष्टि नहीं मिलती। लेकिन अभिकलनात्मक भाषाविज्ञान के अंतर्गत दो ऐसे क्षेत्र हैं जिनसे अभियांत्रिकी लक्ष्यों के अलावा, प्रणाली के रूप में भाषा के संबंध में हमें कुछ नई जानकारी या अंतर्दृष्टि मिलती है। ये क्षेत्र हैं—ज्ञान निरूपण (Knowledge representation) और पार्ज़िंग (या पद निरूपण) का विकास।

(8) ज्ञान निरूपण (Knowledge Representation)

ज्ञान निरूपण कृत्रिम बुद्धि का एक अत्यंत महत्त्वपूर्ण क्षेत्र है जिसमें प्राकृतिक भाषा संसाधन का उपयोग होता है। सूचना को संरचित करने की प्रणाली को लेकर विद्वानों

ने कई मॉडल सुझाए हैं, जैसे—'फ्रेम्स' (Minsky, 1975), स्क्रिप्ट्स (Schank और Abelson, 1977), 'इनफॉर्मेशन फार्मेट' (Sagas, 1975) आदि। कुछ विद्वानों ने इन मॉडलों की प्रचालन-क्षमता और मनोवैज्ञानिक यथार्थता का भी परीक्षण करने का प्रयास किया है। फलस्वरूप सामान्य आर्थी लक्षणों और उनके जालक्रम (नेटवर्क) को लेकर कई मूलभूत मान्यताएँ सामने आईं जिन्होंने भाषावैज्ञानिक अध्ययन में अर्थतत्त्व को नई गहराई प्रदान की।

(9) पार्ज़र का विकास

परंपरागत अर्थ में पार्ज़िंग (parsing) का अर्थ है पद निरूपण, अर्थात् किसी दिए गए वाक्य के पदों की व्याकरणिक कोटियों का निर्धारण करना, जैसे—उद्देश्य, विधेय, संज्ञा, क्रिया आदि। अभिकलनात्मक भाषाविज्ञान में पार्ज़िंग वह प्रक्रिया है जिससे किसी दिए गए इनपुट वाक्य को उपयुक्त व्याकरणिक संरचना प्रदान की जाती है। यहाँ पार्जर कम्प्यूटर प्रोग्राम का एक प्रक्रियात्मक घटक है। इस विधि से जो संरचनात्मक सूचना प्राप्त होती है उससे या तो प्रत्यक्षतः इनपुट वाक्य का अर्थ उद्घाटित होता है या आर्थी निरूपण की प्रक्रिया से उसके अर्थ तक पहुँचा जा सकता है। इस समय कई प्रकार के पार्ज़र उपलबध हैं, जैसे PARSIFAL (of Marcus, 1980), ATN (Augmented Transition Network), Wilks' Parser (1975) आदि। यह एक संतोष की बात है कि आई. आई. टी. कानपुर के कुछ विद्वान् भी 'पाणिनि पार्ज़र' (भारती, 1990) विकसित कर रहे हैं।

चूँकि कम्प्यूटर प्रोग्राम रूपात्मक (formal) प्रणाली का ही एक मूर्तरूप होता है, इसलिए पार्ज़र ने भी भाषाविज्ञान को 'रूपात्मक' और व्याकरण को वर्णनात्मक (declarative) होने के लिए प्रेरित किया। फलतः भाषिक वर्णन को भी कम्प्यूटर कलनविधि (एलगोरिथम) के रूप में प्रस्तुत करने की आवश्यकता पड़ी।

[3]

अभिकलनात्मक (कंप्यूटेशनल) भाषाविज्ञान : भाषा सिद्धांतों और पद्धतियों का उपयोग करते हुए मानव-मशीन अन्योन्य क्रिया (interaction) से संबंधित भाषागत समस्याओं का अध्ययन और निराकरण करता है। यह एक ओर भाषाविज्ञान और कम्प्यूटर विज्ञान के क्षेत्रों का अतिक्रमण करता है, दूसरी ओर मानव बुद्धि और कृत्रिम बुद्धि के क्षेत्रों का और तीसरी ओर व्याकरण, सूचनाविज्ञान और गणित के क्षेत्रों का। गज़दर (1987 : 37-8) के अनुसार यह 'इंजीनियरी' की एक शाखा है और इस अनुशासन में ज्ञान के प्रवाह की दिशा पूर्णतः भाषाविज्ञान से अभिकलनात्मक भाषाविज्ञान की ओर होती है।

यह एक परंपरागत दृष्टिकोण है और आज भी अधिकांश विद्वान् इसी दृष्टिकोण को सही मानते हैं। उनके अनुसार पार्ज़िंग की संपूर्ण अवधारणा भाषावैज्ञानिक सिद्धांतों और मॉडलों पर आधारित है। Winograd (1983) का मानना है कि पार्ज़िंग की अवधारणा पर चॉम्स्की के Aspects (1965) के प्रजनक व्याकरण का बहुत गहरा प्रभाव है। Marcus (1978) ने चॉम्स्की (1975) द्वारा प्रतिपादित मानव भाषा के इन दो वाक्यस्तरीय सार्वभौम तत्त्वों का विस्तार से वर्णन किया है : कर्ता प्रभाविता (Subjacency) सिद्धांत और विशिष्टीकृत कर्ता प्रतिबंध (Specified Subject Constrain)। उनका कहना है कि ये दोनों प्रतिबंध उनके पार्ज़र 'PARSIFAL' से प्राप्त होते हैं। जब बाद में चॉम्स्की ने अपने सिद्धांत को बदलकर अधिकार और अनुबंधन (Government and Binding) मॉडल का प्रतिपादन किया और कहा कि जी. बी. पार्ज़र को भी नियमों के बजाय सिद्धांत और पैरामीटर पर आधारित होना चाहिए (चॉम्स्की 1986 : 151), तो एम. आई. टी. के कृत्रिम बुद्धि प्रयोगशाला के श्री बर्टन (1984) ने भी इसके पक्ष में घोषणा की। बाद में Bernick और Weinberg (1984) और Marcus (1980) ने भी जी. बी. पार्ज़र का समर्थन किया।

भाषाविज्ञान और अभिकलनात्मक भाषाविज्ञान के अंतर्संबंधों की कहानी का यह एक पक्ष है। कुछ विद्वानों का मत है कि भाषावैज्ञानिकों को अपने व्याकरणिक सिद्धांतों को व्याकरणिक फ़ॉर्मेलिज़्म के रूप में व्यक्त करना चाहिए और भाषाओं का वर्णन व्याकरण के रूप में करना चाहिए। वास्तव में अभिकलनात्मक भाषाविज्ञान को इसी प्रकार के व्याकरण की ज़रूरत पड़ती है। गज़दर (1987 : 39) कहते हैं कि आज अधिकांश भाषावैज्ञानिक भाषा के रूपपरक (फॉर्मेल) सिद्धांतों पर कार्य नहीं कर रहे हैं, वे प्राकृतिक भाषाओं के लिए व्याकरणिक फॉर्मेलिज़्म नहीं विकसित कर रहे हैं और न ही वे प्राकृतिक भाषाओं के कुछ पक्षों का व्याकरणिक वर्णन सूत्रबद्ध कर रहे हैं।

आज स्थिति यह है कि व्याकरणिक फ़ॉर्मेलिज़्म अभिकलनात्मक भाषा-वैज्ञानिकों द्वारा या कम्प्यूटर वैज्ञानिकों के सहयोग से भाषावैज्ञानिकों द्वारा विकसित किए जा रहे हैं। उदाहरण के लिए, दो बहुचर्चित भाषावैज्ञानिक मॉडल CLLFG (Lexical Functional Grammar) और GSPG (Generalised Phrase Structure Grammar) भाषावैज्ञानिकों और कम्प्यूटर वैज्ञानिकों के मस्तिष्कों के मिलन की उपज हैं। इनमें भाषावैज्ञानिक सिद्धांतों और वर्णनों के साथ-साथ कृत्रिम बुद्धि के क्षेत्र में विकसित बहुत सी संकल्पनाओं और तकनीकों का समागम है (गज़दर, 1987)।

अभिकलनात्मक भाषाविज्ञान के सैद्धांतिक प्रतिपादन में कृत्रिम बुद्धि की कुछ प्रकार्यात्मक संकल्पनाओं और रूपात्मक उपकरणों का उपयोग किया जा सकता है। उधर भाषावैज्ञानिक भी धीरे-धीरे वाक्यों की व्याकरणिकता और सुगठनता का निर्धारण करने के लिए स्पष्ट व्याकरणिक सूत्रों का निर्माण करने लगे हैं। लेकिन यह ध्यान रहना चाहिए कि वाक्य की सुगठनता को निर्धारित करने के लिए आवश्यक एलगोरिथम विकसित करना उसका कार्य नहीं। इसके विपरीत, सैद्धांतिक भापावैज्ञानिक की रुचि ऐसे

एलगोरिथम के निर्माण में होती है जो सुगठित वाक्य की पहचान करने के लिए व्याकरणिक वर्णनों की व्याख्या कर सके। सैद्धांतिक अभिकलनात्मक भाषावैज्ञानिक सुगठित वाक्यों के व्याकरणिक वर्णनों को इस प्रकार अभिकल्पित करता है कि उससे एलगोरिथम का सही संसाधन हो सके।

सामान्यतः यह माना जाता है कि भाषाविज्ञान और कृत्रिम बुद्धि के लक्ष्य अलग-अलग होते हैं—एक का लक्ष्य 'सीखना' है और दूसरे का पार्ज़ या पद निरूपण करना। अभिकलनात्मक भाषाविज्ञान का कार्यक्षेत्र भाषाविज्ञान और कृत्रिम बुद्धि दोनों की सीमाओं का अतिक्रमण करता है। जिस सीमा तक भाषावैज्ञानिक सिद्धांतों के लक्ष्य प्राकृतिक भाषा संसाधन के लक्ष्यों से मेल खाते हैं उस सीमा तक भाषाविज्ञान की युक्तियों को प्राकृतिक भाषा संसाधन में समाविष्ट किया जा सकता है। जहाँ दोनों के लक्ष्यों में विरोधाभास हो वहाँ संबद्ध तकनीकों में आदान-प्रदान की आवश्यकता नहीं।

मैं इस बात पर ज़ोर देना चाहता हूँ कि हमें अभिकलन (Computation) की अंतर्निहित क्षमता और आधुनिक टैक्नालॉजी के तहत इस क्षमता के प्रयोग की स्थिति के बीच अंतर समझ लेना चाहिए। अभिकलन की मानव क्षमता जन्मजात होती है और हमारी बोधन-प्रणाली का एक मूल अंग होती है। वास्तव में इस क्षमता के अभाव में मानव भाषा संभव ही नहीं।

यदि हम कृत्रिम बुद्धि को दूसरी मानव बुद्धि का प्रतिरूप बनाना चाहते हैं तो हमें इसे भी उसी तरह मानव की अभिकलनात्मक क्षमता पर आधारित करना होगा जिस तरह भाषावैज्ञानिक अपने सिद्धांतों को मानव की जन्मजात क्षमता पर आधारित करते हैं।

यदि हम इस सिद्धांत को मान लें कि कृत्रिम बुद्धि अभिकलन के सिद्धांत पर आधारित है और उसमें यंत्र के रूप में कम्प्यूटर द्वारा कोई प्रतिबंध आरोपित नहीं है तो हमें कृत्रिम बुद्धि और भाषाविज्ञान दोनों द्वारा निर्मित सिद्धांतों की प्रक्रिया में कोई अंतर नहीं दिखाई देगा।

इससे एक बात उभरकर यह सामने आती है कि मानव मस्तिष्क की अभिकलनात्मक क्षमता दोनों के लिए केंद्रीय महत्त्व की है। इसी क्षमता से व्याकरण में प्रजनन शक्ति आती है। दूसरे, अभिकलनात्मक क्षमता से व्याकरण में पूर्णता आती है और इसलिए यह मौजूदा व्याकरणों की विविधता को भी समेटने में समर्थ होती है। द्रष्टव्य है कि हमारे मस्तिष्क में वर्तमान भाषाओं के जो व्याकरण अंतर्भूत होते हैं वे सीमित तथ्यों और आँकड़ों पर आधारित होते हैं। इसीलिए हमारे व्याकरण सामान्यतः 'परिसीमित' होते हैं। इसीलिए चॉम्स्की का मानना है कि किसी भी सार्वभौम व्याकरण को दो शर्तें पूरी करनी चाहिए—पहला, इसमें वर्तमान (या संभव) व्याकरणों की विविधताओं का समाहार करने की क्षमता होनी चाहिए। दूसरे, विकल्पों की दृष्टि से इसे पर्याप्त सीमित और प्रतिबंधित होना चाहिए क्योंकि मानव मस्तिष्क में जो भी व्याकरण अंतर्भूत होता है वह काफी सीमित साक्ष्यों पर आधारित होता है।

अभिकलनात्मक भाषाविज्ञान के क्षेत्र में कार्य करने वाले अनेक विद्वानों ने सीमित व्याकरण, प्रसंग-निरपेक्ष व्याकरण और प्रसंग-सापेक्ष व्याकरण संबंधी चॉम्स्की की मान्यताओं की आलोचना की है (Gazdar, 1982 : 13 off, Kaplan और Bresrtan 1982 : 263)। उनका कहना है कि चॉम्स्की द्वारा प्रस्तावित पद-निरूपण योग्यता और भाषा-अर्जन योग्यता (parsability and learnability) के द्विभाजन की आवश्यकता नहीं—केवल पद-निरूपण योग्यता ही प्राकृतिक भाषाओं के व्याकरणों को परिसीमित करने के लिए पर्याप्त है।

अंत में, हम व्याकरण से संबंधित समस्याओं के संदर्भ में अभिकलनात्मक भाषाविज्ञान के कार्यक्षेत्र को दो भागों में बाँट सकते हैं--सैद्धांतिक और अनुप्रयोगात्मक। एक का संबंध व्याकरण फॉर्मेलिज़्म से है, दूसरे का भाषा इंजीनियरी से। अभिकलनात्मक भाषाविज्ञान की दृष्टि से व्याकरण फॉर्मेलिज़्म का मुख्य लक्षण मानव की अभिकलनात्मक क्षमता पर आधारित उसकी अपनी पद-निरूपण योग्यता है। दूसरे, व्याकरण का रूप ऐसा होना चाहिए जो कथनात्मकता, सरलता और कड़ाई आदि लक्षणों के अनुरूप हो जिससे यांत्रिक स्तर पर अभिकलन की प्रभाविता बढ़ सके।

संदर्भ-ग्रंथ-सूची

Andres, A.M., 1983. Artificial Intelligence. Abacus Press.

Bharati, et. al. 1990. A computational grammar for Indian languages processing. Tech, Report TRCS 90-96 I.I.T., Kanpur.

Chomsky, N., 1963. Formal properties of grammars. In R.D.Luce et. al (eds.) Handbook of Mathematical Psychology Vol. II. New York: Wiley

—,1965. Aspects of the theory of syntax. Cambridge, Mass : MIT Press.

—,1975. Reflections of language. New York: Pantheon.

—,1982a. The generative enterprise (A discussion with R. Huybregts and H. Van Riemsdijk) Dordrecht : Foris

—,1882b. Lectures of Government and Binding Dordrecht: Foris.

—,1983. Mental representation. *syracuse Scholar:* An Interdisciplinary Journal of Ideas. 5-12

—,1986. Knowledge of language. Its nature, origin and use, New York: Preger.

—,1987. Kyoto lectures, unpublished MS.

Gazdar, G., 1982. Phrase structure grammar. In Jacobson, p. and G. Pullum (eds). The nature syntactic representation. Dordrecht : Reidel.

—,1987. Linguistic implications of default inheritence machanism. In Whitelock, P. et. al. (eds.) Linguistic theory and computer applications. London: Academic Press.

—,et. al. 1985. Generalized Phrase structure grammar : A form. Oxford: Basil Blackwell,

Goody. J., 1977. The domestication of the savage mind. Cambridge : Cambridge University Press.

—,1986. The logic of writing and the organisation of Society. Cambridge : Cambridge University Press.

Innis, W. A., 1964. The bias of communication. Toronto. Toronto University Press.

Kaplan and J. Bresnan, 1982. Lexical functional grammar : A formal system for grammatical representation In Bresnan, J. (ed.) The mental representation of grammatical relations. Cambridge, Mass. MIT Press.

—,1987. Three seductions of computational psycholinguistics. In p. Whitelock et al (eds.) Linguistic theory and computer application. London : Academic Press.

Kaplan. R.B., 1988. Process vs. Product : problem of strawan. Lenguas Modernas 15.35-44.

—,1966. Cultural thought patterns in intercultural education. Language Learning 16:1-20.

Laurie, P., 1983. The joy of computers : London: Hutehinson.

Marcus. M.P., 1980. Theory of syntactic recognition for natural languages. Cambridge : Cambridge : MIT Press.

—,1978. 'A Computational account of some constraints of Language.' In the proceeding of the TINLAP-2, 236-246.

Marr, D. and H.K. Nisihara, 1978. Visual information processing artificial intelligence and the sensotorium of sight. Technology Review (MIT) Vol. 81.

McLuhan, M., 1970. Counterblast London: Rapp & Whitting

McNally, J. R. ,1970. Toward a definition of Rhetoric. Philosophy of Rhetoric3.

Miller, G. A., 1967. The Psychology of Communication—Seven Essay : Penguin

Books Ltd.

Minsky, M.L., 1975. A framework for representing knowledge. Cambridge, Mass. MIT Press.

Naisbitt, J., 1982 Megatrends (Ten new directions transforming our lives) London, sydney : Macdonald & Company.

Ong, W.J., 1982. Orality and literacy : London : Methuen.

—,1986. Writing is a technology that restructures thought. In Baumann, G. (ed.) The Written Word Literacy in Transition. Oxford Clarendon Press.

Sagar, N., 1981. Natural language information processing Mass. Addison—Wesely.

Schank, R. and R. P. Abelson., 1977. Scripts, plans, goals and understanding. Hillsdale, New Jessey : Lowrence Erlbaum.

Shieber, S.M., 1987. Separating linguistic analyses from linguistic theories. In Whitelock, P. et. al (eds.) Linguistic theory and computer applications London : Academic press.

Winograd, T., 1973. Understanding Natural Language. Edinburg Univ. press.

देवनागरी कम्प्यूटरीकरण : कुछ सैद्धांतिक तथा अनुप्रयोगात्मक पक्ष*

भारतीय लिपियों के कम्प्यूटरीकरण के प्रारंभिक चरणों में सभी मूलभूत अनुसंधान रोमन लिपि को ही आधार मानकर किए गए, क्योंकि रोमन रेखीय लिपि है जो कम्प्यूटर के लिए अधिक उपयुक्त है। रेखीय लिपि में हर स्वन या ध्वनि के लिए एक स्वंतत्र वर्ण का विधान होता है। देवनागरी लिपि अक्षर सिद्धांत पर आधारित है जिसके अनुसार हर व्यंजन वर्ण में एक अतिरिक्त ध्वनि 'अ' अंतर्निहित रहती है। स्वर चिह्न भी प्रायः मात्राओं के रूप में व्यंजन वर्णों के आगे, पीछे, नीचे या ऊपर जुड़ते हैं।

मशीनीकरण के संदर्भ में देवनागरी लिपि की अनुपयुक्तता सिद्ध करते हुए कुछ आलोचकों ने कुछ और तर्क भी दिए हैं, जैसे देवनागरी लिपि में विशिष्ट संयुक्ताक्षरों का प्रयोग, ध्वनि क्रम के विपरीत 'इ' (ि) की मात्रा का वर्ण से पहले प्रयुक्त होना, अनेक वर्णों के लिए दो-दो रूपों का समानांतर प्रयोग (अ-अ्र, ण-रा), आधे और पूर्ण दो प्रकार के वर्णों का विधान (क-क्) आदि। ग्लीटमैन और रोज़िन (1977) ने तो यहाँ तक कहा कि लिपि के ऐतिहासिक विकास-क्रम में देवनागरी लिपि विकास के एक चरण पीछे है। लिपि-विकास के पहले चरण में पूर्ण संकल्पना के लिए एक लिखित चिह्न का विकास हुआ; दूसरे चरण में शब्द के लिए, तीसरे चरण में अक्षर (सिलेबल) के लिए और चौथे चरण में ध्वनि (स्वन) के लिए पृथक वर्ण का विकास हुआ। देवनागरी लिपि अक्षर-पद्धति पर आधारित है और रोमन लिपि ध्वनि-चिह्नों की पद्धति पर।

दूसरी ओर देवनागरी को वैज्ञानिक लिपि कहा गया है। कम्प्यूटर के संदर्भ में इसकी उपयुक्तता पर चर्चा करने से पहले कुछ तथ्यों का उल्लेख महत्त्वपूर्ण है :

1. संप्रेषण-व्यापार में प्रयुक्त हर प्रकार का चाक्षुष प्रतीक लिपि नहीं है। यह प्रतीक तभी लिपि-प्रणाली का अंग बनता है जब यह किसी भाषा-व्यवस्था के माध्यम से संदेश संप्रेषित करता है।

2. भाषा-व्यवस्था संप्रेपण की मौखिक संभावना है और अभिव्यक्ति भाषिक चिह्नों की स्तरित व्यवस्था है। यह अभिव्यक्ति मौखिक भी हो सकती है और लिखित भी। सस्यूर ने इस अभिव्यक्ति को 'पारोल' कहा है और चॉम्स्की ने भाषा-निष्पादन (परफॉरमेंस)।

---

* 29 की तरह।

3. लिपि भाषा की इकाइयों की अभिव्यक्ति की एक स्वतःपूर्ण युक्ति है। आधुनिक भाषाविज्ञान के प्रारंभिक चरणों में लिपि या लेखन को मौखिक भाषा-रूप की तुलना में गौण माना जाता था। मौखिक भाषा-रूप को भाषा और लेखन के बीच का केंद्रीय घटक माना जाता था। आज भाषा के मौखिक और लिखित दोनों रूपों को एक ही भाषिक इकाई की दो पृथक् अभिव्यक्तियाँ माना जाने लगा है।

4. मौखिक तथा लिखित भाषा-रूपों के बीच समानांतर संबंध होता है। चूँकि एक ही भाषिक इकाई के लिए मौखिक तथा लिखित दो रूपों का समानांतर विकास हुआ है, इसलिए दोनों के बीच समानांतर संबंध का होना स्वाभाविक है। यह संबंध कई तरह का हो सकता है :

(क) **बहु-स्वनिमिक** : एक वर्ण एक से अधिक ध्वनि का प्रतीक हो सकता है, जैसे—वर्ण <c>=/s/~/k/ (cell, cycle, cell, come)

(ख) **संश्लिष्ट** : दो ध्वनिकों से मिलकर बने संश्लिष्ट रूपों के लिए एक वर्ण का विधान हो सकता है, जैसे—वर्ण <x>=/K+s/~/g+z (ox. box, exact, exit)

(ग) **विश्लेषणात्मक** : दो वर्ण मिलकर एक ध्वनि का प्रतिनिधित्व कर सकते हैं, जैसे—वर्ण <c+h>+/k/~/ts/ (chemist, chrome, church, chill)

(घ) **वैकल्पिक** : एक ध्वनि के लिए नियत वर्ण होते हुए भी कई संदर्भों में कुछ अन्य वर्ण उस ध्वनि का प्रतिनिधित्व कर सकते हैं, जैसे—वर्ण <f>=/f/</f/=f, ph, gh> (fall, physics, rough)

(ङ) **सहायक** : कभी-कभी कुछ वर्ण, जो अन्य वर्णों के साथ जुड़कर प्रयुक्त होते हैं, शून्य ध्वनि व्यक्त करते हैं, जैसे—वर्ण <k>=ϕ (knob, know, knee)

5. लेखन का प्राथमिक उद्देश्य शब्दों का निर्माण करना होता है। अतः लिपि का मुख्य उद्देश्य भाषा के शब्दों की आतंरिक संरचना को ठीक-ठीक निरूपित करना है। अतः किसी भी लिपि का गुण-दोष इस बात पर निर्भर करता है कि वह उस भाषा के शब्दों की आंतरिक संरचना को कहाँ तक ठीक-ठीक निरूपित करता है। यह सच है कि स्वनिमों पर आधारित वर्ण-प्रणाली ध्वनियों के लिप्यंकन के लिए अधिक उपयुक्त होती है, लेकिन भारतीय भाषाओं के शब्दों की आंतरिक संरचना को निरूपित करने के लिए देवनागरी वर्णमाला सर्वथा उपयुक्त है।

भारतीय भाषाओं की ध्वनि तथा वर्ण-व्यवस्था का अभीष्टतम सदुपयोग करने की दृष्टि से सन् 1978 में भारत सरकार के इलेक्ट्रॉनिक आयोग ने कम्प्यूटर प्रणाली विकास की कई ऐसी योजनाएँ शुरू कीं जिनसे भारतीय लिपियों के बीच स्वतः लिप्यंतरीकरण की सुविधा उपलब्ध हो सके। डी. सी. एम. 'सिद्धार्थ', सी. एम. सी. 'लिपि', आई. आई. टी., कानपुर—'जिस्ट' तथा 'बिट्स' आदि परियोजनाएँ इसी के प्रतिफलन हैं।

भारतीय लिपियों के कम्प्यूटरीकरण के संदर्भ में, वास्तविक (real) लिपि, प्रकृत (natural) लिपि और रूपात्मक (formal) लिपि के बीच अंतर समझना जरूरी है। सामाजिक व्यवहार में हम लिखित अभिव्यक्ति के लिए जिस परंपरागत लिपि-चिह्न प्रणाली का प्रयोग करते हैं वह वास्तविक लिपि कहलाता है, जैसे देवनागरी लिपि, रोमन लिपि आदि। इसके विपरीत कम्प्यूटर में प्रोग्रामन के लिए जिस विशिष्ट भाषा रूप का प्रयोग किया जाता है वह रूपात्मक भाषा कहलाता है, जैसे—ALGOL, FORTRAN, BASIC आदि कृत्रिम भाषाएँ। प्रकृत भाषा वास्तविक भाषा का ही वह रूप है जो कम्प्यूटर में इनपुट के रूप में प्रविष्ट होता है। इसके लिए समस्त वर्णों को पृथक् घटकों के रूप में विश्लेषित किया जाता है, ताकि वे शृंखला के रूप में प्रस्तुत हो सकें। वास्तविक और प्रकृत लिपि रूपों के बीच अंतर देखिए :

(क) वास्तविक लिपि रूप : निष्क्रिय

(ख) प्रकृत लिपि रूप :

(1) लेखन-आधारित : ि न ि ष क, ्र, य

(2) ध्वनि आधारित : न Θ इ Θ क Θ र Θ इ Θ य

(यहाँ Θ का चिह्न दो वर्णों के बीच योजक का सूचक है)

इस विधि से देवनागरी लिपि के वर्णों को, जो मूलतः सामासिक हैं, अलग-अलग वर्णों के रूप में विश्लेषित किया जा सकता है जिससे इनका कम्प्यूटरीकरण संभव हो सके।

[3]

यहाँ लिप्यंकन (transcription) और लिप्यंतरण (transliteration) के बीच अंतर समझ लेना ज़रूरी है। किसी भी भाषा की ध्वनियों को एक व्यवस्थित लेखन प्रणाली के अंतर्गत लिपिबद्ध करना **लिप्यंकन** कहलाता है। किसी एक भाषा के लेखन को दूसरी भाषा की लिपि में लिखना **लिप्यंतरण** कहलाता है।

लिप्यंकन भी दो प्रकार का हो सकता है—स्वनिक लिप्यंकन और स्वनिमिक लिप्यंकन। किसी भाषा की उच्चरित ध्वनियों की सूक्ष्मता को यथावत् लिपिबद्ध करना स्वनिक लिप्यंकन कहलाता है। इसमें यह ध्यान नहीं रखा जाता कि कोई उच्चरित ध्वनि या ध्वनि-रूप भाषिक प्रकार्य की दृष्टि से उक्ति में महत्त्वपूर्ण है या नहीं। इसके विपरीत स्वनिमिक लिप्यंकन में केवल उन्हीं ध्वनियों का लिप्यंकन किया जाता है जिनका भाषा में कोई भाषिक प्रकार्य होता है।

ध्वनि तथा वर्ण-विन्यास की दृष्टि से देवनागरी वर्णमाला का आधार अत्यंत वैज्ञानिक है। रोमन में वर्ण और उसकी ध्वनि के बीच कोई अनिवार्य संबंध नहीं है।

ध्वनि 'म' को सूचित करने वाले वर्ण को 'एम' कहा जाता है, 'ह' का 'एच' और 'प' को 'पी' आदि। दूसरे, अंग्रेजी का एक ही वर्ण एक से अधिक ध्वनियों का प्रतीक हो सकता है, जैसे—<a>→[a] 'bad', [a] bard [ɔ] ball],[ə] 'about' [ei] 'bade'.

इसके विपरीत, देवनागरी का लगभग एक वर्ण, एक विशेष ध्वनि का प्रतिनिधित्व करता है; उसका नामकरण भी अक्षर रूप में वही है, जैसे—अ, क, प [a, ka, pa] । देवनागरी के वर्ण आक्षरिक (सिलेबिक) हैं, सो हर व्यंजन वर्ण के दो रूप हैं—एक शुद्ध व्यंजन का और दूसरा व्यंजन + अ स्वर का संयोग (जैसे क्, क)।

[4]

स्रोत भाषा के वर्णों का लक्ष्य भाषा के वर्णों में रूपांतरण लिप्यंतरण कहलाता है। लिप्यंतरण की प्रक्रिया में तीन चरण शामिल हैं :

1. स्रोत भाषा के लिखित प्रतीक का उच्चरित प्रतीक में रूपांतरण, जैसे—though →। o।

2. स्रोत भाषा के उच्चरित रूप का लक्ष्य भाषा के उच्चरित रूप में अंतरण, जैसे । ∂ o।→। do।

3. लक्ष्यभाषा के उच्चरित रूप का लक्ष्य भाषा की परंपरागत लिपि में अंतरण । do।→दो।

लिप्यंतरण की प्रक्रिया में कभी-कभी ऐसी स्थिति भी आ सकती है जब स्रोत भाषा के दो वर्ण उच्चारण के स्तर पर एक ही हों और एक ही प्रतीक द्वारा व्यक्त हो सकते हों, लेकिन लक्ष्य भाषा के स्तर पर दो भिन्न लिखित प्रतीकों की आवश्यकता पड़ सकती है। ऐसी समस्या कभी-कभी देवनागरी (संस्कृत) से रोमन (अंग्रेजी) लिप्यंतरण में आती है। देखिए :

	चरण-1		चरण-2	चरण-3
<श>	/ š /	=	/ š /	sh
<ष>	/ S /			

[5]

देवनागरी लिपि को कम्प्यूटर प्रणाली के लिए उपयुक्त बनाने के लिए ज़रूरी है कि भाषा-नियोजन की तरह लिपि-नियोजन का निश्चित कार्यक्रम तैयार किया जाए। लिपि नियोजन के लिए तीन चरण महत्त्वपूर्ण हैं—लिपि का मानकीकरण, आधुनिकीकरण और कम्प्यूटरीकरण।

लिपि **मानकीकरण** से तात्पर्य वर्णों के एकाधिक रूपों में से एक का चयन कर उसे स्थिर रूप प्रदान करना, जैसे—अ~अ, झ~झ, क्क~क्क में से एक का चयन। (अब दूसरा विकल्प मुद्रण में उत्तरोत्तर अधिक मान्य होता जा रहा है।) इसी प्रकार (र) के चार संदर्भ-आश्रित रूप (या उपवर्ण) हैं : < र > रथ, < र्‍ > कर्ज़, <्र> ,ग्रह और< ्र> ट्रक। यदि इन वर्ण-रूपों को कम्प्यूटर-संसाधन के लिए उपयुक्त बनाना है तो अलग-अलग संदर्भों में इनके प्रयोग वितरण के नियम तथा प्रतिबंधों की पूरी सूची तैयार करनी पड़ेगी जिससे इन नियमों का अनुसरण कर कम्प्यूटर स्वतः ठीक स्थान पर ठीक रूपों का प्रयोग कर सके।

लिपि के आधुनिकीकरण से तात्पर्य है वर्तमान वर्णमाला में अपेक्षित विस्तार करना जिससे सभी संभावित ध्वनि-रूपों का सम्यक प्रतिनिधित्व हो सके। लिपि के आधुनिकीकरण की तीन प्रमुख युक्तियाँ हैं :

(क) नए विशेषक चिह्नों का प्रयोग, जैसे—कश्मीरी के अवर्तुलित (unrounded) स्वरों के लिए वर्ण के ऊपर एक छोटी खड़ी पाई का प्रयोग, जैसे अे, ओ।

(ख) नए वर्ण-रूपों का सृजन, जैसे—तमिल मूर्धन्य पार्श्विक व्यंजन के लिए ळ का सृजन।

(ग) दो वर्णों को जोड़कर एक ही वर्ण-रूप का सृजन, जैसे—म्ह (कुम्हार), ल्ह (आल्हा)।

इस दिशा में सरकार द्वारा प्रस्तावित परिवर्धित देवनागरी एक अच्छा प्रयास है। इसमें अंग्रेजी की कुछ विशिष्ट ध्वनियों का भी विधान होना चाहिए, जैसे pleasure के [v]।

लिपि नियोजन का तीसरा चरण है लिपि कम्प्यूटरीकरण। इस चरण में देवनागरी के सभी वर्णों को मशीन तथा कम्प्यूटर के अनुकूल बनाया जाना चाहिए। इसके लिए गणितीय सिद्धांतों पर आधारित एक रूपात्मक विधान की भी आवश्यकता पड़ती है। इस विधान में कम-से-कम तीन प्रक्रियाएँ शामिल हैं : (क) कुंजीपटल, जिसके अंतर्गत समस्त वर्ण को रेखीय रूप प्रदान किया जाता है। (ख) पुनर्रचना सॉफ्टवेयर, जो वर्ण के विभिन्न अंगों को एक पूर्ण वर्ण के आकार में जोड़ता है, और (ग) प्रदर्शन प्रोसेसर, जो आउटपुट के रूप में पुनर्रचित वर्ण प्रस्तुत करता है।

सामान्य देवनागरी टाइपराइटर में प्रायः एक कुंजी-स्थिति में एक ही टाइप-फेस का विधान होता है। कम्प्यूटर में चूँकि कुंजीपटल और मॉनिटर दो अलग युक्तियाँ हैं,

इसलिए इसमें यह सीमा नहीं है। इसमें संयुक्ताक्षर आदि वर्णों को मूल वर्णों के योग से स्वतः निर्मित किया जा सकता है। इसलिए इस प्रणाली में एक कुंजी-स्थिति में एक ही टाइपफेस का विधान हो, यह आवश्यक नहीं।

चूँकि सभी भारतीय लिपियाँ एक ही वैज्ञानिक ध्वन्यात्मक सिद्धांत पर आधारित हैं, इसलिए नई कम्प्यूटर टेक्नालॉजी में 47 कुंजी वाले अंग्रेजी कुंजीपटल पर ही सभी भारतीय भाषाओं के लिए एक समान कुंजीपटल-प्रारूप (INSCRIPT) की व्यवस्था करना संभव है। यह कुंजीपटल ध्वनि-आश्रित प्रणाली पर आधारित है जिसके कई लाभ हैं, जैसे यह कुंजी के स्ट्रोक में 10 से 30 प्रतिशत की कमी कर सकता है : इसे स्पर्श टाइपिंग और चाक्षुष टाइपिंग के अनुकूल बनाया जा सकता है, इससे लिपि का स्वच्छ प्रिंट आउट ही नहीं प्राप्त होता, बल्कि लिपि की लेखन प्रकृति के अनुरूप वर्णों को सही आकार भी दिया जा सकता है। इससे त्रिभाषा-सूत्र के कार्यान्वयन में बहुत मदद मिलेगी, क्योंकि इसके द्वारा दो भारतीय भाषाओं का तुरंत मशीनी लिप्यंतरण संभव हो सकेगा।

स्मरण रहे कि ध्वनि-आधारित यह कुंजीपटल सामान्य टाइपराइटर में नहीं प्रयुक्त हो सकता। अतः सामान्य टाइपराइटर में टाइप के अभ्यस्त टाइपिस्टों को प्रारंभ से इसके प्रयोग में कुछ असुविधा हो सकती है। एक बार ध्वनि आश्रित कुंजीपटल को स्वीकार कर लेने पर, वर्णों की रचना करने तथा उन्हें उचित संदर्भों से जोड़ने के लिए कई प्रकार के नियमों तथा फार्मूलों का निर्माण करना भी आवश्यक होगा। यह नियमन केवल वर्ण-रचना तक ही सीमित नहीं होगा, बल्कि मुद्रण के बाद संशोधन तथा संपादन के लिए भी आवश्यक नियमों तथा सूत्रों का निर्माण करना होगा।

परिशिष्ट

I रूपरेखा : प्रयुक्ति और अनुवाद

II रूपरेखा : तुलनात्मक साहित्य और अनुवाद

III समीक्षा : भाषा-शिक्षण तथा भाषाविज्ञान

IV गोष्ठी रिपोर्ट : प्रयोजनमूलक हिंदी

[किसी संगोष्ठी, कार्यशाला यहाँ तक कि अपनी कक्षाओं में भी व्याख्यान देने के लिए प्रो. श्रीवास्तव अपने विचारों का एक ख़ाका बिंदुओं के रूप में कागज़ पर उतार लेते थे। ऐसे ही उनके द्वारा तैयार दो ख़ाके/प्रारूप यहाँ दिए जा रहे हैं : 'तुलनात्मक साहित्य और अनुवाद' तथा 'प्रयुक्ति और अनुवाद।'

इस प्रकार के प्रारूप यह बताते हैं कि वैचारिक मंथन को कोई चिंतक किस प्रकार आकार देता है। किस तरह वह बिंदुओं को तोड़ता-जोड़ता है और कैसे उसकी प्रस्तुति में (लिखित चाहे मौखिक) ये प्रारूप सहायक बनते हैं। ये प्रारूप प्रो. श्रीवास्तव की अध्ययनशील गंभीरता को भी व्यक्त करते हैं। इन्हें पहले मूल रूप में उन्हीं के हस्तलेख में दिया गया है। फिर बाद में इसी प्रारूप को थोड़ा विस्तार देकर, अस्पष्ट बिंदुओं को स्पष्ट करते हुए दिया गया है। प्रयत्न यही है कि मूल प्रारम्भ इस विस्तारण में अक्षुण्ण रहे तथा विस्तार प्रो. श्रीवास्तव के विचारों का ही हो (जो उन्होंने अन्यत्र अपने लेखन में व्यक्त किए हैं)। इन ख़ाकों का भाव-पल्लवन डॉ. दिलीप सिंह ने किया है।]

–संपादक

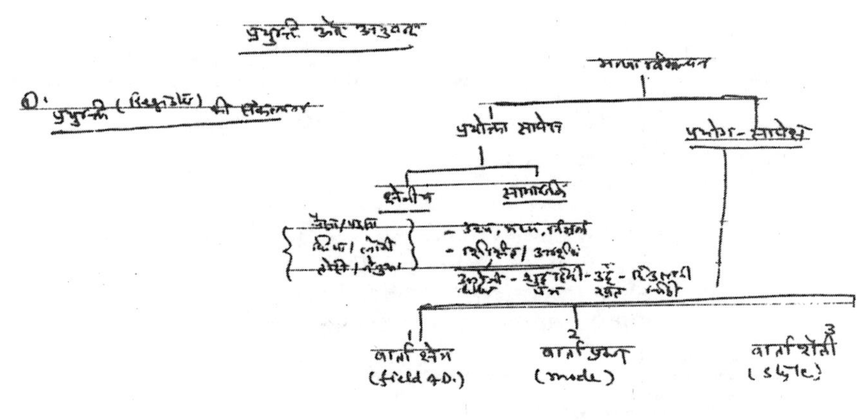

वार्ता क्षेत्र

विभिन्न व्यावहारिक सन्दर्भ । साहित्य और विज्ञान ; कार्यालय - सामान्य ।

सामान्य	कार्यालयी
1 [illegible]	[illegible]
2 पूछना	स्पष्टीकरण माँगते हो
3 बताना	[illegible]
4. [illegible]	प्रस्तुत करना
5. चिट्ठी मिलने की सूचना	पत्र-प्राप्ति की पावती

वार्ता प्रकार :

[illegible] । [illegible] - बोलना । बोलने में [illegible]; कभी-कभी [illegible] जोड़ते हैं - I mean, [illegible]

वार्ता शैली - वक्ता और श्रोता के परस्पर [illegible] । [illegible]

1 [illegible] (frozen) - [illegible] कि आप अन्दर आने की कृपा करें
2 औपचारिक (formal) - आप अन्दर आने की कृपा करें
3 [illegible] (consultative) - अब आप अन्दर आने की कृपा करें
4 अनौपचारिक (casual) - आओ, अन्दर आओ ।
5 [illegible] (intimate) - [illegible]

— on back page also,

चिकित्सा

[विज्ञान]

शब्दावली (पारिभाषिक)

epidemic महामारी (सामान्य भाषा)

महामारी — epidemic (particular disease in excess of normal expectation)

विश्वमारी — pandemic (world-wide epidemic)

लघुमारी — endemic (disease present in small area / community)

Sometimes when conditions are favourable an endemic disease may flare up into an epidemic.

कभी-कभी एक रोग फैलने के लिए अनुकूल परिस्थितियाँ होती हैं, तो लघुमारी, महामारी का रूप धारण कर लेती है।

कार्यालयी हिंदी

इस प्रकार की अपनी शैली

Yours sincerely : आपका (हिंदी)

faithfully : भवदीय / आज्ञाकारी

I am directed to say : मुझे यह कहने का निर्देश हुआ है कि...

I am further to add : यह भी निवेदन है

It is raining (* यह बारिश हो रही है)

It is, therefore, hereby enacted as follows :

* यह एतद्द्वारा निम्नरूप में अधिनियमित किया जाता है,

It is hereby notified / enacted } अधिसूचित / अधिनियमित किया जाता है

I रूपरेखा : प्रयुक्ति और अनुवाद

प्रयुक्ति (Register) की संकल्पना : भाषा का प्रयोग समाज विभिन्न आवश्यकताओं एवं दायित्वों की पूर्ति के लिए करता है। समाज की संरचना एकरूपी नहीं होती, अतः समाज में प्रयुक्त भाषा भी विविधरूपी होती है। भाषा के इस वैविध्य का कारण कभी भाषा प्रयोक्ता का भौगोलिक क्षेत्र बनता है, कभी उसका सामाजिक स्तर-भेद तो कभी भाषा प्रयोग के संदर्भ। एक ही भाषा में निहित इस विविधता को भाषा विकल्पन (लैंग्वेज वेरिएशन) कहा गया है। भाषा विकल्पन किसी भी जीवंत भाषा का स्वाभाविक एवं प्राकृतिक लक्षण है। भाषा विकल्पन की स्थिति को निम्नांकित रेखाचित्र के माध्यम से समझा जा सकता है :

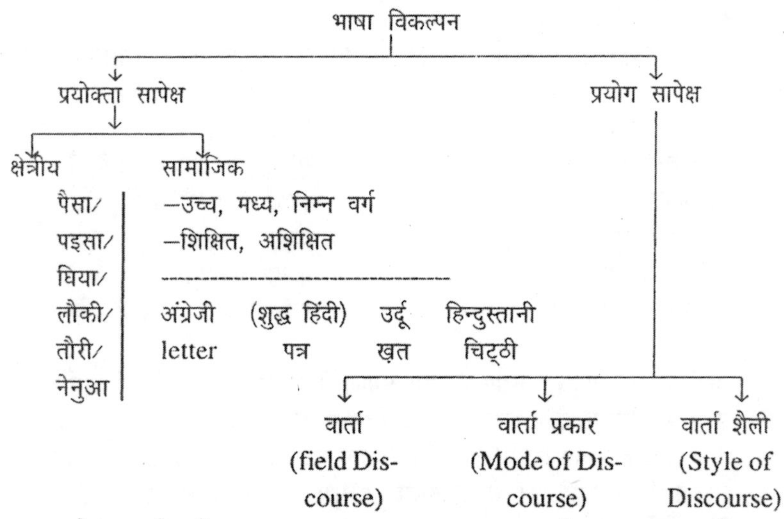

प्रयोक्ता सापेक्ष विकल्पन (User oriented Variation) के स्तर पर भाषा-भेद का कारण प्रयोक्ता के रहने का भौगोलिक क्षेत्र बनता है। इसे क्षेत्रीय विकल्पन (Regional Variation) कहा जा सकता है। उदाहरण के लिए हिंदी भाषी समुदाय जो पूर्वी उत्तर प्रदेश, बिहार में रहता है, वह संध्यक्षरों के प्रयोग से बँधकर पैसा के स्थान पर पइसा,

तौल के स्थान पर तउल का प्रयोग करता है। इसी प्रकार भिन्न भौगोलिक क्षेत्र के लोग एक ही वस्तु को भिन्न-भिन्न नाम देते हैं, जैसे कहीं घिया तो कहीं लौकी, कहीं तोरी तो कहीं नेनुआ, कहीं सर तो कहीं माथा, कहीं शिकार तो कहीं गोश्त।

प्रयोक्ता सापेक्ष विकल्पन का दूसरा स्तर वक्ता के सामाजिक स्तर-भेद से जुड़ा होता है। समाज सदैव वर्गीकृत होता है। वह पद-प्रतिष्ठा की दृष्टि से उच्च वर्ग, मध्य वर्ग और निम्न वर्ग में बँटा होता है। वक्ता के शैक्षिक स्तर की भिन्नता भी उसके भाषा-प्रयोग में भेद पैदा करती है। उदाहरण के लिए लेटर, ख़त, पत्र, चिट्ठी में से किसी एक के प्रयोग की स्थिति वक्ता के सामाजिक वर्ग और उसके शैक्षिक स्तर को उद्घाटित कर देती है।

प्रयोग सापेक्ष विकल्पन (Use oriented variation) का संबंध प्रयोक्ता के साथ न होकर भाषा-प्रयोग का स्थितियों के साथ अधिक होता है। हैलिडे ने प्रयोग सापेक्ष विकल्पन या प्रयुक्ति के तीन धरातल निर्धारित किए हैं :

वार्ता क्षेत्र : इसे प्रयुक्ति का मूलाधार कहा जा सकता है। क्षेत्र का अर्थ है—विषय क्षेत्र। जब विषय बदलता है तो उसी के अनुसार भाषा प्रयोग भी बदलता है। यह बदलाव हमें शब्द-स्तर से लेकर वाक्य-स्तर तक साफ़ दिखाई देता है; अर्थात् विषय से जुड़े विभिन्न व्यावहारिक संदर्भ इन प्रयुक्तियों को जन्म देते हैं। साहित्य में प्रयुक्त और विज्ञान में प्रयुक्त भाषा को देखें अथवा कार्यालय में प्रयुक्त भाषा और सामान्य भाषा को देखें।

विभिन्न व्यावहारिक संदर्भ—साहित्य और विज्ञान, कार्यालय और सामान्य :

सामान्य	**कार्यालय**
1. इत्तिला करना	1. सूचित या प्रज्ञापित करते हैं
2. पूछना	2. स्पष्टीकरण माँगते हैं
3. बताना	3. प्रकाश डालना
4. कागज़/मिसिल माँगना	4. प्रस्तुत करवाना
5. चिट्ठी मिलने की सूचना	5. पत्र-प्राप्ति की पावती

वार्ता प्रकार : संप्रेषण सरणि। भाषा समाज में संप्रेषण का महत्त्वपूर्ण कार्य करती है। वह अभिव्यक्ति के दोनों रूपों, यथा—लिखित-मौखिक, में संप्रेषण सरणि (communication channel) का कार्य करती है। लिखना-बोलना—इन दोनों की संप्रेषण-सरणि एक-दूसरे से भिन्न होती है। बोलते समय हम पूरा वाक्य नहीं बोलते—हाँ, हूँ, अच्छा का प्रयोग मौखिक संप्रेषण में पूरे वाक्य का कार्य करता है। हम बोलते हैं कम-से-कम, लेकिन लिखते हैं—कम-से-कम। कभी-कभी बोलते समय हम ऐसे वाक्यांश भी जोड़ते हैं।—I mean, मैं कह रहा था।

वार्ता शैली : वक्ता और श्रोता के परस्पर सामाजिक संबंध। तू, तुम, आप। वार्ता

शैली का संबंध वक्ता-श्रोता के सामाजिक पद से रहता है।

हिंदी में इसका अच्छा उदाहरण मध्यमपुरुष सर्वनाम, तू, तुम, और आप का प्रयोग है। सामाजिक दृष्टि से, आयु की दृष्टि से, व्यवसाय की दृष्टि से अपने से वरिष्ठ और प्रतिष्ठित व्यक्ति के लिए 'आप' का प्रयोग, समान के लिए 'तुम' का प्रयोग और 'निम्न' के लिए 'तू' का प्रयोग होता है। वक्ता-श्रोता के संबंध वार्ता शैली में विकल्पन पैदा करते हैं जहाँ एक ही कथन भिन्न शैलियों के माध्यम से व्यक्त होता है। इस प्रकार के विकल्पनों की पाँच श्रेणियाँ बनाई गई हैं जिनसे वक्ता-श्रोता के परस्पर संबंधों का द्योतन होता है। हिंदी के वाक्यों के साथ इन वार्ता शैलियों की श्रेणियों को इस प्रकार देखा जा सकता है :

1. **रूढ़िगत** (forzen) : इस प्रकार के प्रयोग में अति औपचारिकता होती है। निमंत्रण पत्र, शोक पत्र आदि में इसी प्रकार की रूढ़ शैली का प्रयोग किया जाता है।

   वाक्य : आपसे अनुरोध है कि आप ऊपर चलने की कृपा करें।

2. **औपचारिक** (formal) : इसमें वक्ता-श्रोता के संबंध औपचारिक होते हैं। जैसे ऑफिसर-क्लर्क का संबंध।

   वाक्य : आप ऊपर चलने की कृपा करें।

3. **सामान्य** (consultative) : इसमें वक्ता-श्रोता में संबंध तो मित्रवत् रहते हैं, पर उनमें प्रगाढ़ता नहीं होती। जैसे एक ही कार्यालय में एक ही पद पर कार्य कर रहे व्यक्ति।

   वाक्य : क्या आप चलने की कृपा करेंगे ?

4. **अनौपचारिक** (casual) : इसमें संबंधों में अनौपचारिकता आ जाती है। एक ही कार्यालय में एक ही पद पर कार्य कर रहे किसी व्यक्ति के साथ अनौपचारिकता आ सकती है।

   वाक्य : चलो, ऊपर चलें।

5. **घनिष्ठ** (Intimate) : यहाँ वक्ता-श्रोता के बीच का संबंध घनिष्ठ होता है। अतः किसी भी प्रकार की औपचारिकता व्यवहार में नहीं रहती।

   वाक्य : अरे, यार अब ऊपर चलो भी।

अनुवाद के संदर्भ में जब हम प्रयुक्तिपरक अनुवाद की चर्चा करते हैं तो हम वार्ता क्षेत्र से संबद्ध भाषा-भेदों के अनुवाद को ही केंद्र में रखते हैं; अर्थात् प्रयुक्त और अनुवाद की चर्चा के समय हमारे समक्ष वे क्षेत्र या विषय होते हैं जो प्रयोग सापेक्ष होते

हैं और जिन्हें हम प्रयोजनमूलक भाषा की विभिन्न प्रयुक्तियाँ कहते हैं, जैसे—विज्ञान की भाषा, कार्यालय की भाषा, व्यवसाय की भाषा, पत्रकारिता की भाषा आदि।

वार्ता क्षेत्र : शब्दावली (पारिभाषिक) : विषय से संबद्ध सभी प्रयुक्तियों की अपनी भिन्न पारिभाषिक शब्दावली होती है। पारिभाषिक शब्दावली से तात्पर्य है उस विषय से संबंधित ऐसे शब्द जो उस विषय की किसी संकल्पना को व्यक्त करते हों। यह ध्यान देने की बात है कि प्रयुक्ति-निर्माण आधुनिकीकरण की प्रक्रिया द्वारा संभव होता है। इसका तात्पर्य यह है कि सामान्य भाषा में सामान्य अर्थ देने वाला शब्द ही किसी विशेष विषय क्षेत्र में विशिष्ट अर्थ का द्योतक बन जाता है। उदाहरण के लिए सामान्य भाषा के शब्द 'महामारी' को देखा जा सकता है जो विज्ञान में विशिष्ट अर्थ घोषित करता है और अन्य संबद्ध संकल्पनाओं का प्रजनन भी।

विज्ञान शब्दावली (पारिभाषिक)

epidemic महामारी (सामान्य भाषा)

महामारी : epidemic (Particular diseas in excess of normal expectation)

विश्वमारी : pandemic (world-wide epedemic)

लघुमारी : endemic (diseas present in small areacommunity)

Sometimes when conditions are favourable an endemic diseas may flare up into an epidemic.

कभी-कभी जब रोग फैलने के लिए अनुकूल परिस्थितियाँ होती हैं, तो लघुमारी, महामारी का रूप धारण कर लेती है।

शब्दावली के साथ ही प्रत्येक प्रयुक्ति की अपनी अभिव्यक्ति या वाक्य-रचना होती है। कार्यालयीन हिंदी को देखें तो कार्यालय की औपचारिक स्थिति में Yours Sincerely या Yours faithfully के लिए 'भवदीय' अनुवाद होगा जबकि सामान्य, व्यक्तिगत या निजी स्तर पर 'आपका'।

Yours Sincerely : आपका (निजी)

Yours faithfully : भवदीय (औपचारिक)

कार्यालयीन प्रयुक्ति के अनुवाद में हिंदी वाक्य रचना पर अंग्रेजी वाक्य रचना का प्रभाव भी है :

I am directed to say : मुझे यह कहने का निर्देश हुआ है कि...

I am further to add : यह भी निवेदन है

और कहीं-कहीं इस प्रभाव से हिंदी अनुवाद मुक्त भी है। सामान्य अनुवाद में भी It is raining का अनुवाद 'यह बरस रहा है' के रूप में नहीं होता।

It is raining (*यह बरस रहा है)

इसी प्रकार कार्यालयीन हिंदी में It is hereby notified/enacted के अनुवाद में 'यह' अनूदित नहीं होता : अधिसूचित/अधिनियमित किया जाता है। अंग्रेजी और हिंदी दोनों में एकाधिक अव्ययों का प्रयोग नहीं होता।

It is, therefore, hereby enacted as follows

यह एतद्दारा निम्न प्रकार से अधिनियमित किया जाता है :

तुलनात्मक साहित्य और अनुवाद

① तुलनात्मक साहित्य : [[illegible] compar. Analysis are the chief tools [illegible]]

(i) आलोचना में 'तुलना' मूल्यांकन का एक उपकरण (tool) (तरह)

"सूर सूर, तुलसी शशी उडुगन केशवदास" ; ([illegible]) | [illegible]

'पंत, हिंदी के शैली हैं, [illegible]' ([illegible])

'गोदान, हिंदी का War & Peace है'

'प्रसाद की कामायनी, अंग्रेजी का Paradise Lost है' } [illegible]

'तुलनात्मक साहित्य' — तुलना के प्रति उपकरण का [illegible] साहित्य-अध्ययन का एक नया [illegible] है। पर यह [illegible] नहीं हो पाया है, [illegible]

विभिन्न [illegible] A (1) गेटे का world literature [illegible] 'विश्व साहित्य' "Weltliteratur" : when all lit. world become one. [illegible] : orchestra [illegible]

(2) [illegible] साहित्य के बीच [illegible]

(3) [illegible] का अध्ययन

(4) [illegible]

(5) Typological Europe — Germanic, Romance, Slavic

– Indian Lit.

– Lit. of South East Asia

प्रवृत्ति : (1) आंदोलन ([illegible], [illegible], [illegible]) [illegible] ([illegible])

: (2) साहित्यिक आंदोलन : [illegible], Neo-classicism, Romanticism, Realism, Symbolism etc.

(3) [illegible] : [illegible], [illegible] / [illegible], [illegible], [illegible], [illegible]

रामकथा

[illegible] : रामायण ([illegible]) [illegible]

तेलुगु : Tikkanna's [illegible]

मलयालम : Ezhuthachan's रामायण

कन्नड़ : [illegible] ([illegible])

[illegible] भक्ति आंदोलन : [illegible]

मराठी : ज्ञानेश्वर [illegible]

गुजराती : मीराबाई [illegible] नरसिंह मेहता

हिंदी ([illegible]) कबीर, जायसी ([illegible]) सूर-तुलसी

कश्मीरी : [illegible]

उड़िया : [illegible]

असमिया : शंकरदेव

बांग्ला : [illegible] + चंडीदास

[illegible] . [illegible] / [illegible]

तीन के तथ्य :

① भारतीय साहित्य एक है, भले ही वह विभिन्न भाषाओं में लिखा जाता है
[श्री अरविंद, डा० राधाकृष्णन]

2) भारतीय साहित्य के समान है, [illegible] की एक आत्मा/ [illegible] बहती रही है, भले ही उसका अभिव्यंजना भिन्न रहा है
[जैसे वैष्णव कवियों की भक्ति धारा, पर [illegible] में वह अनुभूतियों की तीव्रता एवं भावोद्रेक के रूप में, पर मराठी (ज्ञानदेव + तुकाराम) में बौद्धिक चेतना हो वह [illegible] : [illegible] ने भक्ति की प्रकृति से [illegible])

(3) एक भाषा की रचना और दूसरी भाषाओं की रचनाओं में एक प्रकार का साम्य, अतः रचना एक की जानकारी का उपयोग [illegible] –
[[illegible] ' [illegible] ' ([illegible] में ' [illegible] के ' [illegible] ']

अतः तुलनात्मक साहित्य की आवश्यकता।

भाषा (अनुवाद) — तुलना / भाषा

इस तरह, यह तो भाषा [illegible] है। [illegible] 'भारतीय तुलनात्मक साहित्य' (भारतीय साहित्य) की 15 भाषाओं में [illegible] के अध्ययन की कार्यवाही।

अनुवाद की शक्ति और सीमा को जानने के लिए संदर्भ में अनुवाद का विश्लेषण :

[अनूदित साहित्य को दूसरा दर्जा] जैसे कि Hilaire Belloc ने [illegible] 1931 के Taylorian Lecture : On Translation में कहा है

"The art of translation is a subsidiary art and derivative. On this account it has never been granted the dignity of original work, and has suffered too much in the general judgement of letters. The general underestimation of its value has had the bad practical effect of lowering the standard demanded, and in some periods has almost destroyed the art altogether"

अनुवाद में दो भाषाओं की संस्कृति / उसके साहित्य के इतिहास भी शामिल होती चलती रहती है।

SL के पाठक और TL के पाठक के समान " तुलनात्मक समीकरण " (principle of equivalence) के आधार पर ' ' की प्रक्रिया। ...

अनुवाद के प्रकार तीन प्रकार

R. Jakobson : On Linguistic Aspects of Translation

(1) Intralingual (अन्तःभाषिक) Yeats, "Sorrow of Love" (1891, 1892, 1895, 1899, 1925)

अज्ञेय "जैसे तुम्हें स्वीकार हो" = "अपने है कहकर स्वीकार"

(2) Interlingual (अन्तर भाषिक) (वास्तविक अनुवाद)

(3) Intersemiotic (अन्तर प्रतीकात्मक) भाषा से अन्य माध्यम

नाटक आवाज = फिल्म ; संस्कृति की कविता का संगीत

[translation = transposition / transcreation]

अनूदित साहित्य की तीन स्थितियाँ [Interlingual]

SL(P_1) TL(P_2)

$W_1 = W_2$

अज्ञेय . सोनमछली

हम निहारते रूप
काँच के पीछे
हाँफ रही है मछली

रूप-तृषा भी
(और काँच के पीछे)
है जिजीविषा

Gold fish [Signs & silence]

We follow those contours
Behind the glass
The fish gasps.

Thirst for the contour also
(Behind other glass)
Is being urging.

SL(P_1) TL(P_2)

$W_1 \neq W_2$

Direct from SL

Indirect

रूसी → अंग्रेजी → हिन्दी

The Wind

SL(P_1)—TL(P_2)—TL(P_3)

$W_1 \neq W_2 \neq W_3$

SL(P_1) TL {(P_1) (P_2) (P_n)}

W_1 {W_1 W_2 W_n}

Homer { Dryden, Pope, Cowper }

① Students can benefit by intralingual comparison even if they don't know Greek.

उमर खय्याम : Fitzgerald
[Rubaiyat of Omar Khayyam]

W_1(H) =

W_2(H) = मैथिलीशरण गुप्त

W_3(H) = बच्चन

W_4(H) =

W_5(H) = पंत

अनुवाद की सीमाएँ

~~अनुवादक (1) Interpretation (व्याख्या) : कृति ([illegible], अनेकार्थी)~~

(1) अनुवादकता : SL और TL की समानता ; अर्थात् भाषिक एवं सांस्कृतिक समानता
(2) कृति : [illegible], अनेकार्थी (interpretation = व्याख्या)
(3) भाषा : SL ≠ TL की संरचना, बुनावट

(Text first reader then a translator)
render = producer & not passive consumer

[illegible] : (सीमाएँ)

(1) भाषिक अन-अनुवादनीयता
(2) सांस्कृतिक अन-अनुवादनीयता
(3) अन्तः पाठीयता Inter-textuality ; Kristeva)
(4) अन्तः-सामाजिक [illegible] (... , ... , [illegible])
(5) ऐतिहासिक चेतना. (sense of tradition)

Lotman (रूसी विद्वान) पाठों के सन्दर्भ में अनुवादनीयता की दृष्टि से 5 प्रकार

① पाठका : [illegible] (Prose argument) : [illegible] form neglect
② — : रचना की संरचना / बुनावट (Whole & Part relation)
(3) — : [illegible] (level) का [illegible] (Extrapolation of one level) [illegible]
(4) — : कृति को stimulus बनाकर अन्य कृति का (स्वतंत्र पुनर्सृष्टि) (Shift in perception

अनुवाद का [illegible] (+) — (−)
कविता - - - - उपन्यास - - - - → [illegible] साहित्य

[illegible] : कथात्मक ([illegible],) + अनुवाद
साहित्यिक आलोचना + "
[illegible] , [illegible] + −
cultural Traits (सांस्कृतिक [illegible]) −
texture : बुनावट −

II रूपरेखा : तुलनात्मक साहित्य और अनुवाद

(1) तुलनात्मक साहित्य

इलियट ने तुलना एवं विश्लेषण को आलोक के दो प्रमुख औज़ार माना था। Comparison and analysis are the chief tools of the critic. इसीलिए आलोचना में 'तुलना' मूल्यांकन का एक उपकरण (tool) हमेशा से रहा है। यही कारण है कि हमें एक ही भाषा, भिन्न. रचनाकारों, दो भिन्न रचनाओं की तुलना करते हुए आलोचनाओं में अनेक वक्तव्य दिखाई देते हैं :

'सूर सूर, तुलसी शशि, उडुगण केशवदास, (एक ही भाषा)

'पंत हिंदी के शेली हैं, या प्रेमचंद हिंदी के गोर्की' (व्यक्ति/अन्य भाषाएँ)

'गोदान, हिंदी का 'वार एंड पीस' है'

'प्रसाद का 'कामायनी', अंग्रेजी का 'पेराडाइज़ लॉस्ट' है। (रचना)

इस प्रकार की तुलना के अन्य कई धरातल भी हो सकते हैं, और हैं भी। 'तुलनात्मक साहित्य'—तुलना के इन्हीं उपकरणों का सहारा लेकर साहित्य-अध्ययन का एक नया संदर्भ खोलता है। पर यह संदर्भ आज भी विशिष्ट नहीं हो पाया है, क्योंकि इसकी परिधि, सीमाएँ निश्चित नहीं हो पाई हैं। तुलनात्मक साहित्य अध्ययन के विभिन्न संदर्भ और उनके उपवर्ग फैले हुए हैं। मोटे रूप में इन भिन्न संदर्भों को दो वर्गों में बाँटकर इनके उपवर्गों को देखा जा सकता है :

भिन्न संदर्भ

(क) व्यापक

(1) इस संदर्भ में गेटे की 'वर्ल्ड लिटरेचर' की संकल्पना या टैगोर की 'विश्व साहित्य' की संकल्पना को देखा जा सकता है। 'Welt-literatur' की संकल्पना को भी देखें जिसका तात्पर्य है 'When all literature, world become one' और इसके लिए वाद्यवृंद (orchestra) का रूपक इस्तेमाल किया गया है कि विभिन्न वाद्य पर एक संगीत की सृष्टि।

(2) व्यापक संदर्भ में ही विभिन्न जातीय साहित्य के बीच 'सहयोजन', 'प्रभाव' एवं

(2) व्यापक संदर्भ में ही विभिन्न जातीय साहित्य के बीच 'सहयोजन', 'प्रभाव' एवं 'समानांतरता' का अध्ययन भी तुलनात्मक साहित्य की एक परिधि है।

(3) मौखिक और लिखित साहित्य के बीच का अंतर्संबंध भी तुलनात्मक अध्ययन द्वारा व्यक्त किया जा सकता है। उदाहरण के लिए लोकविश्वासों, मान्यताओं, मिथकों अथवा मूल्यों के मौखिक या परंपरागत स्वरूप का लिखित साहित्य में रूपांतरण।

(4) सार्वभौमिक 'काव्यशास्त्र' की स्थापना भी तुलनात्मक अध्ययन द्वारा संभव है। भारतीय एवं पाश्चात्य काव्यशास्त्रीय चिंतन में ही कई ऐसे समान बिंदु हैं जो काव्यशास्त्रीय सिद्धांत संबंधी सार्वभौमिक विचारों को सामने लाते हैं। उदाहरण के लिए वक्रोक्ति तथा विचलन की संकल्पना।

(5) Typological दृष्टि, जहाँ एक ही भौगोलिक सीमा में बँधे या एक ही महाद्वीप से संबद्ध राष्ट्रों के साहित्य में कई वैचारिक तथा अनुभूतिपरक समानता मिलती है। उदाहरण के लिए यूरोपीय साहित्य के अंतर्गत जर्मन, रूसी, स्लाविक भाषा में रचे साहित्य की परख करना अथवा भारतीय साहित्य के संदर्भ में दक्षिण-पूर्व एशिया के साहित्य को देखना।

Europe–Germanic, Russian, Slavic
Indian Literature
Literature of south-east Asia

(ख) सीमित

(1) **कथानक (themes)** : रामकथा, कृष्णकथा से संबंधित भिन्न भाषाओं में रचे गए साहित्य की परख करना एक दृष्टि है तथा परियों की कथा की मूल संरचना को भिन्न भाषाओं में देखना भी तुलनात्मक अध्ययन की परिधि में आ सकता है।

(2) साहित्यिक आंदोलन : रेनेसाँ, नियो-क्लासिज़्म, रोमांटिसिज़्म, रियलिज़्म, सिंबालिज़्म आदि से संबंधित धाराएँ या वाद अलग-अलग भाषाओं में किस प्रकार प्रतिफलित हुए हैं।

(3) विधाएँ : (अ) महाकाव्य, नाटक (सुखांत/दुखांत), गीत काव्य, मुक्तक आदि का तुलनात्मक अध्ययन।

(आ) रूपा : रूप के आधार पर दोहा, चौपाई, उपन्यास आदि के संदर्भ में तुलना।

कथानक तथा आंदोलन से संबंधित तुलनात्मक अध्ययन की दृष्टि को आगे दिए गए रामकथा संबंधी कथानक और मध्यकालीन भक्ति आंदोलन के संदर्भ में समझा जा सकता है :

रामकथा		मध्यकालीन भक्ति आंदोलन धार्मिक एवं सांस्कृतिक
1. **तमिल** : कंबन रामायण	:	मराठी : ज्ञानेश्वर एवं रामदास
(जिसे कुमार·गुरुपरार ने गाया	:	गुजराती : मीराबाई एवं नरसी मेहता
और जिसे सुनकर तुलसी ने रचना की)	:	हिंदी : कबीर (निर्गुण), जायसी-सूर-तुलसी (सगुण)
इस मान्यता के संदर्भ में	:	कश्मीरी : सती कथा
'कंबन रामायण' तथा 'राम	:	उड़िया : सरलदास एवं पंचसखा
चरितमानस' की तुलना।	:	असमिया : शंकरदेव
	:	बँगला : विद्यापति एवं चंडीदास
2. **तेलुगु** : तिकन्ना के	:	दक्षिण : शैव/अलवार
'महाभारत' या भास्कर कृत	:	दोनों ही प्रकार के तुलनात्मक अध्ययन
'रामायण' को लेकर किसी भी		भारतीय साहित्य की 'भारतीयता'
भारतीय भाषा में रचे 'महा-	:	को भी प्रमाणित करने में सहायक हो
'भारत' या 'रामकथा' की	:	सकते हैं तथा भारतीय भाषाओं में बहने
तुलना।	:	वाली धार्मिक, सांस्कृतिक, दार्शनिक
	:	समान अंतर्धारा को भी इस प्रकार के
	:	अध्ययन द्वारा पहचाना जा सकता है।
3. **मलयालम** : एजुथचंन की रामायण		
4. **कन्नड़** : जैनकवि (कुमार वाल्मीकि) की रामकथा।		

अनुवाद की सीमाएँ

तुलनात्मक साहित्य के दृष्टिकोण यह स्पष्ट करते हैं कि भारतीय साहित्य के बीच परस्पर अनुवाद तथा भारतीय एवं विश्व साहित्य के बीच अनुवाद की अपनी-अपनी सीमाएँ या समस्याएँ हैं। इस सीमा को तीन स्तरों पर देखा जा सकता है :

(1) **अनुवादक** : इस प्रकार के अनुवाद करने के लिए अनुवादक में स्रोत भाषा और लक्ष्य भाषा संबंधी दक्षता होनी चाहिए। SL (सोर्स लैंग्वेज = स्रोत भाषा) और TL (टार्गेट लैंग्वेज = लक्ष्य भाषा) में दक्षता तथा उसकी साहित्यिक एवं सांस्कृतिक परिपक्वता पूर्ण होनी चाहिए। इस स्तर पर अनुवादक पहले पाठक होता है फिर अनुवादक—He is first a reader then a translator। पाठक से यहाँ तात्पर्य है उत्पादक, मात्र निष्क्रिय उपभोक्ता नहीं—Reader = producer and not passive consume. यदि यह दक्षता और परिपक्वता अनुवादक में नहीं है तो अनुवादक की सीमाएँ स्वतः

दृष्टिगोचर होने लगती हैं।

(2) कृति : संभावना, अनेकार्थी (Interpretation =व्याख्या) : प्रत्येक भाषा में सृजित कृति की सामाजिक, सांस्कृतिक, लोकगत स्तर पर अपनी संभावनाएँ होती हैं। दूसरी भाषा या अनुवाद की भाषा में इन संभावनाओं का प्रक्षेपण व्याख्या के माध्यम से ही संभव है। इसके साथ ही साहित्य की भाषा अपनी बुनावट में अनेकार्थी होती है। साहित्य का व्यंजनार्थ (संपृक्तार्थ या सहप्रयोगार्थ) ही उसे 'साहित्य' बनाता है। ऐसे अनेकार्थी तत्त्वों की (यथा—मुहावरे, लोकोक्तियाँ, लाक्षणिक प्रयोग आदि) व्याख्या भी अनुवादक से अपेक्षित हैं, अन्यथा अनूदित पाठ भी और अनुवाद प्रक्रिया भी सीमाओं एवं समस्याओं से मुक्त नहीं रह सकते।

(3) भाषा : SL, TL की संरचना, बुनावट : स्रोत भाषा और लक्ष्य भाषा की संरचना एक-दूसरे से भाषिक इकाइयों के अनेक स्तरों पर भिन्न होती है। साथ ही प्रत्येक भाषा की अभिव्यक्तिपरक बुनावट में भी पर्याप्त भेद होता है। अभिवादन करने, स्वागत करने, विदा करने, अस्वीकृति व्यक्त करने, हाल-चाल पूछने, संबोधित करने, आदर देने या न देने की प्रणालियाँ प्रत्येक भाषा में समान नहीं होतीं।

इन सीमाओं-समस्याओं को दृष्टि में रखकर ही लौटमैन ने पाठक के रूप में अनुवादक की दृष्टि के पाँच प्रकार बताए :

(i) पाठक : कथ्य/तथ्य पर बल : यहाँ पाठक के रूप में अनुवादक कथ्य को केंद्र में रखता है, पाठ की अभिव्यक्ति शैली या रूप (Form) पर उसका बल नहीं होता।

(ii) पाठक : रचना की संरचना/बुनावट : (Whole and part relation) पहली स्थिति के ठीक विपरीत इस संदर्भ में पाठक के रूप में अनुवादक का ध्यान स्रोत भाषा में प्रस्तुत रचना की संरचना और बुनावट पर अपनी दृष्टि केंद्रित करता है। तथा इन दोनों के संबंधों को लक्ष्य भाषा के पूर्ण या आंशिक इकाई द्वारा अनूदित पाठ में प्रतिस्थापित करता है।

(iii) पाठक : किसी एक पक्ष/स्तर (level) का चुनाव : यहाँ वह पाठ एवं अनुवाद की आवश्यकता तथा उद्देश्य को देखते हुए किसी एक स्तर का चुनाव करता है। जिसे Extrapolution of the level. कहा जा सकता है। उदाहरण के लिए नेरुदा की कविता के अंग्रेजीकरण या बच्चन की 'मधुशाला' को देखा जा सकता है।

(iv) पाठक : इस संदर्भ में अनुवादक मूलकृति का उपयोग उद्दीपक (Stimulus) बनाकर करता है और अनूदित पाठ एक अन्य कृति की तरह सामने आता है। इसी प्रकार अनुवादक मूल पाठ के लक्ष्य को नहीं, स्वलक्ष्य को साधता है। इस तरह मूल पाठ और अनूदित पाठ का परिवेश बदल जाता है, जिसे Shift in perception कह सकते हैं।

(v) पाठक के रूप में अनुवादक की उपरोक्त चारों भूमिकाएँ मूल पाठ की प्रकृति और अनुवाद के लक्ष्य पर निर्भर करती हैं। पाठ की प्रकृति के अनुसार ही अनूदित

पाठ में अनुवादक का अपना व्यक्तित्व उसी अनुपात में प्रकट होता या नहीं होता है। उदाहरण के लिए कविता के अनुवाद में अनुवादक का व्यक्तित्व सबसे प्रखरता से उभरता है तो तकनीकी या विधि साहित्य का अनुवाद अनुवादक के व्यक्तित्व से अछूता रहता है। उपन्यास के अनुवाद में स्थिति इन दोनों के बीच की होती है क्योंकि उपन्यास तथ्यपरक और सर्जनात्मक दोनों प्रकार की अभिव्यक्तियों से बँधा होता है :

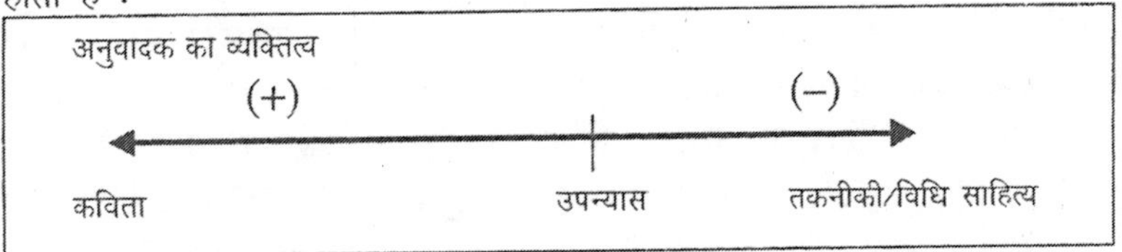

तुलनात्मक अध्ययन और अनुवाद : तुलनात्मक अध्ययन अनुवाद की दृष्टि से अनिवार्य है। जब भिन्न भाषाओं की तुलनात्मक स्थिति का विश्लेषण करते हुए अनुवादक अनुवाद करने की ओर प्रवृत्त होता है तो पाठ के भिन्न स्तरों पर अनुवादनीयता और अन-अनुवादनीयता की स्थिति बनती है; अर्थात् किसी स्तर पर अनुवाद की पूर्ण संभावना (+) होती है, कहीं आंशिक (+ –) और कहीं एकदम नहीं (–)।

तुलनात्मक अध्ययन :		
	कथानक (रामकथा)	+ अनुवाद
	साहित्यिक आंदोलन	+ अनुवाद
	विधाएँ/संरचना	+ – अनुवाद
	सांस्कृतिक गुण (Cultural Traits)	– अनुवाद
	बुनावट (Texture)	–अनुवाद

तुलनात्मक साहित्य के संदर्भ में तीन तथ्यों को जानना और इन पर ध्यान देना चाहिए :

तीन तथ्य : (1) भारतीय साहित्य एक है, भले ही वह भिन्न भाषाओं में लिखा गया है। (श्री अरविंदो, डॉ. राधाकृष्णन्)

(2) जातीय साहित्य के रूप में, चेतना की एक अविच्छिन्न/प्रच्छन्न धारा बहती रही है, भले ही उसका अभिविन्यास भिन्न रहा है। उदाहरण के लिए वैष्णव कवियों की भक्तिधारा को देखा जा सकता है। बँगला में यह धारा अनुभूतियों की तीव्रता एवं भावोद्रेक के रूप में अभिविन्यस्त मिलती है तो मराठी (रामदास, तुकाराम) में वह बौद्धिक चेतनता से बाधित दिखाई देती है। यह भी तुलनात्मक साहित्य के माध्यम से देखा जा सकता है कि कबीर ने अपने को मराठी की प्रवृत्ति से जोड़ा अर्थात् कबीर का अभिविन्यास बौद्धिक चेतनता से गहरे प्रभावित है।

(3) एक कवि की रचना और दूसरे कवियों की रचनाओं में एक प्रच्छन्न संबंध

होता है, अतः बिना एक को जाने दूसरे का अध्ययन संभव नहीं है। उदाहरण के लिए विद्यापति के भक्तिपदों को समझने के लिए जयदेव द्वारा संस्कृत में रचित 'गीतगोविंद' की समझ अनिवार्य है। अतः तुलनात्मक साहित्य की आवश्यकता निर्विवाद है।

भाषा (अनुवाद) : तुलना/भाषा : अनुवाद में तुलना और भाषा दोनों का स्थान अन्योन्याश्रित धरातल पर सिद्ध रहता है। भारतीय संदर्भ में यह कार्य सहज नहीं है क्योंकि भारत की कई सीमाएँ साहित्यिक, सांस्कृतिक और वैचारिक स्तर पर अति संपन्न एवं विकसित हैं। हम एक या दो भाषा जान सकते हैं, बहुत हुआ तो दो-तीन और भाषाओं का अधिगम हम कर सकते हैं, पर तुलनात्मक साहित्य (भारतीय साहित्य) की 18 भाषाओं के साहित्य के अध्ययन की कठिनाई स्वाभाविक है। इसका निराकरण परस्पर अनुवाद द्वारा ही संभव है। लेकिन अनुवाद की अपनी शक्ति और सीमाएँ हैं। इन्हें जानने के लिए संक्षेप में अनुवाद पर विचार करना असमीचीन न होगा।

पहले तो हमें उस वैचारिक सीमा से जूझना होगा जो मौलिक साहित्य सृजन की तुलना में अनूदित साहित्य को दूसरा दर्जा देता है, जिसके लिए Hilaire Belloc ने खेद प्रकट करते हुए 1931 में Taylorian Lecture : on Translation में कहा है, "The art of translation is a subsidiary art and derivative. On this account it has never been granted the dignity of original work, and has suffered too much in the general judgement of letters. The general underestimation of its value has had the bad practical effect of lowering the standard demanded, and in some periods has almost destroyed the art altogether."

जबकि अनुवाद को साहित्यिक अनुवाद के स्तर पर पुनः सर्जन का स्थान देकर उसे महत्त्व मिलना चाहिए, क्योंकि अनुवाद में दो भाषाओं की शक्ति और संस्कार की तुलना भीतर-ही-भीतर चलती रहती है। इसी प्रकार अनुवाद मात्र अंतरण की क्रिया नहीं है बल्कि स्रोत भाषा (SL) के पाठ का लक्ष्य भाषा (TL) के पाठ के रूप में तुलनात्मक/तुल्यार्थ/समतुल्य सिद्धांत (principle of equivalence) के आधार पर रूपांतरण की प्रक्रिया है। यह रूपांतरण भिन्न रूपों में सिद्ध मिलता है जिनके आधार पर अनुवाद के प्रमुख तीन प्रकारों की चर्चा रोमन याकोब्सन ने अपनी पुस्तक "On Linguistic Aspects of Translation" में की है।

अनुवाद के प्रमुख तीन प्रकार : (1) Interalinguals (अंतराभाषिक) : किसी एक भाषा प्रतीक व्यवस्था द्वारा व्यक्त अर्थ का उसी भाषा की अन्य प्रतीक-व्यवस्था द्वारा अंतरण। इस अनुवाद-प्रकार में प्रतीक$_1$ और प्रतीक$_2$ एक ही भाषा की दो भिन्न व्यवस्थाओं से संबद्ध होते हैं। दूसरे शब्दों में एक ही भाषा के भीतर एक ही बात को अन्य प्रकार से व्यक्त किया जाता है। इस अनुवाद-प्रकार को अन्व्यांतर भी कहा गया है; जैसे—यीट्स की कविता 'Sorrow of Lov' (1891, 1892, 1895, 1899, 1925) के विभिन्न संस्करण। प्रेमचंद की कहानी 'शतरंज के खिलाड़ी' के 'माधुरी' (1924) और

'जमाना' (1924) में प्रकाशित संस्करण। अज्ञेय की कविता 'जैसे तुझे स्वीकार हो' तथा 'जयतु हे कंटक चिरंतन'।

(2) Interlingual (अंतरभाषिक) : दो भाषाओं के बीच जिसे वास्तविक अनुवाद कहा जा सकता है; अथवा वह प्रकार, जिस रूप में हम सामान्यतः अनुवाद को देखते हैं। इसमें एक भाषा की प्रतीक-व्यवस्था द्वारा व्यक्त अर्थ का दूसरी भाषा की प्रतीक-व्यवस्था द्वारा अंतरण होता है। यहाँ प्रतीक$_1$ और प्रतीक$_2$ दो भाषिक व्यवस्थाओं से संबद्ध होते हैं। अतः यहाँ अनुवाद में अंतरण की प्रक्रिया दो भाषाओं की टकराहट से मुक्त नहीं रह सकती। इस अनुवाद-प्रकार में अनुवादक का द्विभाषिक होना अनिवार्य होता है। इस अनुवाद-प्रकार को भाषांतर भी कहा गया है।

(3) Intersemiotic (अंतर प्रतीकात्मक) : जहाँ लक्ष्य भाषा के स्थान पर भाषा से इतर माध्यम अपनाया जाता है। जैसे राजेंद्र यादव के उपन्यास 'सारा आकाश' का फिल्मांकन, मेलार्मे की कविता का चित्र आदि। इस प्रकार अनुवाद भाषांतरण के साथ-साथ प्रतीकांतर तथा अनु-सर्जन भी है : Translation= Transposition/ Transcreation.

जिस अनुवाद से हम सर्वाधिक परिचित हैं और जिसे अनुवाद का वास्तविक रूप माना जाता है अर्थात् अंतरभाषिक (Interlingual) अनुवाद की भी अनूदित साहित्य में तीन स्थितियाँ दिखाई देती हैं।

अनूदित साहित्य की तीन स्थितियाँ (Interlingual) :

पहली स्थिति : यहाँ मूल पाठ और अनूदित पाठ एक ही व्यक्ति द्वारा रचा और अनूदित किया जाता है :

संकेत :
SL(P) = स्रोत का मूल पाठ
TL(P) = लक्ष्य भाषा में अनूदित पाठ
W = लेखक

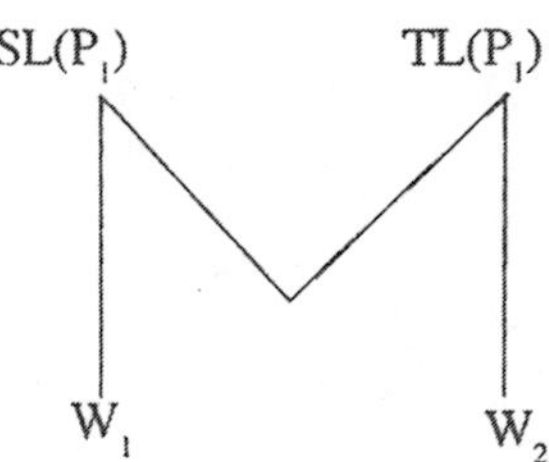

उदाहरण के लिए अज्ञेय की कविता का उन्हीं के द्वारा अनूदित पाठ देखें :

'सोन मछली' : (मूल पाठ)

हम निहारते रूप
काँच के पीछे
हाँप रही है मछली

रूप-तृषा भी
(और काँच के पीछे)
है जिजीविषा

अनुवाद : Gold fish (Signs and silence)
We follow those contours
Behind the glass
The fish gasps.
Thirst fot the contour also
(Behind other glass)
Is being urging.

दूसरी स्थिति : जहाँ मूल पाठ के रचयिता और अनुवादक दो भिन्न-भिन्न व्यक्ति होते हैं :

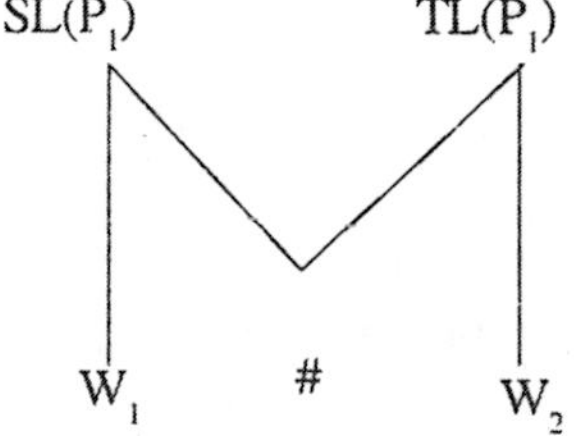

इस स्थिति के दो वर्ग बन सकते हैं—एक तो प्रत्यक्ष, जहाँ एक भाषा से सीधे दूसरी भाषा में अनुवाद किया जाए; अर्थात् मूल रचना ही मूल पाठ हो। Direct from SL, सीधे स्रोत भाषा से अनुवाद, जैसे बँगला, रूसी से सीधे हिंदी में अनुवाद और दूसरा जहाँ मूल रचना किसी एक भाषा में हो और किसी दूसरी भाषा में किए गए अनुवाद के आधार पर उसका अनुवाद तीसरी भाषा में किया जाए। इसे Indirect कहा जा सकता है, जैसे—रूसी→अंग्रेजी→हिंदी उदाहरण के लिए बोरिस पास्तरनाक की रचना का अंग्रेजी अनुवाद The Wind नाम से हुआ जिसका अनुवाद हिंदी में धर्मवीर भारती ने किया :

बोरिस पास्तरनाक—अंग्रेजी (The Wind)—धर्मवीर भारती।

इस Indirect वर्ग को इस प्रकार देखा जा सकता है :

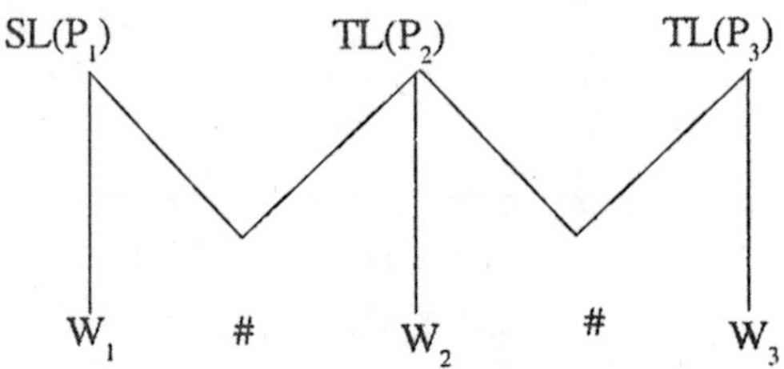

तीसरी स्थिति : यहाँ स्रोत भाषा के मूल पाठ के एकाधिक अनूदित पाठ भिन्न अनुवादकों द्वारा किए गए मिलते हैं :

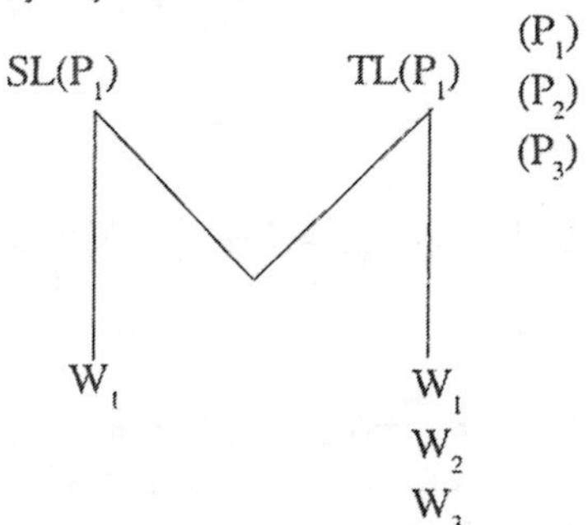

होमर द्वारा ग्रीक में रचित रचना के ड्राइडन, पोप, कॉपर द्वारा किए अनुवाद। अध्येता अंतराभाषिक स्तर पर अंग्रेजी के इन एकाधिक अनूदित पाठों की तुलना कर सकते हैं, चाहे वे ग्रीक बिलकुल न जानते हों।

Homer (Dryden, pope, Cowper)

Students can benifit by intralingual camparison even if they do not know Greek.

इस संदर्भ में उमर खय्याम की रुबाइयों के फिट्ज़ेराल्ड द्वारा किए गए अंग्रेजी अनुवाद की चर्चा की जा सकती है :

उमर खय्याम : Fitzerald

(Rubaiyat of Omar Khayyam)

इस स्थिति को दूसरी स्थिति के संदर्भ में भी देखा जा सकता है। फिट्ज़ेरॉल्ड द्वारा किए गए अंग्रेजी अनुवाद को आधार बनाकर हिंदी में इसके पाँच अनुवाद हमें मिलते हैं जिनकी तुलना अंतराभाषिक स्तर पर बिना अंग्रेजी भाषा जाने भी की जा सकती है :

W_1(H) = केशवप्रसाद पाठक

W_2(H) = मैथिलीशरण गुप्त

W_3(H) = बच्चन

W_4(H) = रघुवंश लाल गुप्त

W_5(H) = पंत

III समीक्षा : भाषा-शिक्षण तथा भाषाविज्ञान

[प्रस्तुत समीक्षा भाषा-शिक्षण तथा भाषाविज्ञान के अंतर्संबंधों पर प्रकाशित (प्रकाशक : केंद्रीय हिंदी संस्थान, सं. ब्रजेश्वर वर्मा, 1969) कुछ प्रारंभिक पुस्तकों में से एक पुस्तक से संबंधित है जो 1970 के 'नया शिक्षक' में प्रकाशित हुई। इसमें प्रो. श्रीवास्तव का वह व्यापक दृष्टिकोण भी उभरता है जहाँ वे भाषा-शिक्षण में भाषाविज्ञान के अनुप्रयोग को स्वीकारते हैं। इसीलिए हिंदी भाषा-शिक्षण के संदर्भ में जब अनुप्रयोगात्मकता का यह पक्ष पुस्तक के आलेख उभार नहीं पाते तो वे इन्हें भाषा-शिक्षण की सहजता एवं प्रभावशीलता की दृष्टि से अस्पष्ट कहते हैं। मात्र सामान्य एवं स्थूल स्तर पर हिंदी भाषा के विवरणों एवं भाषावैज्ञानिक सिद्धांतों का परिचय देने की प्रवृत्ति के कारण भी भाषा-शिक्षण की अनुप्रयोगात्मकता के धरातल पर प्रो. श्रीवास्तव इस पुस्तक की सीमाएँ निर्धारित करते हैं। इस संदर्भ में भाषाविज्ञान के शिक्षण एवं उसकी व्यापक पृष्ठभूमि को भी प्रो. श्रीवास्तव सामयिक चुनौती के रूप में स्वीकारते हैं। प्रो. श्रीवास्तव ने अपने बाद के लेखन में 'भाषा-शिक्षण', 'अनुप्रयुक्त भाषाविज्ञान', 'हिंदी का सामाजिक संदर्भ', 'संरचनात्मक शैली-विज्ञान' जैसी पुस्तकों तथा अनेक लेखों के माध्यम से भाषा-शिक्षण को अनुप्रयुक्त भाषाविज्ञान की पर्यायवाची संकल्पना के रूप में स्थापित किया। इस संकलन के कई लेख भी उनकी इस व्यापक चिंतन पद्धति को हमारे समक्ष रखते हैं।—**संपादक**]

भाषा-शिक्षण तथा भाषाविज्ञान; **संपादक :** ब्रजेश्वर वर्मा, केंद्रीय हिंदी संस्थान, 1969; पृ. 224; **मूल्य :** 10) रु.

भाषा-शिक्षण को वैज्ञानिक बनाने के लिए आज यह आवश्यक हो गया है कि एक ओर भाषाविज्ञान की आधुनिक उपलब्धियों को स्वीकार करते हुए भाषा की संरचना का पता लगाया जाए और दूसरी ओर शिक्षण-विधि को सहज और प्रभावशाली बनाने के लिए शिक्षण की आधुनिक प्रणाली को भी अपनाया जाए। समीक्ष्य पुस्तक इस बात का प्रमाण है कि हिंदी भाषा और भाषाविज्ञान का कार्य करने वाले भारतीय विद्वान् भाषा-शिक्षण में भाषाविज्ञान के उपयोग को न केवल अनिवार्य मानने लगे हैं, वरन् उनमें से कुछ इस दिशा में सक्रिय और सचेत भी हो चले हैं।

प्रस्तुत पुस्तक उन लेखों का संकलन है जिन्हें 'अन्य भाषा के रूप में हिंदी शिक्षण-भाषावैज्ञानिक पद्धति' विषय पर केंद्रीय हिंदी संस्थान द्वारा आयोजित संगोष्ठी में पढ़ा गया था। लेखों की विषयवस्तु में विविधता है और दृष्टिकोण में व्यापक छूट। भाषाविज्ञान के विभिन्न संप्रदायों एवं स्कूलों पर आधारित लेखों को संकलन में स्थान

मिलने के कारण अन्य भाषा शिक्षण के संदर्भ में हिंदी भाषा को देखने-समझने का एक व्यापक आधार मिल जाता है; पर सिद्धांत की व्यापकता, प्रयोग और व्यवहार की अपनी सीमा भी सिद्ध होती है। स्पष्ट है कि पुस्तक में संकलित अधिकांश लेख अन्य भाषा-शिक्षण में भाषाविज्ञान के उस योगदान पर तो बल देते हैं जिसे भाषा की संरचना और अन्य संदर्भ में अंतराय-प्रक्रिया कहते हैं, पर उस योगदान को स्पष्ट नहीं कर पाते जिसे अपनाकर अध्यापक कक्षा में भाषा-शिक्षण को सहज और प्रभावशाली बनाता है।

समीक्ष्य पुस्तक में कुल 29 निबंध हैं। साथ में संस्थान की गतिविधियों पर एक परिचयात्मक टिप्पणी है। 9 लेख अंग्रेजी में और 20 लेख हिंदी में लिखे गए हैं जिन्हें आठ खंडों में विभाजित कर संपादित किया गया है--(1) भाषा-शिक्षण तथा भाषाविज्ञान (लेख-संख्या 6), (2) ध्वनि-विज्ञान (लेख-संख्या 7), (3) व्याकरण (लेख-संख्या 9), (4) अर्थ-विज्ञान (लेख-संख्या 1), (5) लिपि (लेख-संख्या 1), (6) श्रव्य-दृश्य उपादान (लेख-संख्या 1), (7) भाषा और साहित्य (लेख-संख्या 1), और (8) अन्य भाषा-शिक्षण (लेख-संख्या 3)। इस सूची से स्पष्ट है कि प्रस्तुत संकलन भाषाविज्ञान और भाषा-शिक्षण के अंतर्संबंधों के विभिन्न पक्षों पर प्रकाश डालता है, और तत्संबंधी समस्याओं की जटिलता को सामने लाकर ऐसी गोष्ठियों की सार्थकता की पुष्टि करता है। पर जैसा ऐसी संगोष्ठियों में पाया जाता है, लेखों के स्तर भिन्न हैं—किसी निबंध में विषय की गहराई में जाकर हिंदी भाषा की संरचना का पता लगाने और भाषा-शिक्षण के साथ उसकी उपयोगिता की बात उठाने की कोशिश है तो किसी में समस्या का मात्र सामान्य एवं स्थूल परिचय है।

भाषा-शिक्षण में भाषाविज्ञान की देन को स्वीकार करते हुए उसे कैसे वैज्ञानिक और प्रभावकारी बनाया जाए—यह प्रश्न अपने में महत्त्वपूर्ण और विचारणीय है। भारत के विश्वविद्यालयों में जहाँ भाषाविज्ञान की पढ़ाई होती है वहाँ प्रमुखतः भाषा की संरचना और तत्संबंधी सिद्धांतों की ही चर्चा होती है और जहाँ भाषा और साहित्य का अध्यापन चलता है वहाँ अध्ययन को भाषा के नाम पर संस्कृति, साहित्य, अलंकारशास्त्र और अनुवाद-विधि के विवेचन तक ही सीमित रखा जाता है। इन दोनों विभागों एवं उनमें कार्य करने वाले सुधी विद्वानों के बीच न तो कोई संलाप की स्थिति है और न वातावरण। दोनों अपने को 'स्वनिष्ठ' और एक-दूसरे की कार्य-विधि के प्रति 'अनासक्त' समझते प्रतीत होते हैं। समीक्ष्य पुस्तक भाषा-शिक्षण के संदर्भ में जिन समस्याओं को प्रकाश में लाती है, वे इन दोनों के लिए एक सम्यक् चुनौती हैं।

—रवीन्द्रनाथ श्रीवास्तव

IV गोष्ठी रिपोर्ट : प्रयोजनमूलक हिंदी

[केंद्रीय हिंदी संस्थान, दिल्ली केंद्र के प्रभारी पद पर कार्य करते हुए प्रो. श्रीवास्तव ने इस संगोष्ठी की परिकल्पना की और उसका आयोजन किया। यह रपट 'दिनमान' के 26 मई, 1974 अंक में प्रकाशित हुई। इस संगोष्ठी में प्रस्तुत आलेखों एवं परिचर्चाओं को संस्थान ने 'प्रयोजनमूलक हिंदी' (सं. श्रीवास्तव) शीर्षक से 1975 में प्रकाशित किया। हिंदी की दृष्टि से और विशेष रूप से 'राजभाषा हिंदी' के विविध प्रयुक्तिगत रूपों या विकल्पनों के अध्ययन-विश्लेषण की दृष्टि से इस ओर देखना अपने में अति महत्त्वपूर्ण एवं उपयोगी सिद्ध हुआ। भाषा-प्रकार्य तथा भाषा-व्यवहार की ओर भाषावैज्ञानिक दृष्टिकोण का जो मोड़ आधुनिक भाषाविज्ञान में आता है वह भाषा विकल्पन या शैली को सर्वाधिक महत्त्व देता है। निश्चित ही शैली-भेद प्रकार्य, प्रयोजन तथा परिस्थिति से बँधा होता है, अतः समाज में प्रयुक्त कोई भी भाषा शैलीमुक्त हो ही नहीं सकती। प्रो. श्रीवास्तव ने भारतीय बहु-भाषिकता के विशिष्ट संदर्भ में प्रयोजनमूलक हिंदी की विशिष्ट एवं व्यापक भूमिका को इस रिपोर्ट की भूमिका के रूप में स्पष्ट किया है। भाषा के प्रयोक्ता एवं प्रयोग से बँधे भाषा-भेद यह सिद्ध करते हैं कि भाषा एक सामाजिक यथार्थ है अतः भाषा के संरचनात्मक नियमों की अपेक्षा भाषा प्रयोक्ता के लिए भाषा प्रयोग के नियमों की जानकारी अधिक आवश्यक एवं उपयोगी है। प्रयोजनमूलक भाषा का तात्पर्य ही है—विशिष्ट प्रयोजनों की भाषा। स्वतंत्र भारत में हिंदी सहित सभी प्रमुख भारतीय भाषाएँ अपने इन प्रयोजनगत सामाजिक दायित्वों से जुड़ी हैं। इस दिशा में विषय क्षेत्र, प्रयुक्ति, चयन, विचलन, आदि संकल्पनाओं के खुलासे ने हिंदी भाषा के विविध प्रयोजनमूलक भेदों की पड़ताल को एक सैद्धांतिक पीठिका प्रदान की। इसके साथ ही सिद्धांतों के अनुप्रयोगात्मक संदर्भ को भी 'भाषा शैली' और 'भाषा शैली-विज्ञान' के संदर्भ में उभरते हुए इसके विश्लेषण को गति मिली। अन्य भाषा शिक्षण, अनुवाद आदि के संदर्भ में भी बाद में प्रो. श्रीवास्तव भाषा की प्रयोजनमूलकता तथा उसके प्रयोगगत् भेदों के महत्त्व को निरंतर रेखांकित करते रहे तथा इन्हें हिंदी भाषा की विविध प्रयुक्तियों के विश्लेषणात्मक विवरणों द्वारा प्रकट करते रहे।]

—संपादक

प्रयोजनमूलक हिंदी पर संगोष्ठी

आमतौर पर यह माना जाता है कि भाषा विचारों को व्यक्त करने का माध्यम है। यह भी कहा जाता है कि वह व्यक्तित्व के प्रकाशन का साधन तथा सांस्कृतिक चेतना और साहित्यिक परंपरा का संवाहक है; पर इसके साथ आज भाषाविद् यह भी मानने लगे हैं कि भाषिक प्रक्रिया मूलतः एक सामाजिक प्रक्रिया है। भाषा न केवल विचार संप्रेषण

का माध्यम है, वरन् वह सामाजिक नियंत्रण का एक सक्षम साधन भी है। आज विद्वान् यह स्वीकार करने में संकोच नहीं करते कि भाषा सामाजिक आवश्यकताओं और व्यावहारिक ज़रूरतों की पूर्ति का एक उपकरण भी है। संप्रेषणीयता की समस्या के संदर्भ में आज भी भाषा को देखने अथवा परिभाषित करने का प्रयास हो रहा है, पर अब यह समस्या वैयक्तिक और मानसिक न होकर सामाजिक और संदर्भगत बन गई है। परिणामस्वरूप अब समाज को इकाई मानकर भाषा व्यवहार को देखने का प्रयत्न किया जाने लगा है। किसी मान्य एक समाज अथवा उसकी इकाई में भाषा व्यवहार की क्या व्यवस्था अथवा 'पैटर्न' है, यह सवाल अब उस प्रश्न से कहीं अधिक सार्थक माना जाने लगा है, जो यह जानना चाहता है कि एक भाषा को बोलने वाले अपने विचारों को किस प्रकार व्यक्त करते हैं।

समाज को इकाई मानकर भाषा व्यवहार के 'पैटर्न' पर ध्यान देने के बाद यह संदेह नहीं रह जाता कि न केवल भारतवर्ष एक देश के रूप में बहु-भाषा-भाषी देश है, वरन् भाषावार प्रदेश भी एक दृष्टि से बहु-भाषा-भाषी इकाइयाँ हैं। उदाहरण के लिए जिसे हम हिंदी प्रदेश कहते हैं वह अपने जीवन के स्तर और व्यवहार के एक क्षेत्र में अवधी, ब्रज, भोजपुरी, मगही आदि बोलियों का प्रयोग करता है, पर अपने व्यावहारिक जीवन के एक-दूसरे आयाम पर यह क्षेत्रीय भाषा 'हिंदी' का प्रयोग करता है। इस क्षेत्र की यह विशेषता है कि 'साक्षरता' की प्रक्रिया के साथ हिंदी भाषा का सवाल जुड़ा हुआ है। साक्षरता का अर्थ ही है स्थानीय बोली का संक्रमण करती क्षेत्रीय भाषा के प्रयोग को सीखना। आगे जब उच्च शिक्षा का स्तर आता है वह हिंदी अंग्रेजी भाषा के साथ जुड़ जाती है। अतः अपने क्षेत्र से उखड़े हुए एक सीमित वर्ग की बात अगर छोड़ दी जाए तो हिंदी प्रदेश के अधिसंख्य व्यक्तियों के सामाजिक व्यवहार में संप्रेषणीयता की समस्या, एक बहु-भाषा-भाषिकता की समस्या है। इसके साथ ही जातीय पृष्ठभूमि और सामाजिक संदर्भों की विविधता का भी सवाल है जहाँ कोई भी तथाकथित भाषा शैली-भेद को जन्म देने के लिए विवश है।

लेकिन हिंदी का सवाल केवल हिंदी प्रदेश के सामाजिक व्यवहार का ही सवाल नहीं है। हिंदी संविधान से पुष्ट भारतवर्ष की मान्य दो राजभाषाओं में से एक प्रमुख राजभाषा है। संपर्क भाषा के रूप में अन्य भारतीय भाषाओं की तुलना में इस भाषा का सबसे अधिक प्रयोग होता है, अतः उत्तर प्रदेश, बिहार, मध्य प्रदेश, राजस्थान और केंद्रशासित दिल्ली की बहुसंख्यक जनता की बात छोड़ भी दी जाए तो भी सामान्य व्यवहार में इसी भाषा को लोग सबसे अधिक समझते हैं। हिंदी ही वह भाषा है, जो अपने क्षेत्र के बाहर सबसे अधिक बोली और समझी जाती है तथा लोक स्तर पर, व्यावसायिक क्षेत्र में प्रयोग में आती है और लोकमनोरंजन के लिए व्यावहारिक माध्यम बनती है।

स्पष्ट है कि हिंदी क्षेत्र में ही नहीं, वरन् समस्त भारतवर्ष की बहु-भाषा-भाषिता, सामाजिक अस्थिरता और संप्रेषणीयता के संदर्भ में हिंदी का अपना क्या प्रकार्य और प्रयोजन ('फंक्शन') है, इस पर गंभीरता से अभी तक विचार नहीं हो पाया है। जैसा

पहले कहा जा चुका है, भारतवर्ष स्वयं में बहु-भाषा-भाषी देश है क्योंकि 1961 की मर्दमशुमारी के आधार पर यह कहा जा सकता है कि इस देश में 1019 मातृभाषाएँ हैं। पर इससे भी अधिक महत्त्वपूर्ण तथ्य यह है कि भारतवर्ष के विभिन्न भाषायी क्षेत्रों में रहने वाला सामाजिक समुदाय अपने व्यवहार में बहु-भाषा-भाषी है। वह जीवन के स्तर पर एक भाषा का प्रयोग करता है तो व्यवहार के अपने दूसरे क्षेत्र में एक दूसरी भाषा का उपयोग करता है और इसके साथ यह भी देखा जा सकता है कि जीवन के इन विविध संदर्भों और भाषा व्यवहार के इन विभिन्न प्रसंगों का सामाजिक एवं सांस्कृतिक एक ठोस आधार है। अगर थोड़ी भी गहराई के साथ इनका विश्लेषण किया जाए, तो स्पष्ट हो जाता है कि विभिन्न भाषाओं और शैली-भेदों में से किसी एक भाषा अथवा शैली का किसी एक निश्चित अवसर पर चुनाव समाज ऐच्छिक अथवा विकल्प के रूप में नहीं करता। सामाजिक व्यवहार में हर भाषा-भाषी समुदाय किसी एक भाषा अथवा किसी शैली-विशेष का चुनाव किसी एक निश्चित सामाजिक संदर्भ में ही करता है। यह कहा जा सकता है कि जिस प्रकार सामाजिक व्यवहार, समाज की अपनी आंतरिक व्यवस्था से परिचालित होता है, उसी प्रकार किसी भी बहु-भाषा-भाषी समाज में किसी विशेष सामाजिक संदर्भ में किसी एक भाषा अथवा शैली का प्रयोग भी सामाजिक प्रयोजन का प्रतिफल होता है। यही कारण है कि अब भाषा व्यवहार और भाषिक यथार्थता को मात्र व्यक्ति की भाषिक क्षमता (लिंग्विस्टिक कांपिटेंस) के रूप में देखने के बजाय उसे संप्रेषण सापेक्ष क्षमता ('कम्युनिकेटिव कांपिटेंस') के संदर्भ में देखने का आग्रह बढ़ा है। संप्रेषण सापेक्ष क्षमता का अर्थ ही है भाषिक क्षमता को सामाजिक आचरण के नियमों से बाधित भाषा रूपों के प्रयोग की क्षमता के रूप में देखना।

सामाजिक अस्मिता, बहु-भाषिकता और लोक-व्यवहार में संप्रेषणीयता के इस व्यापक संदर्भ में हिंदी के प्रचार-प्रसार और उसकी शिक्षण-विधि की समस्या को लेकर केंद्रीय हिंदी संस्थान ने दिल्ली में दो दिनों (27 और 28 अप्रैल, 1974) को एक गोष्ठी का आयोजन किया। इसके संयोजक प्रो. रवींद्रनाथ श्रीवास्तव ने संगोष्ठी के प्रस्तावना लेख में इसकी योजना और उद्देश्य के बारे में लिखा है, "भाषा की समस्या एक वास्तविक सामाजिक समस्या है, जो किसी-न-किसी रूप में सामाजिक व्यवहार, सांस्कृतिक चेतना और शैक्षिक ढाँचे आदि की विभिन्न सामाजिक समस्याओं से जुड़ी होती है। ये सभी समस्याएँ समुदाय की मानसिक स्थति और उन विभिन्न सामाजिक भूमिकाओं से जुड़ी रहती हैं, जिनको उसे व्यक्तिगत रूप में विचारों के पारस्परिक आदान-प्रदान के लिए विभिन्न सामाजिक संदर्भों में निभाना होता है...अन्य लोगों की भाँति हम भी यह महसूस करते हैं कि स्वतंत्रता-प्राप्ति के बाद हमारे समाज की बौद्धिक चेतना एवं सामाजिक संदर्भों में काफ़ी परिवर्तन आया है और इस समय सामान्य व्यक्ति उपयुक्त शिक्षा प्रणाली के अभाव में एक तनाव का अनुभव कर रहा है। हमारे सामाजिक जीवन के कई क्षेत्रों से अंग्रेज़ी का व्यवहार धीरे-धीरे हट रहा है। इसलिए अंग्रेजी तथा अन्य

भारतीय प्रादेशिक भाषाओं के संबंधों के लिए आयाम और हिंदी व्यवहार के नए संदर्भ उभर रहे हैं।"

व्यापक संप्रेषण की भाषा के रूप में हिंदी के प्रयोजनमूलक शैली-भेद की चर्चा और उसके संदर्भ में संस्थान के दायित्व की चर्चा करते हुए प्रो. श्रीवास्तव ने लिखा है, "यह एक गुरुतर दायित्व है जिसके निर्वाह के लिए संस्थान को कई दिशाओं में और कई स्तर पर एक साथ अनुसंधान और सामग्री का निर्माण करना होगा। उसे एक ओर व्यापक संप्रेषण के रूप में अखिल भारतीय हिंदी की शैली और उसके भाषापरक प्रभेदक लक्षणों को निर्धारित करना है तो दूसरी ओर सामाजिक व्यवहार के उन सीमित क्षेत्रों की भाषा के रूप में उसे विकसित करना है, जिसमें अब तक अंग्रेजी का प्रयोग होता रहा है। साथ ही हिंदी को संघ की 'राजभाषा' के रूप में प्रतिष्ठित करना है और यह तभी संभव है जब 'सहयोगी' भाषा के रूप में अहिंदी भाषी क्षेत्र में इसका व्यापक प्रसार हो। आधुनिक विचारों को व्यक्त करने वाली भाषा के रूप में हिंदी को विकसित करने के साथ-साथ इसे भारत की समग्र संस्कृति का समर्थ संवाहक माध्यम बनाना है। इसके अलावा इसे विभिन्न व्यवसायों तथा काम-धंधों के लिए सेवा माध्यम के रूप में भी विकसित करना है। सामाजिक, सांस्कृतिक एवं व्यावहारिक इन व्यापक एवं जटिल वास्तविकताओं के परिप्रेक्ष्य में हिंदी के विभिन्न प्रयोजनगत-शैली भेदों के लिए शिक्षण सामग्री का निर्माण और शिक्षण विधि के वैज्ञानिक एवं प्रभावशाली साधनों के विकास का कार्य कितना महत्त्वपूर्ण, दुष्कर और श्रमसाध्य है, इसकी चर्चा करने की आवश्यकता नहीं। इसके तो हम-आप—सभी भुक्तभोगी हैं।"

इन सभी बहुमुखी समस्याओं और भाषा की इन बहुस्तरीय एवं जटिल सामाजिक व्यवस्था के संदर्भ में हिंदी के सामाजिक संदर्भों, उसके व्यावहारिक रूपों और उनके लिए प्रभावशाली शिक्षा-प्रणाली के विकास को लक्ष्य रखकर ही इस संगोष्ठी का आयोजन किया गया। उद्घाटन सत्र और चर्चा तथा प्रस्ताव संबंधी अंतिम सत्र के अतिरिक्त संगोष्ठी तीन सत्रों में विभाजित थी। हर सत्र में विषय संबंधी दो आधार लेख थे और उन पर चुने हुए दो-तीन अधिकारी विद्वान् विचारकर्ता के रूप में आमंत्रित थे। उद्घाटन सत्र के मुख्य अतिथि राष्ट्रीय शैक्षिक एवं अनुसंधान परिषद् के निर्देशक प्रो. रईस अहमद और अध्यक्ष हिंदी के मान्य विद्वान् डॉ. नगेंद्र थे। प्रथम सत्र—विषय था—'प्रयोजनमूलक हिंदी की प्रकृति और व्यवहारक्षेत्र।' आधार लेख : श्री मोटूरि सत्यनारायण (अध्यक्ष, केंद्रीय हिंदी संस्थान) और श्री रघुवीर सहाय (संपादक, दिनमान); विवेचनकर्ता प्रो. महाले (जवाहरलाल नेहरू विश्वविद्यालय) और डॉ. गोपाल शर्मा (निदेशक, केंद्रीय हिंदी निदेशालय)। इस सत्र के अध्यक्ष थे श्री रमाप्रसन्न नायक (हिंदी सलाहकार, भारत सरकार); दूसरा सत्र—विषय था : 'प्रयोजनमूलक हिंदी का सामाजिक और मनोवैज्ञानिक संदर्भ'। आधार लेख प्रो. रवींद्रनाथ श्रीवास्तव (केंद्रीय हिंदी संस्थान, दिल्ली) और श्रीमती तिलोत्तमा दासवानी (जवाहरलाल नेहरू विश्वविद्यालय)। विवेचनकर्ता : प्रो. शिवेंद्र कुमार वर्मा (अंग्रेजी और विदेशी भाषा संस्थान, हैदराबाद), डॉ. विद्यानिवास

मिश्र (वाराणसेय संस्कृत विश्वविद्यालय) और डॉ. बालगोविंद मिश्र (भारतीय भाषा संस्थान, मैसूर)। इस सत्र के अध्यक्ष थे प्रो. योगेंद्र सिंह (जवाहरलाल नेहरू विश्वविद्यालय)। तीसरा सत्र—विषय था : 'प्रयोजनमूलक हिंदी का भाषावैज्ञानिक और शैक्षिक संदर्भ।' आधार लेख : डॉ. ब्रजेश्वर वर्मा तथा डॉ. सुरेश कुमार (संयुक्त रूप में) और डॉ. सी. एच. के. मिश्रा और एम. जी. चतुर्वेदी (संयुक्त रूप में, राष्ट्रीय शैक्षिक एवं अनुसंधान परिषद्)। विवेचनकर्ता : डॉ. दासवानी (जवाहरलाल नेहरू विश्वविद्यालय), डॉ. सुब्बाराव (दिल्ली विश्वविद्यालय) और डॉ. लक्ष्मण खूबचंदानी (शिमला)। अध्यक्ष थे प्रो. पंडित (दिल्ली विश्वविद्यालय)।

इन विभिन्न सत्रों में हुई चर्चा-परिचर्चा के परिणामस्वरूप जो सवाल ऊपर उभरकर सामने आए वे सभी प्रायः एक-दूसरे से जुड़े थे। पहला अहम सवाल तो यही था कि 'प्रयोजनमूलक हिंदी' है क्या ? इस प्रश्न के संदर्भ में श्री सत्यनारायण का विचार था, जीवन की आवश्यकताओं की पूर्ति के लिए उपयोग में लाई जाने वाली हिंदी ही 'प्रयोजनमूलक हिंदी' है। भाषा के दो पक्ष या प्रकार्य होते हैं—एक का संबंध हमारी सौंदर्यपरक अनुभूति का आलंबन होता है। यह आत्मकेंद्रित और आत्मसुख का उपकरण होता है। दूसरे का संबंध हमारी सामाजिक आवश्यकता और जीवन की उस व्यवस्था से जुड़ा होता है, जो व्यक्तिपरक होकर समाज सापेक्ष होता है, और जिसका संबंध मूलतः हमारी जीविका के साथ रहता है और उसके निमित्त जो सेवा माध्यम के रूप में प्रयुक्त होता है। भाषा व्यवहार का यह दूसरा पक्ष ही भाषा का प्रयोजनमूलक संदर्भ है। अतः प्रयोजनमूलक हिंदी का तात्पर्य हिंदी के उन विविध रूपों से है जो सेवा माध्यम के रूप में सामने आता है। सच तो यह है कि हमारा शिक्षित वर्ग अंग्रेजी भाषा का प्रयोग मूलतः भाषा के इस प्रयोजन पक्ष को लेकर ही करता रहा है। भारतीय भाषाओं को एक तरफ उसने सौंदर्यानुभूति एवं सांस्कृतिक मूल्यों के संवाहक के रूप में स्वीकार किया, उसे अपनी जातीय परंपरा और विगत ऐश्वर्य के स्मृति चिह्न के रूप में माना, पर सामाजिक चेतना, लोक व्यवहार, उच्च शिक्षा तंत्र और जीविकोपार्जन के लिए वह अंग्रेजी भाषा को आदर्श के रूप में स्वीकार करता रहा। अब स्थिति यह है कि हिंदी प्रदेशों में हिंदी सांस्कृतिक चेतना का माध्यम है और बल यह दिया जा रहा है कि जीवन की अन्य आवश्यकताओं के लिए भी उसके प्रयोग का विस्तार हो, पर अहिंदी-भाषी प्रांतों में अगर हिंदी का प्रयोग स्वीकार्य होगा तो केवल अपने प्रयोजनमूलक पक्ष में ही अन्यथा सांस्कृतिक चेतना और साहित्यिक परंपरा के लिए उनके पास अपने प्रदेश की भाषाएँ हैं ही, जिनमें से कुछ किसी भी प्रकार हिंदी से कम विकसित नहीं हैं।

इस बात को आगे बढ़ाते हुए डॉ. गोपाल शर्मा ने बताया कि प्रायः हम भाषा और साहित्य को अभिन्न मानने की भूल कर बैठते हैं। यह तथ्य भुला दिया जाता है कि साहित्येतर संदर्भों में भी भाषा का प्रयोग हो सकता है। सच तो यह है कि भाषा के इन्हीं सामान्य प्रयोगों के आधार पर आगे चलकर साहित्य की भाषा संवेदनशील और सक्षम होती है। संस्कृत शिक्षा का आधार भी यही था। पाणिनि के अष्टाध्यायी के

आधार पर पहले भाषा पर अधिकार प्राप्त कराया जाता था। साहित्य तो आनुषंगिक रूप में बाद में पढ़ाया जाता था।

प्रयोजनमूलक हिंदी को अनुवाद की समस्या से जोड़कर चर्चा को श्री रघुवीर सहाय ने एक नया संदर्भ दिया। उनका कथन था कि हिंदी से प्रयोजनमूलक रूप का विकास विधाओं के उत्पादन और वितरण से जुड़ा हुआ है। भारतवर्ष में प्रौद्योगिकी बड़े पैमाने पर बाहर से लाई गई है। इस प्रौद्योगिकी का स्वभाव ही ऐसा है कि वह अधिकार का केंद्रीकरण करती है। समाज में भाषा की प्रयोजनमूलकता तभी सिद्ध होगी जब इन अधिकारों का विकेंद्रीकरण हो। आजकल भाषा संबंधी जो भी योजनाएँ बनाई जा रही हैं वे अंग्रेजी भाषा की मात्र प्रतिछाया हैं। वस्तुतः अपनी प्रकृति में वह अंग्रेजी ही रहती है, पर अपने ऊपरी आवरण के फलस्वरूप कही जाती है हिंदी। अतः इस रूप में हिंदी के विकास का यत्न अंग्रेजी जानने वालों तक सीमित करने की गहरी साजिश से जुड़ा हुआ है। वैज्ञानिक विषयों के अनुवाद का कार्य तभी सार्थक होगा जब उसका प्रयोग अंग्रेजी जानने वाले एक संक्षिप्त वर्ग तक ही सीमित न रह जाए। श्री सहाय ने बड़े ज़ोरदार शब्दों में यह बात कही कि 'निरी विशेषज्ञता के आधार पर भाषा का कोई ढाँचा खड़ा नहीं किया जा सकता। आधार तो लोग ही होते हैं। जिस भाषा के बोलने वाले बहुत हों, परंतु उसके विशेष प्रयोजनों के ग्राहक कम हों, उसमें पहले आवश्यकता इस असंतुलन को दूर करने की है।'

तकनीकी शब्द-निर्माण की निष्प्रयोजनता को अपने ढंग से स्पष्ट करते हुए उनका यह कहना था कि 'कर्मियों को जिस प्रयोजन के लिए भाषा चाहिए वह उस भाषा से पूरा हो जाता है जो उन्हें काम के साथ दी जाती है। उनके लिए विशेषज्ञों द्वारा बनाई गई शब्दावली की ज़रूरत नहीं।' ये विशेषज्ञ तो 'किसी समय एक ऐसे परिवर्तन के आने की आशा में शब्दावली बना रहे हैं जो शब्दकोश के कारण नहीं आएगा।' उनके मत में यह परिवर्तन शब्दकोश निर्माण की कृत्रिम प्रक्रिया के बाहर से आएगा, अतः यह सारा प्रयत्न अधूरा, तर्कहीन और अवैज्ञानिक है।

प्रो. महाले, श्री सुरेंद्र बालुपूरी, डॉ. कृष्ण गोपाल रस्तोगी, डॉ. उमाशंकर सतीश आदि के अपने विचार व्यक्त करने के बाद पहले सत्र के अध्यक्ष श्री रमाप्रसन्न नायक ने अपना प्रभावशाली वक्तव्य देकर सबको चमत्कृत कर दिया। अपने भाषण में उन्होंने कहा कि 'प्रयोजनमूलक' शब्द पर उन्हें आपत्ति है। 'प्रयोजनमूलक' विशेषण से ऐसा लगता है जैसे कोई ऐसी भी हिंदी है जिसे 'निष्प्रयोजनपरक' कही जा सकती है। संभवतः इस संदर्भ में 'व्यावहारिक' हिंदी का प्रयोग अधिक उपयुक्त हो। एक वक्ता के इस वक्तव्य का उन्होंने जोरदार विरोध किया कि हिंदी के प्रचार-प्रसार का घातक शत्रु भारत का नौकरशाही वर्ग है। उन्होंने स्पष्ट शब्दों में यह जानना चाहा—जनता हिंदी चाहती है, इसका प्रमाण क्या है ? चाहे नाई, मामूली दुकानदार, छोटे-बड़े व्यापारी किसी के भी विज्ञापन और साइनबोर्ड पर हम राह चलते जब निगाह डालते हैं उसे अंग्रेजी में ही लिखा पाते हैं। विवाह और मुंडन ऐसे सांस्कृतिक पर्व पर जो निमंत्रण पत्र भेजे जाते

हैं, उनकी भाषा अंग्रेजी ही रहती है। दूसरी तरफ जब हम सरकारी और गैर-सरकारी संस्थानों की निविदा और विज्ञप्तियों की भाषा पर दृष्टि डालते हैं तो एक ऐसी हिंदी का उसमें प्रयोग पाते हैं जिसका अर्थ प्राणायाम प्रयत्नों के बावजूद सामान्य जनता नहीं जान पाती। इनकी भाषा अंग्रेजी के मूल की प्रतिछवि ही बनकर रह गई है। यह सही है कि साहित्य के बिना भाषा का अपना रंग नहीं उभरता और शक्ति का अपना स्रोत नहीं फूट पाता। भाषा हमेशा सरल ही हो—ऐसा भी आवश्यक नहीं। पर भाषा अपनी हो, उसको मातृभाषा के रूप में स्वीकार करने वाले उसी में सोचें-समझें, यह अत्यंत आवश्यक है। पर आज के भारतीय समाज के बुद्धिवादी वर्ग की स्थिति और विडंबना ही यह है कि हम सोचते किसी दूसरी भाषा में हैं और आग्रह रखते हैं अपनी तथाकथित मातृभाषा पर।

प्रो. श्रीवास्तव ने अपने आधार लेख में यह बताया कि भाषाविज्ञान में आज भाषा को देखने-परखने की दो दृष्टियाँ हैं—भाषावैज्ञानिक या विवरणात्मक और समाजपरक या प्रयोजनवादी। प्रयोजनवादी दृष्टि यह मानकर चलती है कि भाषा, समाजसापेक्ष होती है, अतः अपने व्यवहृत रूप में वह अनिवार्यतः वैविध्यपूर्ण है। भाषा व्यवहार की इस विविधता को पकड़ने के लिए विद्वानों ने 'रजिस्टर' अथवा 'प्रयोगक्षेत्र' (डोमेन) की संकल्पना की है। ये दोनों संकल्पनाएँ इस सामान्य तथ्य का उद्घाटन करती हैं कि वस्तुतः लोग भाषा से क्या काम लेते हैं। यह एक सामान्य बात है कि भाषा रूपों का गहरा संबंध इस बात से है कि कौन, किससे, किस भाषा में कब और किसलिए बात कर रहा है। इसमें किसी भी उपकरण के बदल जाने से भाषा-भेद का आ जाना स्वाभाविक है। समाज के विभिन्न सदस्य अपने दैनिक व्यवहार में समाज अनुमोदित एक निश्चित परिपाटी के साथ विभिन्न रूपों में भाषा का प्रयोग करते हैं और इस व्यवहार में किंचित् भी परिवर्तन आने पर भाषा-प्रयोग 'अस्वाभाविक' और 'कृत्रिम' लगने लगता है।

शैली-भेद हर जीवंत भाषा की नियति है, पर बहु-भाषावादी संचार-व्यवस्था में शैली-भेद का स्थान भाषा-भेद ले लेता है। भारतवर्ष में बहु-भाषावादिता का मूलाधार लोगों द्वारा घर तथा बाहर की जिंदगी में दो भिन्न भाषाओं का प्रयोग किया जाना है। यह भारत की ही नहीं, अपितु सुदूरपूर्व के सभी देशों की विशेषता है कि वे स्थानीय मूल्यों और सामाजिक आचरण के क्षेत्र में घरेलू और बाहरी जीवन के बीच एक स्पष्ट विभाजक रेखा मानते हैं।

अन्य भाषा के रूप में हिंदी के व्यवहार-क्षेत्र की चर्चा करते हुए प्रो. श्रीवास्तव ने यह बताया कि उसका प्रयोग न तो घरेलू जीवन क्षेत्र में हो सकता है और न स्थानीय सामाजिक व्यवहार-क्षेत्र में ही। दक्षिण या अन्य अहिंदी क्षेत्रों में हिंदी का प्रयोजनपरक व्यवहार का क्षेत्र तो वही होगा जिसकी प्रकृति अखिल भारतीय हो और जो अपने मूल्य में घरेलू और स्थानीय रंगों से मुक्त हो। अगर यह सावधानी हमने न बरती तो सीधे वह वहाँ की घरेलू और क्षेत्रीय भाषाओं की प्रतिद्वंद्विता की उलझन में पड़ जाएगी।

न्न पेशों के निर्वाह के लिए हिंदी का प्रयोग। हुए उन्होंने यह भी कहा कि अनुवाद में हिंदी एक ता से हमें इनकार नहीं करना चाहिए। अंग्रेजी में निकल चुके हैं और अभी और निकलते ही जा रहे ठ और सार्थक अनुवाद की माँग करें, पर अनुवाद कार कर देना एक अयथार्थ निर्णय ही कहा जाएगा। अध्यक्ष (और इस सत्र के भी अध्यक्ष) श्री मोटूरि ा की संगोष्ठी की पृष्ठभूमि पर प्रकाश डालते हुए यह ी को राजभाषा की मान्यता तो दे दी, पर अभी भी है जो हिंदी की इस संवैधानिक मान्यता को आशंका उनको भी हमें इस 'महायज्ञ' में शामिल करना है और आवश्यकताओं के माध्यम से मोड़ना है तो हिंदी को प्रयोजनमूलक' बनाना होगा। संगोष्ठी का समापन इसके न्यवाद ज्ञापन के साथ हुआ।

अपने ढंग की एक सार्थक घटना थी। दिल्ली की भीषण उपस्थिति दो सौ से ऊपर रही। इसमें भाग लेने वाले हिंदी तो थे ही, इसके साथ समाजशास्त्र, मनोविज्ञान, भाषाविज्ञान, विविध क्षेत्रों के अधिकारी विद्वान् भी थे। साथ में सरकारी, ता के क्षेत्र में मान्य व्यक्तियों ने भी एक साथ, एक मंच पर मर्श किया।

—रवीन्द्रनाथ श्रीवास्तव

•••

उनका यह भी कहना था कि किसी देश की एकता को खंडित करने वाली भाषिक प्रवृत्तियाँ इस बात पर आधारित होती हैं कि उस देश की आर्थिक और राजनीतिक प्रगति का स्तर क्या है और किसी भाषा के सदस्य होने मात्र के कारण व्यक्ति अपने सामाजिक उत्थान की सीढ़ी पर चढ़ने में कितनी रुकावट पाता है। हिंदी के प्रयोग के लिए ऐसे अंतर-क्षेत्रीय व्यवहार रूपों (रजिस्टर) को निकालना होगा जो घरेलू और स्थानीय सामाजिक मूल्यों से न टकराएँ और जो किसी भी व्यक्ति के विकास में बाधक न हों, अहिंदी-भाषी अन्य भाषा के रूप में हिंदी का प्रयोग एक निश्चित संदर्भ में एक निश्चित प्रयोजन के लिए करता है। अतः भाषा-शिक्षण में भी उसे हमें 'उपकरणवादी' विधि को अपनाना होगा, न कि 'समग्रतावादी' विधि को। समग्रतावादी विधि शिक्षार्थी को उस भाषा समुदाय का सदस्य बनाने को अपना लक्ष्य मानती है जिसको वह साधती है जबकि 'उपकरणवादी' विधि, मातृभाषा की सत्ता को पहले स्वीकार कर किन्हीं विशेष क्षेत्रों में भाषा-प्रयोग के लिए अन्य भाषा की शिक्षा अनिवार्य मानती है। हमें हिंदी, अन्य क्षेत्रीय भाषाओं के स्थान पर नहीं चाहिए और न हम हिंदी सीखने वालों की सामाजिक अस्मिता को ही हिंदी की प्रभुता से जकड़ना चाहते हैं। हिंदी का प्रयोग अखिल भारतीय स्तर पर संवादिता को कायम करने के लिए है, वह अंतरक्षेत्रीय हमारी सामाजिक गत्यात्मकता को एक रूप देने के लिए है।

श्रीमती दासवानी ने अपने आधार लेख में यह बताया कि समाज भाषाविज्ञानी यह देखता है कि समाज संदर्भित भाषा के विविध रूप क्या हैं और मनोभाषाविज्ञानी इस तथ्य में रुचि रखता है कि भाषा व्यवस्था के व्यवहार के पीछे कौन सी प्रवृत्तियाँ काम करती हैं। वस्तुतः ये दोनों एक-दूसरे के पूरक हैं। अध्यापन की दृष्टि से चार भिन्न प्रारूपों की चर्चा करते हुए उन्होंने बताया कि उनमें से हमारी स्थिति के लिए कोई भी पूर्णतः उपयुक्त या संतोषजनक नहीं है। भाषा शिक्षण का उद्देश्य सामाजिक समन्विति और किसी-न-किसी स्तर पर एकात्म होने की प्रवृत्ति से जुड़ा होना चाहिए।

प्रो. श्रीवास्तव के लेख का सार प्रस्तुत करते हुए डॉ. शिवेंद्र कुमार वर्मा ने कहा कि कोई भी भाषा अपने में अपरिपूर्ण अथवा अविकसित नहीं होती। वस्तुतः उसका प्रयोग सीमित अथवा व्यापक होता है। हिंदी को वह उचित अवसर ही नहीं मिला, जिससे वह विकसित हो सके। अंग्रेजी के संदर्भ में उसे जूझने का अवसर खुद लेना होगा। वर्तमान स्थिति को ध्यान में रखते हुए उन्होंने संकेत दिया कि ज्ञान के इस विशेषीकरण के युग में 'कोशीय शब्द' (कांटेंट फ़िलर्स) अंग्रेजी के हो सकते हैं और ऐसी 'मिश्रित शैली' के प्रति हमें सहिष्णु होना ही पड़ेगा। डॉ. बालगोविंद मिश्र ने अपनी टिप्पणी में कहा कि मेरी समझ में प्रयोजनमूलक हिंदी का उद्देश्य भाषा के व्यवहार क्षेत्र का विस्तार करना है। इस विस्तार को मात्र अन्य भाषा-शिक्षण तक सीमित करना अनुचित है। भाषा के व्यवहार पक्ष की सार्थकता और विविधता का संबंध मातृभाषा के साथ भी है। श्रीवास्तव और वर्मा के इस कथन का डॉ. मिश्र ने भी समर्थन किया कि भाषा का एक आधारभूत क्रोड (कोर) व्याकरण होता है और विभिन्न रजिस्टरों पर

खुलने वाली भाषा का व्याकरण उसके क्रोड-व्याकरण का रूपांतरण होता है।

डॉ. विद्यानिवास मिश्र ने प्रो. श्रीवास्तव की मान्यताओं का खंडन करते हुए कहा कि भाषा सांस्कृतिक तादात्म्य का साधन है। प्रयोजनमूलक सिद्धांत और भाषा-शिक्षण की उपकरणवादी विधि से विरोध प्रकट करते हुए उन्होंने कहा कि भाषा-शिक्षण हर स्थिति और हर परिवेश में समग्रतावादी होना चाहिए। हिंदी भाषा का प्रचार भारतीयता की पहचान के लिए हो—यह उनके पूरे वक्तव्य का संक्षिप्त सार रहा। समाज में 'ऊँचे उठने की सीढ़ी' के लिए हिंदी पर श्रीवास्तव की मान्यता को उन्होंने अनबूझ पहेली बताया। अध्यक्षीय भाषण के रूप में प्रो. योगेंद्र सिंह ने बताया कि भाषा की ही तरह संस्कृति के दो पक्ष होते हैं—सार्वभौमिक और विशिष्ट। प्रयोजनमूलक हिंदी का संदर्भ वस्तुतः विशिष्ट की अपेक्षा रखता है; उसकी सार्थकता उसके विशिष्ट सामाजिक संदर्भों के कारण आती है।

प्रयोजनमूलक हिंदी के शैक्षिक संदर्भ पर अपने आधार लेख में डॉ. ब्रजेश्वर वर्मा और डॉ. सुरेश कुमार ने यह संकेत दिया कि प्रयोजनमूलक हिंदी का क्षेत्र बहुत विस्तृत है, पर शिक्षा की सुविधा की दृष्टि से उन्हें कुछ वर्गों में विभाजित किया जा सकता है, जैसे—बोलचाल की सर्वसामान्य हिंदी, कार्यालयी हिंदी, तकनीकी हिंदी, वाणिज्यिक हिंदी, उच्च (साहित्यिक) हिंदी आदि। इनके लिए अलग-अलग पाठ्यसामग्री बनाने की आवश्यकता पर उन्होंने बल दिया। हिंदी के ऐतिहासिक विकास के संदर्भ में उन्होंने यह संकेत दिया कि भारतवर्ष में हिंदी फैली ही अपने इस प्रयोजनवादी लक्ष्य को लेकर। अपने प्रसार में वह कभी कर्मिकों का उपकरण बनी, कभी प्रभाव संचार का साधन रही और कभी विदेशों से आए वर्ग और पराजित भारतीय समाज के बीच की मध्यस्थ भाषा बनी। हिंदी भाषा और उनकी बोलियों तथा बोली और उनकी साहित्यिक शैलियों की चर्चा करते हुए उन्होंने यह कहा कि उनके बीच का अंतर बहुत ही सतही है। प्रयोजनमूलक हिंदी की शिक्षण-सामग्री और शिक्षण-विधि की चर्चा करते हुए उन्होंने यह बताया कि केंद्रीय हिंदी संस्थान ने इस दिशा में काफ़ी काम किया है। कार्यालयी हिंदी के लिए उसने परिष्कृत पाठ भी बनाए हैं, पर हिंदी के महत्त्व और कार्य की विविधता को देखते हुए यह 'बहुत' भी 'कम' है।

डॉ. हेमकांत मिश्र और डॉ. माणिकलाल चतुर्वेदी ने सम्मिलित रूप से लिखे अपने लेख में यह दिखलाया कि जिस प्रकार की उलझी हुई हमारी भाषिक समस्याएँ हैं और जैसाकि हमारा बहुविधि भाषिक यथार्थ है उसी प्रकार की विविधता हमारे यहाँ भाषा-शिक्षण में भी है। भाषा-शिक्षण की प्रचारित विधियाँ या तो विदेशों से उधार ली गई हैं या हमारी भावुकतापूर्ण दृष्टि से संक्रमित हैं। प्रयोजनमूलक हिंदी की जो भी व्याख्या क्यों न की जाए, उनके अनुसार यह हमारी आवश्यकता से उत्पन्न एक शैक्षिक संकल्पना है जो इस समय देश में चल रहे विशुद्ध साहित्यिक हिंदी शिक्षण को एक नया मोड़ दे सकती है। मूल प्रश्न यह है कि किस तरह की हिंदी, किस तरह की वर्तमान क्षमताओं और किस प्रकार के विद्यार्थियों को, किस विधि से, कितने समय में और किन साधन

रवीन्द्रनाथ श्रीवास्तव

जन्म : 9 जुलाई, 1936 को बलिया (उ. प्र.)।

लेनिनग्राद विश्वविद्यालय से भाषाविज्ञान में पी-एच.डी; अमेरिका में भाषा पर शोधकार्य के लिए पोस्ट-डॉक्टरल फेलो; यूनेस्को (पेरिस), यूनाइटेड नेशंस यूनिवर्सिटी (टोक्यो) आदि अंतर्राष्ट्रीय संगठनों में भाषा-शिक्षण संबंधी कार्य-गोष्ठियों के विशेषज्ञ सदस्य; अमेरिका और इटली के विश्वविद्यालयों में विजिटिंग प्रोफेसर के रूप में अध्यापन; दिल्ली विश्वविद्यालय के भाषाविज्ञान विभाग में प्रोफेसर; शैली-विज्ञान, आलोचना, भाषा-शिक्षण, अनुवाद पर 6 पुस्तकें और रूसी, अंग्रेजी एवं हिंदी में प्रकाशित अनेक लेख।

निधन : 3 अक्तूबर, 1992।

संपूर्ण लेख पाँच खंडों में प्रकाश्य

खंड-1 हिंदी भाषा का समाजशास्त्र
खंड-2 हिंदी भाषा : सरंचना के विविध आयाम
खंड-3 भाषाविज्ञान : सैद्धांतिक चिंतन
खंड-4 अनुप्रयुक्त भाषाविज्ञान : सिद्धांत एवं प्रयोग
खंड-5 सर्जनात्मक साहित्य

उनका यह भी कहना था कि किसी देश की एकता को खंडित करने वाली भाषिक प्रवृत्तियाँ इस बात पर आधारित होती हैं कि उस देश की आर्थिक और राजनीतिक प्रगति का स्तर क्या है और किसी भाषा के सदस्य होने मात्र के कारण व्यक्ति अपने सामाजिक उत्थान की सीढ़ी पर चढ़ने में कितनी रुकावट पाता है। हिंदी के प्रयोग के लिए ऐसे अंतर-क्षेत्रीय व्यवहार रूपों (रजिस्टर) को निकालना होगा जो घरेलू और स्थानीय सामाजिक मूल्यों से न टकराएँ और जो किसी भी व्यक्ति के विकास में बाधक न हों, अहिंदी-भाषी अन्य भाषा के रूप में हिंदी का प्रयोग एक निश्चित संदर्भ में एक निश्चित प्रयोजन के लिए करता है। अतः भाषा-शिक्षण में भी उसे हमें 'उपकरणवादी' विधि को अपनाना होगा, न कि 'समग्रतावादी' विधि को। समग्रतावादी विधि शिक्षार्थी को उस भाषा समुदाय का सदस्य बनाने को अपना लक्ष्य मानती है जिसको वह साधती है जबकि 'उपकरणवादी' विधि, मातृभाषा की सत्ता को पहले स्वीकार कर किन्हीं विशेष क्षेत्रों में भाषा-प्रयोग के लिए अन्य भाषा की शिक्षा अनिवार्य मानती है। हमें हिंदी, अन्य क्षेत्रीय भाषाओं के स्थान पर नहीं चाहिए और न हम हिंदी सीखने वालों की सामाजिक अस्मिता को ही हिंदी की प्रभुता से जकड़ना चाहते हैं। हिंदी का प्रयोग अखिल भारतीय स्तर पर संवादिता को कायम करने के लिए है, वह अंतरक्षेत्रीय हमारी सामाजिक गत्यात्मकता को एक रूप देने के लिए है।

श्रीमती दासवानी ने अपने आधार लेख में यह बताया कि समाज भाषाविज्ञानी यह देखता है कि समाज संदर्भित भाषा के विविध रूप क्या हैं और मनोभाषाविज्ञानी इस तथ्य में रुचि रखता है कि भाषा व्यवस्था के व्यवहार के पीछे कौन सी प्रवृत्तियाँ काम करती हैं। वस्तुतः ये दोनों एक-दूसरे के पूरक हैं। अध्यापन की दृष्टि से चार भिन्न प्रारूपों की चर्चा करते हुए उन्होंने बताया कि उनमें से हमारी स्थिति के लिए कोई भी पूर्णतः उपयुक्त या संतोषजनक नहीं है। भाषा शिक्षण का उद्देश्य सामाजिक समन्विति और किसी-न-किसी स्तर पर एकात्म होने की प्रवृत्ति से जुड़ा होना चाहिए।

प्रो. श्रीवास्तव के लेख का सार प्रस्तुत करते हुए डॉ. शिवेंद्र कुमार वर्मा ने कहा कि कोई भी भाषा अपने में अपरिपूर्ण अथवा अविकसित नहीं होती। वस्तुतः उसका प्रयोग सीमित अथवा व्यापक होता है। हिंदी को वह उचित अवसर ही नहीं मिला, जिससे वह विकसित हो सके। अंग्रेजी के संदर्भ में उसे जूझने का अवसर खुद लेना होगा। वर्तमान स्थिति को ध्यान में रखते हुए उन्होंने संकेत दिया कि ज्ञान के इस विशेषीकरण के युग में 'कोशीय शब्द' (कांटेंट फ़िलर्स) अंग्रेजी के हो सकते हैं और ऐसी 'मिश्रित शैली' के प्रति हमें सहिष्णु होना ही पड़ेगा। डॉ. बालगोविंद मिश्र ने अपनी टिप्पणी में कहा कि मेरी समझ में प्रयोजनमूलक हिंदी का उद्देश्य भाषा के व्यवहार क्षेत्र का विस्तार करना है। इस विस्तार को मात्र अन्य भाषा-शिक्षण तक सीमित करना अनुचित है। भाषा के व्यवहार पक्ष की सार्थकता और विविधता का संबंध मातृभाषा के साथ भी है। श्रीवास्तव और वर्मा के इस कथन का डॉ. मिश्र ने भी समर्थन किया कि भाषा का एक आधारभूत क्रोड (कोर) व्याकरण होता है और विभिन्न रजिस्टरों पर

खुलने वाली भाषा का व्याकरण उसके क्रोड-व्याकरण का रूपांतरण होता है।

डॉ. विद्यानिवास मिश्र ने प्रो. श्रीवास्तव की मान्यताओं का खंडन करते हुए कहा कि भाषा सांस्कृतिक तादात्म्य का साधन है। प्रयोजनमूलक सिद्धांत और भाषा-शिक्षण की उपकरणवादी विधि से विरोध प्रकट करते हुए उन्होंने कहा कि भाषा-शिक्षण हर स्थिति और हर परिवेश में समग्रतावादी होना चाहिए। हिंदी भाषा का प्रचार भारतीयता की पहचान के लिए हो—यह उनके पूरे वक्तव्य का संक्षिप्त सार रहा। समाज में 'ऊँचे उठने की सीढ़ी' के लिए हिंदी पर श्रीवास्तव की मान्यता को उन्होंने अनबूझ पहेली बताया। अध्यक्षीय भाषण के रूप में प्रो. योगेंद्र सिंह ने बताया कि भाषा की ही तरह संस्कृति के दो पक्ष होते हैं—सार्वभौमिक और विशिष्ट। प्रयोजनमूलक हिंदी का संदर्भ वस्तुतः विशिष्ट की अपेक्षा रखता है; उसकी सार्थकता उसके विशिष्ट सामाजिक संदर्भों के कारण आती है।

प्रयोजनमूलक हिंदी के शैक्षिक संदर्भ पर अपने आधार लेख में डॉ. ब्रजेश्वर वर्मा और डॉ. सुरेश कुमार ने यह संकेत दिया कि प्रयोजनमूलक हिंदी का क्षेत्र बहुत विस्तृत है, पर शिक्षा की सुविधा की दृष्टि से उन्हें कुछ वर्गों में विभाजित किया जा सकता है, जैसे—बोलचाल की सर्वसामान्य हिंदी, कार्यालयी हिंदी, तकनीकी हिंदी, वाणिज्यिक हिंदी, उच्च (साहित्यिक) हिंदी आदि। इनके लिए अलग-अलग पाठ्यसामग्री बनाने की आवश्यकता पर उन्होंने बल दिया। हिंदी के ऐतिहासिक विकास के संदर्भ में उन्होंने यह संकेत दिया कि भारतवर्ष में हिंदी फैली ही अपने इस प्रयोजनवादी लक्ष्य को लेकर। अपने प्रसार में वह कभी कर्मिकों का उपकरण बनी, कभी प्रभाव संचार का साधन रही और कभी विदेशों से आए वर्ग और पराजित भारतीय समाज के बीच की मध्यस्थ भाषा बनी। हिंदी भाषा और उनकी बोलियों तथा बोली और उनकी साहित्यिक शैलियों की चर्चा करते हुए उन्होंने यह कहा कि उनके बीच का अंतर बहुत ही सतही है। प्रयोजनमूलक हिंदी की शिक्षण-सामग्री और शिक्षण-विधि की चर्चा करते हुए उन्होंने यह बताया कि केंद्रीय हिंदी संस्थान ने इस दिशा में काफ़ी काम किया है। कार्यालयी हिंदी के लिए उसने परिष्कृत पाठ भी बनाए हैं, पर हिंदी के महत्त्व और कार्य की विविधता को देखते हुए यह 'बहुत' भी 'कम' है।

डॉ. हेमकांत मिश्र और डॉ. माणिकलाल चतुर्वेदी ने सम्मिलित रूप से लिखे अपने लेख में यह दिखलाया कि जिस प्रकार की उलझी हुई हमारी भाषिक समस्याएँ हैं और जैसाकि हमारा बहुविधि भाषिक यथार्थ है उसी प्रकार की विविधता हमारे यहाँ भाषा-शिक्षण में भी है। भाषा-शिक्षण की प्रचारित विधियाँ या तो विदेशों से उधार ली गई हैं या हमारी भावुकतापूर्ण दृष्टि से संक्रमित हैं। प्रयोजनमूलक हिंदी की जो भी व्याख्या क्यों न की जाए, उनके अनुसार यह हमारी आवश्यकता से उत्पन्न एक शैक्षिक संकल्पना है जो इस समय देश में चल रहे विशुद्ध साहित्यिक हिंदी शिक्षण को एक नया मोड़ दे सकती है। मूल प्रश्न यह है कि किस तरह की हिंदी, किस तरह की वर्तमान क्षमताओं और किस प्रकार के विद्यार्थियों को, किस विधि से, कितने समय में और किन साधन

सामग्रियों की सहायता से, किस प्रकार के शिक्षकों द्वारा पढ़ाया जाता है। यह ध्यान देने की बात है कि भाषाओं का 'अपना' विषय नहीं होता। वे तो केवल माध्यम होती हैं, अतः उनके द्वारा किसी भी विषयवस्तु को पढ़ाया जा सकता है। और जिस प्रयोजन से वह पढ़ाया जाता है वहीं प्रयोजनमूलक भाषा बन जाती है। उनके अनुसार प्रयोजनमूलक हिंदी का संबंध हिंदी के बोली-भेदों के साथ उतना नहीं है जितना कि हिंदी भाषा के विभिन्न प्रयोगों और उनके मूल में वर्तमान प्रयोजनों के आधार पर होने वाले प्रकरण भेदों के साथ है।

शैक्षिक संदर्भ की चर्चा को आगे बढ़ाते हुए डॉ. दासवानी ने यह संकेत दिया कि अंग्रेजी बहुविधि प्रयोगी भाषा होने के कारण स्वयं अपने में रजिस्टर सापेक्ष्य भाषा है, पर 'इंडियन इंग्लिश' में इन रजिस्टर भेदों का प्रायः लोप हो जाता है। क्या हिंदी की भी यही गति नहीं होने वाली है ? उन्होंने अपनी शंका व्यक्त की कि कहीं प्रयोजनमूलक हिंदी के नाम पर हम 'प्रयोगशाला की विविध हिंदी' का निर्माण तो नहीं कर रहे हैं ? डॉ. सुब्बाराव ने डॉ. दासवानी की शंका को निराधार बताते हुए कहा कि प्रयोजनमूलक हिंदी का संबंध मूलतः अन्य भाषा-शिक्षण के रूप में हिंदी की समस्या से है। उनके अनुसार प्रयोजनमूलक हिंदी का एक बहुत बड़ा दायित्व उस क्षेत्र में है जहाँ हिंदी को उच्च शिक्षा की माध्यम भाषा के रूप में ज्ञान-विज्ञान के लिए प्रयुक्त किया जाता है। डॉ. खूबचंदानी ने प्रयोजनमूलक हिंदी की संकल्पना को मात्र संकल्पना बताते हुए कहा कि इसे वास्तविक आधार तभी मिल सकता है जब हम अपनी सामग्री को वास्तविक आँकड़ों से पुष्ट करें; उनका यह कहना था कि प्रयोजनमूलक हिंदी अभी हमारी माँगों पर आधारित नहीं क्योंकि समाज का प्रभावशाली वर्ग और विशेषकर हिंदी प्रांतों की अधिकांश शिक्षित जनता अंग्रेजी के मोह को छोड़ने के लिए तैयार नहीं। अपनी विदेशी मुद्रा को हिंदी जुबान के रंग से सँवारते हुए डॉ. पंडित ने अपने अध्यक्षीय भाषण में यह आग्रहपूर्वक कहा कि एक हाथ में हिंदी की समस्या और दूसरे में भारतीय संविधान के स्थान पर मैं चाहूँगा कि मेरे एक हाथ में हिंदी का प्रसार हो और दूसरे में ब्लूमफील्ड के सिद्धांत।

सामान्य परिचर्चा एवं संस्तुतियों के अंतिम सत्र में संस्थान के निदेशक डॉ. ब्रजेश्वर वर्मा ने प्रयोजनमूलक हिंदी की प्रकृति और कार्यक्षेत्र पर एक बार फिर प्रकाश डालते हुए इसके महत्त्व और वर्तमान भाषायी स्थिति में इसकी सार्थकता की चर्चा की। डॉ. नगेंद्र ने इस चर्चा को बाँधते हुए यह कहा कि अब तक हम हिंदी की साहित्यिक शिक्षा और उसकी सांस्कृतिक पृष्ठभूमि पर बल देते रहे हैं, पर इसके साथ अब हमें हिंदी के व्यावहारिक पक्ष और सामाजिक संदर्भ को भी अपने सामने रखना होगा। भाषा के व्यावहारिक और ललित दोनों ही पक्ष एक-दूसरे के साथ अभिन्न रूप से जुड़े हुए हैं। उनके मातानुसार जब तक हिंदी को सामाजिक प्रतिष्ठा नहीं मिलती, उसका समुचित विकास भी नहीं हो सकता। यह आयोजन तो मात्र एक भूमिका है। हमें अब तीन स्तरों पर कार्य करने की दिशा में सोचना होगा--विश्वविद्यालय में हिंदी का अध्ययन-अध्यापन,

प्रशासन में हिंदी व्यवहार और विभिन्न पेशों के निर्वाह के लिए हिंदी का प्रयोग। श्री नायक की बात का खंडन करते हुए उन्होंने यह भी कहा कि अनुवाद में हिंदी एक चौथा आयाम है जिसकी आवश्यकता से हमें इनकार नहीं करना चाहिए। अंग्रेजी में अरस्तू की पुस्तक के कई अनुवाद निकल चुके हैं और अभी और निकलते ही जा रहे हैं, यह बात दूसरी है कि हम अच्छे और सार्थक अनुवाद की माँग करें, पर अनुवाद की अपनी आवश्यकता से ही इनकार कर देना एक अयथार्थ निर्णय ही कहा जाएगा।

केंद्रीय हिंदी शिक्षण मंडल के अध्यक्ष (और इस सत्र के भी अध्यक्ष) श्री मोटूरि सत्यनारायण ने प्रयोजनमूलक हिंदी की संगोष्ठी की पृष्ठभूमि पर प्रकाश डालते हुए यह संकेत दिया कि संविधान ने हिंदी को राजभाषा की मान्यता तो दे दी, पर अभी भी भारतवासियों का एक ऐसा वर्ग है जो हिंदी की इस संवैधानिक मान्यता को आशंका की दृष्टि से देखता है। अगर उनको भी हमें इस 'महायज्ञ' में शामिल करना है और उनकी दृष्टि को उन्हीं की आवश्यकताओं के माध्यम से मोड़ना है तो हिंदी के प्रयोग-उपयोग की बात को 'प्रयोजनमूलक' बनाना होगा। संगोष्ठी का समापन इसके संयोजक प्रो. श्रीवास्तव के धन्यवाद ज्ञापन के साथ हुआ।

संगोष्ठी कई दृष्टियों से अपने ढंग की एक सार्थक घटना थी। दिल्ली की भीषण गर्मी के बावजूद हर सत्र में उपस्थिति दो सौ से ऊपर रही। इसमें भाग लेने वाले हिंदी भाषा और साहित्य के विद्वान् तो थे ही, इसके साथ समाजशास्त्र, मनोविज्ञान, भाषाविज्ञान, शिक्षाशास्त्र आदि ज्ञान के विविध क्षेत्रों के अधिकारी विद्वान् भी थे। साथ में सरकारी, अर्द्धसरकारी और पत्रकारिता के क्षेत्र में मान्य व्यक्तियों ने भी एक साथ, एक मंच पर उपस्थित होकर विचार-विमर्श किया।

–रवीन्द्रनाथ श्रीवास्तव

●●●